QUANGUO ZHUANLI DAILIREN ZIGE KAOSHI
2012~2016 NIAN ZHENTI KANXI JI BEIKAO ZHINAN

全国专利代理人
资格考试2012~2016年
真题勘析及备考指南

曹京涛 ◎ 编著

**以专利代理人考核委员会
征集的公众意见为视角**

考生角度　独家解析
直击误区　梳理思路
全面实用　高分必备

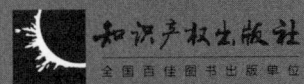

图书在版编目（CIP）数据

全国专利代理人资格考试2012～2016年真题勘析及备考指南/曹京涛编著．—北京：知识产权出版社，2017.8

ISBN 978-7-5130-5061-6

Ⅰ．①全… Ⅱ．①曹… Ⅲ．①专利—代理（法律）—中国—资格考试—自学参考资料 Ⅳ．①D923.42

中国版本图书馆CIP数据核字（2017）第189266号

内容提要

本书针对全国专利代理人资格考试法律知识部分编写而成。根据《全国专利代理人资格考试大纲2017》的要求分别对专利法律知识、相关法律知识分类解析。其中，专利法律知识部分是在《2011～2013年卷一真题解析：走出误区（以考核委员会征集的公众意见为视角）》的基础上整理而成，梳理专利代理人考核委员会征集的公众意见近2000条，并进行合并去重，本书以考生为中心，深入剖析考生的各种解题思路，对症下药、逐一解惑，使考生走出思维误区，从不同的角度理解并掌握考点，以便在考场上灵活运用，取得理想的成绩。另外，本书真题解析都按照最新的法规进行解析。

读者对象：本书适用于知识产权行业相关从业人员，尤其针对参加全国专利代理人资格考试的考生而编写，使考生能够快捷地复习考点，省时省力、事半功倍。

责任编辑：李学军　　　　　　　　　　责任出版：刘译文
封面设计：刘　伟

全国专利代理人资格考试2012～2016年真题勘析及备考指南

Quanguo Zhuanli Dailiren Zige Kaoshi 2012～2016 Nian Zhenti Kanxi Ji Beikao Zhinan

曹京涛　编著

出版发行：知识产权出版社有限责任公司	网　　址：http://www.ipph.cn
社　　址：北京市海淀区气象路50号院	邮　　编：100081
责编电话：15611868862	责编邮箱：752606025@qq.com
发行电话：010-82000860转8101/8102	发行传真：010-82000893/82005070/82000270
印　　刷：三河市国英印务有限公司	经　　销：各大网上书店、新华书店及相关专业书店
开　　本：850mm×1168mm　1/16	印　　张：26.25
版　　次：2017年8月第1版	印　　次：2017年8月第1次印刷
字　　数：928千字	定　　价：96.00元
ISBN 978-7-5130-5061-6	

出版权专有　侵权必究

如有印装质量问题，本社负责调换。

作者简介

曹京涛，男，2003年毕业于湖南科技大学，获得工学学士。2011年毕业于中国政法大学，获得法学硕士学位。先后工作于北京首钢集团、国家知识产权局，现就职于北京知联天下知识产权代理事务所，负责专利代理业务。

作者在多年的知识产权工作中，积累了丰富的实践经验。近年来，作者悉心研究专利、商标等知识产权相关课题和理论，主要作品有《跨国公司在中国专利侵权诉讼审结案件分析报告（2013~2015年）》《如何使用新版谷歌专利搜索》和《商标不正当竞争行为认定标准的完善——借鉴外观设计授权条件》等，在国内外各大专业媒体发表，并引起广泛关注。

作者早年参加并通过专利代理人资格考试，近年来结合学习心得潜心研究专利代理人资格考试，作品主要有《全国专利代理人资格考试考点法条精读及历年真题解析》《2011~2013年卷一真题解析：走出误区（以考核委员会征集的公众意见为视角）》和《轻松到手80分：相关法考点法条精读及真题分类解析》等，广受好评。作者通过分析研究历年专利代理人资格考试的考点和出题方向，致力于打造出真正适合考生，具有实用性、针对性的考试辅导用书，希望助考生一臂之力。

序 言

为深入贯彻党中央、国务院关于严格知识产权保护的决策部署，认真落实《中共中央 国务院关于完善产权保护制度依法保护产权的意见》，2016年11月30日，国家知识产权局发布的《关于严格专利保护的若干意见》，指出"到2020年，严格专利保护的政策法规体系与工作体制机制基本健全，专利保护协作机制有效运行，专利保护与发明水平、专利质量之间形成良性互动关系"。加强专利保护，既要有健全的法律保护机制，还要有高质量的专利文件，而专利申请文件的质量取决于专利代理人的技术能力和法律运用能力。

2016年，我国专利申请的受理量为346.5万件，专利授权量为175.4万件。截至2016年底，我国专利代理人仅有1.4万余人，专利代理人才依然紧缺。专利代理是法律、技术相结合的创造过程，专利代理人水平的高低是专利代理行业发展的关键因素之一。

作为从业职业资格考试，专利代理人资格考试要求考生同时具备技术知识、法律知识，甚至还需要考生实现从"理工科"到"文科"思维的转换。本书从应试的角度出发，通过研究历年真题和考试特点，结合理工科考生的思维模式，以专利代理人考核委员会征集的公众意见为视角，以考生为中心，侧重于分析考生的思路，逐一解决考生的疑惑。本书梳理考生意见近2000条，并进行合并去重，有针对性地对考生的解题思路和知识点的掌握情况进行逐一分析，以使考生在解题思路和知识点认知上有进一步提升。

本书作者曹京涛曾工作于国家知识产权局，具有丰富的专利法律知识和知识产权服务经验，目前在北京知联天下知识产权代理事务所负责专利代理业务。本书是他多年一线工作经验的总结，希望可以助考生一臂之力，顺利通过资格考试，为我国专利事业发展作出更多贡献！

马维野
2017年7月

目 录

上编　专利法律知识

第一部分　真题勘析 …………………… 3
第一章　专利制度概论 …………………… 4
　第一节　专利基础知识 ………………… 4
　　一、专利制度概要 …………………… 4
　　二、中国专利制度 …………………… 4
　第二节　申请专利的权利和专利权的归属 … 7
　　一、相关概念 ………………………… 7
　　二、权利的归属 ……………………… 11
　第三节　专利代理制度 ………………… 17
　　一、专利代理 ………………………… 17
　　二、专利代理人 ……………………… 17
　　三、专利代理机构 …………………… 20
　　四、专利代理监管 …………………… 22
　　五、专利代理惩戒 …………………… 22
　　六、中华全国专利代理人协会 ……… 23
第二章　授予专利权的实质条件 ………… 24
　第一节　专利保护的对象和主题 ……… 24
　　一、三种专利的保护对象 …………… 24
　　二、不授予专利权的主题 …………… 28
　第二节　发明和实用新型专利申请的
　　　　　授权条件 …………………… 32
　　一、现有技术 ………………………… 32
　　二、新颖性 …………………………… 33
　　三、创造性 …………………………… 48
　　四、实用性 …………………………… 52
　第三节　外观设计专利申请的授权条件 … 56
　　一、相关概念 ………………………… 56
　　二、外观设计专利申请的授权条件 … 56
第三章　对专利申请文件要求 …………… 60
　第一节　发明和实用新型专利申请文件 … 60
　　一、请求书 …………………………… 60
　　二、权利要求书 ……………………… 62
　　三、说明书及说明书附图 …………… 75
　　四、说明书摘要及摘要附图 ………… 81

　　五、申请文件的书写规则及附图
　　　　绘制要求 …………………………… 82
　　六、对于涉及生物材料申请的特殊要求 … 82
　　七、对涉及遗传资源申请的特殊要求 … 84
　第二节　外观设计专利申请文件 ……… 85
　　一、请求书 …………………………… 85
　　二、图片或照片 ……………………… 85
　　三、简要说明 ………………………… 86
　第三节　单一性要求 …………………… 88
　　一、发明和实用新型专利申请的单一性 … 88
　　二、外观设计专利申请的单一性 …… 93
第四章　申请获得专利权的程序及手续 … 95
　第一节　基本概念 ……………………… 95
　　一、申请日 …………………………… 95
　　二、优先权 …………………………… 97
　　三、申请号 …………………………… 101
　　四、期限 ……………………………… 102
　　五、费用 ……………………………… 105
　第二节　专利的申请及审查流程 ……… 108
　　一、专利的申请及受理 ……………… 108
　　二、保密专利申请与向外申请
　　　　专利的保密审查 …………………… 118
　　三、发明专利申请的初步审查程序 … 121
　　四、发明专利申请的实质审查程序 … 124
　　五、实用新型专利申请的初步审查 … 126
　　六、外观设计专利申请的初步审查 … 127
　　七、答复和修改 ……………………… 127
　　八、分案申请 ………………………… 136
　　九、专利权的授予及授权后的程序 … 137
　　十、其他手续 ………………………… 140
　　十一、国家知识产权局的行政复议 … 148
第五章　专利申请的复审与专利权的
　　　　无效宣告 …………………………… 150
　第一节　概要 …………………………… 150

一、专利复审委员会 …………… 150	四、证据的质证和审核认定 ……… 180
二、审查原则 …………………… 150	五、其他 ………………………… 183
三、合议审查 …………………… 150	第六章 专利权的实施与保护 ………… 184
四、独任审查 …………………… 150	第一节 专利权 ……………………… 184
五、回避制度 …………………… 150	一、专利权人的权利 ……………… 184
六、审查决定 …………………… 151	二、专利权的期限 ………………… 192
七、更正及驳回请求 …………… 151	第二节 专利侵权行为与救济方法 …… 194
八、对专利复审委员会的决定不服的	一、专利侵权行为 ………………… 194
司法救济 …………………… 151	二、救济方法 ……………………… 206
第二节 专利申请的复审 ……………… 152	三、侵犯专利权的法律责任 ……… 213
一、复审程序的性质 …………… 152	第三节 其他专利纠纷与违反
二、复审请求的形式审查 ……… 152	专利法的行为 ……………… 215
三、复审请求的前置审查 ……… 156	一、其他专利纠纷 ………………… 215
四、复审请求的合议审查 ……… 156	二、假冒专利的行为 ……………… 215
五、复审决定 …………………… 159	三、其他违反专利法的行为及其
六、复审程序中止 ……………… 160	法律责任 ………………………… 218
七、复审程序的终止 …………… 160	第四节 专利的推广应用与专利实施的
第三节 专利权的无效宣告请求 ……… 161	强制许可 …………………… 218
一、无效宣告请求的性质 ……… 161	一、专利的推广应用 ……………… 218
二、无效宣告请求应当遵循的	二、专利实施的强制许可 ………… 219
其他审查原则 ……………… 161	第七章 专利合作条约及其他与专利相关的
三、无效宣告请求的形式审查 … 164	国际条约 ……………………… 223
四、无效宣告请求的合议审查 … 169	第一节 专利合作条约 ………………… 223
五、无效宣告请求程序的中止 … 175	一、条约的基本知识 ……………… 223
六、无效宣告请求审查决定 …… 175	二、国际申请 ……………………… 223
七、无效宣告程序中对于同样发明	三、国际检索 ……………………… 226
创造的处理 ………………… 175	四、国际公布 ……………………… 226
八、无效宣告程序的终止 ……… 175	五、国际初步审查 ………………… 227
第四节 口头审理 ……………………… 177	第二节 国际申请进入中国国家阶段的
一、口头审理的性质 …………… 177	特殊要求 …………………… 227
二、口头审理的确定 …………… 177	一、进入中国国家阶段的期限 …… 227
三、口头审理的通知 …………… 178	二、进入中国国家阶段的手续 …… 228
四、口头审理前的准备 ………… 178	三、生物材料样品的保藏 ………… 230
五、口头审理的进行 …………… 178	四、涉及遗传资源的国际申请 …… 230
六、口头审理的中止 …………… 178	五、优先权 ………………………… 230
七、口头审理的终止 …………… 178	六、国家公布 ……………………… 230
八、口头审理的其他事项 ……… 178	七、分案 …………………………… 231
第五节 无效宣告程序中有关证据	八、中国国家阶段对国际阶段不予受理和
问题的规定 ………………… 179	视为撤回的复查 ………………… 231
一、无效宣告程序中有关证据问题的	九、译文有误时专利权保护范围的确定 …… 231
法律适用 …………………… 179	第三节 相关专利国际条约 …………… 231
二、当事人举证 ………………… 179	一、国际承认用于专利程序的微生物
三、专利复审委员会对证据的调查收集 …… 180	保存布达佩斯条约 ……………… 231

二、国际专利分类斯特拉斯堡协定 ………… 231
三、建立工业品外观设计国际分类
  洛迦诺协定 ………………………………… 231

第八章 专利文献与专利分类 …………………… 232
第一节 专利文献基本知识 …………………… 232
  一、专利文献概述 ………………………… 232
  二、专利说明书类文献组成部分 ………… 232
  三、专利说明书种类 ……………………… 232
  四、专利文献著录项目及其代码 ………… 232
  五、专利文献编号 ………………………… 232
  六、中国专利文献 ………………………… 233
  七、其他主要国家/组织专利文献 ……… 233
第二节 专利分类 ……………………………… 234
  一、发明和实用新型的国际专利分类
    (IPC) ………………………………… 234
  二、外观设计的洛迦诺分类 ……………… 235

第三节 专利信息检索 ………………………… 235
  一、专利信息检索概述 …………………… 235
  二、专利信息检索种类 …………………… 235
  三、专利信息检索技术与方法 …………… 235
  四、主要互联网专利信息检索系统 ……… 235

第二部分 备考指南 …………………………… 236
第一章 真题瑕疵 ………………………………… 237
第二章 新法学习 ………………………………… 238
第三章 超纲知识 ………………………………… 239
第四章 考点混淆 ………………………………… 240
第五章 过度解读 ………………………………… 241
第六章 多面考点 ………………………………… 243
第七章 理解考点 ………………………………… 244
第八章 疏于审题 ………………………………… 245

下编 相关法律知识

第一章 相关基本法律法规 ……………………… 249
第一节 民法通则 ……………………………… 249
  一、民法的基本概念和原则 ……………… 249
  二、民事主体 ……………………………… 250
  三、民事权利 ……………………………… 257
  四、民事法律行为 ………………………… 260
  五、民事责任 ……………………………… 266
  六、诉讼时效 ……………………………… 267
  七、涉外民事关系的法律适用 …………… 269
第二节 合同法 ………………………………… 269
  一、合同法的适用范围和基本原则 ……… 269
  二、合同的订立 …………………………… 270
  三、合同的效力 …………………………… 275
  四、合同的履行 …………………………… 277
  五、合同的变更和转让 …………………… 280
  六、合同的终止 …………………………… 282
  七、违约责任 ……………………………… 283
  八、技术合同 ……………………………… 285
  九、委托合同 ……………………………… 287
第三节 民事诉讼法 …………………………… 289
  一、民事诉讼法的基本知识 ……………… 289
  二、民事诉讼的管辖 ……………………… 292
  三、审判组织和诉讼参加人 ……………… 294
  四、民事诉讼证据 ………………………… 296

  五、保全 …………………………………… 299
  六、民事审判程序 ………………………… 299
  七、审判监督程序 ………………………… 305
  八、执行程序 ……………………………… 307
  九、涉外民事诉讼程序 …………………… 308
第四节 行政复议法 …………………………… 308
  一、行政复议的概念和基本原则 ………… 308
  二、行政复议机关和行政复议参加人 …… 309
  三、行政复议程序 ………………………… 310
  四、行政复议决定 ………………………… 321
第五节 行政诉讼法 …………………………… 323
  一、行政诉讼的基本知识 ………………… 323
  二、行政诉讼的管辖 ……………………… 326
  三、行政诉讼参加人 ……………………… 329
  四、行政诉讼的证据 ……………………… 332
  五、行政诉讼的审理和判决 ……………… 334
  六、国家赔偿 ……………………………… 339
第六节 其他相关法律 ………………………… 340
  一、对外贸易法 …………………………… 340
  二、刑法 …………………………………… 340
第二章 相关知识产权法律法规 ………………… 342
第一节 著作权法 ……………………………… 342
  一、著作权的客体 ………………………… 342
  二、著作权的主体 ………………………… 344

三、著作权及其相关权利的内容 ………… 350
四、著作权及与著作权有关的
　　权利的保护 …………………………… 360
五、计算机软件著作权的特殊规定 ……… 362
六、信息网络传播权的保护 ……………… 362

第二节　商标法 ……………………………… 363
一、注册商标专用权的客体 ……………… 363
二、注册商标专用权的主体 ……………… 366
三、注册商标专用权的取得 ……………… 367
四、注册商标专用权的内容 ……………… 371
五、注册商标的无效宣告 ………………… 375
六、商标使用的管理 ……………………… 377
七、注册商标专用权的保护 ……………… 379
八、驰名商标 ……………………………… 383

第三节　反不正当竞争法 …………………… 384
一、适用范围和基本原则 ………………… 385
二、商业秘密 ……………………………… 386

第四节　植物新品种保护条例 ……………… 387
一、品种权的保护客体 …………………… 387
二、品种权的主体 ………………………… 389
三、获得品种权的程序 …………………… 389
四、品种权的内容 ………………………… 389
五、品种权的无效 ………………………… 390
六、品种权的保护 ………………………… 390

第五节　集成电路布图设计保护条例 ……… 391
一、集成电路布图设计专有权的客体 …… 391
二、集成电路布图设计专有权的主体 …… 391
三、集成电路布图设计专有权的取得 …… 391
四、集成电路布图设计专有权的内容 …… 393
五、布图设计登记申请的复审、复议和
　　专有权的撤销 ………………………… 394
六、集成电路布图设计专有权的保护 …… 394

第六节　其他知识产权法规、规章 ………… 395
一、知识产权的备案 ……………………… 395
二、侵权嫌疑货物的扣留及其处理 ……… 396
三、法律责任 ……………………………… 397
四、展会知识产权的保护 ………………… 397

第三章　相关国际条约 ………………………… 398
第一节　保护工业产权巴黎公约 …………… 398
一、巴黎公约基本知识 …………………… 398
二、巴黎公约确立的核心原则和内容 …… 398

第二节　与贸易有关的知识产权协定 ……… 402
一、协议的基本知识 ……………………… 402
二、知识产权保护的基本要求 …………… 403
三、对协议许可中限制竞争行为的控制 … 406
四、知识产权执法 ………………………… 407
五、争端的防止和解决 …………………… 408

上 编
专利法律知识

2012～2016年专利法律知识真题分布统计表

	2012	2013	2014	2015	2016	合计
第一章 专利制度概述	8	9	7	12	8	44
第二章 授予专利权的实质性条件	12	12	13	17	17	71
第三章 对专利申请文件要求	18	13	13	14	14	72
第四章 申请获得专利权的程序及手续	28	26	30	24	22	130
第五章 专利申请的复审与专利权的无效宣告	13	16	15	15	16	75
第六章 专利权的实施与保护	17	19	17	13	17	83
第七章 专利合作条约及其他与专利相关的国际条约	3	3	3	3	4	16
第八章 专利文献与专利分类	1	2	2	2	2	9

第一部分　真题勘析

第一章 专利制度概论

基本要求

了解专利制度的产生与发展历史；熟悉各种专利体系及特点；熟悉中国专利制度的发展历史及其特点；掌握专利代理的概念和相关的规定；掌握与申请专利的权利和专利权的归属相关的概念和规定。

第一节 专利基础知识

一、专利制度概要
1. 专利制度的产生与发展
2. 专利体系及特点
3. 专利制度的作用

二、中国专利制度
1. 中国专利制度的发展历史
2. 中国专利制度的主要特点

1.【2016年第2题】甲于2013年7月7日完成一项发明创造，并于2013年7月8日下午到当地的专利代办处面交了专利申请；乙于2013年7月4日独立完成相同发明创造，并于2013年7月7日通过快递公司提交申请文件，专利局受理处于次日上午收到该申请文件。如果两件申请均符合其他授权条件，则专利权应当授予谁？

A. 甲
B. 乙
C. 甲和乙
D. 甲和乙协商确定的人

【考点】先申请制　申请日

考生	意见
甲	乙在7月7日就快递专利，应该算是专利申请日，所以答案应该是选项B。
乙	题目中既然给出了上午和下午的区别，就不是一个时段，上午交的自然应当先受理，因此，选项B正确。
丙	乙是通过快递公司提交的申请文件，应当不予受理，因此专利权应当授予甲，因此，选项A正确。

【分析】专利法第九条第二款规定，两个以上的申请人分别就同样的发明创造申请专利的，专利权授予最先申请的人。《专利审查指南2010》第五部分第三章第2.3.1节规定，向专利局受理处或者代办处窗口直接递交的专利申请，以收到日为申请日；通过邮局邮寄递交到专利局受理处或者代办处的专利申请，以信封上的寄出邮戳日为申请日；寄出的邮戳日不清晰无法辨认的，以专利局受理处或者代办处收到日为申请日，并将信封存档。通过速递公司递交到专利局受理处或者代办处的专利申请，以收到日为申请日。邮寄或者递交到专利局非受理部门或者个人的专利申请，其邮寄日或者递交日不具有确定申请日的效力，如果该专利申请被转送到专利局受理处或者代办处，以受理处或者代办处实际收到日为申请日。分案申请以原申请的申请日为申请日，并在请求书上记载分案申请递交日。

本题中，甲的专利申请的申请日是2013年7月8日，乙的专利申请的申请日也是2013年7月7日，根据专利法实施细则第四十一条第一款的规定，两个以上的申请人同日（指申请日；有优先权的，指优先权日）分别就同样的发明创造申请专利的，应当在收到国务院专利行政部门的通知后自行协商确定申请人。因此，选项D正确，选项ABC错误。

需要说明的是：首先，通过快递/速递公司提交申请文件，快递日难以确定，快递/速递公司不属于邮政系统，没有邮戳，目前并不将快递日认为是申请日，而快递到受理处或代办处的收到日能确定，故将该收到日认为是申请日，考生甲的说法是不对的，也不是考生丙所说的"不予受理"。其次，目前，包括我国在内的绝大多数国家实现先申请制。在各国实践中，大部分国家是以提交申请的"日"为标准来确定的，但也有少数国家是以提交申请的"时"为标准来确定的。以时为标准无疑是更精确的，不过实行这种办法比较烦琐，需要把受理的时刻记录下来。❶ 在我国是以申请日为判断申请先后的标准的。因此，考生乙的想法是不对的。

【答案】D

2.【2015年第2题】甲乙二人于2014年5月10日就同样的面包机分别提出了发明专利申请，如果甲乙二人的专利申请均符合其他授予专利权的条件，则专利权应当授予谁？

A. 甲　　　　　　　　　　　　　　B. 乙
C. 甲和乙共有　　　　　　　　　　D. 经甲和乙协商确定的人

【考点】先申请制

【分析】根据专利法实施细则第四十一条第一款的规定，两个以上的申请人同日（指申请日；有优先权的，指优先权日）分别就同样的发明创造申请专利的，应当在收到国务院专利行政部门的通知后自行协商确定申请人。因此，选项ABC错误，选项D正确。

【答案】D

3. 中国专利制度行政机构与司法机构

3.【2015年第14题】下列说法哪个是正确的？

A. 国务院专利行政部门负责管理全国的专利工作
B. 专利复审委员会负责受理针对专利权评价报告的更正请求
C. 国务院专利行政部门设立的专利代办处受理所有专利申请
D. 基层人民法院负责管辖本辖区内的专利纠纷第一审案件

【考点】国家知识产权局与司法机构的职能

【分析】根据专利法第三条第一款的规定，国务院专利行政部门负责管理全国的专利工作；统一受理和审查专利申请，依法授予专利权。因此，选项A正确。专利法实施细则第五十六条第一款规定，授予实用新型或者外观设计专利权的决定公告后，专利法第六十条规定的专利权人或者利害关系人可以请求国务院专利行政部门作出专利权评价报告。根据《专利审查指南2010》第五部分第十章第6节的规定，作出专利权评价报告的部门在发现专利权评价报告中存在错误后，可以自行更正。请求人认为专利权评价报告存在需要更正的错误的，可以请求更正。因此，选项B错误。根据《专利审查指南2010》第五部分第三章第1节的规定，专利局受理处负责受理专利申请及其他有关文件，代办处按照相关规定受理专利申请及其他有关文件。现阶段，代办处受理的范围仅限于国内的专利申请及其他有关文件。因此，选项C错误。《最高人民法院关于审理专利纠纷案件适用法律问题的若干规定》第二条规定，专利纠纷第一审案件，由各省、自治区、直辖市人民政府所在地的中级人民法院和最高人民法院指定的中级人民法院管辖。最高人民法院根据实际情况，可以指定基层人民法院管辖第一审专利纠纷案件。因此，选项D错误。

【答案】A

4.【2015年第95题】管理专利工作的部门应当事人的请求，可以对下列哪些专利纠纷进行调解？

A. 专利申请权归属纠纷
B. 发明人资格纠纷
C. 职务发明创造的发明人的奖励和报酬纠纷
D. 在发明专利申请公布后专利权授予前使用发明而未支付适当费用的纠纷

【考点】专利纠纷调解

【分析】根据专利法实施细则第八十五条第一款的规定，除专利法第六十条规定的外，管理专利工作的部门应当事人请求，可以对下列专利纠纷进行调解：（一）专利申请权和专利权归属纠纷；（二）发明人、设计人资格纠纷；（三）职务发明创造的发明人、设计人的奖励和报酬纠纷；（四）在发明专利申请公布后专利权

---

❶ 汤宗舜：《专利法解说》，知识产权出版社2001年版，第59页。

授予前使用发明而未支付适当费用的纠纷；（五）其他专利纠纷。因此，选项 ABCD 正确。

【答案】 ABCD

5.【2012 年第 1 题】下列哪种说法是正确的？
A. 国务院专利行政部门负责管理全国的专利工作
B. 专利复审委员会负责受理强制许可请求并作出决定
C. 专利代办处负责受理本行政区域内的 PCT 国际申请
D. 基层人民法院负责受理专利侵权诉讼的一审案件

【考点】 国家知识产权局与司法机构的职能

考生	意见
甲	根据《专利审查指南 2006》的规定，选项 C 是错的，但是，现在《专利审查指南 2010》规定是：代办处按照相关规定受理专利申请及其他有关文件。并不能证明选项 C 是错的，因此，选项 C 也对。

【分析】 根据专利法第三条第一款的规定，"国务院专利行政部门负责管理全国的专利工作；统一受理和审查专利申请，依法授予专利权"。因此，选项 A 正确。根据专利法第四十一条规定，专利复审委员会对复审请求进行审查和处理，且限于专利申请人对驳回的决定不服而请求复审的情形。根据专利法第四十五条和四十六条第一款的规定，专利复审委员会对专利权无效宣告请求进行受理和审查，并作出决定。根据专利法第四十八条至第五十一条的规定，强制许可由国务院专利行政部门受理并作出决定。因此，选项 B 错误。根据《专利审查指南 2010》第五部分第三章第 1 节的规定，专利局的受理部门包括专利局受理处和专利局各代办处。专利局受理处负责受理专利申请及其他有关文件，代办处按照相关规定受理专利申请及其他有关文件。专利复审委员会可以受理与复审和无效宣告请求有关的文件。现阶段，代办处受理的范围仅限于国内的专利申请及其他有关文件，对于 PCT 国际申请，只能由专利局受理处受理。因此，选项 C 错误，考生甲的想法是不对的。《最高人民法院关于审理专利纠纷案件适用法律问题的若干规定》第二条规定，"专利纠纷第一审案件，由各省、自治区、直辖市人民政府所在地的中级人民法院和最高人民法院指定的中级人民法院管辖。最高人民法院根据实际情况，可以指定基层人民法院管辖第一审专利纠纷案件"。因此，选项 D 错误。

需要注意的是，关于专利代办处的职责，《专利审查指南 2006》规定：专利局设立的专利代办处仅负责受理专利申请，但不受理其中的涉外申请、分案申请、要求国内优先权的申请，也不受理申请日之后提交的其他文件。《专利审查指南 2010》规定：代办处按照相关规定受理专利申请及其他有关文件。专利局可以根据代办处的实际情况，逐步扩大各代办处的受理范围。现阶段，专利代办处不具备受理 PCT 国际申请的能力，仅限于受理国内的专利申请及其他有关文件。

【答案】 A

6.【2015 年第 70 题】下列有关国防专利申请和国防专利的说法哪些是正确的？
A. 专利申请涉及国防利益需要保密的，由国防专利机构受理并进行审查
B. 经主管部门批准，国防专利权人可以向国外的单位或者个人转让国防专利权
C. 国防专利申请人在对第一次审查意见通知书进行答复时，可以对其国防专利申请主动提出修改
D. 国家知识产权局专利复审委员会负责国防专利的复审和无效宣告工作

【考点】 国防专利

考生	意见
甲	《专利法实施细则》第 51 条第 3 款规定，申请人在收到国务院专利行政部门发出的审查意见通知书后对专利申请文件进行修改的，应当针对通知书指出的缺陷进行修改。因此，选项 C 应该是错误的。

【分析】《国防专利条例》第三条第一款规定，国家国防专利机构负责受理和审查国防专利申请。经国防专利机构审查认为符合本条例规定的，由国务院专利行政部门授予国防专利权。因此，选项 A 正确。《国防专利条例》第八条规定，禁止向国外的单位和个人以及在国内的外国人和外国机构转让国防专利申请权和国防专

利权。因此，选项 B 错误。《国防专利条例》第十四条第二款规定，国防专利申请人在自申请日起 6 个月内或者在对第一次审查意见通知书进行答复时，可以对其国防专利申请主动提出修改。因此，选项 C 正确。《国防专利条例》第十六条第一款规定，国防专利机构设立国防专利复审委员会，负责国防专利的复审和无效宣告工作。因此，选项 D 错误。

需要注意的是，（1）普通专利申请的主动修改：专利法实施细则第五十一条第一款规定，发明专利申请人在提出实质审查请求时以及在收到国务院专利行政部门发出的发明专利申请进入实质审查阶段通知书之日起 3 个月内，可以对发明专利申请主动提出修改。❶（2）国防专利申请的主动修改：《国防专利条例》第十四条第二款规定，国防专利申请人在自申请日起 6 个月内或者在对第一次审查意见通知书进行答复时，可以对其国防专利申请主动提出修改。由此可见，国防专利申请和普通专利申请在主动提出修改的时机方面是不同的。

在这里提醒考生，《国防专利条例》第三十五条规定，《中华人民共和国专利法》和《中华人民共和国专利法实施细则》的有关规定适用于国防专利，但本条例有专门规定的依照本条例的规定执行。注意《国防专利条例》中的一些特别规定，比如主动修改的时机、专利和专利申请的转让等。

【答案】AC

7.【2013 年第 72 题】某科研机构欲就一项涉及国防利益的发明创造申请国防专利。下列说法哪些是正确的？

A. 该国防专利申请文件不得按照普通函件邮寄
B. 该国防专利申请权经批准可以转让给国外单位
C. 该国防专利申请应当由国防专利机构进行审查
D. 该国防专利申请经审查符合授权条件的，应当由国防专利机构授予专利权

【考点】涉及国防利益的发明创造　国防专利条例

考生	意见
甲	向外转让专利申请权只规定必须经有关部门批准，未明确限定国防专利申请权不得向外转让。因此，答案应为选项 ABC。

【分析】《国防专利条例》第十条第二款规定，国防专利申请人应当按照国防专利机构规定的要求和统一格式撰写申请文件，并亲自送交或者经过机要通信以及其他保密方式传交国防专利机构，不得按普通函件邮寄。因此，选项 A 正确。《国防专利条例》第八条规定，禁止向国外的单位和个人以及在国内的外国人和外国机构转让国防专利申请权和国防专利权。因此，选项 B 错误，考生甲的想法是不对的。另外，第七条第一款规定，国防专利申请权和国防专利权经批准可以向国内的中国单位和个人转让。专利法实施细则第七条第一款规定，国务院专利行政部门受理的专利申请涉及国防利益需要保密的，应当及时移交国防专利机构进行审查。经国防专利机构审查没有发现驳回理由的，由国务院专利行政部门作出授予国防专利权的决定。因此，选项 C 正确，选项 D 错误。

需要注意的是，考生需要特别关注《国防专利条例》，该条例对国防专利有一些特殊规定，往往会成为考点。

【答案】AC

第二节　申请专利的权利和专利权的归属

一、相关概念

1. 发明人或设计人的概念

8.【2014 年第 10 题】下列哪个单位或者个人可以作为专利法规定的发明人或者设计人？

---

❶ 1993 年 1 月 1 日实施的《专利法实施细则》（已经废止）第五十一条第一款规定，发明专利申请人在提出实质审查请求或者在对专利局第一次实质审查意见作出答复时，可以对发明专利申请主动提出修改。

A. 某电视台　　　　　B. 某大学教务处　　　　　C. 李某　　　　　D. 某课题组

【考点】 发明人/设计人

考生	意见
甲	选项 A，电视台是一个独立的事业单位，为什么不选。

【分析】 专利法实施细则第十三条规定，专利法所称发明人或者设计人，是指对发明创造的实质性特点作出创造性贡献的人。《专利审查指南 2010》第一部分第一章第 4.1.2 节规定，发明人应当是个人，请求书中不得填写单位或者集体，例如不得写成"××课题组"等。因此，选项 ABD 错误，选项 C 正确。而考生甲所说的电视台不是个人，不能作为发明人，当然，可以作为申请人。

【答案】 C

9.【2013年第64题】蓝天公司科研人员田幸和林福在公司的科研工作中完成了一项发明创造，该公司就该发明创造向国家知识产权局提交了一件发明专利申请。请求书中发明人一栏的填写哪些符合规定？

A. 蓝天公司　　　　　　　　　　　　　B. 田幸　林福
C. 田幸　林福（不公布姓名）　　　　　D. 蓝天公司　田幸　林福

【考点】 发明人或设计人的署名权

【分析】 根据《专利审查指南 2010》第一部分第一章第 4.1 节的规定，发明人应当是个人，请求书中不得填写单位或者集体，例如不得写成"××课题组"等。发明人应当使用本人真实姓名，不得使用笔名或者其他非正式的姓名。多个发明人的，应当自左向右顺序填写。发明人可以请求专利局不公布其姓名。提出专利申请时请求不公布发明人姓名的，应当在请求书"发明人"一栏所填写的相应发明人后面注明"（不公布姓名）"。因此，选项 AD 错误，选项 BC 正确。

【答案】 BC

10.【2012年第44题】下列哪些主体可以作为发明人？

A. 限制民事行为能力人　　　　　　　B. 某大学科研小组
C. 在监狱里服刑的罪犯　　　　　　　D. 具有法人资格的企业

【考点】 发明人

【分析】 专利法实施细则第十三条规定，发明人是指对发明创造的实质性特点作出创造性贡献的人。根据《专利审查制度 2010》第一部分第一章第 4.1.2 节的规定，发明人应当是个人，请求书中不得填写单位或者集体，例如不得写成"××课题组"等。选项 BD 都不是自然人，因此，选项 BD 错误。专利法及其实施细则并没有对发明人的民事行为能力、政治权利作出限定，选项 AC 都可以作为发明人，因此，选项 AC 正确。

【答案】 AC

2. 申请人的概念

11.【2015年第19题】下列哪个主体不能作为专利申请人？

A. 某研究所课题组　　　　　　　　　B. 某有限责任公司
C. 某监狱服刑人员　　　　　　　　　D. 某十四周岁的中学生

【考点】 申请人

【分析】《专利审查指南 2010》第一部分第一章第 4.1.3.1 节规定，申请人是个人的，可以推定该发明为非职务发明，该个人有权提出专利申请，除非根据专利申请的内容判断申请人的资格明显有疑义的，才需要通知申请人提供所在单位出具的非职务发明证明。申请人是单位的，可以推定该发明是职务发明，该单位有权提出专利申请，除非该单位的申请人资格明显有疑义的，例如填写的单位是××大学科研处或者××研究所××课题组，才需要发出补正通知书，通知申请人提供能表明其具有申请人资格的证明文件。选项 A 中"某研究所课题组"不具有法人资格，不能独立享有权利和承担义务，不能作为专利法规定的申请人，因此，选项 A 正确。而选项 B 符合规定，能作为专利申请人，因此，选项 B 错误。专利法及其实施细则并没有对申请人的民事行为能力、政治权利作出限定，选项 CD 都可以作为申请人，因此，选项 CD 错误。

【答案】 A

12.【2013年第35题】下列哪些主体可以作为专利法规定的申请人?
A. 中国中央电视台
B. 清华大学教务处
C. 北京市民李某
D. 专利代理人张某

【考点】申请人专利代理人

考生	意见
甲	专利代理人不能申请专利是专利代理条例规定的,不是专利法规定的,因此,按照专利法,专利代理人可以作为申请人,选项D正确。
乙	《专利代理条例》第二十条规定:专利代理人在从事专利代理业务期间和脱离专利代理业务后一年内,不得申请专利。也就是说专利代理人在符合一定条件的前提下是可以作为专利法规定的申请人的,因此,选项D正确。

【分析】《专利审查指南2010》第一部分第一章第4.1.3.1节规定,申请人是个人的,可以推定该发明为非职务发明,该个人有权提出专利申请,除非根据专利申请的内容判断申请人的资格明显有疑义的,才需要通知申请人提供所在单位出具的非职务发明证明。申请人是单位的,可以推定该发明是职务发明,该单位有权提出专利申请,除非该单位的申请人资格明显有疑义的,例如填写的单位是××大学科研处或者××研究所××课题组,才需要发出补正通知书,通知申请人提供能表明其具有申请人资格的证明文件。本题中,选项AC均能作为专利法规定的申请人,而选项B中"清华大学教务处"不具有法人资格,不能独立享有权利和承担义务,不能作为专利法规定的申请人,因此,选项B错误。《专利代理条例》第二十条规定,专利代理人在从事专利代理业务期间和脱离专利代理业务后一年内,不得申请专利。因此,选项D不可以作为专利法规定的申请人,选项D错误。

需要注意的是,首先,对专利申请人的具体要求散见于《专利代理条例》、《专利审查指南2010》等相关法律法规中,并且所述法律法规都是根据专利法而制定,就本题而言,应该不会将考点或者陷阱设置在让考生区分《专利法》与《专利代理条例》上,所以考生不必纠结于此,因此,考生甲的想法是不对的,没有看到考查意图。当然,本题最好还是参照2011年【第39题】"下列哪些属于专利法意义上的疾病的诊断和治疗方法",设置为"下列哪些主体可以作为专利法意义上的申请人"。其次,《专利代理条例》第二十条规定:专利代理人在从事专利代理业务期间和脱离专利代理业务后一年内,不得申请专利。这是专利代理人的执业纪律之一。因此,选项D错误。除了规定的期间外,该"专利代理人"的职业已经不是专利代理人,是可以申请专利的,也不是考生乙所说的"在符合一定条件的前提下"的专利代理人。因此,考生乙的想法是不对的。

【答案】AC

13.【2012年第7题】下列哪个主体不能作为专利申请人?
A. 某大学课题组
B. 某有限责任公司
C. 某患有抑郁症的病人
D. 某十三周岁的中学生

【考点】专利申请人

【分析】中国内地申请人是指具有中国国籍而不包括港澳台地区的专利申请人,包括自然人和单位。其中,自然人应当具有中国国籍。单位是指具有法人地位的组织,应当具有民事权利能力和民事行为能力,依法能够独立享有权利和承担义务。《专利审查指南2010》第一部分第一章第4.1.3.1节规定,申请人是单位的,可以推定该发明是职务发明,该单位有权提出专利申请,除非该单位的申请人资格明显有疑义的,例如填写的单位是××大学科研处或者××研究所××课题组,才需要发出补正通知书,通知申请人提供能表明其具有申请人资格的证明文件。在选项A中,"某大学课题组"不能独立享有权利和承担义务,不能作为专利申请人,因此,选项A正确。选项B"某有限责任公司"符合对专利申请人的要求,能作为专利申请人,选项B错误。专利法及其实施细则并没有对发明人的民事行为能力、精神状态作出限定,选项CD都可以作为专利申请人,因此,选项CD错误。

【答案】A

3. 专利权人的概念
4. 共有权利的行使

14.【2016年第31题】 甲和乙共同拥有一项发明专利权，甲乙未对该专利权的行使进行约定。下列说法哪些是正确的？

A. 甲可以单独实施该专利，实施获得的收益应当与乙平均分配
B. 甲如果以独占许可的方式许可丙实施，则必须取得乙同意
C. 甲可以以普通许可的方式许可丙实施，无需取得乙同意
D. 甲可以放弃其共有的专利权，无需取得乙同意

【考点】 共有专利权

【分析】 专利法第十五条规定，专利申请权或者专利权的共有人对权利的行使有约定的，从其约定。没有约定的，共有人可以单独实施或者以普通许可方式许可他人实施该专利；许可他人实施该专利的，收取的使用费应当在共有人之间分配。除前款规定的情形外，行使共有的专利申请权或者专利权应当取得全体共有人的同意。因此，选项AD错误，选项BC正确。

【答案】 BC

15.【2015年第33题】 对于共有的专利权，在共有人无任何约定的情形下，下列哪些行为必须获得全体共有人的同意？

A. 专利权的转让　　　　　　　　B. 专利权的普通实施许可
C. 以专利权入股　　　　　　　　D. 专利权的出质

【考点】 共同权利的行使

【分析】 根据专利法第十五条的规定，对共有专利权的行使没有约定的，共有人可以单独实施或者以普通许可方式许可他人实施该专利。除单独实施或者以普通许可方式许可他人实施该专利外，行使共有的专利权应当取得全体共有人的同意。因此，选项B错误。根据《专利审查指南2010》第一部分第一章第4.1.5节的规定，共有权利包括提出专利申请，委托专利代理，转让专利申请权、优先权或者专利权，撤回专利申请，撤回优先权要求，放弃专利权等。根据《公司法》第二十七、二十八条的规定，股东可以用货币出资，也可以用实物、知识产权、土地使用权等可以用货币估价并可以依法转让的非货币财产作价出资。股东以非货币财产出资的，应当依法办理其财产权的转移手续。因此，以专利权出资入股的，视为专利权的转让。《专利权质押登记办法》第四条规定，以共有的专利权出质的，除全体共有人另有约定的以外，应当取得其他共有人的同意。因此，选项ACD正确。

【答案】 ACD

16.【2015年第84题】 甲乙二人共同拥有一项发明专利权。在没有任何约定的情形下，下列说法哪些是正确的？

A. 甲可以单独实施该专利
B. 甲在未经乙同意的情况下可以以独占许可方式许可他人实施该专利
C. 甲单独实施该专利获得的收益应当在甲乙之间分配
D. 甲许可他人实施该专利，其收取的使用费应当在甲乙之间分配

【考点】 共同权利的行使

【分析】 根据专利法第十五条第一款的规定，专利申请权或者专利权的共有人对权利的行使有约定的，从其约定。没有约定的，共有人可以单独实施或者以普通许可方式许可他人实施该专利；许可他人实施该专利的，收取的使用费应当在共有人之间分配。选项AD正确，选项C错误。根据专利法第十五条第二款的规定，除前款规定的情形外，行使共有的专利申请权或者专利权应当取得全体共有人的同意。选项B错误。

【答案】 AD

17.【2014年第14题】 甲乙二人共同提交的专利申请被授予了专利权。甲乙事先没有任何约定，在未经乙同意的情形下，甲的下列哪种做法符合相关规定？

A. 单独实施该专利　　　　　　　　B. 放弃该专利权

C. 将该专利权质押给丙　　　　　　　　D. 将该专利赠与丁

【考点】共同权利的行使

【分析】根据专利法第十五条的规定，专利申请权或者专利权的共有人对权利的行使有约定的，从其约定。没有约定的，共有人可以单独实施或者以普通许可方式许可他人实施该专利；许可他人实施该专利的，收取的使用费应当在共有人之间分配。除前款规定的情形外，行使共有的专利申请权或者专利权应当取得全体共有人的同意。本题中，由于甲、乙事先没有任何约定，在未经乙同意的情形下，甲可以单独实施该专利，但不能放弃、质押、转让该专利权，因此，选项A正确，选项BCD错误。

【答案】A

18.【2013年第10题】 对于共有的专利权，在共有人无任何约定的情形下，下列哪种行为不必获得全体共有人的同意？

　　A. 专利权的转让　　　　　　　　　　B. 专利权的普通实施许可
　　C. 以专利权入股　　　　　　　　　　D. 专利权的出质

【考点】共有专利权

【分析】根据专利法第十五条的规定，对共有专利权的行使没有约定的，共有人可以单独实施或者以普通许可方式许可他人实施该专利。除单独实施或者以普通许可方式许可他人实施该专利外，行使共有的专利权应当取得全体共有人的同意。因此，选项B正确。根据《专利审查指南2010》第一部分第一章第4.1.5节的规定，共有权利包括提出专利申请，委托专利代理，转让专利申请权、优先权或者专利权，撤回专利申请，撤回优先权要求，放弃专利权等。根据《公司法》第二十七、二十八条的规定，股东可以用货币出资，也可以用实物、知识产权、土地使用权等可以用货币估价并可以依法转让的非货币财产作价出资。股东以非货币财产出资的，应当依法办理其财产权的转移手续。因此，以专利权出资入股的，视为专利权的转让。《专利权质押登记办法》第四条规定，以共有的专利权出质的，除全体共有人另有约定的以外，应当取得其他共有人的同意。因此，选项ACD错误。

【答案】B

19.【2012年第80题】 李某和王某共同拥有一项专利权，但未对权利的行使进行约定。下列说法哪些是正确的？

　　A. 王某可以自行实施该专利，无需取得李某同意
　　B. 李某可以以普通许可的方式许可他人实施该专利，无需取得王某同意
　　C. 王某可以放弃该专利权，无需取得李某同意
　　D. 李某可以转让该专利权，无需取得王某同意

【考点】共有专利权

【分析】根据专利法第十五条第一款的规定，对共有专利权的行使没有约定的，共有人可以单独实施或者以普通许可方式许可他人实施该专利。本题中，共有专利权人李某和王某未就该专利权的行使进行任何约定，因此，王某可以不经李某同意自行实施该专利，选项A正确。王某可以以普通许可的方式许可他人实施该专利，因此，选项B正确。专利法第十五条第二款规定，除前款规定的情形外，行使共有的专利申请权或者专利权应当取得全体共有人的同意。根据《专利审查指南2010》第一部分第一章第4.1.5节的规定，共有权利包括提出专利申请，委托专利代理，转让专利申请权、优先权或者专利权，撤回专利申请，撤回优先权要求，放弃专利权等。其中，《专利审查指南2010》第五部分第9章第2.3节规定，授予专利权后，专利权人随时可以主动要求放弃专利权，专利权人放弃专利权的，应当提交放弃专利权声明，并附具全体专利权人签字或者盖章同意放弃专利权的证明材料，或者仅提交由全体专利权人签字或者盖章的放弃专利权声明。另外，部分专利权人欲放弃专利权的，可以通过转让或赠与来实现，而不是办理放弃专利权的手续。因此，选项C错误。

【答案】AB

二、权利的归属

1. 职务发明创造

20.【2016年第32题】 某公司就其员工张某完成的一项职务发明创造获得了发明专利权，该公司未与张

某就职务发明创造的奖励及实施方式进行约定，并且公司规章中也没有相应规定，下列说法哪些是正确的？
A. 张某有在申请文件中写明自己是发明人的权利
B. 该公司应当自专利权公告之日起3个月内发给张某奖金
C. 该公司如果自行实施该专利，则应当从实施该专利的营业利润中提取一定比例作为报酬给张某
D. 在该公司不实施该专利的情况下，张某有实施该专利的权利

【考点】职务发明创造的奖酬

考生	意见
甲	选项C中，"一定比例"如果等于大于2%则合法，但是如果小于2%不就不合法了吗？我认为该选项为不正确选项。

【分析】专利法第十七条规定，发明人或者设计人有权在专利文件中写明自己是发明人或者设计人。专利权人有权在其专利产品或者该产品的包装上标明专利标识。因此，选项A正确。专利法实施细则第七十七条第一款规定，被授予专利权的单位未与发明人、设计人约定也未在其依法制定的规章制度中规定专利法第十六条规定的奖励的方式和数额的，应当自专利权公告之日起3个月内发给发明人或者设计人奖金。一项发明专利的奖金最低不少于3000元；一项实用新型专利或者外观设计专利的奖金最低不少于1000元。因此，选项B正确。

专利法实施细则第七十八条规定，被授予专利权的单位未与发明人、设计人约定也未在其依法制定的规章制度中规定专利法第十六条规定的报酬的方式和数额的，在专利权有效期限内，实施发明创造专利后，每年应当从实施该项发明或者实用新型专利的营业利润中提取不低于2%或者从实施该项外观设计专利的营业利润中提取不低于0.2%，作为报酬给发明人或者设计人，或者参照上述比例，给予发明人或者设计人一次性报酬；被授予专利权的单位许可其他单位或者个人实施其专利的，应当从收取的使用费中提取不低于10%，作为报酬给予发明人或者设计人。因此，选项C正确。专利法第十一条第一款规定，发明和实用新型专利权被授予后，除本法另有规定的以外，任何单位或者个人未经专利权人许可，都不得实施其专利，即不得为生产经营目的制造、使用、许诺销售、销售、进口其专利产品，或者使用其专利方法以及使用、许诺销售、销售、进口依照该专利方法直接获得的产品。本题中，发明人张某不是专利权人，公司不实施专利的情况下，张某无权自己实施，因此，选项D错误。

需要说明的是，本题选项C中"一定比例"较上位的说法也是可以的，不一定准确按照法条中"2%"来描述，考生甲增加了卷面信息，即认为"一定比例"不能确定是否大于"2%"，属于没有把握好考题意图，因此，考生甲的想法是不对的。

【答案】ABC

21.【2016年第33题】下列哪些属于职务发明创造？
A. 金某在履行本单位交付的本职工作之外的任务时完成的发明创造
B. 吕某退休一年之后作出的与其退休前所从事的工作有关的发明创造
C. 王某在职期间作出的与其单位所从事工作无关的发明创造性
D. 刘某临时借调到某研究所工作，在执行该所交付的任务时完成的发明创造

【考点】职务发明创造

【分析】专利法实施细则第十二条规定，专利法第六条所称执行本单位的任务所完成的职务发明创造，是指：（一）在本职工作中作出的发明创造；（二）履行本单位交付的本职工作之外的任务所作出的发明创造；（三）退休、调离原单位后或者劳动、人事关系终止后1年内作出的，与其在原单位承担的本职工作或者原单位分配的任务有关的发明创造。专利法第六条所称本单位，包括临时工作单位；专利法第六条所称本单位的物质技术条件，是指本单位的资金、设备、零部件、原材料或者不对外公开的技术资料等。因此，选项AD正确，选项BC错误。

【答案】AD

22.【2015年第3题】甲公司是一家光缆设备公司，王某是甲公司负责光缆设备研发的技术人员。王某在

2011年3月从甲公司离职,并加入了乙公司。乙公司2012年1月就王某发明的一项光缆设备技术提交了一件专利申请,并获得专利权。下列说法哪个是正确的?

A. 专利权应归甲公司所有
B. 专利权应归乙公司所有
C. 专利权应归甲公司和乙公司共同所有
D. 王某及乙公司负责人有权主张在专利文件中写明自己是发明人

【考点】 职务发明创造

考生	意见
甲	甲公司都没提申请,怎么会能拥有专利权呢,乙公司申请了专利,并且题中说了已经获得专利权,也就是说已经将专利权授予乙公司,专利权当然是乙公司的,因此,选项B正确。
乙	从甲公司的角度说,王某离职不足一年属于甲公司的职务发明,但是此时王某就职于与乙公司,应该也算在乙公司的职务发明,因此,专利权应该属于甲乙公司共有,选项C正确。

【分析】专利法第六条第一款规定,执行本单位的任务或者主要是利用本单位的物质技术条件所完成的发明创造为职务发明创造。职务发明创造申请专利的权利属于该单位;申请被批准后,该单位为专利权人。专利法实施细则第十二条第一款规定,专利法第六条所称执行本单位的任务所完成的职务发明创造,是指:(一)在本职工作中作出的发明创造;(二)履行本单位交付的本职工作之外的任务所作出的发明创造;(三)退休、调离原单位后或者劳动、人事关系终止后1年内作出的,与其在原单位承担的本职工作或者原单位分配的任务有关的发明创造。本题中,乙公司2012年1月就王某发明的光缆设备技术提交专利申请时,王某从甲公司离职还未满1年,因此,专利权应归甲公司所有,选项A正确,选项BC错误。根据专利法第十七条第一款的规定,发明人或者设计人有在专利文件中写明自己是发明人或者设计人的权利。根据专利法实施细则第十三条的规定,发明人或者设计人,是指对发明创造的实质特点作出了创造性贡献的人。因此,选项D中乙公司负责人无权主张在专利文件中写明自己是发明人,选项D错误。

需要说明的是:一是,本题考查职务发明创造的权利归属,即专利法第六条和专利法实施细则第十二条的规定,按照法律规定专利申请权/专利权应当属于甲公司,虽然乙公司已经获得授权(审查员对请求书中填写的申请人一般情况下不作资格审查),但是,这并不影响该专利权的应当归属,这是考点所在。因此,考生甲的想法是不对的,没有抓住考点所在。二是,考生乙的想法涉及一种会产生争议的情况,即某研发人员离开原单位后到另一单位就职,主要是利用新单位的物质技术条件从事与原单位相同的研发任务,作出了与原单位交付的任务相关的发明创造。这种情况下,原单位和新单位均可能主张是本单位的职务发明创造。❶根据《全国法院知识产权审判工作会议关于审理技术合同纠纷案件若干问题的纪要》第六条的规定,原单位与新单位协议确定,不能达成协议的,由双方合理分享。然而,本题考查职务发明创造的权利归属,即专利法第六条和专利法实施细则第十二条的规定。像考生乙的想法,涉及更深层次、具有争议的问题不再考查之列。

【答案】 A

23.【2015年第34题】某公司员工张某执行本公司任务完成了一项发明创造,其公司就该发明获得了发明专利权。在没有约定的情形下,下列说法哪些是正确的?

A. 该公司应当自专利权公告之日起3个月内发给张某奖金
B. 该公司给予张某的奖金数额最低不少于3000元
C. 该公司如果自行实施该发明专利,则应当从实施该发明专利的营业利润中提取不低于2%作为报酬给予张某
D. 该公司如果许可他人实施该发明专利,则应当从收取的许可费中提取不低于10%作为报酬给予张某

【考点】 职务发明创造的奖励

---

❶ 尹新天:《中国专利法详解》,知识产权出版社2011年版,第78页。

考生	意见
甲	选项C中应该是"每年"从实施该发明专利的营业利润中提取不低于2%作为报酬给予张某,题中没有写明"每年",因此,选项C错误。
乙	选项D中许可费的10%不对,应该是使用费的10%,许可费和使用费是两个不同的概念,因此,选项D错误。
丙	选项A错误,应该是授权日,不是公告日。

【分析】根据专利法实施细则第七十七条第一款的规定,被授予专利权的单位与发明人或者设计人没有约定,也没有在依法制定的规章制度中规定奖励的方式和数额的,应当自专利权公告之日起3个月内发给发明人或者设计人奖金,发明专利的奖金最低不少3000。因此,选项AB正确。根据专利法实施细则第七十八条规定,……在专利权有效期限内,实施发明创造专利后,每年应当从实施该项发明或者实用新型专利的营业利润中提取不低于2%……作为报酬给予发明人或者设计人……被授予专利权的单位许可其他单位或者个人实施其专利的,应当从收取的使用费中提取不低于10%,作为报酬给予发明人或者设计人。因此,选项CD正确。

需要说明的是,一是:正如考生甲所说选项C中没有"每年",而专利法实施细则第七十八条中是有"每年"的,因此,选项C中写上"每年",更严谨。从往年考题来看,同样作为正确选项,①有的写明了"每年",如【2011年第94题】如果该公司未与张某事先约定也未在其依法制定的规章制度中规定有关奖励和报酬的事宜,在F3专利权有效期内,该公司的下列哪些做法符合相关规定?选项C. 该公司实施F3专利后,每年从实施该专利的营业利润中提取5%作为报酬给予张某。②有的没有写明"每年",如【2014年第61题】甲执行本单位任务完成了一项发明创造,其单位就该发明获得了实用新型专利权。在没有约定的情形下,下列说法哪些是正确的?选项C. 单位自己实施该专利的,应当从实施该专利的营业利润中提取不低于2%作为报酬给予甲。综上所述,有"每年"和没有"每年"的选项都有作为正确选项的先例,因此,将"每年"设置为一个坑的可能是比较小的,考生甲不必纠结于此。

二是:关于使用费和许可费,专利法实施细则第七十八条中的措辞"使用费",专利法第十五、四十七条中也有"使用费"的措辞。实际中,"使用费和许可费"没有严格区分,都用来指"许可使用费"。从历年真题来看,同样作为正确选项,①有的写的是"许可费",【2012年第53题】某公司就其员工张某完成的一项职务发明创造获得了发明专利权。该公司未与张某约定,也未在公司的规章制度中规定奖励、报酬的方式和数额。下列说法哪些是正确的?选项D、该公司如果许可他人实施该发明专利,则应当从收取的许可费中提取不低于10%作为报酬给予张某。②有的写的是"使用费",如【2014年第61题】甲执行本单位任务完成了一项发明创造,其单位就该发明获得了实用新型专利权。在没有约定的情形下,下列说法哪些是正确的?选项D. 单位许可他人实施该专利的,应当从收取的使用费中提取不低于10%作为报酬给予甲。由此可见,在历年真题中,"使用费和许可费"是混合使用,两者并存,不会作为陷阱出现,因此,考生乙不必纠结于此。

三是:关于授权日、公告日和登记日,根据专利法第三十九、四十条的规定,发明专利申请经实质审查、实用新型和外观设计专利申请经初步审查,没有发现驳回理由的,专利局应当作出授予专利权的决定,颁发专利证书,并同时在专利登记簿和专利公报上予以登记和公告。专利权自公告之日(授权日)起生效。由此可知,登记日、公告日和授权日为同一天,因此,考试丙的想法是不对的。

【答案】ABCD

24.【2014年第3题】甲公司职工王某在执行本公司任务的过程中,于2011年1月20日完成了一项发明创造,王某2012年6月1日从甲公司辞职。就该发明创造申请专利的权利属于谁?

A. 王某
B. 甲公司
C. 甲公司和王某
D. 经甲公司和王某协商确定

【考点】职务发明

考生	意见
甲	王某离职一年后就可以就2011年1月20日完成的发明创造申请专利,因此,选项A正确。

【分析】根据专利法第六条第一款的规定，执行本单位的任务或者主要是利用本单位的物质技术条件所完成的发明创造为职务发明创造。职务发明创造申请专利的权利属于该单位；申请被批准后，该单位为专利权人。本题中，王某在执行甲公司任务的过程中，于2011年1月20日完成的发明创造属于职务发明创造，因此，不论王某是否辞职、何时辞职以及辞职多久，就该发明创造申请专利的权利都属于甲公司，即甲公司是申请人，而王某是发明人，因此，选项B正确。

需要注意的是，根据专利法实施细则第十二条第一款的规定，退休、调离原单位后或者劳动、人事关系终止后1年内作出的，与其在原单位承担的本职工作或者原单位分配的任务有关的发明创造，属于执行本单位的任务所完成的职务发明创造。由此可知，本题中，王某在辞职一年后，另外作出的发明创造才与原单位无关，即在2012年6月1日往后推一年，也就是2013年6月1日之后，王某另外作出的发明创造，申请专利的权利属于王某。而本题中，就王某于2011年1月20日完成的发明创造属于职务发明创造而言，即使王某离职一年后，也不具有申请专利的权利，因此，考生甲的想法是错误的。

【答案】B

25.【2014年第61题】甲执行本单位任务完成了一项发明创造，其单位就该发明获得了实用新型专利权。在没有约定的情形下，下列说法哪些是正确的？

A. 单位应当在收到授权通知书之日起3个月内发给甲奖金
B. 单位应给予甲不少于1000元的奖金
C. 单位自己实施该专利的，应当从实施该专利的营业利润中提取不低于2%作为报酬给予甲
D. 单位许可他人实施该专利的，应当从收取的使用费中提取不低于10%作为报酬给予甲

【考点】职务发明创造的奖酬

考生	意见
甲	选项B中，发明应该是不少于3000元，因此，选项B错误。

【分析】根据专利法实施细则第七十七条第一款的规定，被授予专利权的单位与发明人或者设计人没有约定，也没有在依法制定的规章制度中规定奖励的方式和数额的，应当自专利权公告之日起3个月内发给发明人或者设计人奖金，发明专利的奖金最低不少于3000，一项实用新型专利或者外观设计专利的奖金最低不少于1000元。因此，选项A错误，选项B正确。根据专利法实施细则第七十八条规定在专利权有效期限内，实施发明创造专利后，每年应当从实施该项发明或者实用新型专利的营业利润中提取不低于2%……作为报酬给予发明人或者设计人……被授予专利权的单位许可其他单位或者个人实施其专利的，应当从收取的使用费中提取不低于10%，作为报酬给予发明人或者设计人。因此，选项CD正确。

需要注意的是，在我国专利法中，发明创造包括发明、实用新型和外观设计，发明创造≠发明。因此，题干"其单位就该发明获得了实用新型专利权"中的"该发明"实际上应该是"该发明创造"，考生甲注意到了前面的"该发明"，没有注意到后面的"实用新型专利"，因此，造成考生甲的误选，这与考生甲审题不够仔细有关，也与该题不够严谨有关。

【答案】BCD

26.【2013年第31题】下列哪些属于职务发明创造？

A. 金某受所在公司指派，临时到另一家公司参与某产品的研发所作出的发明创造
B. 吕某退休一年半之后作出的发明创造
C. 王某主要利用本单位未公开的技术资料作出的发明创造
D. 刘某在外地休假期间完成的与本职工作相关的发明创造

【考点】职务发明创造

【分析】根据专利法第六条第一款的规定，执行本单位的任务或者主要是利用本单位的物质技术条件所完成的发明创造为职务发明创造。根据专利法实施细则第十二条规定的规定，专利法第六条所称执行本单位的任务所完成的职务发明创造，是指：（一）在本职工作中作出的发明创造；（二）履行本单位交付的本职工作之外的任务所作出的发明创造；（三）退休、调离原单位后或者劳动、人事关系终止后1年内作出的，与其在原

单位承担的本职工作或者原单位分配的任务有关的发明创造。专利法第六条所称本单位，包括临时工作单位；专利法第六条所称本单位的物质技术条件，是指本单位的资金、设备、零部件、原材料或者不对外公开的技术资料等。本题中，金某、王某、刘某所作出的发明创造属于职务发明创造，因此，选项 ACD 正确。选项 B 中吕某退休的时间超过了一年，其作出的发明创造不属于职务发明创造，因此，选项 B 错误。

【答案】 ACD

27.【2013 年第 54 题】甲公司就其员工孙某完成的一项发明创造获得专利权后，自行实施了该专利。随后甲公司将该专利许可给子公司乙公司实施。甲公司在规章制度中未规定也未与孙某约定奖励报酬事宜。下列说法哪些是正确的？
   A. 甲公司在专利权被授予后应当给予孙某奖励
   B. 甲公司自行实施其专利后应当给予孙某报酬
   C. 甲公司将专利许可给乙公司后，甲公司应当给予孙某报酬
   D. 甲公司将专利许可给乙公司后，乙公司应当给予孙某报酬

【考点】 发明人或者设计人的奖励和报酬

【分析】 根据专利法第十六条的规定，被授予专利权的单位应当对职务发明创造的发明人或者设计人给予奖励；发明创造专利实施后，根据其推广应用的范围和取得的经济效益，对发明人或者设计人给予合理的报酬。在本题中，甲公司在规章制度中未规定，也未与孙某约定奖励报酬事宜，甲公司在专利权被授予后应当给予孙某奖励，因此，选项 A 正确。甲公司在自行实施其专利以及将专利许可给乙公司后应当给予孙某报酬，且给予孙某报酬应该是甲公司，因此，选项 BC 正确。选项 D 错误。

【答案】 ABC

28.【2012 年第 31 题】甲公司研发人员张某在本职工作中作出了一项发明创造。下列说法哪些是正确的？
   A. 该发明创造属于职务发明创造
   B. 该发明创造申请专利的权利属于甲公司
   C. 甲公司就该发明创造申请发明专利的，张某有权在专利文件中写明自己是发明人
   D. 该发明创造被授予专利权后，张某享有获得奖励的权利

【考点】 职务发明创造

【分析】 专利法第六条第一款规定，"执行本单位的任务或者主要是利用本单位的物质技术条件所完成的发明创造为职务发明创造。职务发明创造申请专利的权利属于该单位；申请被批准后，该单位为专利权人"。因此，选项 AB 正确。专利法第十七条第一款规定，"发明人或者设计人有权在专利文件中写明自己是发明人或者设计人"。因此，选项 C 正确。专利法第十六条第一款规定，"被授予专利权的单位应当对职务发明创造的发明人或者设计人给予奖励"。因此，选项 D 正确。

【答案】 ABCD

29.【2012 年第 53 题】某公司就其员工张某完成的一项职务发明创造获得了发明专利权。该公司未与张某约定，也未在公司的规章制度中规定奖励、报酬的方式和数额。下列说法哪些是正确的？
   A. 该公司应当自专利权公告之日起 3 个月内发给张某奖金
   B. 该公司给予张某的奖金数额最低不少于 3000 元
   C. 该公司如果自行实施该发明专利，则应当从实施该发明专利的营业利润中提取不低于 5% 作为报酬给予张某
   D. 该公司如果许可他人实施该发明专利，则应当从收取的许可费中提取不低于 10% 作为报酬给予张某

【考点】 职务发明发明人的奖励和报酬

【分析】 根据专利法实施细则第七十七条第一款的规定，被授予专利权的单位与发明人或者设计人没有约定，也没有在依法制定的规章制度中规定奖励的方式和数额的，应当自专利权公告之日起 3 个月内发给发明人或者设计人奖金，发明专利的奖金最低不少 3000。因此，选项 AB 正确。根据专利法实施细则第七十八条规定，在专利权有效期限内，实施发明创造专利后，每年应当从实施该项发明或者实用新型专利的营业利润中提取不低于 2%……作为报酬给予发明人或者设计人……被授予专利权的单位许可其他单位或者个人实施其专利

的，应当从收取的使用费中提取不低于10%，作为报酬给予发明人或者设计人。因此，选项C错误，选项D正确。

【答案】ABD

2. 非职务发明创造
3. 合作完成的发明创造
4. 委托开发完成的发明创造

委托完成的发明创造的概念、委托完成的发明创造申请专利权利及所取得的专利权的归属相关规定的适用范围

30.【2015年第1题】 乙公司委托甲公司研发某产品，甲公司指定员工吕某承担此项研发任务，吕某在研发过程中完成了一项发明创造。在没有任何约定的情形下，该发明创造申请专利的权利属于谁？

A. 吕某 B. 甲公司
C. 乙公司 D. 甲公司和乙公司

【考点】委托发明创造

【分析】根据专利法第八条的规定，两个以上单位或者个人合作完成的发明创造、一个单位或者个人接受其他单位或者个人委托所完成的发明创造，除另有协议的以外，申请专利的权利属于完成或者共同完成的单位或者个人；申请被批准后，申请的单位或者个人为专利权人。本题中，甲公司完成的发明创造申请专利的权利应当属于甲公司，因此，选项B正确，选项ACD错误。

【答案】B

31.【2014年第23题】 甲大学李教授以个人名义接受乙公司委托，利用业余时间在家完成了一项发明创造。在未作任何约定的情形下，就该发明创造申请专利的权利属于谁？

A. 李教授 B. 甲大学
C. 乙公司 D. 乙公司和李教授

【考点】委托完成的发明创造申请专利权利的归属

【分析】根据专利法第八条的规定，两个以上单位或者个人合作完成的发明创造、一个单位或者个人接受其他单位或者个人委托所完成的发明创造，除另有协议的以外，申请专利的权利属于完成或者共同完成的单位或者个人；申请被批准后，申请的单位或者个人为专利权人。本题中，李教授以个人名义接受乙公司委托，且未作任何约定，李教授完成的发明创造申请专利的权利应当属于其自己，因此，选项A正确，选项BCD错误。

【答案】A

第三节 专利代理制度

一、专利代理

专利代理的概念、专利代理的作用

32.【2016年第3题】 根据《专利代理条例》下列哪个人或机构可以接受委托人的委托，以委托人的名义在代理权限范围内，办理专利申请或者办理其他专利事务？

A. 专利代理人 B. 专利代理机构
C. 有专利代理资格证的人 D. 有民事行为能力的自然人

【考点】专利代理机构

【分析】《专利代理条例》第二条规定，本条例所称专利代理是指专利代理机构以委托人的名义，在代理权限范围内，办理专利申请或者办理其他专利事务。因此，选项B正确，选项ACD错误。

【答案】B

二、专利代理人

33.【2016年第34题】 专利代理人在从事专利代理工作中应当遵守以下哪些规定？

A. 专利代理人必须承办专利代理机构委派的专利代理工作，不得自行接受委托

B. 专利代理人在从事专利代理业务期间和脱离专利代理业务后一年内，不得申请专利
C. 专利代理人对其在代理业务活动中了解的发明创造的内容，除专利申请已经公布或者公告的以外，负有保守秘密的责任
D. 专利代理人不得同时在两个以上专利代理机构从事专利代理业务

【考点】专利代理人职业纪律

【分析】《专利代理条例》第十七条规定，专利代理人必须承办专利代理机构委派的专利代理工作，不得自行接受委托。《专利代理条例》第二十条规定，专利代理人在从事专利代理业务期间和脱离专利代理业务后一年内，不得申请专利。《专利代理条例》第二十三条规定，专利代理人对其在代理业务活动中了解的发明创造的内容，除专利申请已经公布或者公告的以外，负有保守秘密的责任。《专利代理条例》第十八条规定，专利代理人不得同时在两个以上专利代理机构从事专利代理业务。专利代理人调离专利代理机构前，必须妥善处理尚未办理的专利代理案件。因此，选项ABCD正确。

【答案】ABCD

34.【2015年第36题】李某是某专利代理公司聘用的专职专利代理人，其在任职期间的下列哪些行为不符合相关规定？
A. 受该代理公司的指派，到一家制药公司从事专利事务方面的咨询
B. 以个人名义对来该代理公司任职之前完成的一项研究成果提出专利申请
C. 在该代理公司不知情的情况下利用业余时间接受张某的委托，从事专利代理业务
D. 与朋友私下交谈时提及了所代理的他人案件的发明创造的内容

【考点】专利代理人职业道德

考生	意见
甲	如果专利代理人所代理的发明创造已经公布或授权，则与朋友私下交谈其相关内容应该没有违反规定，选项D不该选。
乙	代理人在任职期间以及离职后一定时间内不可以进行专利申请，但是没有说在任职之前不可以，所以选项B符合要求，不应该选B。

【分析】《专利代理条例》第八条规定，专利代理机构承办下列事务：其中，（一）提供专利事务方面的咨询。因此，选项A符合规定。《专利代理条例》第二十条规定，专利代理人在从事专利代理业务期间和脱离专利代理业务后一年内，不得申请专利。因此，选项B不符合规定。《专利代理条例》第十七条规定，专利代理人必须承办专利代理机构委派的专利代理工作，不得自行接受委托。因此，选项C不符合规定。《专利代理条例》第二十三条规定，专利代理人对其在代理业务活动中了解的发明创造的内容，除专利申请已经公布或者公告的以外，负有保守秘密的责任。因此，选项D不符合规定。

需要注意的是，一是：根据《专利代理条例》第二十条的规定，专利代理人在特定时间段内不得申请专利，即使研究成果是在该时间段之前做出的成果，因此，考生乙的想法是不对的。二是：《专利代理条例》第二十三条实际上的规定了两种情况，即专利申请已经公布或者公告、专利申请没有公布或者公告，如果是专利申请已经公布或者公告的情况，选项D的说法符合规定。因此，选项D的说法不够严谨，考生甲的想法是有道理的。

【答案】BCD

35.【2014年第71题】吴某2011年通过了全国专利代理人资格考试，2012年3月到甲专利代理机构实习，2013年6月领取了专利代理人执业证。2014年8月吴某到乙专利代理机构工作。下列说法哪些是正确的？
A. 吴某离开甲专利代理机构前，必须妥善处理尚未办结的专利代理案件
B. 吴某到乙专利代理机构工作时，不能取得专利代理人执业证
C. 吴某到乙专利代理机构工作时，不能成为合伙人或者股东
D. 吴某到乙专利代理机构工作后，可以兼职在甲专利代理机构从事专利代理业务

【考点】 专利代理

【分析】《专利代理条例》第十八条规定，专利代理人不得同时在两个以上专利代理机构从事专利代理业务。专利代理人调离专利代理机构前，必须妥善处理尚未办理的专利代理案件。因此，选项A正确，选项D错误。《专利代理管理办法》第二十二条规定，有下列情形之一的，不予颁发专利代理人执业证：（一）不具有完全民事行为能力的；（二）申请前在另一专利代理机构执业，尚未被该专利代理机构解聘并未办理专利代理人执业证注销手续的；（三）领取专利代理执业证后不满1年又转换专利代理机构的；（四）受到《专利代理惩戒规则（试行）》第五条规定的收回专利代理人执业证的惩戒不满3年的；（五）受刑事处罚的（过失犯罪除外）。本题中，由于吴某并不存在上述情形，所以其到乙代理所工作时应当能取得专利代理人执业证，因此，选项B错误。《专利代理管理办法》第五条规定，专利代理机构的合伙人或者股东应当符合下列条件：（一）具有专利代理人资格；（二）具有2年以上在专利代理机构执业的经历；（三）能够专职从事专利代理业务；（四）申请设立专利代理机构时的年龄不超过65周岁；（五）品行良好。因此，选项C正确。

【答案】 AC

36.【2013年第70题】吴某是某专利代理机构的专利代理人，其下列做法哪些不符合相关规定？
  A. 利用业余时间自行接受他人委托从事专利代理业务
  B. 将其代理的某件已经授权的发明专利的内容告诉其朋友
  C. 在该专利代理机构执业的同时，兼任某公司知识产权部的副经理
  D. 在执业期间申请专利

【考点】 专利代理人的执业纪律

【分析】《专利代理条例》第十七条规定，专利代理人必须承办专利代理机构委派的专利代理工作，不得自行接受委托。在选项A中，吴某利用业余时间自行接受他人委托从事专利代理业务，不符合规定，因此，选项A正确。《专利代理条例》第二十三条规定，专利代理人对其在代理业务活动中了解的发明创造的内容，除专利申请已经公布或者公告的以外，负有保守秘密的责任。在选项B中，吴某告诉其朋友的发明专利已经授权，已经被公告了，无需再保守秘密，吴某的做法不违反规定，因此，选项B错误。《专利代理管理办法》第二十一条规定，颁发专利代理人执业证应当符合下列条件：（一）具有专利代理人资格；（二）能够专职从事专利代理业务；（三）不具有专利代理或专利审查经历的人员在专利代理机构中连续实习满1年，并参加上岗培训；（四）由专利代理机构聘用；（五）颁发时的年龄不超过70周岁；（六）品行良好。因此，吴某的做法不符合规定，选项C正确。《专利代理条例》第二十条规定，专利代理人在从事专利代理业务期间和脱离专利代理业务后一年内，不得申请专利。在选项D中，吴某在执业期间申请专利，不符合规定，因此选项D正确。

【答案】 ACD

37.【2013年第96题】在满足其他条件的情况下，下列哪些人员仍然不具备申请专利代理人的资格？
  A. 毕业于清华大学的美国人托马斯 B. 仅具有中文专业大学学历的李某
  C. 17周岁的张某 D. 无工作经历的在校本科生孙某

【考点】 申请专利代理人的资格

【分析】《专利代理条例》第十五条规定，拥护中华人民共和国宪法，并具备下列条件的中国公民，可以申请专利代理人资格：（一）十八周岁以上，具有完全的民事行为能力；（二）高等院校理工科专业毕业（或者具有同等学历），并掌握一门外语；（三）熟悉专利法和有关的法律知识；（四）从事过两年以上的科学技术工作或者法律工作。因此，选项ABCD正确。

需要注意的是：外国人申请人与港澳台申请人在中国大陆办理专利事务时，根据两者在中国大陆是否有经常居所或营业所，来决定是否需要委托专利代理机构。但是，就申请专利代理人资格方面，需要申请人是中国公民，并且不要求在中国大陆有经常住所，因此，港澳台同胞具有申请专利代理人的资格，而外国人不具有申请专利代理人的资格。

【答案】 ABCD

38.【2012年第66题】徐某2008年通过了全国专利代理人资格考试，2009年3月到甲专利代理机构实习，2010年6月领取了专利代理人执业证。2011年4月徐某到乙专利代理机构工作。下列说法哪些是正确的？

A. 徐某离开甲专利代理机构前，必须妥善处理尚未办结的专利代理案件
B. 徐某到乙专利代理机构工作后，可以兼职在甲专利代理机构从事专利代理业务
C. 徐某到乙专利代理机构工作时，不能取得专利代理人执业证
D. 徐某到乙专利代理机构工作时，不能成为合伙人或者股东

【考点】专利代理机构合伙人或者股东　专利代理人的执业纪律　执业证

考生	意见
甲	选项D应该为错误选项，成为合伙人只需要资格证即可，不需要执业证，徐某已在代理机构工作2年以上，可以成为合伙人或股东。

【分析】《专利代理条例》第十八条规定，专利代理人不得同时在两个以上专利代理机构从事专利代理业务。专利代理人调离专利代理机构前，必须妥善处理尚未办理的专利代理案件。故选项A正确，选项B错误。《专利代理管理办法》第二十二条，有下列情形之一的，不予颁发专利代理人执业证：（一）不具有完全民事行为能力的；（二）申请前在另一专利代理机构执业，尚未被该专利代理机构解聘并未办理专利代理人执业证注销手续的；（三）领取专利代理执业证后不满1年又转换专利代理机构的；（四）受到《专利代理惩戒规则（试行）》第五条规定的收回专利代理人执业证的惩戒不满3年的；（五）受刑事处罚的（过失犯罪除外）。在选项C中，徐某在甲代理机构领取执业证后，不满一年到乙代理机构工作，徐某不能获得执业证，因此，选项C正确。《专利代理管理办法》第五条规定，专利代理机构的合伙人或者股东应当符合下列条件：（一）具有专利代理人资格；（二）具有2年以上在专利代理机构执业的经历；（三）能够专职从事专利代理业务；（四）申请设立专利代理机构时的年龄不超过65周岁；（五）品行良好。在选项D中，徐某不具有2年以上在专利代理机构执业的经历，因此，不能成为合伙人或者股东，选项D正确。

需要说明的是，本题选项C中徐某在甲代理机构实习一年，领取执业证后执业一年，而根据《专利代理管理办法》第五条的规定，专利代理机构的合伙人或者股东应当具有2年以上在专利代理机构执业的经历。本题中徐某到乙专利代理机构工作时，由于其资格证虽然已经满2年，但具有执业证进行执业的时间不满2年，因此，徐某不能成为合伙人或者股东，考生甲的想法是不对的。

【答案】ACD

三、专利代理机构
1. 专利代理机构的概念和组织形式
2. 专利代理机构的设立、变更、停业和撤销

39.【2016年第35题】专利代理人甲、乙和丙三人欲在北京设立一家专利代理机构，下列说法哪些是正确的？

A. 甲、乙、丙仅能申请设立合伙制专利代理机构
B. 甲、乙、丙三人申请设立时的年龄均不得超过60周岁
C. 甲、乙、丙提交的证明材料应当是在申请设立前6个月内出具的证明材料
D. 甲、乙、丙应当直接向国家知识产权局提出设立专利代理机构的申请

【考点】设立专利代理机构

【分析】《专利代理管理办法》第三条规定，专利代理机构的组织形式为合伙制专利代理机构或者有限责任制专利代理机构。合伙制专利代理机构应当由3名以上合伙人共同出资发起，有限责任制专利代理机构应当由5名以上股东共同出资发起。合伙制专利代理机构的合伙人对该专利代理机构的债务承担无限连带责任；有限责任制专利代理机构以该机构的全部资产对其债务承担责任。因此，选项A正确。《专利代理管理办法》第五条规定，专利代理机构的合伙人或者股东应当符合下列条件：（一）具有专利代理人资格；（二）具有2年以上在专利代理机构执业的经历；（三）能够专职从事专利代理业务；（四）申请设立专利代理机构时的年龄不超过65周岁；（五）品行良好。因此，选项B错误。《专利代理管理办法》第八条第三款规定，上述证明材料应当是在申请设立专利代理机构或开办专利代理业务之前的6个月内出具的证明材料。因此，选项C正确。《专利代理管理办法》第九条规定，设立专利代理机构的审批程序如下：（一）申请设立专利代理机构的，应

当向其所在地的省、自治区、直辖市知识产权局提出申请。经审查，省、自治区、直辖市知识产权局认为符合本办法规定条件的，应当自收到申请之日起30日内上报国家知识产权局批准；认为不符合本办法规定条件的，应当自收到申请之日起30日内书面通知申请人。因此，选项D错误。

【答案】 AC

40.【2015年第35题】关于合伙制专利代理机构的设立，下列说法哪些是正确的？
A. 应当由3名以上合伙人共同出资发起
B. 应当具有不低于5万元人民币的资金
C. 作为另一专利代理机构的合伙人不满2年的，不得作为新设立的专利代理机构的合伙人
D. 合伙人应当能够专职从事专利代理业务

【考点】专利代理机构的设立

考生	意见
甲	《专利代理管理办法》2011年修改后的版本第4条规定，设立合伙制专利代理机构的，应当具有不低于5万元人民币的资金。所以，选项B应该是正确的。

【分析】《专利代理管理办法》第三条第二款规定，合伙制专利代理机构应当由3名以上合伙人共同出资发起。因此，选项A正确。选项B中"应当具有不低于5万元人民币的资金"规定在旧《专利代理管理办法》第四条第一款，而现行《专利代理管理办法》第四条第一款将该规定取消了，因此，选项B错误。《专利代理管理办法》第六条第一款规定，有下列情形之一的，不得作为专利代理机构的合伙人或股东：其中，（三）作为另一专利代理机构的合伙人或者股东不满2年的。因此，选项C正确。《专利代理管理办法》第五条规定，专利代理机构的合伙人或者股东应符合下列条件：其中，（三）能够专职从事专利代理业务。因此，选项D正确。

需要注意的是，考生需要关注法规的修改，包括专利法以及其相关的法律规定想修改。例如本题涉及的《专利代理管理办法》自2003年7月15日施行以来，分别于2011年、2015年进行了修订，其中，在2015年5月1日实施的《专利代理管理办法》取消了设立专利代理机构的资金要求，并且在本题中进行了考查，因此，考生甲的想法是不对的。

【答案】 ACD

41.【2013年第39题】王某欲开办一家合伙制的专利代理机构，应当符合下列哪些条件？
A. 除王某外另有2名合伙人，三人均符合专利代理机构合伙人的条件
B. 签订合伙协议
C. 具有不低于5万元人民币的资金
D. 有固定办公场所

【考点】合伙制的专利代理机构

考生	意见
甲	选项B，合伙协议没说是必须的吧，选项B不对。

【分析】《专利代理管理办法》第三条第二款规定，合伙制专利代理机构应当由3名以上合伙人共同出资发起，有限责任制专利代理机构应当由5名以上股东共同出资发起。因此，选项A正确。《专利代理管理办法》第四条第一款规定，设立专利代理机构应当符合下列条件：（一）具有符合本办法第七条规定的机构名称；（二）具有合伙协议书或者章程；（三）具有符合本办法第五条、第六条规定的合伙人或者股东；（四）具有固定的办公场所和必要的工作设施。因此，选项BD正确，考生甲的想法是不对的，选项C规定在旧《专利代理管理办法》第四条第一款规定，因此，选项C错误。

【答案】ABD❶

42.【2012年第37题】下列哪些机构属于专利代理条例中所说的专利代理机构？
A. 某知识产权咨询公司，该公司由获得专利代理人资格证的王某在工商行政管理部门注册成立
B. 某公司的知识产权部，该部门的主要职责是为本公司办理专利申请和办理其他专利事务
C. 某律师事务所，该律师事务所经国务院专利行政部门批准开办专利代理业务
D. 某知识产权有限责任公司，该公司经国务院专利行政部门批准办理专利代理业务，并到工商行政管理部门进行了登记

【考点】专利代理机构

【分析】《专利代理条例》第三条规定，本条例所称专利代理机构是指接受委托人的委托，在委托权限范围内，办理专利申请或者办理其他专利事务的服务机构。专利代理机构包括：（一）办理涉外专利事务的专利代理机构；（二）办理国内专利事务的专利代理机构；（三）办理国内专利事务的律师事务所。第六条第一款规定，申请成立办理国内专利事务的专利代理机构，或者律师事务所申请开办专利代理业务的，应当经过其主管机关同意后，报请省、自治区、直辖市专利管理机关审查；没有主管机关的，可以直接报请省、自治区、直辖市专利管理机关审查。审查同意的，由审查机关报中国专利局审批。由此可知，专利代理机构的设立应当经过国家知识产权局审批并到国务院工商行政管理部门登记，因此，选项AB中的机构不属于专利代理条例中所说的专利代理机构，选项CD中的机构属于专利代理条例中所说的专利代理机构。选项AB错误，选项CD正确。

【答案】CD

3. 专利代理机构办事机构的设立条件和审批程序

43.【2014年第37题】专利代理机构有下列哪些情形的，不能设立办事机构？❷
A. 专利代理机构设立的时间为1年
B. 有12名执业的专利代理人
C. 未通过上一年度的年检被列入专利代理机构经营异常名录或者严重违法专利代理机构名单
D. 上一年度专利代理数量为200件

【考点】专利代理机构办事机构的设立条件

【分析】《专利代理管理办法》第十四条规定，申请设立办事机构的专利代理机构应当符合下列条件：（一）设立时间满2年以上；（二）具有10名以上专利代理人；（三）未被列入专利代理机构经营异常名录或者严重违法专利代理机构名单。因此，选项AC正确，选项BD错误。

【答案】AC

四、专利代理监管

五、专利代理惩戒

1. 专利代理惩戒委员会
2. 对专利代理人的惩戒和专利代理机构的惩戒

44.【2016年第36题】专利代理人有下列哪些情形的应当受到惩戒？
A. 同时在两个以上专利代理机构执业的
B. 妨碍、阻挠对方当事人合法取得证据的
C. 干扰专利审查工作或者专利行政执法工作的正常进行的
D. 因过错给当事人造成重大经济损失的

【考点】专利代理人惩戒

【分析】《专利代理惩戒规则》（试行）第七条规定，专利代理人有下列情形之一的，应当责令其改正，并给予本规则第五条规定的惩戒：（一）同时在两个以上专利代理机构执业的；（二）诋毁其他专利代理人、专

---

❶ 国家知识产权局条法司2013年试题解析适用旧《专利代理管理办法》，第39题答案为选项ABCD。
❷ 将本题选项C进行修改，以适应2015年实施的《专利代理管理办法》。

利代理机构的，或者以不正当方式损害其利益的；（三）私自接受委托、私自向委托人收取费用、收受委托人财物、利用提供专利代理服务的便利牟取当事人争议的权益，或者接受对方当事人财物的；（四）妨碍、阻挠对方当事人合法取得证据的；（五）干扰专利审查工作或者专利行政执法工作的正常进行的；（六）专利行政部门的工作人员退休、离职后从事专利代理业务，对本人审查、处理过的专利申请案件或专利案件进行代理的；（七）泄露委托人的商业秘密或者个人隐私的；（八）因过错给当事人造成重大损失的；（九）从事其他违法业务活动的。因此，选项ABCD正确。

【答案】ABCD

六、中华全国专利代理人协会

第二章 授予专利权的实质条件

基本要求

掌握三种专利的保护对象和可以授予专利权的主题；掌握发明、实用新型和外观设计专利授予专利权的各项实质条件。

第一节 专利保护的对象和主题

一、三种专利的保护对象

1. 发明

1.【2016年第6题】下列哪个属于不可获得专利权的主题？
 A. 一种用转基因方法培育的黑色玉米品种　　B. 一种必须经主管机关批准方能生产的武器
 C. 一种生产放射性同位素的设备　　D. 一种制造假肢的方法

【考点】不能获得专利权的主题

【分析】《专利审查指南2010》第二部分第十章第9.1.2.4节规定，转基因动物或植物是通过基因工程的重组DNA技术等生物学方法得到的动物或植物。其本身仍然属于本部分第1章第4.4节定义的"动物品种"或"植物品种"的范畴，根据专利法第二十五条第一款第四项规定，不能被授予专利权。因此，选项A正确。《专利审查指南2010》第二部分第一章第3.1.1节规定，专利法实施细则第十条规定，专利法第五条所称违反法律的发明创造，不包括仅其实施为法律所禁止的发明创造。其含义是，如果仅仅是发明创造的产品的生产、销售或使用受到法律的限制或约束，则该产品本身及其制造方法并不属于违反法律的发明创造。例如，用于国防的各种武器的生产、销售及使用虽然受到法律的限制，但这些武器本身及其制造方法仍然属于可给予专利保护的客体。因此，选项B错误。《专利审查指南2010》第二部分第一章第4.5节规定，为实现核变换方法的各种设备、仪器及其零部件等，均属于可被授予专利权的客体。因此，选项C错误。《专利审查指南2010》第二部分第一章第4.3.2.2节规定，以下几类方法是不属于治疗方法的例子，不得依据专利法第二十五条第一款第3项拒绝授予其专利权。（1）制造假肢或者假体的方法，以及为制造该假肢或者假体而实施的测量方法。例如，一种制造假牙的方法，该方法包括在病人口腔中制作牙齿模具，而在体外制造假牙。虽然其最终目的是治疗，但是该方法本身的目的是制造出合适的假牙。因此，选项D错误。

【答案】A

2.【2014年第22题】下列哪个属于可以授予专利权的主题？
 A. 一种抗干扰的电波信号　　B. 一种抗干扰的电波信号的发生装置
 C. 一种可对室内环境进行有效消毒的光　　D. 一种通过环保无污染的方式获得的能量

【考点】专利保护的主题

【分析】《专利审查指南2010》第二部分第一章第2节规定，专利法所称的发明，是指对产品、方法或者其改进所提出的新的技术方案，这是对可申请专利保护的发明客体的一般性定义，不是判断新颖性、创造性的具体审查标准。技术方案是对要解决的技术问题所采取的利用了自然规律的技术手段的集合。技术手段通常是由技术特征来体现的。未采用技术手段解决技术问题，以获得符合自然规律的技术效果的方案，不属于专利法第二条第二款规定的客体。气味或者诸如声、光、电、磁、波信号或者能量也不属于专利法第二条第二款规定的客体。但利用其性质解决技术问题的，则不属此列。因此，选项ACD错误，选项B正确。

【答案】B

3.【2012年第52题】下列哪些属于可授予专利权的主题？
 A. 一种驱虫用的气体　　B. 一种提高十字路口通行效率的交通规则
 C. 一种促进植物生长的光　　D. 一种解决转子磁力线偏转问题的装置

【考点】可授予专利权的主题

【分析】根据专利法第二条的规定，发明，是指对产品、方法或者其改进所提出的新的技术方案。实用新型，是指对产品的形状、构造或者其结合所提出的适于实用的新的技术方案。而技术方案是对要解决的技术问题所采取的利用了自然规律的技术手段的集合，技术手段通常是由技术特征来体现的。因此，选项 AD 都属于可授予专利权的主题，因此，选项 AD 正确。根据专利法第二十五条的规定，智力活动的规则和方法不授予专利权。在选项 B 中，"一种提高十字路口通行效率的交通规则"属于智力活动的规则，不属于可授予专利权的主题，因此，选项 B 错误。《专利审查指南 2010》第二部分第一章第 2 节规定，气味或者诸如声、光、电、磁、波等信号或者能量也不属于专利法第二条第二款规定的客体。因此，选项 C 错误。

【答案】AD

2. 实用新型

4.【2016 年第 4 题】 下列哪个属于实用新型专利保护的客体？

A. 一种采用新程序控制的垃圾桶

B. 一种制作卡通形象垃圾桶的模具

C. 一种用于制作垃圾桶的新材料

D. 一种为了美观而将外形设计为动物形象的垃圾桶

【考点】实用新型专利保护的客体

【分析】专利法第二条第三款规定，实用新型，是指对产品的形状、构造或者其结合所提出的适于实用的新的技术方案。本题中选项 B 符合该规定，因此，选项 B 正确，而选项 D "为了美观而将外形设计为动物形象"不属于技术方案，因此，选项 D 错误。

《专利审查指南 2010》第一部分第二章第 6.1 节规定实用新型专利只保护产品。应当注意的是：（1）权利要求中可以使用已知方法的名称限定产品的形状、构造，但不得包含方法的步骤、工艺条件等。例如，以焊接、铆接等已知方法名称限定各部件连接关系的，不属于对方法本身提出的改进。（2）如果权利要求中既包含形状、构造特征，又包含对方法本身提出的改进，例如含有对产品制造方法、使用方法或计算机程序进行限定的技术特征，则不属于实用新型专利保护的客体。例如，一种木质牙签，主体形状为圆柱形，端部为圆锥形，其特征在于：木质牙签加工成形后，浸泡于医用杀菌剂中 5~20 分钟，然后取出晾干。由于该权利要求包含了对方法本身提出的改进，因而不属于实用新型专利保护的客体。本题选项 A 中，将"采用新程序控制"来限定垃圾桶，而选项 C 中技术主题为新材料，因此，选项 AC 错误。

【答案】B

5.【2015 年第 5 题】 下列哪个属于实用新型专利保护的客体？

A. 一种复合齿轮，其特征在于将熔制的钢水浇铸到齿模内，冷却、保温后而成

B. 一种药膏，其特征在于包含凡士林 5%~20%、尿素 10%~30%、水杨酸 8%~-30%

C. 一种建筑沙子，其特征在于将其堆积成圆台状

D. 一种葫芦容器，其特征在于容器主体为葫芦型，容器上口内镶有衬套

【考点】实用新型专利保护的客体

【分析】根据《专利审查指南 2010》第一部分第二章第 6.1 节的规定，一切方法以及未经人工制造的自然存在的物品不属于实用新型专利保护的客体。上述方法包括产品的制造方法、使用方法、通讯方法、处理方法、计算机程序以及将产品用于特定用途等。因此，选项 A 错误。根据《专利审查指南 2010》第一部分第二章第 6.2.2 节的规定，如果权利要求中既包含形状、构造特征，又包含对材料本身提出的改进，则不属于实用新型专利保护的客体。例如，一种菱形药片，其特征在于，该药片是由 20% 的 A 组分、40% 的 B 组分及 40% 的 C 组分构成的。由于该权利要求包含了对材料本身提出的改进，因而不属于实用新型专利保护的客体。因此，选项 B 错误。根据《专利审查指南 2010》第一部分第二章第 6.2.1 节的规定，不能以摆放、堆积等方法获得的非确定的形状作为产品的形状特征。因此，选项 C 错误。根据专利法第二条第三款的规定，实用新型，是指对产品的形状、构造或者其结合所提出的适于实用的新的技术方案。因此，选项 D 正确。

【答案】D

6. 【2014年第66题】下列关于实用新型专利保护客体的说法哪些是正确的？
   A. 一种"多层雪糕"。由于雪糕在常温下会融化，没有固定形状，所以不属于实用新型专利保护客体
   B. 一种"涂有氧化层的铁锅"。由于氧化层在铁锅表面形成了氧化层结构，所以属于实用新型专利保护客体
   C. 一种"内部装有导流装置的烟囱"。由于烟囱由混凝土或砖砌成，属于一种固定建筑物，所以不属于实用新型专利保护客体
   D. 一种"植物盆栽"。由于盆栽的形状是植物自然生长形成的，所以不属于实用新型保护的客体

【考点】实用新型专利保护的客体

【分析】《专利审查指南2010》第一部分第二章第6.2.1节规定，产品的形状可以是在某种特定情况下所具有的确定的空间形状。例如，具有新颖形状的冰杯、降落伞等。选项A中的雪糕在冷冻的情况下具有确定的空间形态，属于实用新型专利保护客体，因此，选项A的说法错误。该节还规定，不能以生物的或者自然形成的形状作为产品的形状特征。例如，不能以植物盆景中植物生长所形成的形状作为产品的形状特征，也不能以自然形成的假山形状作为产品的形状特征。因此，选项D正确。《专利审查指南2010》第一部分第二章第6.2.2节规定，复合层可以认为是产品的构造，产品的渗碳层、氧化层等属于复合层结构。因此选项B的说法正确。根据专利法第二条第三款规定，实用新型专利保护的客体包括对产品的构造提出的适于应用的新的技术方案，选项C中"内部装有导流装置的烟囱"，对烟囱内部的构造进行了改进，属于实用新型专利保护的客体，因此，选项C错误。

【答案】BD

7. 【2013年第21题】下列哪个属于实用新型专利保护的客体？
   A. 一种复合板材，其特征在于由三层板材构成，板材之间由胶水粘结
   B. 一种复合板材，其特征在于经浸泡、脱水、干燥而成
   C. 一种复合板材，其特征在于可用于制造简易房屋
   D. 一种复合板材，其特征在于板材上印刷有卡通图案

【考点】实用新型专利保护的客体

【分析】根据专利法第二条第三款的规定，实用新型，是指对产品的形状、构造或者其结合所提出的适于实用的新的技术方案。根据《专利审查指南2010》第一部分第二章第6.2.2节的规定，产品的构造可以是机械构造，也可以是线路构造。机械构造是指构成产品的零部件的相对位置关系、连接关系和必要的机械配合关系等；线路构造是指构成产品的元器件之间的确定的连接关系。本题中，选项A是对复合板材的构造提出的技术方案，属于实用新型专利保护的客体，因此，选项A正确。根据《专利审查指南2010》第一部分第二章第6.1节的规定，一切方法以及未经人工制造的自然存在的物品不属于实用新型专利保护的客体。上述方法包括产品的制造方法、使用方法、通讯方法、处理方法、计算机程序以及将产品用于特定用途等。因此，选项BC错误。根据《专利审查指南2010》第一部分第二章第6.3节的规定，未采用技术手段解决技术问题，以获得符合自然规律的技术效果的方案，不属于实用新型专利保护的客体。产品的形状以及表面的图案、色彩或者其结合的新方案，没有解决技术问题的，不属于实用新型专利保护的客体。产品表面的文字、符号、图表或者其结合的新方案，不属于实用新型专利保护的客体。因此，选项D不属于实用新型专利保护的客体，选项D错误。

【答案】A

8. 【2012年第70题】下列哪些属于实用新型专利保护的客体？
   A. 一种温度计，其特征在于主体为空心圆柱体，圆柱体内灌有水银
   B. 一种盆景，其特征在于植物生长所形成的形状
   C. 一种菱形药片，其特征在于该药片由33.6%的a组分和66.4%的b组分构成
   D. 一种降落伞，其特征在于展开后的横截面为半圆形

【考点】实用新型专利保护的客体

【分析】根据专利法第二条第三款的规定，实用新型，是指对产品的形状、构造或者其结合所提出的适于实用的新的技术方案。根据《专利审查指南2010》第一部分第二章第6.2.1节的规定，允许产品中的某个技术

特征为无确定形状的物质,如气态、液态、粉末状、颗粒状物质,只要其在该产品中受该产品结构特征的限制即可,例如,对温度计的形状构造所提出的技术方案中允许写入无确定形状的酒精。因此,选项 A 属于实用新型专利保护的客体,选项 A 正确。根据《专利审查指南 2010》第一部分第二章第 6.2.1 节的规定,不能以生物的或者自然形成的形状作为产品的形状特征。例如,不能以植物盆景中植物生长所形成的形状作为产品的形状特征,也不能以自然形成的假山形状作为产品的形状特征。选项 B 不属于实用新型专利保护的客体,选项 B 错误。根据《专利审查指南 2010》第一部分第二章第 6.2.2 节的规定,如果权利要求中既包含形状、构造特征,又包含对材料本身提出的改进,则不属于实用新型专利保护的客体。例如,一种菱形药片,其特征在于,该药片是由 20% 的 A 组分、40% 的 B 组分及 40% 的 C 组分构成的。由于该权利要求包含对材料本身提出的改进,因而不属于实用新型专利保护的客体。因此,选项 C 不属于实用新型专利保护的客体,选项 C 错误。根据《专利审查指南 2010》第一部分第二章第 6.2.1 节的规定,产品的形状可以是在某种特定情况下所具有的确定的空间形状。例如,具有新颖形状的冰杯、降落伞等。因此,选项 D 属于实用新型专利保护的客体,选项 D 正确。

本题设置的四个选项均来自《专利审查指南 2010》的举例,因此,需要特别注意《专利审查指南 2010》中的举例。

【答案】AD

3. 外观设计

9.【2016 年第 5 题】下列哪个主题可获得外观设计专利权?
A. 以企业商标标识为主体内容的瓶贴设计
B. 手机屏幕壁纸的设计
C. 艺术花瓶的设计
D. 可批量印制的摄影作品

【考点】外观设计专利保护的客体

【分析】专利法第二条第四款规定,外观设计,是指对产品的形状、图案或者其结合以及色彩与形状、图案的结合所作出的富有美感并适于工业应用的新设计。因此,选项 C 正确。专利法第二十五条规定,对下列各项,不授予专利权:(六)对平面印刷品的图案、色彩或者二者的结合作出的主要起标识作用的设计。《专利审查指南 2010》第一部分第三章第 6.2 节规定,如果一件外观设计专利申请同时满足下列三个条件,则认为所述申请属于专利法第二十五条第一款第(六)项规定的不授予专利权的情形:(1)使用外观设计的产品属于平面印刷品;(2)该外观设计是针对图案、色彩或者二者的结合而作出的;(3)该外观设计主要起标识作用。因此,选项 A 错误。《专利审查指南 2010》第一部分第三章第 7.4 节规定,以下属于不授予外观设计专利权的情形:(8)纯属美术、书法、摄影范畴的作品。(11)游戏界面以及与人机交互无关或者与实现产品功能无关的产品显示装置所显示的图案,例如,电子屏幕壁纸、开关机画面、网站网页的图文排版。因此,选项 BD 错误。

【答案】C

10.【2015 年第 37 题】下列哪些属于外观设计专利保护的客体?
A. 帽子上的绢花造型设计
B. 通电后才显示的霓虹灯的彩色图案
C. 饼干的月牙形设计
D. 餐巾扎成的玫瑰花形状

【考点】外观设计专利保护的客体

考生	意见
甲	通电后才显示的霓虹灯的彩色图案不能认为与人机交互或者实现产品功能有关[《国家知识产权局关于修改〈专利审查指南〉的决定》(第 68 号)的规定],应该不属于保护客体,因此,选项 B 错误。

【分析】专利法第二条第三款规定,外观设计,是指对产品的形状、图案或者其结合以及色彩与形状、图案的结合所作出的富有美感并适于工业应用的新设计因此,选项 AC 正确。《专利审查指南 2010》第一部分第三章第 7.4 节规定了不授予外观设计专利权的情形,根据专利法第二条第四款的规定,以下属于不授予外观设计专利权的情形:其中,(6)要求保护的外观设计不是产品本身常规的形态,例如手帕扎成动物形态的外观设计。(11)游戏界面以及与人机交互无关或者与实现产品功能无关的产品显示装置所显示的图案,例如,电子

屏幕壁纸、开关机画面、网站网页的图文排版（国家知识产权局第68号令）。选项B中"通电后才显示的霓虹灯的彩色图案"与实现产品功能有关，属于外观设计专利保护的客体，因此，选项B正确。选项D中"餐巾扎成的玫瑰花形状"不是产品本身常规的形态，因此，选项D错误。

需要注意的是，根据《国家知识产权局关于修改〈专利审查指南〉的决定》（第68号）的规定，游戏界面以及与人机交互无关或者与实现产品功能无关的产品显示装置所显示的图案，包括三种情况，即游戏界面、与人机交互无关的产品显示装置所显示的图案和与实现产品功能无关的产品显示装置所显示的图案，而本题选项B中，霓虹灯是夜间用来吸引顾客，或装饰夜景的彩色灯，其显示的彩色图案是与实现产品功能有关的，因此，考生甲的想法是不对的。

【答案】 ABC

11.【2013年第8题】下列哪个属于外观设计专利保护的客体？
A. 电脑屏幕保护画面设计　　　　　　　B. 主要起标识作用的平面包装袋设计
C. 达芬奇的画　　　　　　　　　　　　D. 售报亭的形状设计

【考点】外观设计专利保护的客体

【分析】《专利审查指南2010》第一部分第三章第7.4节规定了不授予外观设计专利权的情形，其中，(11) 游戏界面以及与人机交互无关或与实现产品功能无关的产品显示装置所显示的图案，例如，电子屏幕壁纸、开关机画面、网站网页的图文排版。因此，选项A不属于外观设计专利保护的客体，选项A错误。根据专利法第二十五条规定，对平面印刷品的图案、色彩或者二者的结合作出的主要起标识作用的设计不授予专利权。因此，选项B中"主要起标识作用的平面包装袋设计"属于不授予外观设计专利权的情形，选项B错误。根据《专利审查指南2010》第一部分第三章第7.1节的规定，外观设计是产品的外观设计，其载体应当是产品。不能重复生产的手工艺品、农产品、畜产品、自然物不能作为外观设计的载体。选项C中"达芬奇的画"属于不能重复生产的手工艺品，因此，选项C不属于外观设计专利保护的客体，选项C错误。根据专利法第二条第四款的规定，"外观设计，是指对产品的形状、图案或者其结合以及色彩与形状、图案的结合所作出的富有美感并适于工业应用的新设计"。选项D"售报亭的形状设计"是售报亭所作出的形状设计，因此，选项D属于外观设计专利保护的客体，选项D正确。

【答案】 D

二、不授予专利权的主题

1. 违反法律的发明创造

12.【2015年第4题】下列哪个属于可以授予专利权的主题？
A. 伪造人民币的设备　　　　　　　　　B. 快速记忆德语动词规则的方法
C. 促进种子发芽的红外光　　　　　　　D. 原子核裂变的反应器

【考点】可以授予专利权的主题

考生	意见
甲	选项A，属于在使用时违反法律法规，但是具有实际结构的发明创造，不属于专利法第5条规定的不授予专利权的情况，因此，选项A正确。

【分析】《专利审查指南2010》第二部分第一章第3.1.1节规定，发明创造与法律相违背的，不能被授予专利权。例如，伪造国家货币、票据、公文、证件、印章、文物的设备等都属于违反法律的发明创造，不能被授予专利权。因此，选项A错误。选项B属于专利法第二十五条中"智力活动的规则和方法"，因此，选项B错误。《专利审查指南2010》第二部分第一章第2节规定，气味或者诸如声、光、电、磁、波等信号或者能量也不属于专利法第二条第二款规定的客体。因此，选项C错误。《专利审查指南2010》第二部分第一章第4.5节规定，为实现核变换方法的各种设备、仪器及其零部件等，均属于可被授予专利权的客体。因此，选项D正确。

关于专利法第五条中违反法律的发明创造，需要注意两点：一是限制类发明创造，《专利审查指南2010》第二部分第一章第3.1.1节规定，如果仅仅是发明创造的产品的生产、销售或使用受到法律的限制或约束，则该产品本身及其制造方法并不属于违反法律的发明创造。例如，用于国防的各种武器的生产、销售及使用虽然受到法律的限制，但这些武器本身及其制造方法仍然属于可给予专利保护的客体。二是禁止类发明创造，《专利审查指南2010》第二部分第一章第3.1.1节规定，发明创造与法律相违背的，不能被授予专利权。例如，伪造国家货币、票据、公文、证件、印章、文物的设备等都属于违反法律的发明创造，不能被授予专利权。由此可知，考生甲混淆了所述两种情况，因此，考生甲的想法是不对的。

【答案】D

13.【2013年第26题】下列说法哪个是正确的？
   A. 一种能够控制特定机械状态发生概率的装置，由于该装置可能被用于赌博，因此该装置不能被授予专利权
   B. 一种能治疗乙肝的化合物，由于药品监督管理部门认为该化合物副作用超标，不允许其上市，因此该化合物不能被授予专利权
   C. 一种致人失明的女子防身器，由于该防身器的使用以致人伤残为手段，因此该防身器不能被授予专利权
   D. 一种能透过玻璃听到他人谈话的装置，由于该装置可能被用于窃听，危害公共秩序，因此该装置不能被授予专利权

【考点】不授予专利权的主题

【分析】《专利审查指南2010》第二部分第一章第3.1.1节违反法律的发明创造规定，发明创造并没有违反法律，但是由于其被滥用而违反法律的，则不属此列。例如，用于医疗的各种毒药、麻醉品、镇静剂、兴奋剂和用于娱乐的棋牌等。因此，选项AD中的"装置"本身并没有违反法律，仅仅是其滥用而违反法律，不妨碍其被授予专利权，因此，选项AD错误。《专利审查指南2010》第二部分第一章第3.1.3节规定，如果发明创造因滥用而可能造成妨害公共利益的，或者发明创造在产生积极效果的同时存在某种缺点的，例如对人体有某种副作用的药品，则不能以"妨害公共利益"为理由拒绝授予专利权。因此，选项B要求保护的主题"一种能治疗乙肝的化合物"虽具有副作用，但能被授予专利权，选项B错误。《专利审查指南2010》第二部分第一章3.1.3节规定，发明创造以致人伤残或损害财物为手段的，如一种使盗窃者双目失明的防盗装置及方法，不能被授予专利权。因此，选项C要求保护的主题"一种致人失明的女子防身器"不能被授予专利权，选项C正确。

【答案】C

14.【2012年第2题】关于下列哪一类主题的技术方案不能被授予专利权？
   A. 麻将牌   B. 大口径步枪
   C. 克隆人的方法   D. 有副作用的药品

【考点】不授予专利权的主题

【分析】《专利审查指南2010》第二部分第一章第3.1.1节违反法律的发明创造中规定，发明创造并没有违反法律，但是由于其被滥用而违反法律的，则不属此列。例如，用于医疗的各种毒药、麻醉品、镇静剂、兴奋剂和用于娱乐的棋牌等。因此，选项A能被授予专利权，选项A错误。《专利审查指南2010》第二部分第一章第3.1.1节违反法律的发明创造中规定，如果仅仅是发明创造的产品的生产、销售或使用受到法律的限制或约束，则该产品本身及其制造方法并不属于违反法律的发明创造。例如，用于国防的各种武器的生产、销售及使用虽然受到法律的限制，但这些武器本身及其制造方法仍然属于可给予专利保护的客体。因此，选项B能被授予专利权，选项B错误。《专利审查指南2010》第二部分第一章第3.1.2规定了违反社会公德的发明创造，发明创造与社会公德相违背的，不能被授予专利权。例如，带有暴力凶杀或者淫秽的图片或者照片的外观设计，非医疗目的的人造性器官或者其替代物，人与动物交配的方法，改变人生殖系遗传同一性的方法或改变了生殖系遗传同一性的人，克隆的人或克隆人的方法，人胚胎的工业或商业目的的应用，可能导致动物痛苦而对人或动物的医疗没有实质性益处的改变动物遗传同一性的方法等，上述发明创造违反社会公德，不能被授予专利权。因此，选项C不能被授予专利权，选项C正确。《专利审查指南2010》第二部分第一章第3.1.3规定了妨害公共利益的发明创造，如果发明创造因滥用而可能造成妨害公共利益的，或者发明创造在产生积极效果的

同时存在某种缺点的，例如对人体有某种副作用的药品，则不能以"妨害公共利益"为理由拒绝授予专利权。因此，选项 D 能被授予专利权，选项 D 错误。

【答案】 C

2. 违反社会公德的发明创造
3. 妨害公共利益的发明创造
4. 违反法律/行政法规的规定获取或者利用遗传资源，并依赖该遗传资源完成的发明创造

15.【2015年第 10 题】关于涉及遗传资源的专利申请，下列说法哪个是错误的？
A. 对违反法律的规定获取遗传资源，并依赖该遗传资源完成的发明创造，不授予专利权
B. 对违反行政法规的规定利用遗传资源，并依赖该遗传资源完成的发明创造，不授予专利权
C. 依赖遗传资源完成的发明创造，申请人应当在专利申请文件中说明遗传资源的直接来源和原始来源
D. 依赖遗传资源完成的发明创造，申请人无法说明直接来源的，应当在申请文件中陈述理由

【考点】 涉及遗传资源的专利申请

【分析】 根据专利法第五条第二款的规定，对违反法律、行政法规的规定获取或者利用遗传资源，并依赖该遗传资源完成的发明创造，不授予专利权。因此，选项 AB 的说法正确。根据专利法第二十六条第四款的规定，依赖遗传资源完成的发明创造，申请人应当在专利申请文件中说明该遗传资源的直接来源和原始来源；申请人无法说明原始来源的，应当陈述理由。因此，选项 C 的说法正确，选项 D 的说法错误。

【答案】 D

16.【2013 年第 53 题】下列说法哪些是正确的？
A. 专利法所称遗传资源包括取自人体、动物或植物的材料，不包括取自微生物的材料
B. 专利法所称依赖遗传资源完成的发明创造，是指利用了遗传资源的遗传功能完成的发明创造
C. 就依赖遗传资源完成的发明创造申请专利的，申请人应当在请求书中予以说明
D. 违反法律、行政法规的规定获取或者利用遗传资源，是指未按照我国法律、行政法规的规定事先获得有关行政管理部门的批准或者相关权利人的许可

【考点】 涉及遗传资源的发明创造

【分析】 根据专利法实施细则第二十六条的规定，专利法所称遗传资源，是指取自人体、动物、植物或者微生物等含有遗传功能单位并具有实际或潜在价值的材料；专利法所称依赖遗传资源完成的发明创造，是指利用了遗传资源的遗传功能完成的发明创造。就依赖遗传资源完成的发明创造申请专利的，申请人应当在请求书中予以说明，并填写国务院专利行政部门制定的表格。因此，选项 A 错误，选项 B 正确。《专利审查指南2010》第一部分第一章第 5.3 节规定，就依赖遗传资源完成的发明创造申请专利，申请人应当在请求书中对于遗传资源的来源予以说明，并填写遗传资源来源披露登记表，写明该遗传资源的直接来源和原始来源。申请人无法说明原始来源的，应当陈述理由。因此，选项 C 正确。《专利审查指南2010》第二部分第一章第 3.2 节规定，违反法律、行政法规的规定获取或者利用遗传资源，是指遗传资源的获取或者利用未按照我国有关法律、行政法规的规定事先获得有关行政管理部门的批准或者相关权利人的许可。因此，选项 D 正确。

【答案】 BCD

5. 科学发现
6. 智力活动的规则和方法

17.【2014 年第 32 题】下列哪些不属于可授予专利权的主题？
A. 一种可有效识别抑郁症的心理测验方法　　B. 一种可有效驯服野马的方法
C. 一种可有效提高婴儿体质的食谱　　　　　D. 一种可有效开发计算机软件的计算机编程语言

【考点】 专利保护的对象和主题

考生	意见
甲	选项 C，婴儿食品营养也是很重要，不同的食谱有不同的营养，所以应该是可以授权的。

【分析】《专利审查指南2010》第二部分第一章第 4.2 节规定，如果一项权利要求仅仅涉及智力活动的规

则和方法，则不应当被授予专利权。并进行了列举，包括"心理测验方法"、"教学、授课、训练和驯兽的方法"、"乐谱、食谱、棋谱"、"计算机的语言及计算规则"，因此，选项ABCD都不属于可授予专利权的主题，选项ABCD正确。

需要注意的是，食谱一般是指导或告知人们饮食的方法、种类、使用原料或介绍注意方面、营养作用、食疗效果等，介绍一周或一段时间的饮食安排等。当然，不同的食谱具有不同的营养，但食谱仅涉及智力活动的规则和方法，不属于可授予专利权的主题。因此，考生甲的想法是不对的。

【答案】ABCD

7. 疾病的诊断和治疗方法

18.【2016年第37题】外科医生张某发明了一种用于清洗伤口的药水，按照其独特的方法涂抹该药水可促进伤口的愈合，下列说法哪些是正确的？
A. 该药水以及该药水的制备方法均属于可授予专利权的主题
B. 该药水以及使用该药水促进伤口愈合的方法都属于可授予专利权的主题
C. 该药水以及使用该药水促进伤口愈合的方法都不属于可授予专利权的主题
D. 该药水属于可授予专利权的主题，使用该药水促进伤口愈合的方法不属于可授予专利权的主题

【考点】不能授予专利权的主题治疗方法

【分析】《专利审查指南2010》第二部分第一章第4.3.2.1节规定，以下几类方法是属于或者应当视为治疗方法的例子，不能被授予专利权。（9）处置人体或动物体伤口的方法，如伤口消毒方法、包扎方法。本题中，该药水促进伤口愈合的方法不能授予专利权，但是，该药水本身及其制造方案可以被授予专利权，因此，选项AD正确，选项BC错误。

【答案】AD

19.【2013年第2题】下列哪项属于不授予专利权的主题？
A. 一种制造冲锋枪的方法
B. 一种肝移植的方法
C. 一种新的地质勘探方法
D. 一种寺庙中使用的木鱼

【考点】不授予专利权的主题

【分析】《专利审查指南2010》第二部分第一章第3.1.1节规定，如果仅仅是发明创造的产品的生产、销售或使用受到法律的限制或约束，则该产品本身及其制造方法并不属于违反法律的发明创造。例如，用于国防的各种武器的生产、销售及使用虽然受到法律的限制，但这些武器本身及其制造方法仍然属于可给予专利保护的客体。因此，选项A属于授予专利权的主题，选项A错误。根据专利法第二十五条的规定，疾病的诊断和治疗方法不授予专利权，选项B要求保护的主题"一种肝移植的方法"属于疾病的治疗方法，因此，选项B属于不授予专利权的主题，选项B正确。选项CD符合专利法第二条发明创造的定义，且不在专利法第五、二十五条的排除之列，因此，选项CD属于授予专利权的主题，选项CD错误。

【答案】B

20.【2012年第17题】下列哪种方法不属于疾病的诊断和治疗方法？
A. 利用冠状造影判断心脏疾病的操作步骤
B. 杀灭植物虫害的方法
C. 对伤口进行拉链式缝合的方法
D. 检测脱离人体的粪便以判断人体是否有炎症的方法

【考点】疾病的诊断和治疗方法

【分析】《专利审查指南2010》第二部分第一章第4.3节规定，疾病的诊断和治疗方法，是指以有生命的人体或者动物体为直接实施对象，进行识别、确定或消除病因或病灶的过程。出于人道主义的考虑和社会伦理的原因，医生在诊断和治疗过程中应当有选择各种方法和条件的自由。另外，这类方法直接以有生命的人体或动物体为实施对象，无法在产业上利用，不属于专利法意义上的发明创造。因此疾病的诊断和治疗方法不能被授予专利权。在选项A中，"利用冠状造影判断心脏疾病的操作步骤"是以有生命的人体为直接实施对象，以诊断心脏疾病为直接目的，因此属于疾病的诊断方法，选项A错误。在选项B中，"杀灭植物虫害的方法"不

是以有生命的人体或动物体为实施对象，因此，不属于疾病的诊断和治疗方法，选项 B 正确。在选项 C 中，"对伤口进行拉链式缝合的方法"是为了使人体恢复健康，属于疾病治疗方法，选项 C 错误。《专利审查指南 2010》第二部分第一章第 4.3.1.1 节规定，如果一项发明从表述形式上看是以离体样品为对象的，但该发明是以获得同一主体疾病诊断结果或健康状况为直接目的，则该发明仍然不能被授予专利权。因此，选项 D 中，"检测脱离人体的粪便以判断人体是否有炎症的方法"属于疾病的诊断方法，选项 D 错误。

【答案】 B

8. 动物和植物品种
9. 原子核变换方法和用该方法获得的物质
10. 对平面印刷品的图案/色彩或者二者的结合作出的主要起标识作用的设计

第二节　发明和实用新型专利申请的授权条件

一、现有技术

21.【2015 年第 38 题】 某发明专利申请的申请日为 2014 年 2 月 5 日，优先权日为 2013 年 3 月 6 日。下列哪些技术构成了该申请的现有技术？

A. 2013 年 3 月出版的国外某科技专著上公开的与该申请相关的技术
B. 2013 年 2 月在欧洲公开使用的与该申请相关的技术
C. 2013 年 3 月 6 日在国内某期刊上公开的与该申请相关的技术
D. 2013 年 2 月 5 日在国内某展览会上公开的与该申请相关的技术

【考点】 现有技术

【分析】《专利审查指南 2010》第二部分第三章第 2.1 节规定，现有技术包括在申请日（有优先权的，指优先权日）以前在国内外出版物上公开发表、在国内外公开使用或者以其他方式为公众所知的技术。选项 D 中"2013 年 2 月 5 日"在 2013 年 3 月 6 日之前，因此，选项 D 正确。《专利审查指南 2010》第二部分第三章第 2.1.2.1 节规定，出版物的印刷日视为公开日，有其他证据证明其公开日的除外。印刷日只写明年月或者年份的，以所写月份的最后一日或者所写年份的 12 月 31 日为公开日。本题中，选项 A 中公开日视为 2013 年 3 月 31 日，在 2013 年 3 月 6 日之后，因此，选项 A 错误。选项 B 中公开日视为 2013 年 2 月 28 日，在 2013 年 3 月 6 日之前，因此，选项 B 正确。《专利审查指南 2010》第二部分第三章第 2.1.1 节规定，现有技术的时间界限是申请日，享有优先权的，则指优先权日。广义上说，申请日以前公开的技术内容都属于现有技术，但申请日当天公开的技术内容不包括在现有技术范围内。因此，选项 C 错误。

【答案】 BD

22.【2014 年第 39 题】 某专利申请涉及一种玻璃杯，其申请日是 2010 年 11 月 1 日，优先权日是 2010 年 5 月 8 日。下列哪些属于该申请的现有技术？

A. 印刷日为 2010 年 4 月的一份出版物，内容涉及一种陶瓷杯
B. 2010 年 4 月 2 日公开的一件美国专利申请，该申请涉及一种特殊色彩的玻璃杯
C. 2010 年 5 月 8 日公开的一件中国专利申请，该申请涉及一种陶瓷杯
D. 2010 年 9 月 2 日由德国进口到中国的玻璃杯

【考点】 现有技术

考生	意见
甲	选项 D 中 2010 年 9 月 2 日是玻璃杯从德国进入中国的日期，并不是出现的日期，也许很早就在德国使用，也可以构成题干所说的现有技术，选项 D 正确。
乙	玻璃和陶瓷是两种不同的物质，陶瓷杯不是玻璃杯的现有技术，选项 A 错误。

【分析】《专利审查指南 2010》第二部分第三章第 2.1 节规定，现有技术包括在申请日（有优先权的，指

优先权日）以前在国内外出版物上公开发表、在国内外公开使用或者以其他方式为公众所知的技术。现有技术应当是在申请日以前公众能够得知的技术内容。换句话说，现有技术应当在申请日以前处于能够为公众获得的状态，并包含有能够使公众从中得知实质性技术知识的内容。《专利审查指南2010》第二部分第三章第2.1.2.1节规定，出版物的印刷日视为公开日，有其他证据证明其公开日的除外。印刷日只写明年月或者年份的，以所写月份的最后一日或者所写年份的12月31日为公开日。本题中，选项A中出版物的公开日为2010年4月30日，在优先权日之前，因此，其记载的技术构成本题中的专利申请的现有技术，选项A正确。选项B中，美国专利申请公开的日期是2010年4月2日，在2010年5月8日之前，因此，该美国专利申请公开的技术构成该申请的现有技术，选项B正确。《专利审查指南2010》第二部分第三章第2.1.1节规定，现有技术的时间界限是申请日，享有优先权的，则指优先权日。广义上说，申请日以前公开的技术内容都属于现有技术，但申请日当天公开的技术内容不包括在现有技术范围内。选项C中，2010年5月8日公开的专利申请所记载的技术不构成本题中专利申请的现有技术，选项C错误。选项D中，进口的行为发生在2010年9月2日，晚于本题中专利申请的优先权日，因此，不构成本题中专利申请的现有技术，选项D错误。

需要注意的是，(1) 现有技术，是指申请日以前已经在国内外出版物上公开发表过、在国内外公开使用过或者以其他方式为公众所知的一切产品或者方法，或者有关产品、方法的信息。现有技术的意思就是，以申请日为界限，在申请日以前已经存在的技术水平，即技术知识的总和。❶ 因此，选项A中陶瓷杯是玻璃杯专利申请的现有技术，考生乙的想法是不对的；(2) 选项D中，考生只需考虑进口时间即可，考生甲增加考题信息，使考题处于不确定状态，因此，考生甲的想法是不对的。同样的做题思路，参见【2014年第70题】：下列哪些情形一定会导致申请专利的发明创造丧失新颖性？其中，选项A. 该发明创造于申请日前8个月在我国政府主办的某国际展览会上首次公开展出。有考生认为该展出如果没有公开发明中实质性内容，则不会导致新颖性的丧失。

【答案】 AB

23.【2012年第21题】黄某于2012年3月8日向国家知识产权局提交了一件优先权日为2011年4月3日的发明专利申请。下列哪一技术构成了该申请的现有技术？

A. 胡某2011年4月3日在国外公开使用的技术
B. 周某在印刷日为2011年4月的国内某期刊上公开的技术
C. 黄某在印刷日为2011年12月的国外某期刊上公开的技术
D. 李某2010年8月10日在中国政府主办的国际展览会上公开的技术

【考点】 现有技术

【分析】 专利法第二十二条第五款规定，法所称现有技术，是指申请日以前在国内外为公众所知的技术。《专利审查指南2010》第二部分第三章第2.1.1节规定了，现有技术的时间界限是申请日，享有优先权的，则指优先权日。广义上说，申请日以前公开的技术内容都属于现有技术，但申请日当天公开的技术内容不包括在现有技术范围内。本题中，黄某提交的发明专利申请享有优先权，优先权日为2011年4月3日。因此，在2011年4月3日（不含当日）以前公开的技术内容都属于现有技术。在选项A中，胡某在2011年4月3日的行为属于申请日当天公开的技术内容，不构成该申请的现有技术，因此，选项A错误。在选项C中，黄某的公开行为发生在2011年4月3日之后，不构成该申请的现有技术，因此，选项C错误。在选项D中，李某的公开行为发生在2011年4月3日之前，构成该申请的现有技术，因此，选项D正确。《专利审查指南2010》第二部分第三章第2.1.2.1节规定，出版物的印刷日视为公开日，有其他证据证明其公开日的除外。印刷日只写明年月或者年份的，以所写月份的最后一日或者所写年份的12月31日为公开日。选项B视在2011年4月30日公开，该日期在2011年4月3日之后，不构成该申请的现有技术，因此，选项B错误。

【答案】 D

二、新颖性

1. 新颖性的概念

---

❶ 汤宗舜：《专利法解说》，知识产权出版社2002年版，第143页。

2. 抵触申请

24. 【2016年第38题】甲拥有一件发明专利申请,其申请日为2010年5月16日,下列专利文献均记载了与该申请中所请求保护的技术方案相同的技术内容,哪些专利文献使得该申请不具备新颖性?

A. 申请人为乙的国际申请,国际申请日为2010年1月15日,国际公布日为2011年7月15日,进入中国国家阶段的日期为2011年8月5日

B. 申请人为甲本人的中国实用新型专利申请,申请日为2010年1月4日,公告日为2010年5月16日

C. 申请人为丙的欧洲专利申请,申请日为2010年2月1日,公布日为2010年11月1日

D. 申请人为丁的中国实用新型专利申请,申请日为2010年6月14日,优先权日为2010年2月4日,授权公告日为2010年10月16日

【考点】新颖性抵触申请

考生	意见
甲	选项A中没有说明国际申请进入中国国家阶段后由专利局作出公布或者公告。《专利审查指南2010》第二部分第三章2.2节规定:抵触申请还包括满足以下条件的进入了中国国家阶段的国际专利申请,即申请日以前由任何单位或者个人提出、并在申请日之后(含申请日)以前由专利局作出公布或公告的且为同样的发明或者实用新型的国际专利申请。可以看出,对于国际申请必须满足进入中国国家阶段后并由专利局作出公布或者公告,才考虑是否构成抵触申请,此题的选项A,仅仅说明了进入了中国国家阶段,并没有说明是否由专利局作出了公布或者公告,因此A选项是值得商榷的。

【分析】《专利审查指南2010》第二部分第三章第2.2节规定,根据专利法第二十二条第二款的规定,在发明或者实用新型新颖性的判断中,由任何单位或者个人就同样的发明或者实用新型在申请日以前向专利局提出并且在申请日以后(含申请日)公布的专利申请文件或者公告的专利文件损害该申请提出的专利申请的新颖性。为描述简便,在判断新颖性时,将这种损害新颖性的专利申请,称为抵触申请。审查员在检索时应当注意,确定是否存在抵触申请,不仅要查阅在先专利或专利申请的权利要求书,而且要查阅其说明书(包括附图),应当以其全文内容为准。抵触申请还包括满足以下条件的进入了中国国家阶段的国际专利申请,即申请日以前由任何单位或者个人提出,并在申请日之后(含申请日)由专利局作出公布或公告的且为同样的发明或者实用新型的国际专利申请。另外,抵触申请仅指在申请日以前提出的,不包含在申请日提出的同样的发明或者实用新型专利申请。

本题选项A中国际申请的申请日在甲发明专利申请日之前,并在甲发明专利申请日之后公开,构成抵触申请,破坏甲发明阻抗申请的新颖性,因此,选项A正确,同理,选项B也正确。选项C中欧洲专利申请不是直接向我国国家知识产权局提出的专利申请,也不是进入中国国家阶段的国际申请,因此,该欧洲专利申请不属于抵触申请,并且该欧洲专利申请公开日为2010年11月1日,在甲发明专利申请日之后,不用破坏甲发明专利申请的新颖性,因此,选项C错误。选项D中丁的中国实用新型专利申请享有2010年6月14日的优先权,构成了抵触申请,破坏甲发明申请的新颖性,因此,选项D正确。

需要说明的是,根据专利法实施细则第一百零四条第二、三款的规定,符合本条第一款第(一)项至第(三)项要求的,国务院专利行政部门应当给予申请号,明确国际申请进入中国国家阶段的日期(以下简称进入日),并通知申请人其国际申请已进入中国国家阶段。国际申请已进入中国国家阶段,但不符合本条第一款第(四)项至第(七)项要求的,国务院专利行政部门应当通知申请人在指定期限内补正;期满未补正的,其申请视为撤回。根据专利法实施细则第一百十四条第一款的规定,对要求获得发明专利权的国际申请,国务院专利行政部门经初步审查认为符合专利法和本细则有关规定的,应当在专利公报上予以公布;国际申请以中文以外的文字提出的,应当公布申请文件的中文译文。由此可知,国际申请进入国家阶段,并不意味着该申请一定会被公布或公告,因此,考生甲对选项A的考虑是有道理的,相比之下,【2015年第39题】一件中国发明专利申请的申请日为2014年2月1日,优先权日为2013年3月5日。下列记载了相同发明内容的专利文献哪些构成该申请的抵触申请?其中,选项B、一件在韩国提出的PCT国际申请,其国际申请日为2011年9月8日,国际公布日为2013年3月8日,进入中国国家阶段的日期为2014年4月8日,中国国家公布日为

2014 年 8 月 8 日，该选项更严谨些，既写明了进入日，又写明了公开日。

【答案】ABD

25.【2015 年第 39 题】 一件中国发明专利申请的申请日为 2014 年 2 月 1 日，优先权日为 2013 年 3 月 5 日。下列记载了相同发明内容的专利文献哪些构成该申请的抵触申请？

A. 一件西班牙专利申请，其申请日为 2011 年 10 月 15 日，公开日为 2013 年 5 月 6 日

B. 一件在韩国提出的 PCT 国际申请，其国际申请日为 2011 年 9 月 8 日，国际公布日为 2013 年 3 月 8 日，进入中国国家阶段的日期为 2014 年 4 月 8 日，中国国家公布日为 2014 年 8 月 8 日

C. 同一申请人于 2013 年 1 月 4 日向国家知识产权局提交的实用新型专利申请，授权公告日为 2013 年 3 月 6 日

D. 美国某公司在中国提出的发明专利申请，其申请日为 2013 年 3 月 1 日，公开日为 2014 年 9 月 1 日

【考点】抵触申请

考生	意见
甲	选项 C，因为实用新型专利申请是同一申请人于 2013 年 1 月 4 日提交的，该日期早于发明专利申请的优先权日 2013 年 3 月 5 日，故优先权文件并不是申请人的首次申请，因此，发明专利申请要求的优先权不成立，由此可知，考虑选项 C 时，由于发明专利申请的申请日为 2014 年 2 月 21 日，选项 C 中的实用新型专利的公告日为 2013 年 3 月 6 日，该公告日早于申请日 2014 年 2 月 21 日，因此，实用新型专利构成现有技术，不构成抵触申请，故选项 C 不能选。

【分析】《专利审查指南 2010》第二部分第三章第 2.2 节规定，根据专利法第二十二条第二款的规定，在发明或者实用新型新颖性的判断中，由任何单位或者个人就同样的发明或者实用新型在申请日以前向专利局提出并且在申请日以后（含申请日）公布的专利申请文件或者公告的专利文件损害该申请日提出的专利申请的新颖性。为描述简便，在判断新颖性时，将这种损害新颖性的专利申请，称为抵触申请。抵触申请还包括满足以下条件的进入了中国国家阶段的国际专利申请，即申请日以前由任何单位或者个人提出、并在申请日之后（含申请日）由专利局作出公布或公告的且为同样的发明或者实用新型的国际专利申请。专利法实施细则第十一条第一款规定，除专利法第二十八条和第四十二条规定的情形外，专利法所称申请日，有优先权的，指优先权日。本题中，选项 A 是"西班牙专利申请"，不是向我国专利局提出的专利申请，因此，选项 A 错误。选项 BCD 中的专利申请符合抵触申请要求的条件，因此，选项 BCD 正确。

需要注意的是，考生甲的想法是对的，题干信息加上选项 C 的信息，则发明专利申请要求的优先权不成立，选项 C 中的实用新型专利构成现有技术，而不构成抵触申请。本考题在选项 C 设置上没有考虑周全。如果选项 C 中"同一申请人"修改成"另一申请人"，则本考题就没有瑕疵了。

【答案】BCD

26.【2014 年第 19 题】 下列关于"抵触申请"的说法哪个是正确的？

A. 实用新型专利必然不构成发明专利申请的抵触申请

B. 同一申请人在先提出的发明专利申请必然不构成其在后提出的发明专利申请的抵触申请

C. 同一日提出的两件发明专利申请必然互不构成抵触申请

D. 两件发明专利申请若权利要求不同，则前一申请必然不构成后一申请的抵触申请

【考点】抵触申请

【分析】《专利审查指南 2010》第二部分第三章第 2.2 节规定，根据专利法第二十二条第二款的规定，在发明或者实用新型新颖性的判断中，由任何单位或者个人就同样的发明或者实用新型在申请日以前向专利局提出并且在申请日以后（含申请日）公布的专利申请文件或者公告的专利文件损害该申请日提出的专利申请的新颖性。为描述简便，在判断新颖性时，将这种损害新颖性的专利申请，称为抵触申请。因此，除了发明专利申请外，实用新型专利申请也可以构成发明专利申请的抵触申请，选项 A 错误；并且任何单位或者个人的发明专利申请都有可能构成在后发明专利申请的抵触申请，这里的任何人包括在后申请的申请人，选项 B 错误。《专利审查指南 2010》第二部分第三章第 2.2 节规定，抵触申请仅指在申请日以前提出的，不包含在申请日提出的

同样的发明或者实用新型专利申请。因此，选项C正确。《专利审查指南2010》第二部分第三章第2.2节规定，审查员在检索时应当注意，确定是否存在抵触申请，不仅要查阅在先专利或专利申请的权利要求书，而且要查阅其说明书（包括附图），应当以其全文内容为准。因此，选项D错误。

【答案】C

27.【2013年第59题】一件请求保护催化剂M的专利申请，申请日为2010年7月12日，公布日为2011年12月16日。下列向国家知识产权局提交的哪些申请构成该申请的抵触申请？

　　A. 申请日为2010年6月11日，公布日为2011年12月9日的申请，其权利要求请求保护催化剂M的制备方法，说明书中记载了催化剂M及其制备方法

　　B. 申请日为2010年6月12日，公布日为2011年12月9日的申请，其权利要求请求保护催化剂M的制备方法，说明书中记载了催化剂M的制备方法

　　C. 申请日为2010年6月12日，公布日为2011年12月16日的申请，请求保护催化剂M1，M1和M的区别仅在于，M中活性成分的含量为1～10%，M1中活性成分的含量为2～5%

　　D. 申请日为2010年6月12日，公布日为2011年12月16日的申请，仅在说明书摘要中描述了催化剂M

【考点】抵触申请

考生	意见
甲	选项B应该正确，在先申请说明书公开了催化剂M的制备方法，则必然也公开了催化剂M，因此应该构成抵触申请。

【分析】《专利审查指南2010》第二部分第三章第2.2节规定，根据专利法第二十二条第二款的规定，在发明或者实用新型新颖性的判断中，由任何单位或者个人就同样的发明或者实用新型在申请日以前向专利局提出并且在申请日以后（含申请日）公布的专利申请文件或者公告的专利文件损害该申请日提出的专利申请的新颖性。为描述简便，在判断新颖性时，将这种损害新颖性的专利申请，称为抵触申请。审查员在检索时应当注意，确定是否存在抵触申请，不仅要查阅在先专利或专利申请的权利要求书，而且要查阅其说明书（包括附图），应当以其全文内容为准。在选项A中，说明书中记载了催化剂M，申请日为2010年6月11日，在2010年7月12日之前；公布日为2011年12月9日，在2010年7月12日之后，构成抵触申请，因此，选项A正确。在选项B中，说明书中记载了催化剂M的制备方法，而没有记载催化剂M，不构成抵触申请，因此，选项B错误。

《专利审查指南2010》第二部分第三章第3.2.4节规定，对比文件公开的数值或者数值范围落在上述限定的技术特征的数值范围内，将破坏要求保护的发明或者实用新型的新颖性。在选项C中，申请日为2010年6月12日，在2010年7月12日之前；公布日为2011年12月16日，在2010年7月12日之后，请求保护催化剂M1，M1中活性成分的含量为2～5%。而M中活性成分的含量为1～10%，2～5%落在内，M1破坏催化剂M的新颖性，该申请构成抵触申请，因此，选项C正确。《专利审查指南2010》第二部分第二章第2.4节规定，摘要是说明书记载内容的概述，它仅是一种技术信息，不具有法律效力。摘要的内容不属于发明或者实用新型原始记载的内容，不能作为以后修改说明书或者权利要求书的根据，也不能用来解释专利权的保护范围。在使用抵触申请判断新颖性时，可以使用其说明书、权利要求、说明书附图，但不可以使用摘要，在选项D中，仅在说明书摘要中描述了催化剂M，不构成抵触申请，因此，选项D错误正确。

需要注意的是，在合金、玻璃、陶瓷、催化剂等化学领域，物质微观结构的改变往往难以确切测量和定义。因此，本题选项B公开催化剂M的制备方法，并不必然公开催化剂M本身的技术特征。比如一种葡萄酒的酿制工艺，采用该工艺酿制的葡萄酒具有不同的口感，严格地说，这些性质或者特性上的变化必然也是因为产品的某些成分发生了一定物理、化学变化才会产生，归根结底也是产品结构发生了变化，但这种变化属于微观结构的变化，往往十分复杂，常常难以准确表达，甚至连专利权人也不十分明了产品的各种成分究竟产生了何种变化。因此，考生甲的想法是不对的。

【答案】AC

28.【2012年第43题】一件中国发明专利申请的申请日为2011年3月4日，优先权日为2010年4月5

日。下列记载相同发明内容的专利文献哪些构成该申请的抵触申请？

A. 一件中国实用新型专利申请，申请日为2010年3月31日，授权公告日为2010年10月9日
B. 一件德国专利申请，申请日为2010年1月5日，公布日为2011年7月5日
C. 一件PCT国际申请，国际申请日为2009年3月9日，进入日为2011年3月4日，中国国家公布日为2011年10月16日
D. 一件中国发明专利申请，申请日为2010年3月1日，申请人于2011年3月1日主动要求撤回专利申请，但该申请仍于2011年3月9日被公布

【考点】抵触申请

考生	意见
甲	国际公开日题中并没有说，也许国际公开日在申请日前，就是现有技术了，因此，选项C错误。

【分析】《专利审查指南2010》第二部分第三章第2.2节规定，根据专利法第二十二条第二款的规定，在发明或者实用新型新颖性的判断中，由任何单位或者个人就同样的发明或者实用新型在申请日以前向专利局提出并且在申请日以后（含申请日）公布的专利申请文件或者公告的专利文件损害该申请日提出的专利申请的新颖性。为描述简便，在判断新颖性时，将这种损害新颖性的专利申请，称为抵触申请。构成抵触申请的专利申请文件或者专利文件应当具备三个条件：一是向国家知识产权局提出的申请；二是在申请日前提出申请、且在申请日或申请日之后公布或者公告；三是披露了同样的发明或者实用新型。在选项B中，"一件德国专利申请"不是向我国专利局提出的申请，不构成抵触申请，选项B错误。选项ACD都是向我国专利局提出的申请。在选项A中，申请日为2010年3月31日，在题干中发明专利申请的优先权日，即2010年4月5日之前；授权公告日为2010年10月9日，在题干中发明专利申请的优先权日，即2010年4月5日之后，因此，选项A构成抵触申请，选项A正确。在选项D中，申请日为2010年3月1日，在题干中发明专利申请的优先权日，即2010年4月5日之前；公布日是2011年3月9日，在题干中发明专利申请的优先权日，即2010年4月5日之后，申请人虽然在2011年3月1日主动要求撤回专利申请，但由于该申请仍于2011年3月9日被公布，因此，依旧符合抵触申请的条件，选项D正确。

《专利审查指南2010》第二部分第三章第2.2节规定，抵触申请还包括满足以下条件的进入了中国国家阶段的国际专利申请，即申请日以前由任何单位或者个人提出、并在申请日之后（含申请日）由专利局作出公布或公告的且为同样的发明或者实用新型的国际专利申请。在选项C中，国际申请日为2009年3月9日，中国国家公布日为2011年10月16日，符合抵触申请的条件，因此，选项C正确。

需要注意的是，本题选项C中，PCT国际申请进入中国国家阶段后，专利申请（CN）构成题干所述专利申请的抵触申请。如果该PCT国际申请的国际公开日在题干所述专利申请的申请日之前，则专利申请（WO）构成题干所述专利申请的现有技术。因此，不管该PCT国际申请何时国际公开，都不影响专利申请（CN）作为题干中所述专利申请的抵触申请的效力，因此，选项C正确，而考生甲以国际公开日不确定为由来判断选项C对错的不合适的。当然，如果本题明确国际公布日在中国发明专利申请的优先权日之后，那么本题提供的信息就充分了，考生甲就不用考虑太多了。本题选项C考查《专利审查指南2010》第二部分第三章第2.2节的规定，直接按照该节规定答题即可（①是否进入中国国家阶段；②是否在申请日之前提出；③是否由中国专利局在申请日之后公开或公告）。

类似的，由于考题没有明确"邮戳日"造成考生的纠结，参见【2013年第1题】甲于2011年7月1日完成了某项发明创造，并于2011年7月4日向国家知识产权局受理处直接递交了专利申请。乙也于2011年7月1日完成了同样的发明创造，并于7月2日上午到邮局寄出了专利申请，国家知识产权局2011年7月4日收到该申请。如果甲乙二人的申请均符合其他授予专利权的条件，则专利权应当授予何人？其中，D、经甲和乙协商确定的人。该题中提到"7月2日上午到邮局寄出了专利申请"，没有明确提到"邮戳日"，有考生认为：根据题干提供的信息，不能得知申请日是7月2日。

【答案】ACD

3. 判断新颖性的原则和基准

29.【2016年第7题】某发明专利申请的申请日为2012年12月25日。下列出版物均记载了与该申请请求保护的技术方案相同的技术内容，哪个会导致该申请丧失新颖性？

A. 2012年12月印刷并公开发行的某中文期刊

B. 在2012年12月25日召开的国际会议上发表的学术论文

C. 2012年11月出版的专业书籍，该书籍印刷后仅在某些地区的新华书店出售

D. 该发明申请人于2012年11月2日向国家知识产权局提出的实用新型专利申请，该实用新型专利申请于2013年2月5日被申请人主动撤回

【考点】新颖性

【分析】专利法第二十二条第二款规定，新颖性，是指该发明或者实用新型不属于现有技术；也没有任何单位或者个人就同样的发明或者实用新型在申请日以前向国务院专利行政部门提出过申请，并记载在申请日以后公布的专利申请文件或者公告的专利文件中。《专利审查指南2010》第二部分第三章第2.1.2.1节规定，出版物不受地理位置、语言或者获得方式的限制，也不受年代的限制。出版物的出版发行量多少、是否有人阅读过、申请人是否知道，这些都是无关紧要的。出版物的印刷日视为公开日，有其他证据证明其公开日的除外。印刷日只写明年月或者年份的，以所写月份的最后一日或者所写年份的12月31日为公开日。本题选项A中期刊的公开日视为2012年12月31日，选项C中专业书籍的公开日视为2012年11月30日，因此，选项A错误，选项C正确。

《专利审查指南2010》第二部分第三章第2.1.1节规定，现有技术的时间界限是申请日，享有优先权的，则指优先权日。广义上说，申请日以前公开的技术内容都属于现有技术，但申请日当天公开的技术内容不包括在现有技术范围内。因此，选项B错误。专利法第四十条规定，实用新型和外观设计专利申请经初步审查没有发现驳回理由的，由国务院专利行政部门作出授予实用新型专利权或者外观设计专利权的决定，发给相应的专利证书，同时予以登记和公告。实用新型专利权和外观设计专利权自公告之日起生效。由此可知，实用新型是在初审合格后授权，并且公开，如果其在授权前主动撤回，则没有被公开，就不属于现有技术，因此，选项D错误。

【答案】C

30.【2016年第8题】某发明专利申请要求保护一种光催化剂的制备方法，其中采用A工艺，并对干燥温度进行了限定。某现有技术记载了采用A工艺制备同种光催化剂的方法，其中干燥温度为50℃～100℃。相对于该现有技术，该发明专利申请的哪个权利要求不具备新颖性？

A. 一种光催化剂的制备方法，采用A工艺，其特征在于干燥温度为40℃～90℃

B. 一种光催化剂的制备方法，采用A工艺，其特征在于干燥温度为58℃

C. 一种光催化剂的制备方法，采用A工艺，其特征在于干燥温度为60℃～75℃

D. 一种光催化剂的制备方法，采用A工艺，其特征在于干燥温度为40℃～45℃

【考点】新颖性

【分析】《专利审查指南2010》第二部分第三章第3.2.4节规定了数值和数值范围，如果要求保护的发明或者实用新型中存在以数值或者连续变化的数值范围限定的技术特征，例如部件的尺寸、温度、压力以及组合物的组分含量，而其余技术特征与对比文件相同，则其新颖性的判断应当依照以下各项规定。（2）对比文件公开的数值范围与上述限定的技术特征的数值范围部分重叠或者有一个共同的端点，将破坏要求保护的发明或者实用新型的新颖性。本题选项A中，现有技术干燥温度50℃～100℃与发明专利申请干燥温度40℃～90℃部分重叠，因此，选项A正确，选项BCD错误。

【答案】A

31.【2015年第40题】一件发明专利申请的权利要求书如下：

"1. 一种设备，其特征在于包括部件a，b和c。

2. 根据权利要求1所述的设备，其特征在于还包括部件d。

3. 根据权利要求1或2所述的设备，其特征在于还包括部件e。

4. 根据权利要求3所述的设备，其特征在于还包括部件f。"

审查员检索到构成本申请现有技术的一篇对比文件，其技术方案公开了由部件a、b、c、d、f组成的设备。上述a、b、c、d、e、f为实质不同、且不能相互置换的部件。下列哪些选项是正确的？

  A. 权利要求1不具备新颖性   B. 权利要求2不具备新颖性
  C. 权利要求3不具备新颖性   D. 权利要求4不具备新颖性

【考点】新颖性

【分析】根据专利法第二十二条第二款的规定，新颖性，是指该发明或者实用新型不属于现有技术；也没有任何单位或者个人就同样的发明或者实用新型在申请日以前向专利局提出过申请，并记载在申请日以后（含申请日）公布的专利申请文件或者公告的专利文件中。《专利审查指南2010》第二部分第二章第3.3节规定，通常，开放式的权利要求宜采用"包含"、"包括"、"主要由……组成"的表达方式，其解释为还可以含有该权利要求中没有述及的结构组成部分或方法步骤。封闭式的权利要求宜采用"由……组成"的表达方式，其一般解释为不含有该权利要求所述以外的结构组成部分或方法步骤。本题中，权利要求1的技术方案包括部件a，b和c，权利要求2的技术方案包括部件a，b，c和d，权利要求3的技术方案包括部件a，b，c和e，或者部件a，b，c，d和e，权利要求4的技术方案包括部件a，b，c，e和f，或者部件a，b，c，d，e和f，而对比文件的技术方案公开了由部件a、b、c、d、f组成的设备。因此，权利要求1～2不具备新颖性；而权利要求3～4包括部件e，对比文件不包括部件e，故权利要求3～4具备新颖性。因此，选项AB正确，选项CD错误。

【答案】AB

32.【2015年第42题】某建材公司发明了一种仿古瓷砖，在国内市场上销售一段时间后，该公司就该瓷砖的相关内容提出专利申请。上述销售行为在下列哪些情形下不会影响该专利申请的新颖性？

  A. 公司提出的是该仿古瓷砖的外观设计专利申请

  B. 公司提出的是关于该仿古瓷砖外部构造的实用新型专利申请

  C. 公司提出的是关于该仿古瓷砖原料的发明专利申请，其原料配方无法从瓷砖中分析得出

  D. 公司提出的是关于该仿古瓷砖的制备方法专利申请

【考点】新颖性

考生	意见
甲	选项A，既然申请的是外观设计，就当然不会涉及新颖性，那就也不会影响起新颖性了，所以选项A也该选上。

【分析】根据专利法第二十二条第二、五款的规定，新颖性，是指该发明或者实用新型不属于现有技术。本法所称现有技术，是指申请日以前在国内外为公众所知的技术。根据专利法第二十三条第一、四款的规定，授予专利权的外观设计，应当不属于现有设计；也没有任何单位或者个人就同样的外观设计在申请日以前向国务院专利行政部门提出过申请，并记载在申请日以后公告的专利文件中。本法所称现有设计，是指申请日以前在国内外为公众所知的设计。《专利审查指南2010》第二部分第三章第2.1.2.2节规定了使用公开，使用公开的方式包括能够使公众得知其技术内容的制造、使用、销售、进口、交换、馈赠、演示、展出等方式。只要通过上述方式使有关技术内容处于公众想得知就能够得知的状态，就构成使用公开，而不取决于是否有公众得知。但是，未给出任何有关技术内容的说明，以致所属技术领域的技术人员无法得知其结构和功能或材料成分的产品展示，不属于使用公开。

  本题中，由于该仿古瓷砖销售了一段时间，其外观和外部构造已经属于为公众所知的技术，因此，选项AB错误。而公众却无法知晓该仿古瓷砖原料和制备方法，该公司可以就该仿古瓷砖原料和制备方法提出专利申请，因此，选项CD正确。

  需要注意的是，专利法第二十二条第二、三款规定了发明和实用新型专利应该满足新颖性、创造性；专利法第二十三条第一、二款规定了授予外观设计专利权的新颖性条件和创造性条件。因此，发明、实用新型和外观设计专利都应当满足新颖性和创造性的要求，考生甲的想法是不对的。

【答案】CD

33. 【2015年第45题】某发明专利申请的权利要求如下：

"1. 一种铝钛合金的生产方法，其特征在于加热温度为200～500℃。

2. 一种根据权利要求1的铝钛合金生产方法，其特征在于加热温度为350℃。"

下列说法哪些是正确的？

A. 对比文件1公开的铝钛合金的生产方法中加热温度为400～700℃，则权利要求1相对于对比文件1不具备新颖性

B. 对比文件2公开的铝钛合金的生产方法中加热温度为500～700℃，则权利要求1相对于对比文件2不具备新颖性

C. 对比文件3公开的铝钛合金的生产方法中加热温度为200～500℃，则权利要求2相对于对比文件3不具备新颖性

D. 对比文件4公开的铝钛合金的生产方法中加热温度为450℃，则权利要求1和权利要求2相对于对比文件4均不具备新颖性

【考点】新颖性

【分析】《专利审查指南2010》第二部分第三章第3.2.4节规定，（1）对比文件公开的数值或者数值范围落在上述限定的技术特征的数值范围内，将破坏要求保护的发明或者实用新型的新颖性。（2）对比文件公开的数值范围与上述限定的技术特征的数值范围部分重叠或者有一个共同的端点，将破坏要求保护的发明或者实用新型的新颖性。（3）对比文件公开的数值范围的两个端点将破坏上述限定的技术特征为离散数值并且具有该两端点中任一个的发明或者实用新型的新颖性，但不破坏上述限定的技术特征为该两端点之间任一数值的发明或者实用新型的新颖性。（4）上述限定的技术特征的数值或者数值范围落在对比文件公开的数值范围内，并且与对比文件公开的数值范围没有共同的端点，则对比文件不破坏要求保护的发明或者实用新型的新颖性。本题选项A中，权利要求1中200～500℃与对比文件1中400～700℃部分重叠，权利要求1相对于对比文件1不具备新颖性，因此，选项A正确。选项B中，权利要求1中200～500℃与对比文件2中500～700℃有一个共同的端点，因此，选项B正确。选项C中，权利要求2中的350℃为对比文件3中200～500℃之间的数值，因此，权利要求2相对于对比文件3具备新颖性，选项C错误。选项D中，对比文件4中450℃为权利要求1中200～500℃之间的数值，因此，权利要求1相对于对比文件4不具备新颖性，而对比文件4中450℃与权利要求2中350℃是不同的数值，因此，权利要求2相对于对比文件4具备新颖性，故选项D错误。

【答案】AB

34. 【2014年第49题】胡某向国家知识产权局提交了一件发明专利申请，其申请日为2010年5月5日，公布日为2010年12月1日。若下列向国家知识产权局提交的申请记载了与该申请完全相同的技术方案，则哪些破坏该申请的新颖性？

A. 申请日：2010年4月10日，公布日：2010年7月1日，申请人：胡某

B. 申请日：2010年5月5日，公布日：2010年9月1日，申请人：朱某

C. 申请日：2009年5月5日，公布日：2010年5月5日，申请人：胡某、朱某

D. 申请日：2009年7月31日，公布日：2010年1月5日，申请人：胡某

【考点】新颖性

【分析】《专利审查指南2010》第二部分第三章第2.2节规定，根据专利法第二十二条第二款的规定，在发明或者实用新型新颖性的判断中，由任何单位或者个人就同样的发明或者实用新型在申请日以前向专利局提出并且在申请日以后（含申请日）公布的专利申请文件或者公告的专利文件损害该申请日提出的专利申请的新颖性。为描述简便，在判断新颖性时，将这种损害新颖性的专利申请，称为抵触申请。由此可知，抵触申请仅指在申请日之前提出的，不包含申请日提出的同样的发明或者实用新型申请，本题中，选项AC中的专利申请都是在胡某的专利申请日之前向专利局提出并且在申请日以后和申请日当天公布的，都构成胡某专利申请的抵触申请，因此，选项AC正确。专利法第二十二条第五款规定，本法所称现有技术，是指申请日以前在国内外为公众所知的技术。本题中，选项B中的专利申请由于和胡某的专利申请日相同，不构成现有技术，不破坏胡某专利申请的新颖性，因此，选项B错误；选项D中的专利申请在胡某专利申请的申请日之前公布，其技术

构成了胡某专利申请的现有技术,破坏了胡某专利申请的新颖性,选项 D 正确。

【答案】ACD

35. 【2013 年第 11 题】一件专利申请公开了一种组合物,该组合物由植物材料 M 经过步骤 X、Y 和 Z 加工处理制得,并公开了该组合物可用来杀菌。该申请的申请日为 2012 年 6 月 1 日。一篇 2011 年 3 月 1 日公开的文献记载了一种由植物材料 M 经过步骤 X、Y 和 Z 加工处理制得的染料组合物,该文献没有公开所得组合物可用来杀菌。相对于该篇文献,该申请下列哪项权利要求具备新颖性?

A. 一种杀菌组合物,该组合物由植物材料 M 经过步骤 X、Y 和 Z 加工处理制得
B. 一种制备杀菌组合物的方法,该方法包括将植物材料 M 经过步骤 X、Y 和 Z 加工处理
C. 一种由植物材料 M 经过步骤 X、Y 和 Z 加工处理制得的组合物,其特征在于该组合物可以杀菌
D. 一种杀菌方法,包括使用由植物材料 M 经过步骤 X、Y 和 Z 加工处理制得的一种组合物

【考点】化学产品用途发明的新颖性

考生	意见
甲	选项 C 为组合物的用途发明,当该杀菌用途没有为对比文件所揭示时,应该具有新颖性。

【分析】《专利审查指南 2010》第二部分第十章第 5.4 节规定,一种已知产品不能因为提出了某一新的应用而被认为是一种新的产品。例如,产品 X 作为洗涤剂是已知的,那么一种用作增塑剂的产品 X 不具有新颖性。但是,如果一项已知产品的新用途本身是一项发明,则已知产品不能破坏该新用途的新颖性。这样的用途发明属于使用方法发明,因为发明的实质不在于产品本身,而在于如何去使用它。例如,上述原先作为洗涤剂的产品 X,后来有人研究发现将它配以某种添加剂后能作为增塑剂用。那么如何配制、选择什么添加剂、配比多少等就是使用方法的技术特征。这时,审查员应当评价该使用方法本身是否具备新颖性,而不能凭产品 X 是已知的认定该使用方法不具备新颖性。在本题中,选项 AC 都要求保护组合物,而该组合物与对比文献中公开的组合物实质相同,因此,选项 AC 没有新颖性,选项 AC 错误。选项 B 要求保护组合物的制备方法,而该方法与对比文献中公开的组合物的制备方法相同,因此,选项 B 不具备新颖性,选项 B 错误。选项 D 要求保护"一种杀菌方法",是对比文献中并没有公开的"已知物质的新用途",其实质不在于组合物本身,而在于如何去使用它,属于使用方法发明,因此具有新颖性,选项 D 正确。

需要注意的是,选项 C 属于用途限定的产品发明,而不是用途发明,该组合物的结构或组成并没有因为用途的限定而改变。在审查用途限定的产品发明专利申请的新颖性时,通常不考虑产品的性质和用途。只要产品本身的结构或组成相同,即可以认为不具备新颖性。因此,考生甲的想法是不对的。类似考题参见【2013 年第 36 题】如果独立权利要求 1 为"一种机床,包括特征 X",则下列哪些属于该权利要求的从属权利要求?选项 D、根据权利要求 1 所述的机床,其特征在于该机床用于加工刀具。有考生误以为选项 D 是用途发明,是独立权利要求,实际上,选项 D 是从属权利要求,并且是由用途来限定产品。

【答案】D

4. 不丧失新颖性的宽限期

36. 【2016 年第 39 题】甲、乙分别独立研发出了技术方案 A。甲于 2010 年 6 月 1 日在中国政府主办的一个国际展览会上首次展出了技术 A,并于 2010 年 11 月 1 日向国家知识产权局递交了关于技术方案 A 的发明专利申请 X,同时声明要求享有不丧失新颖性宽限期,并按期提交了相关证明文件。乙于 2010 年 8 月 2 日递交了关于技术方案 A 的发明专利申请 Y,并于 2010 年 10 月 10 日公开发表了详细介绍技术方案 A 的论文。以下说法哪些是正确的?

A. 甲的专利申请 X 享受 6 个月的宽限期,因此甲的展出行为及乙发表的论文均不影响该申请 X 的新颖性
B. 甲在展览会上的展出行为不影响专利申请 X 的新颖性,但影响申请 Y 的新颖性
C. 乙独立完成发明并且在甲之前提出了专利申请,因此乙的申请具备新颖性
D. 甲和乙的专利申请都不具备新颖性

【考点】宽限期 新颖性

【分析】专利法第二十四条规定,申请专利的发明创造在申请日以前六个月内,有下列情形之一的,不丧

失新颖性：（一）在中国政府主办或者承认的国际展览会上首次展出的；（二）在规定的学术会议或者技术会议上首次发表的；（三）他人未经申请人同意而泄露其内容的。

本题中，甲的展出行为破坏乙专利申请Y的新颖性，而不破坏甲专利申请X的新颖性；乙的发表论文行为破坏甲专利申请X的新颖性，因此，选项AC错误，选项BD正确。

【答案】BD

37.【2015年第41题】下列哪些情形一定会导致申请专利的发明创造丧失新颖性？
A. 该发明创造于申请日前5个月在我国政府主办的某国际展览会上首次公开展出
B. 该发明创造于申请日前4个月被独立作出同样发明创造的他人在科技部组织召开的科技会议上首次公开
C. 该发明创造于申请日前7个月被他人未经申请人同意发布在互联网上
D. 该发明创造于申请日前2个月在国务院有关主管部门主办的核心期刊上首次公开发表

【考点】不丧失新颖性的宽限期

【分析】根据专利法第二十四条的规定，申请专利的发明创造在申请日以前六个月内，有下列情形之一的，不丧失新颖性：（一）在中国政府主办或者承认的国际展览会上首次展出的；（二）在规定的学术会议或者技术会议上首次发表的；（三）他人未经申请人同意而泄露其内容的。选项A中的展出是在申请日前5个月的行为，没有超出6个月的宽限期，不会导致申请专利的发明创造丧失新颖性，因此，选项A错误。选项B中在科技部组织召开的科技会议上的首次公开是他人的行为，一定会导致申请专利的发明创造丧失新颖性，因此，选项B正确。选项C中他人的行为超出了6个月的宽限期，一定会导致申请专利的发明创造丧失新颖性，因此，选项C正确。选项D中在刊物上发表的行为不属于专利法第二十四条规定的行为，一定导致申请专利的发明创造丧失新颖性，因此，选项D正确。

【答案】BCD

38.【2014年第70题】下列哪些情形一定会导致申请专利的发明创造丧失新颖性？
A. 该发明创造于申请日前8个月在我国政府主办的某国际展览会上首次公开展出
B. 该发明创造于申请日前3个月在某全国性学术团体组织召开的技术会议上首次公开
C. 该发明创造于申请日前2个月在国务院有关主管部门主办的核心期刊上首次公开发表
D. 该发明创造于申请日前1个月被他人未经申请人同意发布在互联网上

【考点】不丧失新颖性的宽限期

考生	意见
甲	选项A不应为正确选项，其中的"展出"不同于公开和学术会议或期刊上针对性的发表，有可能没有公开发明中实质性内容，则不会导致新颖性的丧失。

【分析】专利法第二十四条规定，申请专利的发明创造在申请日以前六个月内，有下列情形之一的，不丧失新颖性：（一）在中国政府主办或者承认的国际展览会上首次展出的；（二）在规定的学术会议或者技术会议上首次发表的；（三）他人未经申请人同意而泄露其内容的。本题选项A中的展出，由于是在申请日前8个月的行为，已经超出了不丧失新颖性的宽限期，因此，该展出使技术方案公开，导致申请专利的发明创造丧失了新颖性，选项A正确。专利法实施细则第三十条第二款规定，专利法第二十四条第（二）项所称学术会议或者技术会议，是指国务院有关主管部门或者全国性学术团体组织召开的学术会议或者技术会议。由此可知，选项B中的情形由于可能享有不丧失新颖性的宽限期，不一定会导致申请专利的发明创造丧失新颖性，因此，选项B错误。由于以出版物的方式公开的技术方案并不能享有不丧失新颖性的宽限期，选项C中在期刊上公开发表的行为将会导致申请专利的发明创造丧失新颖性，因此，选项C正确。根据专利法第二十四条第（三）项的规定可知，发明创造于申请日前1个月被他人未经申请人同意发布在互联网上，专利申请可能享有不丧失新颖性的宽限期，不一定会导致申请专利的发明创造丧失新颖性，因此，选项D错误。

需要注意的是，考生甲自己增加了题中没有出现的信息，即选项A中的"展出"可能没有公开发明中实质性内容，这样过度解读考题的想法是不对的。专利法第二十四条第一种情形，即在中国政府主办或者承认的国际展览会上首次展出的。只需考虑"展出"是否符合该情形规定的期限、主办方、展览会级别以及是否首次即可，无需深入考虑"展出"是否公开实质性内容。同样的做题思路，参见【2014年第39题】某专利申请涉及一种玻璃杯，其申请日是2010年11月1日，优先权日是2010年5月8日。下列哪些属于该申请的现有技术？其中，选项D. 2010年9月2日由德国进口到中国的玻璃杯。有考生认为2010年9月2日是玻璃杯从德国进入中国的日期，并不是出现的日期，也许很早就在德国使用，也可以构成题干所说的现有技术。

【答案】AC

39.【2013年第4题】王某于2009年10月20日就一种改进的汽车制动系统向国家知识产权局递交了发明专利申请。下列哪种情形不会影响该发明专利申请的新颖性？
 A. 2008年8月在日本参加一个学术会议时，王某就该种系统进行了口头介绍
 B. 王某在一本2009年10月出版的杂志上发表了一篇介绍该种系统的文章，且无其他证据证明该杂志的具体印刷日
 C. 王某于2009年10月15日向国家知识产权局提交了一件同样内容的实用新型专利申请，该申请于2010年5月8日被授予专利权
 D. 某公司经王某授权于2009年2月在美国销售的新型汽车上使用了该系统

【考点】新颖性 不丧失新颖性的宽限期

【分析】专利法第二十二条第二款规定，新颖性，是指该发明或者实用新型不属于现有技术；也没有任何单位或者个人就同样的发明或者实用新型在申请日以前向国务院专利行政部门提出过申请，并记载在申请日以后公布的专利申请文件或者公告的专利文件中。专利法第二十二条第四款规定，本法所称现有技术，是指申请日以前在国内外为公众所知的技术。专利法第二十四条规定，申请专利的发明创造在申请日以前六个月内，有下列情形之一的，不丧失新颖性：（一）在中国政府主办或者承认的国际展览会上首次展出的；（二）在规定的学术会议或者技术会议上首次发表的；（三）他人未经申请人同意而泄露其内容的。在选项A中，王某在日本参加学术会议时间是2008年8月，与2009年10月20日的时间间隔超过了6个月，不属于专利法第二十四条第（二）项规定的情形，影响该发明专利申请的新颖性，因此，选项A错误。在选项C中，王某在2009年10月15日向国家知识产权局提交了一件同样内容的实用新型专利申请，该申请于2010年5月8日被授予专利权，该实用新型构成发明专利申请的抵触申请，影响发明专利申请的新颖性，因此，选项C错误。在选项D中，某公司经王某授权于2009年2月在美国销售的新型汽车上使用了该系统，该销售行为发生在2009年10月20日之前，导致该系统的技术方案成为现有技术，影响发明专利申请的新颖性，因此，选项D错误。

《专利审查指南2010》第二部分第三章第2.1.2.1节规定，出版物的印刷日视为公开日，有其他证据证明其公开日的除外。印刷日只写明年月或者年份的，以所写月份的最后一日或者所写年份的12月31日为公开日。因此，在选项B中，王某发表文章日期视为2009年10月31日，该日期在2009年10月20日之后，不会影响该发明专利申请的新颖性，选项B正确。

【答案】B

40.【2013年第32题】甲公司于2010年1月15日向国家知识产权局提交了一件有关电视机的发明专利申请。乙公司在2009年9月8日举办的中国政府承认的某国际展览会上展出了包含该申请中的技术方案的电视机。下列说法哪些是正确的？
 A. 该展出行为发生在甲公司专利申请提出之前，破坏了甲公司专利申请的新颖性
 B. 该展出行为属于发生在国外的使用公开，不破坏甲公司专利申请的新颖性
 C. 该展出行为发生在申请日之前六个月内举办的中国政府承认的展览会上，不破坏甲公司专利申请的新颖性
 D. 由于该展出行为的主体不是甲公司，因此该展出行为破坏甲公司专利申请新颖性

【考点】新颖性 不丧失新颖性的宽限期

【分析】专利法第二十二条第二款规定，新颖性，是指该发明或者实用新型不属于现有技术；也没有任何单位或者个人就同样的发明或者实用新型在申请日以前向国务院专利行政部门提出过申请，并记载在申请日以后公布的专利申请文件或者公告的专利文件中。该条第五款规定，本法所称现有技术，是指申请日以前在国内

外为公众所知的技术。专利法第二十四条规定，申请专利的发明创造在申请日以前六个月内，有下列情形之一的，不丧失新颖性：（一）在中国政府主办或者承认的国际展览会上首次展出的；（二）在规定的学术会议或者技术会议上首次发表的；（三）他人未经申请人同意而泄露其内容的。根据《专利审查指南2010》第二部分第三章第5节的规定，它（宽限期）仅仅是把申请人（包括发明人）的某些公开，或者第三人从申请人或发明人那里以合法手段或者不合法手段得来的发明创造的某些公开，认为是不损害该专利申请新颖性和创造性的公开。实际上，发明创造公开以后已经成为现有技术，只是这种公开在一定期限内对申请人的专利申请来说不视为影响其新颖性和创造性的现有技术，并不是把发明创造的公开日看作是专利申请的申请日。在本题中，乙公司的展出行为属于专利法第二十四条第（一）项规定，乙公司若申请专利，则享有专利法第二十四条规定的宽限期，而甲公司在该展出公开之后申请专利，该展出公开对甲公司来说，已经构成现有技术，破坏甲公司专利申请新颖性，因此，选项AD正确，选项BC错误。

【答案】AD

41.【2012年第12题】甲完成一项产品发明并于2010年5月10日在卫生部召开的学术会议上首次公开该产品。乙独立开发出相同的产品，并在2010年8月5日出版的《中国现代医学》杂志上详细介绍了该产品。就该产品，乙于2010年8月底提出专利申请，甲于2010年9月1日提出专利申请。下列哪种说法是正确的？

A. 由于乙提出专利申请的时间比甲早，如果甲乙二人的申请皆满足其他授予专利权的条件，则乙应当获得专利权

B. 由于该发明已在学术会议上公开，因此甲的申请丧失了新颖性

C. 由于甲的发明享有不丧失新颖性的宽限期，因此在宽限期内的任何公开都不会影响甲的申请的新颖性

D. 由于该发明在申请日前已在杂志上被公开，因此甲和乙的申请都不具备新颖性

【考点】新颖性不丧失新颖性的宽限期

【分析】专利法第二十二条第二款规定，新颖性，是指该发明或者实用新型不属于现有技术；也没有任何单位或者个人就同样的发明或者实用新型在申请日以前向国务院专利行政部门提出过申请，并记载在申请日以后公布的专利申请文件或者公告的专利文件中。专利法第二十四条规定，申请专利的发明创造在申请日以前六个月内，有下列情形之一的，不丧失新颖性：（一）在中国政府主办或者承认的国际展览会上首次展出的；（二）在规定的学术会议或者技术会议上首次发表的；（三）他人未经申请人同意而泄露其内容的。《专利审查指南2010》第二部分第三章第5节规定，从公开之日至提出申请的期间，如果第三人独立地作出了同样的发明创造，而且在申请人提出专利申请以前提出了专利申请，那么根据先申请原则，申请人就不能取得专利权。当然，由于申请人（包括发明人）的公开，使该发明创造成为现有技术，故第三人的申请没有新颖性，也不能取得专利权。在本题中，甲将其发明于2010年5月10日在卫生部召开的学术会议上首次公开，根据上述规定，该公开行为不影响甲在2010年5月10日后六个月内申请专利的新颖性。但是，乙独立开发出相同的产品，并在2010年8月5日出版的《中国现代医学》杂志上详细介绍了该产品，乙的公开行为发生在2010年8月5日，即在甲提出专利申请之前，因此，乙的公开使该发明创造在甲申请专利之前成为现有技术。同时，甲的公开行为发生乙申请专利之前，乙提交的申请也就丧失了新颖性。因此，甲和乙的申请都不具备新颖性。选项ABC错误，选项D正确。

【答案】D

5. 对同样的发明创造的处理

42.【2016年第40题】关于同样发明创造，下列说法哪些是正确的？

A. 李某于2014年5月4日和5月5日先后就同样的发明创造提交了实用新型专利申请A和发明专利申请B，为避免重复授权，李某可以选择放弃已经取得的实用新型A的专利权，或选择修改发明申请B的权利要求

B. 王某在2014年5月5日就同样的发明创造分别提交实用新型申请A和发明专利申请B，但未就存在同日申请进行说明。为避免重复授权，王某既可以选择放弃已经取得的实用新型A的专利权，也可以选择修改发明申请B的权利要求

C. 为避免重复授权，张某依专利法第9条及实施细则第41条选择放弃已经获得的实用新型专利权，则

该实用新型专利权自同日提交的发明专利申请授权公告之日起终止

D. 赵某、郑某同日就同样的发明创造分别提出的专利申请，当该两件申请均符合授予专利权的其他条件时，二人应当在收到通知后自行协商确定申请人

【考点】同样发明创造

考生	意见
甲	如果发明专利修改权利要求以后，要求保护的范围不同，虽然说明书内容一样，但是要求保护的范围不同，就不构成同样的发明创造，发明专利还是可以被授权的，因此，选项B正确。

【分析】专利法实施细则第四十一条第二款规定，同一申请人在同日（指申请日）对同样的发明创造既申请实用新型专利又申请发明专利的，应当在申请时分别说明对同样的发明创造已申请了另一专利；未作说明的，依照专利法第九条第一款关于同样的发明创造只能授予一项专利权的规定处理。《专利审查指南2010》第二部分第三章第6.2.2节规定，对于同一申请人同日（仅指申请日）对同样的发明创造既申请实用新型又申请发明专利的，在先获得的实用新型专利权尚未终止，并且申请人在申请时分别作出说明的，除通过修改发明专利申请外，还可以通过放弃实用新型专利权避免重复授权。因此，在对上述发明专利申请进行审查的过程中，如果该发明专利申请符合授予专利权的其他条件，应当通知申请人进行选择或者修改，申请人选择放弃已经授予的实用新型专利权的，应当在答复审查意见通知书时附交放弃实用新型专利权的书面声明。此时，对那件符合授权条件、尚未授权的发明专利申请，应当发出授权通知书，并将放弃上述实用新型专利权的书面声明转至有关审查部门，由专利局予以登记和公告，公告上注明上述实用新型专利权自公告授予发明专利权之日起终止。因此，选项A错误，选项C正确。而选项B中，王某未就存在同日申请进行说明，因此，王某没有选择放弃已经取得的实用新型A的专利权的机会，因此，选项B错误，考生甲的想法是不对的。

《专利审查指南2010》第二部分第三章第6.2.1.2节规定，在审查过程中，对于不同的申请人同日（指申请日，有优先权的指优先权日）就同样的发明创造分别提出专利申请，并且这两件申请符合授予专利权的其他条件的，应当根据专利法实施细则第四十一条第一款的规定，通知申请人自行协商确定申请人。因此，选项D正确。

【答案】CD

43.【2016年第85题】甲于2010年12月11日向国家知识产权局就同样的发明创造同时提交了发明和实用新型专利申请，且根据专利法实施细则第41条进行了说明；实用新型专利申请于2011年6月15日被公告授权；为避免重复授权，甲于2012年10月15日提交了放弃实用新型专利权的声明，国家知识产权局于2013年2月15日针对发明专利申请发出授权通知书并同意甲放弃实用新型专利权，发明专利申请于2013年4月15日被公告授权。下列说法哪些是正确的？

A. 实用新型专利权自2011年6月15日生效，于2013年2月15日终止
B. 实用新型专利权自2011年6月15日生效，于2013年4月15日终止
C. 发明专利权自2013年4月15日生效，实用新型专利权视为自申请日2010年12月11日起即不存在
D. 发明专利权自2013年4月15日生效，实用新型专利权自该日起终止

【考点】实用新型专利保护期限

【分析】专利法第四十条规定，实用新型和外观设计专利申请经初步审查没有发现驳回理由的，由国务院专利行政部门作出授予实用新型专利权或者外观设计专利权的决定，发给相应的专利证书，同时予以登记和公告。实用新型专利权和外观设计专利权自公告之日起生效。《专利审查指南2010》第二部分第三章第6.2.2节规定，对于同一申请人同日（仅指申请日）对同样的发明创造既申请实用新型又申请发明专利的，在先获得的实用新型专利权尚未终止，并且申请人在申请时分别作出说明的，除通过修改发明专利申请外，还可以通过放弃实用新型专利权避免重复授权。因此，在对上述发明专利申请进行审查的过程中，如果该发明专利申请符合授予专利权的其他条件，应当通知申请人进行选择或者修改，申请人选择放弃已经授予的实用新型专利权的，应当在答复审查意见通知书时附交放弃实用新型专利权的书面声明。此时，对那件符合授权条件、尚未授权的发明专利申请，应当发出授权通知书，并将放弃上述实用新型专利权的书面声明转至有关审查部门，由专利局

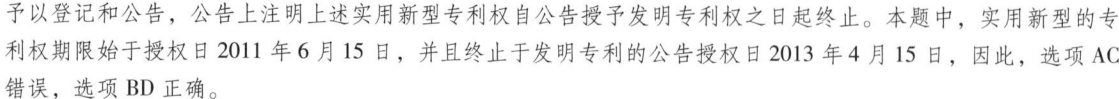

予以登记和公告，公告上注明上述实用新型专利权自公告授予发明专利权之日起终止。本题中，实用新型的专利权期限始于授权日 2011 年 6 月 15 日，并且终止于发明专利的公告授权日 2013 年 4 月 15 日，因此，选项 AC 错误，选项 BD 正确。

【答案】BD

44.【2015 年第 6 题】张某和刘某同日就同样的吸尘器分别向国家知识产权局提交了一件发明专利申请。在下列哪个情形下，张某和刘某的专利申请所要求保护的技术方案构成同样的发明创造？

A. 张某的申请请求保护吸尘器 X，刘某的申请请求保护吸尘器 X'，X 与 X' 的区别仅仅是所属技术领域的惯用手段的直接置换

B. 张某的申请请求保护吸尘器 X，刘某的申请请求保护包括吸尘器 X 的清洁系统 Y

C. 张某的申请请求保护吸尘器 X，刘某的申请请求保护吸尘器 X 及包括吸尘器 X 的清洁系统 Y

D. 张某的申请请求保护吸尘器 X，刘某的申请请求保护吸尘器 X 在清洁系统 Y 中的应用

【考点】同样的发明创造

考生	意见
甲	张某的申请请求保护吸尘器 X，刘某的申请请求保护吸尘器 X'，X 与 X' 的区别仅仅是所属技术领域的惯用手段的直接置换，两者构成同样的发明创造，因此，答案应该选择 A。
乙	《专利审查指南 2010》第 168 页指出"权利要求保护范围仅部分重叠的，不属于同样的发明创造。"选项 C 属于权利要求保护范围仅部分重叠的情况，因此，选项 C 错误。

【分析】《专利审查指南 2010》第二部分第三章第 6 节规定，对于发明或实用新型，专利法第九条或专利法实施细则第四十一条中所述的"同样的发明创造"是指两件或两件以上申请（或专利）中存在保护范围相同的权利要求。本题中，选项 ABD 中不存在保护范围相同的权利要求；选项 C 中，张某和刘某都请求保护吸尘器 X，因此，选项 C 正确，选项 ABD 错误。

需要说明的是，一是：本题考查不同人同日两件专利申请所要求保护的技术方案是否构成同样的发明创造，这两件同日专利申请不构成对方的现有技术或抵触申请，不存在破坏对方新颖性的问题，考生甲将判断新颖性的方法用于判断同样的发明创造，因此，考生甲的想法是不对的。"同样的发明创造"是指两件或两件以上申请（或专利）中存在的保护范围相同的权利要求。本题选项 A 中 X 与 X' 是不同的吸尘器，保护范围必定是不同的。

二是：关于同样的发明创造的判断，《专利审查指南 2010》第二部分第三章第 6.1 节规定，如果一件专利申请或专利的一项权利要求与另一件专利申请或专利的某一项权利要求保护范围相同，应当认为它们是同样的发明创造。权利要求保护范围仅部分重叠的，不属于同样的发明创造。例如，权利要求中存在以连续的数值范围限定的技术特征的，其连续的数值范围与另一件发明或者实用新型专利申请或专利权利要求中的数值范围不完全相同的，不属于同样的发明创造。由此可知，首先，一件专利申请/专利与另一件专利申请/专利存在保护范围相同的权利要求（项数不限）即认定为是同样的发明创造。其次，当一项权利要求与另一项权利要求对比时，保护范围仅部分重叠的，不属于同样的发明创造，这里的"部分重叠"是针对两项对比的权利要求而言。因此，本题选项 C 属于前者，即存在保护范围相同的权利要求（吸尘器 X），而并不要求张某和刘某的专利申请都保护吸尘器 X 及包括吸尘器 X 的清洁系统 Y，考生乙的想法是不对的。

【答案】C

45.【2014 年第 84 题】下列说法哪些是正确的？

A. 同样的发明创造可以同时被授予一项实用新型专利权和一项发明专利权

B. 在两件发明专利中存在保护范围相同的权利要求就构成重复授权

C. 为防止权利冲突，对于同样的发明创造，不能将多项专利权分别授予不同的申请人，但可以授予同一申请人

D. 两个以上的申请人同日（有优先权的，指优先权日）分别就同样的发明创造申请专利的，应当在收到

国家知识产权局的通知后自行协商确定申请人

【考点】 同样的发明创造

【分析】 根据专利法第九条第一款的规定，同样的发明创造只能授予一项专利权。但是，同一申请人同日对同样的发明创造既申请实用新型专利又申请发明专利，先获得的实用新型专利权尚未终止，且申请人声明放弃该实用新型专利权的，可以授予发明专利权。因此，选项A错误。《专利审查指南2010》第二部分第三章第6节规定，对于发明或实用新型，专利法第九条或专利法实施细则第四十一条中所述的"同样的发明创造"是指两件或两件以上申请（或专利）中存在的保护范围相同的权利要求。因此，选项B正确。根据专利法第九条的规定，同样的发明创造只能授予一项专利权，因此，同样的发明创造既不能授予不同的申请人，也不能授予同一申请人，选项C错误。根据专利法实施细则第四十一条第一款的规定，两个以上的申请人同日（指申请日；有优先权的，指优先权日）分别就同样的发明创造申请专利的，应当在收到国务院专利行政部门的通知后自行协商确定申请人。因此，选项D正确。

【答案】 BD

46. **【2013年第71题】** 王某在同日就一项发明创造既申请实用新型专利又申请发明专利，并在申请时分别说明对同样的发明创造已申请了另一专利。此后，实用新型专利申请被授予了专利权。若发明专利申请符合其他授权条件，则下列说法哪些是正确的？

A. 若实用新型专利权已经终止，则发明专利申请不能被授予专利权
B. 若王某不同意放弃实用新型专利权，则国务院专利行政部门应当驳回其发明专利申请
C. 若王某放弃实用新型专利权，则应当提交书面声明
D. 若发明专利申请被授予专利权，则实用新型专利权自公告授予发明专利权之日起终止

【考点】 同样的发明创造

考生	意见
甲	在实用新型专利权终止可以有很多原因，比如放弃交年费导致的终止，那么发明专利权就应该授权，又不存在重复授权的问题。因此，不应该选择A。

【分析】 专利法第九条第一款规定，同样的发明创造只能授予一项专利权。但是，同一申请人同日对同样的发明创造既申请实用新型专利又申请发明专利，先获得的实用新型专利权尚未终止，且申请人声明放弃该实用新型专利权的，可以授予发明专利权。专利法实施细则第四十一条第二、四、五款规定，同一申请人在同日（指申请日）对同样的发明创造既申请实用新型专利又申请发明专利的，应当在申请时分别说明对同样的发明创造已申请了另一专利；未作说明的，依照专利法第九条第一款关于同样的发明创造只能授予一项专利权的规定处理。发明专利申请经审查没有发现驳回理由，国务院专利行政部门应当通知申请人在规定期限内声明放弃实用新型专利权。申请人声明放弃的，国务院专利行政部门应当作出授予发明专利权的决定，并在公告授予发明专利权时一并公告申请人放弃实用新型专利权声明。申请人不同意放弃的，国务院专利行政部门应当驳回发明专利申请；申请人期满未答复的，视为撤回该发明专利申请。实用新型专利权自公告授予发明专利权之日起终止。因此，选项ABCD正确。

需要注意的是，2008年第三次修改的专利法第九条增加了第一款，即"同样的发明创造只能授予一项专利权。但是，同一申请人同日对同样的发明创造既申请实用新型专利又申请发明专利，先获得的实用新型专利权尚未终止，且申请人声明放弃该实用新型专利权的，可以授予发明专利权"。其中，但书部分写明了"同样的发明创造只能授予一项专利权"的例外情形，意味着只有在规定的具体情形下才允许对同样的发明创造授予两项专利权，在其他情形下均不允许。首先，允许同一申请人对同样的发明创造既申请实用新型专利，又申请发明专利，但是规定必须同日提出。这样，就确保了该申请人所能获得的专利保护总共也不会超过自申请日起20年的期间。其次，规定随后授予发明专利权的条件之一是"先获得的实用新型专利权尚未终止"。这样，就避免了出现申请人事先放弃其已经获得的实用新型专利权，或者其获得的实用新型专利权已经届满终止，随后

又授予发明专利权的现象。❶ 因此，考生甲的想法是不对的。

【答案】ABCD

三、创造性

1. 创造性的概念

47.【2016年第9题】 关于发明的创造性，下列说法哪个是正确的？

A. 发明具有显著的进步，就是要求发明不能有负面的技术效果

B. 判断创造性时，应当考虑申请日当天公布的专利文献中的技术内容

C. 发明在商业上获得成功，则应该认定其具有创造性

D. 如果发明是所属技术领域的技术人员在现有技术的基础上仅仅通过合乎逻辑的分析、推理即可得到，则该发明是显而易见的，也就不具备突出的实质性特点

【考点】创造性

【分析】专利法第二十二条第三款规定，创造性，是指与现有技术相比，该发明具有突出的实质性特点和显著的进步，该实用新型具有实质性特点和进步。《专利审查指南2010》第二部分第四章第2.3节规定，发明有显著的进步，是指发明与现有技术相比能够产生有益的技术效果。由此可知，发明有显著的进步并不意味着不能有负面的技术效果，因此，选项A错误。《专利审查指南2010》第二部分第三章第2.1.1节规定，现有技术的时间界限是申请日，享有优先权的，则指优先权日。广义上说，申请日以前公开的技术内容都属于现有技术，但申请日当天公开的技术内容不包括在现有技术范围内。因此，选项B错误。

《专利审查指南2010》第二部分第四章第5节规定，当发明的产品在商业上获得成功时，如果这种成功是由于发明的技术特征直接导致的，则一方面反映了发明具有有益效果，同时也说明了发明是非显而易见的，因而这类发明具有突出的实质性特点和显著的进步，具备创造性。但是，如果商业上的成功是由于其他原因所致，例如由于销售技术的改进或者广告宣传造成的，则不能作为判断创造性的依据。因此，选项C错误。《专利审查指南2010》第二部分第四章第2.2节规定，发明有突出的实质性特点，是指对所属技术领域的技术人员来说，发明相对于现有技术是非显而易见的。如果发明是所属技术领域的技术人员在现有技术的基础上仅仅通过合乎逻辑的分析、推理或者有限的试验可以得到的，则该发明是显而易见的，也就不具备突出的实质性特点。因此，选项D正确。

【答案】D

48.【2014年第55题】 下列关于发明创造性的说法哪些是正确的？

A. 抵触申请可以用来评价一项发明的创造性

B. 如果发明相对于现有技术具有突出的实质性特点，并具有显著的进步，则一定具备创造性

C. 如果选择发明是可以从现有技术中直接推导出来的，则该发明不具备创造性

D. 如果某项从属权利要求具备创造性，则从属于同一独立权利要求的其他权利要求一定具备创造性

【考点】创造性

【分析】《专利审查指南2010》第二部分第四章第2.1节规定，专利法第二十二条第二款中所述的，在申请日以前由任何单位或个人向专利局提出过申请并且记载在申请日以后公布的专利申请文件或者公告的专利文件中的内容，不属于现有技术，因此，在评价发明创造性时不予考虑。因此，选项A错误。根据专利法第二十二条第三款的规定，发明相对于现有技术具有突出的实质性特点，并具有显著的进步，则一定具备创造性，因此，选项B正确。《专利审查指南2010》第二部分第四章第4.3节规定，如果发明仅是从一些已知的可能性中进行选择，或者发明仅仅是从一些具有相同可能性的技术方案中选出一种，而选出的方案未能取得预料不到的技术效果，则该发明不具备创造性。因此，选项C正确。专利法实施细则第二十二条第一款规定，发明或者实用新型的从属权利要求应当包括引用部分和限定部分，按照下列规定撰写：（一）引用部分：写明引用的权利要求的编号及其主题名称；（二）限定部分：写明发明或者实用新型附加的技术特征。由此可知，每项从属权利要求都有其附加技术特征。当一项独立权利要求不具备创造性时，其从属权利要求需要分别判断是否具有创

---

❶ 国家知识产权局条法司：《专利法第三次修改导读》，知识产权出版社2009年版，第34～37页。

造性。由于每项从属权利要求的附加技术特征不同，则会导致有的从属权利要求具备创造性，有的不具备，因此，选项D错误。

【答案】BC

49.【2013年第19题】专利法中"所属技术领域的技术人员"这一概念不具有下列哪个含义？

A. "所属技术领域的技术人员"不是真实存在的人
B. "所属技术领域的技术人员"不具有创造能力
C. "所属技术领域的技术人员"知晓申请日或者优先权日之前所有技术领域的普通技术知识
D. "所属技术领域的技术人员"能够获知所属技术领域中所有的现有技术，并且具有应用申请日或者优先权日之前的常规实验手段的能力

【考点】所属技术领域的技术人员

考生	意见
甲	选项D是《专利审查指南2010》中的原话；选项中C的"所有技术领域"不对，应该是"所属技术领域"，因此，应该选择选项D。

【分析】《专利审查指南2010》第二部分第四章第2.4节规定，所属技术领域的技术人员，也可称为本领域的技术人员，是指一种假设的"人"，假定他知晓申请日或者优先权日之前发明所属技术领域所有的普通技术知识，能够获知该领域中所有的现有技术，并且具有应用该日期之前常规实验手段的能力，但他不具有创造能力。如果所要解决的技术问题能够促使本领域的技术人员在其他技术领域寻找技术手段，他也应具有从该其他技术领域中获知该申请日或优先权日之前的相关现有技术、普通技术知识和常规实验手段的能力。根据上述规定，普通技术知识所属技术领域限定在发明所属技术领域，而不是所有技术领域，因此，选项C不符合上述规定，选项C正确。而选项ABD符合上述规定，因此，选项ABD错误。

需要注意的是，本题让选择"专利法中'所属技术领域的技术人员'这一概念不具有下列哪个含义"，注意其中的"不具有"，考生甲没有认真审题，想反了。

【答案】C

50.【2012年第32题】下列关于发明的创造性的说法哪些是正确的？

A. 在评价发明是否具备创造性时，不仅要考虑发明的技术方案本身，还要考虑发明所属技术领域、所解决的技术问题和所产生的技术效果
B. 发明的某一技术特征与最接近的现有技术的对应特征有区别，则该发明必然具备创造性
C. 对创造性的评价无需考虑创立发明的途径
D. 发明提供了一种技术构思不同的技术方案，其技术效果能够基本上达到现有技术的水平，则可以说明该发明具有显著的进步

【考点】创造性

【分析】《专利审查指南2010》第二部分第四章第3.1规定，在评价发明是否具备创造性时，审查员不仅要考虑发明的技术方案本身，而且还要考虑发明所属技术领域、所解决的技术问题和所产生的技术效果，将发明作为一个整体看待。因此，选项A正确。专利法第二十二条第三款规定，创造性，是指与现有技术相比，该发明具有突出的实质性特点和显著的进步，该实用新型具有实质性特点和进步。《专利审查指南2010》第二部分第四章第2.2节规定，发明有突出的实质性特点，是指对所属技术领域的技术人员来说，发明相对于现有技术是非显而易见的。如果发明是所属技术领域的技术人员在现有技术的基础上仅仅通过合乎逻辑的分析、推理或者有限的试验可以得到的，则该发明是显而易见的，也就不具备突出的实质性特点。在选项B中，发明的某一技术特征与最接近的现有技术的对应特征有区别，不足以说明该发明必然具备创造性，选项B错误。《专利审查指南2010》第二部分第四章第6.1节规定，不管发明者在创立发明的过程中是历尽艰辛，还是唾手而得，都不应当影响对发明创造性的评价。绝大多数发明是发明者创造性劳动的结晶，是长期科学研究或者生产实践的总结。但是，也有一部分发明是偶然做出的。因此，选项C正确。

《专利审查指南2010》第二部分第四章第3.2.2节规定，在评价发明是否具有显著的进步时，主要应当

考虑发明是否具有有益的技术效果。以下情况，通常应当认为发明具有有益的技术效果，具有显著的进步：(1) 发明与现有技术相比具有更好的技术效果，例如，质量改善、产量提高、节约能源、防治环境污染等；(2) 发明提供了一种技术构思不同的技术方案，其技术效果能够基本上达到现有技术的水平；(3) 发明代表某种新技术发展趋势；(4) 尽管发明在某些方面有负面效果，但在其他方面具有明显积极的技术效果。因此，选项 D 正确。

【答案】ACD

2. 判断创造性的原则和基准

51.【2016 年第 41 题】下列哪些发明不具备创造性？

A. 将油漆组合物中的防腐蚀剂去掉，得到不具有防腐蚀功能的油漆，节约了成本

B. 将用于衣柜的自动闭合门结构用到书柜中

C. 将电子表粘贴在鱼缸上，得到一种带有电子表的鱼缸

D. 将已知的杀菌剂 X 用作抛光剂，实现了抛光效果

【考点】创造性

【分析】《专利审查指南 2010》第二部分第四章第 4.6 节规定，要素省略的发明，是指省去已知产品或者方法中的某一项或多项要素的发明。(1) 如果发明省去一项或多项要素后其功能也相应地消失，则该发明不具备创造性。(2) 如果发明与现有技术相比，发明省去一项或多项要素（例如，一项产品发明省去了一个或多个零部件或者一项方法发明省去一步或多步工序）后，依然保持原有的全部功能，或者带来预料不到的技术效果，则具有突出的实质性特点和显著的进步，该发明具备创造性。因此，选项 A 正确。《专利审查指南 2010》第 2 部分第 4 章第 4.4 节规定，在进行转用发明的创造性判断时通常需要考虑：转用的技术领域的远近、是否存在相应的技术启示、转用的难易程度、是否需要克服技术上的困难、转用所带来的技术效果等。(1) 如果转用是在类似的或者相近的技术领域之间进行的，并且未产生预料不到的技术效果，则这种转用发明不具备创造性。(2) 如果这种转用能够产生预料不到的技术效果，或者克服了原技术领域中未曾遇到的困难，则这种转用发明具有突出的实质性特点和显著的进步，具备创造性。因此，选项 B 正确。

《专利审查指南 2010》第二部分第四章第 4.2 节规定，如果要求保护的发明仅仅是将某些已知产品或方法组合或连接在一起，各自以其常规的方式工作，而且总的技术效果是各组合部分效果之总和，组合后的各技术特征之间在功能上无相互作用关系，仅仅是一种简单的叠加，则这种组合发明不具备创造性。因此，选项 C 正确。《专利审查指南 2010》第二部分第四章第 4.5 节规定，在进行已知产品新用途发明的创造性判断时通常需要考虑：新用途与现有用途技术领域的远近、新用途所带来的技术效果等。(1) 如果新的用途仅仅是使用了已知材料的已知的性质，则该用途发明不具备创造性。(2) 如果新的用途是利用了已知产品新发现的性质，并且产生了预料不到的技术效果，则这种用途发明具有突出的实质性特点和显著的进步，具备创造性。因此，选项 D 错误。

【答案】ABC

52.【2015 年第 7 题】下列说法哪个是错误的？

A. 如果一项发明与现有技术相比具有预料不到的技术效果，则该发明具备创造性

B. 如果一项发明与现有技术相比不具有预料不到的技术效果，则该发明一定不具备创造性

C. 对发明创造性的评价应当针对权利要求限定的技术方案进行，未写入权利要求中的技术特征不予考虑

D. 如果发明仅是从一些已知的可能性中进行选择，而选出的方案未能取得预料不到的技术效果，则该发明不具备创造性

【考点】创造性判断

【分析】《专利审查指南 2010》第二部分第四章第 6.3 节规定，如果发明与现有技术相比具有预料不到的技术效果，则不必再怀疑其技术方案是否具有突出的实质性特点，可以确定发明具备创造性。但是，应当注意的是，如果通过本章第 3.2 节中所述的方法，可以判断出发明的技术方案对本领域的技术人员来说是非显而易见的，且能够产生有益的技术效果，则发明具有突出的实质性特点和显著的进步，具备创造性，此种情况不应强调发明是否具有预料不到的技术效果。因此，选项 A 的说法正确，选项 B 的说法错误。《专利审查指南

2010》第二部分第四章第6.4节规定，对发明创造性的评价应当针对权利要求限定的技术方案进行。发明对现有技术作出贡献的技术特征，例如，使发明产生预料不到的技术效果的技术特征，或者体现发明克服技术偏见的技术特征，应当写入权利要求中；否则，即使说明书中有记载，评价发明的创造性时也不予考虑。因此，选项C的说法正确。《专利审查指南2010》第二部分第四章第4.3节规定，如果发明仅是从一些已知的可能性中进行选择，或者发明仅仅是从一些具有相同可能性的技术方案中选出一种，而选出的方案未能取得预料不到的技术效果，则该发明不具备创造性。因此，选项D的说法正确。

【答案】B

53. 【2015年第43题】一件发明专利申请，涉及将已知的解热镇痛药阿司匹林用于预防心脑血管疾病，取得了预料不到的疗效，其权利要求书如下：

"1. 阿司匹林在制备预防心脑血管疾病的药物中的用途。
2. 用于预防心脑血管疾病的阿司匹林。"

一份现有技术文献公开了阿司匹林用作解热镇痛药物的用途。下列哪些说法是正确的？

A. 阿司匹林属于现有技术中已知的药物，权利要求2不具备新颖性
B. 用于预防心脑血管疾病的阿司匹林具有预料不到的疗效，权利要求2具备创造性
C. 阿司匹林在预防心脑血管疾病方面的新用途并未改变阿司匹林的成分结构，权利要求1不具备新颖性
D. 权利要求1的用途发明相对于现有技术是非显而易见的，因此具备创造性

【考点】已知产品新用途发明的创造性判断

【分析】《专利审查指南2010》第二部分第十章第5.4节规定，一种已知产品不能因为提出了某一新的应用而被认为是一种新的产品。例如，产品X作为洗涤剂是已知的，那么一种用作增塑剂的产品X不具有新颖性。如果一项已知产品的新用途本身是一项发明，则已知产品不能破坏该新用途的新颖性。这样的用途发明属于使用方法发明，因为发明的实质不在于产品本身，而在于如何去使用它。因此，选项A正确，选项B错误，选项C错误。《专利审查指南2010》第二部分第十章第6.2节规定，对于已知产品的用途发明，如果该新用途不能从产品本身的结构、组成、分子量、已知的物理化学性质以及该产品的现有用途显而易见地得出或者预见到，而是利用了产品新发现的性质，并且产生了预料不到的技术效果，可认为这种已知产品的用途发明有创造性。因此，选项D正确。

【答案】AD

54. 【2014年第89题】一种关于油漆的发明，与现有技术的区别仅在于不含防冻剂。在下列哪些情形下，该发明可能具备创造性？

A. 该油漆不具有防冻效果，其余性能稍有下降　　B. 该油漆不具有防冻效果，其余性能不变
C. 该油漆仍具有防冻效果，其余性能不变　　　　D. 该油漆不具有防冻效果，其余性能显著提高

【考点】要素变更发明的创造性判断

【分析】《专利审查指南2010》第二部分第四章第4.6.3节规定，如果发明与现有技术相比，发明省去一项或多项要素（例如，一项产品发明省去了一个或多个零、部件或者一项方法发明省去一步或多步工序）后，依然保持原有的全部功能，或者带来预料不到的技术效果，则具有突出的实质性特点和显著的进步，该发明具备创造性。因此，选项AB错误，选项CD正确。

【答案】CD

55. 【2012年第73题】在判断选择发明的创造性时，下列说法哪些是正确的？

A. 在进行选择发明创造性的判断时，选择所带来的预料不到的技术效果是考虑的主要因素
B. 如果发明是可以从现有技术中直接推导出来的选择，则该发明不具备创造性
C. 如果发明仅仅是从一些具有相同可能性的技术方案中选出一种，而选出的方案未能取得预料不到的技术效果，则该发明不具备创造性
D. 如果发明是在可能的、有限的范围内选择具体的温度范围，则该发明不具备创造性

【考点】选择发明的创造性判断

【分析】《专利审查指南2010》第二部分第四章第4.3节规定，选择发明，是指从现有技术中公开的宽范

围中，有目的地选出现有技术中未提到的窄范围或个体的发明。在进行选择发明创造性的判断时，选择所带来的预料不到的技术效果是考虑的主要因素。(1) 如果发明仅是从一些已知的可能性中进行选择，或者发明仅仅是从一些具有相同可能性的技术方案中选出一种，而选出的方案未能取得预料不到的技术效果，则该发明不具备创造性。(2) 如果发明是在可能的、有限的范围内选择具体的尺寸、温度范围或者其他参数，而这些选择可以由本领域的技术人员通过常规手段得到并且没有产生预料不到的技术效果，则该发明不具备创造性。(3) 如果发明是可以从现有技术中直接推导出来的选择，则该发明不具备创造性。(4) 如果选择使得发明取得了预料不到的技术效果，则该发明具有突出的实质性特点和显著的进步，具备创造性。因此，选项ABC正确，选项D错误。

【答案】ABC

3. 实用新型创造性的判断

56.【2012年第51题】在无效宣告程序中评价实用新型专利创造性时，应当考虑其技术方案中的下列哪些特征？

A. 构造特征　　　　B. 方法特征　　　　C. 材料特征　　　　D. 形状特征

【考点】创造性

考生	意见
甲	从实用新型的定义可以知道，实用新型只与形状和构造有关，而方法和材料不是实用新型授权的范围，考虑创造性的时候自然不能考虑方法和材料。因此，选项BC错误。

【分析】专利法第二条第三款规定，实用新型，是指对产品的形状、构造或者其结合所提出的适于实用的新的技术方案。《专利审查指南2010》第四部分第六章第4节规定，在实用新型专利创造性的审查中，应当考虑其技术方案中的所有技术特征，包括材料特征和方法特征。因此，选项ABCD正确，考生甲的想法是不对的。

需要说明的是，在评价实用新型专利创造性时，是否应当考虑材料、方法等非形状、构造技术特征，从《审查指南2001》到《审查指南2006》、《专利审查指南2010》中的规定经历了一个"不予考虑"到"应当考虑"的变化，详情不再赘述。

材料、方法技术特征通常不属于产品的形状和构造特征的范畴，但就要求保护的实用新型整体技术方案来看，如果其中所包含的材料或者方法特征属于用于辅助限定产品形状和构造的现有技术材料和方法，则不会因此影响要求保护的技术方案成为实用新型的保护客体。❶

【答案】ABCD

四、实用性

1. 实用性的概念

57.【2015年第9题】以下关于实用性的观点哪个是正确的？

A. 发明的实用性，是指其申请的主题必须能够在产业上制造或者使用，并能够产生积极效果

B. 发明必须相对于现有技术产生了更好的技术效果才具备实用性

C. 一项发明的市场销售状况不好，可以确定该发明不具备实用性

D. 一项发明在实施过程中成品率低，可以确定该发明不具备实用性

【考点】实用性

【分析】《专利审查指南2010》第二部分第五章第4节规定，实用性，是指发明或者实用新型申请的主题必须能够在产业上制造或者使用，并且能够产生积极效果。因此，选项A正确，选项B错误。《专利审查指南2010》第二部分第五章第3.1节规定，实用性与所申请的发明或者实用新型是怎样创出来的或者是否已经实

---

❶ 国家知识产权局专利复审委员会：《专利复审委员会案例诠释·专利授权其他实质性条件》，知识产权出版社2010年版，第19页。

施无关。因此，选项 C 错误。《专利审查指南 2010》第二部分第五章第 3.2.1 节规定，申请发明或者实用新型专利的产品的成品率低与不具有再现性是有本质区别的。因此，选项 D 错误。

【答案】 A

58. **【2015 年第 46 题】** 以下关于新颖性、创造性、实用性的说法哪些是正确的？
   A. 一项发明只有在具备新颖性的前提下，才判断其是否具备创造性和实用性
   B. 授予专利权的发明应当具备新颖性、创造性和实用性
   C. 具备创造性的发明一定具备新颖性
   D. 从属权利要求具备创造性，则其引用的独立权利要求也具备创造性

【考点】 新颖性　创造性　实用性

【分析】《专利审查指南 2010》第二部分第五章第 3 节规定，发明或者实用新型专利申请是否具备实用性，应当在新颖性和创造性审查之前首先进行判断。因此，选项 A 错误。专利法第二十二条第一款规定，授予专利权的发明和实用新型，应当具备新颖性、创造性和实用性。因此，选项 B 正确。《专利审查指南 2010》第二部分第四章第 3 节规定，一件发明专利申请是否具备创造性，只有在该发明具备新颖性的条件下才予以考虑。因此，选项 C 正确。专利法实施细则第二十二条第一款规定，发明或者实用新型的从属权利要求应当包括引用部分和限定部分，按照下列规定撰写：（一）引用部分：写明引用的权利要求的编号及其主题名称；（二）限定部分：写明发明或者实用新型附加的技术特征。由此可知，每项从属权利要求都有其附加技术特征。如果从属权利要求具备的创造性是由其附加技术特征带来的，则其所引用的独立权利要求不具备创造性。因此，选项 D 错误。

【答案】 BC

59. **【2014 年第 76 题】** 下列关于实用性的说法哪些是正确的？
   A. 具备实用性的发明或者实用新型必须已经实施
   B. 具备实用性的发明或者实用新型必须符合自然规律
   C. 具备实用性的发明或者实用新型必须具备较高的成品率
   D. 具备实用性的发明或者实用新型不能是由自然条件限定的独一无二的产品

【考点】 实用性

【分析】《专利审查指南 2010》第二部分第五章第 3.1 节规定，实用性与所申请的发明或者实用新型是怎样创造出来的或者是否已经实施无关。因此，选项 A 错误。《专利审查指南 2010》第二部分第五章第 3.1 节规定，具有实用性的发明或者实用新型专利申请应当符合自然规律。违背自然规律的发明或者实用新型专利申请是不能实施的，因此，不具备实用性。因此，选项 B 正确。《专利审查指南 2010》第二部分第五章第 3.2.1 节规定，申请发明或者实用新型专利的产品的成品率低与不具有再现性是有本质区别的。前者是能够重复实施，只是由于实施过程中未能确保某些技术条件（例如环境洁净度、温度等）而导致成品率低；后者则是在确保发明或者实用新型专利申请所需全部技术条件下，所属技术领域的技术人员仍不可能重复实现该技术方案所要求达到的结果。因此，选项 C 错误。《专利审查指南 2010》第二部分第五章第 3.2.3 节规定，具备实用性的发明或者实用新型专利申请不得是由自然条件限定的独一无二的产品。利用特定的自然条件建造的自始至终都是不可移动的唯一产品不具备实用性。因此，选项 D 正确。

【答案】 BD

60. **【2013 年第 14 题】** 下列有关实用性的说法哪个是正确的？
   A. 实用性，是指该发明或实用新型能够制造或使用，并且能够产生积极效果，这里的积极效果指的是完美无缺的有益效果
   B. 由于电离盒有可能产生微量臭氧，对人的身体可能会造成伤害，从人体健康方面考虑不宜使用，因此不具备实用性
   C. 由于永动机违背自然规律，是不能实施的，因此不具备实用性
   D. 由于过滤净化装置与高压静电发生器价格昂贵，导致烟雾净化器成本高，社会上很少人使用，脱离社会需要，因此不具备实用性

【考点】实用性

考生	意见
甲	选项D中烟雾净化器成本高，社会上很少人使用，脱离社会需要，因此不具备实用性，选项D正确。

【分析】专利法第二十二条第四款规定，实用性，是指该发明或者实用新型能够制造或者使用，并且能够产生积极效果。《专利审查指南2010》第二部分第五章第4节规定，能够产生积极效果，是指发明或者实用新型专利申请在提出申请之日，其产生的经济、技术和社会的效果是所属技术领域的技术人员可以预料到的。这些效果应当是积极的和有益的。另外，《专利审查指南2010》第二部分第一章3.1.3规定，如果发明创造因滥用而可能造成妨害公共利益的，或者发明创造在产生积极效果的同时存在某种缺点的，例如对人体有某种副作用的药品，则不能以"妨害公共利益"为理由拒绝授予专利权。由此可知，实用性要求具有"积极效果"，该"积极效果"不一定是完美无缺的，也可能存在副作用，因此，选项AB错误。实用性要求具有"积极效果"，与发明创造的价格高低、使用者多少无关，也与是否已经制造出来无关，因此，选项D错误，考生甲的想法是不对的。《专利审查指南2010》第二部分第五章第3.2.2节规定，具有实用性的发明或者实用新型专利申请应当符合自然规律。违背自然规律的发明或者实用新型专利申请是不能实施的，因此，不具备实用性。审查员应当特别注意，那些违背能量守恒定律的发明或者实用新型专利申请的主题，例如永动机，必然是不具备实用性的。因此，选项C正确。

【答案】C

2. 判断实用性的原则和基准

61.【2016年第42题】下列有关实用性的说法哪些是正确的？

A. 判断实用性应当以申请日提交的说明书（包括附图）和权利要求书所公开的整体技术内容为依据，而不仅仅局限于权利要求所记载的内容

B. 某产品的制备方法，其对环境清洁度有苛刻要求，导致实施时成品率极低，所以该制备方法不具备实用性

C. 具备实用性的发明或者实用新型应当能够制造或使用，并且应当已经实施

D. 满足实用性要求的技术方案应当符合自然规律并且具有再现性

【考点】实用性

【分析】《专利审查指南2010》第二部分第五章第3.1节规定，审查发明或者实用新型专利申请的实用性时，应当遵循下列原则：（1）以申请日提交的说明书（包括附图）和权利要求书所公开的整体技术内容为依据，而不仅仅局限于权利要求所记载的内容；（2）实用性与所申请的发明或者实用新型是怎样创造出来的或者是否已经实施无关。因此，选项A正确，选项C错误。《专利审查指南2010》第二部分第五章第3.2.1节规定，具有实用性的发明或者实用新型专利申请主题，应当具有再现性。反之，无再现性的发明或者实用新型专利申请主题不具备实用性。再现性，是指所属技术领域的技术人员，根据公开的技术内容，能够重复实施专利申请中为解决技术问题所采用的技术方案。这种重复实施不得依赖任何随机的因素，并且实施结果应该是相同的。但是，审查员应当注意，申请发明或者实用新型专利申请的产品的成品率低与不具有再现性是有本质区别的。前者是能够重复实施，只是由于实施过程中未能确保某些技术条件（例如环境洁净度、温度等）而导致成品率低；后者则是在确保发明或者实用新型专利申请所要求全部技术条件下，所属技术领域的技术人员仍不可能重复实现该技术方案所要求达到的结果。因此，选项B错误，选项D正确。

【答案】AD

62.【2015年第44题】下列哪些专利申请的技术方案不具备实用性？

A. 一种南水北调的方法，其特征在于依照地形地貌的特点，由丹江口水库引水，自流供水给黄淮平原地区

B. 一种手工编织地毯的方法，其特征在于以旧毛线和粗帆布为原料经手工编制而成

C. 一种微型机器人，其特征在于用于外科手术中

D. 一种纹眉的方法，其特征在于用纹眉针刺入皮肤，注入纹眉液

【考点】实用性

考生	意见
甲	满足实用性要求的技术方案应当具有再现性，选项B中的手工编织不具有再现性，因此不具有实用性。

【分析】专利法第二十二条第四款规定，实用性，是指该发明或者实用新型能够制造或者使用，并且能够产生积极效果。《专利审查指南2010》第二部分第五章第3.2.3节规定，具备实用性的发明或者实用新型专利申请不得是由自然条件限定的独一无二的产品。利用特定的自然条件建造的自始至终都是不可移动的唯一产品不具备实用性。因此，选项A正确。《专利审查指南2010》第二部分第五章第3.2.4节规定，非治疗目的的外科手术方法，由于是以有生命的人或者动物为实施对象，无法在产业上使用，因此不具备实用性。例如，为美容而实施的外科手术方法。因此，选项D正确。选项BC具有实用性，不符合题干要求。

需要注意的是，根据《专利审查指南2010》第二部分第五章第2节的规定，在产业上能够制造或者使用的技术方案，是指符合自然规律、具有技术特征的任何可实施的技术方案。这些方案并不一定意味着使用机器设备，或者制造一种物品，还可以包括例如驱雾的方法，或者将能量由一种形式转换成另一种形式的方法。由此可知，"在产业上能够制造或者使用"既包括机械生产方式，也包括手工生产方式。因此，选项B中"手工编织地毯的方法"是有实用性的。考生甲的想法是不对的。

【答案】AD

63.【2014年第86题】下列哪些发明不具备实用性？
A. 一种利用喜马拉雅山上的冰雪制造的无污染冰水
B. 一种通过对皮肤进行喷水和按摩而使皮肤焕发光泽的美容方法
C. 一种测量人体对极限严寒的耐受程度的方法
D. 一种测量企鹅对极限严寒的耐受程度的方法

【考点】实用性

考生	意见
甲	美容方法属于非治疗目的的外科手术，这是《专利审查指南》里面讲到的，是以有生命的人为实施对象，无法在产业上使用，因此不具备实用性。因此，选项B也对。

【分析】《专利审查指南2010》第二部分第五章第3.2.3节规定，具备实用性的发明或者实用新型专利申请不得是由自然条件限定的独一无二的产品。但通常情况下，利用特定自然条件的原料所获得的产品不能被认为是利用独一无二的自然条件的产品。选项A中的无污染冰水仅是将喜马拉雅山上的冰雪作为原料，因此，不能被认为是利用独一无二的自然条件的产品，该无污染冰水具备实用性，选项A错误。

《专利审查指南2010》第二部分第五章第2节规定，授予专利权的发明或者实用新型，必须是能够解决技术问题，并且能够应用的发明或者实用新型。换句话说，如果申请的是一种产品（包括发明和实用新型），那么该产品必须在产业中能够制造，并且能够解决技术问题；如果申请的是一种方法（仅限发明），那么这种方法必须在产业中能够使用，并且能够解决技术问题。《专利审查指南2010》第二部分第一章4.3.2.2节规定，以下几类方法是不属于治疗方法的例子，不得依据专利法第二十五条第一款第（三）项拒绝授予其专利权。……（5）单纯的美容方法，即不介入人体或不产生创伤的美容方法，包括在皮肤、毛发、指甲、牙齿外部可为人们所视的部位局部实施的、非治疗目的的身体除臭、保护、装饰或者修饰方法。选项B中的美容方法在产业中能够使用，且使皮肤焕发光泽，具备实用性，因此，选项B错误。

《专利审查指南2010》第二部分第五章第3.2.5节规定，以下测量方法属于不具备实用性的情况：（1）通过逐渐降低人或动物的体温，以测量人或动物对寒冷耐受程度的测量方法。因此，选项CD中的发明不具备实用性，选项CD正确。

需要注意的是，《专利审查指南2010》中有两处提到美容：一是：《专利审查指南2010》第二部分第一章第4.3.2.2节规定，单纯的美容方法，即不介入人体或不产生创伤的美容方法，包括在皮肤、毛发、指甲、牙齿外部可为人们所视的部位局部实施的、非治疗目的的身体除臭、保护、装饰或者修饰方法。不属于治疗方法的例子,不得依据专利法第二十五条第一款第(三)项拒绝授予其专利权。二是:《专利审查指南2010》第二部分第五章第3.2.4节规定,非治疗目的的外科手术方法,由于是以有生命的人或者动物为实施对象,无法在产业上使用,因此不具备实用性。例如,为美容而实施的外科手术方法。注意区分两处不同的规定,因此,考生甲的想法是不对的。

【答案】 CD

64. **【2012年第63题】** 下列主题哪些不具备实用性?

　　A. 永动机
　　B. 逐渐降低动物的体温,以测量动物对寒冷耐受程度的测量方法
　　C. 具有很好抗震效果的活动板房
　　D. 为美容而实施的外科手术方法

【考点】 实用性

【分析】《专利审查指南2010》第二部分第五章第3.2.2节规定,具有实用性的发明或者实用新型专利申请应当符合自然规律。违背自然规律的发明或者实用新型专利申请是不能实施的,因此,不具备实用性。审查员应当特别注意,那些违背能量守恒定律的发明或者实用新型专利申请的主题,例如永动机,必然是不具备实用性的。因此,在选项A中,"永动机"不具备实用性,选项A正确。《专利审查指南2010》第二部分第五章第3.2.5节规定,测量人体或动物体在极限情况下的生理参数需要将被测对象置于极限环境中,这会对人或动物的生命构成威胁,不同的人或动物个体可以耐受的极限条件是不同的,需要有经验的测试人员根据被测试的对象的情况来确定其耐受的极限条件,因此这类方法无法在产业上使用,不具备实用性。以下测量方法属于不具备实用性的情况:(1)通过逐渐降低人或动物的体温,以测量人或动物对寒冷耐受程度的测量方法;(2)利用降低吸入气体中氧气分压的方法逐级增加冠状动脉的负荷,并通过动脉血压的动态变化观察冠状动脉的代偿反应,以测量冠状动脉代谢机能的非侵入性的检查方法。因此,在选项B中,"逐渐降低动物的体温,以测量动物对寒冷耐受程度的测量方法"不具备实用性,选项B正确。

　　专利法第二十二条第四款规定,实用性,是指该发明或者实用新型能够制造或者使用,并且能够产生积极效果。在选项C中,"具有很好抗震效果的活动板房"能够制造或者使用,并且能够产生积极效果,具备实用性,因此,选项C错误。《专利审查指南2010》第二部分第五章第3.2.4节规定,非治疗目的的外科手术方法,由于是以有生命的人或者动物为实施对象,无法在产业上使用,因此不具备实用性。例如,为美容而实施的外科手术方法,或者采用外科手术从活牛身上摘取牛黄的方法,以及为辅助诊断而采用的外科手术方法,例如实施冠状造影之前采用的外科手术方法等。因此,在选项D中,"为美容而实施的外科手术方法"不具备实用性,选项D正确。

【答案】 ABD

第三节　外观设计专利申请的授权条件

一、相关概念
二、外观设计专利申请的授权条件
1. 不属于现有设计

65. **【2016年第43题】** 某外观设计专利申请的申请日为2010年9月30日,下列哪些设计构成了该申请的现有设计?

　　A. 2010年6月1日申请人本人在中国政府主办的展览会上展出了该外观设计产品
　　B. 2010年7月7日在法国某商场橱窗中陈列的设计
　　C. 2010年9月30日公开在某杂志中的设计
　　D. 2010年8月12日提出申请、2010年12月20日授权公告的中国外观设计专利申请中的设计

【考点】 现有设计抵触申请

【分析】专利法第二十三条第一款规定，授予专利权的外观设计，应当不属于现有设计；也没有任何单位或者个人就同样的外观设计在申请日以前向国务院专利行政部门提出过申请，并记载在申请日以后公告的专利文件中。《专利审查指南2010》第四部分第五章第2节规定，根据专利法第二十三条第四款的规定，现有设计是指申请日（有优先权的，指优先权日）以前在国内外为公众所知的设计。现有设计包括申请日以前在国内外出版物上公开发表过、公开使用过或者以其他方式为公众所知的设计。关于现有设计的时间界限、公开方式等参照第二部分第三章第2.1节的规定。

本题选项AB中的设计在该专利申请的申请日之前，构成该专利申请的现有设计，选项C中的设计与该专利申请的申请日相同，不构成该专利申请的现有设计，选项D构成该专利申请的抵触申请，因此，选项AB正确，选项CD错误。

【答案】AB

66.【2016年第10题】下列哪个选项中的外观设计不属于相同或实质相同的外观设计？

A. 一款座椅的外观设计和与该款座椅外观相同的手机支架外观设计
B. 一款圆珠笔和一款自动铅笔的外观设计，二者除笔尖设计不同外其余设计均相同
C. 一款具有电子时钟和收音机双功能产品的外观设计，与一款纯电子时钟功能的产品外观设计，二者形状、图案和色彩设计相同
D. 一件珠宝盒的专利外观设计，与一件包装盒的专利外观设计，二者形状、图案和色彩设计相同

【考点】相同或实质相同的外观设计

【分析】《专利审查指南2010》第四部分第五章第5.1.1、5.1.2节规定，外观设计相同，是指涉案专利与对比设计是相同种类产品的外观设计，并且涉案专利的全部外观设计要素与对比设计的相应设计要素相同，其中外观设计要素是指形状、图案以及色彩。如果涉案专利与对比设计仅属于常用材料的替换，或者仅存在产品功能、内部结构、技术性能或者尺寸的不同，而未导致产品外观设计的变化，二者仍属于相同的外观设计。外观设计实质相同的判断仅限于相同或者相近种类的产品外观设计。对于产品种类不相同也不相近的外观设计，不进行涉案专利与对比设计是否实质相同的比较和判断，即可认定涉案专利与对比设计不构成实质相同，例如，毛巾和地毯的外观设计。相近种类的产品是指用途相近的产品。例如，玩具和小摆设的用途是相近的，两者属于相近种类的产品。应当注意的是，当产品具有多种用途时，如果其中部分用途相同，而其他用途不同，则二者应属于相近种类的产品。如带MP3的手表与手表都具有计时的用途，二者属于相近种类的产品。

本题选项A中，座椅和手机支架不属于相同或者相近种类的产品，因此，选项A正确。选项C中具有电子时钟和收音机双功能产品与纯电子时钟功能的产品属于相近种类的产品，因此，选项C错误。而选项D符合所述规定，因此，选项D错误。

《专利审查指南2010》第四部分第五章第5.1.2节规定，如果一般消费者通过对涉案专利与对比设计的整体观察可以看出，二者的区别仅属于下列情形，则涉案专利与对比设计实质相同：（1）其区别在于施以一般注意力不能察觉到的局部的细微差异，例如，百叶窗的外观设计仅有具体叶片数不同。因此，选项B错误。

【答案】A

67.【2015年第47题】下列哪些情形可以将两件产品的外观设计认定为实质相同的外观设计？

A. 互为镜像对称的两张电脑桌
B. 难以察觉细微差异的两扇百叶窗，其差异仅在于具体叶片数不同
C. 形状、图案和色彩均相同的两个玻璃杯子，其区别仅在于一个是钢化玻璃的，一个是普通玻璃的
D. 形状、图案和色彩均相同的浴巾和地毯

【考点】实质相同

【分析】根据《专利审查指南2010》第四部分第五章第5.1.2节的规定，如果一般消费者经过对涉案专利与对比设计的整体观察可以看出，二者的区别仅属于下列情形，则涉案专利与对比设计实质相同：（1）其区别在于施以一般注意力不能察觉到的局部的细微差异，例如，百叶窗的外观设计仅有具体叶片数不同；……（5）其区别在于互为镜像对称。因此，选项AB正确。《专利审查指南2010》第四部分第五章第5节规定，如果涉案专利与对比设计仅属于常用材料的替换，或者仅存在产品功能、内部结构、技术性能或者尺寸的不同，而未导致

产品外观设计的变化，二者仍属于相同的外观设计。因此，选项 C 错误。根据《专利审查指南 2010》第四部分第五章第 5.1.2 节的规定，对于产品种类不相同也不相近的外观设计，不进行涉案专利与对比设计是否实质相同的比较和判断，即可认定涉案专利与对比设计不构成实质相同，例如，毛巾和地毯的外观设计。因此，选项 D 错误。

需要注意的是，本题参考答案为 ABC，而在国家知识产权局条法司试题解析中答案为 AB，也就是说，专利代理人考核委员会采纳了考生意见，对参考答案进行了修正。

【答案】AB

68.【2014 年第 44 题】下列哪些情形可以将两件产品的外观设计认定为实质相同的外观设计？

A. 互为镜像对称的两把椅子
B. 难以察觉细微差异的两扇百叶窗，其差异仅在于具体叶片数不同
C. 图案、色彩相同的两个长方体包装盒，其设计差别仅在于盒体的高度略有不同
D. 形状、图案和色彩均相同的铅笔和巧克力

【考点】外观设计实质相同的判断

【分析】《专利审查指南 2010》第四部分第五章第 5.1.2 节规定，如果一般消费者经过对涉案专利与对比设计的整体观察可以看出，二者的区别仅属于下列情形，则涉案专利与对比设计实质相同：（1）其区别在于施以一般注意力不能察觉到的局部的细微差异，例如，百叶窗的外观设计仅有具体叶片数不同；（2）其区别在于使用时不容易看到或者看不到的部位，但有证据表明在不容易看到部位的特定设计对于一般消费者能够产生引人瞩目的视觉效果的情况除外；（3）其区别在于将某一设计要素整体置换为该类产品的惯常设计的相应设计要素，例如，将带有图案和色彩的饼干桶的形状由正方体置换为长方体；（4）其区别在于将对比设计作为设计单元按照该种类产品的常规排列方式作重复排列或者将其排列的数量作增减变化，例如，将影院座椅成排重复排列或者将其成排座椅的数量作增减；（5）其区别在于互为镜像对称。因此，选项 ABC 正确。《专利审查指南 2010》第四部分第五章第 5.1.2 节规定，外观设计实质相同的判断仅限于相同或者相近种类的产品外观设计。对于产品种类不相同也不相近的外观设计，不进行涉案专利与对比设计是否实质相同的比较和判断，即可认定涉案专利与对比设计不构成实质相同，例如，毛巾和地毯的外观设计。因此，选项 D 中形状、图案和色彩均相同的铅笔和巧克力不构成实质相同的外观设计，选项 D 错误。

【答案】ABC

69.【2012 年第 38 题】在无效宣告程序中，涉案外观设计专利与对比设计的区别仅属于下列哪些情形时，涉案专利与对比设计实质相同？

A. 其区别在于施以一般注意力不能察觉到的局部的细微差异
B. 其区别在于将某一设计要素整体置换为该类产品的惯常设计的相应设计要素
C. 其区别在于将对比设计作为设计单元按照该种类产品的常规排列方式作重复排列
D. 其区别在于互为镜像对称

【考点】外观设计的授权条件

【分析】《专利审查指南 2010》第四部分第五章第 5.1.2 节规定，如果一般消费者经过对涉案专利与对比设计的整体观察可以看出，二者的区别仅属于下列情形，则涉案专利与对比设计实质相同：（1）其区别在于施以一般注意力不能察觉到的局部的细微差异，例如，百叶窗的外观设计仅有具体叶片数不同；（2）其区别在于使用时不容易看到或者看不到的部位，但有证据表明在不容易看到部位的特定设计对于一般消费者能够产生引人瞩目的视觉效果的情况除外；（3）其区别在于将某一设计要素整体置换为该类产品的惯常设计的相应设计要素，例如，将带有图案和色彩的饼干桶的形状由正方体置换为长方体；（4）其区别在于将对比设计作为设计单元按照该种类产品的常规排列方式作重复排列或者将其排列的数量作增减变化，例如，将影院座椅成排重复排列或者将其成排座椅的数量作增减；（5）其区别在于互为镜像对称。因此，选项 ABCD 正确。

【答案】ABCD

2. 不存在抵触申请

70.【2016 年第 1 题】下列说法哪个是正确的？

A. 发明专利申请经初步审查合格，自申请日起满18个月公告授权
B. 专利申请涉及国防利益需要保密的，经国防专利机构审查没有发现驳回理由的，由国防专利机构作出授予国防专利权的决定
C. 授予专利权的外观设计与现有设计或者现有设计特征的组合相比，应当具有明显区别
D. 实用新型专利申请经实质审查没有发现驳回理由的，由国家知识产权局作出授予实用新型专利权的决定

【考点】专利权的授予 国防专利
【分析】专利法第三十四条规定，国务院专利行政部门收到发明专利申请后，经初步审查认为符合本法要求的，自申请日起满十八个月，即行公布。国务院专利行政部门可以根据申请人的请求早日公布其申请。因此，选项A错误。《国防专利条例》第三条规定，国家国防专利机构（以下简称国防专利机构）负责受理和审查国防专利申请。经国防专利机构审查认为符合本条例规定的，由国务院专利行政部门授予国防专利权。因此，选项B错误。专利法第二十三条第二款规定，授予专利权的外观设计与现有设计或者现有设计特征的组合相比，应当具有明显区别。因此，选项C正确。专利法第四十条规定：实用新型和外观设计专利申请经初步审查没有发现驳回理由的，由国务院专利行政部门作出授予实用新型专利权或者外观设计专利权的决定，发给相应的专利证书，同时予以登记和公告。实用新型专利权和外观设计专利权自公告之日起生效。因此，选项D错误。
【答案】C

3. 与现有设计或者现有设计特征的组合相比具有明显的区别
4. 不与在先权利相冲突

71.【2016年第44题】专利法第二十三条第三款规定，授予专利权的外观设计不得与他人在申请日以前已经取得的合法权利相冲突，下列哪些属于该规定所指的合法权利？

A. 发明、实用新型专利权
B. 商标权、著作权
C. 企业名称权
D. 知名商品特有包装或者装潢使用权

【考点】合法权利
【分析】《专利审查指南2010》第四部分第五章第7节规定，一项外观设计专利权被认定与他人在申请日（有优先权的，指优先权日）之前已经取得的合法权利相冲突的，应当宣告该项外观设计专利权无效。合法权利，是指依照中华人民共和国法律享有并且在涉案专利申请日仍然有效的权利或者权益。包括商标权、著作权、企业名称权（包括商号权）、肖像权以及知名商品特有包装或者装潢使用权等。因此，选项A错误，选项BCD正确。
【答案】BCD

第三章 对专利申请文件要求

基本要求

掌握发明、实用新型和外观设计专利申请文件应当满足的各项要求；掌握发明、实用新型和外观设计专利申请的单一性要求。

第一节 发明和实用新型专利申请文件

一、请求书

1. 【2016年第11题】下列各项所示实用新型的名称，哪个是正确的？
   A. 一种苹果牌手机　　　　　　　　　　B. 一种轮胎及包含该轮胎的汽车
   C. 一种遥控技术　　　　　　　　　　　D. 一种睡袋及其使用方法

   【考点】实用新型的名称

   【分析】《专利审查指南2010》第一部分第一章第4.1.1节规定，请求书中的发明名称和说明书中的发明名称应当一致。发明名称应当简短、准确地表明发明专利申请要求保护的主题和类型。发明名称中不得含有非技术词语，例如人名、单位名称、商标、代号、型号等；也不得含有含糊的词语，如"及其他"、"及其类似物"等；也不得仅使用笼统的词语，致使未给出任何发明信息，如仅用"方法"、"装置"、"组合物"、"化合物"等词作为发明名称。本题选项A含有"苹果"、选项C含有"技术"，因此，选项AC错误。选项B符合规定。《专利审查指南2010》第一部分第二章第6.1节规定，根据专利法第二条第三款的规定，实用新型专利只保护产品。所述产品应当是经过产业方法制造的，有确定形状、构造且占据一定空间的实体。一切方法以及未经人工制造的自然存在的物品不属于实用新型专利保护的客体。因此，选项D错误。

   【答案】B

2. 【2016年第45题】发明专利申请请求书中出现的下列哪些情形不符合相关规定？
   A. 申请人一栏填写为"李力高级工程师"
   B. 发明人一栏填写为"王明赵伟（不公开姓名）"
   C. 联系人一栏填写为"张宇，王量"
   D. 发明名称一栏填写为"一种发电装置"

   【考点】发明专利申请请求书

   【分析】《专利审查指南2010》第一部分第一章第4.1.3.2节规定，申请人是个人的，其中文译名中可以使用外文缩写字母，姓和名之间用圆点分开，圆点置于中间位置，如"M·琼斯"。姓名中不应当含有学位、职务等称号，如"××博士、××教授"等。因此，选项A正确。《专利审查指南2010》第一部分第一章第4.1.2节规定，发明人可以请求专利局不公布其姓名。提出专利申请时请求不公布发明人姓名的，应当在请求书"发明人"一栏所填写的相应发明人后面注明"（不公布姓名）"。因此，选项B错误。《专利审查指南2010》第一部分第一章第4.1.4节规定，联系人只能填写一人。填写联系人的，还需要同时填写联系人的通信地址、邮政编码和电话号码。因此，选项C正确。《专利审查指南2010》第一部分第一章第4.1.1节规定，请求书中的发明名称和说明书中的发明名称应当一致。发明名称应当简短、准确地表明发明专利申请要求保护的主题和类型。发明名称中不得含有非技术词语，例如人名、单位名称、商标、代号、型号等；也不得含有含糊的词语，例如"及其他"、"及其类似物"等；也不得仅使用笼统的词语，致使未给出任何发明信息，例如仅用"方法"、"装置"、"组合物"、"化合物"等词作为发明名称。因此，选项D错误。

   【答案】AC

3. 【2015年第48题】专利申请请求书中的下列哪些内容不符合相关规定？
   A. 发明名称：一种离心分解装置　　　　B. 发明人：××大学

C. 专利代理机构名称：美国××专利代理事务所 D. 申请人：××大学科研处

【考点】专利申请请求书

考生	意见
甲	选项C，有可能是美国在中国合法注册的代理所，可以代理国内专利，所以选项C应当不选。

【分析】《专利审查指南2010》第一部分第一章第4.1.1节规定，发明名称应当简短、准确地表明发明专利申请要求保护的主题和类型。因此，选项A符合相关规定。专利法实施细则第十三条规定，发明人是指对发明创造的实质性特点作出创造性贡献的人。因此，选项B不符合相关规定。《专利审查指南2010》第一部分第一章第4.1.6节规定，专利代理机构应当依照专利代理条例的规定经国家知识产权局批准成立。《专利代理管理办法》第七条第二款规定，专利代理机构的名称应当由该机构所在城市名称、字号、"专利代理事务所"、"专利代理有限公司"或者"知识产权代理事务所"、"知识产权代理有限公司"组成。因此，选项C不符合相关规定。《专利审查指南2010》第一部分第一章第4.1.3.1节规定，申请人是单位的，可以推定该发明是职务发明，该单位有权提出专利申请，除非该单位的申请人资格明显有疑义的，例如填写的单位是××大学科研处或者××研究所××课题组，才需要发出补正通知书，通知申请人提供能表明其具有申请人资格的证明文件。因此，选项D不符合相关规定。

需要注意的是，专利申请请求书中填写的专利代理机构应当经国家知识产权局批准成立，并且专利代理机构的名称应当由该机构所在城市名称、字号、"专利代理事务所"、"专利代理有限公司"或者"知识产权代理事务所"、"知识产权代理有限公司"组成，因此，专利代理机构名称中不会出现"美国"，考生甲的想法是不对的。

【答案】BCD

4. 【2014年第41题】下列关于请求书中所填写事项的说法哪些是正确的？

A. 发明人在提出专利申请后请求国家知识产权局不公布其姓名的，应当提交发明人签字或盖章的书面声明

B. 国家知识产权局认为请求书中填写的外国申请人的国籍有疑义时，可以通知申请人提供国籍证明

C. 申请人是单位的，必须指定本单位的一名工作人员作为联系人

D. 无论申请人是中国人还是外国人，其填写的地址都应当是中国境内的地址

【考点】申请文件的形式审查

【分析】《专利审查指南2010》第一部分第一章第4.1.2节规定，发明人可以请求专利局不公布其姓名。提出专利申请时请求不公布发明人姓名的，应当在请求书"发明人"一栏所填写的相应发明人后面注明"（不公布姓名）"。不公布姓名的请求提出之后，经审查认为符合规定的，专利局在专利公报、专利申请单行本、专利单行本以及专利证书中均不公布其姓名，并在相应位置注明"请求不公布姓名"字样，发明人也不得再请求重新公布其姓名。提出专利申请后请求不公布发明人姓名的，应当提交由发明人签字或者盖章的书面声明，但是专利申请进入公布准备后才提出该请求的，视为未提出请求，审查员应当发出视为未提出通知书。因此，选项A正确。专利法实施细则第三十三条规定，在中国没有经常居所或者营业所的申请人，申请专利或要求外国优先权的，国务院专利行政部门认为必要时，可以要求其提供下列文件：（一）申请人是个人的，其国籍证明；（二）申请人是企业或者其他组织的，其注册的国家或者地区的证明文件；（三）申请人的所属国，承认中国单位和个人可以按照该国国民的同等条件，在该国享有专利权、优先权和其他与专利有关的权利的证明文件。因此，选项B正确。

《专利审查指南2010》第一部分第一章第4.1.4节规定，申请人是单位且未委托专利代理机构的，应当填写联系人，联系人是代替该单位接收专利局所发信函的收件人。联系人应当是本单位的工作人员，必要时审查员可以要求申请人出具证明。因此，选项C错误。专利法实施细则第十六条规定，发明、实用新型或者外观设计专利申请的请求书应当写明下列事项：其中，（二）申请人是外国人、外国企业或者外国其他组织的，其姓名或者名称、国籍或者注册的国家或者地区。《专利审查指南2010》第一部分第一章第4.1.7节规定，外国的地址应当注明国别、市（县、州），并附具外文详细地址。因此，选项D错误。

【答案】AB

二、权利要求书

1. 权利要求书

5.【2016年第12题】下列说法哪个是正确的?

A. 某项权利要求中记载"温度超过100℃",是指温度大于100℃,不包括100℃本数在内

B. 某项组合物权利要求中记载了某组份含量的数值范围"10~20重量份",为了支持该数值范围,说明书实施例中必须相应给出10重量份和20重量份的实施例

C. 一项制备方法权利要求可以撰写如下:一种生产薄膜的技术,其特征在于将树脂A、填料B、抗氧剂C加入混合机中混合,然后将混合物热成型为薄膜

D. 一项使用方法权利要求可以撰写如下:一种化合物K,该化合物用作杀虫剂

【考点】权利要求的撰写

【分析】《专利审查指南2010》第二部分第二章第3.3节规定,一般情况下,权利要求中包含有数值范围的,其数值范围尽量以数学方式表达,例如,"≥30℃"、">5"等。通常,"大于"、"小于"、"超过"等理解为不包括本数;"以上"、"以下"、"以内"等理解为包括本数。因此,选项A正确。《专利审查指南2010》第二部分第二章第2.2.6节规定,当权利要求相对于背景技术的改进涉及数值范围时,通常应给出两端值附近(最好是两端值)的实施例,当数值范围较宽时,还应当给出至少一个中间值的实施例。因此,选项B错误。

《专利审查指南2010》第二部分第二章第3.2.2节规定,首先,每项权利要求的类型应当清楚。一方面,权利要求的主题名称应当能够清楚地表明该权利要求的类型是产品权利要求还是方法权利要求。不允许采用模糊不清的主题名称,例如,"一种……技术",或者在一项权利要求的主题名称中既包含有产品又包含有方法,例如,"一种……产品及其制造方法"。另一方面,权利要求的主题名称还应当与权利要求的技术内容相适应。因此,选项C错误;而选项D中主题名称是"一种化合物K",因此,该权利要求属于产品权利要求,选项D错误。

【答案】A

6.【2016年第14题】关于权利要求是否得到说明书的支持,下列说法哪个是正确的?

A. 纯功能性的权利要求必然得不到说明书的支持

B. 独立权利要求得到说明书的支持,其从属权利要求必然得到说明书的支持

C. 权利要求的技术方案在说明书中存在一致性的表述,则该权利要求必然得到说明书的支持

D. 产品权利要求得到说明书的支持,则制备该产品的方法权利要求也必然得到说明书的支持

【考点】权利要求得到说明书的支持

【分析】《专利审查指南2010》第二部分第二章第3.2.1节规定,纯功能性的权利要求得不到说明书的支持,因此也是不允许的。对于包括独立权利要求和从属权利要求或者不同类型权利要求的权利要求书,需要逐一判断各项权利要求是否都得到了说明书的支持。独立权利要求得到说明书支持并不意味着从属权利要求也必然得到支持;方法权利要求得到说明书支持也并不意味着产品权利要求必然得到支持。当要求保护的技术方案的部分或全部内容在原始申请的权利要求书中已经记载而在说明书中没有记载时,允许申请人将其补入说明书。但是权利要求的技术方案在说明书中存在一致性的表述,并不意味着权利要求必然得到说明书的支持。只有当所属技术领域的技术人员能够从说明书充分公开的内容中得到或概括出该项权利要求所要求保护的技术方案时,记载该技术方案的权利要求才被认为是得到了说明书的支持。因此,选项A正确,选项BCD错误。

【答案】A

7.【2015年第50题】下列权利要求的主题名称中,哪些不能清楚表明权利要求的类型?

A. 根据权利要求1,所述装置包括圆筒
B. 一种空气净化机作为空气加湿器的应用
C. 用二氯丙酸作为除草剂
D. 一种自动修复计算机系统元件的技术

【考点】主题名称

【分析】《专利审查指南2010》第二部分第二章第3.2.2节规定,权利要求的主题名称应当能够清楚地表明该权利要求的类型是产品权利要求还是方法权利要求。不允许采用模糊不清的主题名称,例如,"一种……

技术"，或者在一项权利要求的主题名称中既包含有产品又包含有方法，例如，"一种……产品及其制造方法"。用途权利要求属于方法权利要求。但应当注意从权利要求的撰写措辞上区分用途权利要求和产品权利要求。例如，"用化合物 X 作为杀虫剂"或者"化合物 X 作为杀虫剂的应用"是用途权利要求，属于方法权利要求，而"用化合物 X 制成的杀虫剂"或者"含化合物 X 的杀虫剂"，则不是用途权利要求，而是产品权利要求。

本题中，选项 AD 不能清楚表明权利要求的类型；而选项 BC 都是用途权利要求，属于方法权利要求，因此，都能清楚表明权利要求的类型。

【答案】AD

8.【2015 年第 53 题】下列关于权利要求得到说明书的支持的说法哪些是正确的？
A. 权利要求概括的技术方案不得超出说明书公开的范围
B. 如果独立权利要求得到说明书的支持，从属权利要求也必然能得到支持
C. 只要将权利要求的技术方案拷贝到说明书中，就可以克服权利要求得不到说明书支持的缺陷
D. 判断权利要求是否得到说明书的支持，应当考虑说明书的全部内容

【考点】权利要求

【分析】《专利审查指南 2010》第二部分第二章第 3.2.1 节规定，权利要求通常由说明书记载的一个或者多个实施方式或实施例概括而成。权利要求的概括应当不超出说明书公开的范围。因此，选项 A 正确。该节还规定，独立权利要求得到说明书支持并不意味着从属权利要求也必然得到支持。因此，选项 B 错误。该节还规定，权利要求的技术方案在说明书中存在一致性的表述，并不意味着权利要求必然得到说明书的支持。因此，选项 C 错误。该节还规定，在判断权利要求是否得到说明书的支持时，应当考虑说明书的全部内容，而不是仅限于具体实施方式部分的内容。因此，选项 D 正确。

【答案】AD

9.【2014 年第 27 题】下列哪个权利要求主题名称的撰写方式符合相关规定？
A. 一种关于钢化玻璃的发明   B. 一种关于钢化玻璃的设计
C. 一种制造钢化玻璃的方法   D. 一种关于钢化玻璃的配方

【考点】权利要求的撰写

【分析】《专利审查指南 2010》第二部分第二章第 3.2.2 节规定，每项权利要求的类型应当清楚。权利要求的主题名称应当能够清楚地表明该权利要求的类型是产品权利要求还是方法权利要求。不允许采用模糊不清的主题名称，例如，"一种……技术"，或者在一项权利要求的主题名称中既包含有产品又包含有方法，例如，"一种……产品及其制造方法"。本题中，选项 ABD 的表达方式使主题名称模糊不清，因此，不符合相关规定。选项 ABD 错误。选项 C 中"一种制造钢化玻璃的方法"清楚地表明了该权利要求为方法权利要求，符合相关规定，选项 C 正确。

【答案】C

10.【2014 年第 97 题】下列关于权利要求是否得到说明书的支持的说法哪些是正确的？
A. 在判断权利要求是否得到说明书的支持时，应当考虑说明书的全部内容
B. 为支持权利要求，说明书必须包括至少两个具体实施例
C. 如果权利要求的技术方案在说明书中存在一致性的表述，则权利要求必然得到说明书的支持
D. 纯功能性的权利要求得不到说明书的支持

【考点】权利要求应当以说明书为依据

【分析】《专利审查指南 2010》第二部分第二章第 3.2.1 节规定，在判断权利要求是否得到说明书的支持时，应当考虑说明书的全部内容，而不仅限于具体实施方式部分的内容。因此，选项 A 正确。该节还规定，权利要求通常由说明书记载的一个或者多个实施方式或实施例概括而成。因此，选项 B 错误。该节还规定，权利要求的技术方案在说明书中存在一致性的表述，并不意味着权利要求必然得到说明书的支持。只有当所属技术领域的技术人员能够从说明书充分公开的内容中得到或概括得出该项权利要求所要求保护的技术方案时，记载该技术方案的权利要求才被认为得到了说明书的支持。因此，选项 C 错误。该节还规定，纯功能性的权利要

求得不到说明书的支持，因而也是不允许的。因此，选项 D 正确。

【答案】AD

11. 【2013年第36题】如果独立权利要求1为"一种机床，包括特征X"，则下列哪些属于该权利要求的从属权利要求？

A. 根据权利要求1所述的机床，其特征在于该机床还包括特征Y。
B. 根据权利要求1所述的机床，其特征在于特征X的材料是金属。
C. 根据权利要求1所述的机床，其特征在于用特征Z代替特征X。
D. 根据权利要求1所述的机床，其特征在于该机床用于加工刀具。

【考点】从属权利要求的撰写

考生	意见
甲	选项D为用途发明，不是从属权利要求，而是独立权利要求，不应选。

【分析】专利法实施细则第二十条第三款规定，从属权利要求应当用附加的技术特征，对引用的权利要求作进一步限定。《专利审查指南2010》第二部分第二章第3.1.2节规定，如果一项权利要求包含了另一项同类型权利要求中的所有技术特征，且对该另一项权利要求的技术方案作了进一步的限定，则该权利要求为从属权利要求。从属权利要求中的附加技术特征，可以是对所引用的权利要求的技术特征作进一步限定的技术特征，也可以是增加的技术特征。在某些情况下，形式上的从属权利要求（即其包含从属权利要求的引用部分），实质上不一定是从属权利要求。例如，独立权利要求1为："包括特征X的机床"。在后的另一项权利要求为："根据权利要求1所述的机床，其特征在于用特征Y代替特征X"。在这种情况下，后一权利要求也是独立权利要求。在本题中，选项ABD都对所引用的独立权利要求1作了进一步限定，并且选项ABD中的技术方案包括独立权利要求1的所有技术特征，符合从属权利要求的定义，因此，选项ABD正确。而选项C形式上对独立权利要求1作了进一步限定，但不包括独立权利要求1的所有技术特征，不符合从属权利要求的定义，因此，选项C错误。

需要注意的是，权利要求的类型是根据权利要求的主题名称来确定，而不是根据权利要求中记载的技术特征的性质来确定。要求权利要求的类型明确，并不意味着产品权利要求的技术特征都必须是关于产品结构的技术特征，方法权利要求的技术特征都必须是关于方法步骤的技术特征。许多方法权利要求中都包含关于实施方法所采用的物质、材料、工具、设备的技术特征；在某些情况下，也允许采用方法特征来定义一种产品。在本题中，选项D不是独立权利要求，而是引用了权利要求1的从属权利要求，在其技术方案中，采用方法（用途）特征进一步限定"机床"，因此，考生甲的想法是不对的。

对于用途权利要求的撰写，《专利审查指南2010》第二部分第二章第3.2.2节规定，用途权利要求属于方法权利要求。但应当注意从权利要求的撰写措辞上区分用途权利要求和产品权利要求。例如，"用化合物X作为杀虫剂"或者"化合物X作为杀虫剂的应用"是用途权利要求，属于方法权利要求，而"用化合物X制成的杀虫剂"或者"含化合物X的杀虫剂"，则不是用途权利要求，而是产品权利要求。

类似考题参见【2013年第11题】一件专利申请公开了一种组合物，该组合物由植物材料M经过步骤X、Y和Z加工处理制得，并公开了该组合物可用来杀菌。该申请的申请日为2012年6月1日。一篇2011年3月1日公开的文献记载了一种由植物材料M经过步骤X、Y和Z加工处理制得的染料组合物，该文献没有公开所得组合物可用来杀菌。相对于该篇文献，该申请下列哪项权利要求具备新颖性？选项C、一种由植物材料M经过步骤X、Y和Z加工处理制得的组合物，其特征在于该组合物可以杀菌。有考生误以为选项C是用途发明，而实际上，选项C是由用途来限定的产品发明。

【答案】ABD

12. 【2013年第40题】下列哪些权利要求的主题名称是不符合相关规定的？

A. 一种对CRT屏幕上的字符进行游标控制
B. 一种实现车床加速运行的技术
C. 一种二氧化钛光催化剂的制备方案
D. 一种数据通信方法及其系统

【考点】权利要求的主题名称

考生	意见
甲	选项D"一种数据通信方法及其系统",是符合命名规范的,至于"其"所指代的"一种数据通信方法的系统",我们经常遇到的就是"一种XX系统及其控制方法",因此,答案应该是选项ABC。
乙	选项D答案符合主题名称的规定,理由如下:《专利审查指南2010》第二部分第二章第2.2.1节规定,发明或者实用新型的名称应当:清楚、简要、全面地反映要求保护的发明或者实用新型的主题和类型(产品或者方法),以利于专利申请的分类,例如一件包含拉链产品和该拉链制造方法两项发明的申请,其名称应当写成"拉链及其制造方法"。因此,答案应该是选项ABC。
丙	选项C"一种二氧化钛光催化剂的制备方案"可以理解为制备方法,符合名称规定,答案应该是选项ABD。

【分析】《专利审查指南2010》第二部分第二章第3.2.2节规定,权利要求的主题名称应当能够清楚地表明该权利要求的类型是产品权利要求还是方法权利要求。不允许采用模糊不清的主题名称,例如,"一种……技术",或者在一项权利要求的主题名称中既包含有产品又包含有方法,例如,"一种……产品及其制造方法"。选项ABCD都不符合上述规定,因此,选项ABCD正确。其中,选项C中"制备方案"是模糊不清的,不能确定该方案是产品,还是方法,因此,考生丙的想法是不对的。

需要注意的是,发明或者实用新型的名称与权利要求的主题名称不同,在发明或者实用新型包括多个符合单一性的主题时,其名称应当体现所有的主题。如果是发明,可能出现既包含有产品又包含有方法的名称。《专利审查指南2010》第二部分第二章第2.2.1节规定了(发明或者实用新型)名称,发明或者实用新型的名称应当按照以下各项要求撰写:其中,第(3)项内容为:清楚、简要、全面地反映要求保护的发明或者实用新型的主题和类型(产品或者方法),以利于专利申请的分类,例如一件包含拉链产品和该拉链制造方法两项发明的申请,其名称应当写成"拉链及其制造方法"。因此,考生甲乙的想法是不对的。

在这里提醒考生,在备考时,要完整、清晰地掌握知识点,比如上述指南中的例子,"一种……产品及其制造方法"在作为权利要求的主题名称时,是不允许的;"拉链及其制造方法"在作为发明或者实用新型的名称时,是允许的。

类似考试误区:【2011年第36题】下列哪些可以作为实用新型专利申请的说明书附图?❶ A. 工艺流程图; B. 逻辑框图; C. 照片; D. 工程蓝图。本题中,需要区别记忆指南中的两处规定,《专利审查指南2010》第一部分第一章第4.3节规定了(发明专利申请)说明书附图,一般不得使用照片作为附图,但特殊情况下,例如,显示金相结构、组织细胞或者电泳图谱时,可以使用照片贴在图纸上作为附图。由此可知,在发明专利申请中,照片可以作为附图。而在《专利审查指南2010》第一部分第二章第7.3节规定了(实用新型专利申请)说明书附图,并没有规定在实用新型专利申请中,照片可以作为附图,实际上,也可以推断出来,实用新型,是指对产品的形状、构造或者其结合所提出的适于实用的新的技术方案,其中,形状、构造仅指宏观的形状、构造,而不包括微观的形状、构造。

【答案】ABCD

13.【2013年第97题】下列说法哪些是正确的?

A. 权利要求书请求保护一种制造某产品的方法及通过该方法制造出的产品,如果其方法权利要求得到说明书的支持,则应当认为其产品权利要求也得到说明书的支持

B. 由于独立权利要求的保护范围大于其从属权利要求,因此如果独立权利要求得到说明书的支持,则应当认为其从属权利要求也得到说明书的支持

C. 在判断权利要求是否得到说明书的支持时,应当考虑说明书的全部内容,而不是仅限于具体实施方式部分的内容

D. 如果一项权利要求是纯功能性的,则该项权利要求得不到说明书的支持

【考点】权利要求书应当以说明书为依据

---

❶【2011年第36题】答案AB

【分析】《专利审查指南2010》第二部分第二章第3.2.1节规定，纯功能性的权利要求得不到说明书的支持，因而也是不允许的。在判断权利要求是否得到说明书的支持时，应当考虑说明书的全部内容，而不是仅限于具体实施方式部分的内容。如果说明书的其他部分也记载了有关具体实施方式或实施例的内容，从说明书的全部内容来看，能说明权利要求的概括是适当的，则应当认为权利要求得到了说明书的支持。对于包括独立权利要求和从属权利要求或者不同类型权利要求的权利要求书，需要逐一判断各项权利要求是否都得到了说明书的支持。独立权利要求得到说明书支持并不意味着从属权利要求也必然得到支持；方法权利要求得到说明书支持也并不意味着产品权利要求必然得到支持。因此，选项AB错误，选项CD正确。

【答案】CD

14.【2012年第59题】关于权利要求是否得到说明书的支持，下列说法哪些是正确的？
A. 独立权利要求得到说明书的支持，其从属权利要求必然得到说明书的支持
B. 方法权利要求得到说明书的支持，产品权利要求必然得到说明书的支持
C. 纯功能性的权利要求得不到说明书的支持
D. 在判断权利要求是否得到说明书的支持时，应当考虑说明书的全部内容

【考点】权利要求的撰写

考生	意见
甲	选项B正确，因为如果方法权利要求能清楚地限定，那么通过此方法获得的产品也是一定的，所以产品也能得到说明书支持。

【分析】专利法第二十六条第四款规定，权利要求书应当以说明书为依据，清楚、简要地限定要求专利保护的范围。《专利审查指南2010》第二部分第二章第3.2.1节规定，纯功能性的权利要求得不到说明书的支持，因而也是不允许的。在判断权利要求是否得到说明书的支持时，应当考虑说明书的全部内容，而不是仅限于具体实施方式部分的内容。如果说明书的其他部分也记载了有关具体实施方式或实施例的内容，从说明书的全部内容来看，能说明权利要求的概括是适当的，则应当认为权利要求得到了说明书的支持。对于包括独立权利要求和从属权利要求或者不同类型权利要求的权利要求书，需要逐一判断各项权利要求是否都得到了说明书的支持。独立权利要求得到说明书支持并不意味着从属权利要求也必然得到支持；方法权利要求得到说明书支持也并不意味着产品权利要求必然得到支持。因此，选项AB错误，选项CD正确。

需要说明的是，由于各领域技术内容的复杂性，有时很难或无法用产品本身的特征来清楚而简要地表征所发明的产品，因而，采用方法权利要求，或者采用产品权利要求并用其制备方法来定义。例如，一种用新工艺染制的花布颜色经久不褪、一种用新方法制作的面包具有特殊的风味、一种用新工艺酿制的葡萄酒具有不同的口感等。严格地说，这些性质或者特性上的变化必定也是因为产品的某些成分产生了一定的物理、化学变化才会产生，归根结底也是产品结构产生了变化。对发明专利而言，产品的结构特征不仅包括宏观结构特征，也包括微观结构特征，只不过上述例子中微观结构的变化往往十分复杂，常常难以准确表述而已，在有些情况下甚至连专利权人自己也不十分了解产品的各种成分究竟产生了何种变化，例如采用新工艺酿制的葡萄酒就是如此。但是，这并不妨碍新的工艺方法获得专利权。专利制度关注的重点是向公众提供能够实现预期技术效果的技术方案。说明书对方法技术方案的说明只要使所属领域的技术人员能够实施该方法，达到预期效果即可，至于对科学原理和反应机理，专利权人能够作出正确解释固然更好，不能解释或者其解释从学术理论来看不甚准确也应无妨。❶综上，方法权利要求得到说明书的支持，产品权利要求不必然得到说明书的支持，选项B错误，考生甲的想法是不对的。

【答案】CD

15.【2012年第68题】下列哪些权利要求得不到说明书的支持？

---

❶ 尹新天：《中国专利法详解》，知识产权出版社2011年版，第572页。

	权利要求	说明书
A	一种碱性蛋白酶酶解蚕蛹蛋白的方法，……其中酶解反应液PH值为5.0~8.0。	仅公开了一个酶解反应液PH值为7.5的实施例
B	一种废渣处理方法，……其中A步骤的处理温度是380~400℃。	技术方案部分所记载的A步骤的处理温度是350~400℃，两个实施例中A步骤的处理温度分别是380℃和400℃
C	一种柔性电纺丝喷嘴，……制作该喷嘴的材料为金属……。	仅记载了制作该喷嘴的材料是铜，并明确说明用铜制作电纺丝喷嘴是利用其软金属特性
D	一种图像处理设备，包括：触摸屏，……。	文字部分未提及触摸屏，但在附图中绘制了具有触摸屏的图像处理设备

【考点】权利要求的撰写

考生	意见
甲	选项D得不到说明书支持附图中没有文字标注的话，恐怕看不出屏幕是不是"触摸屏"吧，毕竟触摸屏的外观与普通屏并无差别。选项D也对。

【分析】专利法第二十六条第四款规定，权利要求书应当以说明书为依据，清楚、简要地限定要求专利保护的范围。《专利审查指南2010》第二部分第二章第3.2.1节规定，权利要求书应当以说明书为依据，是指权利要求应当得到说明书的支持。权利要求书中的每一项权利要求所要求保护的技术方案应当是所属技术领域的技术人员能够从说明书充分公开的内容中得到或概括得出的技术方案，并且不得超出说明书公开的范围。在判断权利要求是否得到说明书的支持时，应当考虑说明书的全部内容，而不是仅限于具体实施方式部分的内容。如果说明书的其他部分也记载了有关具体实施方式或实施例的内容，从说明书的全部内容来看，能说明权利要求的概括是适当的，则应当认为权利要求得到了说明书的支持。

在选项A中，说明书仅公开了一个酶解反应液PH值为7.5的实施例，而权利要求中的酶解反应液PH值5.0和8.0并没有在说明书中出现，得不到说明书的支持，因此，选项A正确。在选项B中，技术方案部分所记载的A步骤的处理温度是350~400℃，同时，两个实施例中A步骤的处理温度分别是380℃和400℃，因此，权利要求中A步骤的处理温度是380~400℃能够得到说明书的支持，选项B错误。在选项C中，说明书仅记载了制作该喷嘴的材料是铜，并明确说明用铜制作电纺丝喷嘴是利用其软金属特性，在权利要求中将制作该喷嘴的材料由铜概括为上位概念的金属并不能得到说明书的支持，因此，选项C正确。在选项D中，说明书文字部分未提及触摸屏，但在附图中绘制了具有触摸屏的图像处理设备，所属技术领域的技术人员能够从说明书附图中得到所要求保护的技术方案，因此，权利要求能得到说明书的支持，选项D错误。

需要注意的是，本题中已经明确地指出"在附图中绘制了具有触摸屏的图像处理设备"，考生甲却认为"触摸屏"与"普通屏"无法区分，看不出来屏幕是"触摸屏"，考生甲给自己增加的这些干扰信息妨碍了其对已知信息的正确理解。在这里提醒考生，对于题中已经给出的信息接收即可，比如本题明确指出附图中有"触摸屏"，考生就以附图中有"触摸屏"为基础来答题即可，无需再置疑能不能看出是"触摸屏"。同样的问题，在实务考试中也会出现，考生以卷面提供的信息为基础进行答题即可。

【答案】AC

16.【2012年第71题】下列关于发明专利申请权利要求书的说法哪些是正确的？

A. 权利要求书应当记载发明的技术特征

B. 权利要求书有几项权利要求的，应当用阿拉伯数字顺序编号

C. 权利要求书中可以有插图

D. 权利要求书中可以有化学式或者数学式

【考点】发明专利申请权利要求书

【分析】专利法实施细则第十九条第一款规定，权利要求书应当记载发明或者实用新型的技术特征。因此，选项 A 正确。专利法实施细则第十九条第二款规定，权利要求书有几项权利要求的，应当用阿拉伯数字顺序编号。因此，选项 B 正确。专利法实施细则第十九条第三款规定，权利要求书中使用的科技术语应当与说明书中使用的科技术语一致，可以有化学式或者数学式，但是不得有插图。除绝对必要的外，不得使用"如说明书……部分所述"或者"如图……所示"的用语。因此，选项 C 错误，选项 D 正确。

【答案】ABD

17.【2012年第81题】下列哪些权利要求的撰写存在不清楚的缺陷？

A. 一种基于串行通讯接口方式的通讯技术，其特征为 a。

B. 一种加热系统，包括 b 特征和 c 特征，尤其是该系统还可包括 e 特征。

C. 一种信号处理装置，包括滤波器和高频放大器。

D. 一种治疗癌症的组合物，其中 g 成分的含量为 25%～35%（重量）。

【考点】权利要求的撰写

【分析】《专利审查指南 2010》第二部分第二章第 3.2.2 节规定，权利要求的主题名称应当能够清楚地表明该权利要求的类型是产品权利要求还是方法权利要求。不允许采用模糊不清的主题名称，例如，"一种……技术"，或者在一项权利要求的主题名称中既包含有产品又包含有方法，例如，"一种……产品及其制造方法"。因此，选项 A 中"一种基于串行通讯接口方式的通讯技术"存在不清楚的缺陷，选项 A 正确。《专利审查指南 2010》第二部分第二章第 3.2.3 节规定，权利要求中不得出现"例如"、"最好是"、"尤其是"、"必要时"等类似用语。因为这类用语会在一项权利要求中限定出不同的保护范围，导致保护范围不清楚。因此，选项 B 中"尤其是该系统还可包括 e 特征"存在不清楚的缺陷，选项 B 正确。

《专利审查指南 2010》第二部分第二章第 3.2.2 节规定，权利要求中不得使用含义不确定的用语，如"厚"、"薄"、"强"、"弱"、"高温"、"高压"、"很宽范围"等，除非这种用语在特定技术领域中具有公认的确切含义，如放大器中的"高频"。对没有公认含义的用语，如果可能，应选择说明书中记载的更为精确的措辞替换上述不确定的用语。因此，选项 C 不存在不清楚的缺陷，选项 C 错误。《专利审查指南 2010》第二部分第二章第 3.2.2 节规定，除附图标记或者化学式及数学式中使用的括号之外，权利要求中应尽量避免使用括号，以免造成权利要求不清楚，例如"（混凝土）模制砖"。然而，具有通常可接受含义的括号是允许的，例如"（甲基）丙烯酸酯"，"含有 10%～60%（重量）的 A"。因此，选项 D 不存在不清楚的缺陷，选项 D 错误。

【答案】AB

2. 独立权利要求

18.【2013年第79题】下列哪些权利要求属于独立权利要求？

A. 一种实施权利要求 1 所述方法的设备，……

B. 一种包含权利要求 1 所述设备的装置，……

C. 一种与权利要求 1 所述插座相配合的插头，……

D. 根据权利要求 1 所述的组合物，其特征在于用特征 Y 代替权利要求 1 中的特征 X

【考点】独立权利要求

【分析】《专利审查指南 2010》第二部分第二章第 3.1.2 节规定，一件专利申请的权利要求书中，应当至少有一项独立权利要求。当有两项或者两项以上独立权利要求时，写在最前面的独立权利要求被称为第一独立权利要求，其他独立权利要求称为并列独立权利要求。审查员应当注意，有时并列独立权利要求也引用在前的独立权利要求，例如，"一种实施权利要求 1 的方法的装置，……"；"一种制造权利要求 1 的产品的方法，……"；"一种包含权利要求 1 的部件的设备，……"；"与权利要求 1 的插座相配合的插头，……"等。这种引用其他独立权利要求的权利要求是并列的独立权利要求，而不能被看作是从属权利要求。对于这种引用另一权利要求的独立权利要求，在确定其保护范围时，被引用的权利要求的特征均应予以考虑，而其实际的限定作用应当最终体现在对该独立权利要求的保护主题产生了何种影响。在某些情况下，形式上的从属权利要求（即其包含有从属权利要求的引用部分），实质上不一定是从属权利要求。例如，独立权利要求 1 为："包括特征 X 的机床"。在后的另一项权利要求为:"根据权利要求1所述的机床,其特征在于用特征Y代替特征X"。在这种情况下,后一权利要求也是独立权利要求。综上,选项ABCD都属于独立权利要求,选项ABCD正确。

【答案】ABCD

19.【2012年第8题】一件发明专利申请的权利要求如下:

"1. 一种具有滑动支架的机床,其特征在于包括齿轮箱。

2. 根据权利要求1的机床,其特征在于将所述滑动支架替换为固定支架。

3. 包含权利要求2的机床的装配线。"

对于上述3个权利要求,下列哪种说法是正确的?

A. 权利要求1为独立权利要求,权利要求2、3为从属权利要求

B. 权利要求1、2为独立权利要求,权利要求3为从属权利要求

C. 权利要求1、2、3皆为独立权利要求

D. 权利要求1、3为独立权利要求,权利要求2为从属权利要求

【考点】独立权利要求　从属权利要求

考生	意见
甲	从属权利要求既可以对独立权利要求特征部分的限定,又可以对前序部分的限定,权利要求2是对权利要求1的前序部分的技术特征做进一步限定,因此,选项D正确。
乙	选项D中权利要求2是权利要求1的从属权利要求,保护主题一样,仅个别技术特征替换的另一技术方案,不能断定权利要求2是独立权利要求,因此,选项D正确。

【分析】《专利审查指南2010》第二部分第二章第3.1.2节规定了独立权利要求和从属权利要求。如果一项权利要求包含了另一项同类权利要求中的所有技术特征,且对该另一项权利要求的技术方案作了进一步的限定,则该权利要求为从属权利要求。由于从属权利要求用附加的技术特征对所引用的权利要求作了进一步的限定,所以其保护范围落在其所引用的权利要求的保护范围之内。从属权利要求中的附加技术特征,可以是对所引用的权利要求的技术特征作进一步限定的技术特征,也可以是增加的技术特征。一件专利申请的权利要求书中,应当至少有一项独立权利要求。当有两项或者两项以上独立权利要求时,写在最前面的独立权利要求被称为第一独立权利要求,其他独立权利要求称为并列独立权利要求。审查员应当注意,有时并列独立权利要求也引用在前的独立权利要求,例如,"一种实施权利要求1的方法的装置,……";"一种制造权利要求1的产品的方法,……";"一种包含权利要求1的部件的设备,……";"与权利要求1的插座相配合的插头,……"等。这种引用其他独立权利要求的权利要求是并列的独立权利要求,而不能被看作是从属权利要求。对于这种引用另一权利要求的独立权利要求,在确定其保护范围时,被引用的权利要求的特征均应予以考虑,而其实际的限定作用应当最终体现在对该独立权利要求的保护主题产生了何种影响。在某些情况下,形式上的从属权利要求(即其包含有从属权利要求的引用部分),实质上不一定是从属权利要求。例如,独立权利要求1为:"包括特征X的机床"。在后的另一项权利要求为:"根据权利要求1所述的机床,其特征在于用特征Y代替特征X"。在这种情况下,后一权利要求也是独立权利要求。审查员不得仅从撰写的形式上判定在后的权利要求为从属权利要求。

由此可知,从属权利要求应当包含其所引用的独立权利要求的全部技术特征,在权利要求2中,"根据权利要求1的机床,其特征在于将所述滑动支架替换为固定支架",该技术方案不包括权利要求1的技术特征"滑动支架"。因此,权利要求2不是权利要求1的从属权利要求,而是新的独立权利要求,因此,考生乙的想法是不对的。在权利要求3中,"包含权利要求2的机床的装配线",该权利要求与权利要求1为并列的独立权利要求,不能被看作是从属权利要求。因此,权利要求3是独立权利要求。综上,权利要求1、2、3都是独立权利要求。选项ABD错误,选项C正确。

《专利审查指南2010》第二部分第二章3.3.2节规定,从属权利要求的限定部分可以对在前的权利要求(独立权利要求或者从属权利要求)中的技术特征进行限定。在前的独立权利要求采用两部分撰写方式的,其

后的从属权利要求不仅可以进一步限定该独立权利要求特征部分中的特征,也可以进一步限定前序部分中的特征。由此可见,考生甲掌握了该知识点,但本题的考点不在于此,因此,考生甲由此知识点得出选项D正确的想法是不对的。

综上所述,符合撰写规定的从属权利要求应当同时满足两个层次的条件,即包含另一项同类型权利要求中的所有技术特征,且对该另一项权利要求的技术方案作了进一步的限定。其中,在对另一项权利要求的技术方案进一步限定时,当然可以限定该权利要求特征部分中的特征,也可以进一步限定前序部分中的特征。

【答案】 C

3. 从属权利要求

20.【2016年第13题】某专利申请的权利要求书如下:

"1. 一种枕头,其特征在于:由枕套和枕芯组成。

2. 根据权利要求1所述的枕套,其特征在于:枕套中间设置为凹面。

3. 根据权利要求1所述的枕头,其特征在于:凹面深度为8cm。

4. 根据权利要求1和3所述的枕头,其特征在于:枕套两端设置两个如附图所示的不同高度的平面。"

上述从属权利要求有几处错误?

A. 2   B. 3   C. 4   D. 5

【考点】 从属权利要求的撰写

考生	意见
甲	权2主题名称不同(枕套),权3引用错误(权1无凹面),权4引用错误(1和3),权4不清楚(不同高度),权4如图所示;应该是5处,因此,选项D正确。

【分析】《专利审查指南2010》第二部分第二章第3.3节规定,权利要求中可以有化学式或者数学式,但是不得有插图。除绝对必要外,权利要求中不得使用"如说明书……部分所述"或者"如图……所示"等类似用语。绝对必要的情况是指当发明或者实用新型涉及的某特定形状仅能用图形限定而无法用语言文字表达时,权利要求可以使用"如图……所示"等类似用语。本题权利要求4中"两个如附图所示的不同高度的平面"不属于所述绝对必要的情况,因此,该处存在错误。《专利审查指南2010》第二部分第二章第3.3.2节规定,从属权利要求只能引用在前的权利要求。引用两项以上权利要求的多项从属权利要求只能以择一方式引用在前的权利要求,并不得作为被另一项多项从属权利要求引用的基础,即在后的多项从属权利要求不得引用在前的多项从属权利要求。从属权利要求的引用部分应当写明引用的权利要求的编号,其后应当重述引用的权利要求的主题名称。例如,一项从属权利要求的引用部分应当写成:根据权利要求1所述的金属纤维拉拔装置……当从属权利要求是多项从属权利要求时,其引用的权利要求的编号应当用"或"或者其他与"或"同义的择一引用方式表达。例如从属权利要求的引用部分写成下列方式:"根据权利要求1或2所述的……""根据权利要求2、4、6或8所述的……"或者"根据权利要求4至9中任一权利要求所述的……"。本题权利要求2中"根据权利要求1所述的枕套"与权利要求1的主题枕头不一致,存在错误;权利要求3中"凹面"在权利要求1中没有出现,因此,该处存在错误。权利要求4中"根据权利要求1和3所述的枕头"不是择一引用,该处存在错误。

综上所述,本题从属权利要求存在4处错误,因此,选项C正确。

需要说明的是,权利要求4中"不同高度的平面",该特征意为枕套两端的平面高度不同,这是清楚的,而所述的平面高度具体是多少,可以限定,也可以不限定。因此,考生甲的想法是不对。类似的情况,参见2014年第11题选项A"蒸发器包括一大一小两个导管"。

【答案】 C

21.【2016年第46题】一件发明专利申请的权利要求书撰写如下:

"1. 一种方便面的制作方法,包括:将处理干净的蔬菜用沸水烫制成菜糊,用菜糊和水将杂粮粉和匀,制成面条,蒸熟,切块、分排,微波炉加热熟化烘干,最后经风冷干燥即可。

2. 根据权利要求1所述的制作方法,其特征在于:所述的杂粮是大豆、绿豆或豆类。

3. 根据权利要求1和2所述的制作方法,其特征在于:所述的蔬菜是菠菜、西红柿或胡萝卜。
4. 根据权利要求1所述的制作方法,其特征在于:菠菜在烫前要切除根部。"
在上述权利要求均得到说明书支持的情况下,哪些权利要求撰写上存在错误?
A. 权利要求1　　　　B. 权利要求2　　　　C. 权利要求3　　　　D. 权利要求4

【考点】权利要求撰写

考生	意见
甲	权利要求1违反专利法实施细则第21条第1款的规定,未分为前序部分及特征部分撰写,所以答案选项应包含选项A。

【分析】专利法实施细则第二十一条第一、二款规定,发明或者实用新型的独立权利要求应当包括前序部分和特征部分,按照下列规定撰写:(一)前序部分:写明要求保护的发明或者实用新型技术方案的主题名称和发明或者实用新型主题与最接近的现有技术共有的必要技术特征;(二)特征部分:使用"其特征是……"或者类似的用语,写明发明或者实用新型区别于最接近的现有技术的技术特征。这些特征和前序部分写明的特征合在一起,限定发明或者实用新型要求保护的范围。发明或者实用新型的性质不适于用前款方式表达的,独立权利要求可以用其他方式撰写。《专利审查指南2010》第二部分第二章第3.2.1节规定,根据专利法实施细则第二十一条第二款的规定,发明或者实用新型的性质不适于用上述方式撰写的,独立权利要求也可以不分前序部分和特征部分。例如下列情况:(1)开拓性发明;(2)由几个状态等同的已知技术整体组合而成的发明,其发明实质在组合本身;(3)已知方法的改进发明,其改进之处在于省去某种物质或者材料,或者是用一种物质或材料代替另一种物质或材料,或者是省去某个步骤;(4)已知发明的改进在于系统中部件的更换或者其相互关系上的变化。本题权利要求1符合规定,因此,选项A错误,考生甲的想法是不对的。

《专利审查指南2010》第二部分第二章第3.3节规定,采用并列选择法概括时,被并列选择概括的具体内容应当是等效的,不得将上位概念概括的内容,用"或者"与其下位概念并列。本题权利要求2中,豆类是大豆和绿豆的上位概念,不能并列。因此,选项B正确。《专利审查指南2010》第二部分第二章第3.3.2节规定,引用两项以上权利要求的多项从属权利要求只能以择一方式引用在前的权利要求,并不得作为被另一项多项从属权利要求引用的基础,即在后的多项从属权利要求不得引用在前的多项从属权利要求。本题权利要求3中,权利要求3引用了权利要求1和2,但没有择一引用。因此,选项C正确。《专利审查指南2010》第二部分第二章第3.3.2节规定,从属权利要求的限定部分可以对在前的权利要求(独立权利要求或者从属权利要求)中的技术特征进行限定。本题权利要求4引用权利要求1,但其进一步限定的菠菜没有在权利要求1中出现。因此,选项D正确。

【答案】BCD

22.【2016年第47题】关于发明专利申请权利要求的撰写,下列哪些说法是正确的?
A. 权利要求书中使用的科技术语应当与说明书中的一致,权利要求书中可以有数学式
B. 如果一项权利要求包含了另一项权利要求中的所有技术特征,且对该另一项权利要求的技术方案作进一步限定,则该权利要求为从属权利要求
C. 某独立权利要求为:"1. 一种茶杯,包括部件A和B,其特征在于:还包括部件C"。其从属权利要求可以对部件C进行限定,但不能再对部件A进行限定
D. 引用两项以上权利要求的多项从属权利要求,可以以择一方式引用在前的权利要求,并不得作为另一项多项从属权利要求的基础

【考点】权利要求的撰写

考生	意见
甲	选项B是《专利审查指南2010》第二部分第二章第3.1.2节中的原话,因此,选项B正确。
乙	选项D有问题,根据专利法实施细则第22条第2款的规定,引用两项以上权利要求的多项从属权利要求,只能以择一方式引用在前的权利要求,而选项D中是说可以,那么还存在可以不择一引用的方式,所以D选项不选。

【分析】《专利审查指南2010》第二部分第二章3.1.2节规定，如果一项权利要求包含了另一项同类型权利要求中的所有技术特征，且对该另一项权利要求的技术方案作了进一步的限定，则该权利要求为从属权利要求。本题选项B中没有限定同类型权利要求，因此，选项B错误，考生甲的想法是不对的。《专利审查指南2010》第二部分第二章3.3节规定，权利要求中使用的科技术语应当与说明书中使用的科技术语一致。权利要求中可以有化学式或者数学式，但是不得有插图。因此，选项A正确。《专利审查指南2010》第二部分第二章第3.3.2节规定，从属权利要求只能引用在前的权利要求。引用两项以上权利要求的多项从属权利要求只能以择一方式引用在前的权利要求，并不得作为被另一项多项从属权利要求引用的基础，即在后的多项从属权利要求不得引用在前的多项从属权利要求。从属权利要求的限定部分可以对在前的权利要求（独立权利要求或者从属权利要求）中的技术特征进行限定。在前的独立权利要求采用两部分撰写方式的，其后的从属权利要求不仅可以进一步限定该独立权利要求特征部分中的特征，也可以进一步限定前序部分中的特征。因此，本题选项D正确，而选项C中"不能再对部件A进行限定"的表述是不对的，因此，选项C错误。

需要注意的是，本题选项D中"可以以择一方式"的表述是不严谨的，因为严格地说应该是"只能以择一方式"，因此，考生乙的想法是有道理的。

【答案】AD

23.【2015年第51题】某专利申请的权利要求书如下：

"1. 一种钢笔，包括笔杆、笔帽和笔尖。

2. 根据权利要求1所述的钢笔，其特征在于，所述笔帽上设有帽夹。

3. 根据权利要求1或2所述的笔帽，其特征在于，该笔帽是塑料的。

4. 根据权利要求1和2所述的钢笔，其特征在于，所述笔尖是铜合金材料。

5. 根据权利要求1或3所述的钢笔，其特征在于，所述帽夹是塑料的。"

上述从属权利要求的撰写哪些是不正确的？

A. 权利要求2　　　　B. 权利要求3　　　　C. 权利要求4　　　　D. 权利要求5

【考点】从属权利要求的撰写要求

【分析】专利法实施细则第二十二条第一款规定，发明或者实用新型的从属权利要求应当包括引用部分和限定部分，按照下列规定撰写：（一）引用部分：写明引用的权利要求的编号及其主题名称；（二）限定部分：写明发明或者实用新型附加的技术特征。从属权利要求只能引用在前的权利要求。引用两项以上权利要求的多项从属权利要求，只能以择一方式引用在前的权利要求，并不得作为另一项多项从属权利要求的基础。本题中，权利要求2符合撰写规定，权利要求3的引用部分没有写明引用的权利要求的主题名称钢笔，权利要求4没有以择一方式引用在前的权利要求，权利要求5引用了两项权利要求，而所引用的权利要求3是多项从属权利要求，因此，权利要求5的撰写不正确，由此可知，本题应选BCD。

【答案】BCD

24.【2015年第52题】一件专利申请的权利要求书如下：

"1. 一种散热装置，包括进气管、出气管和散热箔。

2. 根据权利要求1所述的散热装置，其特征在于，所述散热箔为金属（铝）箔。

3. 根据权利要求1所述的散热装置，其特征在于，所述出气管的形状如附图1所示。

4. 根据权利要求1所述的散热装置，其特征在于，所述散热箔为金属箔，最好为铜箔。

5. 根据权利要求1所述的散热装置，其特征在于，所述进气管的形状为螺旋状。"

上述权利要求中哪些存在撰写错误？

A. 权利要求2　　　　B. 权利要求3　　　　C. 权利要求4　　　　D. 权利要求5

【考点】权利要求的撰写要求

【分析】《专利审查指南2010》第二部分第二章第3.2.2节规定，权利要求中不得出现"例如"、"最好是"、"尤其是"、"必要时"等类似用语。因为这类用语会在一项权利要求中限定出不同的保护范围，导致保护范围不清楚。当权利要求中出现某一上位概念后面跟一个由上述用语引出的下位概念时，应当要求申请人修改权利要求，允许其在该权利要求中保留其中之一，或将两者分别在两项权利要求中予以限定。本题中，权利要求 2、4 存在撰写错误，选项 AB 正确。《专利审查指南 2010》第二部分第二章第 3.3 节规定，除绝对必要外，权利要求中不得使用"如说明书……部分所述"或者"如图……所示"等类似用语。而选项 C 中的出气管形状不属于绝对必要的情形，因此，权利要求 3 存在撰写错误，选项 C 正确。根据专利法第二十六条第四款的规定可知，选项 A 中的权利要求清楚、简要地限定了要求专利保护的范围，权利要求 5 符合相关规定，因此，选项 D 错误。

【答案】ABC

25.【2014 年第 11 题】下列哪项从属权利要求的撰写符合相关规定？
A. 根据权利要求 1 所述的冷水机，其特征是所述蒸发器包括一大一小两个导管
B. 根据权利要求 1 所述的冷水机，其特征是所述蒸发器由金属、铜或铝制成
C. 根据权利要求 1 所述的冷水机，其特征是所述蒸发器最长不短于 100 厘米
D. 根据权利要求 1 所述的冷水机，其特征是所述蒸发器的表面上有一凹块，该凹块的大小和形状与信用卡相同

【考点】从属权利要求的撰写要求

考生	意见
甲	选项 A 中"一大一小"是不清楚的，大有多大，小有多小，因此，选项 A 错误。
乙	选项 C，最长不短于 100 厘米，就是说最长大于或者等于 100 厘米，挺清楚的呀，选项 C 正确。
丙	选项 D，信用卡的大小基本都是统一的，应该为公知常识，是清楚的，至少选项 D 也是答案。

【分析】专利法第二十六条第四款规定，权利要求书应当以说明书为依据，清楚、简要地限定要求专利保护的范围。本题选项 A 中的权利要求清楚、简要地限定了要求专利保护的范围，符合相关规定，因此，选项 A 正确。《专利审查指南 2010》第二部分第二章第 3.2.2 节规定，权利要求中不得出现"例如"、"最好是"、"尤其是"、"必要时"等类似用语。因为这类用语会在一项权利要求中限定出不同的保护范围，导致保护范围不清楚。当权利要求中出现某一上位概念后面跟一个由上述用语引出的下位概念时，应当要求申请人修改权利要求，允许其在该权利要求中保留其中之一，或将两者分别在两项权利要求中予以限定。由此可知，由于金属是铜、铝的上位概念，根据上述规定，选项 B 中的权利要求的撰写不符合规定，选项 B 错误。在选项 C 中"最长不短于 100 厘米"是一种不清楚的表达，无法确定所要限定的蒸发器是最长为 100 厘米，还是最短为 100 厘米，因此，选项 C 错误。在选项 D 中，由于使用了信用卡来限定凹块的大小和形状，而信用卡并没有标准的大小和形状，因此，选项 D 中存在不清楚的缺陷，选项 D 错误。

需要注意的是，考生针对本题选项 ACD 的异议比较多，解释如下：（一）选项 A 中关于"一大一小两个导管"的描述是正确的，是指蒸发器包括大小有差异的两个导管，并不是说导管的具体大小尺寸，因此，不存在大小尺寸不清楚的问题，考生甲的想法是不对的。（二）选项 C 中"最长不短于 100 厘米"的说法确实比较少见，要表达的意思有点绕，至少存在不清楚的嫌疑，不过，应该也有考生（比如考生乙）平时就是这样说的，这种说法甚至在其他考试中也曾出现，比如全国 2015 年 4 月高等教育自学考试《会计制度设计试题》第 13 题：企业关键财会岗位进行轮换的时间周期一般为多长时间？其中，选项 A 在最长不短于十年的时间内进行岗位轮换。总之，就单选题而言，选项 C 不是最佳选项。（三）选项 D 中关于"信用卡的大小和形状"，信用卡包括标准卡和异形卡，其中，标准卡的尺寸是有国际规定的，国际标准 ISO7810 中 ID-1 的规定尺寸为 85.60 × 53.98 毫米（3.370 × 2.125 英寸），常用于身份证、银行卡（如提款卡、信用卡）、驾照、个人名片，以及商店发出的忠实顾客卡等。然而，异形卡就没有统一的尺寸了，因此，考试丙的想法是不对的。

【答案】A

26.【2014 年第 40 题】某专利申请的权利要求书如下：
"1. 一种茶杯，包括特征 H 和 I。
2. 根据权利要求 1 所述的茶杯，还包括特征 J。
3. 根据权利要求 1 或 2 所述的茶杯，还包括特征 K。

4. 根据权利要求 1 和 2 所述的茶杯，还包括特征 L。

5. 根据权利要求 1 或 3 所述的茶壶，还包括特征 M。"

上述哪些从属权利要求的引用方式不正确？

A. 权利要求 2　　　　B. 权利要求 3　　　　C. 权利要求 4　　　　D. 权利要求 5

【考点】从属权利要求的撰写

考生	意见
甲	权利要求 3 确定了 2 个不同的保护范围：HIK 和 HIJK，选项 B 应该不正确。

【分析】专利法实施细则第二十二条规定，发明或者实用新型的从属权利要求应当包括引用部分和限定部分，按照下列规定撰写：（一）引用部分：写明引用的权利要求的编号及其主题名称；（二）限定部分：写明发明或者实用新型附加的技术特征。从属权利要求只能引用在前的权利要求。引用两项以上权利要求的多项从属权利要求，只能以择一方式引用在前的权利要求，并不得作为另一项多项从属权利要求的基础。《专利审查指南 2010》第二部分第二章第 3.3.2 节规定，当从属权利要求是多项从属权利要求时，其引用的权利要求的编号应当用"或"或者其他与"或"同义的择一引用方式表达。本题中，权利要求 4 是多项从属权利要求，其引用时由于采用了非择一引用的表达方式，因此，该引用方式不正确，选项 C 符合题意要求。权利要求 5 中所引用的主题名称"茶壶"，在其引用的权利要求 1 和权利要求 3 中并没有出现过，因此，该引用方式不正确，选项 D 符合题意要求。而权利要求 2 和权利要求 3 的引用方式正确，因此，选项 AB 不符合题意要求。

需要注意的是，从属权利要求，一方面它引用另一项权利要求，从而包括了该权利要求的全部技术特征，另一方面，它又记载附加的技术特征，对所引用的该权利要求进一步加以限定。而且从属权利要求可以引用一项或者多项以上其他的权利要求。引用两项以上权利要求的多项从属权利要求，只能以择一方式引用在前的权利要求，不然会造成技术方案的混乱、不清楚。本题权利要求 3 以择一方式引用权利要求 1、2，这样，权利要求 3 包括两个技术方案（HIK 和 HIJK），该引用方式是正确的，因此，考生甲的想法是不对的。

【答案】CD

27.【2014 年第 80 题】独立权利要求 1 为"包含部件 X 和 Y 的散热器"。下列哪些权利要求是其从属权利要求？

A. 根据权利要求 1 所述的散热器，其中还包括部件 Z。

B. 根据权利要求 1 所述的散热器，其中不包括部件 Y。

C. 根据权利要求 1 所述的散热器，其中用部件 Z 来替代部件 Y。

D. 根据权利要求 1 所述的散热器，其中部件 X 由铜制成。

【考点】从属权利要求的撰写

【分析】专利法实施细则第二十条第三款规定，从属权利要求应当用附加的技术特征，对引用的权利要求作进一步限定。《专利审查指南 2010》第二部分第二章第 3.1.2 节规定，如果一项权利要求包含了另一项同类型权利要求中的所有技术特征，且对该另一项权利要求的技术方案作了进一步的限定，则该权利要求为从属权利要求。由于从属权利要求用附加的技术特征对所引用的权利要求作了进一步的限定，所以其保护范围落在其所引用的权利要求的保护范围之内。本题中，选项 AD 中的权利要求包含了权利要求 1 中的所有技术特征，并且对权利要求 1 技术方案进行了进一步限定，因此，这两项权利要求都是权利要求 1 的从属权利要求，选项 AD 正确。而选项 B 中的权利要求未包含权利要求 1 中的部件 Y，因此，其不是权利要求 1 的从属权利要求，选项 B 错误。《专利审查指南 2010》第二部分第二章第 3.1.2 节规定，在某些情况下，形式上的从属权利要求（即其包含有从属权利要求的引用部分），实质上不一定是从属权利要求。例如，独立权利要求 1 为："包括特征 X 的机床"。在后的另一项权利要求为："根据权利要求 1 所述的机床，其特征在于用特征 Y 代替特征 X"。在这种情况下，后一权利要求也是独立权利要求。审查员不得仅从撰写的形式上判定在后的权利要求为从属权利要求。由此可知，选项 C 中的权利要求不是权利要求 1 的从属权利要求，选项 C 错误。

【答案】AD

28.【2012 年第 39 题】一件专利申请的权利要求书撰写如下：

"1. 一种散热装置，包括进气管、出气管和散热箔。

2. 根据权利要求1所述的散热箔，其特征在于，所述散热箔为散热铝箔。

3. 根据权利要求1所述的散热装置，其特征在于，所述进气管和出气管均为特定形状。

4. 根据权利要求1所述的散热装置，其特征在于，所述散热箔最好为散热铜箔。

5. 根据权利要求1所述的散热装置，其特征在于，所述进气管的形状为螺旋状。"

上述权利要求中哪些存在撰写错误？

A. 权利要求2　　B. 权利要求3　　C. 权利要求4　　D. 权利要求5

【考点】权利要求的撰写

【分析】专利法第二十六条第四款规定，权利要求书应当以说明书为依据，清楚、简要地限定要求专利保护的范围。专利法实施细则第二十二条规定，发明或者实用新型的从属权利要求应当包括引用部分和限定部分，按照下列规定撰写：（一）引用部分：写明引用的权利要求的编号及其主题名称；（二）限定部分：写明发明或者实用新型附加的技术特征。从属权利要求只能引用在前的权利要求。引用两项以上权利要求的多项从属权利要求，只能以择一方式引用在前的权利要求，并不得作为另一项多项从属权利要求的基础。在本题中，权利要求1的主题名称是"散热装置"，而权利要求2引用的主题名称是"散热箔"，因此，存在引用主题名称的错误，选项A正确。《专利审查指南2010》第二部分第二章第3.2.3节规定，权利要求中不得出现"例如"、"最好是"、"尤其是"、"必要时"等类似用语。因为这类用语会在一项权利要求中限定出不同的保护范围，导致保护范围不清楚。在权利要求3中的"特定"和权利要求4中的"最好为"都导致了权利要求保护范围的不清楚，因此，在权利要求3和在权利要求4存在撰写错误，选项BC正确。权利要求5的撰写符合相关规定，选项D错误。

【答案】ABC

29.【2012年第90题】下列关于从属权利要求的说法哪些是正确的？

A. 从属权利要求只能引用独立权利要求

B. 从属权利要求只能进一步限定独立权利要求特征部分中的特征

C. 从属权利要求的引用部分应当写明引用的权利要求的编号，其后应当重述引用的权利要求的主题名称

D. 一项多项从属权利要求不得作为另一项多项从属权利要求的引用基础

【考点】从属权利要求的撰写

【分析】专利法实施细则第二十二条第二款规定，从属权利要求只能引用在前的权利要求。引用两项以上权利要求的多项从属权利要求，只能以择一方式引用在前的权利要求，并不得作为另一项多项从属权利要求的基础。因此，选项A错误，选项D正确。《专利审查指南2010》第二部分第二章第3.3.2节规定，从属权利要求的限定部分可以对在前的权利要求（独立权利要求或者从属权利要求）中的技术特征进行限定。在前的独立权利要求采用两部分撰写方式的，其后的从属权利要求不仅可以进一步限定该独立权利要求特征部分中的特征，也可以进一步限定前序部分中的特征。因此，选项B错误。专利法实施细则第二十二条第一款规定，发明或者实用新型的从属权利要求应当包括引用部分和限定部分，按照下列规定撰写：（一）引用部分：写明引用的权利要求的编号及其主题名称；（二）限定部分：写明发明或者实用新型附加的技术特征。因此，选项C正确。

【答案】CD

三、说明书及说明书附图

1. 说明书

30.【2015年第8题】下列哪个发明名称符合相关规定？

A. 一种苹果牌手机　　　　　　　　B. 一种治疗乙型肝炎的药物及其制备方法

C. 一种F-2座疮治疗仪　　　　　　D. 一种降低能耗的技术

【考点】发明名称

【分析】《专利审查指南2010》第二部分第二章第2.2.1节规定，发明或者实用新型的名称应当按照以下各项要求撰写：（1）说明书中的发明或者实用新型的名称与请求书中的名称应当一致，一般不得超过25个字，

特殊情况下，例如，化学领域的某些申请，可以允许最多到40个字；（2）采用所属技术领域通用的技术术语，最好采用国际专利分类表中的技术术语，不得采用非技术术语；（3）清楚、简要、全面地反映要求保护的发明或者实用新型的主题和类型（产品或者方法），以利于专利申请的分类，例如一件包含拉链产品和该拉链制造方法两项发明的申请，其名称应当写成"拉链及其制造方法"；（4）不得使用人名、地名、商标、型号或者商品名称等，也不得使用商业性宣传用语。本题中，选项A、C中分别含有"苹果牌"、"F-2"，因此，选项AC错误。选项D中"技术"不能表明该申请要求保护的主题和类型，因此，选项D错误。选项B符合规定，因此，选项B正确。

【答案】B

31.【2015年第49题】在满足其他条件的情况下，下列哪些文件可以作为说明书"背景技术"部分的引证文件？

　　A. 公开日在本申请的申请日与公开日之间的外国专利文件
　　B. 公开日在本申请的申请日与公开日之间的中国专利文件
　　C. 公开日在本申请的申请日与公开日之间的非专利文件
　　D. 公开日在本申请的申请日之前的非专利文件

【考点】引证文件

【分析】《专利审查指南2010》第二部分第二章第2.2.3节规定，引证文件还应当满足以下要求：（1）引证文件应当是公开出版物，除纸件形式外，还包括电子出版物等形式。（2）所引证的非专利文件和外国专利文件的公开日应当在本申请的申请日之前；所引证的中国专利文件的公开日不能晚于本申请的公开日。（3）引证外国专利或非专利文件的，应当以所引证文件公布或发表时的原文所使用的文字写明引证文件的出处以及相关信息，必要时给出中文译文，并将译文放置在括号内。因此，选项BD正确，选项AC错误。

【答案】BD

32.【2014年第33题】下列哪些发明名称符合相关规定？
　　A. 一种北京电器设备　　　　B. 一种手表及其生产方法
　　C. 一种具有引线端的电器元件　　D. 一种橡胶绝缘材料及其他

【考点】说明书的撰写

【分析】《专利审查指南2010》第二部分第二章第2.2.1节规定，发明或者实用新型的名称应当按照以下各项要求撰写：（1）说明书中的发明或者实用新型的名称与请求书中的名称应当一致，一般不得超过25个字，特殊情况下，例如，化学领域的某些申请，可以允许最多到40个字；（2）采用所属技术领域通用的技术术语，最好采用国际专利分类表中的技术术语，不得采用非技术术语；（3）清楚、简要、全面地反映要求保护的发明或者实用新型的主题和类型（产品或者方法），以利于专利申请的分类，例如一件包含拉链产品和该拉链制造方法两项发明的申请，其名称应当写成"拉链及其制造方法"；（4）不得使用人名、地名、商标、型号或者商品名称等，也不得使用商业性宣传用语。本题中，选项A中"一种北京电器设备"使用了地名，不符合规定，因此，选项A错误。选项BC中的名称符合相关规定，因此，选项BC正确。选项D"一种橡胶绝缘材料及其他"中的"其他"的含义不清楚，不符合规定，因此，选项D错误。

【答案】BC

33.【2013年第9题】某中国发明专利申请的申请日为2009年6月1日，公布日为2011年3月1日。该申请的说明书背景技术部分不能引证下列哪个文件？

　　A. 申请日为2009年5月31日、公布日为2011年2月25日的欧洲专利申请
　　B. 申请日为2009年4月1日、公布日为2011年3月1日的中国专利申请
　　C. 印刷日为2009年5月的某中文期刊
　　D. 公开日为2009年5月19日存在于互联网的相关文件

【考点】说明书背景技术　引证文件

【分析】《专利审查指南2010》第二部分第二章第2.2.3节规定，发明或者实用新型说明书的背景技术部分应当写明对发明或者实用新型的理解、检索、审查有用的背景技术，并且尽可能引证反映这些背景技术的文

件。引证文件还应当满足以下要求：（1）引证文件应当是公开出版物，除纸件形式外，还包括电子出版物等形式。（2）所引证的非专利文件和外国专利文件的公开日应当在本申请的申请日之前；所引证的中国专利文件的公开日不能晚于本申请的公开日。❶（3）引证外国专利或非专利文件的，应当以所引证文件公布或发表时的原文所使用的文字写明引证文件的出处以及相关信息，必要时给出中文译文，并将译文放置在括号内。如果引证文件满足上述要求，则认为本申请说明书中记载了所引证文件中的内容。本题选项A中，欧洲专利申请的公布日为2011年2月25日，在2009年6月1日之后，不满足上述（2）的规定，因此，该欧洲专利申请不能作为引证文件，选项A正确。选项B中，中国专利申请的公布日为2011年3月1日，与题干中的中国发明专利申请的公布日相同，满足上述（2）的规定，因此，选项B能作为引证文件，选项B错误。选项C中，某中文期刊的印刷日为2009年5月，在2009年6月1日之前，满足上述（2）的规定，因此，该中文期刊能作为引证文件，选项C错误。选项D中，存在于互联网的相关文件的公开日为2009年5月19日，在2009年6月1日之前，满足上述（1）和（2）的规定，因此，该相关文件能作为引证文件，选项D错误。

【答案】A

34.【2013年第63题】下列说法哪些是正确的？
A. 实施例是对发明或者实用新型的优选的具体实施方式的举例说明
B. 一项权利要求涉及数值范围0~100，说明书中必须给出0和100两个端值的实施例
C. 当一个实施例足以支持权利要求所概括的技术方案时，说明书中可以只给出一个实施例
D. 说明书中可以有引证文件，但对于那些就满足说明书公开充分的要求而言必不可少的内容，不能采用引证其他文件的方式撰写，而应当将其具体内容写入说明书

【考点】实施例、具体实施方式和引证文件
【分析】《专利审查指南2010》第二部分第二章第2.2.6节规定，实施例是对发明或者实用新型的优选的具体实施方式的举例说明。实施例的数量应当根据发明或者实用新型的性质、所属技术领域、现有技术状况以及要求保护的范围来确定。当一个实施例足以支持权利要求所概括的技术方案时，说明书中可以只给出一个实施例。当权利要求（尤其是独立权利要求）覆盖的保护范围较宽，其概括不能从一个实施例中找到依据时，应当给出至少两个不同实施例，以支持要求保护的范围。当权利要求相对于背景技术的改进涉及数值范围时，通常应给出两端值附近（最好是两端值）的实施例，当数值范围较宽时，还应当给出至少一个中间值的实施例。因此，选项AC正确，选项B错误。《专利审查指南2010》第二部分第二章第2.2.6节规定，在具体实施方式部分，对最接近的现有技术或者发明或实用新型与最接近的现有技术共有的技术特征，一般来说可以不作详细的描述，但对发明或者实用新型区别于现有技术的技术特征以及从属权利要求中的附加技术特征应当足够详细地描述，以所属技术领域的技术人员能够实现该技术方案为准。应当注意的是，为了方便专利审查，也为了帮助公众更直接地理解发明或者实用新型，对于那些就满足专利法第二十六条第三款的要求而言必不可少的内容，不能采用引证其他文件的方式撰写，而应当将其具体内容写入说明书。因此，选项D正确。

【答案】ACD

35.【2013年第87题】下列关于说明书的说法哪些是正确的？
A. 说明书第一页第一行应当写明发明名称
B. 说明书中涉及核苷酸或者氨基酸序列的，应当将该序列表作为说明书的一个单独部分
C. 说明书文字部分可以有化学式、数学式或者表格，必要时可以有插图
D. 说明书应当用阿拉伯数字顺序编写页码

【考点】说明书
【分析】《专利审查指南2010》第一部分第一章第4.2节规定，说明书第一页第一行应当写明发明名称，

---

❶《审查指南修订导读2006》第二章第3.1节有关背景技术指出："不晚于"在于强调在专利申请公开之日，所引证的文件能够为公众查阅。这种规定并不是要求申请人以引证尚未公开的前一份申请的方式来撰写其后一份申请的说明书，而且不应当鼓励申请人这样做。申请人最好是将其前一份申请中的有关技术内容写入后一份申请的说明书中，而不应当仅仅以引证前一份申请的方式来记载其后一份申请的有关内容。

该名称应当与请求书中的名称一致，并左右居中。发明名称前面不得冠以"发明名称"或者"名称"等字样。涉及核苷酸或者氨基酸序列的申请，应当将该序列表作为说明书的一个单独部分，并单独编写页码。申请人应当在申请的同时提交与该序列表相一致的计算机可读形式的副本，如提交记载有该序列表的符合规定的光盘或者软盘。说明书文字部分可以有化学式、数学式或者表格，但不得有插图。说明书应当用阿拉伯数字顺序编写页码。由此可知，选项ABD正确，选项C错误。

【答案】 ABD

36. 【2012年第54题】下列关于发明名称撰写的说法哪些是正确的？
   A. 一般不得超过25个字，特殊情况下，可以允许最多到40个字
   B. 不得含有非技术词语
   C. 可以使用商标
   D. 不得使用商业性宣传用语

【考点】 发明名称

【分析】《专利审查指南2010》第二部分第二章第2.2.1节规定，发明或者实用新型的名称应当按照以下各项要求撰写：(1) 说明书中的发明或者实用新型的名称与请求书中的名称应当一致，一般不得超过25个字，特殊情况下，例如，化学领域的某些申请，可以允许最多到40个字；(2) 采用所属技术领域通用的技术术语，最好采用国际专利分类表中的技术术语，不得采用非技术术语；(3) 清楚、简要、全面地反映要求保护的发明或者实用新型的主题和类型（产品或者方法），以利于专利申请的分类，例如一件包含拉链产品和该拉链制造方法两项发明的申请，其名称应当写成"拉链及其制造方法"；(4) 不得使用人名、地名、商标、型号或者商品名称等，也不得使用商业性宣传用语。因此，选项ABD正确，选项C错误。

【答案】 ABD

37. 【2012年第88题】阿司匹林是已知药物，具有解热镇痛的功效，现有技术中用作感冒药的成分。某项发明涉及阿司匹林的新用途，该发明对现有技术的贡献在于：实验证实阿司匹林能有效防治心血管疾病。如对此发明申请专利，说明书中不能缺少下列哪些内容？
   A. 阿司匹林的制备方法
   B. 阿司匹林用于防治心血管疾病的使用方法
   C. 证明阿司匹林具有解热镇痛功效的实验数据
   D. 证明阿司匹林能防治心血管疾病的实验数据

【考点】 说明书的撰写

【分析】 专利法第二十六条第三款规定，说明书应当对发明或者实用新型作出清楚、完整的说明，以所属技术领域的技术人员能够实现为准。在本题中，阿司匹林是已知药物，具有解热镇痛的功效，因此，在说明书中无需写入该药物的制备方法，以及证明阿司匹林具有解热镇痛功效的实验数据，选项AC错误。《专利审查指南2010》第二部分第十章第3.3节规定，对于化学产品用途发明，在说明书中应当记载所使用的化学产品、使用方法及所取得的效果，使得本领域技术人员能够实施该用途发明。如果本领域的技术人员无法根据现有技术预测该用途，则应当记载对本领域的技术人员来说，足以证明该物质可以用于所述用途并能解决所要解决的技术问题或者达到所述效果的实验数据。因此，选项BD正确。

【答案】 BD

38. 【2012年第93题】下列说法哪些是正确的？
   A. 除绝对必要外，发明或者实用新型的说明书中不得使用"如权利要求……所述的……"一类的引用语
   B. 发明或者实用新型的摘要中不得使用商业性宣传用语，但说明书中可以使用
   C. 发明或者实用新型权利要求中出现的附图标记应当加括号
   D. 发明或者实用新型专利申请的说明书的名称应当与请求书中的名称一致

【考点】 发明或者实用新型专利申请文件的撰写

考生	意见
甲	《专利审查指南2010》第2部分第2章第2.2节记载"发明或者实用新型说明书应当用词规范、语句清楚，并且不得使用'如权利要求……所述的……'一类的引用语，也不得使用商业性宣传用语"。此处没有规定"除绝对必要外"的情况。但是《专利审查指南2010》第2部分第2章第3.3节记载"除绝对必要外，权利要求中不得使用'如说明书……部分所述'或者'如图……所示'等类似用语。绝对必要的情况是指当发明或者实用新型涉及的某特定形状仅能用图形限定而无法用语言表达时，权利要求可以使用'如图……所示'等类似用语"，此处规定了"绝对必要"的情况。个人认为，这种所述的"绝对必要"的情况也适用于说明书的撰写。因此，选项A也是正确的。

【分析】专利法实施细则第十七条第三款规定，发明或者实用新型说明书应当用词规范、语句清楚，并不得使用"如权利要求……所述的……"一类的引用语，也不得使用商业性宣传用语。专利法实施细则第二十三条第二款规定，摘要中不得使用商业性宣传用语。因此，选项AB错误。专利法实施细则第十九条第四款规定，权利要求中的技术特征可以引用说明书附图中相应的标记，该标记应当放在相应的技术特征后并置于括号内，便于理解权利要求。附图标记不得解释为对权利要求的限制。因此，选项C正确。专利法实施细则第十七条第一款规定，发明或者实用新型专利申请的说明书应当写明发明或者实用新型的名称，该名称应当与请求书中的名称一致。因此，选项D正确。

需要说明的是，根据《专利审查指南2010》第2部分第2章第2.2节和《专利审查指南2010》第2部分第2章第3.3节的规定，撰写权利要求书时，存在绝对必要的情况，即可用使用"如说明书……部分所述"或者"如图……所示"等类似用语，而撰写说明书时，不存在绝对必要的情况。因此，考生甲的想法是不对的。

【答案】CD

39.【2012年第96题】实用新型专利申请的说明书应当包括下列哪些内容？
A. 背景技术　　　　　　　　　　　　B. 技术方案
C. 附图说明　　　　　　　　　　　　D. 具体实施方式

【考点】实用新型说明书的内容

考生	意见
甲	专利法实施细则第十七条规定，……（三）发明内容：写明发明或者实用新型所要解决的技术问题以及解决其技术问题采用的技术方案，并对照现有技术写明发明或者实用新型的有益效果……。技术方案只是发明内容中的一部分，用技术方案代替发明内容不合适，因此，选项B错误。

【分析】专利法实施细则第十七条第一款规定，发明或者实用新型专利申请的说明书应当写明发明或者实用新型的名称，该名称应当与请求书中的名称一致。说明书应当包括下列内容：（一）技术领域：写明要求保护的技术方案所属的技术领域；（二）背景技术：写明对发明或者实用新型的理解、检索、审查有用的背景技术；有可能的，并引证反映这些背景技术的文件；（三）发明内容：写明发明或者实用新型所要解决的技术问题以及解决其技术问题采用的技术方案，并对照现有技术写明发明或者实用新型的有益效果；（四）附图说明：说明书有附图的，对各幅附图作简略说明；（五）具体实施方式：详细写明申请人认为实现发明或者实用新型的优选方式；必要时，举例说明；有附图的，对照附图。因此，选项ABCD正确。

需要说明的是，本题考查说明书的五部分，本题选项B为"技术方案"，其属于发明内容的一部分，按照题干的要求，"技术方案"也算是属于实用新型专利申请的说明书应当包括的内容。当然，选项B写成"发明内容"更严谨。因此，考生甲的想法是有道理的。

【答案】ABCD

2. 说明书附图

40.【2016年第15题】关于实用新型专利申请，下列说法哪个是正确的？
A. 说明书摘要可以作为修改说明书的依据

B. 说明书附图不得仅有表示产品效果、性能的附图

C. 说明书文字部分可以有表格，必要时也可以有插图，例如流程图

D. 原始说明书附图不清晰，可以通过重新确定申请日方式补入清晰附图

【考点】实用新型说明书　说明书附图　说明书摘要

考生	意见
甲	我认为选项D也正确，因为《专利法实施细则》第40条规定，说明书中写有对附图的说明，但无附图或者缺少部分附图的，申请人应当在国务院专利行政部门指定的期限内补交附图或者声明取消对附图的说明。申请人补交附图的，以向国务院专利行政部门提交或者邮寄附图之日为申请日；取消对附图的说明的，保留原申请日。

【分析】《专利审查指南2010》第二部分第二章第2.4节规定，摘要是说明书记载内容的概述，它仅是一种技术信息，不具有法律效力。摘要的内容不属于发明或者实用新型原记载的内容，不能作为以后修改说明书或者权利要求书的根据，也不能用来解释专利权的保护范围。因此，选项A错误。《专利审查指南2010》第一部分第二章第7.3节规定，说明书附图的审查包括下述内容：（10）说明书附图中应当有表示要求保护的产品的形状、构造或者其结合的附图，不得仅有表示现有技术的附图，也不得仅有表示产品效果、性能的附图，例如温度变化曲线图等。因此，选项B正确。

《专利审查指南2010》第一部分第二章第7.2节规定，说明书的审查包括下述内容：（8）说明书文字部分可以有化学式、数学式或者表格，但不得有插图，包括流程图、方框图、曲线图、相图等，它们只可以作为说明书的附图。（9）说明书文字部分写有附图说明但说明书缺少相应附图的，应当通知申请人取消说明书文字部分的附图说明，或者在指定的期限内补交相应附图。申请人补交附图的，以向专利局提交或者邮寄补交附图之日为申请日，审查员应当发出重新确定申请日通知书。申请人取消相应附图说明的，保留原申请日。因此，选项CD错误。

需要说明的是，根据专利法实施细则第第四十条的规定，说明书中写有对附图的说明但无附图或者缺少部分附图的，申请人应当在国务院专利行政部门指定的期限内补交附图或者声明取消对附图的说明。申请人补交附图的，以向国务院专利行政部门提交或者邮寄附图之日为申请日；取消对附图的说明的，保留原申请日。在该条规定中，国务院专利行政部门让申请人补交附图或者声明取消对附图的说明的目的在于使申请文件完备，只有申请文件完备时，才能被受理并确定申请日、给以申请号。这里所说的"说明书中写有对附图的说明但无附图或者缺少部分附图的"这两种情况不同于考生甲所说的"附图不清楚"，在"附图不清楚"时，申请文件依旧是完备的，不影响其被受理并确定申请日、给以申请号，不存在重新确定申请日的情况，因此，考生甲的想法是不对的。

【答案】B

41.【2015年第54题】关于实用新型专利申请的附图，下列说法哪些是错误的？

A. 摘要附图应是从说明书附图中选出的能够反映技术方案的附图

B. 如果说明书文字足以清楚的描述所要求保护的产品的形状，可以没有附图

C. 说明书附图可以是彩色照片

D. 结构复杂的实用新型专利申请允许有两幅摘要附图

【考点】实用新型专利申请的附图

【分析】根据《专利审查指南2010》第二部分第二章第2.4节的规定，说明书摘要附图应当满足以下要求：其中，（1）有附图的专利申请，应当提供或者由审查员指定一幅最能反映该发明或者实用新型技术方案的主要技术特征的附图作为摘要附图。因此，选项A正确，选项D错误。《专利审查指南2010》第二部分第二章第2.3节规定，实用新型专利申请的说明书必须有附图。因此，选项B错误。《专利审查指南2010》第二部分第二章第7.3节规定了实用新型专利申请的附图要求，说明书附图的审查包括下述内容：其中，（1）附图不得使用工程蓝图、照片。因此，选项C错误。本题应选BCD。

【答案】BCD

42.【2014年第94题】下列关于发明或者实用新型说明书附图的说法哪些是正确的?
A. 如果发明专利申请的文字足以清楚、完整地描述其技术方案,则可以没有附图
B. 如果实用新型专利申请的文字足以清楚、完整地描述其技术方案,则可以没有附图
C. 附图中未出现的附图标记不得在说明书文字部分中提及
D. 附图中不得出现文字

【考点】说明书附图

【分析】根据专利法第二十六条第三款的规定,说明书应当对发明或者实用新型作出清楚、完整的说明,以所属技术领域的技术人员能够实现为准;必要的时候,应当有附图。摘要应当简要说明发明或者实用新型的技术要点。因此,选项A正确。专利法实施细则第十七条第五款规定,实用新型专利申请说明书应当有表示要求保护的产品的形状、构造或者其结合的附图。因此,选项B错误。专利法实施细则第十八条第二、三款规定,发明或者实用新型说明书文字部分中未提及的附图标记不得在附图中出现,附图中未出现的附图标记不得在说明书文字部分中提及。申请文件中表示同一组成部分的附图标记应当一致。附图中除必需的词语外,不应当含有其他注释。因此,选项C正确,选项D错误。

【答案】AC

四、说明书摘要及摘要附图

43.【2013年第51题】下列关于实用新型专利申请的说法哪些是正确的?
A. 说明书摘要文字部分(包括标点符号)不得超过300个字
B. 说明书摘要文字部分应写清反映技术方案要点的内容
C. 说明书摘要和摘要附图不属于实用新型原始记载的内容
D. 说明书摘要附图可以不是说明书附图之一

【考点】说明书摘要

【分析】根据《专利审查指南2010》第二部分第二章第2.4节的规定,摘要的内容不属于发明或者实用新型原始记载的内容,不能作为以后修改说明书或者权利要求书的根据,也不能用来解释专利权的保护范围。说明书摘要文字部分应当满足以下要求:(1)摘要应当写明发明或者实用新型的名称和所属技术领域,并清楚地反映所要解决的技术问题、解决该问题的技术方案的要点以及主要用途,其中以技术方案为主;摘要可以包含最能说明发明的化学式;(2)摘要文字部分(包括标点符号)不得超过300个字,并且不得使用商业性宣传用语。此外,摘要文字部分出现的附图标记应当加括号。因此,选项ABC正确。根据《专利审查指南2010》第二部分第二章第2.4节的规定,说明书摘要附图应当满足以下要求:(1)有附图的专利申请,应当提供或者由审查员指定一幅最能反映该发明或者实用新型技术方案的主要技术特征的附图作为摘要附图,该摘要附图应当是说明书附图中的一幅;(2)摘要附图的大小及清晰度应当保证在该图缩小到4厘米×6厘米时,仍能清楚地分辨出图中的各个细节。因此,选项D错误。

【答案】ABC

44.【2012年第74题】下列关于说明书摘要的说法哪些是正确的?
A. 摘要不得包含化学式
B. 摘要文字部分不得超过300个字
C. 摘要的内容可以作为修改说明书的依据
D. 摘要的内容不能用来解释专利权的保护范围

【考点】说明书摘要

【分析】专利法实施细则第二十三条第二款规定,说明书摘要可以包含最能说明发明的化学式;有附图的专利申请,还应当提供一幅最能说明该发明或者实用新型技术特征的附图。附图的大小及清晰度应当保证在该图缩小到4厘米×6厘米时,仍能清晰地分辨出图中的各个细节。摘要文字部分不得超过300个字。摘要中不得使用商业性宣传用语。因此,选项A错误,选项B正确。《专利审查指南2010》第二部分第二章第2.4节规定,摘要是说明书记载内容的概述,它仅是一种技术信息,不具有法律效力。摘要的内容不属于发明或者实用新型原始记载的内容,不能作为以后修改说明书或者权利要求书的根据,也不能用来解释专利权的保护范围。

因此，选项 C 错误，选项 D 正确。

【答案】BD

五、申请文件的书写规则及附图绘制要求
六、对于涉及生物材料申请的特殊要求

45.【2016年第48题】某涉及生物材料的发明专利申请，申请日为2015年5月1日，优先权日为2014年6月1日，申请人将该生物材料的样品提交到国家知识产权局认可的保藏单位进行保藏，下列手续哪些符合要求？

A. 提交保藏的日期：2015年5月1日，提交保藏证明及存活证明的日期：2015年8月1日
B. 提交保藏的日期：2014年6月1日，提交保藏证明及存活证明的日期：2015年9月1日
C. 提交保藏的日期：2014年10月1日，提交保藏证明及存活证明的日期：2015年8月1日
D. 提交保藏的日期：2014年10月1日，提交保藏证明及存活证明的日期：2015年8月1日，同时申请人提交声明表示放弃优先权

【考点】涉及生物材料的发明专利申请

【分析】专利法实施细则第二十四条规定，申请专利的发明涉及新的生物材料，该生物材料公众不能得到，并且对该生物材料的说明不足以使所属领域的技术人员实施其发明的，除应当符合专利法和本细则的有关规定外，申请人还应当办理下列手续：（一）在申请日前或者最迟在申请日（有优先权的，指优先权日），将该生物材料的样品提交国务院专利行政部门认可的保藏单位保藏，并在申请时或者最迟自申请日起4个月内提交保藏单位出具的保藏证明和存活证明；期满未提交证明的，该样品视为未提交保藏；（二）在申请文件中，提供有关该生物材料特征的资料；（三）涉及生物材料样品保藏的专利申请应当在请求书和说明书中写明该生物材料的分类命名（注明拉丁文名称）、保藏该生物材料样品的单位名称、地址、保藏日期和保藏编号；申请时未写明的，应当自申请日起4个月内补正；期满未补正的，视为未提交保藏。

本题中优先权日为2014年6月1日，提交保藏的日期应当不晚于该日期，因此，选项 AC 错误；该发明专利申请的申请日为2015年5月1日，应当在申请时或者最迟自申请日起4个月内提交保藏单位出具的保藏证明和存活证明，因此，选项 B 正确。而选项 D 中由申请人放弃优先权，因此，提交保藏的日期应当不晚于申请日（2015年5月1日），并且应当在申请时或者最迟自申请日起4个月内提交保藏单位出具的保藏证明和存活证明，因此，选项 D 正确。

【答案】BD

46.【2015年第11题】关于涉及生物材料的专利申请，下列哪个情形是符合生物材料保藏要求的？

A. 申请人自申请日起第2个月在国家知识产权局认可的保藏单位进行了生物保藏，并提交了保藏及存活证明
B. 申请人于申请日前2个月在国家知识产权局认可的保藏单位进行了生物保藏，自申请日起第6个月提交了保藏及存活证明
C. 申请人于申请日前半个月在国家知识产权局认可的保藏单位进行了生物保藏，自申请日起第2个月提交了保藏及存活证明
D. 为防止泄密，申请人于申请日前2个月在其学校的国家重点生物实验室自行进行了生物保藏，自申请日起第2个月提交了保藏及存活证明

【考点】生物材料保藏

【分析】专利法实施细则第二十四条规定，在申请日前或者最迟在申请日（有优先权的，指优先权日），将该生物材料的样品提交国务院专利行政部门认可的保藏单位保藏，并在申请时或者最迟自申请日起4个月内提交保藏单位出具的保藏证明和存活证明；期满未提交证明的，该样品视为未提交保藏。因此，选项 ABD 错误，选项 C 正确。

【答案】C

47.【2014年第62题】下列说法哪些是正确的？

A. 申请专利的发明涉及公众不能得到的新的生物材料，并且对该生物材料的说明不足以使所属领域的技

术人员实施其发明的，则应当在申请日前或者最迟在申请日（有优先权的，指优先权日）将该生物材料的样品提交国家知识产权局认可的保藏单位保藏

B. 涉及生物材料样品保藏的专利申请应当在请求书和说明书中写明该生物材料的分类命名（注明拉丁文名称）、保藏该生物材料样品的单位名称、地址、保藏日期和保藏编号

C. 依赖遗传资源完成的发明创造，申请人应当在专利申请文件中说明该遗传资源的直接来源和原始来源；申请人无法说明原始来源的，应当陈述理由

D. 遗传资源来源披露登记表中的内容可被视为原申请记载的内容，可以作为修改说明书和权利要求书的基础

【考点】涉及生物材料申请的要求 涉及遗传资源申请的要求

【分析】专利法实施细则第二十四条规定，申请专利的发明涉及新的生物材料，该生物材料公众不能得到，并且对该生物材料的说明不足以使所属领域的技术人员实施其发明的，除应当符合专利法和本细则的有关规定外，申请人还应当办理下列手续：（一）在申请日前或者最迟在申请日（有优先权的，指优先权日），将该生物材料的样品提交国务院专利行政部门认可的保藏单位保藏，并在申请时或者最迟自申请日起4个月内提交保藏单位出具的保藏证明和存活证明；期满未提交证明的，该样品视为未提交保藏；（二）在申请文件中，提供有关该生物材料特征的资料；（三）涉及生物材料样品保藏的专利申请应当在请求书和说明书中写明该生物材料的分类命名（注明拉丁文名称）、保藏该生物材料样品的单位名称、地址、保藏日期和保藏编号；申请时未写明的，应当自申请日起4个月内补正；期满未补正的，视为未提交保藏。因此，选项AB正确。根据专利法第二十六条第五款的规定，依赖遗传资源完成的发明创造，申请人应当在专利申请文件中说明该遗传资源的直接来源和原始来源；申请人无法说明原始来源的，应当陈述理由。因此，选项C正确。《专利审查指南2010》第二部分第十章第9.5.3节规定，登记表中的内容不属于原说明书和权利要求书记载的内容，因此不能作为判断说明书是否充分公开的依据，也不得作为修改说明书和权利要求书的基础。因此，选项D错误。

【答案】ABC

48.【2013年第84题】张某于2010年5月23日向国家知识产权局提交了一件涉及新生物材料的发明专利申请，该申请的优先权日为2009年9月10日，申请文件中含有11项权利要求、25页说明书和10页核苷酸序列表。该生物材料公众不能得到，并且对该生物材料的说明不足以使所属领域的技术人员实施该发明。下列说法哪些是正确的？

A. 张某应当在申请费的缴纳期限内缴纳申请附加费
B. 张某应当在2010年5月23日前将该生物样品提交至国家知识产权局认可的保藏单位保藏
C. 张某应当在申请的同时提交与该序列表相一致的计算机可读形式的副本
D. 张某应当在2010年9月23日前提交生物材料样品的保藏证明和存活证明

【考点】申请附加费 生物样品的保藏 核苷酸序列表 保藏证明和存活证明

考生	意见
甲	选项D不选，因为提交保藏与保藏证明的起算日应该是优先权日，而不是申请日。

【分析】《专利审查指南2010》第五部分第二章第1节规定，申请附加费是指申请文件的说明书（包括附图、序列表）页数超过30页或者权利要求超过10项时需要缴纳的费用，该项费用的数额以页数或者项数计算。因此，选项A正确。专利法实施细则第二十四条规定，申请专利的发明涉及新的生物材料，该生物材料公众不能得到，并且对该生物材料的说明不足以使所属领域的技术人员实施其发明的，除应当符合专利法和本细则的有关规定外，申请人还应当办理下列手续：其中，（一）在申请日前或者最迟在申请日（有优先权的，指优先权日），将该生物材料的样品提交国务院专利行政部门认可的保藏单位保藏，并在申请时或者最迟自申请日起4个月内提交保藏单位出具的保藏证明和存活证明；期满未提交证明的，该样品视为未提交保藏。在本题中，该申请的优先权日为2009年9月10日，申请日为2010年5月23日，根据上述第（一）项的规定，张某应当在2009年9月10日或者2009年9月10日前将该生物样品提交至国家知识产权局认可的保藏单位保藏，选项B错误。张某应当在2010年5月23日或者最迟在2010年9月23日前提交保藏单位出具的保藏证明和存

活证明，因此，选项 D 正确。《专利审查指南 2010》第五部分第三章第 2.3.1 节规定，对于涉及核苷酸或者氨基酸序列的发明专利申请，还应当核实是否提交了包含相应序列表的计算机可读形式的副本，例如光盘或者软盘等。因此，选项 C 正确。

需要注意的是，专利法实施细则第十一条第二款规定，本细则所称申请日，除另有规定的外，是指专利法第二十八条规定的申请日。因此，根据专利法实施细则第二十四条的规定，将生物材料的样品提交保藏单位保藏的时间不得晚于申请日（有优先权的，指优先权日），而提交保藏单位出具的保藏证明和存活证明的时间不晚于自申请日起 4 个月内。因此，考生甲的想法是不对的。

【答案】 ACD

七、对涉及遗传资源申请的特殊要求

49. 【2016 年第 49 题】下列涉及遗传资源发明专利申请的说法，哪些是正确的？
  A. 对违反法律的规定获取遗传资源，并依赖该遗传资源完成的发明创造，不授予专利权
  B. 专利法所称依赖遗传资源完成的发明创造，是指利用遗传资源完成的发明创造
  C. 依赖遗传资源完成的发明创造，申请人应当在专利申请文件中说明遗传资源的直接来源和原始来源
  D. 依赖遗传资源完成的发明创造，申请人无法说明直接来源的，可以在申请文件中陈述理由

【考点】 涉及遗传资源发明专利申请

【分析】 专利法第五条第二款规定，对违反法律、行政法规的规定获取或者利用遗传资源，并依赖该遗传资源完成的发明创造，不授予专利权。因此，选项 A 正确。根据专利法实施细则第二十六条规定，专利法所称遗传资源，是指取自人体、动物、植物或者微生物等含有遗传功能单位并具有实际或者潜在价值的材料；专利法所称依赖遗传资源完成的发明创造，是指利用了遗传资源的遗传功能完成的发明创造。依赖遗传资源完成的发明创造，申请人应当在专利申请文件中说明该遗传资源的直接来源和原始来源；申请人无法说明原始来源的，应当陈述理由。因此，选项 B 错误。因此，选项 C 正确，选项 D 错误。

【答案】 AC

50. 【2012 年第 62 题】申请人就一件依赖遗传资源完成的发明向国家知识产权局提出了专利申请，并同时提交了遗传资源来源披露登记表。下列说法哪些是正确的？
  A. 申请人应当在请求书中说明该发明是依赖遗传资源完成的
  B. 该登记表中应当写明遗传资源的直接来源
  C. 该登记表中应当写明遗传资源的原始来源，无法说明原始来源的，应当陈述理由
  D. 该登记表经补正仍不符合规定的，国家知识产权局应当驳回该专利申请

【考点】 涉及遗传资源的专利申请

【分析】 专利法实施细则第二十六条第二款规定，就依赖遗传资源完成的发明创造申请专利的，申请人应当在请求书中予以说明，并填写国务院专利行政部门制定的表格。专利法第二十六条第五款规定，依赖遗传资源完成的发明创造，申请人应当在专利申请文件中说明该遗传资源的直接来源和原始来源；申请人无法说明原始来源的，应当陈述理由。《专利审查指南 2010》第一部分第一章第 5.3 节规定，就依赖遗传资源完成的发明创造申请专利，申请人应当在请求书中对于遗传资源的来源予以说明，并填写遗传资源来源披露登记表，写明该遗传资源的直接来源和原始来源。申请人无法说明原始来源的，应当陈述理由。对于不符合规定的，审查员应当发出补正通知书，通知申请人补正。期满未补正的，审查员应当发出视为撤回通知书。补正后仍不符合规定的，该专利申请应当被驳回。因此，选项 ABCD 正确。

【答案】 ABCD

第二节 外观设计专利申请文件

一、请求书

51.【2016年第50题】 下列在外观设计请求书中填写的使用外观设计的产品名称哪些是正确的？
A. LED 灯
B. 办公用品
C. 图形用户界面
D. 成套沙发

【考点】外观设计请求书产品名称

【分析】《专利审查指南2010》第一部分第三章第4.1.1节规定，使用外观设计的产品名称应当与外观设计图片或者照片中表示的外观设计相符合，准确、简明地表明要求保护的产品的外观设计。产品名称一般不得超过20个字。产品名称通常还应当避免下列情形：(1) 含有人名、地名、国名、单位名称、商标、代号、型号或以历史时代命名的产品名称；(2) 概括不当、过于抽象的名称，例如"文具"、"炊具"、"乐器"、"建筑用物品"等；(3) 描述技术效果、内部构造的名称，例如"节油发动机"、"人体增高鞋垫"、"装有新型发动机的汽车"等；(4) 附有产品规格、大小、规模、数量单位的名称，例如"21英寸电视机"、"中型书柜"、"一副手套"等；(5) 以外国文字或无确定的中文意义的文字命名的名称，例如"克莱斯酒瓶"，但已经众所周知并且含义确定的文字可以使用，例如"DVD播放机"、"LED灯"、"USB集线器"等。因此，选项AD正确。而选项B概括不当、过于抽象，选项C"图形用户界面"不属于产品名称，因此，选项BC错误。

【答案】AD

52.【2015年第55题】 下列在请求书中写明的使用外观设计的产品名称哪些是正确的？
A. 方凳
B. MP3
C. 小型书桌
D. 地、空两用飞行汽车

【考点】产品名称

考生	意见
甲	选项B中MP3虽带有英文字母，但是通俗常用名称，当然可以选择。

【分析】《专利审查指南2010》第一部分第三章第4.1.1节规定，使用外观设计的产品名称应当与外观设计图片或者照片中表示的外观设计相符合，准确、简明地表明要求保护的产品的外观设计。产品名称一般不得超过20个字。产品名称通常还应当避免下列情形：(1) 含有人名、地名、国名、单位名称、商标、代号、型号或以历史时代命名的产品名称；(2) 概括不当、过于抽象的名称，例如"文具"、"炊具"、"乐器"、"建筑用物品"等；(3) 描述技术效果、内部构造的名称，例如"节油发动机"、"人体增高鞋垫"、"装有新型发动机的汽车"等；(4) 附有产品规格、大小、规模、数量单位的名称，例如"21英寸电视机"、"中型书柜"、"一副手套"等；(5) 以外国文字或无确定的中文意义的文字命名的名称，例如"克莱斯酒瓶"，但已经众所周知并且含义确定的文字可以使用，例如"DVD播放机"、"LED灯"、"USB集线器"等。本题中，选项AD符合规定，因此，选项AD正确。选项C中"小型书桌"是附有产品大小的名称，因此，选项C错误。另外，一些缩略语并不能代替产品名称，例如"DVD播放机"不能写为"DVD"，"MP3播放器"不能写为"MP3"，"DVD""MP3"为文件格式而非产品名称。因此，选项B错误，考生甲的想法是不对的。

【答案】AD

二、图片或照片

53.【2014年第87题】 下列各图是净水器产品的外观设计专利申请视图。已知主视图和立体图正确，下列哪些视图明显错误？
A. 俯视图
B. 左视图
C. 后视图
D. 仰视图

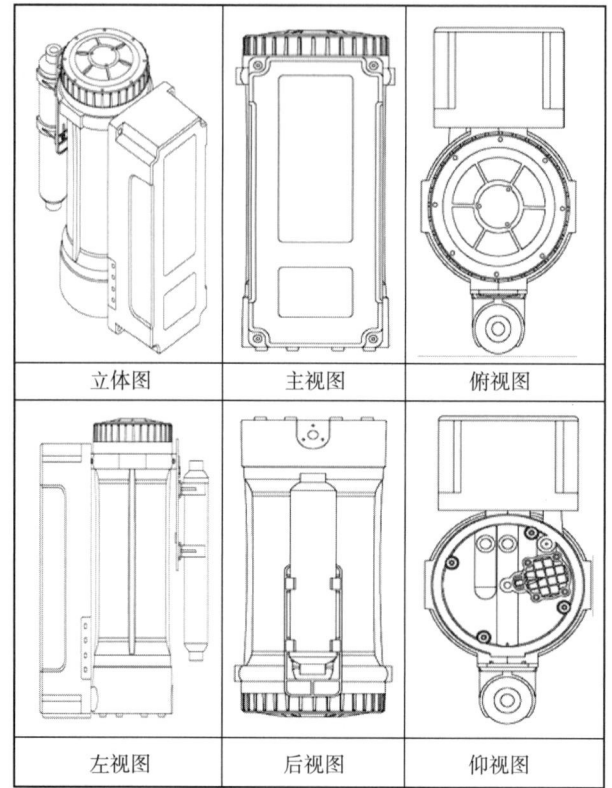

【考点】外观设计专利申请的图片或者照片

【分析】专利法第二十七条第二款规定，申请人提交的有关图片或者照片应当清楚地显示要求专利保护的产品的外观设计。本题中，已知主视图和立体图正确，俯视图中产品的前后颠倒，因此，选项A正确。左视图中产品的前后颠倒，因此，选项B正确。后视图中产品的上下颠倒，因此，选项C正确。仰视图的绘制正确，选项D错误。

【答案】ABC

三、简要说明

54.【2016年第51题】某外观设计专利在其简要说明中说明请求保护色彩，下列哪些说法是正确的？

A. 该专利要求保护的外观设计为图片或照片所示包含有色彩的外观设计
B. 该专利要求保护的外观设计为以色彩设计为设计要点的外观设计
C. 在判断被诉设计是否落入该专利的保护范围时，应重点考虑色彩对整体视觉效果的影响
D. 在判断被诉设计是否落入授权专利的保护范围时，应将该专利中的色彩设计以及图片或照片所示其他设计作整体观察、综合判断

【考点】简要说明

【分析】《专利审查指南2010》第一部分第三章第4.3节规定了简要说明，专利法第五十九条第二款规定，外观设计专利权的保护范围以表示在图片或者照片中的该产品的外观设计为准，简要说明可以用于解释图片或者照片所表示的该产品的外观设计。根据专利法实施细则第二十八条的规定，简要说明应当包括下列内容：……3. 外观设计的设计要点。设计要点是指与现有设计相区别的产品的形状、图案及其结合，或者色彩与形状、图案的结合，或者部位。对设计要点的描述应当简明扼要。……。此外，下列情形应当在简要说明中写明：1. 请求保护色彩或者省略视图的情况。如果外观设计专利申请请求保护色彩，应当在简要说明中声明。……。本题中，由于在简要说明中要求保护色彩，故该专利保护的就是图片或照片所示包含有色彩的外观设计，因此，选项A正确。而色彩设计不单独构成设计要点，选项B错误。《专利审查指南2010》第四部分第五章第5.2节规

定了判断方式。对外观设计进行比较判断时应当从一般消费者的角度进行判断。……第四，整体观察、综合判断，对比时应当采用整体观察、综合判断的方式。所谓整体观察、综合判断是指由涉案专利与对比设计的整体来判断，而不从外观设计的部分或者局部出发得出判断结论。因此，选项C错误，选项D正确。

【答案】AD

55. 【2015年第12题】下列写入外观设计专利申请简要说明中的内容，哪个是错误的？
A. 外观设计产品名称是沙发
B. 产品内部设有加热装置
C. 省略仰视图
D. 本外观设计的形状是设计要点

【考点】简要说明

【分析】专利法实施细则第二十八条第一款规定，外观设计的简要说明应当写明外观设计产品的名称、用途，外观设计的设计要点，并指定一幅最能表明设计要点的图片或者照片。省略视图或者请求保护色彩的，应当在简要说明中写明。因此，选项ACD的说法正确。《专利审查指南2010》第一部分第三章第4.3节规定，简要说明不得使用商业性宣传用语，也不能用来说明产品的性能和内部结构。选项B中"产品内部设有加热装置"说明了产品的内部结构，因此，选项B的说法错误。

【答案】B

56. 【2014年第4题】下列哪个外观设计专利申请中写明的使用外观设计产品名称是正确的？
A. 手机
B. 中型书柜
C. 电子设备
D. 人体增高鞋垫

【考点】外观设计产品名称

【分析】《专利审查指南2010》第一部分第三章第4.1.1节规定，使用外观设计的产品名称对图片或者照片中表示的外观设计所应用的产品种类具有说明作用。使用外观设计的产品名称应当与外观设计图片或者照片中表示的外观设计相符合，准确、简明地表明要求保护的产品的外观设计。产品名称一般应当符合国际外观设计分类表中小类列举的名称。产品名称一般不得超过20个字。产品名称通常还应当避免下列情形：(1) 含有人名、地名、国名、单位名称、商标、代号、型号或以历史时代命名的产品名称；(2) 概括不当、过于抽象的名称，例如"文具"、"炊具"、"乐器"、"建筑用物品"等；(3) 描述技术效果、内部构造的名称，例如"节油发动机"、"人体增高鞋垫"、"装有新型发动机的汽车"等；(4) 附有产品规格、大小、规模、数量单位的名称，例如"21英寸电视机"、"中型书柜"、"一副手套"等；(5) 以外国文字或无确定的中文意义的文字命名的名称，例如"克莱斯酒瓶"，但已经众所周知并且含义确定的文字可以使用，例如"DVD播放机"、"LED灯"、"USB集线器"等。本题中，选项A的"手机"，准确、简明地表明了要求保护的产品的外观设计，同时，符合《国际外观设计分类表》中小类列举的名称，因此，选项A正确。选项B的"中型书柜"，由于含有产品的大小，因此，不能作为外观设计的产品名称，选项B错误。选项C的"电子设备"过于抽象，因此，不能作为外观设计的产品名称，选项C错误。选项D的"人体增高鞋垫"是描述技术效果的名称，因此，不能作为外观设计的产品名称，选项D错误。

【答案】A

57. 【2013年第67题】下列使用外观设计的产品名称哪些是正确的？
A. 方凳
B. iPhone5s
C. 小型书桌
D. 摩托车

【考点】外观设计的产品名称

考生	意见
甲	iPhone5s和DVD，USB一样，大家都知道，已经具有公知的含义，应该要选B。

【分析】《专利审查指南2010》第一部分第三章第4.1.1节规定，使用外观设计的产品名称对图片或者照片中表示的外观设计所应用的产品种类具有说明作用。使用外观设计的产品名称应当与外观设计图片或者照片中表示的外观设计相符合，准确、简明地表明要求保护的产品的外观设计。产品名称一般应当符合国际外观设计分类表中小类列举的名称。产品名称一般不得超过20个字。产品名称通常还应当避免下列情形：(1) 含有人名、地名、国名、单位名称、商标、代号、型号或以历史时代命名的产品名称；(2) 概括不当、过于抽象的名称，例如"文具"、"炊具"、"乐器"、"建筑用物品"等；(3) 描述技术效果、内部构造的名称，例如"节

油发动机"、"人体增高鞋垫"、"装有新型发动机的汽车"等；(4) 附有产品规格、大小、规模、数量单位的名称，例如"21英寸电视机"、"中型书柜"、"一副手套"等；(5) 以外国文字或无确定的中文意义的文字命名的名称，例如"克莱斯勒瓶"，但已经众所周知并且含义确定的文字可以使用，例如"DVD播放机"、"LED灯"、"USB集线器"等。选项B中"iPhone5s"是含有型号且以外国文字命名的名称，因此，选项B错误。选项C中"小型书桌"是附有产品大小的名称，因此，选项C错误。选项AD符合规定，因此，选项AD正确。

需要注意的是，一些缩略语并不能代替产品名称，例如"DVD播放机"不能写为"DVD"，"MP3播放器"不能写为"MP3"，"DVD""MP3"为文件格式而非产品名称。因此，考生甲的想法是不对的。

【答案】AD

58.【2012年第98题】申请外观设计专利时，下列哪些内容应当在简要说明中写明？
A. 外观设计产品的名称
B. 外观设计产品的用途
C. 外观设计产品的性能
D. 外观设计产品的设计要点

【考点】简要说明

【分析】专利法实施细则第二十八条规定，外观设计的简要说明应当写明外观设计产品的名称、用途，外观设计的设计要点，并指定一幅最能表明设计要点的图片或者照片。省略视图或者请求保护色彩的，应当在简要说明中写明。对同一产品的多项相似外观设计提出一件外观设计专利申请的，应当在简要说明中指定其中一项作为基本设计。简要说明不得使用商业性宣传用语，也不能用来说明产品的性能。因此，选项ABD正确，选项C错误。

【答案】ABD

第三节 单一性要求

一、发明和实用新型专利申请的单一性

1. 单一性的概念

59.【2015年第56题】下列选项中的发明哪些一定具有单一性？
A. 具有相同的技术特征的多项发明
B. 具有相应的技术特征的多项发明
C. 属于一个总的发明构思的多项发明
D. 具有相应的特定技术特征的多项发明

【考点】单一性

【分析】专利法实施细则第三十四条规定，依照专利法第三十一条第一款规定，可以作为一件专利申请提出的属于一个总的发明构思的两项以上的发明或者实用新型，应当在技术上相互关联，包含一个或者多个相同或者相应的特定技术特征。因此，选项AB错误。选项CD正确。

【答案】CD

60.【2012年第78题】下列哪些情况下的多项发明创造可以作为一件专利申请提出？
A. 在技术上相互关联，包含一个相同的必要技术特征的两项以上的发明
B. 在技术上相互关联，包含一个相应的特定技术特征的两项以上的实用新型
C. 同一产品两项以上的相似外观设计
D. 用于同一类别并且成套出售的产品的两项以上的外观设计

【考点】单一性

【分析】专利法实施细则第三十四条规定，依照专利法第三十一条第一款规定，可以作为一件专利申请提出的属于一个总的发明构思的两项以上的发明或者实用新型，应当在技术上相互关联，包含一个或者多个相同或者相应的特定技术特征，其中特定技术特征是指每一项发明或者实用新型作为整体，对现有技术作出贡献的技术特征。《专利审查指南2010》第二部分第二章第3.1.2节规定，独立权利要求应当从整体上反映发明或者实用新型的技术方案，记载解决技术问题的必要技术特征。必要技术特征是指，发明或者实用新型为解决其技术问题所不可缺少的技术特征，其总和足以构成发明或者实用新型的技术方案，使之区别于背景技术中所述的其他技术方案。因此，选项A错误，选项B正确。专利法第三十一条第二款规定，一件外观设计专利申请应当

限于一项外观设计。同一产品两项以上的相似外观设计，或者用于同一类别并且成套出售或者使用的产品的两项以上外观设计，可以作为一件申请提出。因此，选项 CD 正确。

【答案】 BCD

2. 判断单一性的原则和方法

61.【2016 年第 52 题】某发明专利申请的权利要求如下：

"1. 一种混合器，其特征在于：包括由材料 A 制成的搅拌器、形状为 B 形的混合室。

2. 一种制造混合器的方法，所述的混合器包括搅拌器和混合室，其特征在于：搅拌器由材料 A 制成。

3. 根据权利要求 2 所述的方法，其特征在于：包括步骤 C，将混合室形状制成 B 形。

4. 一种用权利要求 1 的混合器制造混凝土的方法，其特征在于：包括将原料送入混合室并进行搅拌的步骤。"

现有技术公开的混合器包括搅拌器及混合室，其中搅拌器由材料 A 制成。经审查，本发明权利要求 1 因包括 B 形混合器而具备创造性，下列说法哪些是正确的？

A. 权利要求 1、2 之间具有单一性
B. 权利要求 1、3 之间具有单一性
C. 权利要求 3、4 之间具有单一性
D. 权利要求 1、4 之间具有单一性

【考点】 单一性

【分析】《专利审查指南 2010》第二部分第六章第 2.1.2 节规定，特定技术特征是专门为评定专利申请单一性而提出的一个概念，应当把它理解为体现发明对现有技术作出贡献的技术特征，也就是使发明相对于现有技术具有新颖性和创造性的技术特征，并且应当从每一项要求保护的发明的整体上考虑后加以确定。因此，专利法第三十一条第一款所称的"属于一个总的发明构思"是指具有相同或者相应的特定技术特征。

本题中，特定技术特征为 B 形混合器，权利要求 1、3 和 4 都包含 B 形混合器，因此，上述权利要求之间具有单一性。而权利要求 2 不包括 B 形混合器，其与权利要求 1 的共同技术特征为搅拌器由材料 A 制成，该技术特征不属于特定技术特征，因此，权利要求 1 和 2 之间不存在单一性。综上所述，选项 A 错误，选项 BCD 正确。

【答案】 BCD

62.【2015 年第 57 题】某发明专利申请的权利要求书如下：

"1. 一种灯丝 A。

2. 一种用灯丝 A 制成的灯泡 B。

3. 一种探照灯 D，装有用灯丝 A 制成的灯泡 B 和旋转装置 C。

4. 一种制造旋转装置 C 的方法。"

与现有技术相比灯丝 A 具有创造性，旋转装置 C 是现有技术。下列说法哪些是正确的？

A. 权利要求 1 和 2 之间具有单一性
B. 权利要求 1 和 3 之间具有单一性
C. 权利要求 1 和 4 之间具有单一性
D. 权利要求 3 和 4 之间具有单一性

【考点】 单一性判断

【分析】 专利法实施细则第三十四条规定，依照专利法第三十一条第一款规定，可以作为一件专利申请提出的属于一个总的发明构思的两项以上的发明或者实用新型，应当在技术上相互关联，包含一个或者多个相同或者相应的特定技术特征。本题中，权利要求 1、2 和 3 都具有特定技术特征灯丝 A，因此，选项 AB 正确。权利要求 4 仅具有旋转装置 C，而旋转装置 C 是现有技术，不属于特定技术特征，权利要求 4 和 1、权利要求 4 和 1 之间都不具有单一性，因此，选项 CD 错误。

【答案】 AB

63.【2014 年第 7 题】下列关于单一性的说法哪个是正确的？

A. 申请人可以通过多缴费用而将不具备单一性的多项发明保留在同一件申请中

B. 如果不具备单一性的多项发明属于同一个专利分类号，则允许在一件专利申请中提出

C. 如果两项发明属于一个总的发明构思，则它们具备单一性

D. 如果两项发明的主题名称完全相同，则它们必然具备单一性

【考点】单一性

【分析】专利法实施细则第三十四条规定，依照专利法第三十一条第一款规定，可以作为一件专利申请提出的属于一个总的发明构思的两项以上的发明或者实用新型，应当在技术上相互关联，包含一个或者多个相同或者相应的特定技术特征，其中特定技术特征是指每一项发明或者实用新型作为整体，对现有技术作出贡献的技术特征。因此，选项 AB 错误，选项 C 正确。而选项 D 中"两项发明的主题名称完全相同"，并不意味着这两项发明属于一个总的发明构思，二者并不必然具备单一性，因此，选项 D 错误。

【答案】C

64.【2014 年第 28 题】某发明专利申请的权利要求如下：

"1. 一种饮用水净化装置，其特征在于包含外壳和滤芯。

2. 根据权利要求 1 所述的装置，其特征在于所述外壳由材料 X 制成。

3. 根据权利要求 1 所述的装置，其特征在于所述滤芯由材料 Y 制成。

4. 制备权利要求 1 所述的装置的方法，其特征在于包括将外壳和由材料 Y 制成的滤芯组装的步骤。

5. 用权利要求 1 所述的装置净化水的方法，其特征在于包括步骤 Z。"

已知权利要求 1 不具备新颖性和创造性，X、Y、Z 均为特定技术特征且互不相关。下列说法哪个是正确的？

A. 权利要求 2、3 之间具有单一性　　　　B. 权利要求 2、4 之间具有单一性
C. 权利要求 3、4 之间具有单一性　　　　D. 权利要求 4、5 之间具有单一性

【考点】单一性

【分析】专利法实施细则第三十四条规定，依照专利法第三十一条第一款规定，可以作为一件专利申请提出的属于一个总的发明构思的两项以上的发明或者实用新型，应当在技术上相互关联，包含一个或者多个相同或者相应的特定技术特征，其中特定技术特征是指每一项发明或者实用新型作为整体，对现有技术作出贡献的技术特征。本题中，由于权利要求 1 不具备新颖性和创造性，X、Y、Z 均为特定技术特征且互不相关，因此，权利要求之间只有具有相同或相应的特定技术特征，才具有单一性。权利要求 2 和权利要求 3、权利要求 2 和权利要求 4、权利要求 4 和权利要求 5 这三组权利要求中，每组权利要求中的两项权利要求都不含有相同或者相应的特定技术特征，因此，不具有单一性，选项 ABD 错误。权利要求 3 和权利要求 4 中由于都含有特定技术特征 Y，因此，这两项权利要求具有单一性，选项 C 正确。

【答案】C

65.【2014 年第 90 题】一件发明专利申请的权利要求如下：

"1. 一种含有防尘物质 X 的涂料。

2. 应用权利要求 1 所述的涂料喷涂制品的方法，包括以下步骤：

（1）用压缩空气将涂料喷成雾状；

（2）将雾状的涂料通过一个电极装置 Y 使之带电后再喷涂到制品上。

3. 一种喷涂设备，包括一个电极装置 Y。"

含有物质 X 的涂料和电极装置 Y 是体现发明对现有技术作出贡献的技术特征。但用压缩空气使涂料雾化以及使雾化涂料带电后再喷涂到制品上的方法是已知的。哪些权利要求之间具有单一性？

A. 权利要求 1 和权利要求 2　　　　B. 权利要求 1 和权利要求 3
C. 权利要求 2 和权利要求 3　　　　D. 权利要求 1、权利要求 2 和权利要求 3

【考点】单一性

【分析】专利法实施细则第三十四条规定，依照专利法第三十一条第一款规定，可以作为一件专利申请提出的属于一个总的发明构思的两项以上的发明或者实用新型，应当在技术上相互关联，包含一个或者多个相同或者相应的特定技术特征，其中特定技术特征是指每一项发明或者实用新型作为整体，对现有技术作出贡献的技术特征。本题中，由于含有物质 X 的涂料和电极装置 Y 是特定技术特征，其中，权利要求 1 包含特定技术特征"含有防尘物质 X 的涂料"，权利要求 2 包含特定技术特征"含有防尘物质 X 的涂料"和"电极装置 Y"，权利要求 3 包含特定技术特征"电极装置 Y"，因此，权利要求 1 和权利要求 2 具有单一性，权利要求 2 和权

利要求3具有单一性、权利要求1和权利要求3不具有单一性，选项AC正确，选项BD错误。

【答案】AC

66.【2013年第5题】下列说法哪个是正确的？

A. 同一组从属权利要求之间必然具有单一性
B. 若独立权利要求具有新颖性，则其从属权利要求之间必然具有单一性
C. 若独立权利要求具有创造性，则其从属权利要求之间必然具有单一性
D. 若从属权利要求的限定部分还包括了不同于独立权利要求的其他发明，则该从属权利要求和该独立权利要求之间不具有单一性

【考点】单一性

考生	意见
甲	选项C中用"必然"两字，非常不恰当，没有考虑到形式上从属，实质上独权的情况。所以，我认为不是正确的选项。

【分析】《专利审查指南2010》第二部分第六章第2.2.1节规定，一般情况下，审查员只需要考虑独立权利要求之间的单一性，从属权利要求与其所从属的独立权利要求之间不存在缺乏单一性的问题。但是，在遇有形式上为从属权利要求而实质上是独立权利要求的情况时，应当审查其是否符合单一性规定。如果一项独立权利要求由于缺乏新颖性、创造性等理由而不能被授予专利权，则需要考虑其从属权利要求之间是否符合单一性的规定。由此可知，如果是形式上从属，或者独立权利要求缺乏新颖性、创造性时，从属权利要求之间也可能存在缺乏单一性的问题，因此，选项A错误。如果独立权利要求具有新颖性，但缺乏创造性时，从属权利要求之间也可能存在缺乏单一性的问题，因此，选项B错误。由于独立权利要求具有创造性，则必然包含有对现有技术作出了创造性贡献的特征，而从属于该独立权利要求的从属权利要求包括独立权利要求的全部特征，也就必然包括该作出贡献的特征，即特定技术特征，因此，从属于该独立权利要求之下的从属权利要求之间必然具有单一性，选项C正确。《专利审查指南2010》第二部分第六章第2.2.2.3节规定，凡符合规定的从属权利要求，与其所引用的独立权利要求之间不存在缺乏单一性的问题，即使该从属权利要求还包含着另外的发明。因此，选项D错误。

需要注意的是，《专利审查指南2010》第二部分第二章第3.1.2节规定，如果一项权利要求包含了另一项同类型权利要求中的所有技术特征，且对该另一项权利要求的技术方案作了进一步的限定，则该权利要求为从属权利要求。在某些情况下，形式上的从属权利要求（即其包含有从属权利要求的引用部分），实质上不一定是从属权利要求。由此可知，假从属权利要求不能称之为从属权利要求，而选项C中的"从属权利要求"既然说成是"从属权利要求"，应当是真的从属权利要求；如果是假的从属权利要求，应该会有提示信息，因此，选项C正确，考生甲的想法是不对的。

【答案】C

67.【2013年第27题】某发明专利申请的权利要求如下：

"1. 一种葡萄酒的制造方法，包括步骤X和Y。

2. 为实施步骤X而专门设计的设备。

3. 为实施步骤Y而专门设计的设备。

4. 为实施步骤X和Y而专门设计的设备。"

X和Y均是特定技术特征。哪两项权利要求之间不具有单一性？

A. 权利要求1与2之间
B. 权利要求1与3之间
C. 权利要求2与3之间
D. 权利要求2与4之间

【考点】单一性

【分析】专利法实施细则第三十四条规定，依照专利法第三十一条第一款规定，可以作为一件专利申请提出的属于一个总的发明构思的两项以上的发明或者实用新型，应当在技术上相互关联，包含一个或者多个相同或者相应的特定技术特征，其中特定技术特征是指每一项发明或者实用新型作为整体，对现有技术作出贡献的

技术特征。《专利审查指南2010》第二部分第六章第2.2.1节规定，判断一件专利申请中要求保护的两项以上发明是否满足发明单一性的要求，就是要看权利要求中记载的技术方案的实质性内容是否属于一个总的发明构思，即判断这些权利要求中是否包含使它们在技术上相互关联的一个或者多个相同或者相应的特定技术特征。本题中，权利要求1具有特定技术特征X、Y，权利要求2是为实施步骤X而专门设计的设备，因此，权利要求2具有特定技术特征X，权利要求1与2具有相同的特定技术特征X，权利要求1与2之间具有单一性，因此，选项A错误。权利要求3是为实施步骤Y而专门设计的设备，因此，权利要求3具有特定技术特征Y，权利要求1与3具有相同的特定技术特征Y，权利要求1与3之间具有单一性，因此，选项B错误。权利要求2具有特定技术特征X，权利要求3具有特定技术特征Y，因此，权利要求2与3不具有相同或者相应的特定技术特征，权利要求2与3不具有单一性，选项C正确。权利要求4是为实施步骤X和Y而专门设计的设备，因此，权利要求4具有特定技术特征X、Y，权利要求2与4具有相同的特定技术特征X，权利要求2与4之间具有单一性，因此，选项D错误。

【答案】C

68.【2012年第45题】一件发明专利申请的权利要求如下：

"1. 一种处理纺织材料的方法，其特征在于用涂料L在工艺条件M下喷涂该纺织材料。

2. 根据权利要求1的方法喷涂得到的一种纺织材料。

3. 权利要求1方法中用的一种喷涂机，其特征在于有一喷嘴N能使涂料均匀分布在纺织材料上。"

现有技术中公开了用涂料处理纺织品的方法，但是，没有公开权利要求1的用一种特殊的涂料L在特定的工艺条件M下喷涂的方法，而且，权利要求2的纺织材料具有预想不到的特性。喷嘴N是新的并具备创造性。下列说法哪些是正确的？

A. 权利要求1、2之间不具有单一性
B. 权利要求1、3之间不具有单一性
C. 权利要求2、3之间不具有单一性
D. 权利要求1、2、3之间都具有单一性

【考点】单一性

【分析】专利法实施细则第三十四条规定，依照专利法第三十一条第一款规定，可以作为一件专利申请提出的属于一个总的发明构思的两项以上的发明或者实用新型，应当在技术上相互关联，包含一个或者多个相同或者相应的特定技术特征，其中特定技术特征是指每一项发明或者实用新型作为整体，对现有技术作出贡献的技术特征。《专利审查指南2010》第二部分第六章第2.2.1节规定，判断一件专利申请中要求保护的两项以上发明是否满足发明单一性的要求，就是要看权利要求中记载的技术方案的实质性内容是否属于一个总的发明构思，即判断这些权利要求中是否包含使它们在技术上相互关联的一个或者多个相同或者相应的特定技术特征。这一判断是根据权利要求的内容来进行的，必要时可以参照说明书和附图的内容。在本题中，权利要求1的特定技术特征是用特殊的涂料L在特定的工艺条件M下喷涂纺织材料，而采用该方法获得权利要求2所述的纺织材料，因此，权利要求1和权利要求2具体相应的特定技术特征，权利要求1、2之间具有单一性，选项A错误。权利要求3中"喷涂机"与权利要求1或2之间没有相应的特定技术特征，因此，权利要求3与权利要求1或2之间没有单一性，因此，选项BC正确，选项D错误。

【答案】BC

69.【2012年第99题】一件发明专利申请的权利要求书如下：

"1. 一种制造方法，包括步骤L和M。

2. 为实施步骤L而专门设计的设备。

3. 为实施步骤M而专门设计的设备。"

没有检索到任何与权利要求1所述方法相关的现有技术文献。下列说法哪些是正确的？

A. 权利要求1、2之间具有单一性
B. 权利要求1、3之间具有单一性
C. 权利要求1、2、3之间具有单一性
D. 权利要求2、3之间具有单一性

【考点】单一性

【分析】专利法实施细则第三十四条规定，依照专利法第三十一条第一款规定，可以作为一件专利申请提出的属于一个总的发明构思的两项以上的发明或者实用新型，应当在技术上相互关联，包含一个或者多个相同

或者相应的特定技术特征,其中特定技术特征是指每一项发明或者实用新型作为整体,对现有技术作出贡献的技术特征。《专利审查指南2010》第二部分第六章第2.2.1节规定,判断一件专利申请中要求保护的两项以上发明是否满足发明单一性的要求,就是要看权利要求中记载的技术方案的实质性内容是否属于一个总的发明构思,即判断这些权利要求中是否包含使它们在技术上相互关联的一个或者多个相同或者相应的特定技术特征。这一判断是根据权利要求的内容来进行的,必要时可以参照说明书和附图的内容。在本题中,步骤L和M分别为体现发明对现有技术作出贡献的特定技术特征,权利要求1、2具有相同的特定技术特征"步骤L",权利要求1、3具有相同的特定技术特征"步骤M",因此,选项AB正确。权利要求2、3不具有相同或者相应的特定技术特征,因此,选项CD错误。

【答案】 AB

二、外观设计专利申请的单一性

70.【2016年第53题】 下列哪些选项所示外观设计可以作为一件外观设计专利申请提出?

A. 轿车和轿车车模的相似外观设计

B. 设计构思相同的床、床头柜的外观设计

C. 咖啡杯和咖啡壶的成套产品外观设计,以及与其中的咖啡杯相似的另一款咖啡杯外观设计

D. 仅有色彩差别的产品包装盒的两项外观设计

【考点】 外观设计合案申请

【分析】 专利法第三十一条第二款规定,一件外观设计专利申请应当限于一项外观设计。同一产品两项以上的相似外观设计,或者用于同一类别并且成套出售或者使用的产品的两项以上外观设计,可以作为一件申请提出。本题选项B中"床、床头柜"属于同一类别并且成套出售或者使用,因此,选项B正确,而选项A中轿车和轿车车模属于不同的类别,因此,选项A错误。《专利审查指南2010》第一部分第三章第9.2.4节规定,成套产品外观设计专利申请中不应包含某一件或者几件产品的相似外观设计。例如,一项包含餐用杯和碟的成套产品外观设计专利申请中,不应再包括所述杯和碟的两项以上的相似外观设计。因此,选项C错误。《专利审查指南2010》第一部分第三章第9.1.2节规定,初步审查时,对涉及相似外观设计的申请,应当审查其是否明显不符合专利法第三十一条第二款的规定。一般情况下,经整体观察,如果其他外观设计和基本外观设计具有相同或者相似的设计特征,并且二者之间的区别点在于局部细微变化、该类产品的惯常设计、设计单元重复排列或者仅色彩要素的变化等情形,则通常认为二者属于相似的外观设计。因此,选项D正确。

【答案】 BD

71.【2015年第58题】 在设计构思相同的情况下,下列哪组产品的外观设计可以合案申请?

A. 彼此相似的两个电饭锅 B. 材质相同的餐桌和餐椅

C. 同一商家出售的浴缸和沐浴房 D. 沙发和可放在沙发上使用的靠垫

【考点】 合案申请

【分析】 专利法第三十一条第二款规定,一件外观设计专利申请应当限于一项外观设计。同一产品两项以上的相似外观设计,或者用于同一类别并且成套出售或者使用的产品的两项以上外观设计,可以作为一件申请提出。专利法实施细则第三十五条第二款规定,专利法第三十一条第二款所称同一类别并且成套出售或者使用的产品的两项以上外观设计,是指各产品属于分类表中同一大类,习惯上同时出售或者同时使用,而且各产品的外观设计具有相同的设计构思。本题中,选项A属于同一产品两项以上的相似外观设计,可以合案申请,因此,选项A正确。选项B中餐桌和餐椅习惯上同时出售或者同时使用,且同属于《国际外观设计分别表》第06大类家具,选项D中沙发和靠垫习惯上同时出售或者同时使用,且同属于《国际外观设计分别表》第06大类家具,因此,选项BD正确。而选项C中同一商家出售的浴缸和沐浴房同属于《国际外观设计分别表》第32-02小类卫生设备,但是习惯上不是同时出售或者同时使用,因此,选项C错误。

【答案】 ABD

72.【2013年第13题】 在设计构思相同的情况下,下列哪组产品的外观设计可以合案申请?

A. 毛巾和围巾 B. 书包和铅笔盒

C. 麻将牌及其外包装盒 D. 茶壶和茶杯

【考点】外观设计专利申请的单一性

【分析】专利法第三十一条第二款规定，一件外观设计专利申请应当限于一项外观设计。同一产品两项以上的相似外观设计，或者用于同一类别并且成套出售或者使用的产品的两项以上外观设计，可以作为一件申请提出。专利法实施细则第三十五条第二款规定，专利法第三十一条第二款所称同一类别并且成套出售或者使用的产品的两项以上外观设计，是指各产品属于分类表中同一大类，习惯上同时出售或者同时使用，而且各产品的外观设计具有相同的设计构思。在选项 A 中"毛巾和围巾"并不是习惯上同时出售或者同时使用，因此，不可以合案申请，选项 A 错误。在选项 B 中，"书包和铅笔盒"并不是习惯上同时出售或者同时使用，因此，不可以合案申请，选项 B 错误。在选项 C 中，麻将牌属于《国际外观设计分类表》第 21 大类：游戏器具、玩具、帐篷和体育用品，而包装盒《国际外观设计分类表》第 09 大类：用于商品运输或装卸的包装和容器，因此，选项 C 错误。在选项 D 中，"茶壶和茶杯"习惯上同时出售或者同时使用，并且都属于《国际外观设计分类表》第 07 大类：其他类未列入的家用物品，因此，选项 D 正确。

【答案】D

73.【2012 年第 4 题】在设计构思相同的情况下，下列哪组产品的外观设计可以合案申请？
A. 鞋柜和书柜
B. 床单、被罩和枕套组成的多件套床上用品
C. 铅笔和销售时赠送的橡皮
D. 皮鞋和销售时用来盛装该皮鞋的鞋盒

【考点】合案申请

考生	意见
甲	选项 C 中铅笔和销售时赠送的橡皮属于同一大类，既属于同时出售，又通常会同时使用。因此，选 B 或 C 选项的都给分。

【分析】专利法第三十一条第二款规定，一件外观设计专利申请应当限于一项外观设计。同一产品两项以上的相似外观设计，或者用于同一类别并且成套出售或者使用的产品的两项以上外观设计，可以作为一件申请提出。专利法实施细则第三十五条第二款规定，专利法第三十一条第二款所称同一类别并且成套出售或者使用的产品的两项以上外观设计，是指各产品属于分类表中同一大类，习惯上同时出售或者同时使用，而且各产品的外观设计具有相同的设计构思。选项 A 中的"鞋柜和书柜"虽然属于同一类别，但习惯上并不同时出售或者同时使用，因此，不能合案申请，选项 A 错误。选项 B 中的外观设计的产品属于同一类别，并且能够同时出售或者同时使用，因此，可以合案申请，选项 B 正确。选项 C 中的"铅笔和销售时赠送的橡皮"虽然是同时售出的，但是习惯上二者并不是同时出售，因此，不能合案申请，选项 C 错误。选项 D 中的"皮鞋和销售时用来盛装该皮鞋的鞋盒"不属于同一类别，并且不可能同时出售或者使用，因此，不能合案申请，选项 D 错误。

需要注意的是，《专利审查指南 2010》第一部分第三章第 9.2.2 节规定，同时出售，是指外观设计产品习惯上同时出售，例如由床罩、床单和枕套等组成的多套件床上用品。为促销而随意搭配出售的产品，例如书包和铅笔盒，虽然在销售书包时赠送铅笔盒，但是这不应认为是习惯上同时出售，不能作为成套产品提出申请。本题选项 C 中，铅笔和销售时赠送的橡皮，两者属于为促销随意搭配而同时售出，不是专利法意义上的同时售出，考生甲的想法是不对的。

【答案】B

第四章 申请获得专利权的程序及手续

基本要求

熟悉专利申请程序中的基本概念；熟悉发明、实用新型和外观设计专利的申请及审查流程；掌握关于专利申请及审查程序的规定和原则；熟悉与专利申请有关的手续及其文件。

第一节 基本概念

一、申请日

1. 【2015年第13题】在下列哪个情形下，国家知识产权局将重新确定申请日？

   A. 甲通过邮局寄交的专利申请，因邮戳不清，国家知识产权局以收到日作为申请日，甲于收到受理通知书一个月后提交了邮局出具的寄出日期有效证明

   B. 乙的实用新型专利申请的说明书中写有对附图3的说明，但缺少相关附图，接到审查员发出的补正通知后，乙删除了该附图说明

   C. 丙提交的发明专利申请文件中缺少说明书摘要，一个月后丙补交了说明书摘要

   D. 丁提出的分案申请请求书中原案申请日填写错误，三天后经补正符合规定

   【考点】申请日

   【分析】根据《专利审查指南2010》第五部分第三章第4节的规定，专利局受理处收到申请人的申请日更正请求后，应当检查更正请求是否符合下列规定：（1）在递交专利申请文件之日起两个月内或者申请人收到专利申请受理通知书一个月内提出。（2）附有收寄专利申请文件的邮局出具的寄出日期的有效证明，该证明中注明的寄出挂号号码与请求书中记录的挂号号码一致。符合上述规定的，应予更正申请日；否则，不予更正申请日。选项A中"甲于收到受理通知书一个月后提交了邮局出具的寄出日期有效证明"，因此，不予更正申请日，选项A错误。专利法实施细则第四十条规定，说明书中写有对附图的说明但无附图或者缺少部分附图的，申请人应当在国务院专利行政部门指定的期限内补交附图或者声明取消对附图的说明。申请人补交附图的，以向国务院专利行政部门提交或者邮寄附图之日为申请日；取消对附图的说明的，保留原申请日。选项B中"乙删除了该附图说明"，因此，保留原申请日，选项B错误。根据《专利审查指南2010》第二部分第二章第2.4节的规定，摘要是说明书记载内容的概述，它仅是一种技术信息，不具有法律效力。因此，选项C中补交说明书摘要不影响申请日的确定，选项C错误。根据《专利审查指南2010》第一部分第一章第5.1.1节的规定，请求书中应当正确填写原申请的申请日，申请日填写有误的，审查员应当发出补正通知书，通知申请人补正。期满未补正的，审查员应当发出视为撤回通知书；补正符合规定的，审查员应当发出重新确定申请日通知书。因此，选项D正确。

   【答案】D

2. 【2015年第71题】张某于2014年3月2日就同样的发明创造同时提交了实用新型专利申请和发明专利申请。张某发现该实用新型的说明书附图缺少图2，并于2014年3月20日补交了附图2。该发明专利申请于2014年10月25日公开。下列哪些说法是正确的？

   A. 该实用新型专利申请可以保留原申请日2014年3月2日

   B. 应重新确定该实用新型专利申请的申请日为2014年3月20日

   C. 该发明专利申请破坏该实用新型专利申请的新颖性

   D. 该发明专利申请构成该实用新型专利申请的抵触申请

   【考点】申请日 新颖性 抵触申请

   【分析】专利法实施细则第四十条规定，说明书中写有对附图的说明但无附图或者缺少部分附图的，申请人应当在国务院专利行政部门指定的期限内补交附图或者声明取消对附图的说明。申请人补交附图的，以向国

· 95 ·

务院专利行政部门提交或者邮寄附图之日为申请日；取消对附图的说明的，保留原申请日。在本题中，张某于2014年3月20日补交了附图2，则实用新型专利申请的申请日为2014年3月20日，因此，选项A错误，选项B正确。根据专利法第二十二条第二款的规定，新颖性，是指发明或者实用新型不属于现有技术；也没有任何单位或者个人就同样的发明或者实用新型在申请日以前向国务院专利行政部门提出过申请，并记载在申请日以后公布的专利申请文件或者公告的专利文件中。本题中，发明专利申请构成实用新型专利申请的抵触申请，破坏其新颖性，因此，选项CD正确。

【答案】BCD

3.【2014年第18题】某公司就申请日为2013年8月21日、优先权日为2013年5月21日的专利申请提出分案申请，该分案申请通过邮局邮寄到国家知识产权局受理处，寄出的邮戳日为2014年4月15日，受理处于2014年4月18日收到该分案申请。下列哪个日期为该分案申请的申请日？

A. 2014年4月15日　　B. 2014年4月18日　　C. 2013年8月21日　　D. 2013年5月21日

【考点】申请日的确定

考生	意见
甲	原申请享有优先权，根据专利法及其细则的相关规定，申请日一般指优先权日，所以原申请的申请日为其优先权日2013年5月21日，而分案享有原案申请日，因此，分案申请享有原申请日2013年5月21日，选项D正确。

【分析】专利法实施细则第四十三条第一款的规定，依照本细则第四十二条规定提出的分案申请，可以保留原申请日，享有优先权的，可以保留优先权日，但是不得超出原申请记载的范围。本题中，原申请的申请日是2013年8月21日，因此，该分案申请的申请日也应当为2013年8月21日，选项C正确，选项ABD错误。

需要注意的是，根据专利法第二十九条的规定，申请人就相同主题第一次提出专利申请的申请日（即作为要求优先权基础的在先申请的申请日）称为依法享有优先权的在后申请的优先权日。专利申请享受优先权的意义在于：在进行新颖性和创造性判断时，将计算现有技术的日期提到优先权日，而不是将该专利申请的申请日提到优先权日。

考生甲为什么会把申请日当做优先权日呢？应该是考生甲没有准确理解法条，比如，专利法第十一条规定，除专利法第二十八条和第四十二条规定的情形外，专利法所称申请日，有优先权的，指优先权日。又如，专利法实施细则第二十四条规定，在申请日前或者最迟在申请日（有优先权的，指优先权日），将该生物材料的样品提交国务院专利行政部门认可的保藏单位保藏。类似的法条很多，似乎给考生甲一种错觉，即"申请日指优先权日"，而实际上，法条要表达的意思是：确定现有技术的日期时，有优先权日的，按照优先权日以前；没有优先权日的，按照申请日以前。因此，申请日和优先权日是两个不同的日期，具有不同的法律含义，不能混淆，不能等同。

【答案】C

4.【2013年第1题】甲于2011年7月1日完成了某项发明创造，并于2011年7月4日向国家知识产权局受理处直接递交了专利申请。乙也于2011年7月1日完成了同样的发明创造，并于7月2日上午到邮局寄出了专利申请，国家知识产权局2011年7月4日收到该申请。如果甲乙二人的申请均符合其他授予专利权的条件，则专利权应当授予何人？

A. 甲　　　　　　　　　　　　　　B. 乙
C. 甲和乙共有　　　　　　　　　　D. 经甲和乙协商确定的人

【考点】申请日　先申请制

考生	意见
甲	乙到邮局寄出专利申请，但是没有提到邮戳日，应以实际收到日为准，即乙专利申请的申请日也为7月2日，因此，选项D正确。

【分析】专利法第九条第二款的规定，两个以上的申请人分别就同样的发明创造申请专利的，专利权授予最先申请的人。专利法第二十八条规定，国务院专利行政部门收到专利申请文件之日为申请日。如果申请文件是邮寄的，以寄出的邮戳日为申请日。本题中，甲的申请日是2011年7月4日，乙的申请日2011年7月2日，乙的申请日早于甲的申请日，专利权应当授予乙，因此，选项B正确。

需要注意的是，本题中"乙于7月2日上午到邮局寄出了专利申请"，表明了该专利申请的寄出邮戳日为7月2日，考生甲认为没有提到邮戳日的想法是不对的。当然，由于本题没有明确提到"邮戳日"这三个字，导致考生甲产生迷惑。同样的解题思路，参见【2012年第43题】一件中国发明专利申请的申请日为2011年3月4日，优先权日为2010年4月5日。下列记载相同发明内容的专利文献哪些构成该申请的抵触申请？其中，C、一件PCT国际申请，国际申请日为2009年3月9日，进入日为2011年3月4日，中国国家公布日为2011年10月16日。该题选项C没有明确提到"国际公布日"，有考生认为：该国际申请不一定构成抵触申请，也可能构成现有技术。

【答案】B

5.【2012年第3题】赵某向国家知识产权局邮寄了一件发明专利申请，寄出的邮戳日为2007年3月6日。说明书中写有对两幅附图的说明，但附图中仅包含附图1。国家知识产权局于2007年3月12日收到上述文件。2007年4月2日，赵某向国家知识产权局补交了附图2。2007年4月25日，赵某到国家知识产权局补交了摘要。该申请的申请日为哪天？

A. 2007年3月6日　　B. 2007年3月12日　　C. 2007年4月2日　　D. 2007年4月25日

【考点】申请日

考生	意见
甲	专利法实施细则第五十一条规定，发明专利申请人在提出实质审查请求时以及在收到国务院专利行政部门发出的发明专利申请进入实质审查阶段通知书之日起的3个月内，可以对发明专利申请主动提出修改。本题中补交附图属于主动提出修改，因此，应当保留申请日，选项A正确。

【分析】专利法实施细则第四十条规定，说明书中写有对附图的说明但无附图或者缺少部分附图的，申请人应当在国务院专利行政部门指定的期限内补交附图或者声明取消对附图的说明。申请人补交附图的，以向国务院专利行政部门提交或者邮寄附图之日为申请日；取消对附图的说明的，保留原申请日。在本题中，2007年4月2日，赵某向国家知识产权局补交了附图2。因此，该申请的申请日为2007年4月2日，选项C正确。而赵某于2007年4月25日到国家知识产权局补交摘要并不影响申请日的确定。

需要注意的是，根据专利法实施细则第四十条的规定，当国家知识产权局向申请人指出其说明书写有附图说明而没有附图时，如果申请人在指定期限内补交了附图，其专利申请日必须重新确定，把申请人向国家知识产权局提交或者邮寄所缺少的附图之日为申请日，而不是把申请人第一次向国家知识产权局递交或者邮寄专利申请文件的日期作为申请日。这是因为，申请人补交附图后，其专利申请文件才算完备，也只有这个时候国家知识产权局才能对其申请的专利进行审查，以决定是否受理，接着再进行初步审查，如果是发明专利申请，还要进行实质审查。本题中，发明专利申请处于受理后确定申请日的阶段，还没有进入主动修改的时机，因此，考生甲的想法是不对的。

【答案】C

二、优先权

6.【2014年第1题】下列说法哪个是正确的？

A. 发明专利权授予先完成发明的人
B. 发明专利申请经初步审查合格，自申请日起满18个月公告授权
C. 发明专利申请的优先权期限是12个月
D. 发明专利仅保护针对产品或者其改进所提出的技术方案

【考点】先申请制　审查制度　优先权　保护客体

【分析】专利法第九条第二款规定，两个以上的申请人分别就同样的发明创造申请专利的，专利权授予最先申请的人。因此，选项 A 错误。专利法第三十四条规定，国务院专利行政部门收到发明专利申请后，经初步审查认为符合本法要求的，自申请日起满十八个月，即行公布。因此，选项 B 错误。专利法第二十九条第一款规定，申请人自发明或者实用新型在外国第一次提出专利申请之日起十二个月内，或者自外观设计在外国第一次提出专利申请之日起六个月内，又在中国就相同主题提出专利申请的，依照该外国同中国签订的协议或者共同参加的国际条约，或者依照相互承认优先权的原则，可以享有优先权，因此，选项 C 正确。专利法第二条第二款规定，发明，是指对产品、方法或者其改进所提出的新的技术方案。因此，选项 D 错误。

【答案】C

7.【2014 年第 60 题】在判断是否享有优先权时，下列关于"相同主题的发明创造"的说法哪些是错误的？

    A. 对发明或者实用新型而言，相同主题的发明创造仅指权利要求相同

    B. 技术领域相同、技术方案相似的发明或者实用新型属于相同主题的发明创造

    C. 能够解决完全相同的技术问题的发明或者实用新型都属于相同主题的发明创造

    D. 能够达到完全相同的预期效果的发明或者实用新型都属于相同主题的发明创造

【考点】相同主题的发明创造

【分析】《专利审查指南 2010》第二部分第三章第 4.1.2 节规定，专利法第二十九条所述的相同主题的发明或者实用新型，是指技术领域、所解决的技术问题、技术方案和预期的效果相同的发明或者实用新型。但应注意这里所谓的相同，并不意味着在文字记载或者叙述方式上完全一致。审查员应该注意，对于中国在后申请权利要求中限定的技术方案，只要已记载在外国首次申请中就可享有该首次申请的优先权，而不必要求其包含在该首次申请的权利要求书中。因此，选项 ABCD 正确。

【答案】ABCD

8.【2013 年第 41 题】李某于 2011 年 10 月 20 日向国家知识产权局提交了一件要求法国优先权的专利申请，在先申请的申请日为 2010 年 10 月 21 日。由于李某未在规定期限内提交在先申请文件副本，因此收到了发文日为 2012 年 2 月 29 日的视为未要求优先权通知书。现李某欲恢复权利，下列说法哪些是正确的？

    A. 李某最迟应当在 2012 年 5 月 15 日办理恢复手续

    B. 李某应当提交恢复权利请求书并说明理由

    C. 李某应当缴纳恢复费

    D. 李某应当在提交恢复权利请求书的同时提交在先申请文件副本

【考点】优先权要求的恢复

考生	意见
甲	《专利法实施细则》第 6 条第 3 款中说的是"恢复权利请求费"。《专利法实施细则》第 93 条（四）中说的也是"恢复权利请求费"。虽然"恢复权利请求费"简称为"恢复费"，意思好懂，但不严谨，因此，选项 C 错误。
乙	根据《专利法实施细则》第六条规定，(1) 如果是因不可抗拒的事由延误期限，则必须在障碍消除后两个月内请求恢复权利，而且不用缴纳恢复费。(2) 如果是因正当事由延误期限，则必须在收到通知书之日起两个月内请求恢复权利，而且必须缴纳恢复费。然而，题目中没有提及李某延误期限的理由，所以，对于 AC 两个选项应当视具体情况做出不同的处理，因此选项 AC 错误。

【分析】《专利审查指南 2010》第一部分第一章第 6.2.5 节规定，视为未要求优先权并属于下列情形之一的，申请人可以根据专利法实施细则第六条的规定请求恢复要求优先权的权利；其中，(2) 要求优先权声明中至少一项内容填写正确，但未在规定的期限内提交在先申请文件副本或者优先权转让证明。专利法实施细则第六条规定，当事人因不可抗拒的事由而延误专利法或者本细则规定的期限或者国务院专利行政部门指定的期限，导致其权利丧失的，自障碍消除之日起 2 个月内，最迟自期限届满之日起 2 年内，可以向国务院专利行政部门请求恢复权利。除前款规定的情形外，当事人因其他正当理由延误专利法或者本细则规定的期限或者国务院专利行政部门指定的期限，导致其权利丧失的，可以自收到国务院专利行政部门的通知之日起 2 个月内向国

务院专利行政部门请求恢复权利。当事人依照本条第一款或者第二款的规定请求恢复权利的，应当提交恢复权利请求书，说明理由，必要时附具有关证明文件，并办理权利丧失前应当办理的相应手续；依照本条第二款的规定请求恢复权利的，还应当缴纳恢复权利请求费。专利法实施细则第四条第三款规定，国务院专利行政部门邮寄的各种文件，自文件发出之日起满15日，推定为当事人收到文件之日。在本题中，视为未要求优先权通知书的发文日为2012年2月29日，因此，李某最迟应当在2012年5月15日办理恢复手续，选项A正确。根据上述规定，选项BCD正确。

需要注意的是，首先，考生甲认为应当将选项C中的"恢复费"完整表述为"恢复权利请求费"，这种想法是严谨的，然而，就本题而言，没有在这个问题上设置陷阱（在此设陷阱的可能性很小）。其次，考生乙认为本题没有将耽误期限的理由明确，导致无法进行深入判断，这种想法也是严谨的，然而，就本题而言，结合题干和选项AC，本题中耽误期限的理由是正当事由，这是考题意图，希望考生能够仔细体会，踩对考点，不要想偏了。

【答案】ABCD

9.【2013年第68题】某公司提交了一件申请日为2011年8月9日、优先权日为2010年8月9日和2011年1月31日的发明专利申请。该公司随后撤回了优先权日为2010年8月9日的优先权。下列说法哪些是正确的？

  A. 该申请应当自2011年1月31日起三年内提出实质审查请求，并缴纳实质审查费
  B. 该公司可以对已撤回的优先权提出恢复请求
  C. 对于已撤回的优先权，缴纳的优先权要求费不予退回
  D. 该公司不能再要求撤回优先权日为2011年1月31日的优先权

【考点】优先权要求的撤回

【分析】《专利审查指南2010》第一部分第一章第6.2.3节规定，申请人要求优先权之后，可以撤回优先权要求。申请人要求多项优先权之后，可以撤回全部优先权要求，也可以撤回其中某一项或者几项优先权要求。优先权要求撤回后，导致该专利申请的最早优先权日变更时，自该优先权日起算的各种期限尚未届满的，该期限应当自变更后的最早优先权日或者申请日起算，撤回优先权的请求是在原最早优先权日起十五个月之后到达专利局的，则在后专利申请的公布期限仍按照原最早优先权日起算。专利法第三十五条第一款规定，发明专利申请自申请日起三年内，国务院专利行政部门可以根据申请人随时提出的请求，对其申请进行实质审查；申请人无正当理由逾期不请求实质审查的，该申请即被视为撤回。专利法实施细则第十一条第一款规定，除专利法第二十八条和第四十二条规定的情形外，专利法所称申请日，有优先权的，指优先权日。《专利审查指南2010》第五部分第二章第1节规定，实质审查费的缴纳期限是自申请日（有优先权要求的，自最早的优先权日）起三年内。该项费用仅适用于发明专利申请。根据上述规定，某公司撤回了优先权日为2010年8月9日的优先权后，导致该专利申请的最早优先权日变更为2011年1月31日，因此，选项A正确。某公司可以撤回全部优先权要求，因此，选项D错误。

《专利审查指南2010》第一部分第一章第6.2.5节规定，视为未要求优先权并属下列情形之一的，申请人可以根据专利法实施细则第六条的规定请求恢复要求优先权的权利：（1）由于未在指定期限内答复办理手续补正通知书导致视为未要求优先权。（2）要求优先权声明中至少一项内容填写正确，但未在规定的期限内提交在先申请文件副本或者优先权转让证明。（3）要求优先权声明中至少一项内容填写正确，但未在规定期限内缴纳或者缴足优先权要求费。（4）分案申请的原申请要求了优先权。除以上情形外，其他原因造成被视为未要求优先权的，不予恢复。例如，由于提出专利申请时未在请求书中提出声明而视为未要求优先权的，不予恢复要求优先权的权利。因此，该公司可以对已撤回的优先权不能提出恢复请求，选项B错误。《专利审查指南2010》第一部分第一章第6.2.4节规定，视为未要求优先权或者撤回优先权要求的，已缴纳的优先权要求费不予退回。因此，选项C正确。

【答案】AC

10.【2013年第94题】在满足其他条件的情况下，下列关于发明专利申请优先权的说法哪些是正确的？
  A. 在判断能否享有优先权时，应当判断在后申请要求保护的技术方案是否记载在在先申请的说明书、权

利要求书和摘要中

B. 在后申请记载两个技术方案，在先申请的只记载了其中的一个技术方案，则在后申请的两个技术方案都不能享有优先权

C. 在后申请记载了两个技术方案，这两个技术方案分别记载在不同的在先申请中，则该在后申请的两个技术方案都能享有优先权

D. 如果在后申请的技术方案仅记载在在先申请的说明书中，而没有记载在权利要求书中，该技术方案也能享有优先权

【考点】优先权的核实

【分析】《专利审查指南2010》第二部分第八章第4.6.2节规定了优先权核实的一般原则。一般来说，核实优先权是指核查申请人要求的优先权是否能依照专利法第二十九条的规定成立。为此，审查员应当在初步审查部门审查的基础上核实：(1) 作为要求优先权的基础的在先申请是否涉及与要求优先权的在后申请相同的主题；(2) 该在先申请是否是记载了同一主题的首次申请；(3) 在后申请的申请日是否在在先申请的申请日起十二个月内。进行上述第（1）项核实，即判断在后申请中各项权利要求所述的技术方案是否清楚地记载在上述在先申请的文件（说明书和权利要求书，不包括摘要）中。为此，审查员应当把在先申请作为一个整体进行分析研究，只要在先申请文件清楚地记载了在后申请权利要求所述的技术方案，就应当认定该在先申请与在后申请涉及相同的主题。审查员不得以在先申请的权利要求书中没有包含该技术方案为理由，而拒绝给予优先权。由此可知，选项A错误，选项D正确。

《专利审查指南2010》第二部分第八章第4.6.2.1节规定了部分优先权的核实。由于对在先申请中的发明作进一步的改进或者完善，申请人在其在后申请中，可能会增加在先申请中没有的技术方案。在这种情况下，审查员在核实优先权时，不能以在后申请增加内容为理由断定优先权要求不成立，而应当对在后申请中被在先申请清楚记载过的相同主题给予优先权，即给予部分优先权。具体地说，在在后申请中，其技术方案已在在先申请中清楚记载的权利要求可以享有优先权；而其技术方案未在在先申请中记载的权利要求则不能享有优先权，应当视为是在在后申请的申请日提出的。就整个申请而言，这种情况称为部分优先权，即该申请的部分主题享有优先权，也就是说部分权利要求所限定的技术方案享有优先权。由此可知，选项B错误。

《专利审查指南2010》第二部分第八章第4.6.2.2节规定了多项优先权的核实，如果一件具有单一性的专利申请要求了多项优先权，审查员在核实优先权时，应当检查该申请的权利要求书中所反映的各种技术方案，是否分别在作为优先权基础的多件外国或者本国的专利申请中已有清楚的记载。此外，审查员还要核实所有的在先申请的申请日是否都在在后申请的优先权期限之内。满足上述两个条件的，在后申请的多项优先权成立，并且其记载上述各种技术方案的各项权利要求具有不同的优先权日。因此，选项C正确。

【答案】CD

11.【2012年第28题】申请人于2009年10月向英国提出首次申请，要求保护某产品，说明书还记载了该产品的制造方法。申请人于2009年12月向法国提出一件要求保护该产品及其生产设备的申请，该设备是首次公开。2010年5月，申请人向中国国家知识产权局提出要求保护该产品、方法及设备的申请，并要求享有英国申请和法国申请的优先权。下列就申请人向中国提出的专利申请享有优先权的哪种说法是正确的？

A. 该产品和设备的技术方案能享有优先权，方法的技术方案不能享有优先权

B. 该产品和方法的技术方案能享有优先权，设备的技术方案不能享有优先权

C. 该设备的技术方案能享有优先权，该产品和方法的技术方案不能享有优先权

D. 该产品、方法和设备的技术方案都能享有优先权

【考点】外国多项优先权

【分析】专利法第二十九条第一款规定，申请人自发明或者实用新型在外国第一次提出专利申请之日起十二个月内，或者自外观设计在外国第一次提出专利申请之日起六个月内，又在中国就相同主题提出专利申请的，依照该外国同中国签订的协议或者共同参加的国际条约，或者依照相互承认优先权的原则，可以享有优先权。在本题中，申请人向中国提出要求保护该产品、方法及设备的申请，该申请人向英国和法国提出申请的时间都在向中国提出申请的时间前的十二个月内，并且产品及其制造首次公开在英国专利申请的说明书中，产品

的生产设备首次公开在法国专利申请的说明书中,因此,在中国专利申请中的产品及其制造方法能享受英国专利申请的优先权,在中国专利申请中的产品制备设备能享受法国专利申请的优先权,选项ABC错误,选项D正确。

【答案】 D

12.【2012年第87题】下列哪些情形中的申请人可以请求恢复要求优先权的权利?
A. 在申请时未在请求书中提出优先权声明
B. 要求优先权声明中在先申请的申请日填写正确,但未在规定期限内提交在先申请文件副本
C. 要求优先权声明中在先申请的申请号填写正确,但未在规定期限内缴纳优先权要求费
D. 提出了撤回优先权声明,国家知识产权局发出了手续合格通知书

【考点】 优先权要求的恢复

【分析】《审查指南2010》第一部分第一章第6.2.5节规定,视为未要求优先权并属于下列情形之一的,申请人可以根据专利法实施细则第六条的规定请求恢复要求优先权的权利:(1)由于未在指定期限内答复办理手续补正通知书导致视为未要求优先权。(2)要求优先权声明中至少一项内容填写正确,但未在规定的期限内提交在先申请文件副本或者优先权转让证明。(3)要求优先权声明中至少一项内容填写正确,但未在规定期限内缴纳或者缴足优先权要求费。(4)分案申请的原申请要求了优先权。有关恢复权利请求的处理规定,适用本指南第五部分第七章第6节的规定。除以上情形外,其他原因造成被视为未要求优先权的,不予恢复。例如,由于提出专利申请时未在请求书中提出声明而视为未要求优先权的,不予恢复要求优先权的权利。因此,选项AD错误,选项BC正确。

【答案】 BC

三、申请号

13.【2016年第54题】下列哪些选项所示申请号为实用新型专利申请?
A. 201430465498. X
B. 201290004238. 0
C. 201320278122. 1
D. 201140376384. 3

【考点】 申请号

【分析】根据《专利申请号标准》的规定,按照由左向右的次序,专利申请号中的第1~4位数字表示受理专利申请的年号,第5位数字表示专利申请的种类,第6~12位数字(共7位)为申请流水号,表示受理专利申请的相对顺序。专利申请号中的申请种类号用1位数字表示,所使用数字的含义规定如下:1表示发明专利申请;2表示实用新型专利申请;3表示外观设计专利申请;8表示进入中国国家阶段的PCT发明专利申请;9表示进入中国国家阶段的PCT实用新型专利申请。因此,选项AD错误,选项BC正确。

【答案】 BC

14.【2015年第61题】根据ZC0006—2003专利申请号标准,下列关于专利申请号中申请种类号的说法哪些是正确的?
A. 1表示发明专利申请
B. 2表示实用新型专利申请
C. 3表示外观设计专利申请
D. 4表示进入中国国家阶段的PCT发明专利申请

【考点】 申请号

【分析】《专利申请号标准》第4.3节规定,专利申请号中的申请种类号用1位数字表示,所使用数字的含义规定如下:1表示发明专利申请;2表示实用新型专利申请;3表示外观设计专利申请;8表示进入中国国家阶段的PCT发明专利申请;9表示进入中国国家阶段的PCT实用新型专利申请。因此,选项ABC正确,选项D错误。

【答案】 ABC

15.【2014年第2题】下列哪个是发明专利申请的申请号?
A. 201120276239. 3
B. 201210233747. 2
C. 201330498971. X
D. 201290000806. 5

【考点】 申请号

【分析】《专利申请号标准》第4.1节规定，专利申请号用12位阿拉伯数字表示，包括申请年号、申请种选项D为类号和申请流水号三个部分。按照由左向右的次序，专利申请号中的第1～4位数字表示受理专利申请的年号，第5位数字表示专利申请的种类，第6～12位数字（共7位）为申请流水号，表示受理专利申请的相对顺序。专利申请号中使用的每一位阿拉伯数字均为十进制。第4.3节规定，专利申请号中的申请种类号用1位数字表示，所使用数字的含义规定如下：1表示发明专利申请；2表示实用新型专利申请；3表示外观设计专利申请；8表示进入中国国家阶段的PCT发明专利申请；9表示进入中国国家阶段的PCT实用新型专利申请。由此可知，选项A为实用新型专利申请，选项B为发明专利申请，选项C为外观设计专利申请，选项D为进入中国国家阶段的PCT实用新型专利申请，因此，选项B正确。

【答案】B

16.【2012年第100题】下列哪些号码是已进入中国国家阶段的PCT国际申请的申请号？

A. 200710077832.3　　　　　　　　B. 200930143483.0
C. 200490000001.3　　　　　　　　D. 200480002090.2

【考点】PCT国际申请的申请号

【分析】根据《专利申请号标准》的规定，按照由左向右的次序，专利申请号中的第1～4位数字表示受理专利申请的年号，第5位数字表示专利申请的种类，第6～12位数字（共7位）为申请流水号，表示受理专利申请的相对顺序。专利申请号中的申请种类号用1位数字表示，所使用数字的含义规定如下：1表示发明专利申请；2表示实用新型专利申请；3表示外观设计专利申请；8表示进入中国国家阶段的PCT发明专利申请；9表示进入中国国家阶段的PCT实用新型专利申请。在本题中，选项A中"200710077832.3"是发明专利申请的申请号，选项B中"200930143483.0"是外观设计专利申请的申请号，选项C中"200490000001.3"是进入中国国家阶段的PCT实用新型专利申请的申请号，选项D中"200480002090.2"是进入中国国家阶段的PCT发明专利申请的申请号。因此，选项AB错误，选项CD正确。

【答案】CD

四、期限

1. 期限的种类
2. 期限的计算

17.【2016年第16题】常某于2015年1月18日向国家知识产权局提交了一件实用新型专利申请，该申请享有2014年8月20日的优先权日，后发现所提交申请遗留了附图2，而说明书中写有对该附图2的说明，常某于2015年3月18日补交了附图2，经审查国家知识产权局接受了该附图，该申请于2015年5月19日被公告授予专利权。该实用新型专利于下列哪个日期届满？

A. 2024年8月20日　　B. 2025年1月18日　　C. 2025年3月18日　　D. 2025年5月19日

【考点】补交附图专利权保护期限

【分析】专利法第四十二条规定，发明专利权的期限为二十年，实用新型专利权和外观设计专利权的期限为十年，均自申请日起计算。专利法实施细则第十一条第一款规定，除专利法第二十八条和第四十二条规定的情形外，专利法所称申请日，有优先权的，指优先权日。专利法实施细则第四十条规定，说明书中写有对附图的说明但无附图或者缺少部分附图的，申请人应当在国务院专利行政部门指定的期限内补交附图或者声明取消对附图的说明。申请人补交附图的，以向国务院专利行政部门提交或者邮寄附图之日为申请日；取消对附图的说明的，保留原申请日。本题中，常某于2015年3月18日补交了附图2，该专利申请的申请日重新确定为2015年3月18日。因此，选项C正确，选项ABD错误。

【答案】C

18.【2012年第5题】下列关于专利权期限的哪种说法是正确的？

A. 享有优先权的发明专利权期限为二十年，自优先权日起计算
B. 享有优先权的实用新型专利权期限为十五年，自申请日起计算
C. 享有优先权的外观设计专利权期限为十年，自申请日起计算
D. 专利权的期限都是自申请日起计算，有优先权的自优先权日起算

【考点】专利权期限

【分析】专利法第四十二条规定，发明专利权的期限为二十年，实用新型专利权和外观设计专利权的期限为十年，均自申请日起计算。专利法实施细则第十一条第一款规定，除专利法第二十八条和第四十二条规定的情形外，专利法所称申请日，有优先权的，指优先权日。根据上述规定，无论专利申请是否享有优先权，授权后其专利权期限都应当自申请日起算，因此，选项AD错误。实用新型专利权的期限为十年，因此，选项B错误。选项C的说法符合规定，选项C正确。需要注意的是，关于分案申请专利权期限的计算，专利法实施细则第四十三条规定，依照本细则第四十二条规定提出的分案申请，可以保留原申请日，享有优先权的，可以保留优先权日，但是不得超出原申请记载的范围。由此可知，分案申请以原申请的申请日为申请日，分案申请的递交日不是申请日。分案申请授权后其专利权期限应当自其申请日，即原申请的申请日起算。

【答案】C

3. 期限的延长

19.【2015年第63题】下列哪些期限经请求可以延长？

A. 复审请求补正通知书中指定的补正期限
B. 提交作为优先权基础的在先申请文件副本的期限
C. 无效宣告请求补正通知书中指定的补正期限
D. 第一次审查意见通知书中指定的答复期限

【考点】期限的延长

考生	意见
甲	选项B可以延长。根据R6.4的规定，不可以延长的期限有：A24、A29、A42、A68。

【分析】《专利审查指南2010》第五部分第七章第4.1节规定，可以请求延长的期限仅限于指定期限。但在无效宣告程序中，专利复审委员会指定的期限不得延长。根据专利法第三十条的规定，在先申请文件副本应当在提出在后申请之日起三个月内提交。本题中，选项B属于法定期限，不可以延长，选项C中的期限属于无效宣告程序中指定的期限，不得延长，而选项AD中的期限属于非无效宣告程序中指定的期限，可以延长，因此，选项AD正确，选项C错误。

需要注意的是，期限的延长和权利的恢复是不同的，考生甲将两者混淆了：（1）期限的延长：根据专利法实施细则七十一条和《专利审查指南2010》第五部分第七章第4.1节的规定，在期限届满之前办理手续，并且只能延长指定期限（除无效程序中的指定期限），不能延长法定期限。（2）权利的恢复：根据专利法实施细则第六条的规定，在期限届满之后办理相关恢复手续。并规定了四种不予恢复的情况（A24、A29、A42、A68）。

【答案】AD

20.【2014年第46题】国家知识产权局于2013年12月16日针对某发明专利申请发出第二次审查意见通知书，要求申请人在收到该通知书之日起2个月内陈述意见，申请人于2013年12月20日收到该通知书。若申请人请求延长该答复期限，下列说法哪些是正确的？

A. 申请人应当于2014年2月20日前提交延长期限请求书
B. 申请人可以于2014年2月28日提交延长期限请求书
C. 申请人可以请求将该答复期限延长6个月
D. 申请人应当在答复期限届满前缴纳延长期限请求费

【考点】期限的延长

【分析】专利法实施细则第六条第四款规定，当事人请求延长国务院专利行政部门指定的期限的，应当在期限届满前，向国务院专利行政部门说明理由并办理有关手续。专利法实施细则第四条第三款规定，国务院专利行政部门邮寄的各种文件，自文件发出之日满15日，推定为当事人收到文件之日。专利法实施细则第五条规定，专利法和本细则规定的各种期限的第一日不计算在期限内。《专利审查指南2010》第五部分第七章第4.1节规定，请求延长期限的，应当在期限届满前提交延长期限请求书，说明理由，并缴纳延长期限请求费。本题中，国家知识产权局发出第二次审查意见通知书的日期是2013年12月16日，申请人的推定收到日为

2013年12月31日，申请人应当在2014年2月28日前办理延长期限的手续，并缴纳延长期限请求费，因此，选项A错误，选项BD正确。《专利审查指南2010》第五部分第七章第4.2节规定，延长期限请求由作出相应通知和决定的部门或者流程管理部门进行审批。延长的期限不足一个月的，以一个月计算。延长的期限不得超过两个月。对同一通知或者决定中指定的期限一般只允许延长一次。因此，选项C错误。

【答案】BD

21.【2013年第3题】下列哪个期限可以延长？

A. 提出实质审查请求的期限　　　　　　　B. 答复复审通知书的期限
C. 专利权的期限　　　　　　　　　　　　D. 无效宣告程序中专利复审委员会指定的期限

【考点】期限的延长

【分析】专利法第三十五条第一款规定，发明专利申请自申请日起三年内，国务院专利行政部门可以根据申请人随时提出的请求，对其申请进行实质审查；申请人无正当理由逾期不请求实质审查的，该申请即视为撤回。《专利审查指南2010》第五部分第七章第4.1节规定，可以请求延长的期限仅限于指定期限。但在无效宣告程序中，专利复审委员会指定的期限不得延长。专利法实施细则第七十一条规定，在无效宣告请求审查程序中，专利复审委员会指定的期限不得延长。在选项A中，提出实质审查请求的期限属于法定期限，不得延长，选项A错误。在选项D中，无效宣告程序中专利复审委员会指定的期限不得延长，选项D错误。选项B符合规定，选项B正确。专利法第四十二条规定，发明专利权的期限为二十年，实用新型专利权和外观设计专利权的期限为十年，均自申请日起计算。因此，专利权的期限属于法定期限，不得延长，选项C错误。

【答案】B

22.【2012年第58题】下列关于期限延长的说法哪些是正确的？

A. 可以延长的期限仅限于指定期限
B. 无效宣告程序中，专利复审委员会指定的期限可以延长
C. 当事人请求延长期限的，最迟应当在期限届满日提出请求并缴纳延长期限请求费
D. 请求人对不予延长期限的审批通知书不服的，可以直接向人民法院起诉

【考点】期限的延长

考生	意见
甲	选项C不选，《专利审查指南2010》第五部分第七章第4.1节规定，请求延长期限的，应当在期限届满前提交延长期限请求书。期限届满前不包括当日。

【分析】专利法实施细则第六条第四款规定，当事人请求延长国务院专利行政部门指定的期限的，应当在期限届满前，向国务院专利行政部门说明理由并办理有关手续。《专利审查指南2010》第五部分第七章第4.1节规定，可以请求延长的期限仅限于指定期限。但在无效宣告程序中，专利复审委员会指定的期限不得延长。专利法实施细则第七十一条规定，在无效宣告请求审查程序中，专利复审委员会指定的期限不得延长。由此可知，选项A正确，选项B错误。《专利审查指南2010》第五部分第七章第4.1节规定，请求延长期限的，应当在期限届满前提交延长期限请求书，说明理由，并缴纳延长期限请求费。专利法实施细则第九十九条第二款规定，延长期限请求费应当在相应期限届满之日前缴纳；期满未缴纳或者未缴足的，视为未提出请求。因此，选项C正确。国家知识产权局对请求人作出不予延长期限的审批属于具体行政行为，请求人对不予延长期限的审批通知书不服，既可以向国家知识产权局申请行政复议，也可以直接向人民法院起诉，因此，选项D正确。

需要说明的是，《专利审查指南2010》第五部分第七章第2.2节规定了期限的届满日。期限起算日加上法定或者指定的期限即为期限的届满日。相应的行为应当在期限届满日之前、最迟在届满日当天完成。因此，考生甲的想法是不对的。

【答案】ACD

4. 耽误期限的处分

23.【2015年第64题】下列哪些是国家知识产权局因申请人或专利权人耽误期限而可能作出的处分决定？

A. 视为放弃取得专利权的权利　　　　　　B. 专利权终止

C. 视为未提出请求   D. 视为未要求优先权

【考点】耽误期限的处分决定

【分析】《专利审查指南2010》第五部分第七章第5.2节规定，因耽误期限作出的处分决定主要包括：视为撤回专利申请权、视为放弃取得专利权的权利、专利权终止、不予受理、视为未提出请求和视为未要求优先权等。

【答案】ABCD

24.【2014年第67题】申请人耽误下列哪些期限将导致专利申请被视为撤回？

A. 缴纳申请费的期限   B. 提出实质审查请求的期限
C. 答复第一次审查意见通知书的期限   D. 办理授予专利权登记手续的期限

【考点】耽误期限的处分

【分析】专利法实施细则第九十五条第一款规定，申请人应当自申请日起2个月内或者在收到受理通知书之日起15日内缴纳申请费、公布印刷费和必要的申请附加费；期满未缴纳或者未缴足的，其申请视为撤回。因此，选项A正确。专利法第三十五条第一款规定，发明专利申请自申请日起三年内，国务院专利行政部门可以根据申请人随时提出的请求，对其申请进行实质审查；申请人无正当理由逾期不请求实质审查的，该申请即被视为撤回。因此，选项B正确。专利法第三十七条规定，国务院专利行政部门对发明专利申请进行实质审查后，认为不符合本法规定的，应当通知申请人，要求其在指定的期限内陈述意见，或者对其申请进行修改；无正当理由逾期不答复的，该申请即被视为撤回。因此，选项C正确。专利法实施细则第五十四条规定，国务院专利行政部门发出授予专利权的通知后，申请人应当自收到通知之日起2个月内办理登记手续。申请人按期办理登记手续的，国务院专利行政部门应当授予专利权，颁发专利证书，并予以公告。期满未办理登记手续的，视为放弃取得专利权的权利。因此，选项D错误。

【答案】ABC

五、费用

1. 费用的类别
2. 费用的减缓

25.【2014年第34题】王某向国家知识产权局提交了一件申请日为2014年5月7日，优先权日为2013年5月8日的发明专利申请，受理通知书的发文日为2014年5月12日。下列关于该申请费用的说法哪些是正确的？

A. 王某最迟应当在2014年7月7日缴纳申请费
B. 王某在缴纳申请费的同时，还应当缴纳优先权要求费和实质审查费
C. 若王某在2014年5月28日提出费用减缓请求，则申请费不能减缓
D. 若王某未在规定期限内缴纳优先权要求费，该申请将被视为撤回

【考点】申请费缴纳期限费用的减缓

【分析】专利法实施细则第九十五条规定，申请人应当自申请日起2个月内或者在收到受理通知书之日起15日内缴纳申请费、公布印刷费和必要的申请附加费；期满未缴纳或者未缴足的，其申请视为撤回。申请人要求优先权的，应当在缴纳申请费的同时缴纳优先权要求费；期满未缴纳或者未缴足的，视为未要求优先权。因此，选项A正确。而选项D中，王某未在规定期限内缴纳优先权要求费，视为未要求优先权，因此，选项D错误。专利法第三十五条规定，发明专利申请自申请日起三年内，国务院专利行政部门可以根据申请人随时提出的请求，对其申请进行实质审查；申请人无正当理由逾期不请求实质审查的，该申请即被视为撤回。国务院专利行政部门认为必要的时候，可以自行对发明专利申请进行实质审查。专利法实施细则第九十六条规定，当事人请求实质审查或者复审的，应当在专利法及本细则规定的相关期限内缴纳费用；期满未缴纳或者未缴足的，视为未提出请求。由此可知，实质审查费可以在自申请日起三年内缴纳，因此，选项B错误。《专利费用减缓办法》第五条规定，专利申请人或者专利权人只能请求减缓尚未到期的收费。减缓申请费的请求应当与专利申请同时提出，减缓其他收费的请求可以与专利申请同时提出，也可以在相关收费缴纳期限届满日两个半月之前提出。未按规定时限提交减缓请求的，不予减缓。由此可知，王某在申请日，即2014年5月7日之后提

出费用减缓请求，则申请费不能减缓，因此，选项C正确。

【答案】AC

3. 费用的缴纳期限

26.【2015年第17题】申请人向国家知识产权局邮寄了一件专利申请，寄出的邮戳日为2015年3月6日。国家知识产权局于2015年3月8日收到了该申请，并于同日发出了受理通知书。申请人于2015年3月10日收到了该受理通知书。申请人最迟应当在哪一天缴纳申请费？

A. 2015年3月25日　　B. 2015年4月7日　　C. 2015年5月6日　　D. 2015年5月8日

【考点】申请费缴纳期限

考生	意见
甲	我选了选项D，我觉得五一放假7天。

【分析】专利法第二十八条规定，国务院专利行政部门收到专利申请文件之日为申请日。如果申请文件是邮寄的，以寄出的邮戳日为申请日。专利法实施细则第九十五条规定，申请人应当自申请日起2个月内或者在收到受理通知书之日起15日内缴纳申请费、公布印刷费和必要的申请附加费。本题中，申请日为2015年3月6日，最迟缴费日为2015年5月6日，因此，选项C正确，选项ABD错误。

需要说明的是，现行《全国年节及纪念日放假办法》第二条规定，全体公民放假的节日：（四）劳动节，放假1天（5月1日）。从2008年1月1日以来，该条款未变化。因此，考生甲的想法是不对的。

【答案】C

27.【2015年第20题】国家知识产权局于2014年3月6日向申请人刘某发出其申请视为撤回通知书，但该通知书由于地址不详被退回，国家知识产权局于2014年5月29日公告送达。刘某最迟应当在哪天缴纳恢复权利请求费？

A. 2014年5月21日　　B. 2014年7月29日　　C. 2014年8月13日　　D. 2014年8月29日

【考点】恢复权利请求费

考生	意见
甲	本题说的是"国家知识产权局于2014年5月29日公告送达"，也就是2014年5月29日是公告送达日而不是公告日，缴费期限应该是2014年5月29日起两个月，即"选项B. 2014年7月29日"。

【分析】《专利审查指南2010》第五部分第六章第2.1.4节规定，自公告之日起满一个月，该文件视为已经送达。《专利审查指南2010》第五部分第二章第1节规定，恢复权利请求费的缴纳期限是自当事人收到专利局确认权利丧失通知之日起两个月内。本题中，视为送达日为于2014年6月29日，因此，刘某最迟应当在2014年8月29日缴纳恢复权利请求费，选项D正确，选项ABC错误。

需要说明的是，本题涉及的考点很明确，即专利法实施细则第四条的规定：文件送交地址不清，无法邮寄的，可以通过公告的方式送达当事人。自公告之日起满1个月，该文件视为已经送达。难在对于题中"国家知识产权局于2014年5月29日公告送达"这句话的理解上，本意是要表达"国家知识产权局于2014年5月29日采用公告送达的方式进行公告（以通知当事人）"，即"2014年5月29日"是公告日，对应选项D；而考生甲认为"2014年5月29日"是（公告后的）送达日，对应选项B，并由此造成了误选。

【答案】D

28.【2013年第25题】下列有关费用缴纳期限的说法哪个是正确的？

A. 延长期限请求费应当自提出请求之日起一个月内缴纳
B. 优先权要求费应当自提出优先权要求之日起两个月内缴纳
C. 申请费应当自申请日起两个月或者自收到受理通知书之日起15日内缴纳
D. 复审费应当自申请人收到国家知识产权局作出的驳回决定之日起两个月内缴纳

【考点】费用缴纳期限

【分析】专利法实施细则第九十九条第二款规定，延长期限请求费应当在相应期限届满之日前缴纳；期满未缴纳或者未缴足的，视为未提出请求。因此，选项A错误。专利法实施细则第九十五条规定，申请人应当自申请日起2个月内或者在收到受理通知书之日起15日内缴纳申请费、公布印刷费和必要的申请附加费；期满未缴纳或者未缴足的，其申请视为撤回。申请人要求优先权的，应当在缴纳申请费的同时缴纳优先权要求费；期满未缴纳或者未缴足的，视为未要求优先权。因此，选项B错误，选项C正确。《专利审查指南2010》第五部分第二章第1节规定，复审费的缴纳期限是自申请人收到专利局作出的驳回决定之日起三个月内。因此，选项D错误。

【答案】C

29.【2012年第25题】申请人向国家知识产权局邮寄了一件专利申请，寄出的邮戳日为2012年3月6日。国家知识产权局于2012年3月8日收到了该申请，并于同日发出了受理通知书。申请人于2012年3月10日收到了该受理通知书。申请人最迟应当在哪一天缴纳申请费？

　　A. 2012年3月25日　　B. 2012年4月7日　　C. 2012年5月6日　　D. 2012年5月8日

【考点】费用的缴纳期限

考生	意见
甲	四个选项全部不是正确答案，本题中期限届满日2012年5月6日是法定休假日，以法定休假日后的最后第一个工作日为期限届满日，故该题正确答案是"2012年5月7日"。

【分析】专利法第二十八条规定，国务院专利行政部门收到专利申请文件之日为申请日。如果申请文件是邮寄的，以寄出的邮戳日为申请日。在本题中，申请人寄出专利申请的邮戳日为2012年3月6日，因此，该申请的申请日为2012年3月6日。专利法实施细则第四条第三款规定，国务院专利行政部门邮寄的各种文件，自文件发出之日起满15日，推定为当事人收到文件之日。专利法实施细则第九十五条第一款规定，申请人应当自申请日起2个月内或者在收到受理通知书之日起15日内缴纳申请费、公布印刷费和必要的申请附加费；期满未缴纳或者未缴足的，其申请视为撤回。在本题中，申请人自收到受理通知书之日（推定收到日：2012年3月23日）起15日为2012年4月7日，自申请日（2012年3月6日）起两个月为2012年5月6日，因此，申请人最迟应当在2012年5月6日缴纳申请费，选项C正确，选项ABD错误。

　　需要说明的是，按照相关规定，本题中期限届满日应当从2012年5月6日（星期日）顺延至2012年5月7日（星期一），考生甲的考虑是有道理的，这是本题的疏忽之处。

　　顺便指出不顺延的两种情况：(1)《专利审查指南2010》第五部分第七章第2.3节规定了期限的计算，并举例说明推定收到日遇休假日不再顺延，即专利局于2008年6月6日发出审查意见通知书，指定期限两个月，其推定收到日是2008年6月21日（遇休假日不顺延），则期限届满日应当是2008年8月21日。(2)《专利审查指南2010》第五部分第九章第2.1节规定了专利权期满终止。发明专利权的期限为二十年，实用新型专利权和外观设计专利权限为十年，均自申请日起计算。例如，一件实用新型专利的申请日是1999年9月6日，该专利的期限为1999年9月6日至2009年9月5日，专利权期满终止日为2009年9月6日（遇节假日不顺延）。由此可知，专利权期满终止日为专利权期满年度相应的申请日，并规定专利权期满终止日为节假日的不予顺延。

【答案】C

　　4. 费用的缴纳方式

　　5. 专利费用的退款/暂存和查询

30.【2012年第40题】下列关于退款的说法哪些是正确的？

　　A. 对于多缴的专利费用，当事人自缴费日起3年内提出退款请求的，国家知识产权局应当予以退还

　　B. 在专利权终止后缴纳的年费，国家知识产权局应当主动退款

　　C. 专利代理机构作为非缴款人请求退款的，应当声明是受缴款人委托办理退款手续

　　D. 被退的款项视为自始未缴纳

【考点】退款的请求、原则、效力

【分析】专利法实施细则第九十四条第四款规定，多缴、重缴、错缴专利费用的，当事人可以自缴费日起3年内，向国务院专利行政部门提出退款请求，国务院专利行政部门应当予以退还。因此，选项A正确。《专利审查指南2010》第五部分第二章第4.2.1.2节规定，下列情形一经核实，专利局应当主动退款。(1) 专利申请已被视为撤回或者撤回专利申请的声明已被批准后，并且在专利局作出发明专利申请进入实质审查阶段通知书之前，已缴纳的实质审查费。(2) 在专利权终止或者宣告专利权全部无效的决定公告后缴纳的年费。(3) 恢复权利请求审批程序启动后，专利局作出不予恢复权利决定的，当事人已缴纳的恢复权利请求费及相关费用。因此，选项B正确。《专利审查指南2010》第五部分第二章第4.2.2.1节规定，退款请求人应当是该款项的缴款人。申请人（或专利权人）、专利代理机构作为非缴款人请求退款的，应当声明是受缴款人委托办理退款手续。因此，选项C正确。《专利审查指南2010》第五部分第二章第4.2.3节规定，被退的款项视为自始未缴纳。因此，选项D正确。

【答案】ABCD

6. 费用种类的转换

31.【2016年第57题】关于费用转换，下列说法哪些是正确的？
A. 当事人请求转换费用种类的，应当在转换后费用的缴纳期限内提出请求并附具相应证明
B. 费用种类转换的，缴费日不变
C. 费用种类转换的，缴费日应确定为当事人提出转换费用请求之日
D. 不同专利申请之间的费用不能转换

【考点】费用转换

【分析】《专利审查指南2010》第五部分第二章第6节规定了费用种类的转换，对于同一专利申请（或专利）缴纳费用时，费用种类填写错误的，缴纳该款项的当事人可以在转换后费用的缴纳期限内提出转换费用种类请求并附具相应证明，经专利局确认后可以对费用种类进行转换。但不同申请号（或专利号）之间的费用不能转换。当事人缴纳的费用种类明显错误，审查员可以依职权对费用种类进行转换。依职权转换费用种类的，应当通知当事人。费用种类转换的，缴费日不变。因此，选项ABD正确，选项C错误。

【答案】ABD

第二节 专利的申请及审查流程

一、专利的申请及受理

1. 申请发明/实用新型和外观设计专利应提交的文件及形式
2. 专利申请的受理

32.【2016年第18题】在满足其他受理条件的情况下，下列哪个专利申请应当予以受理？
A. 某台湾地区的个人作为第一署名申请人，其经常居住地和详细地址均位于台湾地区，未委托专利代理机构
B. 某在中国内地没有营业所的香港企业作为第一署名申请人与深圳某企业共同申请专利，未委托专利代理机构
C. 某澳门居民作为第一署名申请人，其经常居住地和详细地址均位于澳门，未委托专利代理机构，指定居住于中国内地的亲友作为联系人
D. 某营业所位于上海的外国独资企业申请专利，未委托专利代理机构

【考点】受理

【分析】专利法第十九条第一、二款规定，在中国没有经常居所或者营业所的外国人、外国企业或者外国其他组织在中国申请专利和办理其他专利事务的，应当委托依法设立的专利代理机构办理。中国单位或者个人在国内申请专利和办理其他专利事务的，可以委托依法设立的专利代理机构办理。《专利审查指南2010》第一部分第一章第6.1.1节规定，在中国内地没有经常居所或者营业所的香港、澳门或者台湾地区的申请人向专利局提出专利申请和办理其他专利事务，或者作为第一署名申请人与中国内地的申请人共同申请专利和办理其他

专利事务的,应当委托专利代理机构办理。因此,选项ABC错误。而选项D中"外国独资企业"的营业地在中国,该企业属于中国企业,申请专利可以不委托专利代理机构。因此,选项D正确。

【答案】 D

33.【2015年第66题】 专利申请文件有下列哪些情形时,国家知识产权局不予受理?
A. 发明专利申请文件缺少说明书摘要
B. 实用新型专利申请文件没有说明书附图
C. 外观设计专利申请文件缺少简要说明
D. 说明书正文未使用中文

【考点】 不予受理

【分析】《专利审查指南2010》第五部分第三章第2.2节规定,专利申请有下列情形之一的,专利局不予受理:其中,(1)发明专利申请缺少请求书、说明书或者权利要求书的;实用新型专利申请缺少请求书、说明书、说明书附图或者权利要求书的;外观设计专利申请缺少请求书、图片或照片或者简要说明的。(2)未使用中文的。因此,选项A错误,选项BCD正确。

【答案】 BCD

34.【2014年第57题】 国家知识产权局对下列哪些专利申请不予受理?
A. 使用英文提交的实用新型专利申请
B. 从香港直接邮寄来的发明专利申请
C. 改变申请类别的分案申请
D. 请求书中未写明发明人信息的发明专利申请

【考点】 不予受理

【分析】 专利法实施细则第三十九条规定,专利申请文件有下列情形之一的,国务院专利行政部门不予受理,并通知申请人:其中,(二)未使用中文的。因此,选项A正确。《专利审查指南2010》第五部分第三章第2.2节规定,专利申请有下列情形之一的,专利局不予受理:其中,(9)直接从香港、澳门或者台湾地区向专利局邮寄的。(11)分案申请改变申请类别的。因此,选项BC正确。《专利审查指南2010》第一部分第一章第4.1.2节规定,不符合规定的,审查员应当发出补正通知书。申请人改正请求书中所填写的发明人姓名的,应当提交补正书、当事人的声明及相应的证明文件。由此可知,请求书中未写明发明人信息的,审查员应当发出补正通知书,而不是不受理该专利申请,因此,选项D错误。

【答案】 ABC

35.【2013年第15题】 对下列哪件申请,国家知识产权局可以受理?
A. 缺少说明书摘要的发明专利申请
B. 缺少说明书附图的实用新型专利申请
C. 缺少简要说明的外观设计专利申请
D. 请求书中缺少申请人地址的发明专利申请

【考点】 不受理的情形

【分析】 专利法实施细则第三十九条规定,专利申请文件有下列情形之一的,国务院专利行政部门不予受理,并通知申请人:(一)发明或者实用新型专利申请缺少请求书、说明书(实用新型无附图)或者权利要求书的,或者外观设计专利申请缺少请求书、图片或者照片、简要说明的;(二)未使用中文的;(三)不符合本细则第一百二十一条第一款规定的;(四)请求书中缺少申请人姓名或者名称,或者缺少地址的;(五)明显不符合专利法第十八条或者第十九条第一款的规定的;(六)专利申请类别(发明、实用新型或者外观设计)不明确或者难以确定的。因此,选项BCD都属于不受理的情形,选项BCD错误。选项A中"缺少说明书摘要的发明专利申请"可以受理,选项A正确。

【答案】 A

36.【2012年第67题】 下列哪些情形的专利申请不符合受理条件?
A. 直接从外国向国家知识产权局邮寄的专利申请
B. 缺少说明书附图的实用新型专利申请
C. 改变申请类别的分案申请
D. 用外文提交的外观设计专利申请

【考点】 不受理的情形

【分析】《专利审查指南2010》第五部分第三章第2.2节规定了不予受理的情形,其中,第1、2、8、11项分别为:(1)发明专利申请缺少请求书、说明书或者权利要求书的;实用新型专利申请缺少请求书、说明书、说明书附图或者权利要求书的;外观设计专利申请缺少请求书、图片或照片或者简要说明的。(2)未使用中文的。(8)直接从外国向专利局邮寄的。(11)分案申请改变申请类别的。因此,选项ABCD正确。

【答案】ABCD

37. 【2012年第86题】山西人王某欲申请一件实用新型专利,他可以向下列哪些机构提交申请文件?
A. 国家知识产权局专利局受理处　　B. 山西省知识产权局
C. 国家知识产权局专利局实用新型审查部　　D. 国家知识产权局专利局西安代办处

【考点】受理地点

考生	意见
甲	根据专利法第三条的规定,省、自治区、直辖市人民政府管理专利工作的部门负责本行政区域内的专利管理工作。因此,选项B正确。

【分析】《专利审查指南2010》第五部分第三章第1节规定,专利局的受理部门包括专利局受理处和专利局各代办处。专利局受理处负责受理专利申请及其他有关文件,代办处按照相关规定受理专利申请及其他有关文件。因此,选项AD正确,选项BC错误。

需要说明的是,(1)专利代办处全称为"国家知识产权局专利局××代办处",是国家知识产权局专利局在各省、自治区、直辖市知识产权局设立的专利业务派出机构,主要承担专利局授权或委托的专利业务工作及相关的服务性工作,工作职能属于执行专利法的公务行为,目前主要业务包括:专利申请文件的受理、费用减缓请求的审批、专利费用的收缴、专利实施许可合同备案、办理专利登记簿副本及相关业务咨询服务。(2)省知识产权局,比如山西省知识产权局为山西省政府直属机构。其主要职责是:负责全省知识产权工作;统筹协调知识产权事宜,研究拟定知识产权地方性法规,制定本省知识产权发展规划,负责知识产权的宣传、教育和培训;管理全省专利工作,负责调处专利纠纷,查处假冒专利,组织专利技术的实施和推广等。但不包括专利申请文件的受理,因此,考生甲的想法是不对的。

【答案】AD

3. 文件的递交和送达

38. 【2016年第17题】申请人通过EMS给专利局审查员王某邮寄了一份答复文件,寄出的邮戳日为2016年7月3日,收到地邮局的邮戳日为2016年7月7日,审查员王某于2016年7月9日收到了该答复文件,并于2016年7月10日转交到专利局受理处,该答复文件的递交日应被认定为哪一天?
A. 2016年7月3日　　B. 2016年7月7日　　C. 2016年7月9日　　D. 2016年7月10日

【考点】递交日

【分析】《专利审查指南2010》第五部分第三章第2.3.1节规定了确定申请日:向专利局受理处或者代办处窗口直接递交的专利申请,以收到日为申请日;通过邮局邮寄递交到专利局受理处或者代办处的专利申请,以信封上的寄出邮戳日为申请日;寄出的邮戳日不清晰无法辨认的,以专利局受理处或者代办处收到日为申请日,并将信封存档。通过速递公司递交到专利局受理处或者代办处的专利申请,以收到日为申请日。邮寄或者递交到专利局非受理部门或者个人的专利申请,其邮寄日或递交日不具有确定申请日的效力,如果该专利申请被转送到专利局受理处或者代办处,以受理处或者代办处实际收到日为申请日。分案申请以原申请的申请日为申请日,并在请求书上记载分案申请递交日。因此,本题中的递交日为审查员王某转交到受理处的时间,即2016年7月10日,因此,选项D正确,选项ABC错误。

【答案】D

39. 【2012年第6题】国家知识产权局对黄某的专利申请于2012年1月20日发出了补正通知书。该补正通知书因收件人地址不详被退回。随后,国家知识产权局于2012年4月9日在专利公报上通过公告方式通知申请人。则该补正通知书的送达日为哪天?
A. 2012年2月4日　　B. 2012年4月9日　　C. 2012年4月24日　　D. 2012年5月9日

【考点】送达日

【分析】专利法实施细则第四条第五款规定,文件送交地址不清,无法邮寄的,可以通过公告的方式送达当事人。自公告之日起满1个月,该文件视为已经送达。在本题中,国家知识产权局于2012年4月9日在专利公报上公告了补正通知书,因此,2012年5月9日应当视为送达日。因此,选项D正确。

【答案】D

4. 申请在香港特别行政区获得专利保护

40. 【2013年第92题】某公司就一项技术方案向国家知识产权局提出了发明专利申请,并欲获得香港标准专利的保护。下列说法哪些是正确的?

A. 该公司应当在向国家知识产权局提出申请的同时声明要求获得香港标准专利保护
B. 该公司应当自该申请的申请日起六个月内向香港知识产权署办理记录请求手续
C. 该公司应当自该申请的公布之日起六个月内向香港知识产权署办理记录请求手续
D. 该公司应当自该申请的授权之日起六个月内向香港知识产权署办理注册与批予请求手续

【考点】香港标准专利

【分析】根据《关于香港回归后中国内地和香港专利申请若干问题的说明》的规定,向中国专利局提出发明专利申请的申请人,为获得香港标准专利的保护,应当按照香港《专利条例》的有关规定,向香港知识产权署办理标准专利的注册手续,即:自申请由中国专利局公布之日起六个月内向香港知识产权署办理记录请求手续;并自该申请由中国专利局授予专利权之日起六个月内向香港知识产权署办理注册与批予请求手续。因此,选项AB错误,选项CD正确。

【答案】CD

5. 国务院专利行政部门及其专利复审委员会处理专利申请和请求的原则

6. 委托专利代理

41. 【2015年第15题】关于委托专利代理机构办理专利事务,下列说法哪个是正确的?

A. 在中国内地没有营业所的澳门公司在中国申请专利的,可以不委托专利代理机构
B. 上海某国有企业作为第一署名申请人与某英国公司共同在中国申请专利的,应当委托专利代理机构
C. 在中国内地没有经常居所的香港人在中国申请专利的,应当委托专利代理机构
D. 委托专利代理机构申请专利的,仅限委托一家专利代理机构且不可更换

【考点】委托专利代理

【分析】《专利审查指南2010》第一部分第一章第6.1.1节规定,在中国内地没有经常居所或者营业所的香港、澳门或者台湾地区的申请人向专利局提出专利申请和办理其他专利事务,或者作为第一署名申请人与中国内地的申请人共同申请专利和办理其他专利事务的,应当委托专利代理机构办理。因此,选项A错误,选项C正确。选项B中"上海某国有企业作为第一署名申请人",可以不委托专利代理机构,因此,选项B错误。专利代理的相关规定没有限制申请人所委托的专利代理机构的家数,因此,选项D错误。

【答案】C

42. 【2014年第81题】下列哪些情形下,申请人应当委托依法设立的专利代理机构办理专利事务?

A. 中国内地居民向国家知识产权局提出PCT国际申请
B. 在中国内地没有营业所的香港公司向国家知识产权局提出专利申请
C. 中国内地居民作为第一署名申请人与澳门居民共同向国家知识产权局提出专利申请
D. 在中国内地没有营业所的外国公司作为第一署名申请人与中国内地公司共同向国家知识产权局提出专利申请

【考点】委托专利代理

【分析】根据专利法第十九条第一、二款的规定,在中国没有经常居所或者营业所的外国人、外国企业或者外国其他组织在中国申请专利和办理其他专利事务的,应当委托依法设立的专利代理机构办理。中国单位或者个人在国内申请专利和办理其他专利事务的,可以委托依法设立的专利代理机构办理。由此可知,中国内地居民向国家知识产权局提出PCT国际申请可以不委托专利代理机构,因此,选项A错误。《专利审查指南2010》第一部分第一章第6.1.1节规定,在中国内地没有经常居所或者营业所的香港、澳门或者台湾地区的申请人向专利局提出专利申请和办理其他专利事务,或者作为第一署名申请人与中国内地的申请人共同申请专利和办理其他专利事务的,应当委托专利代理机构办理。因此,选项B正确,选项C错误。《专利审查指南2010》第一部分第一章第6.1.1节规定,在中国内地没有经常居所或者营业所的外国人、外国企业或者外国其

他组织在中国申请专利和办理其他专利事务,或者作为第一署名申请人与中国内地的申请人共同申请专利和办理其他专利事务的,应当委托专利代理机构办理。因此,选项 D 正确。

【答案】 BD

43.【2013年第22题】在中国设有办事处的美国某公司欲就其一项发明创造在中国申请专利。该公司可以通过下列哪种方式提交其申请?

　　A. 直接通过国家知识产权局电子申请系统提交　　B. 委托美国专利代理机构提交
　　C. 委托中国专利代理机构提交　　D. 指派其在中国的员工提交

【考点】 在中国没有营业所的外国企业在中国申请专利

【分析】 专利法第十九第一款规定,在中国没有经常居所或者营业所的外国人、外国企业或者外国其他组织在中国申请专利和办理其他专利事务的,应当委托依法设立的专利代理机构办理。其中,"营业所"是指具有真实的和起工商作用的营业处。外国法人在我国仅仅有办理有关事务的办事处、联络处的,不能说是在我国有营业所。因此,该美国某公司应当委托中国专利代理机构提交申请,选项 ABD 错误,选项 C 正确。

【答案】 C

44.【2013年第45题】下列哪些主体在中国申请专利应当委托中国专利代理机构?

　　A. 在中国内地有经常居所的法国人保罗　　B. 在中国内地有营业所的德国某公司
　　C. 常驻美国的中国公民李明　　D. 在中国内地没有营业所的澳门某公司

【考点】 应当委托专利代理机构的情形

【分析】 专利法第十九第一款规定,在中国没有经常居所或者营业所的外国人、外国企业或者外国其他组织在中国申请专利和办理其他专利事务的,应当委托依法设立的专利代理机构办理。在选项 A 中,法国人保罗在中国内地有经常居所,在选项 B 中,德国某公司在中国内地有营业所,都属于可以但不是应当委托专利代理机构的情况,因此,选项 AB 错误。专利法第十九第二款规定,中国单位或者个人在国内申请专利和办理其他专利事务的,可以委托依法设立的专利代理机构办理。在选项 C 中,李明是中国公民,可以委托依法设立的专利代理机构办理,因此,选项 C 错误。《专利审查指南2010》第一部分第一章第6.1.1节规定,在中国内地没有经常居所或者营业所的香港、澳门或者台湾地区的申请人向专利局提出专利申请和办理其他专利事务的,或者作为第一署名申请人与中国内地的申请人共同申请专利和办理其他专利事务的,应当委托专利代理机构办理。因此,选项 D 正确。

【答案】 D

7. 指定代表人

45.【2016年第58题】专利申请人为多人且未委托专利代理机构的,其代表人可以代表全体申请人办理下列哪些手续?

　　A. 委托专利代理　　B. 答复审查意见通知书
　　C. 办理延长期限请求　　D. 撤回优先权要求

【考点】 代表人

【分析】《专利审查指南2010》第一部分第一章第4.1.5节规定,除直接涉及共有权利的手续外,代表人可以代表全体申请人办理在专利局的其他手续。直接涉及共有权利的手续包括:提出专利申请,委托专利代理,转让专利申请权、优先权或者专利权,撤回专利申请,撤回优先权要求,放弃专利权等。直接涉及共有权利的手续应当由全体权利人签字或者盖章。因此,选项 AD 错误,选项 BC 正确。

【答案】 BC

46.【2015年第68题】下列有关代表人的说法哪些是正确的?

　　A. 多个申请人以书面形式提出专利申请且未委托专利代理机构的,除请求书中另有声明的外,以请求书中指明的第一申请人为代表人
　　B. 多个申请人提出电子申请且未委托专利代理机构的,以提交电子申请的电子申请用户为代表人
　　C. 申请人为单位的,其联系人为代表人
　　D. 代表人可以代表全体申请人办理撤回专利申请的手续

【考点】代表人

【分析】《专利审查指南2010》第一部分第一章第4.1.5节规定，申请人有两人以上且未委托专利代理机构的，除非指南另有规定或请求书中另有声明外，以第一署名申请人为代表人。除直接涉及共有权利的手续外，代表人可以代表全体申请人办理在专利局的其他手续。直接涉及共有权利的手续包括：提出专利申请，委托专利代理，转让专利申请权、优先权或者专利权，撤回专利申请，撤回优先权要求，放弃专利权等。直接涉及共有权利的手续应当由全体权利人签字或者盖章。因此，选项A正确，选项D错误。《关于专利电子申请的规定》第三条规定，申请人有两人以上且未委托专利代理机构的，以提交电子申请的申请人为代表人。因此，选项B正确。《专利审查指南2010》第一部分第一章第4.1.4节规定，申请人是单位且未委托专利代理机构的，应当填写联系人，联系人是代替该单位接收专利局所发信函的收件人。联系人仅有权代替该单位接收专利局所发信函，而代表人可以代表全体申请人在专利局办理部分手续，两种不能等同。因此，选项C错误。

【答案】AB

47.【2014年第25题】 某发明专利申请有多个申请人且未委托专利代理机构，第一署名申请人为代表人。该代表人能代表全体申请人办理下列哪项手续？

A. 缴纳专利申请费　　　　　　　　　B. 转让专利申请权
C. 撤回专利申请　　　　　　　　　　D. 委托专利代理机构

【考点】代表人

【分析】《专利审查指南2010》第一部分第一章第4.1.5节规定，除直接涉及共有权利的手续外，代表人可以代表全体申请人办理在专利局的其他手续。直接涉及共有权利的手续包括：提出专利申请，委托专利代理，转让专利申请权、优先权或者专利权，撤回专利申请，撤回优先权要求，放弃专利权等。因此，选项A正确，选项BCD错误。

【答案】A

8. 优先权请求

48.【2016年第60题】 申请X是申请Y所要求优先权的在先申请。申请X在说明书中记载了由技术特征a、b构成的技术方案，在权利要求书中记载了技术特征b、c构成的技术方案，在说明书摘要中记载了技术特征a、c构成的技术方案。申请Y要求保护的下列哪些技术方案可以要求申请X的优先权？

A. 技术特征b、c构成的技术方案　　　B. 技术特征a、b构成的技术方案
C. 技术特征a、c构成的技术方案　　　D. 技术特征a、b、c构成的技术方案

【考点】优先权相同主题的发明或者实用新型

【分析】《专利审查指南2010》第二部分第三章第4.1.2节规定，专利法第二十九条所述的相同主题的发明或者实用新型，是指技术领域、所解决的技术问题、技术方案和预期的效果相同的发明或者实用新型。但应注意这里所谓的相同，并不意味在文字记载或者叙述方式上完全一致。审查员应该注意，对于中国在后申请权利要求中限定的技术方案，只要已记载在外国首次申请中就可享有该首次申请的优先权，而不必要求其包含在该首次申请的权利要求书中。因此，选项AB正确。《专利审查指南2010》第二部分第二章第2.4节规定，摘要是说明书记载内容的概述，它仅是一种技术信息，不具有法律效力。摘要的内容不属于发明或者实用新型原始记载的内容，不能作为以后修改说明书或者权利要求书的根据，也不能用来解释专利权的保护范围。因此，选项CD错误。

【答案】AB

49.【2016年第59题】 关于本国优先权，下列哪些说法是正确的？

A. 发明专利申请要求本国优先权的，在先申请既可以是发明专利申请也可以是实用新型专利申请
B. 在后申请的申请人与在先申请中记载的申请人应当一致，不一致的应当在规定期限内提交优先权转让证明
C. 已经授予专利权但尚处于优先权期限内的申请可以作为在后申请的本国优先权基础
D. 因未缴纳申请费被视为撤回但尚处于优先权期限内的申请可以作为在后申请的本国优先权基础

【考点】本国优先权

考生	意见
甲	选项 B 在后申请的申请人与在先申请的申请人完全不一致时才需要提交证明文件，在后申请的申请人与在先申请的申请人部分一致也是可以的。

【分析】《专利审查指南2010》第一部分第一章 6.2.2.1 节规定了要求本国优先权，在先申请和要求优先权的在后申请应当符合下列规定：（1）在先申请应当是发明或者实用新型专利申请，不应当是外观设计专利申请，也不应当是分案申请。（2）在先申请的主题没有要求过外国优先权或者本国优先权，或者虽然要求过外国优先权或者本国优先权，但未享有优先权。（3）该在先申请的主题，尚未授予专利权。（4）要求优先权的在后申请是在其在先申请的申请日起十二个月内提出的。因此，选项 AD 正确，选项 C 错误。《专利审查指南2010》第一部分第一章第 6.2.2.4 节规定，要求优先权的在后申请的申请人与在先申请中记载的申请人应当一致；不一致的，在后申请的申请人应当在提出在后申请之日起 3 个月内提交由在先申请的全体申请人签字或者盖章的优先权转让证明文件。因此，选项 B 正确。

需要说明的是，要求外国优先权时，《专利审查指南2010》第一部分第一章第 6.2.1.4 节规定了（要求外国优先权）在后申请的申请人，申请人完全不一致，且在先申请的申请人将优先权转让给在后申请的申请人的，应当在提出在后申请之日起三个月内提交由在先申请的全体申请人签字或者盖章的优先权转让证明文件。要求本国优先权时，《专利审查指南2010》第一部分第一章第 6.2.2.4 节规定了（要求本国优先权）在后申请的申请人，要求优先权的在后申请的申请人与在先申请中记载的申请人应当一致；不一致的，在后申请的申请人应当在提出在后申请之日起三个月内提交由在先申请的全体申请人签字或者盖章的优先权转让证明文件。由此可知，前者当申请人完全不一致时，应当提供相应的证明，后者当申请人不一致时，应当提供相应的证明。因此，考生甲的想法是不对的。

【答案】ABD

50.【2015年第18题】下列说法哪个是正确的？
A. 分案申请不能作为要求本国优先权的基础
B. 申请人可以以发明专利申请为基础，提出实用新型专利分案申请
C. 要求本国优先权的在后申请的发明人应当与在先申请的发明人一致或者部分一致
D. 申请人应当在其分案申请递交日起三个月内提交原申请的申请文件副本，期满未提交的，分案申请将被视为未提出

【考点】分案申请优先权

【分析】专利法实施细则第三十二条第二款规定，提出后一申请时，在先申请的主题有下列情形之一的，不得作为要求本国优先权的基础：（一）已经要求外国优先权或者本国优先权的；（二）已经被授予专利权的；（三）属于按照规定提出的分案申请的。因此，选项 A 正确。《专利审查指南2010》第一部分第一章第 5.1.1 节规定，分案申请应当以原申请（第一次提出的申请）为基础提出。分案申请的类别应当与原申请的类别一致。因此，选项 B 错误。《专利审查指南2010》第一部分第一章第 6.2.2.4 节规定，要求优先权的在后申请的申请人与在先申请中记载的申请人应当一致；不一致的，在后申请的申请人应当在提出在后申请之日起三个月内提交由在先申请的全体申请人签字或者盖章的优先权转让证明文件。专利法实施细则第三十一条第三款规定，要求优先权的申请人的姓名或者名称与在先申请文件副本中记载的申请人姓名或者名称不一致的，应当提交优先权转让证明材料，未提交该证明材料的，视为未要求优先权。该规定并未要求发明人一致。因此，要求本国优先权的在后申请的发明人应当与在先申请的发明人可以不一致（完全不一致或部分不一致），选项 C 错误。专利法实施细则第四十三条第三款规定，提交分案申请时，申请人应当提交原申请文件副本。因此，选项 D 错误。

需要注意的是，本题选项 BCD 与 2012 年第 10 题选项 BCD 一样。

【答案】A

51.【2015年第32题】下列哪些专利申请不能作为就相同主题提出的实用新型专利申请的优先权基础？
A. 在中国提出的外观设计专利申请   B. 已享受过本国优先权的专利申请

C. 不是第一次在外国提出的专利申请　　D. 已被授予专利权的专利申请

【考点】享有本国优先权的条件

考生	意见
甲	《专利法实施细则》第32条规定：提出后一申请时，在先申请的主题有下列情形之一的，不得作为要求本国优先权的基础：（一）已经要求外国优先权或者本国优先权的；（二）已经被授予专利权的；（三）属于按照规定提出的分案申请的。由此可知，已被授予专利权的专利申请不能作为本国优先权的基础，但是，题干中并没有说明是本国优先权，当申请人要求外国优先权时，已被授予专利权的专利申请可以作为优先权基础。因此，选项D错误。

【分析】专利法第二十九条的规定，就相同主题提出的实用新型专利申请的优选权基础只能是发明或者实用新型专利申请，不能是外观设计专利申请，并且，作为优选权基础的应当是首次申请，因此，选项AC不能作为就相同主题提出的实用新型专利申请的优先权基础。

专利法实施细则第三十二条第二款规定，申请人要求本国优先权，在先申请是发明专利申请的，可以就相同主题提出发明或者实用新型专利申请；在先申请是实用新型专利申请的，可以就相同主题提出实用新型或者发明专利申请。但是，提出后一申请时，在先申请的主题有下列情形之一的，不得作为要求本国优先权的基础：（一）已经要求外国优先权或者本国优先权的；（二）已经被授予专利权的；（三）属于按照规定提出的分案申请的。因此，选项B不能作为就相同主题提出的实用新型专利申请的优先权基础。

《专利审查指南2010》第二部分第三章第4.1.1节规定，享有外国优先权的发明创造与外国首次申请审批的最终结果无关，只要该首次申请在有关国家或政府间组织中获得了确定的申请日，就可作为要求外国优先权的基础。由此可知，对于已经授权的专利申请，如果该申请是外国申请，其仍然可以作为就相同主题提出的实用新型专利申请的优选权基础，但如果该申请是本国申请，则无法作为就相同主题提出的实用新型专利申请的优选权基础，因此，选项D能作为就相同主题提出的实用新型专利申请的优先权基础。

需要注意的是，本题参考答案为ABCD，而在国家知识产权局条法司试题解析中答案为ABC，也就是说，专利代理人考核委员会采纳了考生意见，对参考答案进行了修正，由此，考生甲的想法是对的。

【答案】ABC

52.【2015年第59题】下列关于优先权的说法哪些是正确的？
A. 申请人要求本国优先权的，其在先申请自在后申请提出之日起即视为撤回
B. 申请人要求外国优先权的，应当自在后申请日起两个月内提交在先申请文件副本
C. 申请人要求优先权的，应当在缴纳申请费的同时缴纳优先权要求费
D. 申请人要求优先权的，应当在申请的时候提出书面声明

【考点】优先权

【分析】《专利审查指南2010》第二部分第三章第4.2.1节规定，当申请人要求本国优先权时，作为本国优先权基础的中国首次申请，自中国在后申请提出之日起即被视为撤回。因此，选项A正确。专利法第三十条规定，申请人要求优先权的，应当在申请的时候提出书面声明，并且在三个月内提交第一次提出的专利申请文件的副本。因此，选项B错误，选项D正确。《专利审查指南2010》第一部分第一章第6.2.4节规定，要求优先权的，应当在缴纳申请费的同时缴纳优先权要求费。因此，选项C正确。

【答案】ACD

53.【2015年第60题】某外国公司向国家知识产权局递交了一件发明专利申请，如果其要求享有一项外国优先权，则应当满足下列哪些条件？
A. 该申请应当自在先申请的申请日起十二个月内提出
B. 该申请的权利要求应当与在先申请的权利要求相同
C. 在先申请的申请人不是该外国公司的，应当提供优先权转让证明
D. 该外国公司应当在法定的期限内提交在先申请文件的副本

【考点】外国优先权

考生	意见
甲	选项A应当是错的，如果要求的是国际申请的优先权，且在先申请只申请了国际申请，即在后申请只能要求该国际申请作为优先权，那么，申请人可以在国际申请日后30（32）个月内提出在后申请，不必要在12个月内提出。

【分析】根据专利法第二十九条第一款的规定，申请人自发明或者实用新型在外国第一次提出专利申请之日起十二个月内，又在中国就相同主题提出专利申请的，依照该外国同中国签订的协议或者共同参加的国际条约，或者依照相互承认优先权的原则，可以享有优先权。选项A正确。《专利审查指南2010》第二部分第三章第4.1.4节规定，要求外国优先权的申请中，除包括作为外国优先权基础的申请中记载的技术方案外，还可以包括一个或多个新的技术方案。因此，选项B错误。《专利审查指南2010》第一部分第一章第6.2.1.4节规定，申请人完全不一致，且在先申请的申请人将优先权转让给在后申请的申请人的，应当在提出在后申请之日起三个月内提交由在先申请的全体申请人签字或者盖章的优先权转让证明文件。因此，选项C正确。专利法第三十条规定，申请人要求优先权的，应当在申请的时候提出书面声明，并且在三个月内提交第一次提出的专利申请文件的副本。因此，选项D正确。

需要注意的是，（1）作为优先权基础的在先申请必须是正规的国家申请。与正规国家申请相当的任何申请也可以作为优先权的基础，例如依照PCT提出的国际专利申请。（2）根据专利法第二十九条第一款的规定，申请人自发明或者实用新型在外国第一次提出专利申请之日起十二个月内，又在中国就相同主题提出专利申请的，依照该外国同中国签订的协议或者共同参加的国际条约，或者依照相互承认优先权的原则，可以享有优先权。（3）专利法实施细则第一百零三条规定，国际申请的申请人应当在专利合作条约第二条所称的优先权日（本章简称优先权日）起30个月内，向国务院专利行政部门办理进入中国国家阶段的手续；申请人未在该期限内办理该手续的，在缴纳宽限费后，可以自优先权日起32个月内办理进入中国国家阶段的手续。由此可知，考生甲混淆了"12个月内"和"30（32）个月内"的法律意义，申请人应该在"12个月内"提出在后申请，申请人应当在"30（32）个月内"办理进入国家阶段手续，因此，考生甲的想法是不对的。

【答案】ACD

54.【2014年第15题】张某向国家知识产权局提交一件要求德国优先权的发明专利申请，该德国专利申请的申请人为张某和于某。下列说法哪个是正确的？

A. 由于该申请与德国专利申请的申请人不完全一致，因此应当提交优先权转让证明文件
B. 张某应当在提出在后申请之日起4个月内提交在先申请文件副本
C. 若张某未在请求书中声明要求优先权，可以请求恢复该德国优先权
D. 若张某未在规定期限内提交在先申请文件副本，该优先权要求将被视为未要求

【考点】要求外国优先权

【分析】专利法实施细则第三十一条第三款规定，要求优先权的申请人的姓名或者名称与在先申请文件副本中记载的申请人姓名或者名称不一致的，应当提交优先权转让证明材料，未提交该证明材料的，视为未要求优先权。《专利审查指南2010》第一部分第一章第6.2.1.4节规定，要求优先权的在后申请的申请人与在先申请文件副本中记载的申请人应当一致，或者是在先申请文件副本中记载的申请人之一。本题中，由于在后申请的申请人张某是在先申请的申请人之一，因此，无须提交优先权转让证明，选项A错误。根据专利法第三十条的规定可知，选项BC错误，选项D正确。

【答案】D

55.【2014年第73题】下列哪些专利申请不能作为就相同主题提出的专利申请的本国优先权基础？

A. 外观设计专利申请 B. 已享受过外国优先权的专利申请
C. 已享受过本国优先权的专利申请 D. 已被授予专利权的专利申请

【考点】享有本国优先权的条件

【分析】专利法实施细则第三十二条第二款，申请人要求本国优先权，在先申请是发明专利申请的，可以就相同主题提出发明或者实用新型专利申请；在先申请是实用新型专利申请的，可以就相同主题提出实用新型

或者发明专利申请。但是，提出后一申请时，在先申请的主题有下列情形之一的，不得作为要求本国优先权的基础：（一）已经要求外国优先权或者本国优先权的；（二）已经被授予专利权的；（三）属于按照规定提出的分案申请的。因此，选项 ABCD 正确。

【答案】ABCD

56.【2013 年第 33 题】李某于 2012 年 4 月 6 日向国家知识产权局提出一件发明专利申请。下列由李某首次向国家知识产权局提出的相同主题的申请，哪些可以作为该发明专利申请要求本国优先权的基础？
  A. 申请日为 2011 年 6 月 7 日的实用新型专利申请，该申请已被授予专利权
  B. 申请日为 2011 年 6 月 4 日的发明专利申请，申请人已就该申请提出分案申请
  C. 申请日为 2011 年 5 月 6 日的发明专利申请，该申请于 2012 年 4 月 5 日被申请人撤回
  D. 申请日为 2011 年 8 月 9 日的发明专利申请，该申请享有外国优先权

【考点】本国优先权

考生	意见
甲	选项 B，已经提出了分案申请，不是不能要求本国优先权了吗，选项 B 不对。

【分析】专利法实施细则第三十二条第二款规定，申请人要求本国优先权，在先申请是发明专利申请的，可以就相同主题提出发明或者实用新型专利申请；在先申请是实用新型专利申请的，可以就相同主题提出实用新型或者发明专利申请。但是，提出后一申请时，在先申请的主题有下列情形之一的，不得作为要求本国优先权的基础：（一）已经要求外国优先权或者本国优先权的；（二）已经被授予专利权的；（三）属于按照规定提出的分案申请的。申请人要求本国优先权的，其在先申请自后一申请提出之日起即视为撤回。在选项 A 中"该申请已被授予专利权"，以及选项 D 中"该申请享有外国优先权"，分别属于专利法实施细则第三十二条第二款第（二）项和第（一）项规定的情形，都不能作为该发明专利申请要求本国优先权的基础，选项 AD 错误。选项 B 中，申请日为 2011 年 6 月 4 日的发明专利申请符合规定，可以作为该发明专利申请要求本国优先权的基础，而申请人就该申请提出分案申请不属于专利法实施细则第三十二条第二款第（三）项规定的情形，不影响该申请作为优先权基础的效力，因此，选项 B 正确。选项 C 中，申请日为 2011 年 5 月 6 日的发明专利申请符合规定，可以作为该发明专利申请要求本国优先权的基础，而该申请于 2012 年 4 月 5 日被申请人撤回不影响该申请作为优先权基础的效力，因此，选项 C 正确。

需要注意的是，本题选项 B 中，申请人就申请日为 2011 年 6 月 4 日的发明专利申请提出分案申请，该分案申请并不影响其母案，即申请日为 2011 年 6 月 4 日的发明专利申请作为优先权基础的效力。因此，考生甲的想法是不对的。

【答案】BC

57.【2012 年第 10 题】下列哪种说法是正确的？
  A. 已视为撤回但未被恢复权利的专利申请，可以作为要求本国优先权的基础
  B. 申请人可以以发明专利申请为基础，提出实用新型专利分案申请
  C. 要求本国优先权的在后申请的发明人应当与在先申请的发明人一致或者部分一致
  D. 申请人应当在其分案申请递交日起三个月内提交原申请的申请文件副本，期满未提交的，分案申请视为未提出

【考点】本国优先权分案申请

考生	意见
甲	选项 C 中，具有优先权的申请的发明人与在先申请的发明人应该有部分相同，因为优先权转让后，在后申请又有发明人参与发明，而在先申请的发明人的劳动成果也体现在在后申请中，在先申请的发明人的名字应该写入在后申请的发明的发明人中，因此，选项 C 正确。
乙	选项 A 中，如果是外观设计，不可以作为要求本国优先权的基础。并且如果在先申请被视为撤回超过了 12 个月，则在后申请就不能要求优先权，因此，选项 A 错误。

【分析】专利法实施细则第三十二条第二款规定，提出后一申请时，在先申请的主题有下列情形之一的，不得作为要求本国优先权的基础：（一）已经要求外国优先权或者本国优先权的；（二）已经被授予专利权的；（三）属于按照规定提出的分案申请的。申请人要求本国优先权的，其在先申请自后一申请提出之日起即视为撤回。本题选项A不属于所述的三种情况，就有可能作为要求本国优先权的基础，选项A正确。当然，如果出现考生乙所想的两种情况，就不能作为要求本国优先权的基础，然而，这是另一层面的事，或者说是另一考点了。因此，考生乙给考题设置附件条件的想法是不对的。

专利法实施细则第四十二条第三款规定，分案的申请不得改变原申请的类别。因此，选项B错误。专利法实施细则第三十一条第三款规定，要求优先权的申请人的姓名或者名称与在先申请文件副本中记载的申请人姓名或者名称不一致的，应当提交优先权转让证明材料，未提交该证明材料的，视为未要求优先权。该规定并未要求发明人一致。因此，要求本国优先权的在后申请的发明人应当与在先申请的发明人可以不一致（完全不一致或部分不一致），选项C错误，考生甲的想法是不对的。

《专利审查指南2010》第一部分第一章第5.1.1节规定，分案申请除应当提交申请文件外，还应当提交原申请的申请文件副本以及原申请中与本分案申请有关的其他文件副本（如优先权文件副本）。对于不符合规定的，审查员应当发出补正通知书，通知申请人补正。期满未补正的，审查员应当发出视为撤回通知书。选项D中的期限的要求不对，选项D错误。

需要注意的是，本题选项BCD与2015年第18题选项BCD一样。

【答案】A

二、保密专利申请与向外申请专利的保密审查

1. 保密的范围
2. 保密专利申请的审查

58.【2012年第94题】下列关于需要保密的专利申请的说法哪些是正确的？

A. 专利申请涉及国防利益需要保密的，应当由国防专利机构进行审查
B. 专利申请涉及国防利益以外的国家安全或者重大利益需要保密的，应当由国家知识产权局进行审查
C. 保密专利申请经审查未发现驳回理由的，由国家知识产权局作出授予专利权的决定
D. 保密专利申请的授权公告仅公布专利号、申请日和授权公告日

【考点】保密专利申请

考生	意见
甲	保密专利应该由国防专利机构审查，因此，选项B错误。

【分析】专利法第四条规定，"申请专利的发明创造涉及国家安全或重大利益需要保密的，按照国家有关规定办理"。专利法实施细则第七条第一款前半部分规定，"专利申请涉及国防利益需要保密的，由国防专利机构受理并进行审查"。因此，选项A正确。专利法实施细则第七条第二款规定，"国务院专利行政部门认为其受理的发明或者实用新型专利申请涉及国防利益以外的国家安全或者重大利益需要保密的，应当及时作出按照保密专利申请处理的决定，并通知申请人。保密专利申请的审查、复审以及保密专利权无效宣告的特殊程序，由国务院专利行政部门规定"。因此，选项B正确。专利法实施细则第七条第一款后半部分规定，"经国防专利机构审查没有发现驳回理由的，由国务院专利行政部门作出授予国防专利权的决定"。专利法实施细则第五十五条规定，"保密专利申请经审查没有发现驳回理由的，国务院专利行政部门应当作出授予保密专利权的决定，颁发保密专利证书，登记保密专利权的有关事项"。从上述两款规定得知，对于两种需要保密的申请而言，不管是由国防专利机构审查，还是由国家知识产权局进行审查，都是由国家知识产权局作出授予专利权的决定。因此，选项C正确。根据《专利审查指南2010》第五部分第五章第4节的规定，保密专利申请的授权公告仅公布专利号、申请日和授权公告日。因此，选项D正确。

需要说明的是，在专利法实施细则中将涉及国防利益需要保密的专利申请称为国防专利申请，将涉及国防利益以外的国家安全或者重大利益的申请称为保密专利申请。前者仅指发明，由国家国防专利机构负责受理和审查，经审查认为符合规定的，由国务院专利行政机构授予国防专利权；后者仅指发明和实用新型，由国务院

专利行政机构负责受理、审查和授权（驳回）。因此，考生甲的想法是不对的。

【答案】ABCD

3. 向外申请专利的保密审查

59.【2016年第97题】美籍华人张某长期居住在上海，就其在上海工作期间完成的发明创造提交PCT国际申请，下列说法哪些是正确的？

A. 张某可以直接向美国专利商标局提交国际申请

B. 张某可以直接向国家知识产权局提交国际申请

C. 张某可以直接向国际局提交国际申请

D. 该国际申请进入中国国家阶段时，申请人可以要求发明或实用新型专利保护

【考点】PCT国际申请

考生	意见
甲	本题中，申请人不打算在中国获得专利权的话可以直接向美国专利商标局、国际局提交吧，因此，选项ABCD正确。
乙	美籍华人属于美国人，可以向自己的国家提出专利申请，A选项也应作为所选项，另外向国际局也可以直接提出申请吧，C选项也应作为所选项。

【分析】《专利合作条约实施细则》第19.1节规定，在哪里申请（a）除（b）另有规定之外，国际申请应按照申请人的选择，（i）向申请人是其居民的缔约国的或者代表该国的国家局提出；或（ii）向申请人是其国民的缔约国的或者代表该国的国家局提出；(iii) 向国际局提出，而与申请人是其居民或者国民的缔约国无关。(b) 任何缔约国可以与另一个缔约国或者任何政府间组织达成协议，规定为了所有或者某些目的，后一国的国家局或者该政府间组织代表前一国的国家局，作为前一国居民或者国民的申请人的受理局。专利法第二十条第一款规定，任何单位或者个人将在中国完成的发明或者实用新型向外国申请专利的，应当事先报经国务院专利行政部门进行保密审查。保密审查的程序、期限等按照国务院的规定执行。专利法实施细则第八条第二款规定，任何单位或者个人将在中国完成的发明或者实用新型向外国申请专利的，应当按照下列方式之一请求国务院专利行政部门进行保密审查：（一）直接向外国申请专利或者向有关国外机构提交专利国际申请的，应当事先向国务院专利行政部门提出请求，并详细说明其技术方案；（二）向国务院专利行政部门申请专利后拟向外国申请专利或者向有关国外机构提交专利国际申请的，应当在向外国申请专利或者向有关国外机构提交专利国际申请前向国务院专利行政部门提出请求。本题中，美籍华人张某居住在上海，根据PCT实施细则，我国国家知识产权局、美国专利商标局和国际局都可以受理其提交的国际申请，但是根据我国专利法的规定，由于该发明创造是在中国上海完成，如果要向外国申请专利，应当事先报经国家知识产权局进行保密审查，故美籍华人张某无法直接向国际局或者美国专利商标局提交国际申请。因此，选项AC错误，选项B正确。

《专利审查指南2010》第三部分第一章第3.1.2节规定，国际申请指定中国的，办理进入国家阶段手续时，应当选择要求获得的是"发明专利"或"实用新型专利"，两者择其一，不允许同时要求获得"发明专利"和"实用新型专利"。因此，选项D正确。

需要说明的是，本题考查的一个重要考点是关于保密审查的规定，即任何单位或者个人将在中国完成的发明或者实用新型向外国申请专利的，应当请求国务院专利行政部门进行保密审查。其中，"任何单位或者个人"可以是中国单位或个人，还可以是外国人、外国企业或外国其他组织。并且"保密审查"是强制的，但是，在实际中，国务院专利行政部门无法控制申请人必须这样做。对于违反保密审查要求的情况，专利法第二十条第四款规定了法律后果，即在中国申请专利的，不授予专利权。在实际中，就像考生甲乙所说，如果申请人不在中国申请专利，是否在中国进行"保密审查"就变得无所谓了。当然，就考试而言，还是应该按照法律规定来答题，因此，考生甲乙的想法是不对的。

【答案】BD

60.【2015年第65题】下列哪些发明创造向外国申请专利前，需要经过国家知识产权局的保密审查？

A. 某外资公司在深圳完成的发明
B. 李某在浙江完成的外观设计
C. 资料收集在天津完成，技术方案的实质性内容在纽约完成的某发明
D. 某中资企业在北京完成的实用新型

【考点】保密审查

【分析】根据专利法第二十条第一款的规定，任何单位或者个人将在中国完成的发明或者实用新型向外国申请专利的，应当事先报经国务院专利行政部门进行保密审查。由此可知，选项AD正确，选项B是外观设计不属于保密审查的专利类型，因此，选项B错误。专利法实施细则第八条规定，专利法第二十条所称在中国完成的发明或者实用新型，是指技术方案的实质性内容在中国境内完成的发明或者实用新型。因此，选项C错误。

【答案】AD

61.【2014年第63题】下列哪些情形下，申请人在申请专利前应当事先报经国务院专利行政部门进行保密审查？
A. 某外资企业将其在中国完成的发明向日本申请专利
B. 李某将其在中国完成的外观设计向美国申请专利
C. 某中资企业将其在南非完成的发明向韩国申请专利
D. 某中国研究院将其在中国完成的实用新型向世界知识产权组织国际局提出PCT国际申请

【考点】保密审查

考生	意见
甲	选项C漏选了吧，无论在哪儿完成的发明，中国企业向外国提交专利申请，不都得经过保密审查吗？

【分析】专利法实施细则第八条规定，专利法第二十条所称在中国完成的发明或者实用新型，是指技术方案的实质性内容在中国境内完成的发明或者实用新型。任何单位或者个人将在中国完成的发明或者实用新型向外国申请专利的，应当按照下列方式之一请求国务院专利行政部门进行保密审查：（一）直接向外国申请专利或者向有关国外机构提交专利国际申请的，应当事先向国务院专利行政部门提出请求，并详细说明其技术方案；（二）向国务院专利行政部门申请专利后拟向外国申请专利或者向有关国外机构提交专利国际申请的，应当在向外国申请专利或者向有关国外机构提交专利国际申请前向国务院专利行政部门提出请求。向国务院专利行政部门提交专利国际申请的，视为同时提出了保密审查请求。本题中，选项AD中的发明创造由于是在中国完成的，因此，就其向日本和世界知识产权组织提出申请前，应当事先报经国务院专利行政部门进行保密审查，选项AD正确。由于保密审查仅仅适用于在中国完成的发明或者实用新型向外国申请专利的情形，因此，选项BC错误，考生甲的想法是不对的。

【答案】AD

62.【2013年第37题】某公司拟将其在中国完成的一项发明向外国申请专利。下列说法哪些是正确的？
A. 该公司可以在向国家知识产权局提交专利申请的同时提出保密审查请求
B. 该公司向国家知识产权局提出PCT国际申请的，视为同时提出了保密审查请求
C. 该公司可以直接向国家知识产权局提出向外国申请专利的保密审查请求，待请求获得通过后，再向外国申请专利
D. 该公司在向国家知识产权局提交保密审查请求四个月后，如未接到保密审查通知，则可以向外国申请专利

【考点】向外国申请专利的保密审查

考生	意见
甲	选项C与选项D是矛盾的，如果国家知识产权局一直不答复，那就是一直没有通过，永远等下去啊。明显与选项D矛盾。

【分析】《专利审查指南2010》第五部分第五章第6.2.1节规定，申请人拟在向专利局申请专利后又向外国申请专利的，应当在提交专利申请同时或之后提交向外国申请专利保密审查请求书。因此，选项A正确。专利法实施细则第八条第三款规定，向国务院专利行政部门提交专利国际申请的，视为同时提出了保密审查请求。因此，选项B正确。专利法实施细则第八条第二款规定，任何单位或者个人将在中国完成的发明或者实用新型向外国申请专利的，应当按照下列方式之一请求国务院专利行政部门进行保密审查：（一）直接向外国申请专利或者向有关国外机构提交专利国际申请的，应当事先向国务院专利行政部门提出请求，并详细说明其技术方案；（二）向国务院专利行政部门申请专利后拟向外国申请专利或者向有关国外机构提交专利国际申请的，应当在向外国申请专利或者向有关国外机构提交专利国际申请前向国务院专利行政部门提出请求。因此，选项C正确。专利法实施细则第九条第一款规定，国务院专利行政部门收到依照本细则第八条规定递交的请求后，经过审查认为该发明或者实用新型可能涉及国家安全或者重大利益需要保密的，应当及时向申请人发出保密审查通知；申请人未在其请求递交日起4个月内收到保密审查通知的，可以就该发明或者实用新型向外国申请专利或者向有关国外机构提交专利国际申请。因此，选项D正确。

需要注意的是，根据专利法实施细则第八、九条的规定，保密审查由专利局采用二次审查默认审批的制度，在启动审查后，可能作出"文件不符合规定，保密审查请求视为未提出"、"明显不需要保密，可以向外国申请专利"和"需要进一步保密审查，暂缓向外国申请专利"三种结论，对于这三种结论，审查员在审查后均会发出"向外国请求专利保密审查意见通知书"，及时通知申请人。

综上所述，在满足以下情形之一时，申请人可以就该发明或者实用新型向外国申请专利或者向有关国外机构提交专利国际申请：（1）申请人未在其请求递交日起4个月内收到保密审查通知，即默认同意。（2）申请人在其请求递交日起4个月内收到保密审查通知，其结论是明显不需要保密，可以向外国申请专利。（3）申请人在其请求递交日起4个月内收到保密审查通知，其结论是需要进一步保密审查，暂缓向外国申请专利，并且申请人未在其请求递交日起6个月内收到需要保密的决定，即默认同意。（4）申请人在其请求递交日起4个月内收到保密审查通知，其结论是需要进一步保密审查，暂缓向外国申请专利，并且申请人在其请求递交日起6个月内收到需要保密的决定，其结论是同意该技术方案向外国申请专利。

本题选项C中"待请求获得通过后"，考生会想当然的认为是申请人收到了相应的通知或者决定且同意向外国申请专利的情形，而不会想到默认同意的情形，不免会产生考生甲的观点。

【答案】ABCD

63.【2012年第34题】下列哪些发明创造向外国申请专利前，需要经过国家知识产权局的保密审查？

A. 在上海完成的某发明

B. 资料收集在天津完成，技术方案的实质性内容在纽约完成的某发明

C. 某外资企业的外籍员工在北京完成的某项实用新型

D. 在广州完成的某外观设计

【考点】保密审查

【分析】专利法第二十条第一款规定，任何单位或者个人将在中国完成的发明或者实用新型向外国申请专利的，应当事先报经国务院专利行政部门进行保密审查。保密审查的程序、期限等按照国务院的规定执行。在本题中，选项AC的发明创造都是在中国完成，向外国申请专利前，需要经过国家知识产权局的保密审查，选项AC正确。另外，根据本条规定，需要保密审查的限于发明和实用新型，选项D中"在广州完成的某外观设计"不需要进行保密审查，因此选项D错误。专利法实施细则第八条第一款规定，专利法第二十条所称在中国完成的发明或者实用新型，是指技术方案的实质性内容在中国境内完成的发明或者实用新型。在选项B中，技术方案的实质性内容在纽约完成，因此，向外国申请专利前，不需要经过国家知识产权局的保密审查，选项B错误。

【答案】AC

三、发明专利申请的初步审查程序

1. 发明专利申请初步审查的范围

2. 发明专利申请初步审查的原则

3. 文件的形式审查
4. 手续合法性审查
5. 明显实质性缺陷审查
6. 涉及生物材料申请的审查
7. 提前公布声明

64.【2016年第55题】对于经初步审查符合相关规定的下列发明专利申请，有关公布的说法哪些是正确的？
  A. 申请人请求早日公布的，应当在初审合格后立即予以公布
  B. 申请人未要求提前公布的，则自申请日起满十八个月即行公布，与优先权日无关
  C. 申请人未要求提前公布的，则自优先权日起满十八个月即行公布
  D. 分案申请自提出分案请求之日起满十八个月即行公布
【考点】 发明专利申请公布

考生	意见
甲	选项A为什么正确，不是初审合格后应该进入公布准备程序吗？实践中一般是收到初审合格通知书1～2个月后才公布的。

【分析】专利法第三十四条规定，国务院专利行政部门收到发明专利申请后，经初步审查认为符合本法要求的，自申请日起满十八个月，即行公布。国务院专利行政部门可以根据申请人的请求早日公布其申请。《专利审查指南2010》第五部分第八章1.2.1.1节规定，发明专利申请经初步审查合格后，自申请日（有优先权的，为优先权日）起满十五个月进行公布准备，并于十八个月期满时公布。《专利审查指南2010》第一部分第一章第6.5节规定，提前公布声明只适用于发明专利申请。申请人提出提前公布声明不能附有任何条件。提前公布声明不符合规定的，审查员应当发出视为未提出通知书；符合规定的，在专利申请初步审查合格后立即进入公布准备。专利法实施细则第十一条规定，除专利法第二十八条和第四十二条规定的情形外，专利法所称申请日，有优先权的，指优先权日。本细则所称申请日，除另有规定的外，是指专利法第二十八条规定的申请日。因此，选项AC正确，选项B错误。专利法实施细则第四十三条第一款规定，依照本细则第四十二条规定提出的分案申请，可以保留原申请日，享有优先权的，可以保留优先权日，但是不得超过原申请记载的范围。因此，选项D错误。

需要说明的是，按照《专利审查指南2010》的规定，提前公布声明符合规定的，在专利申请初步审查合格后立即进入公布准备。因此，考生甲的想法是有道理，即：初审合格→公布准备→公布，而本题没有将该过程细分成三步。相比之下，【2014年第93题】申请人张某在提交一件发明专利申请的同时提交了提前公布声明。下列说法哪些是正确？其中，选项B、若该提前公布声明符合规定，则该申请在初步审查合格后立即进入公布准备。该选项更严谨些。

【答案】AC

65.【2015年第16题】一件享有外国优先权的发明专利申请，优先权日为2011年2月20日，申请日为2012年2月7日。下列说法哪个是错误的？
  A. 该申请自2012年2月7日起满十八个月即行公布
  B. 申请人提出实质审查请求的期限为自2011年2月20日起三年
  C. 如果该项专利申请被授予专利权，则其保护期限自2012年2月7日起算
  D. 2011年2月20日以前公开的相关技术属于该发明专利申请的现有技术
【考点】 公布 实质审查请求期限 专利权保护期限 现有技术
【分析】专利法实施细则第十一条第一款规定，除专利法第二十八条和第四十二条规定的情形外，专利法所称申请日，有优先权的，指优先权日。专利法第三十四条规定，国务院专利行政部门收到发明专利申请后，经初步审查认为符合本法要求的，自申请日起满十八个月，即行公布。《专利审查指南2010》第五部分第八章第1.2.1.1节规定，发明专利申请经初步审查合格后，自申请日（有优先权的，为优先权日）起满十五个月进

行公布准备，并于十八个月期满时公布。本题中，该发明专利申请自2011年2月20日起满十八个月即行公布，因此，选项A的说法错误。专利法第三十五条规定，发明专利申请自申请日起三年内，国务院专利行政部门可以根据申请人随时提出的请求，对其申请进行实质审查。因此，选项B的说法正确。专利法第四十二条规定，发明专利权的期限为二十年，实用新型专利权和外观设计专利权的期限为十年，均自申请日起计算。因此，选项C的说法正确。专利法第二十二条第五款规定，本法所称现有技术，是指申请日以前在国内外为公众所知的技术。因此，选项D的说法正确。

【答案】A

66.【2014年第93题】申请人张某在提交一件发明专利申请的同时提交了提前公布声明。下列说法哪些是正确的？

  A. 张某可以在该提前公布声明中附加若干条件

  B. 若该提前公布声明符合规定，则该申请在初步审查合格后立即进入公布准备

  C. 若该提前公布声明符合规定，张某在该申请进入公布准备后要求撤销该提前公布声明的，该要求视为未提出，申请文件照常公布

  D. 若该提前公布声明不符合规定，国家知识产权局应当发出补正通知书

【考点】提前公布声明

【分析】《专利审查指南2010》第一部分第一章第6.5节规定，提前公布声明只适用于发明专利申请。申请人提出提前公布声明不能附有任何条件。提前公布声明不符合规定的，审查员应当发出视为未提出通知书；符合规定的，在专利申请初步审查合格后立即进入公布准备。进入公布准备后，申请人要求撤销提前公布声明的，该要求视为未提出，申请文件照常公布。因此，选项AD错误，选项BC正确。

【答案】BC

67.【2013年第18题】下列关于发明专利申请提前公布的说法哪个是正确的？

  A. 申请人应当在提出发明专利申请的同时提交提前公布声明

  B. 申请人应当在提交提前公布声明的同时缴纳提前公布费

  C. 申请人应当在发明专利申请初步审查合格之前提交提前公布声明

  D. 申请人提出提前公布声明不能附有任何条件

【考点】发明专利申请提前公布

考生	意见
甲	要求提前公开可以要求不公开发明人姓名，因此，选项D错误。

【分析】专利法实施细则第四十六条规定，申请人请求早日公布其发明专利申请的，应当向国务院专利行政部门声明。国务院专利行政部门对该申请进行初步审查后，除予以驳回的外，应当立即将申请予以公布。《专利审查指南2010》第一部分第一章第6.5节规定，提前公布声明只适用于发明专利申请。申请人提出提前公布声明不能附有任何条件。提前公布声明不符合规定的，审查员应当发出视为未提出通知书；符合规定的，在专利申请初步审查合格后立即进入公布准备。进入公布准备后，申请人要求撤销提前公布声明的，该要求视为未提出，申请文件照常公布。因此，选项AC错误，选项D正确。专利法实施细则第九十三条规定了向国务院专利行政部门申请专利和办理其他手续时应当缴纳的费用，其中并没有"提前公布费"，因此，选项B错误。

  需要注意的是，《专利审查指南2010》第一部分第一章第4.1.2节规定，发明人可以请求专利局不公布其姓名。提出专利申请时请求不公布发明人姓名的，应当在请求书"发明人"一栏所填写的相应发明人后面注明"（不公布姓名）"。因此，发明人请求专利局不公布其姓名的行为，不属于"申请人提出提前公布声明不能附有任何条件"中"条件"的范畴，即提前公布声明不以是否公布发明人姓名为条件。因此，考生甲的想法是不对的。

【答案】D

四、发明专利申请的实质审查程序

1. 实质审查请求

68.【2015年第31题】 下列说法哪些是正确的？

A. 发明专利申请须经过初步审查、公布、实质审查才能授予专利权

B. 实用新型专利保护对产品及其制造方法所提出的适于实用的新的技术方案

C. 外观设计专利权授予最先设计的人

D. 任何单位或者个人实施他人专利的，应当与专利权人订立实施许可合同

【考点】 实质审查 实用新型 先申请制 专利许可

【分析】 根据专利法第三十四条的规定，专利局收到发明专利申请后，经初步审查认为符合专利法要求的，自申请日起满十八个月，即行公布。根据专利法第三十五条第一款的规定，发明专利申请自申请日起三年内，国务院专利行政部门可以根据申请人随时提出的请求，对其申请进行实质审查。因此，选项A正确。根据专利法第二条第三款的规定，实用新型，是指对产品的形状、构造或者其结合所提出的适于实用的新的技术方案。因此，选项B错误。根据专利法第九条第二款的规定，两个以上的申请人分别就同样的发明创造申请专利的，专利权授予最先申请的人。因此，选项C错误。根据专利法第十二条的规定，选项D正确。

【答案】 AD

69.【2014年第13题】 一件优先权日为2008年9月27日、申请日为2009年9月27日的PCT国际申请，进入中国国家阶段的日期为2010年9月27日，要求的保护类型为发明专利。申请人应当在哪个日期前向国家知识产权局提出实质审查请求？

A. 2011年9月27日　　　　　　　　B. 2012年9月27日

C. 2013年9月27日　　　　　　　　D. 2010年11月27日

【考点】 实质审查请求的提出

【分析】《专利审查指南2010》第三部分第一章第5.9节规定，进入国家阶段的国际申请，如果指定了中国的发明专利，自优先权日起三年内应当提出实质审查请求，并缴纳实质审查费。本题中，专利申请所享有的优先权日为2008年9月27日，因此，申请人应当在2011年9月27日前向国家知识产权局提出实质审查请求，选项A正确，选项BCD错误。

【答案】 A

2. 实质审查程序中的基本原则

3. 实质审查

70.【2014年第45题】 下列关于专利审查程序中会晤和电话讨论的说法哪些是正确的？

A. 会晤地点可以由申请人选择

B. 会晤应当是在审查员已发出第一次审查意见通知书之后进行

C. 申请人（或者代理人）签字或盖章的会晤记录可以代替申请人的正式书面答复或者修改

D. 电话讨论仅适用于解决次要的且不会引起误解的形式方面的缺陷所涉及的问题

【考点】 会晤与电话讨论

【分析】《专利审查指南2010》第二部分第八章第4.12.2节规定，会晤应当在专利局指定的地点进行，审查员不得在其他地点同申请人就有关申请的问题进行会晤。因此，选项A错误。《专利审查指南2010》第二部分第八章第4.12.1节规定，举行会晤的条件是：(1) 审查员已发出第一次审查意见通知书；并且 (2) 申请人在答复审查意见通知书的同时或者之后提出了会晤要求，或者审查员根据案情的需要向申请人发出了约请。因此，选项B正确。《专利审查指南2010》第二部分第八章第4.12.3节规定，会晤记录不能代替申请人的正式书面答复或者修改。即使在会晤中，双方就如何修改申请达成了一致的意见，申请人也必须重新提交正式的修改文件，审查员不能代为修改。因此，选项C错误。《专利审查指南2010》第二部分第八章第4.13节规定，审查员可以与申请人就申请文件中存在的问题进行电话讨论，但电话讨论仅适用于解决次要的且不会引起误解的形式方面的缺陷所涉及的问题。因此，选项D正确。

【答案】 BD

71.【2013年第7题】在专利审查过程中,公众对被审查的发明专利申请提出了该申请不符合专利法规定的意见。下列说法哪个是正确的?

A. 只要该申请的申请人尚未办理专利权登记手续,审查员均应当考虑该公众意见

B. 审查员在第一次审查意见通知书中采纳该公众意见的,应当同时通知提出意见的公众

C. 如果该公众意见是在审查员发出第一次审查意见通知书之后收到的,就不必考虑

D. 该公众意见应当存入该申请文档中

【考点】公众意见的处理

【分析】《专利审查指南2010》第二部分第八章第4.9节规定,任何人对不符合专利法规定的发明专利申请向专利局提出的意见,应当存入该申请文档中供审查员在实质审查时考虑。如果公众的意见是在审查员发出授予专利权的通知之后收到的,就不必考虑。专利局对公众意见的处理情况,不必通知提出意见的公众。因此,选项ABC错误,选项D正确。

【答案】D

72.【2013年第44题】下列关于审查意见通知书的说法哪些是正确的?

A. 在任何情况下,第一次审查意见通知书都应当写明审查员对申请的实质方面和形式方面的全部意见

B. 在审查意见通知书中可以提出修改的建议供申请人修改时参考

C. 申请由于不具备新颖性而不可能被授予专利权的,通知书中可以仅对独立权利要求进行评述,不对从属权利要求进行评述

D. 审查文本超出原说明书和权利要求书记载范围的,审查员可以针对审查文本之外的其他文本提出审查意见,供申请人参考

【考点】审查意见通知书

【分析】《专利审查指南2010》第二部分第八章第4.10.1节规定,除该申请因存在严重实质性缺陷而无授权前景或者审查员因申请缺乏单一性而暂缓继续审查之外,第一次审查意见通知书应当写明审查员对申请的实质方面和形式方面的全部意见。因此,选项A错误,选项D正确。《专利审查指南2010》第二部分第八章第4.10.1节规定,为了使申请人尽快地作出符合要求的修改,必要时审查员可以提出修改的建议供申请人修改时参考。因此,选项B正确。《专利审查指南2010》第二部分第八章第2.2节规定,除非确认申请根本没有被授权的前景,审查员应当在第一次审查意见通知书中,将申请中不符合专利法及其实施细则规定的所有问题通知申请人,要求其在指定期限内对所有问题给予答复,尽量地减少与申请人通信的次数,以节约程序。《专利审查指南2010》第二部分第八章第4.10.2.2节规定,申请由于不具备新颖性或创造性而不可能被授予专利权的,审查员在通知书正文中,必须对每项权利要求的新颖性或者创造性提出反对意见,首先对独立权利要求进行评述,然后对从属权利要求一一评述。因此,选项C错误。

【答案】BD

73.【2012年第18题】王某于2007年1月9日向国家知识产权局提交了一件发明专利申请,并于2008年10月2日提出了实质审查请求。国家知识产权局于2008年12月5日发出发明专利申请进入实质审查阶段通知书。王某在下列哪个日期主动提交的修改文本应当作为审查的文本?

A. 2008年9月2日　　　　　　　　B. 2008年12月1日

C. 2009年2月6日　　　　　　　　D. 2009年4月8日

【考点】审查文本

【分析】《专利审查指南2010》第二部分第八章第4.1节规定,申请人在提出实质审查请求时,或者在收到专利局发出的发明专利申请进入实质审查阶段通知书之日起的三个月内,对发明专利申请进行了主动修改的,无论修改的内容是否超出原说明书和权利要求书记载的范围,均应当以申请人提交的经过该主动修改的申请文件作为审查文本。在本题中,国家知识产权局于2008年12月5日发出发明专利申请进入实质审查阶段通知书,王某在2009年3月20日之前进行主动修改,其最后提交的修改文本应当作为审查的文本。因此,选项C正确,选项ABD错误。

【答案】C

4. 驳回决定和授权通知

74.【2012年第97题】 下列哪些情形属于发明专利申请经实质审查应当予以驳回的情形？
A. 权利要求未以说明书为依据
B. 分案申请超出原说明书和权利要求书记载的范围
C. 专利申请所涉及的发明在中国完成，且向外国申请专利前未报经国家知识产权局进行保密审查
D. 专利申请是依赖遗传资源完成的发明创造，申请人在专利申请文件中没有说明该遗传资源的直接来源

【考点】 发明专利申请的驳回理由

【分析】 专利法实施细则第五十三条规定，依照专利法第三十八条的规定，发明专利申请经实质审查应当予以驳回的情形是指：（一）申请属于专利法第五条、第二十五条规定的情形（不授予专利权的主题），或者依照专利法第九条规定不能取得专利权的（禁止重复授权）；（二）申请不符合专利法第二条第二款（定义）、第二十条第一款（向外申请的保密审查）、第二十二条（新颖性、创造性和实用性）、第二十六条第三款（说明书公开充分）、第四款（权利要求得到说明书支持）、第五款（遗传资源披露）、第三十一条第一款（单一性）或者本细则第二十条第二款（独立权利要求）规定的；（三）申请的修改不符合专利法第三十三条（修改原则）规定，或者分案的申请不符合本细则第四十三条第一款（分案申请）的规定。由此可知。选项ABCD正确。

【答案】 ABCD

5. 实审程序的终止/中止和恢复

五、实用新型专利申请的初步审查

1. 实用新型专利申请初步审查的范围
2. 实用新型专利申请初步审查的审查原则
3. 文件的形式审查
4. 手续合法性审查
5. 明显实质性缺陷审查
6. 授权通知或驳回决定

75.【2016年第62题】 对于实用新型专利申请，下列哪些情况可能在初步审查程序中被驳回？
A. 权利要求得不到说明书支持
B. 权利要求所要求保护的技术方案不具备新颖性
C. 权利要求所保护的技术方案不具备单一性
D. 说明书缺少要求保护的产品的形状或构造图

【考点】 实用新型专利申请初步审查程序

【分析】 专利法实施细则第四十四条第一款规定，专利法第三十四条和第四十条所称初步审查，是指审查专利申请是否具备专利法第二十六条或者第二十七条规定的文件和其他必要的文件，这些文件是否符合规定的格式，并审查下列各项：……（二）实用新型专利申请是否明显属于专利法第五条、第二十五条规定的情形，是否不符合专利法第十八条、第十九条第一款、第二十条第一款或本细则第十六条至第十九条、第二十一条至第二十三条的规定，是否明显不符合专利法第二条第三款、第二十二条第二款、第四款、第二十六条第三款、第四款、第三十一条第一款、第三十三条或者本细则第二十条、第四十三条第一款的规定，是否依照专利法第九条规定不能取得专利权。本题中，选项A涉及专利法第二十六条第四款、选项B涉及第二十二条第二款、选项C涉及第三十一条第一款、选项D涉及专利法实施细则第十七条第五款。因此，选项ABCD正确。

【答案】 ABCD

76.【2014年第31题】 李某就其在中国完成的发明创造向国家知识产权局提交了实用新型专利申请，下列说法哪些是正确的？
A. 该实用新型专利申请须经过实质审查才能被授予专利权
B. 该实用新型专利申请须经过初步审查才能被授予专利权
C. 该实用新型专利申请被受理后，李某可以请求国家知识产权局作出专利权评价报告
D. 李某就该发明创造向外国申请专利的，应当提出保密审查请求

【考点】 实用新型的审查制度 专利权评价报告 保密审查

【分析】根据在专利法第四十条的规定，实用新型和外观设计专利申请经初步审查没有发现驳回理由的，由国务院专利行政部门作出授予实用新型专利权或者外观设计专利权的决定，发给相应的专利证书，同时予以登记和公告。实用新型专利权和外观设计专利权自公告之日起生效。因此，选项 A 错误，选项 B 正确。专利法实施细则授予实用新型或者外观设计专利权的决定公告后，专利法第六十条规定的专利权人或者利害关系人可以请求国务院专利行政部门作出专利权评价报告。因此，选项 C 错误。专利法第二十条第一款规定，任何单位或者个人将在中国完成的发明或者实用新型向外国申请专利的，应当事先报经国务院专利行政部门进行保密审查。保密审查的程序、期限等按照国务院的规定执行。因此，选项 D 正确。

【答案】BD

六、外观设计专利申请的初步审查

1. 外观设计专利申请初步审查的范围
2. 文件的形式审查
3. 手续合法性审查
4. 明显实质性缺陷的审查
5. 授权通知或驳回决定

七、答复和修改

1. 涉及发明专利申请的答复和修改

77.【2016年第61题】 关于申请人对发明专利申请的修改，以下说法哪些是正确的？

A. 在提出实质审查请求时，以及收到发明申请进入实质审查阶段通知书之日起 3 个月内，申请人可以对发明专利申请主动提出修改
B. 主动修改时，可以扩大原权利要求请求保护的范围，但不能超出原说明书及权利要求书的记载范围
C. 在答复审查意见通知书时对申请文件进行修改的，通常只针对通知书指出的缺陷进行修改
D. 答复审查意见通知书时对申请文件进行修改的，只要修改文本未超出原说明书及权利要求书的记载范围均应当被接受

【考点】发明专利申请的修改

【分析】《专利审查指南2010》第二部分第八章第 5.2.1.2 节规定，申请人仅在下述两种情形下可对其发明专利申请文件进行主动修改：在提出实质审查请求时；在收到专利局发出的发明专利申请进入实质审查阶段通知书之日起 3 个月内。在答复专利局发出的审查意见通知书时，不得再进行主动修改。因此，选项 A 正确，而在主动修改中，在符合专利法第三十三条的规定下，可以扩大原权利要求请求保护的范围，因此，选项 B 正确。《专利审查指南2010》第二部分第八章第 5.2.1.3 节规定，根据专利法实施细则第五十一条第三款的规定，在答复审查意见通知书时，对申请文件进行修改的，应当针对通知书指出的缺陷进行修改，如果修改的方式不符合专利法实施细则第五十一条第三款的规定，则这样的修改文本一般不予接受。因此，选项 C 正确。《专利审查指南2010》第二部分第八章第 5.2.1.2 节规定，当出现下列情况时，即使修改的内容没有超出原说明书和权利要求书记载的范围，也不能被视为是针对通知书指出的缺陷进行的修改，因而不予接受。因此，选项 D 错误。

【答案】ABC

78.【2016年第63题】 关于针对审查意见通知书的答复，下列说法正确的是？

A. 电子申请的申请人仍可以采用纸件形式提交答复意见
B. 申请人因正当理由难以在指定期限内做出答复的，可以在期限届满前提出不超过 2 个月的延期请求
C. 直接提交给审查员的答复文件不视为正式答复，不具备法律效力
D. 申请人有两个以上且委托了专利代理机构的，提交答复意见时可以仅由代表人签字

【考点】审查意见通知书的答复

考生	意见
甲	选项 A，可以经过申请可以用纸件形式提交的。因此，选项 A 正确。

【分析】《专利审查指南2010》第五部分第十一章第 5.5 节规定，申请人提出电子申请并被受理的，办理

专利申请的各种手续应当以电子文件形式提交。因此，选项 A 错误。《专利审查指南 2010》第五部分第七章第 4.2 节规定，延长期限请求由作出相应通知和决定的部门或者流程管理部门进行审批。延长的期限不足一个月的，以一个月计算。延长的期限不得超过两个月。对同一通知或者决定中指定的期限一般只允许延长一次。因此，选项 B 正确。

《专利审查指南 2010》第五部分第八章第 5.1.1 节规定，申请人的答复应当提交给专利局受理部门。直接提交给审查员的答复文件或征询意见的信件不视为正式答复，不具备法律效力。因此，选项 C 正确。《专利审查指南 2010》第五部分第八章第 5.1.2 节规定，申请人委托了专利代理机构的，其答复应当由其所委托的专利代理机构盖章，并由委托书中指定的专利代理人签字或者盖章。专利代理人变更之后，由变更后的专利代理人签字或者盖章。因此，选项 D 错误。

需要说明的是，《关于专利电子申请的规定》第七条规定，申请人办理专利电子申请各种手续的，应当以电子文件形式提交相关文件。除另有规定外，国家知识产权局不接受申请人以纸件形式提交的相关文件。不符合本款规定的，相关文件视为未提交。以纸件形式提出专利申请并被受理后，除涉及国家安全或者重大利益需要保密的专利申请外，申请人可以请求将纸件申请转为专利电子申请。特殊情形下需要将专利电子申请转为纸件申请的，申请人应当提出请求，经国家知识产权局审批并办理相关手续后可以转为纸件申请。由此可知，申请人办理专利电子申请各种手续的，应当以电子文件形式提交相关文件。当然，特殊情形下专利电子申请可以经请求转为纸件申请，不过，这是另一个能不能转化的问题，考生甲将两件事混在一起，因此，考生甲的想法是不对的。

【答案】BC

79.【2015 年第 72 题】下列关于说明书附图的修改，哪些未超出原说明书和权利要求书记载的范围？
A. 增加的内容是通过测量附图得出的尺寸参数技术特征
B. 将记载于优先权文件中、但未记载在本申请中的附图追加至本申请中
C. 将说明书附图中的文字注释删除，并增补到说明书中
D. 在文字说明清楚的情况下，为使局部结构清楚起见，增加局部放大图

【考点】附图的修改

【分析】《专利审查指南 2010》第二部分第八章第 5.2.3.1 节规定，不能允许的增加内容的修改，包括：增加的内容是通过测量附图得出的尺寸参数技术特征。因此，选项 A 错误。《专利审查指南 2010》第二部分第八章第 5.2.3 节规定，如果申请的内容通过增加、改变和/或删除其中的一部分，致使所属技术领域的技术人员看到的信息与原申请记载的信息不同，而且又不能从原申请记载的信息中直接地、毫无疑义地确定，那么，这种修改就是不允许的。这里所说的申请内容，是指原说明书（及其附图）和权利要求书记载的内容，不包括任何优先权文件的内容。因此，选项 B 错误。《专利审查指南 2010》第二部分第八章第 5.2.2.2 节规定，删除附图中不必要的词语和注释，可将其补入说明书文字部分之中；修改附图中的标记使之与说明书文字部分相一致；在文字说明清楚的情况下，为使局部结构清楚起见，允许增加局部放大图；修改附图的阿拉伯数字编号，使每幅图使用一个编号。因此，选项 CD 正确。

【答案】CD

80.【2015 年第 73 题】下列关于申请人答复审查意见通知书的说法哪些是正确的？
A. 申请人可以仅仅陈述意见，也可以修改申请文件
B. 申请人可以在答复期限届满后提出延长答复期限的请求
C. 申请人直接提交给审查员的答复文件不具备法律效力
D. 答复第一次审查意见通知书的期限是四个月

【考点】答复审查意见通知书

考生	意见
甲	发明专利在实质审查过程中第一次审查意见的答复期限为四个月；而实用新型专利在初审过程中第一次审查意见的答复期限为两个月。因此，选项 D 错误。

【分析】《专利审查指南2010》第二部分第八章第5.1节规定，申请人的答复可以仅仅是意见陈述书，也可以进一步包括经修改的申请文件（替换页和/或补正书）。申请人可以请求专利局延长指定的答复期限。但是，延长期限的请求应当在期限届满前提出。因此，选项A正确，选项B错误。《专利审查指南2010》第二部分第八章第5.1.1节规定，申请人的答复应当提交给专利局受理部门。直接提交给审查员的答复文件或征询意见的信件不视为正式答复，不具备法律效力。因此，选项C正确。《专利审查指南2010》第五部分第七章第1.2节规定，发明专利申请的实质审查程序中，申请人答复第一次审查意见通知书的期限为四个月。因此，选项D正确。

需要注意的是，关于答复第一次审查意见通知书的期限，(1) 对于发明专利申请而言，《专利审查指南2010》第五部分第七章第1.2节规定，发明专利申请的实质审查程序中，申请人答复第一次审查意见通知书的期限为四个月。(2) 对于实用新型和外观设计专利申请而言，《专利审查指南2010》没有明确规定，但在实践中，审查员指定的对第一次审查意见通知书的答复定期限一般为两个月。由此可知，考生甲的想法是有道理的，选项D应当明确是发明专利申请。

【答案】ACD

81.【2014年第9题】下列关于答复审查意见通知书的说法哪个是正确的？
  A. 申请人可以通过电子邮件的方式答复审查意见通知书
  B. 申请人可以将意见陈述书直接寄给审查其申请的审查员
  C. 申请人委托了专利代理机构的，仍然可以自行答复审查意见通知书
  D. 申请人未委托专利代理机构的，其提交的意见陈述书应当有申请人的签字或者盖章

【考点】答复审查意见通知书

考生	意见
甲	选项D不严密，多个申请人的代表人也可以答复；选项A应该算对吧，实际工作中答复审查意见通知书是可以通过电子件提交的，尤其现在都是电子申请，都是通过电子件提交的。所以，选A和D的都应该算对。

【分析】《专利审查指南2010》第五部分第一章第2.1节规定，以口头、电话、实物等非书面形式办理各种手续的，或者以电报、电传、传真、电子邮件等通讯手段办理各种手续的，均视为未提出，不产生法律效力。其中，虽然"电子邮件"和"电子申请"都含有"电子"二字，但是两者截然不同，以电子邮件办理手续的，视为未提出。因此，选项A错误。

《专利审查指南2010》第二部分第八章第5.1.1节规定，申请人的答复应当提交给专利局受理部门。直接提交给审查员的答复文件或征询意见的信件不视为正式答复，不具备法律效力。因此，选项B错误。专利法实施细则第一百一十九条第一款规定，向国务院专利行政部门提交申请文件或者办理各种手续，应当由申请人、专利权人、其他利害关系人或者其代表人签字或者盖章；委托专利代理机构的，由专利代理机构盖章。因此，选项C错误。

《专利审查指南2010》第二部分第八章第5.1.2节规定，申请人未委托专利代理机构的，其提交的意见陈述书或者补正书，应当有申请人的签字或者盖章；申请人是单位的，应当加盖公章；申请人有两个以上的，可以由其代表人签字或者盖章。因此，选项D的说法并无不妥，选项D正确，综上所述，考生甲的想法是不对的。

【答案】D

82.【2014年第20题】某专利申请原始提交的权利要求书和说明书中仅记载了一种可以用于汽车、摩托车等机动车上的轮胎，并说明了该轮胎用橡胶等弹性材料制成。在专利实质审查程序中，下列针对权利要求书进行的修改哪个会超出原权利要求书和说明书记载的范围？
  A. 将"一种轮胎"修改成"一种可以用于汽车上的轮胎"
  B. 将"一种轮胎"修改成"一种可以用于自行车上的轮胎"
  C. 将"弹性材料"修改成"橡胶"
  D. 将"橡胶"修改成"弹性材料"

【考点】允许的修改　不允许的修改

【分析】根据专利法第三十三条的规定，申请人可以对其专利申请文件进行修改，但是，对发明和实用新型专利申请文件的修改不得超出原说明书和权利要求书记载的范围，对外观设计专利申请文件的修改不得超出原图片或者照片表示的范围。本题中，选项A将"一种轮胎"修改成"一种可以用于汽车上的轮胎"，由于"一种可以用于汽车上的轮胎"在原始权利要求书和说明书中有记载，因此，不会超出原始权利要求书和说明书，选项A错误。选项B将"一种轮胎"修改成"一种可以用于自行车上的轮胎"，由于"一种可以用于自行车上的轮胎"在原始权利要求书和说明书中没有记载，因此，超出了原始权利要求书和说明书，选项B正确。由于原始权利要求书和说明书记载了"弹性材料"和"橡胶"，因此，选项CD的修改方式不会超出原始权利要求书和说明书，选项CD错误。

【答案】B

83.【2014年第50题】在发出授予专利权的通知书前，允许审查员对准备授权的文本依职权作出下列哪些修改？

A. 修改摘要中明显的错误

B. 修改明显不适当的发明名称

C. 将权利要求中洗衣机的高度850m修改为本领域技术人员能够确定的850mm

D. 根据说明书的内容，将权利要求中的"氯化纳"修改为"氯化钠"

【考点】依职权修改

考生	意见
甲	《专利审查指南2010》第2部分第八章6.2.2中指出，审查员依职权可以修改说明书中明显不适当的发明名称，权利要求书方面的发明名称则不能修改，尤其是权利要求书的发明名称修改可能引起保护范围的变化，因此，选项B不够严谨，应当不选。
乙	选项C，洗衣机的高度怎么会是850m，这是非常明显的书写错误，审查员当然可以依职权修改，而且不会改变权力要求的保护范围，因此，选项C正确。

【分析】专利法实施细则第五十一条第四款规定，国务院专利行政部门可以自行修改专利申请文件中文字和符号的明显错误。国务院专利行政部门自行修改的，应当通知申请人。《专利审查指南2010》第二部分第八章第6.2.2节规定，在发出授予专利权的通知书前，允许审查员对准备授权的文本依职权作如下的修改。（1）说明书方面：修改明显不适当的发明名称和/或发明所属技术领域；改正错别字、错误的符号、标记等；修改明显不规范的用语；增补说明书各部分所遗漏的标题；删除附图中不必要的文字说明等。（2）权利要求书方面：改正错别字、错误的标点符号、错误的附图标记、附图标记增加括号。但是，可能引起保护范围变化的修改，不属于依职权修改的范围。（3）摘要方面：修改摘要中不适当的内容及明显的错误。审查员所作的上述修改应当通知申请人。因此，选项ABD正确。选项C中的修改会导致保护范围变化，因此，审查员不能依职权修改，选项C错误。

需要注意的是，（1）根据《专利审查指南2010》第二部分第八章第6.2.2节的规定，说明书中修改明显不适当的发明名称允许审查员依职权修改，而审查员在权利要求方面的依职权修改限于：改正错别字、错误的标点符号、错误的附图标记、附图标记增加括号，并且不能引起保护范围的变化。因此，选项B改成"修改说明书中明显不适当的发明名称"就会严谨些，考生甲的想法是有道理的。（2）选项C中不存在审查员依职权修改的内容，即错别字、错误的标点符号、错误的附图标记、附图标记增加括号，如果单把单位m（米）当成错别字进行修改，则会引起保护范围的变化。即使审查员认为是申请人写错了，也不能超越职权将其修改。因此，选项C错误，考生乙的想法是不对的。

【答案】ABD

84.【2014年第56题】一件发明专利申请的说明书记载了数值范围20mm～100mm和特定值60mm、110mm并且在说明书摘要中公开了特定值30mm。下列哪些修改是允许的？

A. 将权利要求中的数值范围修改成 20mm~60mm B. 将权利要求中的数值范围修改成 30mm~60mm
C. 将权利要求中的数值范围修改成 60mm~100mm D. 将权利要求中的数值范围修改成 20mm~110mm

【考点】允许的修改

【分析】《专利审查指南 2010》第二部分第八章第 5.2.2.1 节规定，对于含有数值范围技术特征的权利要求中数值范围的修改，只有在修改后数值范围的两个端值在原说明书和/或权利要求书中已确实记载且修改后的数值范围在原数值范围之内的前提下，才是允许的。本题中，由于原说明书记载了数值范围 20mm~100mm 和特定值 60mm、110mm，因此，选项 AC 的修改是被允许的，选项 AC 正确。选项 B 中 30mm 这个端值在原说明书中没有记载，因此，这种修改不被允许，选项 B 错误。选项 D 是数值范围不在原数值范围内，因此，这种修改不被允许，选项 D 错误。

【答案】AC

85.【2013 年第 55 题】申请人在答复审查意见通知书时所进行的下列哪些修改可以被接受？

A. 主动增加新的独立权利要求，该独立权利要求限定的技术方案在原权利要求书中未出现过

B. 删除一项权利要求中的并列技术方案

C. 将独立权利要求相对于最接近的现有技术正确划界

D. 修改通知书中未指出的多项从属权利要求引用多项权利要求的缺陷

【考点】允许的修改　不允许的修改

【分析】《专利审查指南 2010》第二部分第八章第 5.2.1.3 节规定，当出现下列情况时，即使修改的内容没有超出原说明书和权利要求书记载的范围，也不能被视为是针对通知书指出的缺陷进行的修改，因而不予接受。其中，（4）主动增加新的独立权利要求，该独立权利要求限定的技术方案在原权利要求书中未出现过。因此，选项 A 错误。《专利审查指南 2010》第二部分第八章第 5.2.2.1 节规定，允许的对权利要求书的修改，包括 7 种情形，其中，（4）删除一项或多项权利要求，以克服原第一独立权利要求和并列的独立权利要求之间缺乏单一性，或者两项权利要求具有相同的保护范围而使权利要求书不简要，或者权利要求未以说明书为依据等缺陷，这样的修改不会超出原权利要求书和说明书记载的范围，因此是允许的。（5）将独立权利要求相对于最接近的现有技术正确划界。这样的修改不会超出原权利要求书和说明书记载的范围，因此是允许的。（6）修改从属权利要求的引用部分，改正引用关系上的错误，使其准确地反映原说明书中所记载的实施方式或实施例。这样的修改不会超出原权利要求书和说明书记载的范围，因此是允许的。因此，选项 BCD 正确。

【答案】BCD

86.【2013 年第 75 题】赵某和李某自行提交了一件发明专利申请，赵某是该申请的代表人。2009 年 6 月 16 日赵某收到了发文日为 2009 年 6 月 11 日的第一次审查意见通知书。下列说法哪些是正确的？

A. 赵某和李某应当在 2009 年 10 月 26 日前答复该审查意见通知书

B. 对审查意见通知书的答复可以仅由赵某签字

C. 对审查意见通知书的答复可以仅仅是意见陈述书

D. 对审查意见通知书的答复可以直接提交给审查员

【考点】答复期限　答复的签署　答复方式

【分析】专利法实施细则第四条第三款规定，国务院专利行政部门邮寄的各种文件，自文件发出之日起满 15 日，推定为当事人收到文件之日。根据《专利审查指南 2010》第二部分第八章第 4.10.3 节的规定，答复第一次审查意见通知书的期限为四个月。本题中，推定当事人收到文件之日为 2009 年 6 月 26 日，因此，选项 A 正确。《专利审查指南 2010》第二部分第八章第 5.1.2 节规定，申请人未委托专利代理机构的，其提交的意见陈述书或者补正书，应当有申请人的签字或者盖章；申请人是单位的，应当加盖公章；申请人有两个以上的，可以由其代表人签字或者盖章。本题中，赵某是代表人，因此，选项 B 正确。《专利审查指南 2010》第二部分第八章第 5.1 节规定，对专利局发出的审查意见通知书，申请人应当在通知书指定的期限内作出答复。申请人的答复可以仅仅是意见陈述书，也可以进一步包括经修改的申请文件（替换页和/或补正书）。因此，选项 C 正确。《专利审查指南 2010》第二部分第八章第 5.1.1 节规定，申请人的答复应当提交给专利局受理部门。直接提交给审查员的答复文件或征询意见的信件不视为正式答复，不具备法律效力。因此，选项 D 错误。

【答案】 ABC

87.【2013年第83题】下列哪些修改超出了原说明书和权利要求书记载的范围？

A. 原说明书和权利要求书中仅记载了组合物的某成分含量为5%或者45%~50%，申请人将上述含量修改为5%~50%

B. 原说明书和权利要求书中仅记载了在"高压"下进行反应，申请人将"高压"修改为"7~10个大气压"

C. "一种车辆的闸"仅记载于原摘要中，申请人将原说明书中记载的"一种自行车闸"修改为"一种车辆的闸"

D. 原说明书和权利要求书中未记载"弹性材料"，申请人将原权利要求书中记载的"橡胶"修改为"弹性材料"

【考点】不允许的修改

考生	意见
甲	选项B中申请人将"高压"修改为"7~10个大气压"并没有超过范围，修改之后反而更清楚呢，不应该选B。

【分析】《专利审查指南2010》第二部分第八章第5.2.3节规定，不能允许的改变内容的修改，包括下述几种：（1）改变权利要求中的技术特征，超出了原权利要求书和说明书记载的范围。（2）由不明确的内容改成明确具体的内容而引入原申请文件中没有的新的内容。（3）将原申请文件中的几个分离的特征，改变成一种新的组合，而原申请文件没有明确提及这些分离的特征彼此间的关联。（4）改变说明书中的某些特征，使得改变后反映的技术内容不同于原申请文件记载的内容，超出了原说明书和权利要求书记载的范围。本题中，选项ABD分别属于上述第（4）、（2）和（1）项规定的情形，因此，选项ABD正确，其中，选项B中原申请文件仅记载了"高压"，所述技术领域的技术人员并不能从原申请文件中得知"高压"是指"7~10个大气压"，因此，考生甲的想法是不对的。《专利审查指南2010》第二部分第二章第2.4节规定，摘要的内容不属于发明或者实用新型原始记载的内容，不能作为以后修改说明书或者权利要求书的根据，也不能用来解释专利权的保护范围。因此，选项C正确。

【答案】 ABCD

88.【2013年第91题】某权利要求中记载了数值范围X=30~250，说明书中还记载了X=30，100，200，250的实施例。某对比文件中公开了数值范围X=10~90和X=30的实施例，该对比文件破坏了该权利要求的新颖性。申请人对该数值范围进行的下列哪些修改既满足了新颖性的要求，又未超出原申请文件公开的范围？

A. X=100~250　　　B. 30≤X≤200　　　C. X=200~250　　　D. X=95~250

【考点】允许的修改　新颖性

【分析】《专利审查指南2010》第二部分第八章第5.2.2.1规定，对于含有数值范围技术特征的权利要求中数值范围的修改，只有在修改后数值范围的两个端值在原说明书和/或权利要求书中已确实记载且修改后的数值范围在原数值范围之内的前提下，才是允许的。在选项A中，修改后的数值范围100~250的两个端值，即100和250在原说明书和权利要求书中已经记载，并且修改后的数值范围100~250在修改前的数值范围30~250之内，该修改没有超出原说明书和权利要求书的范围。另外，100和250没有被对比文件公开，因此，该修改既符合修改的相关规定又能克服不具备新颖性的缺陷，选项A正确。同理，选项C正确。在选项B中，修改后的数值范围30≤X≤200含有对比文件中公开的"30、200"，无法克服不具备新颖性的缺陷，因此，选项B错误。在选项D中，修改后的数值范围95~250含有数值95，而数值95未在原说明书和权利要求书中记载，因此，存在超范围修改的缺陷，选项D错误。

【答案】 AC

89.【2012年第15题】下列关于申请人对审查意见通知书答复的哪种说法是正确的？

A. 申请人为单位，且未委托专利代理机构的，其答复应当加盖公章并应当有发明人的签字或者盖章

B. 申请人为单位，但委托了专利代理机构的，其答复应当由其所委托的专利代理机构盖章，并由委托书

中指定的专利代理人签字或者盖章

C. 申请人为个人，且未委托专利代理机构的，其答复只需要由联系人签字或者盖章

D. 申请人为个人，但委托了专利代理机构的，其答复只需要委托书中指定的专利代理人签字或者盖章

【考点】 答复的签署

考生	意见
甲	选项B，虽然《专利审查指南2010》中有如此的规定，但实际操作中专利局并未如此要求，等于规定已经不实施，因此，选项B错误。

【分析】专利法实施细则第一百一十九条第一款规定，向国务院专利行政部门提交申请文件或者办理各种手续，应当由申请人、专利权人、其他利害关系人或者其代表人签字或者盖章；委托专利代理机构的，由专利代理机构盖章。《专利审查指南2010》第二部分第八章第5.1.2节规定，申请人未委托专利代理机构的，其提交的意见陈述书或者补正书，应当有申请人的签字或者盖章；申请人是单位的，应当加盖公章；申请人有两个以上的，可以由其代表人签字或者盖章。申请人委托了专利代理机构的，其答复应当由其所委托的专利代理机构盖章，并由委托书中指定的专利代理人签字或者盖章。专利代理人变更之后，由变更后的专利代理人签字或者盖章。因此，选项ACD错误，选项B正确。

需要注意的是：本题的答案其实很明确，考生甲也知道考点，很明显，选项B符合规定。然而，有实务经验的考生却徘徊在理论与实践之间，就像考生甲一样，从实际操作的角度答题，而忽视了在考试中法规规定的重要性。在这里提醒考生，在考试中，实际操作与法规规定不一致时，应当以法规规定为准。

【答案】B

90.【2012年第22题】申请人在原始提交的说明书和权利要求书中仅记载了如下技术内容：一种汽车，该汽车的轮胎由弹性材料如橡胶制成，该轮胎的直径为50cm～60cm、优选为55cm。下列哪种修改超出了原说明书和权利要求书记载的范围？

A. 在说明书和权利要求书中增加"该汽车具有轮胎"这一技术特征

B. 将权利要求书中轮胎直径的数值范围修改成50cm～55cm

C. 将权利要求书中的"弹性材料"修改成"橡胶"

D. 在说明书中增加了对"尾气净化装置"的描述

【考点】 不允许的修改

【分析】专利法第三十三条规定，申请人可以对其专利申请文件进行修改，但是，对发明和实用新型专利申请文件的修改不得超出原说明书和权利要求书记载的范围，对外观设计专利申请文件的修改不得超出原图片或者照片表示的范围。在选项A中，由于汽车具有轮胎属于公知常识，并且在原始说明书和权利要求书中有记载，所以，在说明书和权利要求书中增加"该汽车具有轮胎"没有超出原说明书和权利要求书记载的范围，选项A错误。在选项C中，由于橡胶是弹性材料的一种，弹性材料是橡胶的上位概念，并且在原始说明书和权利要求书中记载了"橡胶"这一技术特征，该修改缩小了权利要求保护的范围，因此，将权利要求书中的"弹性材料"修改成"橡胶"没有超出原说明书和权利要求书记载的范围，选项C错误。需要注意的是，根据《专利审查指南2010》第二部分第八章第5.2.3.2的规定，不能允许的改变内容的修改，包括四种，其中，（1）改变权利要求中的技术特征，超出了原权利要求书和说明书记载的范围。【例2】原权利要求涉及制造橡胶的成分，不能将其改成制造弹性材料的成分，除非原说明书已经清楚地指明。

《专利审查指南2010》第二部分第八章第5.2.2.1规定，对于含有数值范围技术特征的权利要求中数值范围的修改，只有在修改后数值范围的两个端值在说明书和/或权利要求书中已确实记载且修改后的数值范围在原数值范围之内的前提下，才是允许的。在选项B中，修改后数值范围的两个端值，即50cm和55cm在原始提交的说明书和权利要求书中已经记载，并且修改后的数值范围50cm～55cm在修改前的数值范围50cm～60cm之内，因此，没有超出原说明书和权利要求书记载的范围，选项B错误。在选项D中，由于原始说明书和权利要求书没见记载"尾气净化装置"这一技术特征，因此，在说明书中增加了对"尾气净化装置"的描述超出了原说明书和权利要求书记载的范围，选项D正确。

【答案】D

91. 【2012年第33题】下列哪些内容是审查员可以依职权进行修改的?
  A. 摘要中的打印错误
  B. 权利要求书中的错别字
  C. 权利要求书中的技术术语
  D. 说明书中的语法错误

【考点】依职权修改

【分析】专利法实施细则第五十一条第四款规定,国务院专利行政部门可以自行修改专利申请文件中文字和符号的明显错误。国务院专利行政部门自行修改的,应当通知申请人。《专利审查指南2010》第二部分第八章第5.2.4节规定,通常,对申请的修改必须由申请人以正式文件的形式提出。对于申请文件中个别文字、标记的修改或者增删及对发明名称或者摘要的明显错误的修改,审查员可以依职权进行,并通知申请人。此时,应当使用钢笔、签字笔或者圆珠笔作出清楚明显的修改,而不得使用铅笔进行修改。《专利审查指南2010》第二部分第八章第6.2.2节规定,在发出授予专利权的通知书前,允许审查员对准备授权的文本依职权作如下的修改。(1) 说明书方面:修改明显不适当的发明名称和/或发明所属技术领域;改正错别字、错误的符号、标记等;修改明显不规范的用语;增补说明书各部分所遗漏的标题;删除附图中不必要的文字说明等。(2) 权利要求书方面:改正错别字、错误的标点符号、错误的附图标记、附图标记增加括号。但是,可能引起保护范围变化的修改,不属于依职权修改的范围。(3) 摘要方面:修改摘要中不适当的内容及明显的错误。审查员所作的上述修改应当通知申请人。因此,选项ABD正确,选项C错误。

【答案】ABD

92. 【2012年第55题】在下列哪些情况下,申请人在答复审查意见通知书时所作的修改即使没有超出原说明书和权利要求书记载的范围,也不能被视为是针对通知书指出的缺陷进行的修改?
  A. 主动删除独立权利要求中的技术特征,扩大了该权利要求请求保护的范围
  B. 主动改变独立权利要求中的技术特征,导致扩大了请求保护的范围
  C. 主动将仅在说明书中记载的与原来要求保护的主题缺乏单一性的技术内容作为修改后的权利要求的主题
  D. 主动增加新的从属权利要求,该从属权利要求限定的技术方案在原权利要求书中未出现过

【考点】修改方式

【分析】《专利审查指南2010》第二部分第八章第5.2.1.3节规定,当出现下列情况时,即使修改的内容没有超出原说明书和权利要求书记载的范围,也不能被视为是针对通知书指出的缺陷进行的修改,因而不予接受。(1) 主动删除独立权利要求中的技术特征,扩大了该权利要求请求保护的范围。(2) 主动改变独立权利要求中的技术特征,导致扩大了请求保护的范围。(3) 主动将仅在说明书中记载的与原来要求保护的主题缺乏单一性的技术内容作为修改后权利要求的主题。(4) 主动增加新的独立权利要求,该独立权利要求限定的技术方案在原权利要求书中未出现过。(5) 主动增加新的从属权利要求,该从属权利要求限定的技术方案在原权利要求书中未出现过。因此,选项ABCD正确。

【答案】ABCD

93. 【2012年第76题】下列关于说明书附图的修改,哪些符合关于修改范围的规定?
  A. 增加的内容是通过测量附图得出的尺寸参数技术特征
  B. 将记载于优先权文件中,但未记载于本申请中的附图追加至本申请中
  C. 将说明书附图中的文字注释删除,并补入到说明书文字部分中
  D. 在文字说明清楚的情况下,为使局部结构清楚起见,增加局部放大图

【考点】附图的修改

【分析】《专利审查指南2010》第二部分第八章第5.2.3.1节规定,不能允许的增加内容的修改,包括:增加的内容是通过测量附图得出的尺寸参数技术特征。因此,选项A错误。《专利审查指南2010》第二部分第八章第5.2.3节规定,如果申请的内容通过增加、改变和/或删除其中的一部分,致使所属技术领域的技术人员看到的信息与原申请记载的信息不同,而且又不能从原申请记载的信息中直接地、毫无疑义地确定,那么,这种修改就是不允许的。这里所说的申请内容,是指原说明书(及其附图)和权利要求书记载的内容,不包括

任何优先权文件的内容。因此，选项 B 错误。《专利审查指南2010》第二部分第八章第 5.2.2.2 节规定，删除附图中不必要的词语和注释，可将其补入说明书文字部分之中；修改附图中的标记使之与说明书文字部分相一致；在文字说明清楚的情况下，为使局部结构清楚起见，允许增加局部放大图；修改附图的阿拉伯数字编号，使每幅图使用一个编号。因此，选项 CD 正确。

【答案】 CD

2. 涉及实用新型专利申请的答复和修改

94.【2016年第64题】下列关于实用新型专利申请文件的修改，哪些未超出原说明书和权利要求书记载的范围？

A. 修改从属权利要求的引用部分，改正引用关系上的错误
B. 在从属权利要求中增加通过测量说明书附图得出的尺寸参数技术特征
C. 根据最接近的现有技术，对独立权利要求重新划分前序部分与特征部分
D. 将手绘说明书附图改为内容一致的机械制图

【考点】 实用新型专利申请文件的修改

考生	意见
甲	选项 C 中对独立权利要求重新划分前序部分与特征部分会扩大权利保护范围，应该不正确。

【分析】《专利审查指南2010》第二部分第八章第 5.2.2.1 节规定，允许的对权利要求书的修改，包括下述各种情形：（5）将独立权利要求相对于最接近的现有技术正确划界。这样的修改不会超出原权利要求书和说明书记载的范围，因此是允许的。（6）修改从属权利要求的引用部分，改正引用关系上的错误，使其准确地反映原说明书中所记载的实施方式或实施例。这样的修改不会超出原权利要求书和说明书记载的范围，因此是允许的。因此，选项 AC 正确。《专利审查指南2010》第二分第八章第 5.2.3.1 节规定，不能允许的增加内容的修改，包括下述几种：（3）增加的内容是通过测量附图得出的尺寸参数技术特征。因此，选项 B 错误。《专利审查指南2010》第二部分第八章第 5.2.2.2 节规定，允许的说明书及其摘要的修改包括下述各种情形：（9）修改附图。删除附图中不必要的词语和注释，可将其补入说明书文字部分之中；修改附图中的标记使之与说明书文字部分相一致；在文字说明清楚的情况下，为使局部结构清楚起见，允许增加局部放大图；修改附图的阿拉伯数字编号，使每幅图使用一个编号。因此，选项 D 正确。

需要说明的是，专利法第五十九条第一款规定，发明或者实用新型专利权的保护范围以其权利要求的内容为准，说明书及附图可以用于解释权利要求的内容。《最高人民法院关于审理侵犯专利权纠纷案件应用法律若干问题的解释》第七条规定，人民法院判定被诉侵权技术方案是否落入专利权的保护范围，应当审查权利人主张的权利要求所记载的全部技术特征。由此可知，权利要求的保护范围取决于其所记载的全部技术特征，而与其如何划界没有必然联系，因此，考生甲的想法是不对的。

【答案】 ACD

95.【2015年第21题】下列关于实用新型专利申请的主动修改，哪个说法是正确的？

A. 申请人可以自申请日起 2 个月内提出主动修改
B. 申请人可以自收到受理通知书之日起 3 个月内提出主动修改
C. 超出修改期限的修改文件，国家知识产权局一律不予接受
D. 对权利要求书的修改仅限于权利要求的删除、合并和技术方案的删除

【考点】 主动修改

【分析】 根据专利法实施细则第五十一条的规定，申请人可以自申请日起两个月内对实用新型专利申请文件主动提出修改。《专利审查指南2010》第一部分第二章第 8.1 节规定，对于申请人的主动修改，审查员应当首先核对提出修改的日期是否在自申请日起两个月内。对于超过两个月的修改，如果修改的文件消除了原申请文件存在的缺陷，并且具有被授权的前景，则该修改文件可以接受。对于不予接受的修改文件，审查员应当发出视为未提出通知书。因此，选项 A 正确，选项 BC 错误。《专利审查指南2010》第四部分第三章第 4.6.2 节规定了无效宣告程序中专利文件的修改，修改权利要求书的具体方式一般限于权利要求的删除、合并和技术方

案的删除。因此，选项 D 错误。

【答案】A

96.【2014 年第 99 题】下列有关答复实用新型专利申请通知书的说法哪些是正确的？
A. 申请人在收到补正通知书或者审查意见通知书后，应当在指定的期限内补正或者陈述意见
B. 申请人在对补正通知书进行答复时，申请文件的修改替换页和其他文件均应提交一式两份
C. 申请人在对专利申请文件进行修改时，其修改的内容不得超出申请日提交的说明书和权利要求书记载的范围
D. 申请人在对补正通知书进行答复时，申请人有两个以上的，补正书上必须有全体申请人的签章

【考点】通知书的答复

【分析】《专利审查指南 2010》第一部分第二章第 3.4 节规定，申请人在收到补正通知书或者审查意见通知书后，应当在指定的期限内补正或者陈述意见。申请人对专利申请进行补正的，应当提交补正书和相应修改文件替换页。申请文件的修改替换页应当一式两份，其他文件只需提交一份。对申请文件的修改，应当针对通知书指出的缺陷进行修改。修改的内容不得超出申请日提交的说明书和权利要求书记载的范围。因此，选项 AC 正确，选项 B 错误。《专利审查指南 2010》第一部分第一章第 4.1.5 节规定，除直接涉及共有权利的手续外，代表人可以代表全体申请人办理在专利局的其他手续。直接涉及共有权利的手续包括：提出专利申请，委托专利代理，转让专利申请权、优先权或者专利权，撤回专利申请，撤回优先权要求，放弃专利权等。直接涉及共有权利的手续应当由全体权利人签字或者盖章。选项 D 中，答复实用新型专利申请通知书并不是涉及共有权利的手续，因此，可以由代表人签章，选项 D 错误。

【答案】AC

3. 涉及外观设计专利申请的答复和修改

八、分案申请

97.【2016 年第 65 题】关于分案申请，下列说法正确的是？
A. 分案申请的类别应当与原申请的类别一致
B. 收到原申请的驳回决定后提出的分案申请均应被视为未提出
C. 分案申请与原申请的权利要求书应当分别保护不同的技术方案
D. 分案申请所要求保护的技术方案不得超出原申请记载的范围

【考点】分案申请

【分析】专利法实施细则第四十二条规定，一件专利申请包括两项以上发明、实用新型或者外观设计的，申请人可以在本细则第五十四条第一款规定的期限届满前，向国务院专利行政部门提出分案申请；但是，专利申请已经被驳回、撤回或者视为撤回的，不能提出分案申请。国务院专利行政部门认为一件专利申请不符合专利法第三十一条和本细则第三十四条或者第三十五条的规定的，应当通知申请人在指定期限内对其申请进行修改；申请人期满未答复的，该申请视为撤回。分案的申请不得改变原申请的类别。因此，选项 A 正确；而如果收到专利申请的驳回通知书，但还未生效，依然可以提起分案申请，因此，选项 B 错误。专利法实施细则第四十三条第一款规定，依照本细则第四十二条规定提出的分案申请，可以保留原申请日，享有优先权的，可以保留优先权日，但是不得超出原申请记载的范围。因此，选项 D 正确。《专利审查指南 2010》第二部分第六章第 3.2 节规定，分案以后的原申请与分案申请的权利要求书应当分别要求保护不同的发明；而它们的说明书可以允许有不同的情况。例如，分案前原申请有 A、B 两项发明；分案之后，原申请的权利要求书若要求保护 A，其说明书可以仍然是 A 和 B，也可以只保留 A；分案申请的权利要求书若要求保护 B，其说明书可以仍然是 A 和 B，也可以只是 B。因此，选项 C 正确。

【答案】ACD

98.【2013 年第 76 题】某公司于 2009 年 12 月 5 日向国家知识产权局提交了一件发明专利申请 X，该公司于 2012 年 4 月 1 日针对申请 X 提出了分案申请 Y。下列关于分案申请 Y 的说法哪些是正确的？
A. 分案申请 Y 的发明人可以是申请 X 发明人中的部分成员
B. 分案申请 Y 与申请 X 的申请人不相同的，应当提交有关申请人变更的证明材料

C. 就分案申请Y提出实质审查请求的期限届满日为2012年12月5日

D. 分案申请Y可以是发明专利申请，也可以是实用新型专利申请

【考点】分案申请

【分析】《专利审查指南2010》第一部分第一章第5.1.1节规定，分案申请的申请人应当与原申请的申请人相同；不相同的，应当提交有关申请人变更的证明材料。分案申请的发明人也应当是原申请的发明人或者是其中的部分成员。对于不符合规定的，审查员应当发出补正通知书，通知申请人补正。期满未补正的，审查员应当发出视为撤回通知书。因此，选项AB正确。《专利审查指南2010》第一部分第一章第5.1.2节规定，分案申请适用的各种法定期限，例如提出实质审查请求的期限，应当从原申请日起算。因此，分案申请Y的申请日为2009年12月5日，就分案申请Y提出实质审查请求的期限届满日为2012年12月5日，选项C正确。专利法实施细则第四十二条第三款规定，分案的申请不得改变原申请的类别。因此，选项D错误。

【答案】ABC

九、专利权的授予及授权后的程序

1. 专利权的授予

99.【2016年第66题】下列哪些情况下可以更换专利证书？

A. 专利证书损坏的

B. 因专利权的转让发生专利权人名称变更的

C. 因专利权人更名发生专利权人名称变更的

D. 依据人民法院关于专利权权属纠纷的生效判决办理变更专利权人手续的

【考点】专利证书

【分析】《专利审查指南2010》第五部分第九章第1.2.3节规定，专利权权属纠纷经地方知识产权管理部门调解或者人民法院调解或判决后，专利权归还请求人的，在该调解或者判决发生法律效力后，当事人可以在办理变更专利权人手续合格后，请求专利局更换专利证书。专利证书损坏的，专利权人可以请求更换专利证书。专利权终止后，专利局不再更换专利证书。因专利权的转移、专利权人更名发生专利权人姓名或者名称变更的，均不予更换专利证书。因此，选项AD正确，选项BC错误。

【答案】AD

100.【2014年第88题】下列关于专利证书副本的说法哪些是正确的？

A. 一件专利有两名以上专利权人的，根据共同权利人的请求，国家知识产权局可以颁发专利证书副本

B. 无论有多少共同权利人，对同一专利权只能颁发一份专利证书副本

C. 专利权终止后，国家知识产权局不再颁发专利证书副本

D. 颁发专利证书后，因专利权转移发生专利权人变更的，国家知识产权局不再向新专利权人颁发专利证书副本

【考点】专利证书副本

【分析】《专利审查指南2010》第五部分第九章第1.2.2节规定，一件专利有两名以上专利权人的，根据共同权利人的请求，专利局可以颁发专利证书副本。对同一专利权颁发的专利证书副本数目不能超过共同权利人的总数。专利权终止后，专利局不再颁发专利证书副本。颁发专利证书后，因专利权转移发生专利权人变更的，专利局不再向新专利权人或者新增专利权人颁发专利证书副本。因此，选项ACD正确，选项B错误。

【答案】ACD

101.【2013年第88题】下列关于专利登记簿的说法哪些是正确的？

A. 自国家知识产权局公告授予专利权之日起，任何人均可请求出具专利登记簿副本

B. 专利权转让之后，专利登记簿与专利证书上记载的内容应当一致

C. 专利登记簿中不登记专利实施许可合同的备案

D. 授予专利权时，专利登记簿与专利证书在法律上具有同等效力

【考点】专利登记簿

【分析】《专利审查指南2010》第五部分第九章第1.3.3节规定了专利登记簿副本。专利登记簿副本依据

专利登记簿制作。专利权授予公告之后，任何人都可以向专利局请求出具专利登记簿副本。因此，选项 A 正确。《专利审查指南2010》第五部分第九章第 1.3.2 节规定了专利登记簿的效力。授予专利权时，专利登记簿与专利证书上记载的内容是一致的，在法律上具有同等效力；专利权授予之后，专利的法律状态的变更仅在专利登记簿上记载，由此导致专利登记簿与专利证书上记载的内容不一致的，以专利登记簿上记载的法律状态为准。因此，选项 D 正确。而专利权转让仅在专利登记簿上记载，专利登记簿与专利证书上记载的内容不一致，选项 B 错误。专利法实施细则第八十九条规定，国务院专利行政部门设置专利登记簿，登记下列与专利申请和专利权有关的事项：（一）专利权的授予；（二）专利申请权、专利权的转移；（三）专利权的质押、保全及其解除；（四）专利实施许可合同的备案；（五）专利权的无效宣告；（六）专利权的终止；（七）专利权的恢复；（八）专利实施的强制许可；（九）专利权人的姓名或者名称、国籍和地址的变更。因此，选项 C 错误。

【答案】AD

102.【2012 年第 48 题】下列哪些事项应当在专利登记簿中登记？
A. 专利权的转移
B. 专利权人的国籍变更
C. 专利实施许可合同的备案
D. 专利权的恢复

【考点】专利登记簿

考生	意见
甲	专利登记簿中登记的内容应该只与专利权的变动内容有关，普通专利实施许可合同不会导致专利权发生变动，以及与专利权密切相关的内容发生变化，仅备案就行，不用在专利登记簿中登记，因此，选项 C 错误。
乙	专利实施许可不是"登记"，是"备案"，因此，选项 C 错误。

【分析】专利局授予专利权时，颁发专利证书，同时应当建立专利登记簿，并在专利登记簿和专利公报上予以登记和公告。专利法实施细则第八十九条规定，国务院专利行政部门设置专利登记簿，登记下列与专利申请和专利权有关的事项：（一）专利权的授予；（二）专利申请权、专利权的转移；（三）专利权的质押、保全及其解除；（四）专利实施许可合同的备案；（五）专利权的无效宣告；（六）专利权的终止；（七）专利权的恢复；（八）专利实施的强制许可；（九）专利权人的姓名或者名称、国籍和地址的变更。其中第（二）项、第（九）项根据当事人的请求进行登记；第（一）项、第（三）至第（八）项由专利局依职权登记。因此，选项 ABCD 正确。另外，授予专利权时，专利登记簿与专利证书上记载的内容是一致的，在法律上具有同等效力；专利权授予之后，专利的法律状态的变更仅在专利登记簿上记载，由此导致专利登记簿与专利证书上记载的内容不一致的，以专利登记簿上记载的法律状态为准。

关于登记与备案注意以下两点：（1）根据专利法实施细则第八十九条的规定，专利登记簿登记"专利申请权、专利权的转移"和"专利实施许可合同的备案"。（2）根据专利法实施细则第十四条第二款的规定，专利实施许可合同应当向国务院专利行政部门备案，此种备案在专利登记簿上予以登记，并在专利公报上予以公告。根据专利法第十条第三款的规定，转让专利申请权或者专利权的书面合同应当向国务院专利行政部门登记，转让自登记之日起生效，受让人就取得了专利申请权或专利权，受让人在法律上有对抗第三人的效力。

所谓备案，一般理解是指将某事向主管机关报告，由该机关存案以备查考，即仅仅是使主管机关知悉此事，并不意味着主管机关批准此事，也不是使合同生效的条件（专利许可，备案前合同已经生效）。专利登记簿上的登记事项仅仅表明有某种事实，至于登记有什么效力的问题，仍有赖于法律的规定。例如，根据专利法第十条的规定，专利权转让合同经国务院专利行政部门登记后，专利权的转让自登记之日起生效。因此，未登记的专利权转让不发生效力，登记的受让人取得对抗未登记的在先受让人的权利。这种权利并不是由于登记而当然产生的。❶

综上所述，考生甲乙的想法是不对的。

【答案】ABCD

---

❶ 汤宗舜：《专利法解说》，知识产权出版社 2001 年版，第 98 页。

2. 专利权的终止

103. 【2016年第19题】一件发明专利申请的优先权日为2012年7月18日,申请日为2013年6月30日,国家知识产权局于2016年1月20日发出授予发明专利权通知书,告知申请人自收到通知书之日起两个月内办理登记手续,申请人在办理登记手续时,应缴纳第几年度的年费?

A. 第一年度 　　　B. 第二年度 　　　C. 第三年度 　　　D. 第四年度

【考点】年费专利年度

【分析】《专利审查指南2010》第五部分第九章第2.2.1.1节规定,专利年度从申请日起算,与优先权日、授权日无关,与自然年度也没有必然联系。例如,一件专利申请的申请日是1999年6月1日,该专利申请的第一年度是1999年6月1日~2000年5月31日,第二年度是2000年6月1日~2001年5月31日,以此类推。本题中,该专利的第一年度是2013年6月30日~2014年6月29日,第二年度是2014年6月30日~2015年6月29日,第三年度是2015年6月30日~2016年6月29日。因此,选项C正确,选项ABD错误。

【答案】C

104. 【2015年第86题】林某委托某专利代理机构申请了一项发明专利。下列有关林某放弃该项权利的说法哪些是正确的?

A. 林某随时可以主动要求放弃该项专利权
B. 林某可以要求放弃该项专利权中的某个特定部分
C. 放弃专利权的手续应当由该专利代理机构办理
D. 林某放弃专利权后,该专利权视为自始即不存在

【考点】放弃专利权

考生	意见
甲	放弃专利权的前提是专利仍在有效期内,如果已经因为未缴纳专利费被视为终止,那么专利权人哪里还可以放弃呢,选项A中有"随时",因此,选项A错误。
乙	在产生权属纠纷或者财产保全的时候,林某应该是不可以放弃该项专利权的,因此,选项A错误。

【分析】《专利审查指南2010》第五部分第九章第2.3节规定,授予专利权后,专利权人随时可以主动要求放弃专利权,专利权人放弃专利权的,应当提交放弃专利权声明,并附具全体专利权人签字或者盖章同意放弃专利权的证明材料,或者仅提交由全体专利权人签字或者盖章的放弃专利权声明。委托专利代理机构的,放弃专利权的手续应当由专利代理机构办理,并附具全体申请人签字或者盖章的同意放弃专利权声明。主动放弃专利权的声明不得附有任何条件。放弃专利权只能放弃一件专利的全部,放弃部分专利权的声明视为未提出。放弃专利权声明的生效日为手续合格通知书的发文日,放弃的专利权自该日起终止。因此,选项AC正确,选项BD错误。

需要注意的是,对于选项A,考生甲乙过度解读了,考生自己增加了信息,考生甲认为要考虑专利权是否在有效期内,考生乙认为要考虑是否有权属纠纷或财产保全,而本题考查的知识点很简单、也很直接,考生甲乙假象的附件条件影响自己的答题思路。

【答案】AC

105. 【2014年第29题】某专利申请日为2006年5月10日,国家知识产权局于2012年6月15日发出缴费通知书,通知专利权人缴纳第7年度的年费及滞纳金。专利权人逾期未缴纳年费及滞纳金,国家知识产权局于2013年1月25日发出专利权终止通知书,专利权人未提出恢复权利的请求。该专利权应当自哪日起终止?

A. 2012年5月9日 　　　　　　　　　B. 2012年5月10日
C. 2012年6月15日 　　　　　　　　D. 2013年1月25日

【考点】专利权的终止

【分析】专利法实施细则第九十八条规定,授予专利权当年以后的年费应当在上一年度期满前缴纳。专利权人未缴纳或者未缴足的,国务院专利行政部门应当通知专利权人自应当缴纳年费期满之日起6个月内补缴,

同时缴纳滞纳金；滞纳金的金额按照每超过规定的缴费时间1个月，加收当年全额年费的5%计算；期满未缴纳的，专利权自应当缴纳年费期满之日起终止。《专利审查指南2010》第五部分第九章第2.2.1.1规定，专利年度从申请日起算，与优先权日、授权日无关，与自然年度也没有必然联系。本题中，专利申请的申请日为2006年5月10日，由于专利权人未缴纳第7年度的年费和滞纳金，该专利应当自缴纳第7年度年费期满之日起终止，即自2012年5月10日起终止，因此，选项B正确，选项ACD错误。

【答案】B

106.【2012年第16题】下列关于专利权终止的哪种说法是正确的？
A. 专利权终止后都可以请求恢复权利
B. 终止的专利权视为自始即不存在
C. 专利权终止后继续在产品上标注专利标识的，构成假冒专利
D. 对终止的专利权不能提出无效宣告请求

【考点】专利权终止

【分析】专利法实施细则第六条第五款规定，本条第一款和第二款的规定不适用专利法第二十四条（不丧失新颖性的宽限期）、第二十九条（要求优先权期限）、第四十二条（专利权期限）、第六十八条（诉讼时效）规定的期限。因此，选项A错误。专利法第四十七条第一款规定，宣告无效的专利权视为自始即不存在。因此，专利权终止不同于专利权被宣告无效，前者在终止前是有效的，后者则视为自始即不存在。选项B错误。专利法实施细则第八十四条规定了假冒专利的行为，包括专利权被宣告无效后或者终止后继续在产品或者其包装上标注专利标识。因此，选项C正确。《专利审查指南2010》第四部分第三章第3.1规定，无效宣告请求的客体应当是已经公告授权的专利，包括已经终止或者放弃（自申请日起放弃的除外）的专利。无效宣告请求不是针对已经公告授权的专利的，不予受理。因此，选项D错误。

【答案】C

107.【2012年第82题】下列哪些情形将导致专利权终止？
A. 未按规定缴纳年费
B. 以书面声明放弃专利权
C. 专利权期限届满
D. 专利权被宣告无效

【考点】专利权终止

【分析】专利法第四十四条第一款规定，有下列情形之一的，专利权在期限届满前终止：（一）没有按照规定缴纳年费的；（二）专利权人以书面声明放弃其专利权的。因此，选项AB正确。《专利审查指南2010》第五部分第九章第2.1节规定，发明专利权的期限为二十年，实用新型专利权和外观设计专利权期限为十年，均自申请日起计算。例如，一件实用新型专利的申请日是1999年9月6日，该专利的期限为1999年9月6日至2009年9月5日，专利权期满终止日为2009年9月6日（遇节假日不顺延）。因此，选项C正确。专利法第四十七条第一款规定，宣告无效的专利权视为自始即不存在。"自始即不存在"不同于"终止"，前者的含义是一开始就没有效力，后者的含义是停止生效，即在终止前是有效的。因此，选项D错误。

【答案】ABC

十、其他手续

1. 撤回专利申请声明

108.【2014年第51题】某公司欲撤回其自行提交的一件发明专利申请。下列说法哪些是正确的？
A. 该公司应当提交撤回专利申请声明，并缴纳相应费用
B. 该申请被撤回后，不能作为任何在后申请的优先权基础
C. 该公司撤回该专利申请不得附有任何条件
D. 撤回专利申请的生效日为撤回手续合格通知书的发文日

【考点】撤回专利申请声明

【分析】专利法实施细则第三十六条第一款规定，申请人撤回专利申请的，应当向国务院专利行政部门提出声明，写明发明创造的名称、申请号和申请日。专利法实施细则九十三条规定了向国务院专利行政部门申请专利和办理其他手续时应当缴纳的费用种类，并不存在与撤回专利申请相关的费用，因此，选项A错误。《保

护工业产权巴黎公约》第四条规定,已经在本联盟的一个国家正式提出专利、实用新型注册、外观设计注册或商标注册的申请的任何人,或其权利继受人,为了在其他国家提出申请,在规定的期间内应享有优先权。正规的国家申请是指在有关国家中足以确定提出申请日期的任何申请,而不问该申请以后的结局如何。因此,被撤回的专利申请可以在后申请的优先权基础,选项 B 错误。《专利审查指南2010》第一部分第一章第6.6节规定,撤回专利申请不得附有任何条件。撤回专利申请声明不符合规定的,审查员应当发出视为未提出通知书;符合规定的,审查员应当发出手续合格通知书。撤回专利申请的生效日为手续合格通知书的发文日。因此,选项 CD 正确。

【答案】CD

109.【2013年第98题】宋某委托专利代理机构提交了一件发明专利申请,现欲撤回该申请。下列说法哪些是正确的?

A. 撤回专利申请声明可以在专利申请被授予专利权之前随时提出
B. 宋某可以不通过专利代理机构自行办理撤回专利申请的手续
C. 宋某撤回其专利申请应当缴纳相应的费用
D. 撤回专利申请声明在作好公布专利申请文件的印刷准备工作后提出的,申请文件仍予公布

【考点】撤回专利申请声明

考生	意见
甲	根据《专利审查指南》第一部分第一章第6.6节的规定,委托专利代理机构的,应当由专利代理机构来办理,选项 B 错误。

【分析】专利法第三十二条规定,申请人可以在被授予专利权之前随时撤回其专利申请。因此,选项 A 正确。《专利审查指南2010》第一部分第一章第6.6节规定,申请人撤回专利申请的,应当提交撤回专利申请声明,并附具全体申请人签字或者盖章同意撤回专利申请的证明材料,或者仅提交由全体申请人签字或者盖章的撤回专利申请声明。委托专利代理机构的,撤回专利申请的手续应当由专利代理机构办理,并附具全体申请人签字或者盖章同意撤回专利申请的证明材料,或者仅提交由专利代理机构和全体申请人签字或者盖章的撤回专利申请声明。由此可知,选项 B 错误。专利法实施细则第九十三条规定了向国务院专利行政部门申请专利和办理其他手续时应当缴纳的费用,其中并不包含撤回专利申请应当缴纳的费用,因此,选项 C 错误。专利法实施细则第三十六条第二款规定,撤回专利申请的声明在国务院专利行政部门作好公布专利申请文件的印刷准备工作后提出的,申请文件仍予公布;但是,撤回专利申请的声明应当在以后出版的专利公报上予以公告。因此,选项 D 正确。

需要说明的是,虽然在2013年11月专利代理人考核委员会公布的参考答案为选项 ABD,但是,在国家知识产权局条法司2013年试题解析中,本题答案改为选项 AD,由此可知,当年最终判卷时采用的答案为选项 AD,因此,考生甲的想法是对的。

【答案】AD

2. 著录项目变更

110.【2014年第77题】北京的甲公司委托某专利代理机构向国家知识产权局提交了一件外观设计专利申请,现欲将该申请的申请人变更为德国的乙公司,乙公司仍委托该专利代理机构。则该专利代理机构在办理著录项目变更手续时,应当提交下列哪些文件?

A. 著录项目变更申报书
B. 双方签字或盖章的转让合同
C. 乙公司签字或盖章的委托书
D. 国务院商务主管部门颁发的《技术出口许可证》

【考点】著录项目变更手续

【分析】《专利审查指南2010》第一部分第一章第6.7.1.1节规定,办理著录项目变更手续应当提交著录项目变更申报书。因此,选项 A 正确。《专利审查指南2010》第一部分第一章第6.7.2.2节规定,申请人(或专利权人)因权利的转让或者赠与发生权利转移提出变更请求的,应当提交转让或者赠与合同。该合同是由单位订立的,应当加盖单位公章或者合同专用章。公民订立合同的,由本人签字或者盖章。有多个申请人(或专

利权人）的，应当提交全体权利人同意转让或者赠与的证明材料。因此，选项B正确。专利法实施细则第十五条第三款规定，申请人委托专利代理机构向国务院专利行政部门申请专利和办理其他专利事务的，应当同时提交委托书，写明委托权限。因此，选项C正确。《专利审查指南2010》第一部分第一章第6.7.2.2节规定，对于发明或者实用新型专利申请（或专利），转让方是中国内地的个人或者单位，受让方是外国人、外国企业或者外国其他组织的，应当出具国务院商务主管部门颁发的《技术出口许可证》或者《自由出口技术合同登记证书》，或者地方商务主管部门颁发的《自由出口技术合同登记证书》，以及双方签字或者盖章的转让合同。本题中，转让的是外观设计专利，因此无需提交国务院商务主管部门颁发的《技术出口许可证》，因此，选项D错误。

【答案】ABC

111.【2013年第56题】某公司提交了一件发明专利申请，现该公司欲增加漏填的发明人。该公司应当办理下列哪些手续？

　　A. 提交著录项目变更申报书
　　B. 缴纳著录项目变更费
　　C. 提交由全体申请人和变更前全体发明人签章的证明文件
　　D. 提交申请权转让证明

【考点】著录项目变更

【分析】《专利审查指南2010》第一部分第一章第6.7.1.1节规定，办理著录项目变更手续应当提交著录项目变更申报书。因此，选项A正确。《专利审查指南2010》第一部分第一章第6.7.1.2节规定，办理著录项目变更手续应当按照规定缴纳著录项目变更手续费（即著录事项变更费）。因此，选项B正确。《专利审查指南2010》第一部分第一章第6.7.2节规定，因漏填或者错填发明人提出变更请求的，应当提交由全体申请人（或专利权人）和变更前全体发明人签字或者盖章的证明文件。因此，选项C正确。根据上述规定，增加漏填的发明人不需要提交申请权转让证明，因此，选项D错误。

【答案】ABC

3. 请求恢复权利

112.【2016年第56题】根据专利法实施细则的规定，当事人因不可抗拒的事由延误规定期限并导致权利丧失的，可以在规定的期限内请求恢复权利。以下哪些期限不适用这一规定？

　　A. 优先权期限　　　　　　　　　　B. 缴纳年费的期限
　　C. 专利权的期限　　　　　　　　　D. 请求实质审查的期限

【考点】请求恢复权利

【分析】专利法实施细则第六条第一款规定，当事人因不可抗拒的事由而延误专利法或者本细则规定的期限或者国务院专利行政部门指定的期限，导致其权利丧失的，自障碍清除之日起2个月内，最迟自期限届满之日起2年内，可以向国务院专利行政部门请求恢复权利。专利法实施细则第六条第五款规定，本条第一款和第二款的规定不适用专利法第二十四条（不丧失新颖性的宽限期）、第二十九条（要求优先权期限）、第四十二条（专利权期限）、第六十八条（诉讼时效）规定的期限。因此，选项AC正确，选项BD错误。

【答案】AC

113.【2015年第62题】因当事人延误了下列哪些期限而导致其权利丧失的，不能予以恢复？

　　A. 优先权期限　　　　　　　　　　B. 不丧失新颖性的宽限期
　　C. 提出实质审查请求的期限　　　　D. 提出复审请求的期限

【考点】权利恢复程序

【分析】专利法实施细则第六条规定，当事人因不可抗拒的事由而延误专利法或者本细则规定的期限或者国务院专利行政部门指定的期限，导致其权利丧失的，自障碍消除之日起2个月内，最迟自期限届满之日起2年内，可以向国务院专利行政部门请求恢复权利。除前款规定的情形外，当事人因其他正当理由误专利法或者本细则规定的期限或者国务院专利行政部门指定的期限，导致其权利丧失的，可以自收到国务院专利行政部门的通知之日起2个月内向国务院专利行政部门请求恢复权利。本条第一款和第二款的规定不适用专利法第二十四条（不丧失新颖性的宽限期）、第二十九条（优先权）、第四十二条（专利保护期限）、第六十八条（诉讼时效）规定的期限。因此，选项 AB 正确，选项 CD 错误。

【答案】 AB

114．**【2014 年第 6 题】**因当事人延误了下列哪个期限而导致其权利丧失的，可以予以恢复？

A．优先权期限
B．不丧失新颖性的宽限期
C．侵犯专利权的诉讼时效
D．提交优先权文件副本的期限

【考点】 权利恢复程序

【分析】 专利法实施细则第六条规定，当事人因不可抗拒的事由而延误专利法或者本细则规定的期限或者国务院专利行政部门指定的期限，导致其权利丧失的，自障碍消除之日起 2 个月内，最迟自期限届满之日起 2 年内，可以向国务院专利行政部门请求恢复权利。除前款规定的情形外，当事人因其他正当理由延误专利法或者本细则规定的期限或者国务院专利行政部门指定的期限，导致其权利丧失的，可以自收到国务院专利行政部门的通知之日起 2 个月内向国务院专利行政部门请求恢复权利。本条第一款和第二款的规定不适用专利法第二十四条（宽限期）、第二十九条（优先权）、第四十二条（保护期限）、第六十八条（诉讼时效）规定的期限。因此，选项 ABC 错误，选项 D 正确。

【答案】 D

115．**【2012 年第 50 题】**申请人赵某由于生病未能按时答复审查意见通知书，国家知识产权局于 2010 年 7 月 1 日向赵某发出了视为撤回通知书。赵某欲恢复其申请，下列说法哪些是正确的？

A．赵某应当提交恢复权利请求书
B．赵某应当缴纳恢复权利请求费
C．赵某最迟应当在 2010 年 9 月 1 日前办理权利恢复手续
D．赵某应当在提出恢复请求的同时作出答复

【考点】 请求恢复权利

【分析】 专利法实施细则第六条第二款规定，除前款规定的情形外，当事人因其他正当理由延误专利法或者本细则规定的期限或者国务院专利行政部门指定的期限，导致其权利丧失的，可以自收到国务院专利行政部门的通知之日起 2 个月内向国务院专利行政部门请求恢复权利。该条第三款规定，当事人依照本条第一款或者第二款的规定请求恢复权利的，应当提交恢复权利请求书，说明理由，必要时附具有关证明文件，并办理权利丧失前应当办理的相应手续；依照本条第二款的规定请求恢复权利的，还应当缴纳恢复权利请求费。《专利审查指南 2010》第五部分第七章第 6.2 节规定，根据专利法实施细则第六条第二款规定请求恢复权利的，应当自收到专利局或者专利复审委员会的处分决定之日起两个月内提交恢复权利请求书，说明理由，并同时缴纳恢复权利请求费。当事人在请求恢复权利的同时，应当办理权利丧失前应当办理的相应手续，消除造成权利丧失的原因。例如，申请人因未缴纳申请费，其专利申请被视为撤回后，在请求恢复其申请权的同时，还应当补缴规定的申请费。专利法实施细则第四条第三款规定，国务院专利行政部门邮寄的各种文件，自文件发出之日起满 15 日，推定为当事人收到文件之日。在本题中，国家知识产权局于 2010 年 7 月 1 日向赵某发出了视为撤回通知书，则 2010 年 7 月 16 日视为赵某收到通知之日，其提出恢复权利请求的最迟时间为 2010 年 9 月 16 日。因此，选项 ABD 正确。选项 C 错误。

【答案】 ABD

116．**【2012 年第 60 题】**下列哪些期限被延误而导致权利丧失的，当事人不能请求恢复权利？

A．提出实质审查请求的期限
B．要求优先权的期限
C．答复审查意见通知书的期限
D．不丧失新颖性的宽限期

【考点】 请求恢复权利

【分析】 专利法实施细则第六条第五款规定，本条第一款和第二款的规定不适用专利法第二十四条（不丧失新颖性的宽限期）、第二十九条（要求优先权期限）、第四十二条（专利权期限）、第六十八条（诉讼时效）规定的期限。因此，选项 AC 错误，选项 BD 正确。

【答案】 BD

4. 请求中止

117.【2015年第69题】当事人因专利申请权的归属发生纠纷,可以请求国家知识产权局中止下列哪些程序?

A. 专利申请的初审程序　　B. 授予专利权程序
C. 放弃专利申请权手续　　D. 变更专利申请权手续

【考点】中止程序

【分析】《专利审查指南2010》第五部分第七章第7.2节规定,中止的范围包括(1)暂停专利申请的初步审查、实质审查、复审、授予专利权和专利权无效宣告程序;(2)暂停视为撤回专利申请、视为放弃取得专利权、未缴年费终止专利权等程序;(3)暂停办理撤回专利申请、放弃专利权、变更申请人(或专利权人)的姓名或者名称、转移专利申请权(或专利权)、专利权质押登记等手续。因此,选项ABCD正确。

【答案】ABCD

118.【2013年第60题】甲乙二人因专利申请权的归属发生纠纷,乙向人民法院提起诉讼。在诉讼过程中,乙请求中止有关专利申请程序。下列说法哪些是正确的?

A. 应当向国家知识产权局提出中止请求
B. 乙应当提交中止程序请求书和人民法院写明申请号的受理文件副本
C. 在中止期间,甲提交的撤回专利申请声明的审批手续应当暂停办理
D. 中止的期限为1年,不能延长

【考点】权属纠纷　中止程序

【分析】专利法实施细则第八十六条规定,当事人因专利申请权或者专利权的归属发生纠纷,已请求管理专利工作的部门调解或者向人民法院起诉的,可以请求国务院专利行政部门中止有关程序。依照前款规定请求中止有关程序的,应当向国务院专利行政部门提交请求书,并附具管理专利工作的部门或者人民法院的写明申请号或者专利号的有关受理文件副本。管理专利工作的部门作出的调解书或者人民法院作出的判决生效后,当事人应当向国务院专利行政部门办理恢复有关程序的手续。自请求中止之日起1年内,有关专利申请权或者专利权归属的纠纷未能结案,需要继续中止有关程序的,请求人应当在该期限内请求延长中止。期满未请求延长的,国务院专利行政部门自行恢复有关程序。因此,选项AB正确,选项D错误。《专利审查指南2010》第五部分第七章第7节规定,中止的范围包括(1)暂停专利申请的初步审查、实质审查、复审、授予专利权和专利权无效宣告程序;(2)暂停视为撤回专利申请、视为放弃取得专利权、未缴年费终止专利权等程序;(3)暂停办理撤回专利申请、放弃专利权、变更申请人(或专利权人)的姓名或者名称、转移专利申请权(或专利权)、专利权质押登记等手续。因此,选项C正确。

【答案】ABC

5. 案卷及登记簿的查阅/复制和保存
6. 请求作出实用新型和外观设计专利权评价报告

119.【2016年第20题】关于实用新型专利权评价报告,下列说法哪个是正确的?

A. 评价报告可以作为审理、处理专利侵权纠纷的证据
B. 只有专利权人有资格作为专利权评价报告的请求人
C. 专利权评价报告仅涉及对新颖性和创造性的评价
D. 请求人对评价报告结论不服的,可以提起行政复议

【考点】实用新型专利权评价报告

【分析】《专利审查指南2010》第五部分第十章第1节规定,专利权评价报告是人民法院或者管理专利工作的部门审理、处理专利侵权纠纷的证据,主要用于人民法院或者管理专利工作的部门确定是否需要中止相关程序。专利权评价报告不是行政决定,因此专利权人或者利害关系人不能就此提起行政复议和行政诉讼。因此,选项A正确,选项D错误。《专利审查指南2010》第五部分第十章第2.2节规定,根据专利法实施细则第五十六条第一款的规定,专利权人或者利害关系人可以请求国家知识产权局作出专利权评价报告。其中,利害关系人是指有权根据专利法第六十条的规定就专利侵权纠纷向人民法院起诉或者请求管理专利工作的部门处理

的人,例如专利实施独占许可合同的被许可人和由专利权人授予起诉权的专利实施普通许可合同的被许可人。因此,选项 B 错误。根据《专利审查指南 2010》第五部分第十章第 3.2.1 节的规定,实用新型专利权评价所涉及的内容包括:(1) 实用新型是否属于专利法第 5 条或者第 25 条规定的不授予专利权的情形……(2) 实用新型是否属于专利法第 2 条第 3 款规定的客体……(3) 实用新型是否具备专利法第 22 条第 4 款规定的实用性,……。(4) 实用新型专利的说明书是否按照专利法第 26 条第 3 款的要求充分公开了专利保护的主题……(5) 实用新型是否具备专利法第 22 条第 2 款规定的新颖性……(6) 实用新型是否具备专利法第 22 条第 3 款规定的创造性……因此,选项 C 错误。

【答案】A

120.【2015 年第 67 题】下列关于专利权评价报告的说法哪些是正确的?
A. 专利权人针对专利权评价报告可以提请行政复议
B. 专利权人认为专利权评价报告的结论存在需要更正的错误的,可以请求更正
C. 已经终止的实用新型专利不属于专利权评价报告请求的客体
D. 专利权评价报告可以作为人民法院审理、处理专利侵权纠纷的证据

【考点】专利权评价报告

【分析】《专利审查指南 2010》第五部分第十章第 1 节规定,专利权评价报告是人民法院或者管理专利工作的部门审理、处理专利侵权纠纷的证据,主要用于人民法院或者管理专利工作的部门确定是否需要中止相关程序。专利权评价报告不是行政决定,因此专利权人或者利害关系人不能就此提起行政复议和行政诉讼。因此,选项 A 错误,选项 D 正确。《专利审查指南 2010》第五部分第十章第 6 节的规定,作出专利权评价报告的部门在发现专利权评价报告中存在错误后,可以自行更正。请求人认为专利权评价报告存在需要更正的错误的,可以请求更正。因此,选项 B 正确。《专利审查指南 2010》第五部分第十章第 2.1 节规定,专利权评价报告请求的客体应当是已经授权公告的实用新型专利或者外观设计专利,包括已经终止或者放弃的实用新型专利或者外观设计专利。因此,选项 C 错误。

【答案】BD

121.【2014 年第 12 题】下列关于专利权评价报告的说法哪个是正确的?
A. 对发明专利可以请求作出专利权评价报告
B. 任何单位或者个人都可以请求制作专利权评价报告
C. 专利权评价报告只能由国家知识产权局作出
D. 专利权人对专利权评价报告的结论不服的,可以申请行政复议

【考点】专利权评价报告

【分析】专利法实施细则第五十六条第一款规定,授予实用新型或者外观设计专利权的决定公告后,专利法第六十条规定的专利权人或者利害关系人可以请求国务院专利行政部门作出专利权评价报告。由此可知,可以请求作出专利权评价报告的是实用新型或者外观设计专利权,而不包括发明专利权,并且只有专利权人或者利害关系人可以请求国务院专利行政部门作出专利权评价报告,因此,选项 A 错误,选项 B 错误,选项 C 正确。《专利审查指南 2010》第五部分第十章第 1 节规定,专利权评价报告是人民法院或者管理专利工作的部门审理、处理专利侵权纠纷的证据,主要用于人民法院或者管理专利工作的部门确定是否需要中止相关程序。专利权评价报告不是行政决定,因此专利权人或者利害关系人不能就此提起行政复议和行政诉讼。因此,选项 D 错误。

【答案】C

122.【2013 年第 52 题】专利权人甲及其专利实施独占许可合同的被许可人乙分别请求国家知识产权局对甲的实用新型专利作出专利权评价报告。下列说法哪些是正确的?
A. 乙在提出专利权评价报告请求的同时应当提交其与甲订立的专利实施独占许可合同或其复印件
B. 甲因缴纳了专利年费,故无需缴纳专利权评价报告请求费
C. 国家知识产权局仅作出一份专利权评价报告
D. 甲或者乙认为专利权评价报告存在错误的,可以向国家知识产权局提起行政复议

【考点】专利权评价报告

【分析】《专利审查指南2010》第五部分第十章第2.3节规定，请求人是利害关系人的，在提出专利权评价报告请求的同时应当提交相关证明文件。例如，请求人是专利实施独占许可合同的被许可人的，应当提交与专利权人订立的专利实施独占许可合同或其复印件。因此，选项A正确。《专利审查指南2010》第五部分第十章第2.4节规定，请求人自提出专利权评价报告请求之日起一个月内未缴纳或者未缴足专利权评价报告请求费的，专利权评价报告请求视为未提出。因此，无论是专利权人或者利害关系人，请求国家知识产权局作出专利权评价报告的，都需要缴纳专利权评价报告请求费，选项B错误。专利法实施细则第五十七条规定，对同一项实用新型或者外观设计专利权，有多个请求人请求作出专利权评价报告的，国务院专利行政部门仅作出一份专利权评价报告。因此，选项C正确。《专利审查指南2010》第五部分第十章第1节的规定，专利权评价报告不是行政决定，因此专利权人或者利害关系人不能就此提起行政复议和行政诉讼。因此，选项D错误。

【答案】AC

123.【2012年第13题】下列关于专利权评价报告的哪种说法是正确的？
A. 专利权人可以请求对其发明专利权作出专利权评价报告
B. 申请人可以请求对其实用新型专利申请作出专利权评价报告
C. 专利权人对专利权评价报告有异议的，可以提起行政复议
D. 任何单位或者个人都可以查阅或者复制专利权评价报告

【考点】专利权评价报告

【分析】专利法实施细则第五十六条第一款规定，授予实用新型或者外观设计专利权的决定公告后，专利法第六十条规定的专利权人或者利害关系人可以请求国务院专利行政部门作出专利权评价报告。由此可知，专利权评价报告制度仅适用于实用新型专利和外观设计专利，并不适用于发明专利，也不适用于发明专利申请、实用新型专利申请和外观设计专利申请，因此，选项AB错误。《专利审查指南2010》第五部分第十章第1节的规定，专利权评价报告不是行政决定，因此专利权人或者利害关系人不能就此提起行政复议和行政诉讼。因此，选项C错误。专利法实施细则第五十七条规定，国务院专利行政部门应当自收到专利权评价报告请求书后2个月内作出专利权评价报告。对同一项实用新型或者外观设计专利权，有多个请求人请求作出专利权评价报告的，国务院专利行政部门仅作出一份专利权评价报告。任何单位或者个人可以查阅或者复制该专利权评价报告。因此，选项D正确。

【答案】D

7. 关于电子申请的若干规定

124.【2016年第67题】下列关于电子申请的说法哪些是正确的？
A. 一般情况下，专利局以电子文件形式通过电子专利申请系统向电子申请用户发送各种通知书和决定
B. 电子申请用户未及时接收电子文件形式的通知书的，专利局将作出公告送达
C. 自发文日起十五日内申请人未接收电子文件形式的通知书和决定的，专利局可以发出纸件形式的该通知书和决定的副本
D. 电子方式送达的通知和决定，自发文日起满十五日推定为当事人收到日

【考点】电子申请

【分析】《专利审查指南2010》第五部分第十一章第6节规定，专利局以电子文件形式通过电子专利申请系统向电子申请用户发送各种通知书和决定。电子申请用户应当及时接收专利局电子文件形式的通知书和决定。电子申请用户未及时接收的，不作公告送达。自发文日起15日内申请人未接收电子文件形式的通知书和决定的，专利局可以发出纸件形式的该通知书和决定的副本。因此，选项AC正确，选项B错误。《专利审查指南2010》第五部分第六章第2.3.1节规定，通过邮寄、直接送交和电子方式送达的通知和决定，自发文日起满十五日推定为当事人收到通知和决定之日。对于通过邮寄的通知和决定，当事人提供证据，证明实际收到日在推定收到日之后的，以实际收到日为送达日。因此，选项D正确。

【答案】ACD

125.【2014年第21题】李某欲以电子申请方式提交一件发明专利申请。下列说法哪个是正确的？

A. 李某必须委托专利代理机构提交专利电子申请
B. 李某通过电子申请方式提交申请的,可以减免一定比例的申请费
C. 若李某认为其申请应按照保密专利申请处理的,则不应当通过电子专利申请系统提交
D. 李某未及时接收电子文件形式的通知书,国家知识产权局应当公告送达

【考点】电子申请

【分析】《专利审查指南2010》第五部分第十一章第2节规定,电子申请用户是指已经与国家知识产权局签订电子专利申请系统用户注册协议,办理了有关注册手续,获得用户代码和密码的申请人和专利代理机构。因此,选项A错误。《专利收费减缴办法》第三条规定,专利申请人或者专利权人符合下列条件之一的,可以向国家知识产权局请求减缴上述收费:(一)上年度月均收入低于3500元(年4.2万元)的个人;(二)上年度企业应纳税所得额低于30万元的企业;(三)事业单位、社会团体、非营利性科研机构。两个或者两个以上的个人或者单位为共同专利申请人或者共有专利权人的,应当分别符合前款规定。第四条规定,专利申请人或者专利权人为个人或者单位的,减缴本办法第二条规定收费的85%。两个或者两个以上的个人或者单位为共同专利申请人或者共有专利权人的,减缴本办法第二条规定收费的70%。第二条规定,专利申请人或者专利权人可以请求减缴下列专利收费:(一)申请费(不包括公布印刷费、申请附加费);(二)发明专利申请实质审查费;(三)年费(自授予专利权当年起六年内的年费);(四)复审费。由此可知,申请费的减免与通过何种方式申请无关,因此,选项B错误。《关于专利电子申请的规定》第五条第一款规定,申请专利的发明创造涉及国家安全或者重大利益需要保密的,应当以纸件形式提出专利申请。由此可知,李某认为其申请需要保密,则不应当通过电子专利申请系统提交申请,选项C正确。《专利审查指南2010》第五部分第十一章第6节规定,专利局以电子文件形式通过电子专利申请系统向电子申请用户发送各种通知书和决定。电子申请用户应当及时接收专利局电子文件形式的通知书和决定。电子申请用户未及时接收的,不作公告送达。由此可知,选项D错误。

【答案】C

126.【2013年第29题】甲乙两公司共同向国家知识产权局以电子申请方式提交一件发明专利申请。下列说法哪个是正确的?

A. 甲乙均应当注册成为电子申请用户
B. 甲乙不得请求将该申请转为纸件申请
C. 甲乙未及时接收电子文件形式的通知书和决定的,国家知识产权局不作公告送达
D. 国家知识产权局认为该申请需要保密的,甲乙在后续程序中应当以电子申请的特殊加密方式递交各种文件

【考点】电子申请

【分析】《专利审查指南2010》第五部分第十一章第2节规定,电子申请用户是指已经与国家知识产权局签订电子专利申请系统用户注册协议,办理了有关注册手续,获得用户代码和密码的申请人和专利代理机构。《关于专利电子申请的规定》第三条规定,申请人有两人以上且未委托专利代理机构的,以提交电子申请的申请人为代表人。因此,甲乙只要有一个人注册成为电子申请用户即可,选项A错误。《关于专利电子申请的规定》第七条第三款规定,特殊情形下需要将专利电子申请转为纸件申请的,申请人应当提出请求,经国家知识产权局审批并办理相关手续后可以转为纸件申请。因此,选项B错误。《专利审查指南2010》第五部分第十一章第6节规定,专利局以电子文件形式通过电子专利申请系统向电子申请用户发送各种通知书和决定。电子申请用户应当及时接收专利局电子文件形式的通知书和决定。电子申请用户未及时接收的,不作公告送达。因此,选项C正确。《关于专利电子申请的规定》第五条第二款规定,申请人以电子文件形式提出专利申请后,国家知识产权局认为该专利申请需要保密的,应当将该专利申请转为纸件形式继续审查并通知申请人。申请人在后续程序中应当以纸件形式递交各种文件。因此,选项D错误。

【答案】C

127.【2012年第72题】下列关于电子申请的说法哪些是正确的?

A. 以电子文件形式提交申请的,以国家知识产权局电子专利申请系统收到电子文件的日期为申请日

B. 国家知识产权局以电子文件形式发出通知书的，以申请人查阅并下载该通知书的日期为收到通知书之日
C. 未委托专利代理机构的多个申请人以电子文件形式提交申请的，以提交电子申请的电子申请用户为代表人
D. 涉及国家安全的专利申请，不得通过国家知识产权局电子专利申请系统提交

【考点】 电子申请

考生	意见
甲	《专利审查指南2010》"以电子文件形式提交申请的，以国家知识产权局电子专利申请系统收到合格的电子文件的日期为申请日"，合格的电子文件的递交日才是申请日。因此，选项A错误。
乙	选项D不对，题出的不清楚，申请需不需要保密虽然申请人可以自己认为是涉及国家安全，但都是提交以后进行保密审查才能确定到底属不属于涉及国家安全，只有确定确实涉及国家安全才必须转为纸件审查，提交的时候还没有官方确定是否涉及国家安全，如何要求主动必须交电子申请。因此，D选项不应该选。

【分析】《关于专利电子申请的规定》第九条第一款规定，采用电子文件形式向国家知识产权局提交的各种文件，以国家知识产权局专利电子申请系统收到电子文件之日为递交日。《专利审查指南2010》第五部分第十一章第4.2节规定，专利局电子专利申请系统收到电子文件的日期为递交日。专利局电子专利申请系统收到符合专利法及其实施细则规定的专利申请文件之日为申请日。因此，选项A正确。《关于专利电子申请的规定》第九条第二款规定，对于专利电子申请，国家知识产权局以电子文件形式向申请人发出的各种通知书、决定或者其他文件，自文件发出之日起满15日，推定为申请人收到文件之日。因此，选项B错误。《关于专利电子申请的规定》第三条规定，申请人有两人以上且未委托专利代理机构的，以提交电子申请的申请人为代表人。因此，选项C正确。《关于专利电子申请的规定》第五条第一款规定，申请专利的发明创造涉及国家安全或者重大利益需要保密的，应当以纸件形式提出专利申请。因此，选项D正确。

需要说明的是，(1)《专利审查指南2010》的规定，即"专利局电子专利申请系统收到符合专利法及其实施细则规定的专利申请文件之日为申请日"，因此，考生甲的想法是有道理的，选项A的说法不够严谨。

(2)《关于专利电子申请的规定》第五条第一款规定，申请专利的发明创造涉及国家安全或者重大利益需要保密的，应当以纸件形式提出专利申请。《专利审查指南2010》第五部分第十一章第4.1节规定，任何单位和个人认为其专利申请需要按照保密专利申请处理的，不得通过电子申请系统提交。由此可知，首先，作为对专利申请的一项基本要求，选项D"涉及国家安全的专利申请，不得通过国家知识产权局电子专利申请系统提交"是正确的，考生乙的说法是不对的。其次，由于存在申请人不能确定专利申请是否涉及国家安全的情况，因此，有可能出现涉及国家安全的专利申请作为电子申请提交了，之后又转换成纸件形式。

【答案】 ACD

十一、国家知识产权局的行政复议

1. 国家知识产权局行政复议基本概念与手续

128.【2016年第68题】关于当事人向国家知识产权局申请行政复议，以下说法正确的是？
A. 当事人可以自知道相关具体行政行为之日起60日内提出行政复议申请
B. 当事人提起行政复议后，应当在规定的期限内缴纳行政复议费
C. 行政复议期间，具体行政行为原则上不停止执行
D. 针对国家知识产权局作出的具体行政行为，当事人在提起行政复议的同时可以向人民法院提起行政诉讼

【考点】 行政复议

【分析】《行政复议规程》第八条第一款规定，公民、法人或者其他组织认为国家知识产权局的具体行政行为侵犯其合法权益的，可以自知道该具体行政行为之日起60日内提出行政复议申请。因此，选项A正确。《行政复议规程》第三十四条规定，行政复议不收取费用。因此，选项B错误。《行政复议规程》第十九条规

定，行政复议期间，具体行政行为原则上不停止执行。行政复议机构认为需要停止执行的，应当向有关部门发出停止执行通知书，并通知复议申请人及第三人。因此，选项C正确。《行政复议规程》第九条规定，有权申请行政复议的公民、法人或者其他组织向人民法院提起行政诉讼，人民法院已经依法受理的，不得向国家知识产权局申请行政复议。向国家知识产权局申请行政复议，行政复议机构已经依法受理的，在法定行政复议期限内不得向人民法院提起行政诉讼。国家知识产权局受理行政复议申请后，发现在受理前或者受理后当事人向人民法院提起行政诉讼并且人民法院已经依法受理的，驳回行政复议申请。因此，选项D错误。

【答案】AC

2. 申请复议的范围

129.【2016年第21题】以下哪个情形可以申请行政复议？

A. 专利申请人对驳回专利申请决定不服的

B. 复审请求人对复审请求不予受理通知书不服的

C. 复审请求人对复审请求审查决定不服的

D. 集成电路布图设计登记申请人对驳回登记申请的决定不服的

【考点】行政复议

【分析】《行政复议规程》第四条规定，除本规程第五条另有规定外，有下列情形之一的，可以依法申请行政复议：（一）对国家知识产权局作出的有关专利申请、专利权的具体行政行为不服的；（二）对国家知识产权局作出的有关集成电路布图设计登记申请、布图设计专有权的具体行政行为不服的；（三）对国家知识产权局专利复审委员会作出的有关专利复审、无效的程序性决定不服的；（四）对国家知识产权局作出的有关专利代理管理的具体行政行为不服的；（五）认为国家知识产权局作出的其他具体行政行为侵犯其合法权益的。《行政复议规程》第五条规定，对下列情形之一，不能申请行政复议：（一）专利申请人对驳回专利申请的决定不服的；（二）复审请求人对复审请求审查决定不服的；（三）专利权人或者无效宣告请求人对无效宣告请求审查决定不服的；（四）专利权人或者专利实施强制许可的被许可人对强制许可使用费的裁决不服的；（五）国际申请的申请人对国家知识产权局作为国际申请的受理单位、国际检索单位和国际初步审查单位所作决定不服的；（六）集成电路布图设计登记申请人对驳回登记申请的决定不服的；（七）集成电路布图设计登记申请人对复审决定不服的；（八）集成电路布图设计权利人对撤销布图设计登记的决定不服的；（九）集成电路布图设计权利人、非自愿许可取得人对非自愿许可报酬的裁决不服的；（十）集成电路布图设计权利人、被控侵权人对集成电路布图设计专有权侵权纠纷处理决定不服的；（十一）法律、法规规定的其他不能申请行政复议的情形。因此，选项B正确，选项ACD错误。

【答案】B

第五章　专利申请的复审与专利权的无效宣告

基本要求

熟悉专利复审委员会的审查制度；熟悉复审请求与无效宣告请求的审查程序；掌握复审请求与无效宣告请求的审查原则及规定；掌握关于口头审理的规定。

第一节　概　　要

一、专利复审委员会
二、审查原则

1. 【2012年第64题】下列关于专利复审程序的说法哪些是正确的？

A. 对不予受理专利申请的决定不服的，可以向专利复审委员会提出复审请求

B. 对驳回专利申请的决定不服的，可以向专利复审委员会提出复审请求

C. 专利复审委员会可以对所审查的复审案件依职权进行审查，而不受当事人请求的范围和提出的理由、证据的限制

D. 专利复审委员会可以直接作出维持驳回决定的复审决定，无需给予当事人陈述意见的机会

【考点】专利复审委员会的任务　审查原则

【分析】根据专利法第四十一条的规定，专利复审委员会对复审请求进行受理和审查，并作出决定。复审请求案件包括对初步审查和实质审查程序中驳回专利申请的决定不服而请求复审的案件。根据专利法第四十五条和第四十六条第一款的规定，专利复审委员会对专利权无效宣告请求进行受理和审查，并作出决定。由此可知，复审请求案件不包括对不予受理专利申请的决定不服的案件（此类案件可依法申请行政复议或者提起行政诉讼），因此，选项A错误，选项B正确。《专利审查指南2010》第四部分第一章第2节规定了依职权调查原则，专利复审委员会可以对所审查的案件依职权进行审查，而不受当事人请求的范围和提出的理由、证据的限制。因此，选项C正确。《专利审查指南2010》第四部分第一章第2节规定了听证原则，在作出审查决定之前，应当给予审查决定对其不利的当事人针对审查决定所依据的理由、证据和认定的事实陈述意见的机会，即审查决定对其不利的当事人已经通过通知书、转送文件或者口头审理被告知过审查决定所依据的理由、证据和认定的事实，并且具有陈述意见的机会。因此，选项D错误。

【答案】BC

三、合议审查
四、独任审查
五、回避制度

2. 【2016年第69题】针对甲的发明专利权A，乙提出无效宣告请求，下列哪些情形合议组成员应当自行回避或者当事人有权利请求其回避？

A. 合议组主审员是乙的近亲属

B. 合议组参审员是该发明专利权A在实质审查阶段的审查员

C. 合议组组长在乙请求宣告甲的另一项发明专利权B无效的案件中担任主审员，且该案审查结论是维持专利权B有效

D. 合议组组长在乙针对该发明专利权A的第一次无效宣告请求案中担任主审员，且该第一次无效宣告案件的审查结论是维持专利权A有效

【考点】回避

【分析】专利法实施细则第三十七条规定，在初步审查、实质审查、复审和无效宣告程序中，实施审查和审理的人员有下列情形之一的，应当自行回避，当事人或者其他利害关系人可以要求其回避：(一) 是当事人或者其代理人的近亲属的；(二) 与专利申请或者专利权有利害关系的；(三) 与当事人或者其代理人有其他关系，可能影响公正审查和审理的；(四) 专利复审委员会成员曾参与原申请的审查的。本题选项A、B分别属于上述第(一)、(四)项，因此，选项AB正确。《专利审查指南2010》第四部分第一章第3.1节规定，专利复审委员会作出维持专利权有效或者宣告专利权部分无效的审查决定以后，同一请求人针对该审查决定涉及的专利权以不同理由或者证据提出新的无效宣告请求的，作出原审查决定的主审是不再参加该无效宣告案件的审查工作。因此，选项D正确，选项C错误。

【答案】ABD

六、审查决定

七、更正及驳回请求

八、对专利复审委员会的决定不服的司法救济

3.【2013年第57题】下列关于无效宣告请求审查决定被人民法院生效判决撤销后的审查程序的说法哪些是正确的？

A. 因主要证据不足导致审查决定被撤销的，不得以相同的理由和证据作出与原决定相同的决定

B. 因法律适用错误导致审查决定被撤销的，不得以相同的理由和证据作出与原决定相同的决定

C. 因违反法定程序导致审查决定被撤销的，根据人民法院的判决，在纠正程序错误的基础上，重新作出审查决定

D. 对于审查决定被人民法院的判决撤销后重新审查的案件，必须重新成立合议组

【考点】审查决定被法院生效判决撤销后的审查程序

【分析】《专利审查指南2010》第四部分第一章第8节规定了关于审查决定被法院生效判决撤销后的审查程序。(1) 复审请求或者无效宣告请求审查决定被人民法院的生效判决撤销后，专利复审委员会应当重新作出审查决定。(2) 因主要证据不足或者法律适用错误导致审查决定被撤销的，不得以相同的理由和证据作出与原决定相同的决定。(3) 因违反法定程序导致审查决定被撤销的，根据人民法院的判决，在纠正程序错误的基础上，重新作出审查决定。因此，选项ABC正确。《专利审查指南2010》第四部分第一章第3节规定，对于审查决定被人民法院的判决撤销后重新审查的案件，一般应当重新成立合议组。因此，选项D错误。

【答案】ABC

4.【2012年第23题】李某对专利复审委员会作出的复审决定不服，可以采用下列哪种方式寻求救济？❶

A. 要求专利复审委员会重新成立合议组，对该案件重新进行复审

B. 向国家知识产权局申请行政复议

C. 向北京市第一中级人民法院起诉

D. 向北京市高级人民法院起诉

【考点】对复审不服的司法救济

【分析】专利法第四十一条第二款规定，专利申请人对专利复审委员会的复审决定不服的，可以自收到通知之日起三个月内向人民法院起诉。《最高人民法院关于审理专利纠纷案件适用法律问题的若干规定》第二条第一款的规定，专利纠纷第一审案件，由各省、自治区、直辖市人民政府所在地的中级人民法院和最高人民法院指定的中级人民法院管辖。因此，选项ABD错误，选项C正确。

【答案】C

---

❶ 北京知识产权法院按照《全国人民代表大会常务委员会关于在北京、上海、广州设立知识产权法院的决定》、《最高人民法院关于北京、上海、广州知识产权法院案件管辖的规定》，集中管辖原由北京市各中级人民法院管辖的知识产权民事和行政案件，并于2014年11月6日起履行法定职责。

第二节 专利申请的复审

一、复审程序的性质

5.【2013年第61题】下列关于复审程序的说法哪些是正确的?
A. 复审程序是专利审批程序的延续
B. 专利复审委员会不必对专利申请进行全面审查
C. 原专利审查部门的前置审查不是复审程序的必经程序
D. 对专利复审委员会作出的决定不服的,均不能申请行政复议

【考点】 复审程序的性质　前置审查　行政复议

【分析】《专利审查指南2010》第四部分第二章第1节规定,复审程序是因申请人对驳回决定不服而启动的救济程序,同时也是专利审批程序的延续。因此,一方面,专利复审委员会一般仅针对驳回决定所依据的理由和证据进行审查,不承担对专利申请全面审查的义务;另一方面,为了提高专利授权的质量,避免不合理地延长审批程序,专利复审委员会可以依职权对驳回决定未提及的明显实质性缺陷进行审查。因此,选项AB正确。根据专利法实施细则第六十二条的规定,专利复审委员会应当将受理的复审请求书转交国务院专利行政部门原审部门进行审查。原审查部门根据复审请求人的请求,同意撤销原决定的,专利复审委员会应当据此作出复审决定,并通知复审请求人。因此,前置审查是复审程序的必经程序,选项C错误。《国家知识产权局行政复议规程》第四条规定,对国家知识产权局专利复审委员会作出的有关专利复审、无效的程序性决定不服的,可以依法申请行政复议。因此,选项D错误。需要注意的是,《国家知识产权局行政复议规程》第五条规定,复审请求人对复审请求审查决定不服的,不能申请行政复议。

【答案】 AB

二、复审请求的形式审查

1. 形式审查的内容

6.【2016年第22题】下列向专利复审委员会提出的复审请求,在满足其他受理条件的情况下,哪个应当予以受理?
A. 甲和乙共有的发明专利申请被驳回,甲独自提出复审请求
B. 某公司的发明专利申请被驳回,该申请的发明人提出复审请求
C. 申请人李某自收到驳回决定之日起二个月内提出复审请求
D. 申请人赵某对国家知识产权局做出的专利申请视为撤回通知书不服提出的复审请求

【考点】 复审请求的受理

【分析】《专利审查指南2010》第四部分第二章第2.2节规定,被驳回申请的申请人可以向专利复审委员会提出复审请求。复审请求人不是被驳回申请的申请人的,其复审请求不予受理。被驳回申请的申请人属于共同申请人的,如果复审请求人不是全部申请人,专利复审委员会应当通知复审请求人在指定期限内补正;期满未补正的,其复审请求视为未提出。因此,选项AB错误。

《专利审查指南2010》第四部分第二章第2.3节规定,在收到专利局作出的驳回决定之日起3个月内,专利申请人可以向专利复审委员会提出复审请求;提出复审请求的期限不符合上述规定的,复审请求不予受理。因此,选项C正确。《专利审查指南2010》第四部分第二章第2.1节规定,对专利局作出的驳回决定不服的,专利申请人可以向专利复审委员会提出复审请求。复审请求不是针对专利局作出的驳回决定的,不予受理。因此,选项D错误。

【答案】 C

7.【2015年第22题】申请人对国家知识产权局作出的下列哪个决定不服的,可以向专利复审委员会请求复审?
A. 专利申请视为撤回的决定
B. 驳回专利申请的决定
C. 不予受理专利申请的决定
D. 视为未要求优先权的决定

【考点】复审程序

【分析】专利法第四十一条第一款规定，专利申请人对国务院专利行政部门驳回申请的决定不服的，可以自收到通知之日起三个月内，向专利复审委员会请求复审。因此，选项B正确，选项ACD错误。

【答案】B

8.【2015年第23题】某件被驳回的发明专利申请，申请人为甲、乙，发明人为丙、丁。下列哪个复审请求应当被受理？

   A. 甲和乙中任何一人或者其二者共同提出的复审请求
   B. 丙和丁中任何一个或者其二者共同提出的复审请求
   C. 甲和乙共同提出的复审请求
   D. 甲、乙、丙、丁共同提出的复审请求

【考点】复审请求人

【分析】《专利审查指南2010》第四部分第二章第2.2节规定，被驳回申请的申请人属于共同申请人的，如果复审请求人不是全部申请人，专利复审委员会应当通知复审请求人在指定期限内补正；期满未补正的，其复审请求视为未提出。本题中，由于专利申请是甲、乙共同提出的，因此，复审请求也应当由甲、乙共同提出，选项C正确，选项ABD错误。

【答案】C

9.【2014年第16题】国家知识产权局驳回了一件申请人为甲、乙，发明人为丙、丁的发明专利申请，下列关于复审请求的说法哪个是正确的？

   A. 甲单独提出复审请求应当被受理
   B. 丙、丁共同提出复审请求应当被受理
   C. 甲、乙共同提出复审请求应当被受理
   D. 只有甲、乙、丙、丁共同提出复审请求才应当被受理

【考点】复审请求人的资格

【分析】《专利审查指南2010》第四部分第二章第2.2节规定，被驳回申请的申请人可以向专利复审委员会提出复审请求。复审请求人不是被驳回申请的申请人的，其复审请求不予受理。被驳回申请的申请人属于共同申请人的，如果复审请求人不是全部申请人，专利复审委员会应当通知复审请求人在指定期限内补正；期满未补正的，其复审请求视为未提出。本题中，由于专利申请是甲、乙二人共同提出的，因此，复审请求也应当由甲、乙二人共同提出，选项C正确，选项ABD错误。

【答案】C

10.【2014年第36题】国家知识产权局于2011年3月1日向张某发出了驳回其专利申请的决定。张某不服该驳回决定欲提出复审请求，下列做法哪些是符合相关规定的？

   A. 在2011年6月1日提出复审请求，并同时缴足复审费
   B. 在2011年6月16日提出复审请求，并同时缴足复审费
   C. 在2011年6月1日提出复审请求，并在2011年6月14日缴足复审费
   D. 在2011年6月16日提出复审请求，并在2011年6月20日缴足复审费

【考点】复审请求的期限

【分析】专利法四十一条第一款规定，国务院专利行政部门设立专利复审委员会。专利申请人对国务院专利行政部门驳回申请的决定不服的，可以自收到通知之日起三个月内，向专利复审委员会请求复审。专利复审委员会复审后，作出决定，并通知专利申请人。专利法实施细则第四条第三款，国务院专利行政部门邮寄的各种文件，自文件发出之日起满15日，推定为当事人收到文件之日。专利法实施细则第九十六条规定，当事人请求实质审查或者复审的，应当在专利法及本细则规定的相关期限内缴纳费用；期满未缴纳或者未缴足的，视为未提出请求。本题中，国家知识产权局于2011年3月1日向张某发出了驳回决定，张某应当在2011年6月16日前提出复审请求并缴纳复审费用。因此，选项ABC正确，选项D错误。

【答案】ABC

11. 【2014年第52题】甲拟就其被驳回的专利申请提出复审请求。下列说法哪些是正确的?
A. 若甲未在提出复审请求同时缴足复审费,则其复审请求视为未提出
B. 若甲提交的复审请求书不符合规定格式,则其复审请求将被不予受理
C. 若甲委托专利代理机构乙仅为其办理复审程序有关事务,则应当向专利复审委员会提交专利代理委托书
D. 若甲与多个专利代理机构同时存在委托关系,则应当以书面方式指定其中一个专利代理机构作为收件人

【考点】复审请求的文件形式 费用 委托手续

【分析】专利法实施细则第九十六条规定,当事人请求实质审查或者复审的,应当在专利法及本细则规定的相关期限内缴纳费用;期满未缴纳或者未缴足的,视为未提出请求。《专利审查指南2010》第四部分第二章第2.5节规定,复审请求人在收到驳回决定之日起三个月内提出了复审请求,但在此期限内未缴纳或者未缴足复审费的,其复审请求视为未提出。由此可知,复审费并不需要与复审请求书同时提交,选项A错误。专利法实施细则第六十条第三款规定,复审请求书不符合规定格式的,复审请求人应当在专利复审委员会指定的期限内补正;期满未补正的,该复审请求视为未提出。因此,选项B错误。《专利审查指南2010》第四部分第二章第2.6节规定,复审请求人在复审程序中委托专利代理机构,且委托书中写明其委托权限仅限于办理复审程序有关事务的,其委托手续或者解除、辞去委托的手续应当参照上述规定在专利复审委员会办理,无需办理著录项目变更手续。复审请求人与多个专利代理机构同时存在委托关系的,应当以书面方式指定其中一个专利代理机构作为收件人。因此,选项CD正确。

【答案】CD

12. 【2013年第12题】甲乙夫妻二人共同提出的一件发明专利申请被国家知识产权局驳回。下列针对该驳回决定提出的哪个复审请求符合相关规定?
A. 甲单独提出的复审请求
B. 甲乙共同提出的复审请求
C. 甲乙不提出复审请求的情况下,他们的儿子以自己的名义提出的复审请求
D. 甲乙不提出复审请求的情况下,该专利申请的发明人丙以自己的名义提出的复审请求

【考点】共有专利权 复审请求

【分析】《专利审查指南2010》第四部分第二章2.2节规定了复审请求人的资格。被驳回申请的申请人可以向专利复审委员会提出复审请求。复审请求人不是被驳回申请的申请人的,其复审请求不予受理。被驳回申请的申请人属于共同申请人的,如果复审请求人不是全部申请人,专利复审委员会应当通知复审请求人在指定期限内补正;期满未补正的,其复审请求视为未提出。本题中,只有甲乙共同提出复审请求才符合相关规定,因此,选项B正确,选项ACD错误。

【答案】B

13. 【2013年第34题】下列关于复审请求受理的说法哪些是正确的?
A. 请求人在收到驳回决定三个月后提出复审请求的,专利复审委员会将发出复审请求不予受理通知书
B. 复审请求书不符合规定格式的,专利复审委员会将发出复审请求视为未提出通知书
C. 复审请求经形式审查符合相关规定的,专利复审委员会将发出复审请求受理通知书
D. 复审请求人是在中国没有经常居所的外国人且未委托专利代理机构的,专利复审委员会将发出复审请求不予受理通知书

【考点】复审请求受理

考生	意见
甲	如果出现了不可抗力或者延误期限的其他正当理由,复审请求人提交带有可恢复权利的证明,专利复审委员会将予以受理,因此A的说法不严谨。正确的答案应该是CD。

【分析】《专利审查指南2010》第四部分第二章第2.7节规定,复审请求视为未提出或者不予受理的,专

利复审委员会应当发出复审请求视为未提出通知书或者复审请求不予受理通知书，通知复审请求人。《专利审查指南2010》第四部分第二章第2.3节规定，在收到专利局作出的驳回决定之日起三个月内，专利申请人可以向专利复审委员会提出复审请求；提出复审请求的期限不符合上述规定的，复审请求不予受理。因此，选项A正确。《专利审查指南2010》第四部分第二章第2.4节规定，复审请求书应当符合规定的格式，不符合规定格式的，专利复审委员会应当通知复审请求人在指定期限内补正；期满未补正或者在指定期限内补正但经两次补正后仍存在同样缺陷的，复审请求视为未提出。因此，选项B错误。《专利审查指南2010》第四部分第二章第2.7节规定，复审请求经形式审查符合专利法及其实施细则和审查指南有关规定的，专利复审委员会应当发出复审请求受理通知书，通知复审请求人。因此，选项C正确。《专利审查指南2010》第四部分第二章第2.6节规定，对于根据专利法第十九条第一款规定应当委托专利代理机构的复审请求人，未按规定委托的，其复审请求不予受理。专利法第十九条第一款规定，在中国没有经常居所或者营业所的外国人、外国企业或者外国其他组织在中国申请专利和办理其他专利事务的，应当委托依法设立的专利代理机构办理。因此，选项D正确。

需要注意的是，《专利审查指南2010》第四部分第二章第2.3节规定了复审请求的期限，（1）在收到专利局作出的驳回决定之日起三个月内，专利申请人可以向专利复审委员会提出复审请求；提出复审请求的期限不符合上述规定的，复审请求不予受理。（2）提出复审请求的期限不符合上述规定、但在专利复审委员会作出不予受理的决定后复审请求人提出恢复权利请求的，如果该恢复权利请求符合专利法实施细则第六条和第九十九条第一款有关恢复权利的规定，则允许恢复，且复审请求应当予以受理；不符合该有关规定的，不予恢复。（3）提出复审请求的期限不符合上述规定、但在专利复审委员会作出不予受理的决定前复审请求人提出恢复权利请求的，可对上述两请求合并处理；该恢复权利请求符合专利法实施细则第六条和第九十九条第一款有关恢复权利的规定的，复审请求应当予以受理；不符合该有关规定的，复审请求不予受理。本题选项A符合上述第（1）项，因此，选项A正确，而考生甲所考虑的"出现了不可抗力或者延误期限的其他正当理由"，则是另外一件事，即允许恢复的情形，考生甲将上述第（1）项和第（2）项混合了，因此，考生甲想法是不对的。

【答案】ACD

2. 形式审查通知书

14.【2014年第64题】国家知识产权局以权利要求1相对于对比文件1和公知常识的结合不具备创造性为由驳回了某申请。申请人提出了复审请求，专利复审委员会成立合议组进行审查。在下列哪些情形下应当发出复审通知书或者进行口头审理？

    A. 合议组认为复审请求人在提出复审请求时对权利要求1所作的修改超出原申请记载的范围

    B. 合议组经审查认定权利要求1相对于对比文件1不具备新颖性

    C. 合议组经审查认定权利要求1相对于对比文件1和公知常识的结合不具备创造性

    D. 合议组经审查认定驳回理由不成立

【考点】复审请求的审查

【分析】专利法实施细则第六十三条第一款规定，专利复审委员会进行复审后，认为复审请求不符合专利法和本细则有关规定的，应当通知复审请求人，要求其在指定期限内陈述意见。期满未答复的，该复审请求视为撤回；经陈述意见或者进行修改后，专利复审委员会认为仍不符合专利法和本细则有关规定的，应当作出维持原驳回决定的复审决定。《专利审查指南2010》第四部分第二章第4.3节规定，根据专利法实施细则第六十三条第一款的规定，有下列情形之一的，合议组应当发出复审通知书（包括复审请求口头审理通知书）或者进行口头审理：（1）复审决定将维持驳回决定。（2）需要复审请求人依照专利法及其实施细则和审查指南有关规定修改申请文件，才有可能撤销驳回决定。（3）需要复审请求人进一步提供证据或者对有关问题予以说明。（4）需要引入驳回决定未提出的理由或者证据。本题中，在选项A的情形下，合议组需要复审请求人进一步提供证据或者对有关问题予以说明，因此，应当发出复审通知书或者进行口头审理，选项A正确。在选项BC的情形下，专利复审委有可能维持驳回决定，因此，应当发出复审通知书或者进行口头审理，选项BC正确。在选项D中，由于合议组经审查认为驳回决定理由不成立，其结果对复审请求人有利，因此，无须发出复审通知书或者进行口头审理，选项D错误。

【答案】ABC

三、复审请求的前置审查
四、复审请求的合议审查

15. 【2016年第71题】申请人李某的发明专利申请因不具备创造性被驳回,李某不服该驳回决定向专利复审委员会提出了复审请求,关于复审合议审查下列哪些说法是正确的?

   A. 如果李某提出复审请求时未修改专利申请文件,专利复审委员会经审查后认为该发明不具备创造性,则可以直接做出维持驳回决定的复审决定
   B. 如果李某提出复审请求时提交的申请文件修改内容超出了原始说明书和权利要求书的记载范围,则专利复审委员会可以依职权对该缺陷进行审查并向李某发出复审通知书
   C. 如果专利复审委员会经审查认定该发明明显是永动机,专利复审委员会最终可以以发明不具备实用性为由维持驳回决定
   D. 如果专利复审委员会经审查认定该发明明显是永动机,专利复审委员会将直接撤销驳回决定,发回原审查部门重新审理

   【考点】复审合议审查
   【分析】《专利审查指南2010》第四部分第一章第2.5节规定,在作出审查决定之前,应当给予审查决定对其不利的当事人针对审查决定所依据的理由、证据和认定的事实陈述意见的机会,即审查决定对其不利的当事人已经通过通知书、转送文件或者口头审理被告知过审查决定所依据的理由、证据和认定的事实,并且具有陈述意见的机会。因此,选项A错误。《专利审查指南2010》第四部分第二章第1节规定,为了提高专利授权的质量,避免不合理地延长审批程序,专利复审委员会可以依职权对驳回决定未提及的明显实质性缺陷进行审查。《专利审查指南2010》第四部分第二章第4.2节规定,在提出复审请求、答复复审通知书(包括复审请求口头审理通知书)或者参加口头审理时,复审请求人可以对申请文件进行修改。但是,所作修改应当符合专利法第三十三条和专利法实施细则第六十一条第一款的规定。因此,选项B正确。《专利审查指南2010》第四部分第二章第4.1节规定,在复审程序中,合议组一般仅针对驳回决定所依据的理由和证据进行审查。除驳回决定所依据的理由和证据外,合议组发现审查文本中存在下列缺陷的,可以对与之相关的理由及其证据进行审查,并且经审查认定后,应当依据该理由及其证据作出维持驳回决定的审查决定:(1)足以用在驳回决定作出前已告知过申请人的其他理由及其证据予以驳回的缺陷。(2)驳回决定未指出的明显实质性缺陷或者与驳回决定所指出缺陷性质相同的缺陷。例如,驳回决定指出权利要求1不具备创造性,经审查认定该权利要求请求保护的明显是永动机时,合议组应当以该权利要求不符合专利法第二十二条第四款的规定为由作出维持驳回决定的复审决定。本题选项CD"该发明明显是永动机"是驳回决定未指出的明显实质性缺陷,因此,选项C正确,选项D错误。
   【答案】BC

16. 【2016年第72题】陈某拥有一项发明专利申请,其中权利要求1及其从属权利要求2涉及一种转笔刀,权利要求3为另一项产品独立权利要求,涉及一种铅笔。实质审查过程中,审查员指出独立权利要求1和3之间缺乏单一性,陈某在答复时删除了权利要求3。最终该申请因权利要求1不具备创造性被驳回。陈某在提出复审请求时对权利要求书进行了修改。下列哪些修改方式符合相关规定?

   A. 根据说明书中的实施例进一步限定权利要求1,即将说明书中记载的某技术特征补入权利要求1
   B. 删除权利要求1,将从属权利要求2作为新的权利要求1
   C. 将权利要求1~2修改为制作转笔刀方法的权利要求
   D. 删除权利要求1~2,将原权利要求3作为新的权利要求1

   【考点】复审请求修改方式
   【分析】《专利审查指南2010》第四部分第二章第4.2节规定,在提出复审请求、答复复审通知书(包括复审请求口头审理通知书)或者参加口头审理时,复审请求人可以对申请文件进行修改。但是,所作修改应当符合专利法第三十三条和专利法实施细则第六十一条第一款的规定。根据专利法实施细则第六十一条第一款的规定,复审请求人对申请文件的修改应当仅限于消除驳回决定或者合议组指出的缺陷。下列情形通常不符合上述规定:(1)修改后的权利要求相对于驳回决定针对的权利要求扩大了保护范围;(2)将与驳回决定针对的

权利要求所限定的技术方案缺乏单一性的技术方案作为修改后的权利要求；(3) 改变权利要求的类型或者增加权利要求；(4) 针对驳回决定指出的缺陷未涉及的权利要求或者说明书进行修改。但修改明显文字错误，或者修改与驳回决定所指出缺陷性质相同的缺陷的情形除外。因此，选项 AB 正确，选项 CD 错误。

【答案】AB

17.【2015 年第 24 题】复审请求人甲某在复审程序中对申请文件进行了修改，下列哪个修改符合相关规定？

　　A. 驳回理由是权利要求 1 不具备创造性，甲某对权利要求进行修改时将权利要求 1 的类型由方法修改为产品

　　B. 驳回理由是权利要求 1 得不到说明书支持，甲某对权利要求进行修改时增加了一项从属权利要求

　　C. 驳回理由是权利要求 1 不具备创造性，甲某对权利要求进行修改时将权利要求 1 中的一个技术特征删除

　　D. 驳回理由是权利要求 1 缺少必要技术特征，甲某对权利要求进行修改时将说明书中相应技术方案的特征补入到权利要求 1 中

【考点】复审程序中申请文件的修改

【分析】《专利审查指南 2010》第四部分第二章第 4.2 节规定，根据专利法实施细则第六十一条第一款的规定，复审请求人对申请文件的修改应当仅限于消除驳回决定或者合议组指出的缺陷。下列情形通常不符合上述规定：(1) 修改后的权利要求相对于驳回决定针对的权利要求扩大了保护范围。(2) 将与驳回决定针对的权利要求所限定的技术方案缺乏单一性的技术方案作为修改后的权利要求。(3) 改变权利要求的类型或者增加权利要求。(4) 针对驳回决定指出的缺陷未涉及的权利要求或者说明书进行修改。但修改明显文字错误，或者修改与驳回决定所指出缺陷性质相同的缺陷的情形除外。本题中，选项 AB 属于上述第（三）项规定的情形，选项 C 属于上述第（一）项规定的情形，因此，选项 ABC 错误。而选项 D 符合规定，因此，选项 D 正确。

【答案】D

18.【2014 年第 68 题】某发明专利申请的权利要求如下：

"1. 一种产品，包括特征 L。

2. 如权利要求 1 所述的产品，还包括特征 M。

3. 如权利要求 1 或 2 所述的产品，还包括特征 N。"

国家知识产权局经审查以权利要求 1、2 不具备创造性为由作出驳回决定。复审请求人在复审程序中所做的下列哪些修改或者意见陈述可能会使专利复审委员会作出撤销驳回决定的决定？

　　A. 删除权利要求 1 和 2

　　B. 合并权利要求 1 和 2

　　C. 在意见陈述书中详细说明了权利要求 1 和 2 具备创造性的理由

　　D. 修改说明书，完善对应权利要求 3 产品的技术方案

【考点】复审请求的审查

【分析】专利法实施细则第六十三条第二款规定，专利复审委员会进行复审后，认为原驳回决定不符合专利法和本细则有关规定的，或者认为经过修改的专利申请文件消除了原驳回决定指出的缺陷的，应当撤销原驳回决定，由原审查部门继续进行审查程序。本题中，由于驳回的理由是权利要求 1、2 不具备创造性，选项 A 中"删除权利要求 1 和 2"消除了原驳回决定指出的缺陷，因此，专利复审委员会作出撤销驳回决定的决定，选项 A 正确。选项 B、D 中的修改方式都没有消除原驳回决定指出的缺陷，专利复审委员会不会作出撤销驳回决定的决定，因此，选项 BD 错误。选项 C 中"在意见陈述书中详细说明了权利要求 1 和 2 具备创造性的理由"有可能使专利复审委员会认定驳回理由不成立而撤销驳回决定，因此，选项 C 正确。

【答案】AC

19.【2013 年第 42 题】国家知识产权局以李某的发明专利申请权利要求 1 不具备实用性为由驳回了该申请。李某提出复审请求，同时提交了权利要求书修改替换页。专利复审委员会在复审通知书中指出：(1) 修改后的权利要求书超出了原始申请文件记载的范围；(2) 驳回决定所针对的权利要求 1 不具备实用性。下列说法哪些是正确的？

A. 若李某未对申请文件作进一步修改，则专利复审委员会可以以该修改超范围为由维持驳回决定
B. 若李某未对申请文件作进一步修改，则专利复审委员会可以以权利要求1不具备实用性为由维持驳回决定
C. 若李某对申请文件作进一步修改并克服了修改超范围的缺陷，则专利复审委员会应当对修改后的权利要求书是否具备实用性进行审查
D. 若李某对申请文件作进一步修改并克服了修改超范围的缺陷，则专利复审委员会应当撤销驳回决定

【考点】修改文本的审查

【分析】《专利审查指南2010》第四部分第二章第4.2节规定，在提出复审请求、答复复审通知书（包括复审请求口头审理通知书）或者参加口头审理时，复审请求人可以对申请文件进行修改。但是，所作修改应当符合专利法第三十三条和专利法实施细则第六十一条第一款的规定在本题中，本题中，由于专利复审委员会在发出的复审通知书中指出了李某修改后的权利要求书超出了原始申请文件记载的范围，如果李某未对申请文件作进一步修改，针对李某的修改文本，专利复审委员会应当以该修改超范围为由作出维持驳回决定，因此，选项A正确，选项B错误。如果李某对申请文件作进一步修改并克服了修改超范围的缺陷，专利复审委员会应当针对修改后的文本，对权利要求书是否具备实用性进行审查，因此，选项C正确，选项D错误。

【答案】AC

20.【2013年第49题】国家知识产权局对李某的药物化合物发明专利申请予以驳回，理由是该化合物相对于对比文件1和2的结合不具备创造性。李某提出复审请求。专利复审委员会经合议组审理后向李某发出复审通知书。下列说法哪些是正确的？

A. 复审通知书应当对发明专利申请的创造性进行评价
B. 复审通知书中可以引入所属技术领域的公知常识
C. 李某应当在收到复审通知书之日起一个月内进行书面答复
D. 若专利复审委员会认为该申请的权利要求涉及疾病的治疗方法，可以在复审通知书中指出

【考点】复审通知书

【分析】《专利审查指南2010》第四部分第二章第1节规定，一方面，专利复审委员会一般仅针对驳回决定所依据的理由和证据进行审查，不承担对专利申请全面审查的义务；另一方面，为了提高专利授权的质量，避免不合理地延长审批程序，专利复审委员会可以依职权对驳回决定未提及的明显实质性缺陷进行审查。由此可知，选项A正确，而选项D中"疾病的治疗方法"属于明显实质性缺陷，可以在复审通知书中指出，因此，选项D正确。《专利审查指南2010》第四部分第二章第4.1节规定，在合议审查中，合议组可以引入所属技术领域的公知常识，或者补充相应的技术词典、技术手册、教科书等所属技术领域中的公知常识性证据。因此，选项B正确。《专利审查指南2010》第四部分第二章第4.3节规定，针对合议组发出的复审通知书，复审请求人应当在收到该通知书之日起一个月内针对通知书指出的缺陷进行书面答复；期满未进行书面答复的，其复审请求视为撤回。因此，选项C正确。

【答案】ABCD

21.【2012年第19题】请求人在提出复审请求时对申请文件进行的下列哪种修改方式符合相关规定？

A. 增加了一项独立权利要求
B. 增加了一项从属权利要求
C. 将方法权利要求改为产品权利要求
D. 删除了一项从属权利要求

【考点】修改文本的审查

【分析】专利法实施细则第六十一条第一款规定，请求人在提出复审请求或者在对专利复审委员会的复审通知书作出答复时，可以修改专利申请文件；但是，修改应当仅限于消除驳回决定或者复审通知书指出的缺陷。《专利审查指南2010》第四部分第二章第4.2节规定，根据专利法实施细则第六十一条第一款的规定，复审请求人对申请文件的修改应当仅限于消除驳回决定或者合议组指出的缺陷。下列情形通常不符合上述规定：（1）修改后的权利要求相对于驳回决定针对的权利要求扩大了保护范围。（2）将与驳回决定针对的权利要求所限定的技术方案缺乏单一性的技术方案作为修改后的权利要求。（3）改变权利要求的类型或者增加权利要求。（4）针对驳回决定指出的缺陷未涉及的权利要求或者说明书进行修改。但修改明显文字错误，或者修改与

驳回决定所指出缺陷性质相同的缺陷的情形除外。因此，选项 ABC 错误，选项 D 正确。

【答案】 D

22.【2012年第79题】针对陈某提出的一项发明专利申请，国家知识产权局以权利要求 1 相对于对比文件 1 与公知常识的结合不具备创造性为由作出了驳回决定，陈某对驳回决定不服向专利复审委员会提出复审请求。下列说法哪些是正确的？

  A. 陈某在提出复审请求时，可以结合证据说明权利要求 1 相对于对比文件 1 与公知常识的结合具备创造性

  B. 陈某在提出复审请求时，可以对独立权利要求 2 进行修改，以克服权利要求 2 没有得到说明书支持的缺陷

  C. 专利复审委员会在合议审查中可以引入技术词典作为公知常识证据

  D. 专利复审委员会认为权利要求 1 还存在不清楚的缺陷，拟以此为理由维持驳回决定的，应当发出复审通知书或者进行口头审理

  【考点】 专利申请的复审

考生	意见
甲	权利要求没得到说明书支持也是驳回和无效宣告理由，如果不改授权了，被认为无效，那不是还得改吗。因此，选项 B 正确。

  【分析】 专利法实施细则第六十条第一款规定，依照专利法第四十一条的规定向专利复审委员会请求复审的，应当提交复审请求书，说明理由，必要时还应当附具有关证据。因此，选项 A 正确。专利法实施细则第六十一条第一款规定，请求人在提出复审请求或者在对专利复审委员会的复审通知书作出答复时，可以修改专利申请文件；但是，修改应当仅限于消除驳回决定或者复审通知书指出的缺陷。在选项 B 中，陈某对独立权利要求 2 进行修改，以克服权利要求 2 没有得到说明书支持的缺陷，并不是为了消除驳回决定指出的权利要求 1 相对于对比文件 1 与公知常识的结合不具备创造性的缺陷，因此，选项 B 错误。《专利审查指南2010》第四部分第二章第4.1节规定，在合议审查中，合议组可以引入所属技术领域的公知常识，或者补充相应的技术词典、技术手册、教科书等所属技术领域中的公知常识性证据。因此，选项 C 正确。《专利审查指南2010》第四部分第二章第1节规定，为了提高专利授权的质量，避免不合理地延长审批程序，专利复审委员会可以依职权对驳回决定未提及的明显实质性缺陷进行审查。《专利审查指南2010》第四部分第二章第4.3节规定，根据专利法实施细则第六十三条第一款的规定，有下列情形之一的，合议组应当发出复审通知书（包括复审请求口头审理通知书）或者进行口头审理：（1）复审决定将维持驳回决定。（2）需要复审请求人依照专利法及其实施细则和审查指南有关规定修改申请文件，才有可能撤销驳回决定。（3）需要复审请求人进一步提供证据或者对有关问题予以说明。（4）需要引入驳回决定未提出的理由或者证据。因此，选项 D 正确。

  需要说明的是，复审请求人的修改应当仅限于消除驳回决定或者复审通知书指出的缺陷。本题选项 B 中，考生甲想把权利要求 2 也进行修改的想法是不对的。

【答案】 ACD

五、复审决定

23.【2012年第41题】在下列哪些情形下，驳回申请的决定将会在复审程序中被专利复审委员会撤销？

  A. 驳回决定适用法律错误的

  B. 驳回决定以申请人放弃的申请文本为依据的

  C. 在作出驳回决定前，未与申请人进行会晤的

  D. 在作出驳回决定前，未给予申请人针对驳回决定所依据的事实、理由和证据陈述意见的机会的

  【考点】 复审决定的类型

  【分析】《专利审查指南2010》第四部分第二章第5节规定，复审请求成立，撤销驳回决定，包括下列情形：(i) 驳回决定适用法律错误的；(ii) 驳回理由缺少必要的证据支持的；(iii) 审查违反法定程序的，例如，驳回决定以申请人放弃的申请文本或者不要求保护的技术方案为依据；在审查程序中没有给予申请人针对

驳回决定所依据的事实、理由和证据陈述意见的机会；驳回决定没有评价申请人提交的与驳回理由有关的证据，以至可能影响公正审理的；（iv）驳回理由不成立的其他情形。因此，选项ABD正确，选项C错误。

【答案】 ABD

六、复审程序中止

参见本大纲第四章相关部分

七、复审程序的终止

24.【2015年第74题】王某向专利复审委员会提出了复审请求，下列哪些情况下会导致其复审程序终止？
A. 王某未在复审通知书指定的期限内进行答复，其复审请求被视为撤回
B. 在作出复审决定之前，王某主动撤回其复审请求
C. 王某的复审请求被受理后因不符合受理条件而被驳回
D. 王某在收到维持原驳回决定的复审决定之后，于法定期限内向人民法院起诉

【考点】 复审程序终止

【分析】《专利审查指南2010》第四部分第二章第9节规定，复审请求因期满未答复而被视为撤回的，复审程序终止。在作出复审决定前，复审请求人撤回其复审请求的，复审程序终止。已受理的复审请求因不符合受理条件而被驳回请求的，复审程序终止。复审决定作出后复审请求人不服该决定的，可以根据专利法第四十一条第二款的规定在收到复审决定之日起三个月内向人民法院起诉；在规定的期限内未起诉或者人民法院的生效判决维持该复审决定的，复审程序终止。因此，选项ABC正确；选项D中，王某在法定期限内向人民法院起诉，因此，复审程序尚未终止，选项D错误。

【答案】 ABC

25.【2014年第78题】刘某不服国家知识产权局针对其专利申请作出的驳回决定，向专利复审委员会提出复审请求。在下列哪些情形下复审程序终止？
A. 刘某未在指定期限内答复审通知书，其复审请求被视为撤回
B. 专利复审委员会作出了维持驳回决定的复审决定
C. 一审人民法院依法撤销了专利复审委员会针对刘某复审请求作出的复审决定
D. 在作出复审决定前，刘某撤回了其复审请求

【考点】 复审程序的终止

【分析】 专利法实施细则第六十四条第二款规定，复审请求人在专利复审委员会作出决定前撤回其复审请求的，复审程序终止。《专利审查指南2010》第四部分第二章第9节规定，复审请求因期满未答复而被视为撤回的，复审程序终止。在作出复审决定前，复审请求人撤回其复审请求的，复审程序终止。已受理的复审请求因不符合受理条件而被驳回请求的，复审程序终止。复审决定作出后复审请求人不服该决定的，可以根据专利法第四十一条第二款的规定在收到复审决定之日起三个月内向人民法院起诉；在规定的期限内未起诉或者人民法院的生效判决维持该复审决定的，复审程序终止。因此，选项AD正确，选项BC错误。

【答案】 AD

26.【2013年第89题】下列哪些情形会导致复审程序终止？
A. 复审程序涉及的专利申请出现权属纠纷
B. 复审请求人在指定期限内未对复审通知书进行答复而视为撤回
C. 复审请求人在指定期限内未提交口头审理通知书回执
D. 复审请求人在专利复审委员会作出复审决定前撤回复审请求

【考点】 复审程序终止

考生	意见
甲	如果是复审委已经能够做出决定的时候，撤回就不终止了，选项D错误。

【分析】《专利审查指南2010》第五部分第七章第7.1节规定，请求专利局中止有关程序应当符合下列条件：（1）当事人请求中止的，专利申请权（或专利权）权属纠纷已被地方知识产权管理部门或者人民法院受

理……因此，在选项A中"复审程序涉及的专利申请出现权属纠纷"会导致复审程序中止，而不会导致复审程序终止，因此，选项A错误。《专利审查指南2010》第四部分第二章第9节规定了复审程序的终止，(1) 复审请求因期满未答复而被视为撤回的，复审程序终止。(2) 在作出复审决定前，复审请求人撤回其复审请求的，复审程序终止。(3) 已受理的复审请求因不符合受理条件而被驳回请求的，复审程序终止。(4) 复审决定作出后复审请求人不服该决定的，可以根据专利法第四十一条第二款的规定在收到复审决定之日起三个月内向人民法院起诉；在规定的期限内未起诉或者人民法院的生效判决维持该复审决定的，复审程序终止。因此，选项BD正确。《专利审查指南2010》第四部分第四章第3节规定，复审请求人应当在收到口头审理通知书之日起七日内向专利复审委员会提交口头审理通知书回执，并在回执中明确表示是否参加口头审理；逾期未提交回执的，视为不参加口头审理。因此，选项C错误。

需要注意的是，与复审程序终止不同，无效宣告程序终止有但书规定，《专利审查指南2010》第四部分第三章第7节规定，请求人在专利复审委员会对无效宣告请求作出审查决定之前，撤回其无效宣告请求的，无效宣告程序终止，但专利复审委员会认为根据已进行的审查工作能够作出宣告专利权无效或者部分无效的决定的除外。因此，考生甲的想法是不对的，考生甲可能是将不同的知识点记混了。

【答案】 BD

27.【2012年第56题】下列哪些情形将导致复审程序终止？
A. 复审请求人期满未答复复审通知书，复审请求被视为撤回的
B. 在复审决定作出前，复审请求人撤回其复审请求的
C. 已受理的复审请求因不符合受理条件而被驳回请求的
D. 复审决定作出后，复审请求人在规定期限内未起诉的

【考点】 复审程序终止

【分析】《专利审查指南2010》第四部分第二章第9节规定了复审程序的终止，(1) 复审请求因期满未答复而被视为撤回的，复审程序终止。(2) 在作出复审决定前，复审请求人撤回其复审请求的，复审程序终止。(3) 已受理的复审请求因不符合受理条件而被驳回请求的，复审程序终止。(4) 复审决定作出后复审请求人不服该决定的，可以根据专利法第四十一条第二款的规定在收到复审决定之日起三个月内向人民法院起诉；在规定的期限内未起诉或者人民法院的生效判决维持该复审决定的，复审程序终止。因此，选项ABCD正确。

【答案】 ABCD

第三节 专利权的无效宣告请求

一、无效宣告请求的性质
二、无效宣告请求应当遵循的其他审查原则

28.【2016年第70题】甲针对乙的发明专利权A提出无效宣告请求，专利复审委员会经审查做出维持专利权A有效的审查决定，在此情况下，甲采取的下列哪些措施符合相关规定？
A. 依据同样的理由和证据再次提起针对发明专利权A的无效宣告请求，要求专利复审委员会重新成立合议组、重新做出审查决定
B. 依据新的证据或理由向专利复审委员会针对发明专利权A提起新的无效宣告请求
C. 针对已经做出的审查决定向北京市知识产权法院起诉
D. 针对已经做出的审查决定向国家知识产权局申请行政复议

【考点】 无效宣告请求救济途径

【分析】《专利审查指南2010》第四部分第三章第2.1节规定，对已作出审查决定的无效宣告案件涉及的专利权，以同样的理由和证据再次提出无效宣告请求的，不予受理和审理。如果再次提出的无效宣告请求的理由（简称无效宣告理由）或者证据因时限等原因未被在先的无效宣告请求审查决定所考虑，则该请求不属于上述不予受理和审理的情形。因此，选项A错误，选项B正确。专利法第四十六条第二款规定，对专利复审委员会宣告专利权无效或者维持专利权的决定不服的，可以自收到通知之日起三个月内向人民法院起诉。人民法院

应当通知无效宣告请求程序的对方当事人作为第三人参加诉讼。《行政复议规程》第五条规定，对下列情形之一，不能申请行政复议：（三）专利权人或者无效宣告请求人对无效宣告请求审查决定不服的。《最高人民法院关于审理专利纠纷案件适用法律问题若干规定》第二条第一款规定，专利纠纷第一审案件，由各省、自治区、直辖市人民政府所在地的中级人民法院和最高人民法院指定的中级人民法院管辖。因此，选项C正确，选项D错误。

【答案】 BC

29.【2016年第73题】甲针对某发明专利提出了无效宣告请求，主张（1）依据产品销售发票A1及产品使用说明书A2证明该专利不具备新颖性，（2）依据对比文件D1和D2的结合证明该专利不具备创造性。专利复审委员会经审查认定：（1）由于请求人未能提供A1的原件，其真实性不能被确认，故不能证明该专利不具备新颖性；（2）D1、D2的结合不能证明该专利不具备创造性，故作出维持专利权有效的审查决定。在满足其它受理条件的情况下，针对该发明专利再次提出的下列无效宣告请求哪些应当予以受理？

A. 甲以产品销售发票A1原件及产品使用说明书A2相结合证明该专利不具备新颖性

B. 乙以对比文件D1、D2作为证据证明该专利不具备创造性

C. 丙以对比文件D1和对比文件D3相结合证明该专利不具备创造性

D. 甲以对比文件D2和对比文件D3相结合证明该专利不具备创造性

【考点】 无效宣告请求受理

【分析】《专利审查指南2010》第四部分第三章第2.1节规定了一事不再理原则，对已作出审查决定的无效宣告案件涉及的专利权，以同样的理由和证据再次提出无效宣告请求的，不予受理和审理。如果再次提出的无效宣告请求的理由（简称无效宣告理由）或者证据因时限等原因未被在先的无效宣告请求审查决定所考虑，则该请求不属于上述不予受理和审理的情形。本题中，发票A1因为真实性问题没有在第一次无效宣告程序中接受，合议组没有对发票A1和产品说明书A2的组合能否破坏新颖性进行审查，因此，在第二次无效宣告程序中，对发票A1和产品说明书A2的组合进行审查并不违背一事不再理原则。而对比文件D1、D2的结合能否破坏创造性在第一次无效宣告程序中已经审查过，因此，第二次无效宣告程序中审查不予考虑；对比文件D1和D3的结合，以及对比文件D2和D3的结合都在第一次无效宣告程序中没有审查，因此，在第二次无效宣告程序中可以进行审查。综上所述，选项ACD正确，选项B错误。

【答案】 ACD

30.【2015年第76题】张某的专利包括权利要求1~3，李某对张某的专利提出无效宣告请求，其理由是权利要求1~3相对于对比文件1和对比文件2的结合不具备创造性。专利复审委员会作出宣告权利要求1、2无效、在权利要求3的基础上维持该专利权有效的决定。该无效决定生效后，下列哪些无效宣告请求专利复审委员会不予受理？

A. 王某以权利要求1、2不具备创造性为由提出无效宣告请求

B. 李某以权利要求3相对于对比文件1和对比文件2的结合不具备创造性为由提出无效宣告请求

C. 李某以权利要求3相对于对比文件1和对比文件3的结合不具备创造性为由提出无效宣告请求

D. 王某以权利要求3相对于对比文件3不具备新颖性为由提出无效宣告请求

【考点】 无效宣告请求

【分析】《专利审查指南2010》第四部分第三章第3.2节规定，请求人未具体说明无效宣告理由的，或者提交有证据但未结合提交的所有证据具体说明无效宣告理由的，或者未指明每项理由所依据的证据的，其无效宣告请求不予受理。因此，选项A无效宣告请求专利复审委员会不予受理，选项A正确。《专利审查指南2010》第四部分第三章第2节规定，对已作出审查决定的无效宣告案件涉及的专利权，以同样的理由和证据再次提出无效宣告请求的，不予受理和审理。因此，选项B中的无效宣告请求专利复审委员会不予受理，选项B正确。根据专利法第四十五条，以及专利法实施细则第六十五条第二款的规定可知，选项CD中的无效宣告请求专利复审委员会受理，因此，选项CD错误。

【答案】 AB

31.【2014年第82题】甲针对乙的专利权提出无效宣告请求，主张权利要求1相对于对比文件1不具备新

颖性，权利要求 2 相对于对比文件 2 不具备创造性。专利复审委员会在审查了上述全部无效宣告请求的理由和证据后，以权利要求 1 缺乏新颖性为由作出了宣告权利要求 1 无效、在权利要求 2 的基础上维持专利权有效的决定。该无效决定已生效。此后，乙主动放弃了专利权。下列说法哪些是正确的？

A. 针对已被宣告无效的权利要求 1 所提出的任何无效宣告请求均不应当被受理
B. 鉴于乙已主动放弃了专利权，故任何人针对该专利再次提出的无效宣告请求，均不应当被受理
C. 甲以权利要求 2 相对于对比文件 1 不具备创造性为由再次提出无效宣告请求，应当被受理
D. 丙以权利要求 2 相对于对比文件 2 不具备创造性为由再次提出无效宣告请求，不应当被受理

【考点】 无效宣告客体 一事不再理原则

【分析】《专利审查指南 2010》第四部分第三章第 3.1 节规定，专利复审委员会作出宣告专利权全部或者部分无效的审查决定后，当事人未在收到该审查决定之日起三个月内向人民法院起诉或者人民法院生效判决维持该审查决定的，针对已被该决定宣告无效的专利权提出的无效宣告请求不予受理。本题中，由于权利要求 1 已被生效的决定宣告无效，因此，就该权利要求提出的无效宣告请求都应当不予受理，选项 A 正确。《专利审查指南 2010》第四部分第三章第 3.1 节规定，无效宣告请求的客体应当是已经公告授权的专利，包括已经终止或者放弃（自申请日起放弃的除外）的专利。因此，选项 B 错误。专利法实施细则第六十六条第二款的规定，在专利复审委员会就无效宣告请求作出决定之后，又以同样的理由和证据请求无效宣告的，专利复审委员会不予受理。选项 C 中，甲以不同的理由请求宣告权利要求 2 无效，其无效宣告请求应当被受理，选项 C 正确。而选项 D 中，丙以同样的理由和证据请求宣告权利要求 2 无效，按照一事不再理原则，其无效宣告请求不应当被受理，选项 D 正确。

【答案】 ACD

32.【2014 年第 91 题】下列关于无效宣告程序的说法哪些是正确的？

A. 请求人在提出无效宣告请求时提出两项无效理由，在口头审理时可以放弃其中一项无效理由
B. 当事人有权自行与对方和解
C. 专利权人针对请求人提出的无效宣告请求主动缩小权利要求保护范围且相应的修改文本被专利复审委员会接受的，视为专利权人承认大于该保护范围的权利要求自提交修改之日起无效
D. 专利权人声明放弃部分权利要求的，视为专利权人承认请求人对该项权利要求的无效宣告请求

【考点】 当事人处置原则

【分析】《专利审查指南 2010》第四部分第三章第 2.2 节规定，请求人可以放弃全部或者部分无效宣告请求的范围、理由及证据。对于请求人放弃的无效宣告请求的范围、理由和证据，专利复审委员会通常不再审查。在无效宣告程序中，当事人有权自行与对方和解。对于请求人和专利权人均向专利复审委员会表示有和解愿望的，专利复审委员会可以给予双方当事人一定的期限进行和解，并暂缓作出审查决定，直至任何一方当事人要求专利复审委员会作出审查决定，或者专利复审委员会指定的期限已届满。在无效宣告程序中，专利权人针对请求人提出的无效宣告请求主动缩小专利权保护范围且相应的修改文本已被专利复审委员会接受的，视为专利权人承认大于该保护范围的权利要求自始不符合专利法及其实施细则的有关规定，并且承认请求人对该权利要求的无效宣告请求，从而免去请求人对宣告该权利要求无效这一主张的举证责任。在无效宣告程序中，专利权人声明放弃部分权利要求或者多项外观设计中的部分项的，视为专利权人承认该项权利要求或者外观设计自始不符合专利法及其实施细则的有关规定，并且承认请求人对该项权利要求或者外观设计的无效宣告请求，从而免去请求人对宣告该项权利要求或者外观设计无效这一主张的举证责任。因此，选项 ABD 正确，选项 C 错误。

【答案】 ABD

33.【2012 年第 47 题】对下列哪些无效宣告请求，专利复审委员会将不予受理？

A. 以权利要求缺乏单一性为由提出的无效宣告请求
B. 对处于实质审查阶段的专利申请提出的无效宣告请求
C. 以外观设计专利权与他人在申请日以前已经取得的合法权利相冲突为请求宣告外观设计专利权无效，但未提交证明权利冲突的证据

D. 以同样的理由和证据针对同一专利权再次提出无效宣告请求

【考点】无效宣告请求的受理

考生	意见
甲	无效宣告请求时只提供理由应该就可以被受理，证据是可提供可不提供的，只要无效宣告请求的理由是 R65.2 列出来的就可以被受理，因此，选项 C 错误。

【分析】专利法实施细则第六十五条第二款规定，前款所称无效宣告请求的理由，是指被授予专利的发明创造不符合专利法第二条（发明、实用新型和外观设计的定义）、第二十条第一款（向外国申请专利的保密审查）、第二十二条（实用性、新颖性和创造性）、第二十三条（外观设计的实质性授权条件）、第二十六条第三款（说明书公开充分）、第四款（权利要求书应当得到说明书支持）、第二十七条第二款（外观设计图片或者照片的实质性要求）、第三十三条（修改原则）或者本细则第二十条第二款（独立权利要求的实质性要求）、第四十三条第一款（分案申请）的规定，或者属于专利法第五条（违反法律、社会公德或者妨害公共利益的主题）、第二十五条（不授予专利权的主题）的规定，或者依照专利法第九条（禁止重复授权原则）规定不能取得专利权。该款对无效宣告理由的列举属于穷尽性列举，并不包括权利要求缺乏单一性，因此，以权利要求缺乏单一性为由提出的无效宣告请求，不予受理，选项 A 正确。需要说明的是，根据专利法实施细则第五十三条的规定，发明专利申请经实质审查应当予以驳回的情形包括：申请不符合专利法第三十一条第一款（单一性）规定的。

《专利审查指南2010》第四部分第三章第3.1节规定，无效宣告请求的客体应当是已经公告授权的专利，包括已经终止或者放弃（自申请日起放弃的除外）的专利。无效宣告请求不是针对已经公告授权的专利的，不予受理。因此，选项 B 中，对处于实质审查阶段的专利申请提出的无效宣告请求，不予受理，选项 B 正确。专利法实施细则六十六条第三款规定，以不符合专利法第二十三条第三款的规定为理由请求宣告外观设计专利权无效，但是未提交证明权利冲突的证据的，专利复审委员会不予受理。因此，选项 C 正确。专利法实施细则六十六条第二款规定，在专利复审委员会就无效宣告请求作出决定之后，又以同样的理由和证据请求宣告无效的，专利复审委员会不予受理。因此，选项 D 正确。

需要注意的是，专利法实施细则第六十五条第二款穷尽式列举了13项无效理由，在请求宣告专利权无效时，并不是所有的无效理由都需要提供相应的证据，然而，有的是必须提供相应的证据的，比如，专利法实施细则第六十六条第三款规定，以不符合专利法第二十三条第三款的规定为理由请求宣告外观设计专利权无效，但是未提交证明权利冲突的证据的，专利复审委员会不予受理。由此可知，考生甲的想法是不对的。

【答案】ABCD

三、无效宣告请求的形式审查

1. 形式审查的内容

34.【2016年第23题】对于实用新型专利权，下列哪个不属于无效宣告请求的理由？

A. 权利要求书没有清楚地说明要求保护的范围
B. PCT 国际申请经修改后被授权，其授权的权利要求所要求保护的技术方案超出了原始提交的国际申请文件所记载的范围
C. 说明书及附图存在错误，导致说明书没有对所要求保护的实用新型作出清楚、完整的说明
D. 授权的多项独立权利要求之间缺乏单一性

【考点】无效宣告请求的理由

【分析】专利法实施细则第六十五条第二款规定，前款所称无效宣告请求的理由，是指被授予专利的发明创造不符合专利法第二条（发明、实用新型和外观设计的定义）、第二十条第一款（向外国申请专利的保密审查）、第二十二条（实用性、新颖性和创造性）、第二十三条（外观设计的实质性授权条件）、第二十六条第三款（说明书公开充分）、第四款（权利要求书应当得到说明书支持）、第二十七条第二款（外观设计图片或者照片的实质性要求）、第三十三条（修改原则）或者本细则第二十条第二款（独立权利要求的实质性要求）、第四十三条第一款（分案申请）的规定，或者属于专利法第五条（违反法律、社会公德或者妨害公共利益的

主题)、第二十五条(不授予专利权的主题)的规定,或者依照专利法第九条(禁止重复授权原则)规定不能取得专利权。因此,选项ABC错误,选项D正确。

【答案】D

35.【2016年第74题】专利权人刘某针对企业甲和乙向法院提起专利侵权民事诉讼,向企业丙发出专利侵权警告律师函。下列说法哪些是正确的?

A. 企业甲和乙可以共同作为请求人,针对刘某的专利权提出一件无效宣告请求
B. 企业甲和乙可以委托同一专利代理机构,为甲、乙分别办理无效宣告程序有关事务
C. 企业丙可以针对刘某的专利权提出无效宣告请求
D. 企业丁由于未被专利权人刘某提起专利侵权民事诉讼或发出专利侵权警告律师函,故企业丁不能针对刘某的专利权提出无效宣告请求

【考点】专利侵权无效宣告请求人资格

【分析】专利法第四十五条规定,自国务院专利行政部门公告授予专利权之日起,任何单位或者个人认为该专利权的授予不符合本法有关规定的,可以请求专利复审委员会宣告该专利权无效。《专利审查指南2010》第四部分第三章第3.2节规定了无效宣告请求人资格,请求人属于下列情形之一的,其无效宣告请求不予受理:(1)请求人不具备民事诉讼主体资格的。(2)以授予专利权的外观设计与他人在申请日以前已经取得的合法权利相冲突为理由请求宣告外观设计专利权无效,但请求人不能证明是在先权利人或者利害关系人的。其中,利害关系人是指有权根据相关法律规定就侵犯在先权利的纠纷向人民法院起诉或者请求相关行政管理部门处理的人。(3)专利权人针对其专利权提出无效宣告请求且请求宣告专利权全部无效、所提交的证据不是公开出版物或者请求人不是共有专利权的所有专利权人的。(4)多个请求人共同提出一件无效宣告请求的,但属于所有专利权人针对其共有的专利权提出的除外。因此,选项AD错误,选项BC正确。

【答案】BC

36.【2016年第76题】关于无效宣告程序中的委托手续,下列说法哪些是正确的?

A. 专利权人在专利申请阶段委托的代为办理专利申请以及专利权有效期内全部专利事务的专利代理机构,可以直接代表专利权人在无效宣告程序中办理相关事务,专利权人无需再提交无效宣告程序授权委托书
B. 专利权人与多个专利代理机构同时存在委托关系,且未指定收件人的,则在无效宣告程序中最后接受委托的专利代理机构被视为收件人
C. 请求人委托专利代理机构的,其委托手续应当在专利复审委员会办理
D. 请求人先后委托了多个代理机构,可以指定其最先委托的专利代理机构作为收件人

【考点】无效宣告程序委托手续

【分析】《专利审查指南2010》第四部分第三章第3.6节规定了委托手续,(1)请求人或者专利权人在无效宣告程序中委托专利代理机构的,应当提交无效宣告程序授权委托书,且专利权人应当在委托书中写明委托权限仅限于办理无效宣告程序有关事务。在无效宣告程序中,即使专利权人此前已就其专利委托了在专利权有效期内的全程代理并继续委托该全程代理的机构的,也应当提交无效宣告程序授权委托书。(2)在无效宣告程序中,请求人委托专利代理机构的,或者专利权人委托专利代理机构且委托书中写明其委托权限仅限于办理无效宣告程序有关事务的,其委托手续或者解除、辞去委托的手续应当在专利复审委员会办理,无须办理著录项目变更手续。请求人或者专利权人委托专利代理机构而未向专利复审委员会提交委托书或者委托书中未写明委托权限的,专利权人未在委托书中写明其委托权限仅限于办理无效宣告程序有关事务的,专利复审委员会应当通知请求人或者专利权人在指定期限内补正;期满未补正的,视为未委托。(5)同一当事人与多个专利代理机构同时存在委托关系的,当事人应当以书面方式指定其中一个专利代理机构作为收件人;未指定的,专利复审委员会将在无效宣告程序中最先委托的专利代理机构视为收件人;最先委托的代理机构有多个的,专利复审委员会将署名在先的专利代理机构视为收件人;署名无先后(同日分别委托)的,专利复审委员会应当通知当事人在指定期限内指定;未在指定期限内指定的,视为未委托。因此,选项AB错误,选项CD正确。

【答案】CD

37.【2016年第75题】郑某2010年3月1日就同样的发明创造提交了一项实用新型专利申请和一项发明专利申请，并就存在同日申请做了说明，该实用新型专利申请于2010年9月1日获得授权；其发明专利申请于2011年9月1日被公开，并且经过实质审查在郑某于2012年2月1日放弃了上述实用新型专利权后，于2012年6月1日获得授权。2015年3月1日该发明专利因未交纳年费而终止。在满足其他受理条件的情况下，下列哪些无效宣告请求应当予以受理？

A. 2010年12月2日李某针对上述实用新型专利权提出无效宣告请求
B. 2011年11月9日李某针对上述发明专利申请提出无效宣告请求
C. 2013年1月10日陈某针对上述实用新型专利权提出无效宣告请求
D. 2015年10月8日刘某针对该发明专利权提出无效宣告请求

【考点】无效宣告请求客体

【分析】《专利审查指南2010》第二部分第三章第6.2.2节规定了对一件专利申请和一项专利权的处理：对于同一申请人同日（仅指申请日）对同样的发明创造既申请实用新型又申请发明专利的，在先获得的实用新型专利权尚未终止，并且申请人在申请时分别作出说明，除通过修改发明专利申请外，还可以通过放弃实用新型专利权避免重复授权。因此，在对上述发明专利申请进行审查的过程中，如果该发明专利申请符合授予专利权的其他条件，应当通知申请人进行选择或者修改，申请人选择放弃已经授予的实用新型专利权的，应当在答复审查意见通知书时附交放弃实用新型专利权的书面声明。此时，对那件符合授权条件、尚未授权的发明专利申请，应当发出授权通知书，并将放弃上述实用新型专利权的书面声明转至有关审查部门，由专利局予以登记和公告，公告上注明上述实用新型专利权自公告授予发明专利权之日起终止。《专利审查指南2010》第四部分第三章第3.1节规定，无效宣告请求的客体应当是已经公告授权的专利，包括已经终止或者放弃（自申请日起放弃的除外）的专利。无效宣告请求不是针对已经公告授权的专利的，不予受理。专利复审委员会作出宣告专利权全部或者部分无效的审查决定后，当事人未在收到该审查决定之日起3个月内向人民法院起诉或者人民法院生效判决维持该审查决定的，针对已被该决定宣告无效的专利权提出的无效宣告请求不予受理。

本题中，实用新型的专利权保护期限始于其授权日2010年9月1日，并且终止于发明专利获得授权之日2012年6月1日。选项A中2010年12月2日，该实用新型处于授权状态，可以提出无效宣告请求，因此，选项A正确。选项B中2011年11月9日，该发明专利申请刚被公开尚未授权，不能对其提起无效宣告请求，因此，选项B错误。而选项CD中，在2013年1月10日2015年10月8日两个时间点，实用新型专利和发明专利都已分别终止，但是这两项专利权并不是自始不存在，故可以提起无效宣告请求，因此，选项CD正确。

【答案】ACD

38.【2016年第77题】在无效宣告程序中，专利代理人的哪些行为需要当事人的特别授权？

A. 代为修改权利要求书
B. 代为放弃无效宣告请求所依据的部分证据
C. 代为接收口头审理中当庭转送的文件
D. 代为撤回无效宣告请求

【考点】无效宣告程序特别授权

考生	意见
甲	选项B，无效程序中，代理人可以代为放弃无效宣告请求所依据的部分证据，我觉得这项权利需要专利权人的特别授权，否则很有可能因为该部分证据的放弃而直接导致其无效宣告证据不足而无效失败。

【分析】《专利审查指南2010》第四部分第三章第3.6节规定，当事人委托公民代理的，参照有关委托专利代理机构的规定办理。公民代理的权限仅限于在口头审理中陈述意见和接收当庭转送的文件。对于下列事项，代理人需要具有特别授权的委托书：（i）专利权人的代理人代为承认请求人的无效宣告请求；（ii）专利权人的代理人代为修改权利要求书；（iii）代理人代为和解；（iv）请求人的代理人代为撤回无效宣告请求。因此，选项AD正确，选项BC错误。

需要说明的是，根据目前《专利审查指南2010》的规定，代理人需要具有特别授权的事项限于上述四项内容，该内容是在2010年新增加的内容，因此，按照目前的规定答题即可，无需多虑，考生甲的想法是不对的。

【答案】 AD

39.【2015年第75题】下列哪些人可以提出宣告发明专利权全部无效的请求？
  A. 专利许可合同的被许可人　　　　　　B. 专利侵权诉讼中的被告
  C. 职务发明的发明人　　　　　　　　　D. 专利权人

【考点】 宣告专利权全部无效

【分析】 根据专利法第四十五条的规定，自国务院专利行政部门公告授予专利权之日起，任何单位或者个人认为该专利权的授予不符合本法有关规定的，可以请求专利复审委员会宣告该专利权无效。因此，选项ABC正确。《专利审查指南2010》第四部分第三章第3.2节规定，请求人属于下列情形之一的，其无效宣告请求不予受理：其中，（3）专利权人针对其专利权提出无效宣告请求且请求宣告专利权全部无效、所提交的证据不是公开出版物或者请求人不是共有专利权的所有专利权人的。因此，选项D错误。

【答案】 ABC

40.【2015年第78题】下列哪些属于无效宣告请求的理由？
  A. 权利要求书没有清楚地说明要求保护的范围
  B. PCT申请经修改后的授权文本，其要求保护的范围超出了原始提交的国际申请文件所记载的范围
  C. 独立权利要求缺乏必要技术特征
  D. 授权的多项独立权利要求之间缺乏单一性

【考点】 无效宣告请求的理由

【分析】 专利法实施细则第六十五条第二款规定，前款所称无效宣告请求的理由，是指被授予专利的发明创造不符合专利法第二条（发明、实用新型和外观设计的定义）、第二十条第一款（向外国申请专利的保密审查）、第二十二条（实用性、新颖性和创造性）、第二十三条（外观设计的实质性授权条件）、第二十六条第三款（说明书公开充分）、第四款（权利要求书应当得到说明书支持）、第二十七条第二款（外观设计图片或者照片的实质性要求）、第三十三条（修改原则）或者本细则第二十条第二款（独立权利要求的实质性要求）、第四十三条第一款（分案申请）的规定，或者属于专利法第五条（违反法律、社会公德或者妨害公共利益的主题）、第二十五条（不授予专利权的主题）的规定，或者依照专利法第九条（禁止重复授权原则）规定不能取得专利权。因此，选项ABC正确，选项D错误。

【答案】 ABC

41.【2014年第42题】下列哪些不能作为宣告专利权无效的理由？
  A. 专利权人未在规定期限内缴纳年费　　B. 权利要求之间不具备单一性
  C. 权利要求没有得到说明书的支持　　　D. 专利申请委托手续不符合相关规定

【考点】 无效宣告的理由

【分析】 专利法实施细则第六十五条第二款规定，前款所称无效宣告请求的理由，是指被授予专利的发明创造不符合专利法第二条（发明、实用新型和外观设计的定义）、第二十条第一款（向外国申请专利的保密审查）、第二十二条（实用性、新颖性和创造性）、第二十三条（外观设计的实质性授权条件）、第二十六条第三款（说明书公开充分）、第四款（权利要求书应当得到说明书支持）、第二十七条第二款（外观设计图片或者照片的实质性要求）、第三十三条（修改原则）或者本细则第二十条第二款（独立权利要求的实质性要求）、第四十三条第一款（分案申请）的规定，或者属于专利法第五条（违反法律、社会公德或者妨害公共利益的主题）、第二十五条（不授予专利权的主题）的规定，或者依照专利法第九条（禁止重复授权原则）规定不能取得专利权。本题中，选项C中的理由属于上述列出的请求宣告该专利权无效的理由，选项ABD中的理由并不在上述规定的范围之内，不能作为请求宣告该专利权无效的理由，因此，选项ABD正确，选项C错误。

【答案】 ABD

42.【2014年第58题】吴某于2011年4月10日针对某专利提出无效宣告请求。下列哪些情形下专利复审委员会对该无效宣告请求不予受理？

A. 王某就该专利于2011年4月5日向专利复审委员会提出过无效宣告请求

B. 该专利权于2011年4月8日终止

C. 该专利权自申请日起放弃

D. 该专利权已被专利复审委员会的生效决定宣告全部无效

【考点】无效宣告请求客体

【分析】专利法第四十五条规定，自国务院专利行政部门公告授予专利权之日起，任何单位或者个人认为该专利权的授予不符合本法有关规定的，可以请求专利复审委员会宣告该专利权无效。《专利审查指南2010》第四部分第三章第3.1节规定，无效宣告请求的客体应当是已经公告授权的专利，包括已经终止或者放弃（自申请日起放弃的除外）的专利。无效宣告请求不是针对已经公告授权的专利的，不予受理。专利复审委员会作出宣告专利权全部或者部分无效的审查决定后，当事人未在收到该审查决定之日起三个月内向人民法院起诉或者人民法院生效判决维持该审查决定的，针对已被该决定宣告无效的专利权提出的无效宣告请求不予受理。本题中，选项A中的王某虽然在2011年4月5日已就该专利提出过无效宣告请求，根据专利法实施细则第六十六条第二款的规定，只有专利复审委员会没有就该无效宣告请求作出决定，或者吴某不是以同样的理由和证据请求无效宣告的，专利复审委员会就应当受理其无效宣告请求，因此，选项A错误。根据《专利审查指南2010》第四部分第三章第3.1节的规定，对于已经终止的专利，任何单位或者个人都可以请求宣告该专利无效，因此，选项B错误。针对自申请日起放弃或者已经被专利复审委员会的生效判决宣告全部无效的专利提出的无效宣告请求，专利复审委员会应当不予受理。因此，选项CD正确。

【答案】CD

43.【2013年第24题】针对下列哪个专利提出的无效宣告请求，专利复审委员会不予受理？

A. 请求宣告无效的专利因未缴纳年费而终止

B. 请求宣告无效的专利自申请日起放弃

C. 请求宣告无效的专利因专利权属纠纷被中止

D. 请求宣告无效的专利因期满而终止

【考点】无效宣告请求的受理

【分析】《专利审查指南2010》第四部分第三章第3.1节规定，无效宣告请求的客体应当是已经公告授权的专利，包括已经终止或者放弃（自申请日起放弃的除外）的专利。无效宣告请求不是针对已经公告授权的专利的，不予受理。因此，选项B正确，选项ACD错误。

【答案】B

44.【2013年第77题】某专利权有三项权利要求。下列哪些可以作为请求宣告该专利权无效的理由？

A. 权利要求1和权利要求3之间不具有单一性

B. 由于存在抵触申请，权利要求1不具备新颖性

C. 权利要求1与现有技术的区别为公知常识，不具备创造性

D. 权利要求1的撰写未区分前序部分和特征部分

【考点】无效宣告理由

【分析】专利法实施细则第六十五条第二款规定，前款所称无效宣告请求的理由，是指被授予专利的发明创造不符合专利法第二条（发明、实用新型和外观设计的定义）、第二十条第一款（向外国申请专利的保密审查）、第二十二条（实用性、新颖性和创造性）、第二十三条（外观设计的实质性授权条件）、第二十六条第三款（说明书公开充分）、第四款（权利要求书应当得到说明书支持）、第二十七条第二款（外观设计图片或者照片的实质性要求）、第三十三条（修改原则）或者本细则第二十条第二款（独立权利要求的实质性要求）、第四十三条第一款（分案申请）的规定，或者属于专利法第五条（违反法律、社会公德或妨害公共利益的主题）、第二十五条（不授予专利权的主题）的规定，或者依照专利法第九条（禁止重复授权原则）规定不能取得专利权。由此可知，选项BC正确。专利法实施细则第六十五条第二款对无效宣告理由的列举属于穷尽性列举，并不包括不具有单一性、权利要求未区分前序部分和特征部分，因此，选项AD错误。

需要注意的是，根据专利法实施细则第五十三条的规定，发明专利申请经实质审查应当予以驳回的情形包

括：申请不符合专利法第三十一条第一款（单一性）规定的。另外，《专利审查指南2010》第二部分第二章第3.3.1规定，根据专利法实施细则第二十一条第二款的规定，发明或者实用新型的性质不适于用上述方式撰写的，独立权利要求也可以不分前序部分和特征部分。

【答案】 BC

2. 形式审查通知书

四、无效宣告请求的合议审查

45.【2016年第78题】在无效宣告程序中，实用新型专利权人在答复无效宣告请求受理通知书时对其专利文件进行修改，下列哪些方式是允许的？

A. 删除原独立权利要求，将并列从属于原独立权利要求的三项从属权利要求修改为三项并列的独立权利要求

B. 根据请求人提出的现有技术证据，对独立权利要求重新划分前序部分与特征部分

C. 删除独立权利要求，将从属权利要求作为新的独立权利要求书

D. 删除独立权利要求，将两项并列从属权利要求合并作为新的独立权利要求书，并对说明书做适应性修改

【考点】 无效宣告程序修改

【分析】《专利审查指南2010》第四部分第三章第4.6.1节规定，发明或者实用新型专利文件的修改仅限于权利要求书，其原则是：（1）不得改变原权利要求的主题名称；（2）与授权的权利要求相比，不得扩大原专利的保护范围；（3）不得超出原说明书和权利要求书记载的范围；（4）一般不得增加未包含在授权的权利要求书中的技术特征。《专利审查指南2010》第四部分第三章第4.6.2节规定，在满足上述修改原则的前提下，修改权利要求书的具体方式一般限于权利要求的删除、合并和技术方案的删除。权利要求的删除是指从权利要求书中去掉某项或者某些项权利要求，如独立权利要求或者从属权利要求。权利要求的合并是指两项或者两项以上相互无从属关系但在授权公告文本中从属于同一独立权利要求的权利要求的合并。在此情况下，所合并的从属权利要求的技术特征组合在一起形成新的权利要求。该新的权利要求应当包含被合并的从属权利要求中的全部技术特征。在独立权利要求未作修改的情况下，不允许对其从属权利要求进行合并式修改。技术方案的删除是指从同一权利要求中并列的两种以上技术方案中删除一种或者一种以上技术方案。因此，选项AC正确，选项BD错误。

【答案】 AC

46.【2015年第77题】张某针对李某的发明专利提出无效宣告请求，李某在收到无效宣告请求书后，在专利复审委员会指定的答复期限内，采取下列哪些做法是符合相关规定的？

A. 以合并方式修改权利要求

B. 提交外文期刊及其中文译文作为反证

C. 与张某接触，商谈和解事宜

D. 委托专利代理机构，在专利复审委员会指定的答复期限内陈述专利权应维持有效的意见

【考点】 无效宣告请求

【分析】《专利审查指南2010》第四部分第三章第4.6.2节规定❶，修改权利要求书的具体方式一般限于权利要求的删除、合并和技术方案的删除。《专利审查指南2010》第四部分第三章第4.6.3节规定❷，在专利复审委员会作出审查决定之前，专利权人可以删除权利要求或者权利要求中包括的技术方案。仅在下列三种情形的答复期限内，专利权人可以以合并的方式修改权利要求书：（1）针对无效宣告请求书。（2）针对请求人增加的无效宣告理由或者补充的证据。（3）针对专利复审委员会引入的请求人未提及的无效宣告理由或者证据。因此，选项A正确。《专利审查指南2010》第四部分第三章第4.3.2节规定，专利权人提交的证据是外文的，

---

❶ 2017年第74号局令将该节内容修改为"……修改权利要求书的具体方式一般限于权利要求的删除、技术方案的删除、权利要求的进一步限定、明显错误的修正"。

❷ 2017年第74号局令将该节内容修改为"……专利权人可以以删除以外的方式修改权利要求书"。

提交其中文译文的期限适用该证据的举证期限。因此，选项 B 正确。《专利审查指南 2010》第四部分第三章第 2.2 节规定，在无效宣告程序中，当事人有权自行与对方和解。因此，选项 C 正确。《专利审查指南 2010》第四部分第三章第 3.6 节规定，请求人或者专利权人在无效宣告程序中委托专利代理机构的，应当提交无效宣告程序授权委托书，且专利权人应当在委托书中写明委托权限仅限于办理无效宣告程序有关事务。因此，选项 D 正确。

【答案】 ABCD

47.【2015 年第 79 题】甲于 2013 年 3 月 5 日针对乙的某项发明专利权向专利复审委员会提出无效宣告请求。在以下哪些情形下，乙可以在答复期限内对权利要求作出合并式修改？
  A. 针对甲于 2013 年 4 月 7 日补充提交的美国专利文献
  B. 针对甲于 2013 年 4 月 2 日补充提交的意见陈述书，其中增加了权利要求 1 缺必要技术特征的理由但没有补充证据
  C. 针对甲的无效宣告请求书
  D. 针对专利复审委员会依职权引入的理由

【考点】 合并式修改

【分析】《专利审查指南 2010》第四部分第三章第 4.6.3 节规定❶，仅在下列三种情形的答复期限内，专利权人可以合并的方式修改权利要求书：(1) 针对无效宣告请求书。(2) 针对请求人增加的无效宣告理由或者补充的证据。(3) 针对专利复审委员会引入的请求人未提及的无效宣告理由或者证据。因此，选项 CD 正确。《专利审查指南 2010》第四部分第三章第 4.2 节规定，请求人在提出无效宣告请求之日起一个月内增加无效宣告理由的，应当在该期限内对所增加的无效宣告理由具体说明；否则，专利复审委员会不予考虑。选项 B 中，甲在提出无效宣告请求之日起一个月内增加了权利要求 1 缺必要技术特征的理由，并提交了意见陈述书，因此，乙可以针对甲增加的无效宣告理由，对权利要求作出合并式修改，选项 B 正确。《专利审查指南 2010》第四部分第三章第 4.3 节规定，请求人在提出无效宣告请求之日起一个月后补充证据的，专利复审委员会一般不予考虑。选项 A 中，甲在提出无效宣告请求之日起一个月后增加了美国专利文献，因此，乙不能在答复期限内对权利要求作出合并式修改，选项 A 错误。

【答案】 BCD

48.【2015 年第 80 题】关于无效宣告程序中专利权人对专利文件的修改，下列说法哪些是正确的？
  A. 外观设计专利的专利权人不得对简要说明进行修改
  B. 实用新型专利的专利权人不得对专利说明书进行修改
  C. 发明专利的专利权人不得对专利说明书进行修改
  D. 发明专利的专利权人不得对权利要求书进行修改

【考点】 无效宣告程序中专利文件的修改

【分析】《专利审查指南 2010》第四部分第三章第 4.6.1 节规定，发明或者实用新型专利文件的修改仅限于权利要求书。外观设计专利的专利权人不得修改其专利文件。因此，选项 ABC 正确，选项 D 错误。

【答案】 ABC

49.【2014 年第 47 题】在无效宣告程序中，专利权人对其权利要求进行了删除式修改，同时针对请求人所提交的证据提交了三份反证。请求人采取的下列哪些应对措施是被允许的？
  A. 在专利复审委员会指定期限内，针对专利权人修改后的权利要求书增加新的无效宣告理由
  B. 在专利复审委员会指定期限内，针对专利权人提交的三份反证补充新的证据，并在该期限内结合该证据具体说明相关的无效宣告理由
  C. 对明显与提交的证据不相对应的无效宣告理由进行变更
  D. 在口审辩论终结前提交教科书等公知常识性证据，并在该期限内结合该证据具体说明相关无效宣告理由

---

❶ 2017 年第 74 号局令将该节内容修改为"……专利权人可以以删除以外的方式修改权利要求书"。

【考点】无效宣告理由的增加 无效宣告请求的举证期限

【分析】专利法实施细则第六十七条规定，在专利复审委员会受理无效宣告请求后，请求人可以在提出无效宣告请求之日起1个月内增加理由或者补充证据。逾期增加理由或者补充证据的，专利复审委员会可以不予考虑。《专利审查指南2010》第四部分第三章第4.2节规定❶，（1）请求人在提出无效宣告请求之日起一个月内增加无效宣告理由的，应当在该期限内对所增加的无效宣告理由具体说明；否则，专利复审委员会不予考虑。（2）请求人在提出无效宣告请求之日起一个月后增加无效宣告理由的，专利复审委员会一般不予考虑，但下列情形除外：(i) 针对专利权人以合并方式修改的权利要求，在专利复审委员会指定期限内增加无效宣告理由，并在该期限内对所增加的无效宣告理由具体说明的；(ii) 对明显与提交的证据不相对应的无效宣告理由进行变更的。因此，选项BC正确。选项A中，如果请求人是在提出无效宣告请求之日起1个月内增加新的无效理由，则需要在该期限内对新增加的理由具体说明，但选项A中请求人没有作出说明；而在自无效宣告请求之日起1个月后，专利权人只进行删除式修改而不是合并式修改的情况下，请求人增加的理由专利复审委员会一般不予考虑，因此，选项A错误。

《专利审查指南2010》第四部分第三章第4.3.1节规定❷，（2）请求人在提出无效宣告请求之日起一个月后补充证据的，专利复审委员会一般不予考虑，但下列情形除外：(i) 针对专利权人以合并方式修改的权利要求或者提交的反证，请求人在专利复审委员会指定的期限内补充证据，并在该期限内结合该证据具体说明相关无效宣告理由的；(ii) 在口头审理辩论终结前提交技术词典、技术手册和教科书等所属技术领域中的公知常识性证据或者用于完善证据法定形式的公证文书、原件等证据，并在该期限内结合该证据具体说明相关无效宣告理由的。（3）请求人提交的证据是外文的，提交其中文译文的期限适用该证据的举证期限。因此，选项D正确。

【答案】BCD

50.【2014年第95题】某实用新型专利授权公告的权利要求书为：

"1. 一种电机，特征为H。

2. 如权利要求1所述的电机，特征还有I和J。

3. 如权利要求1所述的电机，特征还有K和L。"

在无效宣告程序中，允许专利权人以下列哪些方式修改权利要求书？

A. 在针对无效宣告请求书的答复期限内，将权利要求书修改为"1、一种电机，特征为H、I、J和L。"

B. 在针对请求人增加无效宣告理由的答复期限内，将权利要求书修改为"1、一种电机，特征为H、I、J、K和L。"

C. 在针对专利复审委员会引入的请求人未提及的无效宣告理由的答复期限内，将权利要求书修改为"1、一种电机，特征为H、I和J。"

D. 在口头审理辩论终结前，将权利要求书修改为"1、一种电机，特征为H、K和L。"

【考点】无效宣告程序中专利文件的修改

【分析】专利法实施细则第六十九条规定，在无效宣告请求的审查过程中，发明或者实用新型专利的专利权人可以修改其权利要求书，但是不得扩大原专利的保护范围。发明或者实用新型专利的专利权人不得修改专利说明书和附图，外观设计专利的专利权人不得修改图片、照片和简要说明。《专利审查指南2010》第四部分第三章第4.6.2节规定，修改权利要求书的具体方式一般限于权利要求的删除、合并和技术方案的删除。权利要求的删除是指从权利要求书中去掉某项或者某些项权利要求，例如独立权利要求或者从属权利要求。权利要求的合并是指两项或者两项以上相互无从属关系但在授权公告文本中从属于同一独立权利要求的权利要求的合并。在此情况下，所合并的从属权利要求的技术特征组合在一起形成新的权利要求。该新的权利要求应当包含

---

❶ 2017年第74号局令将该节内容修改为"……(i) 针对专利权人以删除以外的方式修改的权利要求，在专利复审委员会指定期限内针对修改内容增加无效宣告理由"。

❷ 2017年第74号局令将该节内容修改为"……(i) 针对专利权人提交的反证，请求人在专利复审委员会指定的期限内补充证据"。

被合并的从属权利要求中的全部技术特征。在独立权利要求未作修改的情况下，不允许对其从属权利要求进行合并式修改。技术方案的删除是指从同一权利要求中并列的两种以上技术方案中删除一种或者一种以上技术方案。

本题中，选项 A 中的修改，合并了原来的三项权利要求，删除了原权利要求 3 中的技术特征 K，由于特征 K 和 L 并不是并列的技术特征，因此，这种修改既不是上述规定中的删除，也不是合并，而是提出了一种新的保护范围，该种修改不被允许，选项 A 错误。选项 B 中的修改，在删除了权利要求 1 的情况下，将同从属于权利要求 1 的权利要求 2、3 合并，该种修改没有超出原专利的保护范围，因此，该种修改是被允许的，选项 B 正确。选项 C 中的修改，删除了原权利要求 1 和 3，该种修改未超出原专利的保护范围，因此，该种修改是被允许的，选项 C 正确。选项 D 中的修改，删除了原权利要求 1 和 2，该种修改未超出原专利的保护范围，因此，该种修改是被允许的，选项 D 正确。

【答案】BCD

51.【2013 年第 17 题】下列关于无效宣告程序的说法哪个是正确的？
A. 对于关系重大经济利益或者社会影响的专利，专利复审委员会可以自行启动无效宣告程序
B. 无效宣告程序中的口头审理都应当公开举行
C. 请求人撤回无效宣告请求的，无效宣告程序一律终止
D. 在无效宣告程序中，专利复审委员会不承担全面审查专利有效性的义务

【考点】无效宣告请求人资格　口头审理　无效宣告程序终止　审查范围

【分析】专利法第四十五条规定，自国务院专利行政部门公告授予专利权之日起，任何单位或者个人认为该专利权的授予不符合本法有关规定的，可以请求专利复审委员会宣告该专利权无效。《专利审查指南 2010》第四部分第三章第 2.3 节规定，复审程序和无效宣告程序均应当基于当事人的请求启动。因此，选项 A 错误。《专利审查指南 2010》第四部分第四章第 5 节规定了，口头审理应当公开进行，但根据国家法律、法规等规定需要保密的除外。因此，选项 B 错误。专利法实施细则第七十二条第二款规定，专利复审委员会作出决定之前，无效宣告请求人撤回其请求或者其无效宣告请求被视为撤回的，无效宣告请求审查程序终止。但是，专利复审委员会认为根据已进行的审查工作能够作出宣告专利权无效或者部分无效的决定的，不终止审查程序。因此，选项 C 错误。《专利审查指南 2010》第四部分第一章第 2.4 节规定，专利复审委员会可以对所审查的案件依职权进行审查，而不受当事人请求的范围和提出的理由、证据的限制。因此，选项 D 正确。

【答案】D

52.【2013 年第 38 题】下列有关无效宣告程序中专利文件的修改，哪些说法是正确的？
A. 外观设计专利文件的修改仅限于简要说明
B. 发明专利文件的修改仅限于权利要求书
C. 实用新型专利文件不得修改
D. 发明专利文件的修改不得改变原权利要求的主题名称

【考点】修改方式

【分析】专利法实施细则第六十九条规定，在无效宣告请求的审查过程中，发明或者实用新型专利的专利权人可以修改其权利要求书，但是不得扩大原专利的保护范围。发明或者实用新型专利的专利权人不得修改专利说明书和附图，外观设计专利的专利权人不得修改图片、照片和简要说明。因此，选项 AC 错误，选项 B 正确。《专利审查指南 2010》第四部分第三章第 4.6.1 节规定，发明或者实用新型专利文件的修改仅限于权利要求书，其原则是：(1) 不得改变原权利要求的主题名称。(2) 与授权的权利要求相比，不得扩大原专利的保护范围。(3) 不得超出原说明书和权利要求书记载的范围。(4) 一般不得增加未包含在授权的权利要求书中的技术特征。外观设计专利的专利权人不得修改其专利文件。因此，选项 D 正确。

【答案】BD

53.【2013 年第 85 题】某专利授权公告的权利要求书如下：
"权利要求 1：一种牙刷，具有特征 L 或者特征 M。

权利要求 2：根据权利要求 1 的牙刷，其特征在于，进一步具有特征 N。

权利要求3：根据权利要求1的牙刷，其特征在于，进一步具有特征O。
权利要求4：权利要求1至3之一的牙刷的制备方法，其特征在于……。"
在无效宣告程序中，专利权人作出的下列哪些修改能够被允许？
A. 删除权利要求1中具有特征M的牙刷的技术方案
B. 删除权利要求4，同时将本发明的发明名称由"一种牙刷及其制备方法"修改为"一种牙刷"
C. 删除权利要求1，同时将权利要求2和3合并修改为新的权利要求1
D. 修改权利要求1，增加未记载在原说明书和权利要求书中的特征P

【考点】修改方式

【分析】《专利审查指南2010》第四部分第三章第4.6节规定，修改权利要求书的具体方式一般限于权利要求的删除、合并和技术方案的删除。(1) 权利要求的删除是指从权利要求书中去掉某项或者某些项权利要求，例如独立权利要求或者从属权利要求。(2) 权利要求的合并是指两项或者两项以上相互无从属关系但在授权公告文本中从属于同一独立权利要求的权利要求的合并。在此情况下，所合并的从属权利要求的技术特征组合在一起形成新的权利要求。该新的权利要求应当包含被合并的从属权利要求中的全部技术特征。在独立权利要求未作修改的情况下，不允许对其从属权利要求进行合并式修改。(3) 技术方案的删除是指从同一权利要求中并列的两种以上技术方案中删除一种或者一种以上技术方案。在本题中，权利要求1具有两个并列的方案，即"具有特征L或者特征M牙刷的技术方案"，选项A中"删除权利要求1中具有特征M的牙刷的技术方案"符合上述"技术方案的删除"的规定，因此，该修改能够被允许，选项A正确。在选项C中，由于权利要求1是独立权利要求，并且权利要求2和3分别引用权利要求1，因此，"删除权利要求1，同时将权利要求2和3合并修改为新的权利要求1"符合上述"权利要求的合并"的规定，选项C正确。《专利审查指南2010》第四部分第三章第4.6节规定了，发明或者实用新型专利文件的修改仅限于权利要求书，其原则是：(1) 不得改变原权利要求的主题名称。(2) 与授权的权利要求相比，不得扩大原专利的保护范围。(3) 不得超出原说明书和权利要求书记载的范围。(4) 一般不得增加未包含在授权的权利要求书中的技术特征。在选项B中，删除权利要求1符合上述"权利要求的删除"的规定，但是改变主题名称不符合规定，因此，选项B错误。在选项D中，"增加未记载在原说明书和权利要求书中的特征P"是不允许的，因此，选项D错误。

【答案】AC

54.【2012年第11题】下列关于无效宣告程序的哪种说法是正确的？
A. 只有与专利权人有利害关系的人才能够请求宣告专利权无效
B. 专利权终止后任何人不得提出无效宣告请求
C. 专利复审委员会对无效宣告请求作出决定后，请求人可以撤回无效宣告请求
D. 在规定期限内无效宣告请求人可以增加无效宣告理由

【考点】无效宣告程序

【分析】专利法第四十五条规定，自国务院专利行政部门公告授予专利权之日起，任何单位或者个人认为该专利权的授予不符合本法有关规定的，可以请求专利复审委员会宣告该专利权无效。因此，选项A错误。《专利审查指南2010》第四部分第三章第3.1节规定，无效宣告请求的客体应当是已经公告授权的专利，包括已经终止或者放弃（自申请日起放弃的除外）的专利。无效宣告请求不是针对已经公告授权的专利的，不予受理。因此，选项B错误。专利法实施细则第七十二条第一款规定，专利复审委员会对无效宣告的请求作出决定前，无效宣告请求人可以撤回其请求。专利法第四十六条第二款规定，对专利复审委员会宣告专利权无效或者维持专利权的决定不服的，可以自收到通知之日起三个月内向人民法院起诉。由此可知，专利复审委员会对无效宣告请求作出决定后，请求人可以按照规定期限向人民法院起诉，但是不能撤回无效宣告请求。而在专利复审委员会对无效宣告请求作出决定前，请求人可以撤回其请求。因此，选项C错误。专利法实施细则第六十七条规定，在专利复审委员会受理无效宣告请求后，请求人可以在提出无效宣告请求之日起1个月内增加理由或者补充证据。逾期增加理由或者补充证据的，专利复审委员会可以不予考虑。因此，选项D正确。

【答案】D

55.【2012年第27题】某发明专利授权公告的权利要求书如下：

"1. 一种发动机,其特征为a+b。

2. 如权利要求1所述的发动机,还包括特征c。

3. 如权利要求2所述的发动机,还包括特征d。

4. 如权利要求1所述的发动机,还包括特征e。"

在无效宣告程序中,下列哪种修改方式是被允许的?

A. 将权利要求1修改为"一种发动机,其特征为a、b和d",删除其他权利要求

B. 权利要求1未作修改,将权利要求2修改为"如权利要求1所述的发动机,还包括特征c和e"

C. 将权利要求1修改为"一种发动机,其特征为a、b和e",删除其他权利要求

D. 将权利要求1修改为"一种发动机,其特征为a、b和f",特征f在原说明书中有明确记载

【考点】无效宣告程序中专利文件的修改

【分析】专利法实施细则第六十九条第一款规定,在无效宣告请求的审查过程中,发明或者实用新型专利的专利权人可以修改其权利要求书,但是不得扩大原专利的保护范围。《专利审查指南2010》第四部分第三章第4.6.1节规定,发明或者实用新型专利文件的修改仅限于权利要求书,其原则是:(1)不得改变原权利要求的主题名称。(2)与授权的权利要求相比,不得扩大原专利的保护范围。(3)不得超出原说明书和权利要求书记载的范围。(4)一般不得增加未包含在授权的权利要求书中的技术特征。《专利审查指南2010》第四部分第三章第4.6.2节规定,在满足上述修改原则的前提下,修改权利要求书的具体方式一般限于权利要求的删除、合并和技术方案的删除。权利要求的删除是指从权利要求书中去掉某项或者某些项权利要求,例如独立权利要求或者从属权利要求。权利要求的合并是指两项或者两项以上相互无从属关系但在授权公告文本中从属于同一独立权利要求的权利要求的合并。在此情况下,所合并的从属权利要求的技术特征组合在一起形成新的权利要求。该新的权利要求应当包含被合并的从属权利要求中的全部技术特征。在独立权利要求未作修改的情况下,不允许对其从属权利要求进行合并式修改。技术方案的删除是指从同一权利要求中并列的两种以上技术方案中删除一种或者一种以上技术方案。

在选项A中,修改后的权利要求1是原权利要求1加上原权利要求3中的技术特征d而形成的新的权利要求,而原权利要求1是独立权利要求,原权利要求3是原权利要求2的从属权利要求,原权利要求2是原权利要求1的从属权利要求,因此,该修改不属于上述规定中"权利要求的删除、合并和技术方案的删除"中的任何一种,选项A错误。在选项B中,修改后的权利要求2合并了原权利要求3和原权利要求4,而原权利要求3和原权利要求4都是权利要求1,即独立权利要求的从属权利要求,在权利要求1未作修改的情况下,不允许对其从属权利要求进行合并式修改,因此,选项B错误。在选项C中,保留了原权利要求4,并将其作为新的权利要求1,同时删除了其他权利要求,该修改属于上述规定中的"权利要求的删除",因此,选项C正确。在选项D中,修改后的权利要求1中增加了新的技术特征f,原专利的各项权利要求中都没有出现技术特征f,原专利的保护范围中不含包括a、b和f三个技术特征的技术方案,因此,该修改不属于上述规定中"权利要求的删除、合并和技术方案的删除"中的任何一种,选项D错误。

【答案】C

56.【2012年第84题】王某对李某拥有的一项发明专利于2011年3月18日向专利复审委员会提出无效宣告请求,同时提交了对比文件1和2。对于下列哪些增加的无效宣告理由或者证据,专利复审委员会将不予考虑?

A. 王某在2011年4月18日补充了新的无效宣告理由,但未进行具体说明

B. 王某在2011年4月8日对明显与所提交的对比文件1和2都不相对应的无效宣告理由进行变更

C. 李某在口头审理辩论终结前针对其主张的公知常识补充提交了技术词典并进行了具体说明

D. 王某在2011年4月28日补充提交了对比文件2中的相关段落的中文译文

【考点】无效宣告理由的增加 举证期限

【分析】专利法实施细则第六十七条规定,在专利复审委员会受理无效宣告请求后,请求人可以在提出无效宣告请求之日起1个月内增加理由或者补充证据。逾期增加理由或者补充证据的,专利复审委员会可以不予

考虑。《专利审查指南2010》第四部分第三章第4.2节规定了无效宣告理由的增加❶，(1) 请求人在提出无效宣告请求之日起一个月内增加无效宣告理由的，应当在该期限内对所增加的无效宣告理由具体说明；否则，专利复审委员会不予考虑。(2) 请求人在提出无效宣告请求之日起一个月后增加无效宣告理由的，专利复审委员会一般不予考虑，但下列情形除外：(i) 针对专利权人以合并方式修改的权利要求，在专利复审委员会指定期限内增加无效宣告理由，并在该期限内对所增加的无效宣告理由具体说明的；(ii) 对明显与提交的证据不相对应的无效宣告理由进行变更的。在选项A中，王某补充了新的无效宣告理由，但未进行具体说明，因此，专利复审委员会将不予考虑，选项A正确。在选项B中，王某对无效宣告理由进行变更，专利复审委员会应当予以考虑，选项B错误。

《专利审查指南2010》第四部分第三章第4.3.2节规定，专利权人应当在专利复审委员会指定的答复期限内提交证据，但对于技术词典、技术手册和教科书等所属技术领域中的公知常识性证据或者用于完善证据法定形式的公证文书、原件等证据，可以在口头审理辩论终结前补充。在选项C中，李某在口头审理辩论终结前补充提交技术词典并进行具体说明，专利复审委员会应当予以考虑，选项C错误。《专利审查指南2010》第四部分第三章第4.3.2节规定，请求人提交的证据是外文的，提交其中文译文的期限适用该证据的举证期限。根据专利法实施细则第六十七条的规定，王某在2011年3月18日向专利复审委员会提出无效宣告请求，其举证期限截止于2011年4月18日，而王某在2011年4月28日补充提交中文译文，超出了规定期限，因此，专利复审委员会对该中文译文将不予考虑，选项D正确。

【答案】AD

五、无效宣告请求程序的中止

参见本大纲第四章相关部分

六、无效宣告请求审查决定

57.【2016年第79题】 甲于2011年7月1日提交了一项实用新型专利申请，该申请于2011年11月15日被授予专利权，其授权公告的权利要求书包括独立权利要求1及并列从属权利要求2、3，在无效宣告程序中，专利权人删除了原权利要求1~3，将从属权利要求2、3合并形成修改后的独立权利要求1，专利复审委员会于2013年7月30日作出审查决定：在修改后的权利要求1的基础上维持该专利权有效，且双方均未起诉，下列说法正确的是?

A. 原权利要求1~3视为自2011年7月1日即不存在

B. 原权利要求1~3视为自2013年7月30日起不存在

C. 修改后的权利要求1自2011年7月1日起即存在

D. 修改后的权利要求1自2013年7月30日起生效

【考点】无效宣告决定

【分析】《专利审查指南2010》第四部分第三章第5节规定，一项专利被宣告部分无效后，被宣告无效的部分应视为自始即不存在。但是被维持的部分（包括修改后的权利要求）也同时应视为自始即存在。因此，选项AC正确，选项BD错误。

【答案】AC

七、无效宣告程序中对于同样发明创造的处理

八、无效宣告程序的终止

58.【2015年第25题】 在下列哪个情形下无效宣告程序终止?

A. 请求人请求撤回其无效宣告请求，但专利复审委员会认为根据已进行的审查工作能够作出宣告专利权无效的决定

B. 专利权人未提交口头审理回执，也未参加口头审理

C. 当事人在收到无效宣告请求审查决定之日起三个月内未向人民法院起诉

---

❶ 2017年第74号局令将该节内容修改为"……(i) 针对专利权人以删除以外的方式修改的权利要求，在专利复审委员会指定期限内针对修改内容增加无效宣告理由"。

D. 专利复审委员会对无效宣告请求作出维持专利权有效的审查决定

【考点】无效宣告程序终止

【分析】《专利审查指南2010》第四部分第三章第7节规定，请求人在专利复审委员会对无效宣告请求作出审查决定之前，撤回其无效宣告请求的，无效宣告程序终止，但专利复审委员会认为根据已进行的审查工作能够作出宣告专利权无效或者部分无效的决定的除外。请求人未在指定的期限内答复口头审理通知书，并且不参加口头审理，其无效宣告请求被视为撤回的，无效宣告程序终止，但专利复审委员会认为根据已进行的审查工作能够作出宣告专利权无效或者部分无效的决定的除外。在专利复审委员会对无效宣告请求作出审查决定之后，当事人未在收到该审查决定之日起三个月内向人民法院起诉，或者人民法院生效判决维持该审查决定的，无效宣告程序终止。因此，选项ABD错误，选项C正确。

【答案】C

59.【2014年第26题】下列关于撤回无效宣告请求的说法哪个是正确的？
A. 请求人在口头审理中提出撤回请求的，无效宣告程序终止
B. 请求人在口头审理结束后提出的撤回请求，专利复审委员会不予考虑
C. 请求人在专利复审委员会做出无效宣告请求审查决定前撤回请求的，无效宣告审查程序终止
D. 请求人在专利复审委员会已发出书面审查决定后撤回请求的，不影响审查决定的有效性

【考点】无效宣告请求的撤回

考生	意见
甲	选项C怎么不对，根据《专利审查指南2010》的规定，专利无效宣告程序终止的情形包括：请求人在专利复审委员会对无效宣告请求作出审查决定之前，撤回其无效宣告请求的，无效宣告程序终止。所以选C也对。

【分析】专利法实施细则第七十二条规定，专利复审委员会对无效宣告的请求作出决定前，无效宣告请求人可以撤回其请求。专利复审委员会作出决定之前，无效宣告请求人撤回其请求或者其无效宣告请求被视为撤回的，无效宣告请求审查程序终止。但是，专利复审委员会认为根据已进行的审查工作能够作出宣告专利权无效或者部分无效的决定的，不终止审查程序。因此，选项ABC错误，选项D正确。

需要注意的是，专利法实施细则第七十二条第二款中的但书规定，这是在旧法的基础上增加的内容，相应的，《专利审查指南2010》也有但书规定，因此，选项C"请求人在专利复审委员会做出无效宣告请求审查决定前撤回请求的，无效宣告审查程序终止"的表述是不完整的，而本题正是在考查但书的规定，因此，考生甲的想法不对的。

【答案】D

60.【2012年第35题】赵某就一项实用新型专利提出无效宣告请求，下列哪些情形将导致无效宣告程序终止？
A. 赵某在专利复审委员会对其请求作出审查决定之前，主动撤回了其请求，并且专利复审委员会认为根据已进行的审查工作不能够作出宣告专利权无效或者部分无效的决定
B. 赵某的请求被专利复审委员会受理后，专利复审委员会发现请求不符合受理条件，驳回了其请求
C. 专利复审委员会认为赵某的无效宣告理由均不成立，作出维持专利权有效的审查决定，赵某未在规定的期限内起诉
D. 赵某未在指定的期限内答复专利复审委员会发出的口头审理通知书，也未参加口头审理，并且专利复审委员会认为根据已进行的审查工作不能够作出宣告专利权无效或者部分无效的决定

【考点】无效宣告程序终止

【分析】《专利审查指南2010》第四部分第三章第7节规定了无效宣告程序终止的情形：（1）请求人在专利复审委员会对无效宣告请求作出审查决定之前，撤回其无效宣告请求的，无效宣告程序终止，但专利复审委员会认为根据已进行的审查工作能够作出宣告专利权无效或者部分无效的决定的除外。（2）请求人未在指定的期限内答复口头审理通知书，并且不参加口头审理，其无效宣告请求被视为撤回的，无效宣告程序终止，但专利复审委员会认为根据已进行的审查工作能够作出宣告专利权无效或者部分无效的决定的除外。（3）已受理的

无效宣告请求因不符合受理条件而被驳回请求的，无效宣告程序终止。(4) 在专利复审委员会对无效宣告请求作出审查决定之后，当事人未在收到该审查决定之日起三个月内向人民法院起诉，或者人民法院生效判决维持该审查决定的，无效宣告程序终止。(5) 在专利复审委员会作出宣告专利权全部无效的审查决定后，当事人未在收到该审查决定之日起三个月内向人民法院起诉，或者人民法院生效判决维持该审查决定的，针对该专利权的所有其他无效宣告程序终止。因此，选项 ABCD 正确。

【答案】ABCD

第四节 口头审理

一、口头审理的性质

61.【2012年第14题】下列有关复审程序中口头审理的哪种说法是正确的？

A. 复审请求人提出口头审理请求后，专利复审委员会必须进行口头审理

B. 在一件复审案件的审理过程中，只能进行一次口头审理

C. 在收到口头审理通知书后，复审请求人必须参加口头审理，否则复审请求视为撤回

D. 参加复审案件口头审理的每方当事人及其代理人的人数不得超过四人

【考点】口头审理

考生	意见
甲	选项 D 中"每方当事人及其代理人"这种说法确实有点不严谨。复审口头审理中复审委一方不会出现代理人，也没有每方当事人及其代理人的人数不得超过四人。因此，选项 D 错误。

【分析】《专利审查指南2010》第四部分第四章第2节规定，复审请求人提出口头审理请求的，合议组根据案件的具体情况决定是否进行口头审理。在无效宣告程序或者复审程序中，合议组可以根据案情需要自行决定进行口头审理。针对同一案件已经进行过口头审理的，必要时可以再次进行口头审理。因此，选项 AB 错误。《专利审查指南2010》第四部分第四章第3节规定，复审请求人应当在收到口头审理通知书之日起七日内向专利复审委员会提交口头审理通知书回执，并在回执中明确表示是否参加口头审理；逾期未提交回执的，视为不参加口头审理。因此，选项 C 错误。《专利审查指南2010》第四部分第四章第3节规定，参加口头审理的每方当事人及其代理人的数量不得超过四人。回执中写明的参加口头审理人员不足四人的，可以在口头审理开始前指定其他人参加口头审理。一方有多人参加口头审理的，应当指定其中之一作为第一发言人进行主要发言。因此，选项 D 正确。

需要注意的是，《专利审查指南2010》第四部分第四章各节内容在编排上，将复审和无效宣告程序中有关口头审理的规定能够合并说明的就合并说明，不能合并说明的就分开说明。该部分第3节规定了当事人及其代理人数量，并且采用了合并式说明，即"参加口头审理的每方当事人及其代理人的数量不得超过四人"。在该规定中添加"复审案件"即为选项 D，严格地说，正如考生甲所说的，选项 D 确实不够严谨。

【答案】D

二、口头审理的确定

62.【2015年第81题】甲针对乙的某项专利权提出了无效宣告请求，当事人可以依据下列哪些理由请求进行口头审理？

A. 乙要求同甲当面质证和辩论　　　B. 甲需要当面向合议组说明事实

C. 甲需要实物演示　　　D. 乙需要请出具过证言的证人作证

【考点】口头审理的理由

【分析】《专利审查指南2010》第四部分第四章第2节规定，无效宣告程序的当事人可以依据下列理由请求进行口头审理：(1) 当事人一方要求同对方当面质证和辩论。(2) 需要当面向合议组说明事实。(3) 需要实物演示。(4) 需要请出具过证言的证人出庭作证。

【答案】ABCD

三、口头审理的通知

63.【2015年第26题】 复审请求人丁某收到专利复审委员会发出的口头审理通知书后，其下列哪个做法不符合相关规定？

A. 丁某不参加口头审理，委托两名专利代理人参加
B. 丁某在指定的期限内进行书面意见陈述，不参加口头审理
C. 丁某未进行书面意见陈述，在指定日期参加口头审理
D. 丁某与其委托的四名专利代理人在指定的日期参加口头审理

【考点】口头审理通知书

【分析】《专利审查指南2010》第四部分第四章第3节规定，当事人不能在指定日期参加口头审理的，可以委托其专利代理人或者其他人代表出庭。因此，选项A的做法正确。《专利审查指南2010》第四部分第四章第3节规定，合议组应当在口头审理通知书中告知复审请求人，可以选择参加口头审理进行口头答辩，或者在指定的期限内进行书面意见陈述。因此，选项BC的做法正确。《专利审查指南2010》第四部分第四章第3节规定，参加口头审理的每方当事人及其代理人的数量不得超过四人。因此，选项D的做法错误。

【答案】D

四、口头审理前的准备

五、口头审理的进行

六、口头审理的中止

64.【2016年第80题】 下列有关口头审理的说法哪些是正确的？

A. 无效宣告请求人可以以需要当面向合议组说明事实为由，请求进行口头审理
B. 参加口头审理的每方当事人及其代理人的数量不得超过三人
C. 当事人请求审案人员回避的，合议组组长可以宣布中止口头审理
D. 若请求人未出席口头审理，则其无效宣告请求视为撤回，该案件的审理结束

【考点】口头审理

【分析】《专利审查指南2010》第四部分第四章第2节规定，无效宣告程序的当事人可以依据下列理由请求进行口头审理：（1）当事人一方要求同对方当面质证和辩论；（2）需要当面向合议组说明事实；（3）需要实物演示；（4）需要请出具过证言的证人出庭作证。因此，选项A正确。《专利审查指南2010》第四部分第四章第3节规定，口头审理通知书中已经告知该专利申请不符合专利法及其实施细则和审查指南有关规定的具体事实、理由和证据的，如果复审请求人既未出席口头审理，也未在指定的期限内进行书面意见陈述，其复审请求视为撤回。参加口头审理的每方当事人及其代理人的数量不得超过四人。回执中写明的参加口头审理人员不足四人的，可以在口头审理开始前指定其他人参加口头审理。一方有多人参加口头审理的，应当指定其中之一作为第一发言人进行主要发言。因此，选项BD错误。《专利审查指南2010》第四部分第四章第6节规定，有下列情形之一的，合议组组长可以宣布中止口头审理，并在必要时确定继续进行口头审理的日期：（1）当事人请求审案人员回避；（2）因和解需要协商的；（3）需要对发明创造进一步演示的；（4）合议组认为必要的其他情形。因此，选项C正确。

【答案】AC

七、口头审理的终止

八、口头审理的其他事项

65.【2013年第69题】 张某就李某的专利权提出无效宣告请求。关于该无效宣告请求的口头审理，下列说法哪些是正确的？

A. 李某不参加口头审理，专利复审委员会可以缺席审理
B. 因口头审理为公开审理，随李某前来旁听口头审理的某公司职员可以向李某传递信息
C. 张某可以在口头审理的过程中放弃无效宣告请求的部分理由
D. 口头审理终止后，张某和李某都有权阅读笔录，但对于笔录的差错，不能请求更正

【考点】缺席审理　旁听　请求人的权利　记录

【分析】专利法实施细则第七十条第三款规定，无效宣告请求人对专利复审委员会发出的口头审理通知书在指定的期限内未作答复，并且不参加口头审理的，其无效宣告请求视为撤回；专利权人不参加口头审理的，可以缺席审理。因此，选项A正确。《专利审查指南2010》第四部分第四章第12节规定，在口头审理中允许旁听，旁听者无发言权；未经批准，不得拍照、录音和录像，也不得向参加口头审理的当事人传递有关信息。因此，选项B错误。《专利审查指南2010》第四部分第四章第13节规定，无效宣告请求人有权请求撤回无效宣告请求，放弃无效宣告请求的部分理由及相应证据，以及缩小无效宣告请求的范围。因此，选项C正确。《专利审查指南2010》第四部分第四章第11节规定，在重要的审理事项记录完毕后或者在口头审理终止时，合议组应当将笔录交当事人阅读。对笔录的差错，当事人有权请求记录人更正。因此，选项D错误。

【答案】AC

第五节　无效宣告程序中有关证据问题的规定

一、无效宣告程序中有关证据问题的法律适用
二、当事人举证

66.【2013年第46题】甲对乙的专利权提出无效宣告请求，认为乙专利的权利要求1与对比文件1的区别特征K是公知常识，因此权利要求1不具备创造性。下列说法哪些是正确的？
　A. 甲对特征K是公知常识的主张承担举证责任
　B. 甲可以在口头审理中提交证据证明特征K是公知常识
　C. 甲可以在口头审理结束后专利复审委员会作出决定之前，提交证据证明特征K是公知常识
　D. 甲可以通过教科书或者技术辞典、技术手册等工具书记载的技术内容来证明特征K是公知常识

【考点】举证责任　举证期限

【分析】《专利审查指南2010》第四部分第八章第4.3.3节规定，主张某技术手段是本领域公知常识的当事人，对其主张承担举证责任。当事人可以通过教科书或者技术词典、技术手册等工具书记载的技术内容来证明某项技术手段是本领域的公知常识。因此，选项AD正确。《专利审查指南2010》第四部分第三章第4.3.1节规定❶，请求人在提出无效宣告请求之日起一个月后补充证据的，专利复审委员会一般不予考虑，但下列情形除外：(i)针对专利权人以合并方式修改的权利要求或者提交的反证，请求人在专利复审委员会指定的期限内补充证据，并在该期限内结合该证据具体说明相关无效宣告理由的；(ii)在口头审理辩论终结前提交技术词典、技术手册和教科书等所属技术领域中的公知常识性证据或者用于完善证据法定形式的公证文书、原件等证据，并在该期限内结合该证据具体说明相关无效宣告理由的。因此，选项B正确，选项C错误。

【答案】ABD

67.【2013年第93题】下列关于无效宣告程序中证据的说法哪些是正确的？
　A. 没有证据或者证据不足以证明当事人的事实主张的，由负有举证责任的当事人承担不利后果
　B. 对方当事人对证据的中文译文内容存在异议时，应当在指定的期限内对有异议的部分提交中文译文
　C. 公证文书的结论均可以作为认定案件事实的依据
　D. 申请日后形成的记载有使用公开内容的书证不能用于证明专利在申请日前使用公开

【考点】举证责任　中文译文　公证文书　书证

【分析】《专利审查指南2010》第四部分第八章第2.1节规定，没有证据或者证据不足以证明当事人的事实主张的，由负有举证责任的当事人承担不利后果。因此，选项A正确。《专利审查指南2010》第四部分第八章第2.2.1节规定，对方当事人对中文译文内容有异议的，应当在指定的期限内对有异议的部分提交中文译文。没有提交中文译文的，视为无异议。因此，选项B正确。《专利审查指南2010》第四部分第八章第4.3.4节规定，一方当事人将公证文书作为证据提交时，有效公证文书所证明的事实，应当作为认定事实的

---

❶ 2017年第74号局令将该节内容修改为"……(i)针对专利权人提交的反证，请求人在专利复审委员会指定的期限内补充证据"。

依据，但有相反证据足以推翻公证证明的除外。如果公证文书在形式上存在严重缺陷，例如缺少公证人员签章，则该公证文书不能作为认定案件事实的依据。如果公证文书的结论明显缺乏依据或者公证文书的内容存在自相矛盾之处，则相应部分的内容不能作为认定案件事实的依据。例如，公证文书仅根据证人的陈述而得出证人陈述内容具有真实性的结论，则该公证文书的结论不能作为认定案件事实的依据。因此，选项C错误。《专利审查指南2010》第四部分第八章第5.2节规定，申请日后（含申请日）形成的记载有使用公开或者口头公开内容的书证，或者其他形式的证据可以用来证明专利在申请日前使用公开或者口头公开。因此，选项D错误。

【答案】AB

三、专利复审委员会对证据的调查收集

四、证据的质证和审核认定

68.【2016年第24题】陈某于2010年3月4日以某日本专利文献为证据就某专利权提出无效宣告请求，其提交了该专利文献的原文，但未提交其中文译文。专利复审委员会受理了该无效宣告请求，并于2010年3月6日向双方发出受理通知书。下列说法哪个是正确的？

A. 陈某应当在2010年4月4日前提交该日本专利文献的译文
B. 陈某应当在2010年4月6日前提交该日本专利文献的译文
C. 陈某应当在2010年4月21日前提交该日本专利文献的译文
D. 陈某可以在2010年6月2日举行口头审理的当天提交该日本专利文献的译文

【考点】无效宣告请求证据

【分析】《专利审查指南2010》第四部分第三章第4.3.1节规定了请求人举证❶：（1）请求人在提出无效宣告请求之日起1个月内补充证据的，应当在该期限内结合该证据具体说明相关的无效宣告理由；否则，专利复审委员会不予考虑。（2）请求人在提出无效宣告请求之日起1个月后补充证据的，专利复审委员会一般不予考虑，但下列情形除外：（i）针对专利权人以合并方式修改的权利要求或者提交的反证，请求人在专利复审委员会指定的期限内补充证据，并在该期限内结合该证据具体说明相关无效宣告理由的；（ii）在口头审理辩论终结前提交技术词典、技术手册和教科书等所属技术领域中的公知常识性证据或者用于完善证据法定形式的公证文书、原件等证据，并在该期限内结合该证据具体说明相关无效宣告理由的。（3）请求人提交的证据是外文的，提交其中文译文的期限适用该证据的举证期限。由此可知，外文证据的中文译文提交期限是无效宣告请求之日之后的一个月，本题中的无效请求是在2010年3月4日提出，日本专利文献的中文译文需要在4月4日前提交。因此，选项A正确，选项BCD错误。

【答案】A

69.【2016年第81题】甲对乙的实用新型专利权提出无效宣告请求，甲提供的证据仅为证人张某在公证人员面前作出书面证言的公证书原件，内容为张某在涉案专利申请日前购买了与涉案专利相同的空调。在口头审理中张某未出庭作证，专利复审委员会当庭调查发现张某不属于确有困难不能出席口头审理作证的情形。下列说法正确的是？

A. 甲提供了该公证书原件，在没有其他证据推翻的情况下，一般应当认定该公证书的真实性
B. 该公证书是由公证人员作出，因此该公证书能证明张某在涉案专利申请日前确实购买过空调
C. 该公证书是由公证人员作出，因此该公证书能证明张某在涉案专利申请日前确实购买了与涉案专利相同的空调
D. 张某未出席口头审理进行作证，其书面证言不能单独作为认定案件事实的依据

【考点】证人证言

【观点】有考生认为选项B正确。

---

❶ 2017年第74号局令将该节内容修改为"……（i）针对专利权人提交的反证，请求人在专利复审委员会指定的期限内补充证据"。

考生	意见
甲	公证文书是具有证据效力的，至少能够证明购买过空调，是否构成涉案专利的空调还需要判定，因此，选项ABD正确。

【分析】《专利审查指南2010》第四部分第八章第4.3.4节规定，一方当事人将公证文书作为证据提交时，有效公证文书所证明的事实，应当作为认定事实的依据，但有相反证据足以推翻公证证明的除外。因此，选项A正确。

《专利审查指南2010》第四部分第八章第4.3.1节规定，未能出席口头审理作证的证人所出具的书面证言不能单独作为认定案件事实的依据，但证人确有困难不能出席口头审理作证的除外。因此，选项BC错误，选项D正确。

需要注意的是，本题中，由于专利复审委员会当庭调查发现张某不属于确有困难不能出席口头审理作证的情形，因此，未能出席口头审理作证的证人张某所出具的书面证言不能单独作为认定案件事实（购买过空调和购买过与涉案专利相同的空调）的依据，即该证据属于证明力较弱的证据，其是否予以采信，需要综合认定，因此，选项BC错误，因此考生甲的想法是不对的。

【答案】AD

70.【2015年第82题】无效宣告请求人在提出无效宣告请求时提交了施工合同和设计图纸，在之后的1个月内补充提交了台湾专利文献。两个月后，请求人在口头审理时提交了《化工原料手册》、台湾专利文献公证书和韩国出版的专业杂志文献及其译文。专利复审委员会对请求人提交的下列哪些证据会予以考虑？

A. 请求人口头审理之前提交的上述台湾专利文献
B. 请求人口头审理时提交的上述韩国出版的专业杂志文献及其译文
C. 请求人口头审理时提交的上述《化工原料手册》和台湾专利文献公证书
D. 请求人提交的上述施工合同和设计图纸

【考点】证据

【分析】《专利审查指南2010》第四部分第三章第4.3.1节规定❶，（1）请求人在提出无效宣告请求之日起一个月内补充证据的，应当在该期限内结合该证据具体说明相关的无效宣告理由，否则，专利复审委员会不予考虑。（2）请求人在提出无效宣告请求之日起一个月后补充证据的，专利复审委员会一般不予考虑，但下列情形除外：（i）针对专利权人以合并方式修改的权利要求或者提交的反证，请求人在专利复审委员会指定的期限内补充证据，并在该期限内结合该证据具体说明相关无效宣告理由的；（ii）在口头审理辩论终结前提交技术词典、技术手册和教科书等所属技术领域中的公知常识性证据或者用于完善证据法定形式的公证文书、原件等证据，并在该期限内结合该证据具体说明相关无效宣告理由的。（3）请求人提交的证据是外文的，提交其中文译文的期限适用该证据的举证期限。选项A中，请求人在提出无效宣告请求之日起一个月内提交台湾专利文献，因此，选项A正确。选项B中，请求人在提出无效宣告请求之日起一个月后提交韩国出版的专业杂志文献及其译文，因此，选项B错误。选项C符合上述（2）（ii）的规定，因此，选项C正确。选项D中，请求人在提出无效宣告请求时提交了施工合同和设计图纸，因此，选项D正确。

【答案】ACD

71.【2015年第83题】李某对张某的专利权提出无效宣告请求，理由是权利要求1与对比文件1的区别特征X是所属领域的公知常识，权利要求1不具备创造性。下列说法哪些是正确的？

A. 李某必须提交证据证明区别特征X是所属领域的公知常识
B. 李某可以在口审时提交公知常识性证据，证明区别特征X是所属领域的公知常识
C. 李某可以在口审结束后复审委员会作出无效决定之前，提交公知常识性证据，证明区别特征X是所属

---

❶ 2017年第74号局令将该节内容修改为"……（i）针对专利权人提交的反证，请求人在专利复审委员会指定的期限内补充证据"。

领域的公知常识

D. 张某认可李某提交的公知常识性证据，复审委员会可以确认其证明力

【考点】所属领域的公知常识

【分析】《专利审查指南2010》第四部分第八章第4.3.3节规定，主张某技术手段是本领域公知常识的当事人，对其主张承担举证责任。该当事人未能举证证明或者未能充分说明该技术手段是本领域公知常识，并且对方当事人不予认可的，合议组对该技术手段是本领域公知常识的主张不予支持。由此可见，对于区别特征X是所属领域的公知常识这一事实，李某既可以举证说明，也可以充分说明，因此，李某可以不提交证据证明，选项A错误。《专利审查指南2010》第四部分第三章第4.3节规定，请求人在提出无效宣告请求之日起一个月后补充证据的，专利复审委员会一般不予考虑，但下列情形除外：其中，(ii)在口头审理辩论终结前提交技术词典、技术手册和教科书等所属技术领域中的公知常识性证据或者用于完善证据法定形式的公证文书、原件等证据，并在该期限内结合该证据具体说明相关无效宣告理由的。因此，选项B正确，选项C错误。《专利审查指南2010》第四部分第八章第4.3节规定，对于一方当事人提出的证据，另一方当事人认可或者提出的相反证据不足以反驳的，专利复审委员会可以确认其证明力。因此，选项D正确。

【答案】BD

72.【2014年第74题】下列关于无效宣告程序口头审理的说法哪些是正确的？

A. 专利权人未出席口头审理的，口头审理中止，改期进行

B. 出庭作证的证人不能旁听案件的审理

C. 旁听人员可以向参加口头审理的当事人传递有关信息

D. 合议组和双方当事人均可以对证人进行提问

【考点】口头审理

【分析】《专利审查指南2010》第四部分第四章第8节规定，有当事人未出席口头审理的，只要一方当事人的出庭符合规定，合议组按照规定的程序进行口头审理。因此，选项A错误。《专利审查指南2010》第四部分第四章第10节规定，证人出庭作证时，应当出示证明其身份的证件。合议组应当告知其诚实作证的法律义务和作伪证的法律责任。出庭作证的证人不得旁听案件的审理。询问证人时，其他证人不得在场，但需要证人对质的除外。因此，选项B正确。《专利审查指南2010》第四部分第四章第12节规定，在口头审理中允许旁听，旁听者无发言权；未经批准，不得拍照、录音和录像，也不得向参加口头审理的当事人传递有关信息。因此，选项C错误。《专利审查指南2010》第四部分第四章第10节规定，合议组可以对证人进行提问。在双方当事人参加的口头审理中，双方当事人可以对证人进行交叉提问。证人应当对合议组提出的问题作出明确回答，对于当事人提出的与案件无关的问题可以不回答。因此，选项D正确。

【答案】BD

73.【2014年第85题】丁某于2012年1月20日向专利复审委员会提出无效宣告请求，专利复审委员会于2012年1月27日受理了该无效宣告请求。下列说法哪些是正确的？

A. 丁某在2012年2月19日补充证据是符合规定的

B. 丁某在2012年2月25日补充证据是符合规定的

C. 丁某提交外文证据中文译文的期限是在口头审理辩论终结前

D. 丁某提交用于完善证据法定形式的公证文书的期限是在口头审理辩论终结前

【考点】请求人举证期限

【分析】《专利审查指南2010》第四部分第三章第4.3.1节规定❶，(1)请求人在提出无效宣告请求之日起一个月内补充证据的，应当在该期限内结合该证据具体说明相关的无效宣告理由，否则，专利复审委员会不予考虑。(2)请求人在提出无效宣告请求之日起一个月后补充证据的，专利复审委员会一般不予考虑，但下列情形除外：(i)针对专利权人以合并方式修改的权利要求或者提交的反证，请求人在专利复审委员会指定的期

---

❶ 2017年第74号局令将该节内容修改为"……(i)针对专利权人提交的反证，请求人在专利复审委员会指定的期限内补充证据"。

限内补充证据,并在该期限内结合该证据具体说明相关无效宣告理由的;(ii)在口头审理辩论终结前提交技术词典、技术手册和教科书等所属技术领域中的公知常识性证据或者用于完善证据法定形式的公证文书、原件等证据,并在该期限内结合该证据具体说明相关无效宣告理由的。(3)请求人提交的证据是外文的,提交其中文译文的期限适用该证据的举证期限。本题中,丁某2012年1月20日提出无效宣告请求,根据上述(1)中的规定,丁某在2012年2月20日前补充证据都符合规定,因此,选项A正确,选项B错误。根据上述(3)的规定可知,丁某应当在2012年2月20日前提交外文证据的中文译文,因此,选项C错误。根据上述(ii)的规定可知,选项D正确。

【答案】AD

74.【2013年第73题】 在无效宣告程序中,下列有关物证和证人证言的说法哪些是正确的?

A. 当事人提交物证的,应当在举证期限内提交足以反映该物证客观情况的照片和文字说明,具体说明依据该物证所要证明的事实

B. 对于经公证机关公证封存的物证,当事人在举证期限内可以仅提交公证文书而不提交该物证

C. 证人根据其经历所作的判断、推测或者评论可以作为认定案件事实的依据

D. 证人无正当理由不出席口头审理的,其所出具的书面证言不能单独作为认定案件事实的依据

【考点】物证和证人证言

【分析】《专利审查指南2010》第四部分第八章第2.2.3节规定,当事人提交物证的,应当在举证期限内提交足以反映该物证客观情况的照片和文字说明,具体说明依据该物证所要证明的事实。对于经公证机关公证封存的物证,当事人在举证期限内可以仅提交公证文书而不提交该物证,但最迟在口头审理辩论终结前提交该物证。因此,选项AB正确。《专利审查指南2010》第四部分第八章第4.3.1节规定,证人应当陈述其亲历的具体事实。证人根据其经历所作的判断、推测或者评论,不能作为认定案件事实的依据。证人应当出席口头审理作证,接受质询。未能出席口头审理作证的证人所出具的书面证言不能单独作为认定案件事实的依据,但证人确有困难不能出席口头审理作证的除外。因此,选项C错误,选项D正确。

【答案】ABD

75.【2012年第26题】 陈某于2010年3月4日就某专利提出无效宣告请求,所依据的证据是某美国专利文献,陈某提交了该专利文献的中文译文但未提交该专利文献的原文。专利复审委员会于2010年3月6日收到了该无效宣告请求。下列哪种说法是正确的?

A. 陈某可以在2010年3月4日起一个月内提交该美国专利文献的原文

B. 陈某可以在2010年3月6日起一个月内提交该美国专利文献的原文

C. 陈某可以在2010年3月21日起一个月内提交该美国专利文献的原文

D. 陈某可以在口审当天提交该美国专利文献的原文

【考点】举证期限

【分析】专利法实施细则第六十七条规定,在专利复审委员会受理无效宣告请求后,请求人可以在提出无效宣告请求之日起1个月内增加理由或者补充证据。逾期增加理由或者补充证据的,专利复审委员会可以不予考虑。在本题中,陈某于2010年3月4日就某专利提出无效宣告请求,因此,陈某可以在2010年3月4日起一个月内增加理由或者补充证据,选项A正确,选项BCD错误。

【答案】A

五、其他

第六章　专利权的实施与保护

基本要求

熟悉专利权人的权利、专利权的期限及专利权保护范围；掌握专利侵权判断原则及救济方法；掌握其他专利纠纷与救济方法；掌握有关专利的推广应用和强制许可的规定。

第一节　专　利　权

一、专利权人的权利

1. 禁止他人未经许可实施专利的权利
2. 转让专利权的权利

1.【2016 年第 83 题】中国内地的甲公司将其在中国境内完成的一项发明创造向国家知识产权局提出发明专利申请并获得授权，现甲公司拟将该发明专利权转让给美国乙公司，下列说法哪些是正确的？

A. 甲公司在转让前应当事先获得当地管理专利工作的部门审核批准
B. 甲公司与乙公司应当订立书面转让合同
C. 办理转让手续时应当出具《技术出口许可证》或《自由出口技术合同登记证书》
D. 该专利权的转让自合同签订之日起生效

【考点】专利权转让

【观点】有考生认为选项 A 正确。主要有以下几种意见：

考生	意见
甲	选项 A. 甲公司在转让前应当事先获得当地管理专利工作的部门审核批准。我认为需要获得当地管理工作的部门的审核批准，不然怎么会出具《技术出口许可证》或《自由出口技术合同登记证书》。

【分析】《专利审查指南 2010》第一部分第一章第 6.7.2.2 节规定，对于发明或者实用新型专利申请（或专利），转让方是中国内地的个人或者单位，受让方是外国人、外国企业或者外国其他组织的，应当出具国务院商务主管部门颁发的《技术出口许可证》或者《自由出口技术合同登记证书》，或者地方商务主管部门颁发的《自由出口技术合同登记证书》，以及双方签字或者盖章的转让合同。因此，选项 A 错误，选项 C 正确，需要注意的是，《技术出口许可证》或《自由出口技术合同登记证书》是由商务主管部门颁发的，而不是由管理专利工作的部门审核批准的，因此，考生甲的想法是不对的。

根据专利法第十条第三款的规定，转让专利申请权或者专利权的，当事人应当订立书面合同，并向国务院专利行政部门登记，由国务院专利行政部门予以公告。专利申请权或者专利权的转让自登记之日起生效。因此，选项 B 正确，选项 D 错误。

【答案】BC

2.【2015 年第 85 题】中国的甲公司将其拥有的一项专利申请权转让给美国的乙公司。下列说法哪些是正确的？

A. 该转让须经国家知识产权局进行保密审查
B. 该转让应当订立书面合同
C. 该转让自合同订立之日起生效
D. 该转让要向国家知识产权局登记后方可生效

【考点】专利申请权转让

【分析】《专利审查指南 2010》第一部分第一章第 6.7.2.2 节规定，对于发明或者实用新型专利申请（或专利），转让方是中国内地的个人或者单位，受让方是外国人、外国企业或者外国其他组织的，应当出具国务院商务主管部门颁发的《技术出口许可证》或者《自由出口技术合同登记证书》，或者地方商务主管部门颁发的《自由出口技术合同登记证书》，以及双方签字或者盖章的转让合同。本题中，中国甲公司将其专利申请权转让给美国乙公司,应当在国务院商务主管部门或者地方商务主管部门办理相关手续,而不是报经国务院专利行政部门进行保密审查,因此,选项 A 错误。根据专利法第十条第三款的规定,转让专利申请权或者专利权的,当事人应当订立书面合同,并向国务院专利行政部门登记,由国务院专利行政部门予以公告。专利申请权或者专利权的转让自登记之日起生效。选项 BD 正确,选项 C 错误。

【答案】BD

3.【2015 年第 88 题】甲将一项专利权质押给乙,于 2012 年 3 月 1 日签订了质押合同,并于 2012 年 3 月 5 日到国家知识产权局进行了登记。后经乙同意,甲于 2012 年 5 月 10 日与丙签订了专利权转让合同,并于 2012 年 5 月 17 日到国家知识产权局进行了登记。下列说法哪些是正确的?

A. 质权自 2012 年 3 月 1 日起生效
B. 质权自 2012 年 3 月 5 日起生效
C. 专利权的转让自 2012 年 5 月 10 日起生效
D. 专利权的转让自 2012 年 5 月 17 日起生效

【考点】专利权转让

【分析】专利法实施细则第十四条第三款规定,以专利权出质的,由出质人和质权人共同向国务院专利行政部门办理出质登记。《专利权质押登记办法》第十二条第一款规定,专利权质押登记申请经审查合格的,国家知识产权局在专利登记簿上予以登记,并向当事人发送《专利权质押登记通知书》。质权自国家知识产权局登记时设立。因此,选项 A 错误,选项 B 正确。根据专利法第十条第三款的规定,转让专利申请权或者专利权的,当事人应当订立书面合同,并向国务院专利行政部门登记,由国务院专利行政部门予以公告。专利申请权或者专利权的转让自登记之日起生效。因此,选项 C 错误,选项 D 正确。

【答案】BD

4.【2014 年第 92 题】中国的甲公司欲将其一项发明专利权转让给美国的乙公司。下列说法哪些是正确的?

A. 甲乙之间应当订立书面的转让合同
B. 甲乙应当自订立转让合同之日起 3 个月内,向国务院专利行政部门办理登记手续
C. 甲乙向国务院专利行政部门办理登记手续的,应当出具商务主管部门颁发的有关证明文件
D. 该专利权的转让自合同订立之日起生效

【考点】专利权的转移

考生	意见
甲	选项 B,甲乙应当自订立转让合同之日起 3 个月内,向国务院专利行政部门办理登记手续,这个怎么不正确。

【分析】根据专利法第十条第三款的规定,转让专利申请权或者专利权的,当事人应当订立书面合同,并向国务院专利行政部门登记,由国务院专利行政部门予以公告。专利申请权或者专利权的转让自登记之日起生效。由此可知,没有规定办理专利权转让办理登记手续的时间。因此,选项 A 正确,选项 BD 错误。《专利审查指南 2010》第一部分第一章第 6.7.2.2 节规定,对于发明或者实用新型专利申请(或专利),转让方是中国内地的个人或者单位,受让方是外国人、外国企业或者外国其他组织的,应当出具国务院商务主管部门颁发的《技术出口许可证》或者《自由出口技术合同登记证书》,或者地方商务主管部门颁发的《自由出口技术合同登记证书》,以及双方签字或者盖章的转让合同。因此,选项 C 正确。

需要注意的是,专利法及其实施细则、《专利审查指南 2010》没有对专利权转让办理登记手续的时间没有进行规定,因此,考生甲的想法是不对的。但由于专利权的转让是自登记之日起生效,因此,还是及时办理登记手续为好。另外,注意与专利实施许可合同的区别,专利法实施细则第十四条规定,专利权人与他人订立的专利实施许可合同,应当自合同生效之日起 3 个月内向国务院专利行政部门备案。参见【2012 年第 91 题】北京人韩某将其拥有的一项发明专利权转让给美国某公司,现欲到国家知识产权局办理登记手续。下列说法哪些是正确的? 其中,D. 登记手续应当在签订专利权转让合同之日起 1 个月内办理。

【答案】AC

5.【2013 年第 65 题】下列哪些行为应当经国家知识产权局登记才能生效?

A. 转让专利权
B. 许可他人实施专利权

C. 书面声明放弃专利权   D. 质押专利权

【考点】登记手续

【分析】专利法第十条第三款规定，转让专利申请权或者专利权的，当事人应当订立书面合同，并向国务院专利行政部门登记，由国务院专利行政部门予以公告。专利申请权或者专利权的转让自登记之日起生效。因此，选项A正确。专利法实施细则第十四条第二款规定，专利权人与他人订立的专利实施许可合同，应当自合同生效之日起3个月内向国务院专利行政部门备案。因此，选项B错误。专利法第四十四条规定，有下列情形之一的，专利权在期限届满前终止：（一）没有按照规定缴纳年费的；（二）专利权人以书面声明放弃其专利权的。专利权在期限届满前终止的，由国务院专利行政部门登记和公告。因此，选项C正确。专利法实施细则第十四条第三款规定，以专利权出质的，由出质人和质权人共同向国务院专利行政部门办理出质登记。因此，选项D正确。

【答案】ACD

6.【2012年第36题】美国甲公司欲将其一项中国专利权转让给中国乙公司。下列说法哪些是正确的？

A. 双方应当签订书面的专利权转让合同

B. 专利权转让合同自国家知识产权局登记之日起生效

C. 专利权的转让自国家知识产权局登记之日起生效

D. 该转让应当经商务主管部门批准或登记

【考点】专利权转让

考生	意见
甲	个人觉得选项B也是正确的。理由：专利权转让合同自签订之日起成立，但是不等于生效，应该自国家知识产权局登记之日起生效才对吧。

【分析】专利法第十条第三款规定，转让专利申请权或者专利权的，当事人应当订立书面合同，并向国务院专利行政部门登记，由国务院专利行政部门予以公告。专利申请权或者专利权的转让自登记之日起生效。因此，选项AC正确。需要区分的是，转让合同的生效不用于转让行为的生效，根据《合同法》的原则，转让合同自合同成立之日起生效，不是自国家知识产权局登记之日起生效，因此，选项B错误。专利法第十条第二款规定，中国单位或者个人向外国人、外国企业或外国其他组织转让专利申请权或者专利权的，应当依照有关法律、行政法规的规定办理手续。该款规定对中国单位或者个人向外国人、外国企业或者外国其他组织的转让行为作出了限制，应当经商务主管部门批准或登记，并没有限制外国人、外国企业或者外国其他组织向中国单位或者个人的转让行为。因此，选项D错误。

需要注意的是，专利申请权或者专利权的转让自登记之日起生效。而转让合同自合同成立之日起生效。前者说的是转让行为的生效，后者说的是转让合同的生效，两者说的是不同的事情，而考生甲将其混淆了，因此，考生甲的想法是不对的。

相关知识点：《专利权质押登记办法》第三条规定，以专利权出质的，出质人与质权人应当订立书面质押合同。质押合同可以是单独订立的合同，也可以是主合同中的担保条款。《专利权质押登记办法》第十二条第一款规定，专利权质押登记申请经审查合格的，国家知识产权局在专利登记簿上予以登记，并向当事人发送《专利权质押登记通知书》。质权自国家知识产权局登记时设立。

【答案】AC

7.【2012年第91题】北京人韩某将其拥有的一项发明专利权转让给美国某公司，现欲到国家知识产权局办理登记手续。下列说法哪些是正确的？

A. 登记手续可以由该美国公司委托的中国专利代理机构办理

B. 办理手续时，应当附具双方当事人签字或者盖章的转让合同

C. 办理手续时，应当附具《技术出口许可证》或者《自由出口技术合同登记证书》

D. 登记手续应当在签订专利权转让合同之日起1个月内办理

【考点】专利权转让

【分析】《专利审查指南 2010》第一部分第一章第 6.7.1.4 节规定了办理著录项目变更手续的人，因权利转移引起的变更，也可以由新的权利人或者其委托的专利代理机构办理。因此，选项 A 正确。《专利审查指南 2010》第一部分第一章第 6.7.2 节规定了著录项目变更证明文件，转让方是中国内地的个人或者单位，受让方是外国人、外国企业或者外国其他组织的，应当出具国务院商务主管部门颁发的《技术出口许可证》或者《自由出口技术合同登记证书》，或者地方商务主管部门颁发的《自由出口技术合同登记证书》，以及双方签字或者盖章的转让合同。因此，选项 BC 正确。

专利法及其实施细则、《专利审查指南 2010》没有对专利权转让办理登记手续的时间没有进行规定。但由于专利权的转让是自登记之日起生效，因此，还是及时办理登记手续为好。另外，注意与专利实施许可合同的区别，专利法实施细则第十四条规定，专利权人与他人订立的专利实施许可合同，应当自合同生效之日起 3 个月内向国务院专利行政部门备案。

【答案】ABC

3. 许可他人实施专利的权利

8.【2016 年第 82 题】下列关于专利实施许可的说法哪些是正确的？
  A. 专利实施许可合同应当自合同生效之日起三个月内向国家知识产权局申请办理备案手续
  B. 专利实施许可合同的被许可人可以不经专利权人同意在产品的包装上标注专利标记
  C. 独占实施许可合同的被许可人可以单独向人民法院提出诉前责令被申请人停止侵犯专利权行为的申请
  D. 普通实施许可合同的被许可人在专利权人不请求的情况下，可以单独请求管理专利工作的部门处理专利侵权纠纷

【考点】专利实施许可

【分析】专利法实施细则第十四条规定，除依照专利法第十条规定转让专利权外，专利权因其他事由发生转移的，当事人应当凭有关证明文件或者法律文书向国务院专利行政部门办理专利权转移手续。专利权人与他人订立的专利实施许可合同，应当自合同生效之日起 3 个月内向国务院专利行政部门备案。以专利权出质的，由出质人和质权人共同向国务院专利行政部门办理出质登记。因此，选项 A 正确。《专利标识标注办法》第四条：在授予专利权之后的专利权有效期内，专利权人或者经专利权人同意享有专利标识标注权的被许可人可以在其专利产品、依照专利方法直接获得的产品、该产品的包装或者该产品的说明书等材料上标注专利标识。因此，选项 B 错误。

《最高人民法院关于对诉前停止侵犯专利权行为适用法律问题的若干规定》第一条第二款的规定，提出申请的利害关系人，包括专利实施许可合同的被许可人、专利财产权利的合法继承人等。专利实施许可合同被许可人中，独占实施许可合同的被许可人可以单独向人民法院提出申请；排他实施许可合同的被许可人在专利权人不申请的情况下，可以提出申请。因此，选项 C 正确。根据《专利行政执法办法》第十条的规定，请求管理专利工作的部门处理专利侵权纠纷的，应当符合下列条件：（一）请求人是专利权人或者利害关系人；（二）有明确的被请求人；（三）有明确的请求事项和具体事实、理由；（四）属于受案管理专利工作的部门的受案范围和管辖；（五）当事人没有就该专利侵权纠纷向人民法院起诉。第一项所称利害关系人包括专利实施许可合同的被许可人、专利权的合法继承人。专利实施许可合同的被许可人中，独占实施许可合同的被许可人可以单独提出请求；排他实施许可合同的被许可人在专利权人不请求的情况下，可以单独提出请求；除合同另有约定外，普通实施许可合同的被许可人不能单独提出请求。因此，选项 D 错误。

【答案】AC

9.【2014 年第 65 题】甲拥有一项产品发明专利权，为了扩大产能，甲欲在自行生产的同时许可乙公司生产该专利产品。下列说法哪些是正确的？
  A. 甲可以将该专利权独占许可给乙
  B. 甲可以将该专利权排他许可给乙
  C. 甲可以将该专利权普通许可给乙
  D. 甲与乙订立实施许可合同的，应自合同生效之日起 3 个月内向国家知识产权局备案

【考点】许可他人实施专利的权利

【分析】根据专利法第十二条第一款的规定，任何单位或者个人实施他人专利的，应当与专利权人订立实施许可合同，向专利权人支付专利使用费。本题中，由于甲欲在自行生产的同时许可乙公司生产该专利产品，如果甲将该专利独占许可给乙，则甲自己也不得实施该专利。因此，可以采取排他许可或者普通许可的方式，选项 A 错误，选项 BC 正确。根据专利法实施细则第十四条第二款的规定，专利权人与他人订立的专利实施许可合同，应当自合同生效之日起 3 个月内向国务院专利行政部门备案。因此，选项 D 正确。

【答案】BCD

10.【2013 年第 78 题】甲关于冷、热水混水水龙头的发明创造被授予实用新型专利权，乙在该实用新型专利基础上改进了该水龙头的温度调节性能，并就此获得了一项发明专利权，该发明专利的实施依赖于甲的实用新型专利的实施。下列说法哪些是正确的？

A. 甲可以不经乙同意，实施该发明专利
B. 乙可以不经甲同意，实施该发明专利
C. 甲、乙可以通过签订交叉许可合同实施该发明专利
D. 任何第三方需要经过甲、乙同意，才能实施该发明专利

【考点】专利实施许可

【分析】根据专利法第十一条第一款的规定，发明和实用新型专利权被授予后，除本法另有规定的以外，任何单位或者个人未经专利权人许可，都不得实施其专利，即不得为生产经营目的制造、使用、许诺销售、销售、进口其专利产品，或者使用其专利方法以及使用、许诺销售、销售、进口依照该专利方法直接获得的产品。本题中，未经乙同意，甲实施该发明专利将侵犯乙的专利权，因此，选项 A 错误。由于乙专利的实施依赖于甲专利的实施，因此，未经甲同意，乙实施该发明专利将侵权甲是专利权，选项 B 错误。由于甲乙之间签署了交叉许可合同，双方都同意了对方使用其专利，因此，甲乙都可以实施该发明专利，选项 C 正确。由于乙专利的实施依赖于甲专利的实施，因此，任何第三方欲实施该发明专利，都必须经过甲乙同意，选项 D 正确。

【答案】CD

11.【2012 年第 75 题】下列关于专利实施许可的说法哪些是正确的？

A. 专利实施许可合同应当自合同生效之日起 3 个月内向国务院专利行政部门备案
B. 专利实施许可合同的被许可人可以不经专利权人同意在产品的包装上标注专利标识
C. 独占实施许可合同的被许可人可以单独向人民法院提出诉前责令被申请人停止侵犯专利权行为的申请
D. 普通实施许可合同的被许可人在专利权人不请求的情况下，可以单独请求管理专利工作的部门处理专利侵权纠纷

【考点】专利实施许可合同

考生	意见
甲	专利权的被许可人可以在产品的包装上标注专利标识，而且不需要专利权人同意。因此，选项 B 正确。
乙	专利许可合同都已经签订了，就意味着可以标注吧。因此，选项 B 正确。

【分析】根据专利法实施细则第十四条第二款的规定，专利权人与他人订立的专利实施许可合同，应当自合同生效之日起 3 个月内向国务院专利行政部门备案。因此，选项 A 正确。根据《专利标识标注办法》第四条的规定，在授予专利权之后的专利权有效期内，专利权人或者经专利权人同意享有专利标记标注权的被许可人可以在其专利产品、依照专利方法直接获得的产品、该产品的包装或者说明书等材料上标注专利标记。因此，选项 B 错误。

根据《最高人民法院关于对诉前停止侵犯专利权行为适用法律问题的若干规定》，第一条规定，专利权人或者利害关系人可以向人民法院提出诉前责令被申请人停止侵犯专利权行为的申请。提出申请的利害关系人，包括专利实施许可合同的被许可人、专利财产权利的合法继承人等。专利实施许可合同被许可人中……独占实施许可合同的被许可人可以单独向人民法院提出申请；排他实施许可合同的被许可人在专利权人不申请的情况下，可以提出申请。因此，选项 C 正确。根据《专利行政执法办法》第十条的规定，请求管理专利工作的部门处理专利侵权纠纷的，应当符合下列条件：（一）请求人是专利权人或者利害关系人；（二）有明确的被请求

人；（三）有明确的请求事项和具体事实、理由；（四）属于受案管理专利工作的部门的受案范围和管辖；（五）当事人没有就该专利侵权纠纷向人民法院起诉。第一项所称利害关系人包括专利实施许可合同的被许可人、专利权的合法继承人。专利实施许可合同的被许可人中，独占实施许可合同的被许可人可以单独提出请求；排他实施许可合同的被许可人在专利权人不请求的情况下，可以单独提出请求；除合同另有约定外，普通实施许可合同的被许可人不能单独提出请求。因此，选项 D 错误。

需要说明的是，根据《专利标识标注办法》的规定，经专利权人同意，被许可人才享有专利标识标注权，可以在其专利产品、依照专利方法直接获得的产品、该产品的包装或者该产品的说明书等材料上标注专利标识。因此，考生甲乙的想法是不对的。

【答案】AC

4. 放弃专利权的权利
5. 标明专利标识的权利

12.【2015 年第 87 题】某公司拥有一项实用新型专利权。下列说法哪些是正确的？
A. 该公司应当在其生产和销售的该专利产品或产品包装上标注专利标识
B. 该公司在该专利产品上标注专利标识的，应当采用中文标明专利权的类型
C. 在该专利权被授予前，该公司可以在产品上标注专利申请号，但应标明"专利申请，尚未授权"字样
D. 该公司在该专利权期限届满前在产品上标注专利标识，在专利权终止后继续销售上述产品的，不构成假冒专利行为

【考点】专利标识

考生	意见
甲	选项 C，在专利尚未授权之前是不能标明"专利申请，尚未授权"字样，因为授权之前存在可能不被授权的情况，因此，选项 C 错误。

【分析】根据专利法第十七条第二款规定，专利权人有权在其专利产品或者该产品的包装上标明专利标识。由此可知，标明专利标识是专利权人的一项权利，而不是一项义务，因此，选项 A 错误。《专利标识标注办法》第五条规定，标注专利标识的，应当标明下述内容：其中，（一）采用中文标明专利权的类别，例如中国发明专利、中国实用新型专利、中国外观设计专利。因此，选项 B 正确。《专利标识标注办法》第七条规定，专利权被授予前在产品、该产品的包装或者该产品的说明书等材料上进行标注的，应当采用中文标明中国专利申请的类别、专利申请号，并标明"专利申请，尚未授权"字样。因此，选项 C 正确。专利法实施细则第八十四条第二款规定，专利权终止前依法在专利产品、依照专利方法直接获得的产品或者其包装上标注专利标识，在专利权终止后许诺销售、销售该产品的，不属于假冒专利行为。因此，选项 D 正确。

需要注意的是，根据《专利标识标注办法》第七条的规定，专利申请人可以标注"专利申请，尚未授权"，这仅仅表明该专利申请目前处于申请阶段，与其是否能够授权无必然关系，因此，考生甲的想法是不对的。

【答案】BCD

13.【2013 年第 16 题】关于专利标识，下列说法哪个是正确的？
A. 专利标识既可以标注在专利产品上，也可以标识在专利产品的包装上
B. 只需标注"专利产品仿冒必究"，而没有必要标注专利号等相关信息
C. 只需标注专利号，而没有必要标明专利类别，因为专利类别可以从专利号中获知
D. 专利标识的标注不符合规定的，由国务院专利行政部门责令改正

【考点】专利标识

【分析】《专利标识标注办法》第四条规定，在授予专利权之后的专利权有效期内，专利权人或者经专利权人同意享有专利标识标注权的被许可人可以在其专利产品、依照专利方法直接获得的产品、该产品的包装或者该产品的说明书等材料上标注专利标识。因此，选项 A 正确。《专利标识标注办法》第五条规定，标注专利标识的，应当标明下述内容：（一）采用中文标明专利权的类别，例如中国发明专利、中国实用新型专利、中

国外观设计专利；（二）国家知识产权局授予专利权的专利号。除上述内容之外，可以附加其他文字、图形标记，但附加的文字、图形标记及其标注方式不得误导公众。由此可知，应当标注的内容包括专利权的类别、专利号。因此，选项BC错误。《专利标识标注办法》第八条规定，专利标识的标注不符合本办法第五条、第六条或者第七条规定的，由管理专利工作的部门责令改正。因此，选项D错误。

【答案】A

14.【2012年第42题】下列关于专利标识的说法哪些是正确的？
A. 标注专利标识的，应当采用中文标明专利权的类别
B. 标注专利标识的，应当标明国家知识产权局授予专利权的专利号
C. 标注专利标识的，不得附加专利类别和专利号以外的其他文字、图形标记
D. 专利标识可以标注在产品上、产品的包装上或者产品说明书上

【考点】专利标识

【分析】《专利标识标注办法》第五条规定，标注专利标识的，应当标明下述内容：（一）采用中文标明专利权的类别，例如中国发明专利、中国实用新型专利、中国外观设计专利；（二）国家知识产权局授予专利权的专利号。除上述内容之外，可以附加其他文字、图形标记，但附加的文字、图形标记及其标注方式不得误导公众。因此，选项AB正确，选项C错误。《专利标识标注办法》第四条规定，在授予专利权之后的专利权有效期内，专利权人或者经专利权人同意享有专利标识标注权的被许可人可以在其专利产品、依照专利方法直接获得的产品、该产品的包装或者该产品的说明书等材料上标注专利标识。因此，选项D正确。

【答案】ABD

6. 专利权的质押

15.【2016年第84题】甲公司和乙公司共同拥有一项实用新型专利权，其未对权利的行使进行约定，现甲公司欲以该专利权进行质押融资。下列说法哪些是正确的？
A. 该专利权的质押须取得乙公司的同意
B. 申请专利权质押登记时，应当向国家知识产权局提交该专利权的评价报告
C. 在该专利权的质押期间内可以对该专利权再次进行质押
D. 在该专利权的质押期间内转让该专利权的，须取得质权人的同意

【考点】专利权质押

【分析】《专利权质押登记办法》第四条规定，以共有的专利权出质的，除全体共有人另有约定以外，应当取得其他共有人的同意。因此，选项A正确。《专利权质押登记办法》第七条规定，申请专利权质押登记的，当事人应当向国家知识产权局提交下列文件：（一）出质人和质权人共同签字或者盖章的专利权质押登记申请表；（二）专利权质押合同；（三）双方当事人的身份证明；（四）委托代理的，注明委托权限的委托书；（五）其他需要提供的材料。专利权经过资产评估的，当事人还应当提交资产评估报告。除身份证明外，当事人提交的其他各种文件应当使用中文。身份证明是外文的，当事人应当附送中文译文；未附送的，视为未提交。对于本条第一款和第二款规定的文件，当事人可以提交电子扫描件。因此，选项B错误。

根据《专利权质押登记办法》第十二条的规定，专利权已被申请质押登记且处于质押期间的，国家知识产权局作出不予登记的决定，并向当事人发送《专利权质押不予登记通知书》。因此，选项C错误。《专利权质押登记办法》第十六条规定，专利权质押期间，出质人未提交质权人同意转让或者许可实施该专利权的证明材料的，国家知识产权局不予办理专利权转让登记手续或者专利实施合同备案手续。出质人转让或者许可他人实施出质的专利权的，出质人所得的转让费、许可费应当向质权人提前清偿债务或者提存。因此，选项D正确。

【答案】AD

16.【2014年第35题】甲公司和乙公司共同拥有一项外观设计专利权，现甲公司欲以该专利权质押给银行进行融资。下列说法哪些是正确的？
A. 甲公司可以自行将该专利权质押，无需取得乙公司的同意
B. 甲公司与乙公司可以通过协议约定任何一方无需取得对方同意即可质押该专利权
C. 只有经国家知识产权局登记，该专利权的质押才能生效

D. 甲公司请求国家知识产权局进行质押登记的，应当提交该专利权的评价报告

【考点】专利权质押

【分析】根据专利法第十五条的规定，甲公司如需将该外观设计专利权质押，则必须经过乙公司同意，因此，选项 A 错误；而共同权利人可以对专利申请权或者专利权的行使进行约定，因此，甲、乙公司可以约定任何一方无须取得对方同意即可质押该专利权，选项 B 正确。《专利权质押登记办法》第十二条第一款规定，专利权质押登记申请经审查合格的，国家知识产权局在专利登记簿上予以登记，并向当事人发送《专利权质押登记通知书》。质权自国家知识产权局登记时设立。因此，选项 C 正确。《专利权质押登记办法》第七条第一款规定，申请专利权质押登记的，当事人应当向国家知识产权局提交下列文件：（一）出质人和质权人共同签字或者盖章的专利权质押登记申请表；（二）专利权质押合同；（三）双方当事人的身份证明；（四）委托代理的，注明委托权限的委托书；（五）其他需要提供的材料。因此，在办理质押登记手续时，无须提交专利权评价报告，选项 D 错误。

【答案】BC

17.【2013 年第 58 题】甲公司欲向乙银行贷款，将其拥有的一项专利权出质给该银行作为担保，下列说法哪些是正确的？

A. 甲公司与乙银行应当就专利权质押订立单独的合同

B. 甲公司应当与乙银行共同向国务院专利行政部门办理出质登记

C. 质权自国务院专利行政部门登记时设立

D. 专利权质押期间，甲公司未提交乙银行同意其放弃该专利权的证明材料的，国务院专利行政部门不予办理专利权放弃手续

【考点】专利权质押

考生	意见
甲	选项 A 为什么不对，不是需要订立书面的合同的吗。

【分析】《专利权质押登记办法》第三条规定，以专利权出质的，出质人与质权人应当订立书面质押合同。质押合同可以是单独订立的合同，也可以是主合同中的担保条款。因此，甲公司与乙银行不是必须订立单独的合同，选项 A 错误，就考生甲而言，订立书面合同书没错，只是该合同不一定是单独的合同。专利法实施细则第十四条第三款规定，以专利权出质的，由出质人和质权人共同向国务院专利行政部门办理出质登记。因此，选项 B 正确。《专利权质押登记办法》第十二条第一款规定，专利权质押登记申请经审查合格的，国家知识产权局在专利登记簿上予以登记，并向当事人发送《专利权质押登记通知书》。质权自国家知识产权局登记时设立。因此，选项 C 正确。《专利权质押登记办法》第十五条规定，专利权质押期间，出质人未提交质权人同意其放弃该专利权的证明材料的，国家知识产权局不予办理专利权放弃手续。因此，选项 D 正确。

【答案】BCD

18.【2012 年第 65 题】甲公司和乙公司共同拥有一项专利权，未对权利的行使进行约定，现甲公司欲以该专利权进行质押融资。下列说法哪些是正确的？

A. 该专利权的质押须取得乙公司的同意

B. 该专利权的质押须向国家知识产权局办理质押登记

C. 在该专利权的质押期间内可以对该专利权再次进行质押

D. 在该专利权的质押期间内放弃该专利权的，须取得质权人的同意

【考点】共有专利权 专利权质押

【分析】《专利权质押登记办法》第四条规定，以共有的专利权出质的，除全体共有人另有约定以外，应当取得其他共有人的同意。因此，选项 A 正确。专利法实施细则第十四条第三款规定，以专利权出质的，由出质人和质权人共同向国务院专利行政部门办理出质登记。因此，选项 B 正确。根据《专利权质押登记办法》第十二条的规定，专利权已被申请质押登记且处于质押期间的，国家知识产权局作出不予登记的决定，并向当事人发送《专利权质押不予登记通知书》。因此，选项 C 错误。《专利权质押登记办法》第十五条规定，专利

权质押期间，出质人未提交质权人同意其放弃该专利权的证明材料的，国家知识产权局不予办理专利权放弃手续。因此，选项D正确。

【答案】ABD

二、专利权的期限

1. 专利权的生效

19.【2016年第26题】甲提交了一件发明专利申请，在公布文本中，其权利要求请求保护的技术方案中包括a、b、c、d四个技术特征；该申请经过实质审查后被授权，授权公告的权利要求保护的技术方案中包括了a、b、c、e四个技术特征，其中技术特征e是记载在申请文件的说明书中的特征，且与技术特征d不等同。乙、丙、丁、戊在该申请公布日后至授权公告日之前，分别生产制造了下列相关产品。甲可以要求支付费用的是？
A. 乙生产制造的产品包括了a、b、c三个技术特征
B. 丙生产制造的产品包括了a、b、c、d四个技术特征
C. 丁生产制造的产品包括了a、b、c、e四个技术特征
D. 戊生产制造的产品包括了a、b、c、d、e五个技术特征

【考点】侵权判定发明专利申请临时保护

考生	意见
甲	授权公告的权利要求保护的技术方案中包括a、b、c、e四个技术特征，而选项CD都包括a、b、c、e四个技术特征，因此，选项CD正确。
乙	本题是问公布日后至授权公告日之前可以要求支付费用。题中"在公布文本中，其权利要求请求保护的技术方案中包括a、b、c、d四个技术特征"，B答案：丙生产制造的产品包括了a、b、c、d四个技术特征，明显在范围之内。D答案：戊生产制造的产品包括了a、b、c、d、e五个技术特征，也在范围之内，因此，选项BD正确。

【分析】专利法第五十九条第一款规定，发明或者实用新型专利权的保护范围以其权利要求的内容为准，说明书及附图可以用于解释权利要求的内容。《最高人民法院关于审理侵犯专利权纠纷案件应用法律若干问题的解释》第七条规定，人民法院判定被诉侵权技术方案是否落入专利权的保护范围，应当审查权利人主张的权利要求所记载的全部技术特征。被诉侵权技术方案包含与权利要求记载的全部技术特征相同或者等同的技术特征的，人民法院应当认定其落入专利权的保护范围；被诉侵权技术方案的技术特征与权利要求记载的全部技术特征相比，缺少权利要求记载的一个以上的技术特征，或者有一个以上技术特征不相同也不等同的，人民法院应当认定其没有落入专利权的保护范围。《最高人民法院关于审理侵犯专利权纠纷案件应用法律若干问题的解释（二）》第十八条第一、二款规定，权利人依据专利法第十三条请求在发明专利申请公布日至授权公告日期间实施该发明的单位或者个人支付适当费用的，人民法院可以参照有关专利许可使用费合理确定。发明专利申请公布时申请人请求保护的范围与发明专利公告授权时的专利权保护范围不一致，被诉技术方案均落入上述两种范围的，人民法院应当认定被告在前款所称期间内实施了该发明；被诉技术方案仅落入其中一种范围的，人民法院应当认定被告在前款所称期间内未实施该发明。

本题选项D产品包括a、b、c、d、e五个技术特征，同时落入了甲提交的专利申请的公开文本和授权文本技术方案的保护范围，因此，选项D正确，选项ABC错误。

需要说明的是，考生注意关注法律修改及最新司法解释信息，本题考查针对最新司法解释而设置，本来是一道挺简单的题目，考生的争议却很大，像考生甲乙那样的想法是不对的，应该是没有学习该司法解释。

【答案】D

20.【2013年第43题】下列关于专利权的说法哪些是正确的？
A. 发明专利申请在公布日至授权公告日期间，任何人均可以无偿使用该申请所要求保护的技术方案
B. 发明专利权自公告之日起生效
C. 实用新型专利权自公告之日起生效

D. 外观设计专利权自公告之日起生效

【考点】发明专利申请临时保护、专利权生效日

考生	意见
甲	选项A中，在发明专利权未授予之前，任何人可以使用，即使专利权人请求给付费用，可以拒绝，专利权人也奈何不了。

【分析】专利法第十三条规定，发明专利申请公布后，申请人可以要求实施其发明的单位或者个人支付适当的费用。专利法实施细则第八十五条规定，除专利法第六十条规定的外，管理专利工作的部门应当事人请求，可以对下列专利纠纷进行调解：（一）专利申请权和专利权归属纠纷；（二）发明人、设计人资格纠纷；（三）职务发明创造的发明人、设计人的奖励和报酬纠纷；（四）在发明专利申请公布后专利权授予前使用发明而未支付适当费用的纠纷；（五）其他专利纠纷。对于前款第（四）项所列的纠纷，当事人请求管理专利工作的部门调解的，应当在专利权被授予之后提出。专利法第六十八条第二款规定，发明专利申请公布至专利权授予前使用该发明未支付适当使用费的，专利权人要求支付使用费的诉讼时效为二年，自专利权人得知或者应当得知他人使用其发明之日起计算，但是，专利权人于专利权授予之日前即已得知或者应当得知的，自专利权授予之日起计算。由此可知，发明专利申请尚未授权时，他人可能拒付使用费，但这并不意味着他人在此期间的使用属于无偿使用，因此，选项A错误，考生甲的想法是不对的。专利法第三十九条规定，发明专利权自公告之日起生效。专利法第四十条规定，实用新型专利权和外观设计专利权自公告之日起生效。因此，选项BCD正确。

【答案】BCD

2. 专利权的保护期限

21.【2015年第27题】某发明专利，申请日为2008年8月1日，优先权日为2007年9月1日，公布日为2009年1月10日，授权公告日为2012年3月1日。该专利权的期限届满日是哪一天？

A. 2027年9月1日　　　B. 2028年8月1日　　　C. 2029年1月10日　　　D. 2032年3月1日

【考点】申请日专利权的保护期限

【分析】专利法第四十二条规定，发明专利权的期限为二十年，实用新型专利权和外观设计专利权的期限为十年，均自申请日起计算。专利法实施细则第十一条第一款规定，除专利法第二十八条和第四十二条规定的情形外，专利法所称申请日，有优先权的，指优先权日。由此可知，发明专利权的期限应当自实际申请日起20年。本题中，由于该发明专利申请的申请日为2008年8月1日，因此，该专利权的保护期限应当在2028年8月1日届满，选项B正确，选项ACD错误。

【答案】B

22.【2014年第5题】某发明专利申请的申请日为2010年3月25日，优先权日为2009年3月26日。国家知识产权局于2012年11月23日发出授权通知书，2013年2月27日公告授予专利权。该专利权的期限何时届满？

A. 2029年3月26日　　　B. 2030年3月25日　　　C. 2032年11月23日　　　D. 2033年2月27日

【考点】申请日专利权的保护期限

【分析】专利法第四十二条规定，发明专利权的期限为二十年，实用新型专利权和外观设计专利权的期限为十年，均自申请日起计算。专利法实施细则第十一条第一款规定，除专利法第二十八条和第四十二条规定的情形外，专利法所称申请日，有优先权的，指优先权日。由此可知，发明专利权的期限应当自实际申请日起20年。本题中，由于该发明专利申请的申请日为2010年3月25日，因此，该专利权的保护期限应当在2030年3月25日届满，选项B正确，选项ACD错误。

【答案】B

23.【2013年第6题】金某于2004年3月18日向国家知识产权局提交了一件实用新型专利申请。2004年8月13日，金某以该实用新型专利申请为优先权基础提出了一件PCT国际申请。该PCT国际申请于2006年7月20日进入中国国家阶段，并于2008年3月6日被公告授予发明专利权。该项发明专利权的保护期限何时

届满?

  A. 2024 年 3 月 18 日   B. 2024 年 8 月 13 日   C. 2026 年 7 月 20 日   D. 2028 年 3 月 6 日

【考点】 专利权保护期限　国际申请日

【分析】 专利法实施细则第一百零二条规定，按照专利合作条约已确定国际申请日并指定中国的国际申请，视为向国务院专利行政部门提出的专利申请，该国际申请日视为专利法第二十八条所称的申请日。专利法第四十二条规定，发明专利权的期限为二十年，实用新型专利权和外观设计专利权的期限为十年，均自申请日起计算。专利法实施细则第十一条第一款规定，除专利法第二十八条和第四十二条规定的情形外，专利法所称申请日，有优先权的，指优先权日。在本题中，金某提出 PCT 国际申请的国际申请日为 2004 年 8 月 13 日，而专利权的保护期限与优先权日无关，因此，金某该项发明专利权的保护期限 2024 年 8 月 13 日届满，选项 B 正确，选项 ACD 错误。

【答案】 B

第二节　专利侵权行为与救济方法

一、专利侵权行为

1. 专利侵权行为的类型

24.【2015 年第 89 题】 甲公司就一项手术刀于 2010 年 6 月 10 日提出实用新型专利申请并于 2010 年 9 月 29 日获授权。乙公司 2010 年 8 月 15 日自行研制出了相同的手术刀，于 2010 年 9 月 29 日前完成了生产制造的准备。未经甲公司许可，乙公司于 2010 年 10 月开始制造该手术刀，并通过丙公司销售给了丁医院使用。下列说法哪些是正确的?

  A. 乙的制造行为侵犯甲的专利权

  B. 乙在专利授权前已经做好了生产制造的准备，其制造行为不侵犯甲的专利权

  C. 丙的销售行为侵犯甲的专利权

  D. 丁能证明其产品的合法来源，其使用行为不侵犯甲的专利权

【考点】 专利侵权行为

【分析】 根据专利法第十一条第一款的规定，发明和实用新型专利权被授予后，除本法另有规定的以外，任何单位或者个人未经专利权人许可，都不得实施其专利，即不得为生产经营目的的制造、使用、许诺销售、销售、进口其专利产品，或者使用其专利方法以及使用、许诺销售、销售、进口依照该专利方法直接获得的产品。因此，选项 AC 正确。根据专利法第六十九条（二）规定，有下列情形之一的，不视为侵犯专利权：其中，（二）在专利申请日前已经制造相同产品、使用相同方法或者已经作好制造、使用的必要准备，并且仅在原有范围内继续制造、使用的。本题选项 B 中，乙在专利授权前做好了相关准备，而不是在专利申请日前做好了相关准备，因此，选项 B 错误。根据专利法第七十条的规定，为生产经营目的使用、许诺销售或者销售不知道是未经专利权人许可而制造并售出的专利侵权产品，能证明该产品合法来源的，不承担赔偿责任。本题中，丁能证明其产品的合法来源，不承担赔偿责任，但其行为仍侵犯甲的专利权，因此，选项 D 错误。

【答案】 AC

25.【2015 年第 91 题】 甲公司在中国拥有一项抗癌药品的专利权，并在中国国内进行了制造销售。以下未经甲公司许可的哪些行为侵犯了甲公司的专利权?

  A. 乙是病人，从印度购买仿制的该专利药品自己服用，并将多余的药品带回国内销售

  B. 丙从甲公司购买了该专利药品，将其加价卖给第三人

  C. 丁在国内某报纸上发布印度仿制的该专利药品的销售广告

  D. 戊见甲公司销售的药品价格过于昂贵，自行制造并低价销售该专利药品

【考点】 专利侵权行为

【分析】 专利法第十一条第一款规定，发明和实用新型专利权被授予后，除本法另有规定的以外，任何单位或者个人未经专利权人许可，都不得实施其专利，即不得为生产经营目的的制造、使用、许诺销售、销售、进

口其专利产品，或者使用其专利方法以及使用、许诺销售、销售、进口依照该专利方法直接获得的产品。本题中，乙的销售行为、丁的许诺销售行为、戊的制造和销售行为都侵犯了甲公司的专利权，因此，选项ACD正确。

根据专利法第六十九条的规定，专利产品或者依照专利方法直接获得的产品，由专利权人或者经其许可的单位、个人售出后，使用、许诺销售、销售、进口该产品的，不视为侵犯专利权。本题中，丙从甲公司购买该专利药品，再卖给第三人的行为不侵犯甲公司的专利权，因此，选项B错误。

【答案】 ACD

26.【2014年第24题】某公司拥有一项3D打印机的专利权。下列哪个行为侵犯了该公司的专利权？
A. 为了改进该打印机的性能，甲自行制造了一台该种3D打印机用于实验
B. 乙未获得该公司的许可而在报纸上发布出售该种3D打印机的信息
C. 丙从该公司购买了一台3D打印机，未经该公司同意，公开出售由该3D打印机打印出的产品
D. 丁从该公司批发了一批3D打印机，并以高价出口到该公司未获得专利权的国家

【考点】 专利侵权行为

【分析】 专利法第十一条第一款规定，发明和实用新型专利权被授予后，除本法另有规定的以外，任何单位或者个人未经专利权人许可，都不得实施其专利，即不得为生产经营目的制造、使用、许诺销售、销售、进口其专利产品，或者使用其专利方法以及使用、许诺销售、销售、进口依照该专利方法直接获得的产品。专利法第六十九条规定，"专利产品或者依照专利方法直接获得的产品，由专利权人或者经其许可的单位、个人售出后，使用、许诺销售、销售、进口该产品"和"专为科学研究和实验而使用有关专利"不视为侵犯专利权。本题中，选项A中甲自行制造和使用该3D打印机是为了科学实验，其行为不侵权该公司的专利权，因此，选项A错误。选项B中乙在报纸上发布出售该种3D打印机的信息属于许诺销售，由于乙未获得该公司许可，其行为侵犯了该公司的专利权，因此，选项B正确。选项C中丙由于是从该公司购买的该3D打印机用于商业应用，其行为不侵权该公司的专利权，因此，选项C错误。选项D中丁由于是从该公司批发的该种3D打印机用于出口，其行为不侵权该公司的专利权，因此，选项D错误。

【答案】 B

27.【2014年第59题】下列哪些未经专利权人许可的行为构成了侵犯专利权的行为？
A. 某大学使用专利方法制造了扩音设备用于教学
B. 某汽车制造厂将实用新型专利产品用作汽车内部零部件
C. 某电视机厂将外观设计专利产品用作电视机内部不可见的零部件
D. 某药厂为药品上市提供行政审批所需要的信息而制造了专利药品

【考点】 专利侵权行为的判定

【分析】 专利法第十一条第一款规定，发明和实用新型专利权被授予后，除本法另有规定的以外，任何单位或者个人未经专利权人许可，都不得实施其专利，即不得为生产经营目的制造、使用、许诺销售、销售、进口其专利产品，或者使用其专利方法以及使用、许诺销售、销售、进口依照该专利方法直接获得的产品。选项A中，该大学制造扩音设备用于教学的行为属于生产经营行为，因此，侵权了专利权，选项A正确。《最高人民法院关于审理侵犯专利权纠纷案件应用法律若干问题的解释》第十二条第一款规定，将侵犯发明或者实用新型专利权的产品作为零部件，制造另一产品的，人民法院应当认定属于专利法第十一条规定的使用行为；销售该另一产品的，人民法院应当认定属于专利法第十一条规定的销售行为。因此，选项B正确。

《最高人民法院关于审理侵犯专利权纠纷案件应用法律若干问题的解释》第十二条第二款规定，将侵犯外观设计专利权的产品作为零部件，制造另一产品并销售的，人民法院应当认定属于专利法第十一条规定的销售行为，但侵犯外观设计专利权的产品在该另一产品中仅具有技术功能的除外。选项C中外观设计专利产品由于是放置在电视机内部，其用途并不是为了满足美感，仅可能起到具体的技术功能，因此，不侵犯专利权，选项C错误。专利法第六十九条规定，有下列情形之一的，不视为侵犯专利权：……（五）为提供行政审批所需要的信息，制造、使用、进口专利药品或者专利医疗器械的，以及专门为其制造、进口专利药品或者专利医疗器械的。因此，选项D错误。

【答案】AB

28.【2013年第62题】王某拥有一项外观设计专利权。未经其许可，他人为生产经营目的不得实施下列哪些行为？

　　A. 制造该外观设计专利产品　　　　　　B. 使用该外观设计专利产品
　　C. 许诺销售该外观设计专利产品　　　　D. 进口该外观设计专利产品

【考点】专利侵权行为

【分析】专利法第十一条第二款规定，外观设计专利权被授予后，任何单位或者个人未经专利权人许可，都不得实施其专利，即不得为生产经营目的制造、许诺销售、销售、进口其外观设计专利产品。不包括"使用"，因此，选项B错误。选项ACD正确。

【答案】ACD

29.【2013年第99题】王某未经外观设计专利权人许可，依照该外观设计专利制造了100件产品，其中10件送朋友，5件放家里摆放，80件用于出售，5件在展销会上展出。王某的哪些行为侵犯了该外观设计专利权？

　　A. 送朋友　　　　B. 在家里摆放　　　　C. 出售　　　　D. 在展销会上展出

【考点】专利侵权行为

考生	意见
甲	选项A也侵犯，制造产品赠送朋友，给专利权人造成了损失，影响专利权人的潜在市场。
乙	选项A也侵犯，何越峰老师的《专利法律知识分册》第394页第9题选项C也是赠送的，答案是侵权，因此，本题选项A正确。
丙	选项D中在展销会展出属于使用，外观设计专利的侵权不涉及使用，因此，选项D错误。
丁	本题中制造本身就已经侵权了，后续行为都应该是侵权的，不可能说制造侵权了，后面行为不侵权吧，选项ABCD都正确。

【分析】专利法第十一条第二款规定，外观设计专利权被授予后，任何单位或者个人未经专利权人许可，都不得实施其专利，即不得为生产经营目的制造、许诺销售、销售、进口其外观设计专利产品。本题中，选项A"送朋友"、选项B"在家里摆放"（属于使用）都不是为生产经营的目的，且不属于"制造、许诺销售、销售、进口"中的任何一种，这两种行为不侵犯该外观设计专利权，因此，选项AB错误，因此，考生甲的想法是不对的。选项CD分别属于销售、许诺销售行为，属于该款规定的侵权行为，因此，选项CD正确，考生丙认为展出属于使用的想法是不对的。

需要注意的是，根据专利法第十一条第二款规定，"实施其专利"的行为共有四种具体的实施方式，即制造、许诺销售、销售和进口。这一列举是穷尽性的，即只有进行了上述四种行为中的至少一种，才会构成直接侵犯专利权的行为；进行上述四种行为之外的任何其他行为，比如赠送、使用，都不会构成直接侵犯专利权的行为，而且不同的行为应当根据专利法第十一条第二款分别对其判断，因此，考生丁的想法是不对的。

考生乙提到的题目：在某外国企业获得一项产品发明的中国专利后，国内某厂的下列哪些行为构成专利侵权行为？❶

　　A. 在研制与专利产品不同种类的新产品过程中使用自行仿制的该专利产品作为工具。
　　B. 在研制该专利产品的替代产品过程中仿制该专利产品并对其进行实验和研究。
　　C. 为满足某大学对该产品进行科学研究的需要而仿制该专利产品并免费赠送给该大学。
　　D. 为满足某大学对该专利产品进行科学研究的需要而仿制该专利产品并出售给该大学。

该题解析中指出：选项C、D中行为人无论是将仿制品赠送还是出售给该大学，其制造专利产品的目的都

---

❶ 何越峰：《全国专利代理人资格考试考前培训系列教材·专利法律知识分册》，知识产权出版社2011年版，第394页。答案为ABCD。

不是为了实验目的，而是为了生产经营目的（不以是否盈利为限），应当认定为侵权行为。还有一种观点："如果其他单位或者个人为研究实验者在国内制造或者从外国进口有关专利产品，供其进行研究实验，是否构成侵犯专利权的行为？这是一个比较难以回答的问题。……本条（专利法第六十九条）第（四）项与第（五）项所针对的情况有类似之处，应当得出同样的结论，即在研究实验者自己不具备制造有关专利产品的能力的情况下，应当允许该研究实验者进口有关专利产品，也应当允许他人为研究实验者制造、进口有关专利产品，都不视为侵犯专利权的行为"。❶笔者认同这一观点，因此，笔者认为该题选项CD中该厂的行为应当不视为侵犯专利权的行为。因此，考生乙的想法是不对的。

【答案】CD

2. 专利侵权的判定

30.【2016年第86题】甲公司拥有一项推荐性行业标准中明示的必要专利技术，乙公司未经甲公司同意，在其制造的产品中使用了该项专利技术，以下说法正确的是？

  A. 由于该专利已被列入推荐性行业标准，因此乙公司使用该项技术无需支付许可费
  B. 虽然该专利已被列入推荐性行业标准，但是乙公司使用该项技术应当支付许可费
  C. 由于该专利已被列入推荐性行业标准，因此乙公司使用该项技术不侵犯甲公司专利权
  D. 虽然该专利已被列入推荐性行业标准，但乙公司未经同意使用该技术仍然属于侵权行为

【考点】专利侵权必要专利

【分析】专利法第六十条规定，未经专利权人许可，实施其专利，即侵犯其专利权，引起纠纷的，由当事人协商解决；不愿协商或者协商不成的，专利权人或者利害关系人可以向人民法院起诉，也可以请求管理专利工作的部门处理。《最高人民法院关于审理侵犯专利权纠纷案件应用法律若干问题的解释（二）》第二十四条第一款规定，推荐性国家、行业或者地方标准明示所涉必要专利的信息，被诉侵权人以实施该标准无需专利权人许可为由抗辩不侵犯该专利权的，人民法院一般不予支持。因此，选项AC错误，选项BD正确。

【答案】BD

31.【2016年第87题】甲就研磨机获得了一项实用新型专利权，其授权公告的独立权利要求1包括a、b、c、d四个技术特征，以下哪些产品落入该实用新型专利权的保护范围？

  A. 乙制造的研磨机，包括a、b、c、e四个技术特征，其中特征e为记载在甲的授权专利说明书中的特征，并与d不相同也不等同
  B. 丙制造的研磨机，包括a、b、c、d'四个技术特征，其中特征d'与甲授权专利中的特征d等同
  C. 丁制造的研磨机，包括a、b、c、d、e五个技术特征，其中特征e为记载在甲的授权专利说明书中的特征
  D. 戊制造的研磨机，仅包括a、b、c三个技术特征

【考点】侵权判断全覆盖原则

【分析】《最高人民法院关于审理侵犯专利权纠纷案件应用法律若干问题的解释》第七条：人民法院判定被诉侵权技术方案是否落入专利权的保护范围，应当审查权利人主张的权利要求所记载的全部技术特征。被诉侵权技术方案包含与权利要求记载的全部技术特征相同或者等同的技术特征的，人民法院应当认定其落入专利权的保护范围；被诉侵权技术方案的技术特征与权利要求记载的全部技术特征相比，缺少权利要求记载的一个以上的技术特征，或者有一个以上技术特征不相同也不等同的，人民法院应当认定其没有落入专利权的保护范围。因此，选项AD错误，选项BC正确。

【答案】BC

32.【2016年第88题】甲有一项名称为"茶具"的外观设计专利，其包括茶壶和茶杯两件产品；乙在某网购平台上销售茶壶，其销售的茶壶与甲的外观设计专利中的茶壶属于相同的设计，丙从该网购平台购买了乙销售的茶壶供自己使用。以下说法哪些是正确的？

  A. 乙销售的茶壶落入甲的专利权保护范围 B. 乙销售的茶壶未落入甲的专利权保护范围

---

❶ 尹新天：《中国专利法详解》，知识产权出版社2011年版，第819页。

C. 丙购买并使用该茶壶侵犯了甲的专利权　　　D. 丙购买并使用该茶壶不侵犯甲的专利权

【考点】外观设计专利侵权判断

【分析】专利法第十一条第二款规定，外观设计专利权被授予后，任何单位或者个人未经专利权人许可，都不得实施其专利，即不得为生产经营目的制造、许诺销售、销售、进口其外观设计专利产品。《最高人民法院关于审理侵犯专利权纠纷案件应用法律若干问题的解释（二）》第十五条规定，对于成套产品的外观设计专利，被诉侵权设计与其一项外观设计相同或者近似的，人民法院应当认定被诉侵权设计落入专利权的保护范围。

本题中，甲的外观设计专利包括茶壶和茶杯两件产品，乙销售的茶壶与甲的外观设计专利中的茶壶属于相同的设计，落入了甲的外观设计专利的保护范围，因此，选项A正确，选项B错误。由于外观设计专利的保护并不包括使用，丙的使用行为不构成侵权，因此，选项C错误，选项D正确。

【答案】AD

33.【2016年第89题】某沙发床的外观设计专利，其授权图片所示该沙发具有沙发和床两个变化状态，下列说法哪些是正确的？

A. 被诉侵权产品为沙发，不能变化为床，该沙发与授权专利中沙发使用状态下的外观设计相同，则落入该外观设计专利权的保护范围

B. 被诉侵权产品为沙发，不能变化为床，尽管该沙发与授权专利中沙发使用状态下的外观设计相同，也不会落入该外观设计专利权的保护范围

C. 被诉侵权产品为沙发床，有三个变化状态，且其中两个变化状态分别与授权专利对应的两个变化状态外观设计近似，尽管其第三个变化状态与授权专利任一状态下的外观设计均不近似，其仍然落入该外观设计专利权的保护范围

D. 被诉侵权产品为沙发床，有三个变化状态，且其中两个变化状态分别与授权专利对应的两个变化状态外观设计近似，第三个变化状态与授权专利任一状态下的外观设计均不近似，则不会落入该外观设计专利权的保护范围

【考点】外观设计专利侵权判断

【分析】《最高人民法院关于审理侵犯专利权纠纷案件应用法律若干问题的解释（二）》第十七条规定，对于变化状态产品的外观设计专利，被诉侵权设计与变化状态图所示各种使用状态下的外观设计均相同或者近似的，人民法院应当认定被诉侵权设计落入专利权的保护范围；被诉侵权设计缺少其一种使用状态下的外观设计或者与之不相同也不近似的，人民法院应当认定被诉侵权设计未落入专利权的保护范围。本题中，某沙发床的外观设计专利，其授权图片所示该沙发具有沙发和床两个变化状态，而选项AB中"被诉侵权产品沙发"只有沙发一种状态，不能变化成床，因此，选项A错误，选项B正确。选项CD中"被诉侵权产品沙发床"有三个变化状态，且其中两个变化状态分别与授权专利对应的两个变化状态外观设计近似，因此，选项C正确，选项D错误。

【答案】BC

34.【2015年第29题】甲公司拥有一项产品发明专利，其权利要求包括a、b、c、d四个特征，其中a、b、c三个特征属于必要技术特征。未经甲公司许可，乙公司制造的下列哪个产品侵犯甲公司的专利权？

A. 产品包括特征a、b、c、f，其中特征f是记载在甲公司专利说明书中的特征

B. 产品包括特征b、c、d、e

C. 产品包括特征a、b'、c，其中b'与b是等同的技术特征

D. 产品包括特征a、b、c、d、g，其中特征g是没有记载在甲公司专利说明书中的特征

【考点】专利侵权的判定原则

【分析】专利法第五十九条第一款规定，发明或者实用新型专利权的保护范围以其权利要求的内容为准，说明书及附图可以用于解释权利要求的内容。《最高人民法院关于审理侵犯专利权纠纷案件应用法律若干问题的解释》第七条规定，人民法院判定被诉侵权技术方案是否落入专利权的保护范围，应当审查权利人主张的权利要求所记载的全部技术特征。被诉侵权技术方案包含与权利要求记载的全部技术特征相同或者等同的技术特

征的，人民法院应当认定其落入专利权的保护范围。本题中，选项 D 中的产品包含与甲公司权利要求记载的全部技术特征（a、b、c、d），因此，选项 D 正确。选项 ABC 错误。

【答案】 D

35.**【2015 年第 92 题】** 甲公司拥有一项新型药物的专利权。未经甲公司许可，下列哪些行为侵犯了甲公司的专利权？

A. 乙公司通过电子邮件向某医院发出销售该新型药物的介绍信息
B. 李某在专业期刊上发表文章对该新型药物的性能作了全面介绍
C. 某医院为尽快治疗好患者，自行配置并使用了该新型药物
D. 丙公司为提供行政审批所需要的信息，自行制造了该新型药物

【考点】 专利侵权行为

考生	意见
甲	应该选上选项 B，在期刊上公开该技术，也算是侵权了。

【分析】 专利法第十一条第一款规定，发明和实用新型专利权被授予后，除本法另有规定的以外，任何单位或者个人未经专利权人许可，都不得实施其专利，即不得为生产经营目的制造、使用、许诺销售、销售、进口其专利产品，或者使用其专利方法以及使用、许诺销售、销售、进口依照该专利方法直接获得的产品。本题中，乙公司的许诺销售行为、某医院的制造和使用行为侵犯了甲公司的专利权，因此，选项 AC 正确。而李某对该新型药物的性能进行介绍不侵犯甲公司的专利权，因此，选项 B 错误。专利法第六十九条规定，有下列情形之一的，不视为侵犯专利权：其中，（五）为提供行政审批所需要的信息，制造、使用、进口专利药品或者专利医疗器械的，以及专门为其制造、进口专利药品或者专利医疗器械的。因此，选项 D 错误。

需要注意的是，专利法第十一条中关于侵权行为的规定属于穷尽式列举，比如选项 B 中李某在刊物上发表文章的行为，不属于专利法第十一条中列举的行为，因此，该行为不属于侵权行为，因此，考生甲的想法是不对的。

【答案】 AC

36.**【2014 年第 79 题】** 在专利申请日前已经制造相同产品、使用相同方法或者已经作好制造、使用的必要准备，并且仅在原有范围内继续制造、使用的，不视为侵犯专利权。下列关于上述作好必要准备和原有范围的说法哪些是正确的？

A. 已经完成实施发明创造所必需的主要技术图纸属于专利法所规定的作好了制造、使用的必要准备
B. 已经购买实施发明创造所必需的主要设备属于专利法所规定的作好了制造、使用的必要准备
C. 原有范围包括专利申请日前已有的生产规模
D. 原有范围包括利用专利申请日前已有的生产设备可以达到的生产规模

【考点】 先用权

【分析】 《最高人民法院关于审理侵犯专利权纠纷案件应用法律若干问题的解释》第十五条规定，被诉侵权人以非法获得的技术或者设计主张先用权抗辩的，人民法院不予支持。有下列情形之一的，人民法院应当认定属于专利法第六十九条第（二）项规定的已经作好制造、使用的必要准备：（一）已经完成实施发明创造所必需的主要技术图纸或者工艺文件；（二）已经制造或者购买实施发明创造所必需的主要设备或者原材料。专利法第六十九条第（二）项规定的原有范围，包括专利申请日前已有的生产规模以及利用已有的生产设备或者根据已有的生产准备可以达到的生产规模。先用权人在专利申请日后将其已经实施或作好实施必要准备的技术或设计转让或者许可他人实施，被诉侵权人主张该实施行为属于在原有范围内继续实施的，人民法院不予支持，但该技术或设计与原有企业一并转让或者承继的除外。因此，选项 ABCD 正确。

【答案】 ABCD

37.**【2014 年第 72 题】** 一项专利权的权利要求由 X、Y、Z 三个技术特征构成，则下列哪些技术方案落入了该专利权的保护范围？

A. 一项由 X、Y 两个技术特征构成的技术方案

B. 一项由 X、Y、Z 三个技术特征构成的技术方案

C. 一项由 W、X、Y、Z 四个技术特征构成的技术方案

D. 一项由 X、Y、Z' 三个技术特征构成的技术方案，其中 Z' 是 Z 的等同技术特征

【考点】专利侵权的判定原则

考生	意见
甲	题干和选项 C 都是封闭式写法，应该只保护一个技术方案，选项 C 中的 W 技术特征应该与该项要求保护的技术方案密切相关，该特征没有在题干中有表示，因为是封闭式方案，所以该 W 特征也不可能隐含在题干中要求保护的技术方案里。选项 C 应该没有落入题干中专利权的保护范围。所以选项 C 应该不选吧。

【分析】专利法第五十九条第一款规定，发明或者实用新型专利权的保护范围以其权利要求的内容为准，说明书及附图可以用于解释权利要求的内容。《最高人民法院关于审理侵犯专利权纠纷案件应用法律若干问题的解释》第七条规定，人民法院判定被诉侵权技术方案是否落入专利权的保护范围，应当审查权利人主张的权利要求所记载的全部技术特征。被诉侵权技术方案包含与权利要求记载的全部技术特征相同或者等同的技术特征的，人民法院应当认定其落入专利权的保护范围；被诉侵权技术方案的技术特征与权利要求记载的全部技术特征相比，缺少权利要求记载的一个以上的技术特征，或者有一个以上技术特征不相同也不等同的，人民法院应当认定其没有落入专利权的保护范围。因此，选项 A 错误，选项 BCD 正确。

需要注意的是，(1) 按照权利要求的一般解释原则，构成侵犯专利行为的客体不能缺少权利要求中记载的每一个特征，但是却可以增加权利要求所记载特征之外的其他特征。换言之，凡是权利要求中没有记载的技术特征，都是可有可无的，无论有还是没有，对侵权判定都不产生影响。(2) 对封闭式权利要求的解释方式与权利要求的一般解释原则不同，是一种特殊的解释方式。如果采用封闭式解释方式，当权利要求记载一种组合物由 A+B+C 组成时，其保护范围仅仅覆盖 A、B、C 三种组分的组合，不能少一种组分，也不能多一种组分。封闭式解释方式仅仅适用于组合物和化合物，其原因在于：一些情况下，增加其他的组分所形成的组合物和化合物有可能具有完全不同的性质，变成另一种不同的产品，因而不能适用上述一般原则。因此，对于一般的机械产品或者电子产品等产品权利要求而言，即使权利要求采用了"由……组成"、"基本上由……组成"的表达方式，也不适用于封闭式解释方式。

本题中，按照权利要求的一般解释原则即可（如果是组合物或化合物的情况，题中应当会有提示信息）。因此，考生甲的想法是不对的。考生还需要关注《最高人民法院关于审理侵犯专利权纠纷案件应用法律若干问题的解释（二）》第七条的规定：被诉侵权技术方案在包含封闭式组合物权利要求全部技术特征的基础上增加其他技术特征的，人民法院应当认定被诉侵权技术方案未落入专利权的保护范围，但该增加的技术特征属于不可避免的常规数量杂质的除外。注意该条规定仅仅适用于针对封闭式组合物权利要求。

【答案】BCD

38.【2014 年第 98 题】下列关于专利权保护范围的说法哪些是正确的？

A. 仅在发明专利说明书或者附图中描述而在权利要求中未记载的技术方案，权利人在侵犯专利权纠纷案件中将其纳入专利权保护范围的，人民法院不予支持

B. 实用新型专利权的保护范围以其权利要求的内容为准，说明书及附图可以用于解释权利要求的内容

C. 外观设计专利权的保护范围以表示在图片或者照片中的该产品的外观设计为准，简要说明可以用于解释图片或者照片所表示的该产品的外观设计

D. 人民法院判定被诉侵权技术方案是否落入专利权的保护范围，应当审查权利人主张的权利要求所记载的全部技术特征

【考点】专利权的保护范围

【分析】《最高人民法院关于审理侵犯专利权纠纷案件应用法律若干问题的解释》第五条规定，对于仅在说明书或者附图中描述而在权利要求中未记载的技术方案，权利人在侵犯专利权纠纷案件中将其纳入专利权保护范围的，人民法院不予支持。因此，选项 A 正确。专利法第五十九条第一款规定，发明或者实用新型专利权

的保护范围以其权利要求的内容为准，说明书及附图可以用于解释权利要求的内容。因此，选项B正确。专利法第五十九条第二款规定，外观设计专利权的保护范围以表示在图片或者照片中的该产品的外观设计为准，简要说明可以用于解释图片或者照片所表示的该产品的外观设计。因此，选项C正确。《最高人民法院关于审理侵犯专利权纠纷案件应用法律若干问题的解释》第七条第一款规定，人民法院判定被诉侵权技术方案是否落入专利权的保护范围，应当审查权利人主张的权利要求所记载的全部技术特征。因此，选项D正确。

【答案】ABCD

39.【2013年第86题】某项电子锁专利的权利要求包括N、O、P三个技术特征，其中特征P对于实现电子锁的功能不起任何作用。下列哪些电子锁落入了该专利的保护范围？

　　A. 含有N、O、P、Q四个技术特征的电子锁
　　B. 含有N、O两个技术特征的电子锁
　　C. 含有N、O'、P三个技术特征的电子锁，其中O'是O的等同特征
　　D. 含有N、O、Q三个技术特征的电子锁，其中Q不等同于P

【考点】专利侵权判定原则

考生	意见
甲	由于特征P对于实现电子锁的功能不起作用，而各选项都含有N、O或N、O'，因此，答案应该是选项ABCD。
乙	选项AD中含有技术特征Q，不同于电子锁专利的权利要求，因此，选项AD错误。

【分析】专利法第五十九条第一款规定，发明或者实用新型专利权的保护范围以其权利要求的内容为准，说明书及附图可以用于解释权利要求的内容。《最高人民法院关于审理侵犯专利权纠纷案件应用法律若干问题的解释》第七条规定，人民法院判定被诉侵权技术方案是否落入专利权的保护范围，应当审查权利人主张的权利要求所记载的全部技术特征。被诉侵权技术方案包含与权利要求记载的全部技术特征相同或者等同的技术特征的，人民法院应当认定其落入专利权的保护范围；被诉侵权技术方案的技术特征与权利要求记载的全部技术特征相比，缺少权利要求记载的一个以上的技术特征，或者有一个以上技术特征不相同也不等同的，人民法院应当认定其没有落入专利权的保护范围。

本题中，该项电子锁专利的权利要求所保护的技术方案由N、O、P三个技术特征构成，因此其保护范围就是含有该三个技术特征的技术方案。选项A中的技术方案尽管包含了该专利权不具有的技术特征Q，但由于其包含了该专利权的全部技术特征，仍然符合侵权判定原则，因此，落入了该专利权的保护范围，选项A正确。选项B中的技术方案含有N、O两个技术特征，没有包括该专利权的全部技术特征，因此，没有落入该专利权的保护范围，选项B错误。选项C中的技术方案含有N、O'、P三个技术特征，由于O'是O的等同特征，因此，落入了该专利权的保护范围，选项C正确。选项D中的技术方案含有N、O、Q三个技术特征，且Q不等同于P，没有包括该专利权的全部技术特征，因此，没有落入该专利权的保护范围，选项D错误。

需要注意的是，首先，《最高人民法院关于审理侵犯专利权纠纷案件应用法律若干问题的解释》第七条规定了全覆盖原则，应当审查权利人主张的权利要求所记载的全部技术特征。本题中，电子锁的权利要求所记载的全部技术特征为"N、O、P"。一方面，只要选项ABCD覆盖了这三个技术特征（含等同特征），就认定为侵权，而无需考虑各个特征的作用，因此，考生甲的想法是不对的。另一方面，至于选项ABCD是否含有除"N、O、P"（含等同特征）外的其他特征，则在所不问，因此，考生乙的想法是不对的。

【答案】AC

40.【2012年第30题】一件发明专利的权利要求如下：

"1. 一种衬底组合物，包含J和K，其中J的浓度小于3.5%，K的浓度大于0.1%。
2. 根据权利要求1所述的衬底组合物，其中J的浓度为1.0%~3.5%。
3. 根据权利要求1所述的衬底组合物，其中K的浓度为0.1%~2.0%。"

下列含有J和K的衬底组合物，哪个落入了该专利的保护范围？

　　A. J浓度为1.0%，K的浓度为0.1%　　　　B. J浓度为0.5%，K的浓度为0.2%
　　C. J浓度为4.0%，K的浓度为1.0%　　　　D. J浓度为3.5%，K的浓度为2.0%

【考点】侵权范围的判定

考生	意见
甲	本题权利要求2~3中数值范围的撰写方式，表明权利要求2~3分别包括端点值1.0%、3.5%和0.1%、2.0%，因此，选项AD分别落入权利要求3和2的保护范围。而选项B落入权利要求1的保护范围。

【分析】专利法第五十九条第一款规定，发明或者实用新型专利权的保护范围以其权利要求的内容为准，说明书及附图可以用于解释权利要求的内容。《专利审查指南2010》第二部分第二章第3.3节规定，一般情况下，权利要求中包含有数值范围的，其数值范围尽量以数学方式表达，例如，"≥30℃"、">5"等。通常，"大于"、"小于"、"超过"等理解为不包括本数；"以上"、"以下"、"以内"等理解为包括本数。本题中，该专利的保护范围为：J的浓度<3.5%，K的浓度大于0.1%。选项A中，J浓度为1.0%，不在该专利的保护范围内，选项A错误。选项D中，J浓度为3.5%，不在该专利的保护范围内，选项D错误。选项B中，J浓度为4.0%，K的浓度为1.0%，均在该专利的保护范围内，选项B正确。选项C中，J浓度为4.0%，不在该专利的保护范围内，选项C错误。

需要说明的是，本题权利要求涉及数值范围，其中，权利要求1的保护范围是清楚、无歧义的，即权利要求1中：J浓度<3.5%，K浓度>0.1%。然而，权利要求2~3的保护范围却出现了如下两种理解方式：(1) 权利要求2中，1.0%<J浓度<3.5%，K浓度>0.1%；权利要求3中，J浓度<3.5%，0.1%<K浓度<2.0%。(2) 权利要求2中，1.0%≤J浓度≤3.5%，K浓度>0.1%；权利要求3中，J浓度<3.5%，0.1%≤K浓度≤2.0%。根据第二种理解方式，

按照规范的撰写方式，独立权利要求保护范围最大，从属权利要求对独立权利要求进一步限定，本题中，选项B落入独立权利要求的保护范围，而选项ACD均没有落入独立权利要求的保护范围，因此，答案为选项B。而根据考生甲的想法，按照第二种理解方式，则选项AD分别落入权利要求3和2的保护范围。并且从属权利要求中出现了不包括在独立权利要求中的数值，即从属权利要求的保护范围不在独立权利要求的保护范围内，本题中权利要求2~3成为独立权利要求，这应该不是本题用意所在，因此，按照第二种理解方式，将影响考生本题（单选题）的正确率。

【答案】B

41.【2012年第69题】甲公司对一项产品享有专利权，下列哪些行为不构成对甲公司专利权的侵犯？
A. 乙公司在不知道该专利的情形下独立研发出相同的产品并予以制造
B. 丙公司购买了甲公司出售的专利产品并再次予以出售
C. 丁公司通过合法渠道购买了不知道是未经甲公司许可而制造的侵权产品并予以销售
D. 戊公司专为科学研究和实验而使用甲公司的专利产品

【考点】不视为侵犯专利权的情形、损失赔偿责任的免除

考生	意见
甲	乙公司制造目的如果不是为了销售或谋取利益，而是为了科研等，应该不构成对甲公司专利权的侵犯，选项A正确。
乙	选项C中既然已有合法渠道购买了，就不应认为是侵权了，侵权只是卖东西那个人，选项C也对。

【分析】专利法第十一条第一款规定，发明和实用新型专利权被授予后，除本法另有规定的以外，任何单位或者个人未经专利权人许可，都不得实施其专利，即不得为生产经营目的制造、使用、许诺销售、销售、进口其专利产品，或者使用其专利方法以及使用、许诺销售、销售、进口依照该专利方法直接获得的产品。在选项A中，乙公司虽然是独立研发出的该产品，但由于甲公司已就该产品获得了专利，因此，乙公司的制造行为仍构成了对甲公司专利权的侵犯，选项A错误。专利法第六十九条第（一）项规定，专利产品或者依照专利方法直接获得的产品，由专利权人或者经其许可的单位、个人售出后，使用、许诺销售、销售、进口该产品的，不视为侵犯专利权。在选项B中，丙公司从甲公司购买该产品后进行销售，该行为不构成对甲公司专利权

的侵犯，因此，选项B正确。专利法第七十条规定，为生产经营目的使用、许诺销售或者销售不知道是未经专利权人许可而制造并售出的专利侵权产品，能证明该产品合法来源的，不承担赔偿责任。该规定的本意是为了保护善意第三者，仅仅免除其赔偿责任，但就上述销售行为而言，仍然侵犯了专利权，应当停止侵权行为。因此，选项C中丁公司的行为构成对甲公司专利权的侵犯，选项C错误。专利法第六十九条第（四）项规定，专为科学研究和实验而使用有关专利的，不视为侵犯专利权。因此，选项D中戊公司的行为不构成对甲公司专利权的侵犯，选项D正确。

需要说明的是，本题选项A中，如果乙公司制造目的如果不是为了销售或谋取利益，而是为了科研等，那么，选项A应当会像选项D那样明示写成"为了科学研究独立研发出"。选项A考查的是专利法第十一条第一款，乙公司的制造行为属于侵权行为，考生甲的想法是不对的。本题选项C中，专利法第十一条第一款穷尽列举了侵权行为，在丁公司的购买和销售行为中，丁公司的销售行为属于侵权行为，考生乙的想法是不对的。

【答案】BD

42.【2012年第77题】下列关于外观设计专利侵权判断的说法哪些是正确的？
   A. 在与外观设计专利产品相同或者相近种类产品上，采用与授权外观设计相同或者近似的外观设计，应当认定被诉侵权设计落入外观设计专利权的保护范围
   B. 应当根据外观设计产品的用途，认定产品种类是否相同或者相近似
   C. 确定产品的用途时，可以参考外观设计的简要说明、国际外观设计分类表、产品的功能以及产品销售、实际使用的情况等因素
   D. 应当以外观设计专利产品的一般消费者的知识水平和认知能力，判断外观设计是否相同或者近似

【考点】专利侵权判定原则

【分析】《最高人民法院关于审理侵犯专利权纠纷案件应用法律若干问题的解释》第八条规定，在与外观设计专利产品相同或者相近种类产品上，采用与授权外观设计相同或者近似的外观设计的，人民法院应当认定被诉侵权设计落入专利法第五十九条第二款规定的外观设计专利权的保护范围。因此，选项A正确。《最高人民法院关于审理侵犯专利权纠纷案件应用法律若干问题的解释》第九条规定，人民法院应当根据外观设计产品的用途，认定产品种类是否相同或者相近。确定产品的用途，可以参考外观设计的简要说明、国际外观设计分类表、产品的功能以及产品销售、实际使用的情况等因素。因此，选项BC正确。《最高人民法院关于审理侵犯专利权纠纷案件应用法律若干问题的解释》第十条规定，人民法院应当以外观设计专利产品的一般消费者的知识水平和认知能力，判断外观设计是否相同或者近似。因此，选项D正确。

【答案】ABCD

43.【2012年第89题】下列关于先用权的说法哪些是正确的？
   A. 只有合法获得的技术才能主张先用权抗辩
   B. 先用权可以与原有企业一并转让或者继承
   C. 先用权中的原有范围仅指专利申请日前已有的生产规模
   D. 已经完成实施发明创造所必需的主要技术图纸属于已经作好制造、使用的必要准备

【考点】先用权

【分析】专利法第六十九条第（二）项规定，在专利申请日前已经制造相同产品、使用相同方法或者已经作好制造、使用的必要准备，并且仅在原有范围内继续制造、使用的，不视为侵犯专利权。《最高人民法院关于审理侵犯专利权纠纷案件应用法律若干问题的解释》第十五条规定，被诉侵权人以非法获得的技术或者设计主张先用权抗辩的，人民法院不予支持。有下列情形之一的，人民法院应当认定属于专利法第六十九条第（二）项规定的已经作好制造、使用的必要准备：（一）已经完成实施发明创造所必需的主要技术图纸或者工艺文件；（二）已经制造或者购买实施发明创造所必需的主要设备或者原材料。专利法第六十九条第（二）项规定的原有范围，包括专利申请日前已有的生产规模以及利用已有的生产设备或者根据已有的生产准备可以达到的生产规模。先用权人在专利申请日后将其已经实施或作好实施必要准备的技术或设计转让或者许可他人实施，被诉侵权人主张该实施行为属于在原有范围内继续实施的，人民法院不予支持，但该技术或设计与原有企业一并转让或者承继的除外。因此，选项ABD正确，选项C错误。

【答案】ABD
3. 实施现有技术或者现有设计的行为不构成专利侵权

44.【2016年第94题】甲拥有一项X产品实用新型专利权，其向法院起诉乙制造的产品侵犯自己的专利权，以下哪些可以作为乙不侵权抗辩的理由？
   A. 乙用于制造X产品的设备是以合理价格从他人手中购买的
   B. 乙在甲申请专利之前自行完成了研发并开始制造X产品
   C. 乙就其所制造的产品拥有自己的专利权
   D. 乙有证据表明其生产的X产品属于现有技术
【考点】不侵权抗辩理由
【观点】有考生认为选项C正确。主要有以下几种意见：

考生	意见
甲	C选项，如果已就该产品拥有专利权，当然可以抗辩，而且如果乙的授权在甲的权利授权之前，那还可以反诉。因此，选项C正确。

【分析】专利法第十一条第一款规定，发明和实用新型专利权被授予后，除本法另有规定的以外，任何单位或者个人未经专利权人许可，都不得实施其专利，即不得为生产经营目的制造、使用、许诺销售、销售、进口其专利产品。本题中，甲拥有一项X产品实用新型专利权，因此，不管乙用于制造X产品的设备是否是以合理价格从他人手中购买的，乙均不得制造X产品。因此，选项A错误。专利法第六十九条规定，有下列情形之一的，不视为侵犯专利权：（二）在专利申请日前已经制造相同产品、使用相同方法或者已经作好制造、使用的必要准备，并且仅在原有范围内继续制造、使用的。因此，选项B正确。

《最高人民法院关于审理侵犯专利权纠纷案件应用法律若干问题的解释（二）》第二十三条规定，被诉侵权技术方案或者外观设计落入在先的涉案专利权的保护范围，被诉侵权人以其技术方案或者外观设计被授予专利权为由抗辩不侵犯涉案专利权的，人民法院不予支持。因此，选项C错误，考生甲的想法是不对的。专利法第六十二条规定，在专利侵权纠纷中，被控侵权人有证据证明其实施的技术或者设计属于现有技术或者现有设计的，不构成侵犯专利权。因此，选项D正确。

需要说明的是，考生甲应注意学习《最高人民法院关于审理侵犯专利权纠纷案件应用法律若干问题的解释（二）》。

【答案】BD

45.【2014年第17题】专利权人王某发现李某未经许可而实施其专利，遂向人民法院起诉。李某主张其实施的技术方案属于现有技术，因而不侵犯王某的专利权，同时李某还主张，该专利权不具备新颖性和创造性应当被宣告无效，并提供了充足的证据。下列说法哪个是正确的？
   A. 人民法院应当就该专利权是否有效进行审理
   B. 人民法院应当中止诉讼，告知李某向专利复审委员会请求宣告该专利权无效
   C. 人民法院认定李某实施的技术方案为现有技术的，可以直接宣告该专利权无效
   D. 人民法院认定李某实施的技术方案为现有技术的，可以直接判决李某不侵权
【考点】现有技术抗辩
【分析】专利法第四十五条规定，自国务院专利行政部门公告授予专利权之日起，任何单位或者个人认为该专利权的授予不符合本法有关规定的，可以请求专利复审委员会宣告该专利权无效。因此，选项A错误。根据专利法六十二条的规定，在专利侵权纠纷中，被控侵权人有证据证明其实施的技术或者设计属于现有技术或者现有设计的，不构成侵犯专利权。由此可知，在侵权纠纷中，被控侵权人提出现有技术抗辩的，受理侵权纠纷的法院或者管理专利工作的部门在认定该抗辩成立的情况下可认定不构成侵权，但无权宣告专利权无效，因此，选项C错误，选项D正确。《最高人民法院关于审理专利纠纷案件适用法律问题的若干规定》第九条规定，人民法院受理的侵犯实用新型、外观设计专利权纠纷案件，被告在答辩期间内请求宣告该项专利权无效的，人民法院应当中止诉讼，但具备下列情形之一的，可以不中止诉讼：（一）原告出具的检索报告或者专利

权评价报告未发现导致实用新型或者外观设计专利权无效的事由的；（二）被告提供的证据足以证明其使用的技术已经公知的；（三）被告请求宣告该项专利权无效所提供的证据或者依据的理由明显不充分的；（四）人民法院认为不应当中止诉讼的其他情形。由此可知，在被告提出现有技术抗辩的情况下，人民法院可以不中止诉讼，而是对被告的抗诉是否成立进行认定从而作出是否构成侵权的判决，因此，选项B错误。

【答案】D

46.【2013年第95题】甲向人民法院起诉乙侵犯其于2008年10月1日申请并于2010年10月10日被授权的产品发明专利权。该专利的权利要求包括特征L、M、N，乙实施的技术包含特征L、M、N、O。乙证明存在下列哪些事实之一，就足以认定其不侵犯甲的专利权？

A. 乙实施的技术已经记载在2008年8月30日公布的丙的发明专利申请中
B. 乙实施的技术已经记载在2008年3月1日申请、2008年10月16日公告授权的丙的实用新型专利申请中
C. 含有特征L、M、O的技术方案已经记载在2007年1月10日公告授权的丙的专利中，含有特征L、N、O的技术方案已经记载在2008年3月10日公告授权的丙的专利中
D. 乙实施的技术已经在2008年3月1日出版的某科技期刊上刊载

【考点】现有技术抗辩

考生	意见
甲	选项B中丙的实用新型构成了甲的发明的抵触申请，最高人民法院《关于发充分发挥知识产权审判职能作用推动社会主义文化大发展大繁荣和促进经济自主协调发展若干问题的意见》（法发〔2011〕18号）指出："被诉侵权人以实施抵触申请中的技术方案或者外观设计主张其不构成专利侵权的，可以参照现有技术或者现有设计抗辩的审查判断标准予以评判。"因此，抵触申请与现有技术抗辩的规则同样适用，选项B正确。

【分析】根据专利法第六十条的规定，未经专利权人许可，实施其专利，即侵犯其专利权。专利法第六十二条规定，在专利侵权纠纷中，被控侵权人有证据证明其实施的技术或者设计属于现有技术或者现有设计的，不构成侵犯专利权。在选项A中，乙证明其实施的技术记载在公布的丙的发明专利申请中，而丙的发明专利申请公布在甲的申请日之前，因此，乙实施的技术属于现有技术，适用现有技术抗辩，足以认定乙不侵犯甲的专利权，选项A正确。在选项D中，乙实施的技术已经在2008年3月1日出版的某科技期刊上刊载，该期刊的出版日在甲的申请日之前，因此，乙实施的技术属于现有技术，适用现有技术抗辩，足以认定乙不侵犯甲的专利权，选项D正确。在选项B中，由于乙提出证明的实用新型专利申请在甲专利申请申请日前还未公告授权，并不为公众所知，不属于现有技术，不适用现有技术抗辩，故不能认定乙不侵犯甲的专利权，因此，选项B错误。《最高人民法院关于审理侵犯专利权纠纷案件应用法律若干问题的解释》第十四条第一款规定，被诉落入专利权保护范围的全部技术特征，与一项现有技术方案中的相应技术特征相同或者无实质性差异的，人民法院应当认定被诉侵权人实施的技术属于专利法第六十二条规定的现有技术。在选项C中，丙的两件专利所公布的技术方案与甲的专利所公布的技术方案均不相同，不适用现有技术抗辩，因此，不足以认定乙不侵犯甲的专利权，选项C错误。

需要注意的是，对于抵触申请专利侵权抗辩，我国法律及司法解释并未明文规定，主要散见于最高院知识产权司法政策及各地高院专利侵权判定指南，其中，最高人民法院《关于充分发挥知识产权审判职能作用推动社会主义文化大发展大繁荣和促进经济自主协调发展若干问题的意见》（法发〔2011〕18号）规定：被诉侵权人以实施抵触申请中的技术方案或者外观设计主张其不构成专利侵权的，可以参照现有技术或者现有设计抗辩的审查判断标准予以评判。北京市高级人民法院《专利侵权判定指南》规定：抵触申请不属于现有技术，不能作为现有技术抗辩的理由。但是，被诉侵权人主张其实施的是属于抵触申请的专利的，可以参照本指南第125条关于现有技术抗辩的规定予以处理。并且在司法实践中，也有用抵触申请来抗辩的案例。上述规定都提到了抵触申请专利侵权抗辩，但是，就考试而言，应当遵循考试指南中涉及的法律及司法解释，而考试指南中涉及的法律及司法解释没有明确规定抵触申请专利侵权抗辩，因此，考生甲的想法是不对的。

【答案】AD

二、救济方法

1. 协商

47.【2015年第93题】甲未经专利权人乙的许可而实施了其专利，引起了专利侵权纠纷。乙可以通过下列哪些途径解决该纠纷？

A. 与甲协商解决
B. 直接向人民法院提起诉讼
C. 请求地方人民政府管理专利工作的部门处理
D. 请求国务院专利行政部门处理

【考点】专利侵权纠纷解决途径

【分析】根据专利法第六十条的规定，未经专利权人许可，实施其专利，即侵犯其专利权，引起纠纷的，由当事人协商解决；不愿协商或者协商不成的，专利权人或者利害关系人可以向人民法院起诉，也可以请求管理专利工作的部门处理。管理专利工作的部门处理时，认定侵权行为成立的，可以责令侵权人立即停止侵权行为，当事人不服的，可以自收到处理通知之日起十五日内依照《中华人民共和国行政诉讼法》向人民法院起诉；侵权人期满不起诉又不停止侵权行为的，管理专利工作的部门可以申请人民法院强制执行。进行处理的管理专利工作的部门应当事人的请求，可以就侵犯专利权的赔偿数额进行调解；调解不成的，当事人可以依照《中华人民共和国民事诉讼法》向人民法院起诉。根据专利法实施细则第七十九条的规定，专利法和本细则所称管理专利工作的部门，是指由省、自治区、直辖市人民政府以及专利管理工作量大又有实际处理能力的设区的市人民政府设立的管理专利工作的部门。因此，选项ABC正确，选项D错误。

【答案】ABC

48.【2013年第47题】下列关于专利侵权纠纷解决的说法哪些是正确的？

A. 当事人可以协商解决
B. 专利权人可以请求管理专利工作的部门处理
C. 专利权人可以直接就专利侵权纠纷向人民法院提起民事诉讼
D. 当事人对管理专利工作的部门作出的责令停止侵权的决定不服的，可以向人民法院提起行政诉讼

【考点】专利侵权纠纷的救济途径

考生	意见
甲	选项B"专利权人可以请求管理专利工作的部门处理"中不是处理，应该调解，因此，选项B错误。
乙	责令停止的决定只能是法院作出，不可以是管理专利工作的部门作出，因此，选项D错误。

【分析】专利法第六十条规定，未经专利权人许可，实施其专利，即侵犯其专利权，引起纠纷的，由当事人协商解决；不愿协商或者协商不成的，专利权人或者利害关系人可以向人民法院起诉，也可以请求管理专利工作的部门处理。管理专利工作的部门处理时，认定侵权行为成立的，可以责令侵权人立即停止侵权行为，当事人不服的，可以自收到处理通知之日起十五日内依照《中华人民共和国行政诉讼法》向人民法院起诉；侵权人期满不起诉又不停止侵权行为的，管理专利工作的部门可以申请人民法院强制执行。进行处理的管理专利工作的部门应当事人的请求，可以就侵犯专利权的赔偿数额进行调解；调解不成的，当事人可以依照《中华人民共和国民事诉讼法》向人民法院起诉。因此，选项ABCD正确，考生甲乙的想法是不对的。

需要注意的是，关于管理专利工作的部门的职权，结合专利法实施细则第八十条和第八十三条第二款，可以得知，地方管理专利工作的部门的主要职能包括处理专利侵权纠纷（A60）、调解侵权赔偿数额（A60）、查处假冒专利行为（A63-64）、调解专利纠纷（R85）、责令改正专利标识（R83.2）。考生注意区分处理专利侵权纠纷（A60）和调解专利纠纷（R85）两种不同的职能的适用范围。

【答案】ABCD

2. 请求专利行政部门调解和处理

49.【2016年第90题】北京市的甲公司拥有一项发明专利权，深圳市的乙公司未经甲公司的许可，制造了该专利产品，并在上海市进行公开销售，以下说法正确的是？

A. 甲公司可以请求北京市知识产权局进行处理
B. 甲公司可以请求深圳市知识产权局进行处理
C. 甲公司可以请求上海市知识产权局进行处理
D. 甲公司可以请求国家知识产权局进行处理

【考点】管理专利工作的部门专利侵权纠纷处理

【分析】专利法实施细则第八十一条规定，当事人请求处理专利侵权纠纷或者调解专利纠纷的，由被请求人所在地或者侵权行为地的管理专利工作的部门管辖。两个以上管理专利工作的部门都有管辖权的专利纠纷，当事人可以向其中一个管理专利工作的部门提出请求；当事人向两个以上有管辖权的管理专利工作的部门提出请求的，由最先受理的管理专利工作的部门管辖。管理专利工作的部门对管辖权发生争议的，由其共同的上级人民政府管理专利工作的部门指定管辖；无共同上级人民政府管理专利工作的部门的，由国务院专利行政部门指定管辖。本题中，深圳为侵权人乙公司所在地，上海为销售侵权行为地，因此，深圳和上海的知识产权局都有管辖权，因此，选项 BC 正确，选项 AD 错误。

【答案】BC

50.【2014年第43题】广州市的甲公司发现天津市的乙公司未经其许可在重庆市销售涉嫌侵犯其专利权的产品。甲公司可以请求哪些知识产权局处理？

A. 天津市知识产权局
B. 重庆市知识产权局
C. 广州市知识产权局
D. 广东省知识产权局

【考点】专利侵权纠纷的处理管辖

【分析】专利法实施细则第八十一条规定，当事人请求处理专利侵权纠纷或者调解专利纠纷的，由被请求人所在地或者侵权行为地的管理专利工作的部门管辖。两个以上管理专利工作的部门都有管辖权的专利纠纷，当事人可以向其中一个管理专利工作的部门提出请求；当事人向两个以上有管辖权的管理专利工作的部门提出请求的，由最先受理的管理专利工作的部门管辖。管理专利工作的部门对管辖权发生争议的，由其共同的上级人民政府管理专利工作的部门指定管辖；无共同上级人民政府管理专利工作的部门的，由国务院专利行政部门指定管辖。本题中，由于被请求人乙公司的所在地为天津，侵权行为发生地为重庆，因此，甲可以向天津市知识产权局或者重庆市知识产权局请求处理专利侵权纠纷，选项 AB 正确，选项 CD 错误。

【答案】AB

51.【2014年第69题】下列关于专利行政执法的说法哪些是正确的？

A. 管理专利工作的部门可以委托有实际处理能力的市、县级人民政府设立的专利管理部门查处假冒专利行为、调解专利纠纷
B. 专利权人已就专利侵权纠纷向人民法院起诉的，不能再请求管理专利工作的部门处理该纠纷
C. 符合立案规定的，管理专利工作的部门应当在收到请求书之日起 5 个工作日内立案并通知请求人，同时指定 2 名或者 2 名以上承办执法人员处理该专利侵权纠纷
D. 管理专利工作的部门处理专利侵权纠纷，应当自立案之日起 4 个月内结案，经管理专利工作的部门负责人批准，延长的期限最多不超过 2 个月

【考点】专利侵权纠纷的处理

【分析】《专利行政执法办法》第六条第一款规定，管理专利工作的部门可以依据本地实际，委托有实际处理能力的市、县级人民政府设立的专利管理部门查处假冒专利行为、调解专利纠纷。选项 A 正确。《专利行政执法办法》第十条第一款规定，请求管理专利工作的部门处理专利侵权纠纷的，应当符合下列条件：（一）请求人是专利权人或者利害关系人；（二）有明确的被请求人；（三）有明确的请求事项和具体事实、理由；（四）属于受案管理专利工作的部门的受案和管辖范围；（五）当事人没有就该专利侵权纠纷向人民法院起诉。根据上述第（五）项规定可知，选项 B 正确。《专利行政执法办法》第十三条规定，请求符合本办法第十条规定条件的，管理专利工作的部门应当在收到请求书之日起 5 个工作日内立案并通知请求人，同时指定 3 名或者 3 名以上单数执法人员处理该专利侵权纠纷；请求不符合本办法第十条规定条件的，管理专利工作的部门应当在收到请求书之日起 5 个工作日内通知请求人不予受理，并说明理由。因此，选项 C 错误。《专利行政执法办法》第二十一条第一款规定，管理专利工作的部门处理专利侵权纠纷，应当自立案之日起 3 个月内结案。案件特别复杂需要延长期限的，应当由管理专利工作的部门负责人批准。经批准延长的期限，最多不超过 1 个月。

【答案】AB

52.【2013年第20题】王某和李某将共同拥有的一项专利权独占实施许可给宋某，赵某侵犯了该专利权。下列说法哪个是正确的？

A. 未经宋某同意，王某和李某不得共同请求管理专利工作的部门处理该侵权纠纷
B. 未经李某和王某同意，宋某不得请求管理专利工作的部门处理该侵权纠纷
C. 王某、李某和宋某可以共同请求管理专利工作的部门处理该侵权纠纷
D. 只有在李某和王某不请求的情况下，宋某才可以请求管理专利工作的部门处理该侵权纠纷

【考点】独占实施许可

考生	意见
甲	选项A也是对的，因为独占实施是将让与人的权利也是排除的，即只有受让人才能独占享有与之相关的权利。

【分析】根据《专利行政执法办法》第十条的规定，请求管理专利工作的部门处理专利侵权纠纷的，应当符合下列条件：（一）请求人是专利权人或者利害关系人；（二）有明确的被请求人；（三）有明确的请求事项和具体事实、理由；（四）属于受案管理专利工作的部门的受案范围和管辖；（五）当事人没有就该专利侵权纠纷向人民法院起诉。第一项所称利害关系人包括专利实施许可合同的被许可人、专利权的合法继承人。专利实施许可合同的被许可人中，独占实施许可合同的被许可人可以单独提出请求；排他实施许可合同的被许可人在专利权人不请求的情况下，可以单独提出请求；除合同另有约定外，普通实施许可合同的被许可人不能单独提出请求。在选项A中，王某和李某作为专利权人，可以单独请求管理专利工作的部门处理该侵权纠纷，因此，选项A错误。由于宋某是独占实施许可合同的被许可人，可以单独请求管理专利工作的部门处理该侵权纠纷，因此，选项BD错误。专利权人和独占实施许可合同的被许可人共同请求管理专利工作的部门处理该侵权纠纷，也是可以的，因此，选项C正确。

需要注意的是，独占实施许可简称独占许可，是指在一定时间内，在专利权的有效地域范围内，专利权人只许可一个被许可人实施其专利，而且专利权人自己也不得实施该专利。此处的"实施"与专利法第十一条中"实施"的含义一致，而签订独占实施许可合同，并不意味着专利权人丧失了请求管理专利工作的部门处理专利侵权纠纷的权利。因此，考生甲的想法是不对的。

【答案】C

53.【2013年第74题】甲公司拥有一项关于制造某药物的方法的专利权，乙公司未经甲公司许可使用该专利方法生产药物并进行销售。应甲公司请求，管理专利工作的部门进行了处理，认定乙公司侵权行为成立。管理专利工作的部门可以采取下列哪些措施制止乙公司的侵权行为？

A. 责令乙公司立即停止使用专利方法的行为
B. 责令乙公司销毁实施专利方法的专用设备
C. 责令乙公司立即停止销售行为
D. 没收乙公司生产的该药物

【考点】专利侵权纠纷的处理

考生	意见
甲	管理专利工作的部门没收侵权药品也可以吧，选项D正确。

【分析】《专利行政执法办法》第四十三条规定，管理专利工作的部门认定专利侵权行为成立，作出处理决定，责令侵权人立即停止侵权行为的，应当采取下列制止侵权行为的措施，其中，（二）侵权人未经专利权人许可使用专利方法的，责令侵权人立即停止使用行为，销毁实施专利方法的专用设备、模具，并且不得销售、使用尚未售出的依照专利方法所直接获得的侵权产品或者以任何其他形式将其投放市场；侵权产品难以保存的，责令侵权人销毁该产品；（三）侵权人销售专利侵权产品或者依照专利方法直接获得的侵权产品的，责令其立即停止销售行为，并且不得使用尚未售出的侵权产品或者以任何其他形式将其投放市场；尚未售出的侵权产品难以保存的，责令侵权人销毁该产品。因此，选项ABC正确，管理专利工作的部门没有没收侵权产品的职能，因此，选项D错误。考生甲的想法是不对的。

需要注意的是，专利法第六十三条规定，假冒专利的，除依法承担民事责任外，由管理专利工作的部门责令改正并予公告，没收违法所得……该条有"没收违法所得"的规定。

【答案】ABC

54.【2012年第57题】下列关于管理专利工作的部门处理专利侵权纠纷的说法哪些是正确的？
A. 管理专利工作的部门应当在收到请求书之日起5个工作日内立案并通知请求人
B. 管理专利工作的部门应当指定3名或者3名以上单数承办执法人员处理专利侵权纠纷
C. 管理专利工作的部门处理专利侵权纠纷案件时，可以根据当事人的意愿进行调解
D. 管理专利工作的部门处理专利侵权纠纷，应当自立案之日起6个月内结案

【考点】专利纠纷的处理

【分析】《专利行政执法办法》第十三条规定，请求符合本办法第十条规定条件的，管理专利工作的部门应当在收到请求书之日起5个工作日内立案并通知请求人，同时指定3名或者3名以上单数执法人员处理该专利侵权纠纷；请求不符合本办法第十条规定条件的，管理专利工作的部门应当在收到请求书之日起5个工作日内通知请求人不予受理，并说明理由。因此，选项AB正确。

《专利行政执法办法》第十五条规定，管理专利工作的部门处理专利侵权纠纷案件时，可以根据当事人的意愿进行调解。双方当事人达成一致的，由管理专利工作的部门制作调解协议书，加盖其公章，并由双方当事人签名或者盖章。调解不成的，应当及时作出处理决定。因此，选项C正确。《专利行政执法办法》第二十一条规定，管理专利工作的部门处理专利侵权纠纷，应当自立案之日起3个月内结案。案件特别复杂需要延长期限的，应当由管理专利工作的部门负责人批准。经批准延长的期限，最多不超过1个月。因此，选项D错误。

【答案】ABC

55.【2012年第92题】下列关于管理专利工作的部门处理专利侵权纠纷管辖的说法哪些是正确的？
A. 当事人请求处理专利侵权纠纷的，由被请求人所在地或者侵权行为地的管理专利工作的部门管辖
B. 两个以上管理专利工作的部门对专利侵权纠纷都有管辖权的，当事人可以向其中一个管理专利工作的部门提出请求
C. 当事人向两个以上有管辖权的管理专利工作的部门提出请求的，由最先受理的管理专利工作的部门管辖
D. 管理专利工作的部门对管辖权发生争议的，由其共同的上级人民政府管理专利工作的部门指定管辖

【考点】专利侵权纠纷的管辖

【分析】专利法实施细则第八十一条规定，当事人请求处理专利侵权纠纷或者调解专利纠纷的，由被请求人所在地或者侵权行为地的管理专利工作的部门管辖。两个以上管理专利工作的部门都有管辖权的专利纠纷，当事人可以向其中一个管理专利工作的部门提出请求；当事人向两个以上有管辖权的管理专利工作的部门提出请求的，由最先受理的管理专利工作的部门管辖。管理专利工作的部门对管辖权发生争议的，由其共同的上级人民政府管理专利工作的部门指定管辖；无共同上级人民政府管理专利工作的部门的，由国务院专利行政部门指定管辖。因此，选项ABCD正确。

【答案】ABCD

3. 诉讼

56.【2016年第25题】甲于2011年2月1日提交了一项涉及产品X的发明专利申请，该申请于2012年8月1日被公布，并于2014年5月1日获得授权；乙在2013年1月开始制造销售上述产品X，由于销路不佳，在2014年3月30日停止制造销售行为；丙在2011年4月自行研发了相同产品，并一直进行制造销售。下列说法哪个是正确的？
A. 由于乙制造销售产品X的期间在甲专利授权之前，因此无需向甲支付费用
B. 虽然丙是在专利申请公布前独自完成的发明，但也需向甲支付费用
C. 如果甲在2014年2月1日知道了乙的制造行为，其有权要求乙立即停止制造销售行为
D. 如果甲在2014年2月1日知道了丙的制造行为，其诉讼时效为自2014年2月1日起两年

【考点】发明专利申请临时保护诉讼时效

【分析】专利法第十三条规定，发明专利申请公布后，申请人可以要求实施其发明的单位或者个人支付适当的费用。专利法第六十九条规定，有下列情形之一的，不视为侵犯专利权：其中（二）在专利申请日前已经制造相同产品、使用相同方法或者已经作好制造、使用的必要准备，并且仅在原有范围内继续制造、使用的。专利法第六十八条规定，侵犯专利权的诉讼时效为二年，自专利权人或者利害关系人得知或者应当得知侵权行为之日起计算。发明专利申请公布后至专利权授予前使用该发明未支付适当使用费的，专利权人要求支付使用费的诉讼时效为二年，自专利权人得知或者应当得知他人使用其发明之日起计算，但是，专利权人于专利权授予之日前即已得知或者应当得知的，自专利权授予之日起计算。

本题中，乙制造销售产品X的期间在甲专利授权之前，同时在申请日之后，仍需要向甲支付费用，因此，选项A错误。丙制造销售产品X的期间在甲专利申请日之后，丙没有先用权，需要向甲支付费用，因此，选项B正确。甲如果在2014年2月1日知道乙的制造行为，由于专利尚未获得授权，不能要求乙停止制造，因此，选项C错误。如果甲在2014年2月1日知道了丙的制造行为，其诉讼时效为自专利权授予之日，即2014年5月1日起两年，因此，选项D错误。

【答案】B

57.【2016年第91题】甲公司发现乙公司未经其许可，制造销售了甲公司拥有实用新型专利权的某产品，向法院提起侵权诉讼；乙公司在被诉后向专利复审委员会提起针对甲公司上述专利权的无效宣告请求；专利复审委员会经过审理，作出宣告甲公司上述实用新型专利权全部无效的审查决定；甲公司不服该决定，向法院提起行政诉讼要求撤销该审查决定。下列说法哪些是正确的？

A. 甲公司提起侵权诉讼时，法院可以要求其提交专利权评价报告
B. 甲公司在侵权起诉前可以请求当地管理专利工作的部门采取证据保全措施
C. 根据专利复审委员会作出的无效宣告审查决定，法院可以裁定驳回甲公司的侵权起诉，无需等待针对上述审查决定的行政诉讼结果
D. 甲公司提起行政诉讼后，乙公司作为第三人参加诉讼

【考点】无效宣告请求行政诉讼侵权诉讼

考生	意见
甲	无效宣告审查决定作出后，如果请求人在三个月内起诉，无效宣告审查决定并没有生效，还会继续进行行政诉讼。因此，选项C错误。

【分析】专利法第六十一条第二款规定，专利侵权纠纷涉及实用新型专利或者外观设计专利的，人民法院或者管理专利工作的部门可以要求专利权人或者利害关系人出具由国务院专利行政部门对相关实用新型或者外观设计进行检索、分析和评价后作出的专利权评价报告，作为审理、处理专利侵权纠纷的证据。因此，选项A正确。专利法第六十七条第一款规定，为了制止专利侵权行为，在证据可能灭失或者以后难以取得的情况下，专利权人或者利害关系人可以在起诉前向人民法院申请保全证据。因此，选项B错误。

《最高人民法院关于审理侵犯专利权纠纷案件应用法律若干问题的解释（二）》第二条第一款规定，权利人在专利侵权诉讼中主张的权利要求被专利复审委员会宣告无效的，审理侵犯专利权纠纷案件的人民法院可以裁定驳回权利人基于该无效权利要求的起诉。因此，选项C正确。专利法第四十六条第二款，对专利复审委员会宣告专利权无效或者维持专利权的决定不服的，可以自收到通知之日起三个月内向人民法院起诉。人民法院应当通知无效宣告请求程序的对方当事人作为第三人参加诉讼。因此，选项D正确。

需要说明的是：《最高人民法院关于审理侵犯专利权纠纷案件应用法律若干问题的解释（二）》第二条设计了"先行裁驳、另行起诉"的制度，即在专利复审委员会作出宣告专利权无效的决定后，审理专利侵权纠纷案件的法院可以裁定"驳回起诉"，无需等待行政诉讼的最终结果，并通过"另行起诉"给权利人以司法救济途径。因此，考生甲的想法是不对的。提醒考生及时学习法规的修改及新司法解释的颁布。

【答案】ACD

58. 【2015年第28题】下列关于诉前停止侵权行为的说法哪个是正确的？
A. 专利权人提出诉前责令停止侵权行为的申请时，应当提供担保
B. 专利权人可以向管理专利工作的部门提出诉前责令停止侵权行为的申请
C. 专利实施许可合同的被许可人不能单独提出责令停止侵权行为的申请
D. 当事人对责令停止侵权行为的裁定不服的，可以申请复议或提起上诉

【考点】专利侵权行为的诉前停止

【分析】专利法第六十六条第一、二、三款规定，专利权人或者利害关系人有证据证明他人正在实施或者即将实施侵犯专利权的行为，如不及时制止将会使其合法权益受到难以弥补的损害的，可以在起诉前向人民法院申请采取责令停止有关行为的措施。申请人提出申请时，应当提供担保；不提供担保的，驳回申请。人民法院应当自接受申请之时起四十八小时内作出裁定；有特殊情况需要延长的，可以延长四十八小时。裁定责令停止有关行为的，应当立即执行。当事人对裁定不服的，可以申请复议一次；复议期间不停止裁定的执行。由此可知，申请人只能向人民法院提出诉前禁令，并且应当提供担保，因此，选项A正确，选项B错误。而当事人对裁定不服的，可以申请复议，因此，选项D错误。《最高人民法院关于对诉前停止侵犯专利权行为适用法律问题的若干规定》第一条第二款的规定，提出申请的利害关系人，包括专利实施许可合同的被许可人、专利财产权利的合法继承人等。专利实施许可合同被许可人中，独占实施许可合同的被许可人可以单独向人民法院提出申请；排他实施许可合同的被许可人在专利权人不申请的情况下，可以提出申请。因此，选项C错误。

【答案】A

59. 【2015年第90题】甲公司拥有一项雨伞的外观设计专利权。未经甲公司许可，重庆的乙公司生产了该专利雨伞，并将该雨伞在成都销售给当地的丙酒店使用，甲公司遂向人民法院起诉。下列哪些说法是正确的？
A. 甲公司可以向重庆的基层人民法院起诉乙公司
B. 甲公司可以向成都市的中级人民法院起诉丙酒店
C. 甲公司可以向成都市的中级人民法院起诉乙公司
D. 甲公司提起诉讼时可以向受理法院提交专利权评价报告

【考点】专利侵权纠纷的管辖

考生	意见
甲	最高人民法院关于修改《最高人民法院关于审理专利纠纷案件适用法律问题的若干规定》的决定：第二条规定增加一款："最高人民法院根据实际情况，可以指定基层人民法院管辖第一审专利纠纷案件。"本题中，如果重庆的基层人民法院被最高人民法院指定，甲公司可以向重庆的基层人民法院起诉乙公司，因此，选项A正确。

【分析】《最高人民法院关于审理专利纠纷案件适用法律问题的若干规定》第二条第一款规定，专利纠纷第一审案件，由各省、自治区、直辖市人民政府所在地的中级人民法院和最高人民法院指定的中级人民法院管辖。因此，选项A错误。《最高人民法院关于审理专利纠纷案件适用法律问题的若干规定》第五条规定，因侵犯专利权行为提起的诉讼，由侵权行为地或者被告住所地人民法院管辖。侵权行为地包括：被控侵犯发明、实用新型专利权的产品的制造、使用、许诺销售、销售、进口等行为的实施地；专利方法使用行为的实施地，依照该专利方法直接获得的产品的使用、许诺销售、销售、进口等行为的实施地；外观设计专利产品的制造、许诺销售、销售、进口等行为的实施地；假冒他人专利的行为实施地。上述侵权行为的侵权结果发生地。本题中，丙酒店的使用行为不构成侵权，丙公司在成都的销售行为构成侵权，因此，选项B错误，选项C正确。专利法第六十一条第二款规定，专利侵权纠纷涉及实用新型专利或者外观设计专利的，人民法院或者管理专利工作的部门可以要求专利权人或者利害关系人出具由国务院专利行政部门对相关实用新型或者外观设计进行检索、分析和评价后作出的专利权评价报告，作为审理、处理专利侵权纠纷的证据。因此，选项D正确。

需要注意的是，考生甲过度解读选项A了，自行增加考题信息，即重庆的基层人民法院被最高人民法院指定，本题中没有提及"指定"一事，考生不要过度联系。另外，根据《最高人民法院关于指定北京、江苏、

浙江有关基层法院管辖部分专利纠纷案件的通知》的规定，审理实用新型和外观设计专利纠纷案件基层法院包括北京市海淀区人民法院、北京市朝阳区人民法院、江苏省苏州市工业园区人民法院、江苏省苏州市虎丘区人民法院、江苏省昆山市人民法院、江苏省南通市通州区人民法院和浙江省义乌市人民法院。

【答案】CD

60.【2014年第8题】下列关于诉前证据保全的说法哪个是正确的？
A. 专利权人可以在对侵权行为请求处理前向管理专利工作的部门申请保全证据
B. 申请人在起诉前申请保全证据的，必须提供担保
C. 人民法院应当自接受诉前证据保全申请之时起四十八小时内作出裁定；有特殊情况需要延长的，可以延长四十八小时
D. 申请人自人民法院采取保全措施之日起十五日内不起诉的，人民法院应当解除该措施

【考点】诉前证据保全

考生	意见
甲	根据现行《民事诉讼法》规定，申请诉前保全后，在30日内不提起诉讼的，人民法院应当解除保全（旧《民事诉讼法》规定，在15日内不提起诉讼的，人民法院应当解除保全）。我认为新的一般法应该优于旧的特别法。因此，选项C才应该是正确的。

【分析】专利法第六十七条规定，为了制止专利侵权行为，在证据可能灭失或者以后难以取得的情况下，专利权人或者利害关系人可以在起诉前向人民法院申请保全证据。人民法院采取保全措施，可以责令申请人提供担保；申请人不提供担保的，驳回申请。人民法院应当自接受申请之时起四十八小时内作出裁定；裁定采取保全措施的，应当立即执行。申请人自人民法院采取保全措施之日起十五日内不起诉的，人民法院应当解除该措施。

根据上述规定，诉前证据保全申请应当向人民法院提出，因此，选项A错误。对于人民法院责令提供担保的，申请人应当提供担保，对于人民法院没有责令提供担保的，申请人无须提供担保，因此，选项B错误。人民法院应当自接受诉前证据保全申请之时起48小时内作出裁定，并没有规定延长的情形，因此，选项C错误。申请人自人民法院采取保全措施之日起15日内不起诉的，人民法院应当解除该措施，因此，选项D正确。

需要注意的是，现行《民事诉讼法》第一百零一条第二、三款规定，人民法院接受申请后，必须在四十八小时内作出裁定；裁定采取保全措施的，应当立即开始执行。申请人在人民法院采取保全措施后三十日（旧法为十五日）内不依法提起诉讼或者申请仲裁的，人民法院应当解除保全。由此可知，《专利法》与旧《民事诉讼法》都规定了十五日的期限，《专利法》与现行《民事诉讼法》的规定不一致，即新的一般规定与旧的特别规定不一致，这种情况下，如何适用呢，《立法法》第九十四条第一款的规定，法律之间对同一事项的新的一般规定与旧的特别规定不一致，不能确定如何适用时，由全国人民代表大会常务委员会裁决。最高人民法院《关于审理行政案件适用法律规范问题的座谈会纪要》规定，新的一般规定允许旧的特别规定继续适用的，适用旧的特别规定；新的一般规定废止旧的特别规定的，适用新的一般规定。由于现行《民事诉讼法》没有废止现行《专利法》第六十七条的规定，因此，考生甲的想法是不对的。

顺便指出，与专利法第六十六条第三款对诉前停止有关行为的申请作出裁决的期限可以延长48小时的做法不同，专利法第六十七条第三款规定人民法院应当自接受诉前证据保全申请之时起48小时内作出裁定，并没有规定延长的情形。另外，现行《民事诉讼法》第一百条、第一百零一条规定人民法院在48小时内作出裁决，也没有规定延长的情形。

【答案】D

61.【2014年第48题】人民法院可以受理下列哪些专利纠纷案件？
A. 专利权权属纠纷案件
B. 发明人、设计人资格纠纷案件
C. 专利权、专利申请权转让合同纠纷案件
D. 诉前申请停止侵权、财产保全案件

【考点】专利纠纷案件的受理

【分析】《最高人民法院关于审理专利纠纷案件适用法律问题的若干规定》第一条规定，人民法院受理下列专利纠纷案件：1. 专利申请权纠纷案件；2. 专利权权属纠纷案件；3. 专利权、专利申请权转让合同纠纷案件；4. 侵犯专利权纠纷案件；5. 假冒他人专利纠纷案件；6. 发明专利申请公布后、专利权授予前使用费纠纷案件；7. 职务发明创造发明人、设计人奖励、报酬纠纷案件；8. 诉前申请停止侵权、财产保全案件；9. 发明人、设计人资格纠纷案件；10. 不服专利复审委员会维持驳回申请复审决定案件；11. 不服专利复审委员会专利权无效宣告请求决定案件；12. 不服国务院专利行政部门实施强制许可决定案件；13. 不服国务院专利行政部门实施强制许可使用费裁决案件；14. 不服国务院专利行政部门行政复议决定案件；15. 不服管理专利工作的部门行政决定案件；16. 其他专利纠纷案件。因此，选项 ABCD 正确。

【答案】 ABCD

62.【2013 年第 90 题】济南市的甲公司拥有一项产品专利权，未经甲公司许可，成都市的乙公司在杭州市生产该产品并在南京市销售。甲公司可以在下列哪些人民法院起诉乙公司？

  A. 济南市中级人民法院　　　　　　　　　B. 成都市中级人民法院
  C. 杭州市中级人民法院　　　　　　　　　D. 南京市中级人民法院

【考点】 专利侵权诉讼的地域管辖

【分析】 根据《最高人民法院关于审理专利纠纷案件适用法律问题的若干规定》第五条的规定，因侵犯专利权行为提起的诉讼，由侵权行为地或者被告住所地人民法院管辖。侵权行为地包括：被控侵犯发明、实用新型专利权的产品的制造、使用、许诺销售、销售、进口等行为的实施地；专利方法使用行为的实施地，依照该专利方法直接获得的产品的使用、许诺销售、销售、进口等行为的实施地；外观设计专利产品的制造、许诺销售、销售、进口等行为的实施地；假冒他人专利的行为实施地。上述侵权行为的侵权结果发生地。本题中，未经甲公司许可，乙公司的生产和销售行为构成侵权。被告即乙公司所在地是成都市，因此，甲公司可以在成都市中级人民法院起诉乙公司，选项 B 正确。乙公司的生产和销售行为分别在杭州市和南京市，因此，甲公司可以在杭州市或者南京市中级人民法院起诉乙公司，选项 CD 正确。济南市是甲公司所在地，根据上述规定以及原告就被告原则，选项 A 错误。

【答案】 BCD

三、侵犯专利权的法律责任

63.【2016 年第 92 题】甲将自己拥有专利保护的一款运动鞋委托乙代工生产，后发现乙未经其许可，自行生产该款运动鞋并对外销售，甲向法院起诉并请求获得赔偿。以下可以作为侵权赔偿数额计算依据的是？

  A. 甲因研发该专利技术所投入的合理成本
  B. 乙因侵权所获得的利益
  C. 该专利权的市场评估价值
  D. 甲乙双方签订的委托加工合同中约定的专利侵权赔偿条款

【考点】 侵权赔偿数额

【分析】《最高人民法院关于审理侵犯专利权纠纷案件应用法律若干问题的解释（二）》第二十八条规定，权利人、侵权人依法约定专利侵权的赔偿数额或者赔偿计算方法，并在专利侵权诉讼中主张依据该约定确定赔偿数额的，人民法院应予支持。因此，选项 D 正确。而"甲因研发该专利技术所投入的合理成本"和"该专利权的市场评估价值"并没有规定，因此，选项 AC 错误。专利法第六十五条第一款规定，侵犯专利权的赔偿数额按照权利人因被侵权所受到的实际损失确定；实际损失难以确定的，可以按照侵权人因侵权所获得的利益确定。因此，选项 B 正确。

【答案】 BD

64.【2016 年第 93 题】甲拥有一项机床的发明专利权，乙未经甲的许可制造了该机床，用于为自己的客户加工零部件，同时将部分机床对外销售；丙不知道该机床为侵权产品，以合理价格购买了该机床用于企业的生产，以下说法哪些是正确的？

  A. 乙制造该机床供自己使用的行为不侵犯甲的专利权
  B. 丙使用该机床侵犯了甲的专利权

C. 丙能证明其采购机床的合法来源，无需承担赔偿责任
D. 法院根据甲的请求，应当判令乙、丙立即停止使用该机床

【考点】专利侵权行为免除赔偿责任

考生	意见
甲	选项 D 应该也正确，乙和丙都侵权，所以应当都停止使用。
乙	选项 D 也正确。理由：乙故意侵权，应当责令停止侵权；丙虽然免责，但也侵权，应当责令其停止侵权。

【分析】专利法第十一条第一款规定，发明和实用新型专利权被授予后，除本法另有规定的以外，任何单位或者个人未经专利权人许可，都不得实施其专利，即不得为生产经营目的制造、使用、许诺销售、销售、进口其专利产品，或者使用其专利方法以及使用、许诺销售、销售、进口依照该专利方法直接获得的产品。因此，选项 A 错误，选项 B 正确。专利法第七十条规定，为生产经营目的使用、许诺销售或者销售不知道是未经专利权人许可而制造并售出的专利侵权产品，能证明该产品合法来源的，不承担赔偿责任。因此，选项 C 正确。《最高人民法院关于审理侵犯专利权纠纷案件应用法律若干问题的解释（二）》第二十五条第一款规定，为生产经营目的使用、许诺销售或者销售不知道是未经专利权人许可而制造并售出的专利侵权产品，且举证证明该产品合法来源的，对于权利人请求停止上述使用、许诺销售、销售行为的主张，人民法院应予支持，但被诉侵权产品的使用者举证证明其已支付该产品的合理对价的除外。因此，选项 D 错误。

需要说明的是，考生注意学习《最高人民法院关于审理侵犯专利权纠纷案件应用法律若干问题的解释（二）》，对该问题进行了明确规定，考生甲乙的想法是不对的。

【答案】BC

65.【2013 年第 80 题】专利实施许可合同中记载的下列哪些事项，可以作为人民法院确定侵权纠纷赔偿数额时的参照？

A. 许可的时间　　　　　　　　　　B. 许可的性质
C. 许可的范围　　　　　　　　　　D. 许可使用费的数额

【考点】侵权纠纷赔偿数额的确定

【分析】《最高人民法院关于审理专利纠纷案件适用法律问题的若干规定》第二十一条规定，权利人的损失或者侵权人获得的利益难以确定，有专利许可使用费可以参照的，人民法院可以根据专利权的类型、侵权行为的性质和情节、专利许可的性质、范围、时间等因素，参照该专利许可使用费的倍数合理确定赔偿数额。因此，ABCD 均正确。

注意，在 2015 年修订《最高人民法院关于审理专利纠纷案件适用法律问题的若干规定》之前，第二十一条规定，"被侵权人的损失或者侵权人获得的利益难以确定，有专利许可使用费可以参照的，人民法院可以根据专利权的类别、侵权人侵权的性质和情节、专利许可使用费的数额、该专利许可的性质、范围、时间等因素"。

【答案】ABCD

66.【2013 年第 82 题】甲公司研制了一种新药品，并在中国和印度获得了专利权。乙公司未经甲公司许可而制造了该药品。丙公司在不知乙公司未获得授权的情况下，通过合法渠道从乙公司处购买了该药品并进行销售。丁公司在印度购买了甲公司制造的该药品并进口到中国，戊公司从丁公司处购买了该药品并进行销售。下列说法哪些是正确的？

A. 乙公司的行为构成侵权，但可以免除赔偿责任　　B. 丙公司的行为构成侵权，但可以免除赔偿责任
C. 丁公司的行为不构成侵权　　　　　　　　　　　D. 戊公司的行为构成侵权

【考点】专利侵权行为　赔偿责任的免除　平行进口

【分析】专利法第十一条第一款规定，发明和实用新型专利权被授予后，除本法另有规定的以外，任何单位或者个人未经专利权人许可，都不得实施其专利，即不得为生产经营目的制造、使用、许诺销售、销售、进口其专利产品，或者使用其专利方法以及使用、许诺销售、销售、进口依照该专利方法直接获得的产品。乙公司未经权利人甲公司许可而制造了该药品，其行为构成侵权，不能免除赔偿责任，因此，选项 A 错误。专利法

第七十条规定，为生产经营目的使用、许诺销售或者销售不知道是未经专利权人许可而制造并售出的专利侵权产品，能证明该产品合法来源的，不承担赔偿责任。因此，丙公司的行为构成侵权，但可以免除赔偿责任，选项 B 正确。根据专利法第六十九条的规定，专利产品或者依照专利方法直接获得的产品，由专利权人或者经其许可的单位、个人售出后，使用、许诺销售、销售、进口该产品的，不视为侵犯专利权。因此，丁公司的行为进口和戊公司的销售不视为侵犯专利权，选项 C 正确。选项 D 错误。

【答案】BC

第三节　其他专利纠纷与违反专利法的行为

一、其他专利纠纷

67.【2012 年第 85 题】甲公司员工张某在完成单位交付的任务中作出了一项发明创造，张某未告知甲公司而自行申请并获得了专利。下列说法哪些是正确的？
   A. 甲公司可以与张某协商解决该权属纠纷
   B. 甲公司可以就权属纠纷向人民法院起诉
   C. 甲公司可以就权属纠纷请求管理专利工作的部门调解
   D. 甲公司可以就权属纠纷请求国家知识产权局处理

【考点】职务发明创造　权属纠纷

【分析】权属纠纷属于民事纠纷，依照民事活动自愿的原则，当然可以通过协商解决。因此，选项 A 正确。《最高人民法院关于审理专利纠纷案件适用法律问题的若干规定》第一条规定，"人民法院受理下列专利纠纷案件：1. 专利申请权纠纷案件；2. 专利权权属纠纷案件……"因此，选项 B 正确。专利法实施细则第八十五条规定，"除专利法第六十条规定的外，管理专利工作的部门应当事人请求，可以对下列专利纠纷进行调解：(一) 专利申请权和专利权归属纠纷"。因此，选项 C 正确。专利法实施细则第八十条规定，"国务院专利行政部门应当对管理专利工作的部门处理专利侵权纠纷、查处假冒专利行为、调解专利纠纷进行业务指导"。由此可知，国家知识产权局并不具体负责专利权属纠纷的处理。因此，选项 D 错误。

【答案】ABC

二、假冒专利的行为

1. 假冒专利的行为

68.【2016 年第 27 题】下列哪个行为不属于假冒专利的行为？
   A. 未经许可在产品包装上标注他人的专利号
   B. 销售不知道是假冒专利的产品，并且能够证明该产品合法来源
   C. 在产品说明书中将专利申请称为专利
   D. 专利权终止前依法在专利产品上标注专利标识，在专利权终止后销售该产品

【考点】假冒专利的行为

【分析】专利法实施细则第八十四条规定，下列行为属于专利法第六十三条规定的假冒专利的行为：(一) 在未被授予专利权的产品或者其包装上标注专利标识，专利权被宣告无效后或者终止后继续在产品或者其包装上标注专利标识，或者未经许可在产品或者产品包装上标注他人的专利号；(二) 销售第 (一) 项所述产品；(三) 在产品说明书等材料中将未被授予专利权的技术或者设计称为专利技术或者专利设计，将专利申请称为专利，或者未经许可使用他人的专利号，使公众将所涉及的技术或者设计误认为是专利技术或者专利设计；(四) 伪造或者变造专利证书、专利文件或者专利申请文件；(五) 其他使公众混淆，将未被授予专利权的技术或者设计误认为是专利技术或者专利设计的行为。专利权终止前依法在专利产品、依照专利方法直接获得的产品或者其包装上标注专利标识，在专利权终止后许诺销售、销售该产品的，不属于假冒专利行为。销售不知道是假冒专利的产品，并且能够证明该产品合法来源的，由管理专利工作的部门责令停止销售，但免除罚款的处罚。因此，选项 D 正确，选项 ABC 错误。

【答案】D

69.【2016年第95题】甲公司拥有一项产品发明专利权,乙公司未经甲公司许可制造了该专利产品,并在产品上标注了甲公司的专利号;丙公司从乙公司处采购该产品并对外销售。下列哪些说法是正确的?
A. 乙公司和丙公司的行为构成了假冒专利行为
B. 乙公司和丙公司的行为构成了专利侵权行为
C. 管理专利工作的部门查封、扣押乙公司和丙公司产品的,应当经人民法院批准
D. 丙公司若能证明其不知道所销售产品为侵权产品,并且是通过合法途径、以合理价格采购了该产品,则不承担赔偿责任,但应停止销售

【考点】假冒专利行为 专利侵权行为

【分析】专利法实施细则第八十四条规定,下列行为属于专利法第六十三条规定的假冒专利的行为:(一)在未被授予专利权的产品或者其包装上标注专利标识,专利权被宣告无效后或者终止后继续在产品或者其包装上标注专利标识,或者未经许可在产品或者产品包装上标注他人的专利号。因此,选项A正确。专利法第十一条第一款规定,发明和实用新型专利权被授予后,除本法另有规定的以外,任何单位或者个人未经专利权人许可,都不得实施其专利,即不得为生产经营目的制造、使用、许诺销售、销售、进口其专利产品。因此,选项B正确。专利法第六十四条第一款规定,管理专利工作的部门根据已经取得的证据,对涉嫌假冒专利行为进行查处时,可以询问有关当事人,调查与涉嫌违法行为有关的情况;……检查与涉嫌违法行为有关的产品,对有证据证明是假冒专利的产品,可以查封或者扣押。《专利行政执法办法》第三十条第一款规定,管理专利工作的部门查封、扣押涉嫌假冒专利产品的,应当经其负责人批准。查封、扣押时,应当向当事人出具有关通知书。因此,选项C错误。专利法实施细则八十四第三款规定,销售不知道是假冒专利的产品,并且能够证明该产品合法来源的,由管理专利工作的部门责令停止销售,但免除罚款的处罚。因此,选项D正确。

【答案】ABD

70.【2015年第94题】下列哪些行为属于假冒专利的行为?
A. 专利权终止后继续在产品上标注专利标识
B. 未经许可在产品包装上标注他人的专利号
C. 将拥有的实用新型专利证书变造成发明专利证书
D. 伪造专利文件

【考点】假冒专利的行为

【分析】专利法实施细则第八十四条第一款的规定,下列行为属于专利法第六十三条规定的假冒专利的行为:(一)在未被授予专利权的产品或者其包装上标注专利标识,专利权被宣告无效后或者终止后继续在产品或者其包装上标注专利标识,或者未经许可在产品或者产品包装上标注他人的专利号;(二)销售第(一)项所述产品;(三)在产品说明书等材料中将未被授予专利权的技术或者设计称为专利技术或者专利设计,将专利申请称为专利,或者未经许可使用他人的专利号,使公众将所涉及的技术或者设计误认为是专利技术或者专利设计;(四)伪造或者变造专利证书、专利文件或者专利申请文件;(五)其他使公众混淆,将未被授予专利权的技术或者设计误认为是专利技术或者专利设计的行为。因此,选项ABCD正确。

【答案】ABCD

71.【2014年第96题】甲公司的一件实用新型专利申请于2012年11月20日被授予专利权,该专利权于2014年4月8日终止。下列行为哪些构成假冒专利的行为?
A. 甲公司在专利权终止后继续销售2014年2月生产并标注了该实用新型专利标识的产品
B. 乙公司未经甲公司同意,在其生产的类似产品上标注甲公司的专利号
C. 甲公司在2012年10月3日出厂的产品说明书上标明该产品是专利产品,使公众误认为该产品是专利产品
D. 甲公司为了申报高新技术企业,将实用新型专利证书变造成发明专利证书

【考点】假冒专利行为

【分析】专利法实施细则第八十四条第一款的规定,下列行为属于专利法第六十三条规定的假冒专利的行为:(一)在未被授予专利权的产品或者其包装上标注专利标识,专利权被宣告无效后或者终止后继续在产品或者其包装上标注专利标识,或者未经许可在产品或者产品包装上标注他人的专利号;(二)销售第(一)项所述产品;(三)在产品说明书等材料中将未被授予专利权的技术或者设计称为专利技术或者专利设计,将专

利申请称为专利，或者未经许可使用他人的专利号，使公众将所涉及的技术或者设计误认为是专利技术或者专利设计；（四）伪造或者变造专利证书、专利文件或者专利申请文件；（五）其他使公众混淆，将未被授予专利权的技术或者设计误认为是专利技术或者专利设计的行为。本题中，选项B、C、D分别属于上述（一）、（三）和（四）规定的情形，构成假冒专利行为，因此。选项BCD正确。专利法实施细则第八十四条第二款规定，专利权终止前依法在专利产品、依照专利方法直接获得的产品或者其包装上标注专利标识，在专利权终止后许诺销售、销售该产品的，不属于假冒专利行为。因此，选项A错误。

【答案】BCD

72.【2013年第28题】下列哪种行为不属于假冒专利行为？
A. 未经许可在产品上标注他人的专利号
B. 在产品说明书中将未被授予专利权的技术称为专利技术，使公众将所涉及的技术误认为是专利技术
C. 变造专利证书
D. 购买并使用假冒专利产品

【考点】假冒专利行为

【分析】专利法实施细则第八十四条第一款规定，下列行为属于专利法第六十三条规定的假冒专利的行为：（一）在未被授予专利权的产品或者其包装上标注专利标识，专利权被宣告无效后或者终止后继续在产品或者其包装上标注专利标识，或者未经许可在产品或者产品包装上标注他人的专利号；（二）销售第（一）项所述产品；（三）在产品说明书等材料中将未被授予专利权的技术或者设计称为专利技术或者专利设计，将专利申请称为专利，或者未经许可使用他人的专利号，使公众将所涉及的技术或者设计误认为是专利技术或者专利设计；（四）伪造或者变造专利证书、专利文件或者专利申请文件；（五）其他使公众混淆，将未被授予专利权的技术或者设计误认为是专利技术或者专利设计的行为。由此可知，选项ABC属于假冒专利行为，选项D不属于假冒专利行为，因此，选项ABC错误，选项D正确。

【答案】D

73.【2012年第20题】下列哪一行为不属于假冒专利行为？
A. 专利权被宣告无效后继续在其包装上标注专利标识
B. 销售他人制造的假冒专利产品
C. 伪造专利申请文件
D. 专利权终止前依法在专利产品上标注专利标识，在专利权终止后继续销售该产品

【考点】假冒专利行为

【分析】专利法实施细则第八十四条规定，下列行为属于专利法第六十三条规定的假冒专利的行为：（一）在未被授予专利权的产品或者其包装上标注专利标识，专利权被宣告无效后或者终止后继续在产品或者其包装上标注专利标识，或者未经许可在产品或者产品包装上标注他人的专利号；（二）销售第（一）项所述产品；（三）在产品说明书等材料中将未被授予专利权的技术或者设计称为专利技术或者专利设计，将专利申请称为专利，或者未经许可使用他人的专利号，使公众将所涉及的技术或者设计误认为是专利技术或者专利设计；（四）伪造或者变造专利证书、专利文件或者专利申请文件；（五）其他使公众混淆，将未被授予专利权的技术或者设计误认为是专利技术或者专利设计的行为。专利权终止前依法在专利产品、依照专利方法直接获得的产品或者其包装上标注专利标识，在专利权终止后许诺销售、销售该产品的，不属于假冒专利行为。因此，选项ABC错误，选项D正确。

【答案】D

2. 假冒专利行为的查处

74.【2013年第66题】下列关于查处假冒专利行为的说法哪些是正确的？
A. 查处假冒专利行为由假冒专利行为发生地的管理专利工作的部门管辖
B. 管理专利工作的部门作出行政处罚决定前，应当告知当事人作出处罚决定的事实、理由和依据
C. 管理专利工作的部门作出较大数额罚款的决定之前，应当告知当事人有要求举行听证的权利
D. 管理专利工作的部门查处假冒专利案件，应当自立案之日起4个月内结案

【考点】假冒专利行为的查处

考生	意见
甲	管理专利工作的部门处理专利侵权纠纷时，要自立案起 4 个月内结案。假冒专利也算专利侵权案件。因此，选项 D 正确。

【分析】《专利行政执法办法》第二十九条规定，查处假冒专利行为由行为发生地的管理专利工作的部门管辖。因此，选项 A 正确。《专利行政执法办法》第三十二条规定，管理专利工作的部门作出行政处罚决定前，应当告知当事人作出处罚决定的事实、理由和依据，并告知当事人依法享有的权利。管理专利工作的部门作出较大数额罚款的决定之前，应当告知当事人有要求举行听证的权利。当事人提出听证要求的，应当依法组织听证。因此，选项 BC 正确。《专利行政执法办法》第三十六条第一款规定，管理专利工作的部门查处假冒专利案件，应当自立案之日起 1 个月内结案。案件特别复杂需要延长期限的，应当由管理专利工作的部门负责人批准。经批准延长的期限，最多不超过 15 日。因此，选项 D 错误。

需要注意的是，考生应当区分假冒专利案件和专利侵权纠纷案件，对于专利侵权纠纷，《专利行政执法办法》第十九条第一款规定，管理专利工作的部门处理专利侵权纠纷，应当自立案之日起 4 个月内结案。案件特别复杂需要延长期限的，应当由管理专利工作的部门负责人批准。经批准延长的期限，最多不超过 1 个月。

专利法第六十条规定，未经专利权人许可，实施其专利，即侵犯其专利权，引起纠纷的……本条所述"侵犯专利权纠纷"具有特定含义，所涉及的范围较为狭窄。有些行为，例如被许可人未经专利权人同意而擅自许可第三人实施专利、在非专利产品上标注专利权人的专利号所构成的假冒专利行为等，也可以认为是侵犯专利权人的权利或者利益的行为，但是却不属于本条所称侵犯专利权行为的范围，由此而产生的纠纷不属于侵犯专利权的纠纷，不能适用本条的规定。❶ 因此，考生甲的想法是不对的。

【答案】ABC

75.【2012 年第 61 题】管理专利工作的部门对假冒专利案件作出的下列处理，哪些是正确的？
A. 假冒专利行为不成立的，依法撤销案件
B. 假冒专利行为轻微并已及时改正的，免予处罚
C. 假冒专利行为成立应当予以处罚的，依法给予行政处罚
D. 假冒专利行为涉嫌犯罪的，依法移送公安机关

【考点】假冒专利行为的处理

【分析】《专利行政执法办法》第三十一条规定，案件调查终结，经管理专利工作的部门负责人批准，根据案件情况分别作如下处理：（一）假冒专利行为成立应当予以处罚的，依法给予行政处罚；（二）假冒专利行为轻微并已及时改正的，免予处罚；（三）假冒专利行为不成立的，依法撤销案件；（四）涉嫌犯罪的，依法移送公安机关。因此，选项 ABCD 正确。

【答案】ABCD

三、其他违反专利法的行为及其法律责任

第四节 专利的推广应用与专利实施的强制许可

一、专利的推广应用

76.【2014 年第 53 题】下列有关专利推广应用的说法哪些是正确的？
A. 被推广应用的专利应当是对国家利益或者公共利益具有重大意义的发明或者实用新型专利
B. 被推广应用专利的专利权人应当是国有企业事业单位
C. 专利的推广应用应当由国务院有关主管部门批准

---

❶ 尹新天：《中国专利法详解》，知识产权出版社 2011 年版，第 659 页。

D. 专利被推广应用后，应当由实施单位按照国家规定向专利权人支付使用费

【考点】 发明专利的推广应用

【分析】 根据专利法第十四条的规定，国有企业事业单位的发明专利，对国家利益或者公共利益具有重大意义的，国务院有关主管部门和省、自治区、直辖市人民政府报经国务院批准，可以决定在批准的范围内推广应用，允许指定的单位实施，由实施单位按照国家规定向专利权人支付使用费。由此可知，专利推广应用仅适用于发明专利，因此，选项 A 错误。被推广应用的专利的专利权人应当是国有企事业单位，因此，选项 B 正确。专利的推广应用应当由国务院批准，因此，选项 C 错误。专利被推广应用后，应当由实施单位按照国家规定向专利权人支付使用费，因此，选项 D 正确。

【答案】 BD

77.【2012年第9题】下列关于专利推广应用的哪种说法是正确的？

A. 只有发明专利才能被推广应用
B. 任何单位的专利都能被推广应用
C. 推广应用须报经国务院专利行政部门批准
D. 推广应用后，实施单位无需支付使用费

【考点】 专利推广应用

【分析】 根据专利法第十四条规定，国有企业事业单位的发明专利，对国家利益或者公共利益具有重大意义的，国务院有关主管部门和省、自治区、直辖市人民政府报经国务院批准，可以决定在批准的范围内推广应用，允许指定的单位实施，由实施单位按照国家规定向专利权人支付使用费。由此可知，推广应用的专利类型仅限于发明专利，并且应当是国有企业事业单位的发明专利。因此，选项 A 正确。选项 B 错误。推广应用应当报经国务院批准，并且由实施单位按照国家规定向专利权人支付使用费。因此，选项 CD 错误。

【答案】 A

二、专利实施的强制许可

1. 强制许可的种类

78.【2012年第95题】下列关于强制许可的说法哪些是正确的？

A. 在国家出现紧急状态时，国务院有关主管部门可以根据专利法的规定，建议国务院专利行政部门给予其指定的具备实施条件的单位强制许可
B. 国务院专利行政部门在作出驳回强制许可请求的决定前，应当通知请求人和专利权人拟作出的决定及其理由
C. 专利权人对国务院专利行政部门关于实施强制许可的决定不服的，可以自收到通知之日起 3 个月内向人民法院起诉
D. 专利权人对国务院专利行政部门关于实施强制许可的使用费的裁决不服的，可以自收到通知之日起 3 个月内向人民法院起诉

【考点】 为公共利益目的而给予的强制许可　强制许可请求的驳回　司法救济

【分析】 专利法第四十九条规定，在国家出现紧急状态或者非常情况时，或者为了公共利益的目的，国务院专利行政部门可以给予实施发明专利或者实用新型专利的强制许可。《专利实施强制许可办法》第六条规定，在国家出现紧急状态或者非常情况时，或者为了公共利益的目的，国务院有关主管部门可以根据专利法第四十九条的规定，建议国家知识产权局给予其指定的具备实施条件的单位强制许可。因此，选项 A 正确。专利法实施细则第七十四条第三款规定，国务院专利行政部门在作出驳回强制许可请求的决定或者给予强制许可的决定前，应当通知请求人和专利权人拟作出的决定及其理由。因此，选项 B 正确。专利法第五十八条规定，专利权人对国务院专利行政部门关于实施强制许可的决定不服的，专利权人和取得实施强制许可的单位或者个人对国务院专利行政部门关于实施强制许可的使用费的裁决不服的，可以自收到通知之日起三个月内向人民法院起诉。因此，选项 CD 正确。

【答案】 ABCD

2. 强制许可的申请和审批

79.【2015年第96题】世界贸易组织成员国 X 国爆发了一场流行疾病，甲公司在中国拥有治疗该疾病药品的专利权。乙公司向国家知识产权局提出申请，请求对甲公司的药品专利给予强制许可。下列说法哪些是正

确的?
A. 国家知识产权局在作出给予强制许可的决定前应当组织听证
B. 给予强制许可的决定应当写明给予强制许可的范围和期限
C. 乙公司获得强制许可后,无须向甲公司交纳专利使用费
D. 乙公司获得强制许可后,应当将制造的药品全部出口到 X 国

【考点】药品专利强制许可

【分析】《专利实施强制许可办法》第十八条规定,请求人或者专利权人要求听证的,由国家知识产权局组织听证。根据专利法第四十九条或者第五十条的规定建议或者请求给予强制许可的,不适用听证程序。本题中,根据专利法第五十条的规定对甲公司的药品专利给予强制许可,不适用听证程序,另外,国家知识产权局组织听证是应请求人或者专利权人的请求而启动,并非应当组织听证。因此,选项 A 错误。《专利实施强制许可办法》第二十二条规定,给予强制许可的决定应当写明下列各项:其中,(三)给予强制许可的范围和期限。因此,选项 B 正确。根据专利法第五十七条的规定,取得实施强制许可的单位或者个人应当付给专利权人合理的使用费,或者依照中华人民共和国参加的有关国际条约的规定处理使用费问题。选项 C 错误。根据专利法第五十条的规定,为了公共健康目的,对取得专利权的药品,国务院专利行政部门可以给予制造并将其出口到符合中华人民共和国参加的有关国际条约规定的国家或者地区的强制许可。因此,选项 D 正确。

【答案】BD

80.【2014 年第 75 题】下列说法哪些是正确的?
A. 专利权人与取得实施强制许可的单位或者个人就使用费不能达成协议的,由国务院专利行政部门裁决
B. 取得实施强制许可的单位或者个人享有独占的实施权
C. 专利权人对给予实施强制许可的决定不服的,可以依法申请行政复议
D. 强制许可的理由消除并不再发生时,国务院专利行政部门可以自行作出终止实施强制许可的决定

【考点】强制许可被许可人的义务

【分析】根据专利法第五十七条的规定,取得实施强制许可的单位或者个人应当付给专利权人合理的使用费,或者依照中华人民共和国参加的有关国际条约的规定处理使用费问题。付给使用费的,其数额由双方协商;双方不能达成协议的,由国务院专利行政部门裁决。因此,选项 A 正确。根据专利法第五十六条的规定,取得实施强制许可的单位或者个人不享有独占的实施权,并且无权允许他人实施。因此,选项 B 错误。《国家知识产权局行政复议规程》第四条规定,除本规程第五条另有规定外,有下列情形之一的,可以依法申请行政复议:(一)对国家知识产权局作出的有关专利申请、专利权的具体行政行为不服……由于实施强制许可的决定是国家知识产权局作出的有关专利权的具体行政行为,因此,专利权可以申请行政复议,选项 C 正确。专利法第五十五条第二款规定,给予实施强制许可的决定,应当根据强制许可的理由规定实施的范围和时间。强制许可的理由消除并不再发生时,国务院专利行政部门应当根据专利权人的请求,经审查后作出终止实施强制许可的决定。因此,选项 D 错误。

【答案】AC

3. 对强制许可的给予和实施的限制

81.【2012 年第 46 题】下列关于强制许可的说法哪些是正确的?
A. 取得实施强制许可的单位或者个人不享有独占的实施权
B. 取得实施强制许可的单位或者个人无权允许他人实施
C. 取得实施强制许可的单位或者个人应当付给专利权人合理的使用费,或者依照我国参加的有关国际条约的规定处理使用费问题
D. 强制许可的理由消除并不再发生时,国务院专利行政部门可以依职权作出终止实施强制许可的决定

【考点】强制许可实施权的限制　强制许可使用费　强制许可的终止

【分析】专利法第五十六条规定,取得实施强制许可的单位或者个人不享有独占的实施权,并且无权允许他人实施。因此,选项 AB 正确。专利法第五十七条规定,取得实施强制许可的单位或者个人应当付给专利权人合理的使用费,或者依照中华人民共和国参加的有关国际条约的规定处理使用费问题。付给使用费的,其数

额由双方协商；双方不能达成协议的，由国务院专利行政部门裁决。因此，选项 C 正确。专利法第五十五条第二款规定，给予实施强制许可的决定，应当根据强制许可的理由规定实施的范围和时间。强制许可的理由消除并不再发生时，国务院专利行政部门应当根据专利权人的请求，经审查后作出终止实施强制许可的决定。因此，选项 D 错误。

【答案】ABC

4. 强制许可使用费的裁决

82.【2016 年第 96 题】甲在乙的发明专利基础上开发了一项具有显著经济意义并有着重大技术进步的技术方案，就该技术方案甲申请了发明专利并获得授权，甲实施其发明专利时有赖于乙的发明专利的实施。下列说法哪些是正确的？

A. 甲可以向国务院专利行政部门申请强制许可，说明理由并附具有关证明文件
B. 如果甲与乙就强制许可使用费不能达成协议，可以请求国务院专利行政部门裁决
C. 甲或乙对强制许可使用费的行政裁决不服的，可以提起行政复议
D. 如果甲获得了实施乙专利的强制许可，则乙自动获得实施甲专利的强制许可

【考点】专利强制许可

【分析】专利法第五十一条规定，一项取得专利权的发明或者实用新型比前已经取得专利权的发明或者实用新型具有显著经济意义的重大技术进步，其实施又有赖于前一发明或者实用新型的实施的，国务院专利行政部门根据后一专利权人的申请，可以给予实施前一发明或者实用新型的强制许可。在依照前款规定给予实施强制许可的情形下，国务院专利行政部门根据前一专利权人的申请，也可以给予实施后一发明或者实用新型的强制许可。因此，选项 A 正确。专利法第五十七条规定，取得实施强制许可的单位或者个人应当付给专利权人合理的使用费，或者依照中华人民共和国参加的有关国际条约的规定处理使用费问题。付给使用费的，其数额由双方协商；双方不能达成协议的，由国务院专利行政部门裁决。因此，选项 B 正确。专利法第五十八条规定，专利权人对国务院专利行政部门关于实施强制许可的决定不服的，专利权人和取得实施强制许可的单位或者个人对国务院专利行政部门关于实施强制许可的使用费的裁决不服的，可以自收到通知之日起三个月内向人民法院起诉。《行政复议规程》第五条规定，对于下列情形之一，不能申请行政复议：（四）专利权人或者专利实施强制许可的被许可人对强制许可使用费的裁决不服的。因此，选项 C 错误。专利法实施细则第七十四条第一款规定，请求给予强制许可的，应当向国务院专利行政部门提交强制许可请求书，说明理由并附具有关证明文件。本题中，乙并不能自动获得实施甲专利的强制许可，因此，选项 D 错误。

【答案】AB

83.【2013 年第 50 题】下列关于强制许可的说法哪些是正确的？

A. 国务院专利行政部门作出给予实施强制许可的决定，应当及时通知专利权人，并予以登记和公告
B. 国务院专利行政部门在作出驳回强制许可请求的决定前，应当通知请求人和专利权人拟作出的决定及其理由
C. 专利权人对国务院专利行政部门关于实施强制许可的决定不服的，可以自收到通知之日起三个月内向人民法院起诉
D. 专利权人对国务院专利行政部门关于实施强制许可的使用费的裁决不服的，可以自收到通知之日起三个月内向人民法院起诉

【考点】给予强制许可的决定及其登记、公告　强制许可请求的驳回　司法救济

考生	意见
甲	不应该选 B，驳回强制许可对专利权人来说不是坏事，没有必要通知。
乙	选项 D 应该是只能先通过行政复议，再起诉的吧。

【分析】专利法第五十五条第一款规定，国务院专利行政部门作出的给予实施强制许可的决定，应当及时通知专利权人，并予以登记和公告。因此，选项 A 正确。专利法实施细则第七十四条第三款规定，国务院专利行政部门在作出驳回强制许可请求的决定或者给予强制许可的决定前，应当通知请求人和专利权人拟作出的决

定及其理由。因此，选项B正确，是否通知专利权人不是以好坏事为先决条件的，考生甲的想法是不对的。专利法第五十八条规定，专利权人对国务院专利行政部门关于实施强制许可的决定不服的，专利权人和取得实施强制许可的单位或者个人对国务院专利行政部门关于实施强制许可的使用费的裁决不服的，可以自收到通知之日起三个月内向人民法院起诉。因此，选项CD正确。

需要注意的是，《国家知识产权局行政复议规程》第五条规定，对下列情形之一，不能申请行政复议：……（四）专利权人或者专利实施强制许可的被许可人对强制许可使用费的裁决不服的。因此，考生乙的想法是不对的。

【答案】ABCD

5. 强制许可的终止

第七章 专利合作条约及其他与专利相关的国际条约

基本要求

了解专利合作条约的目的；掌握条约中关于国际申请程序、国际检索、国际公布和国际初步审查的规定；掌握国际申请进入中国国家阶段的特别规定了解中国参加的与专利相关的其他国际条约，熟悉其签署目的和适用范围。

第一节 专利合作条约

一、条约的基本知识

1. 【2013年第81题】根据《专利合作条约》的相关规定，下列说法哪些是正确的？
A. 《专利合作条约》述及"专利"应解释为述及发明人证书、实用证书、实用新型、外观设计证书等
B. 通过《专利合作条约》途径提出的专利申请只能获得发明专利保护
C. 《专利合作条约》中所述及的"受理局"，是指受理国际申请的国家局或者政府间组织
D. 经国际专利合作联盟大会决定，申请人是《保护工业产权巴黎公约》缔约国但不是《专利合作条约》缔约国的居民或者国民也可以提出国际申请

【考点】专利合作条约

【分析】《专利合作条约》第2条之（ii）规定：述及"专利"应解释为述及发明专利、发明人证书、实用证书、实用新型、增补专利或增补证书、增补发明人证书和增补实用证书。因此，选项AB错误。另外，《专利审查指南2010》第三部分第一章第3.1.2节规定，国际申请指定中国的，办理进入国家阶段手续时，应当选择要求获得的是"发明专利"或者"实用新型专利"，两者择其一，不允许同时要求获得"发明专利"和"实用新型专利"。不符合规定的，审查员应当发出国际申请不能进入中国国家阶段通知书。《专利合作条约》第2条（XV）规定，"受理局"是指受理国际申请的国家局或政府间组织。因此，选项C正确。《专利合作条约》第9条（2）规定，大会可以决定，允许保护工业产权巴黎公约缔约国但不是本条约缔约国的居民或国民提出国际申请。因此，选项D正确。

【答案】CD

二、国际申请

1. 申请的提出

2. 【2015年第99题】下列关于PCT国际申请的说法哪些是正确的？
A. 香港特别行政区的居民可以向国家知识产权局提交PCT国际申请，也可以向国际局提交PCT国际申请
B. 不能就外观设计提出PCT国际申请
C. 中国国民向国家知识产权局提交的PCT国际申请，可以指定欧洲专利局进行国际检索
D. PCT国际申请在进入国家阶段之前必须经过国际初步审查

【考点】PCT国际申请

【分析】《专利合作条约实施细则》第19条第1款规定，在哪里申请：国际申请应按照申请人的选择，（i）向申请人是其居民的缔约国的或者代表该国的国家局提出；或（ii）向申请人是其国民的缔约国的或者代表该国的国家局提出；（iii）向国际局提出，而与申请人是其居民或者国民的缔约国无关。中国的国民或者居民可以向国家知识产权局提出国际申请，也可以向国际局提出国际申请。因此，选项A正确。《专利合作条约》第二条之（ii）规定：述及"专利"应解释为述及发明专利、发明人证书、实用证书、实用新型、增补专利或增补证书、增补发明人证书和增补实用证书。由此可知，PCT所称专利不包括外观设计，因此，不能就外观设计提出PCT国际申请，选项B正确。根据《专利合作条约》的规定，主管国际检索单位由受理局指定。受理局可以指定一个或者多个国家检索单位负责对该局的受理的国际申请进行国际检索，有多个单位时，申请

人可以自由选择。由于我国未与其他国家或者政府间组织签订协议，因此，国家知识产权局作为受理局仅指定本局为主管国际检索单位。选项 C 错误。根据《专利合作条约实施细则》第 54 条之二的规定，如果申请人要求进行国际初步审查，申请人应当自传送国际检索报告和书面意见之日起 3 个月内或者自优先权日起 22 个月内（以后届满的期限为准）向主管国际初步审查单位提出国际初步审查要求书。由此可知，国际初步审查是一个可选择的程序，不具有强制性。因此选项 D 错误。

【答案】AB

3.【2014 年第 38 题】下列关于 PCT 国际申请相关费用的说法哪些是正确的？
A. 中国港澳台地区的申请人不能享受国际申请费的减免
B. 在国际阶段符合一定条件的 PCT 国际申请可以减免国际申请费
C. 由国家知识产权局作为受理局受理的英文国际申请，在进入中国国家阶段时不能减免申请费及申请附加费
D. PCT 国际申请进入中国国家阶段后，申请人改正译文错误的，应当提交书面请求、译文改正页，并缴纳译文改正费

【考点】PCT 国际申请的费用

【分析】《专利合作条约实施细则》第 96.1 条 4、5 中规定了 PCT 国际申请的费用的减少情形，因此，选项 B 正确；其中对于以电子形式提交的 PCT 国际申请，按照不同的形式规定了费用的减少数额，不论何地的申请人采用电子形式提交 PCT 国际申请都能享受申请费的减免，因此，选项 A 错误。《专利审查指南 2010》第三部分第一章第 7.2.1 节规定，由专利局作为受理局受理的国际申请在进入国家阶段时免缴申请费及申请附加费。因此，选项 C 错误。《专利审查指南 2010》第三部分第二章第 5.7 节规定，申请人改正译文错误，应当提出书面请求，同时提交译文的改正页和缴纳规定的改正译文错误手续费。未按规定缴纳费用的，视为未提出改正请求。因此，选项 D 正确。

【答案】BD

4.【2012 年第 49 题】下列关于 PCT 国际申请的说法哪些是正确的？
A. 香港特别行政区的居民可以向国家知识产权局提交 PCT 国际申请，也可以向国际局提交 PCT 国际申请
B. 不能就外观设计提出 PCT 国际申请
C. 中国国民向国家知识产权局提交的 PCT 国际申请，可以指定欧洲专利局进行国际检索
D. PCT 国际申请在进入国家阶段之前必须经过国际初步审查

【考点】国际申请的受理局　PCT 所称专利的范围　主管国际检索单位

考生	意见
甲	个人认为 C 选项也是正确的。PCT 申请的受理单位和国际检索单位并没有要求一定是同一个。选择哪个国家检索应该是申请人的权利。

【分析】《专利合作条约实施细则》第 19 条第 1 款规定，在哪里申请：国际申请应按照申请人的选择，(i) 向申请人是其居民的缔约国的或者代表该国的国家局提出；或 (ii) 向申请人是其国民的缔约国的或者代表该国的国家局提出；(iii) 向国际局提出，而与申请人是其居民或者国民的缔约国无关。中国的国民或者居民可以向国家知识产权局提出国际申请，也可以向国际局提出国际申请。因此，选项 A 正确。《专利合作条约》第二条之 (ii) 规定：述及"专利"应解释为述及发明专利、发明人证书、实用证书、实用新型、增补专利或增补证书、增补发明人证书和增补实用证书。可以得知，PCT 所称专利不包括外观设计，因此，不能就外观设计提出 PCT 国际申请，选项 B 正确。根据《专利合作条约》的规定，主管国际检索单位由受理局指定。受理局可以指定一个或者多个国家检索单位负责对该局的受理的国际申请进行国际检索，有多个单位时，申请人可以自由选择。由于我国未与其他国家或者政府间组织签订协议，因此，国家知识产权局作为受理局仅指定本局为主管国际检索单位。选项 C 错误，考生甲的想法是不对的。

根据《专利合作条约实施细则》第 54 条之二的规定，如果申请人要求进行国际初步审查，申请人应当自传送国际检索报告和书面意见之日起 3 个月内或者自优先权日起 22 个月内（以后届满的期限为准）向主管国

际初步审查单位提出国际初步审查要求书。因此可见，国际初步审查是一个可选择的程序，不具有强制性。因此选项 D 错误。

【答案】 AB

2. 优先权

5.【2013 年第 48 题】 下列关于 PCT 国际申请的优先权说法哪些是正确的？

A. 申请人可以要求在世界贸易组织成员中提出的在先申请作为 PCT 国际申请优先权的基础

B. PCT 国际申请的优先权日不在国际申请日前 12 个月内但在 14 个月内的，国家知识产权局作为指定局对申请人要求恢复优先权的请求应当不予批准

C. PCT 国际申请中的优先权要求未写明在先申请号，该优先权要求不能仅因为此原因被视为未提出

D. 申请人在 PCT 国际申请提出后的一定期限内可以对优先权声明进行改正或者增加

【考点】 PCT 国际申请的优先权

【分析】《专利合作条约实施细则》第 4 条第 10 款规定了优先权要求：条约第 8 条（1）所述的声明（"优先权要求"），可以要求一个或多个在先申请的优先权，该在先申请是在保护工业产权巴黎公约的任何成员国提出的或者为该公约的任何成员国申请的，或者在不是该公约成员国的任何世界贸易组织成员提出的，或者为不是该公约成员国的任何世界贸易组织成员申请的。因此，选项 A 正确。《专利审查指南 2010》第三部分第一章第 5.2.1 节规定，因中国对专利合作条约及其实施细则的有关规定作出保留，专利局对国际申请在国际阶段恢复的优先权（例如，国际申请日在该优先权日起十二个月之后、十四个月之内）不予认可，相应的优先权要求在中国不发生效力，审查员应当针对该项优先权要求发出视为未要求优先权通知书。因此，选项 B 正确。《专利合作条约实施细则》第 26 条之二.2（c）规定，优先权要求不应仅仅因为下述原因而被视为未提出：(i) 没有写明本细则 4.10（a）(ii) 涉及的在先申请号；(ii) 优先权要求中的某一说明与优先权文件中的相应说明不一致；或者 (iii) 国际申请的国际申请日晚于优先权期限届满日，但是国际申请日在自该届满日起的 2 个月期限内。因此，选项 C 正确。《专利合作条约实施细则》第 26 条之三.1 规定，在自优先权日起 16 个月的期限内通过给国际局的通知，申请人可以对请求书中本细则 4.17 中所述的任何声明进行改正或增加，只要国际局是在国际申请公布的技术准备工作完成之前收到该通知的，在该期限届满之后国际局收到的任何该通知应当视为是在该期限届满的最后一天。因此，选项 D 正确。

【答案】 ABCD

3. 国际申请日

6.【2016 年第 98 题】 下列哪些情形的国际申请，不能以受理局收到国际申请文件之日作为国际申请日？

A. 申请中没有按规定写明发明人的姓名　　B. 申请中未指定任何缔约国

C. 没有缴纳国际申请费和手续费　　D. 国际申请没有用规定的语言撰写

【考点】 国际申请日

【分析】《专利合作条约》第 11 条（1）规定：受理局应以收到国际申请之日作为国际申请日，但以该局在收到申请时认定该申请符合下列要求为限：(i) 申请人并不因为居所或国籍的原因而明显缺乏向该受理局提出国际申请的权利；(ii) 国际申请是用规定的语言撰写；(iii) 国际申请至少包括下列项目：(a) 说明是作为国际申请提出的；(b) 至少指定一个缔约国；(c) 按规定方式写明的申请人的姓名或者名称；(d) 有一部分表面上看像是说明书；(e) 有一部分表面上看像是一项或几项权利要求。因此，选项 AC 错误，选项 BD 正确。

【答案】 BD

7.【2013 年第 23 题】 对处于国际阶段的 PCT 国际申请，下列哪种情形可能导致重新确定国际申请日？

A. 摘要使用的语言跟说明书和权利要求书使用的语言不一致

B. 申请人未在申请中写明发明名称

C. 申请人未在规定期限内缴纳国际申请费

D. 申请文件中遗漏了一页说明书

【考点】 国际申请日的确定

考生	意见
甲	感觉选项 D 中遗漏说明书中一页不是那么重要，请求书中没写名称才比较重要吧，不是说至少一部分看起来像说明书吗，因此，选项 B 正确。

【分析】根据《专利合作条约实施细则》第 26.3 条之三的规定，如果摘要或附图的任何文字内容使用不同于说明书和权力要求书的语言提交，受理局应当通知申请人提交摘要或附图文字内容的译文。因此，选项 A 错误。《专利合作条约》第 14 条（1）规定，（a）受理局应检查国际申请是否有下列缺陷，即：(i) 国际申请没有按细则的规定签字；(ii) 国际申请没有按规定载明申请人的情况；(iii) 国际申请没有发明名称；(iv) 国际申请没有摘要；(v) 国际申请不符合细则规定的形式要求。（b）如果受理局发现上述缺陷，应要求申请人在规定期限内改正该国际申请，期满不改正的，该申请即被视为撤回，并由受理局作相应的宣布。因此，选项 B 错误。《专利合作条约》第 14 条（3）规定，（a）如果受理局发现在规定的期限内没有缴纳第 3 条（4）(iv) 所规定的费用，或者对于任何一个指定国都没有缴纳第 4 条（2）规定的费用，国际申请即被视为撤回，并由受理局作相应的宣布。根据《专利合作条约实施细则》第 16 条之二 .1 的规定，未按期缴纳国际申请费的，受理局应当向申请人发出通知，要求申请人自通知之日起 1 个月内缴纳相关费用，期限届满申请人未缴纳的，PCT 国际申请即被视为撤回，并由受理局作相应的宣布，因此，申请人未在规定期限内缴纳国际申请费不会导致重新确定国际申请日，选项 C 错误。

根据《专利合作条约实施细则》第 20.5 条关于遗漏部分的规定，有两种情况会影响国际申请日的确定：(1) 通知申请人在规定期限内改正。当确定称为国际申请的文件是否满足 PCT 第 11 条（1）的要求时，受理局发现说明书、权利要求书或者附图的一部分被遗漏，或者看似被遗漏，包括所有附图被遗漏或者看似被遗漏的情况，应当迅速通知申请人，并让申请人作出选择：提交遗漏部分使申请文件完整但改变国际申请日，或者保留申请日而忽略遗漏部分。(2) 主动补交文件。受理局没有发出通知，申请人声称在首次提交的国际申请中缺少说明书、权利要求书或者附图的某一页或者某几页，如果后交文件是在首次提交文件收到日起两个月内收到的，受理局以收到后交文件的日期为国际申请日。如果后交文件是在两个月之后收到的，将不予考虑。因此，选项 D "申请文件中遗漏了一页说明书" 可能导致重新确定国际申请日，选项 D 正确，考生甲的想法是不对的。

需要注意的是，国际申请中存在其他缺陷的，申请人可以应受理局的要求进行改正，申请人也可以主动修改，这些修改不会对国际申请日造成影响。其他缺陷通常包括：(1) 摘要、附图中的文字语言与说明书、权利要求书所使用的语言不一致；(2) 优先权声明的信息不完整；(3) 未缴纳或未缴足应缴纳的费用；(4) 请求书缺少签字；(5) 根据 PCT 实施细则 4.17 的声明存在缺陷；(6) 申请文件中存在形式缺陷；(7) 缺少发明名称；(8) 缺少摘要。

【答案】D

三、国际检索

1. 国际检索单位
2. 国际检索报告
3. 权利要求书的修改

四、国际公布

8. 【2014 年第 83 题】某中国公司以中文向国家知识产权局提交了一件 PCT 国际申请，其优先权日为 2013 年 8 月 8 日，国际申请日为 2014 年 8 月 8 日。下列关于该申请国际公布的说法哪些是正确的？

A. 国际公布应当以英文或法文进行，因此国际局还需将该申请全部内容翻译成英文或法文进行国际公布

B. 申请人想通过撤回国际申请来避免国际公布，则该撤回通知应在国际公布的技术准备完成之前到达国际局

C. 如果申请人不要求提前公布，则该申请将在 2015 年 2 月 8 日之后迅速进行国际公布

D. 国际检索报告在国际公布的技术准备工作完成前已作出的，国际公布应当公布国际检索报告

【考点】国际公布

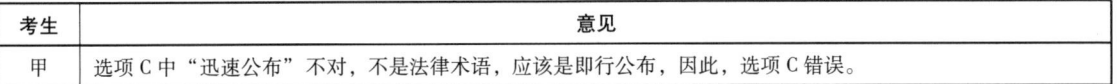

考生	意见
甲	选项C中"迅速公布"不对,不是法律术语,应该是即行公布,因此,选项C错误。

【分析】《专利合作条约实施细则》第48.3条(a)的规定,如果国际申请是用汉语、英语、法语、德语、日语、俄语或者西班牙语("公布语言")提出的,该申请应以其提出时使用的语言公布。因此,选项A错误。《专利合作条约实施细则》第90条之二.1(c)的规定,如果申请人提交的,或者由受理局或者国际初步审查单位送交的撤回通告是在国际公布的技术准备完成前到达国际局的,不应进行国际申请的国际公布。因此,选项B正确。

《专利合作条约》第21条(2)规定,(a)除(b)和第64条(3)规定的例外以外,国际申请的国际公布应在自该申请的优先权日起满十八个月后迅速予以办理。(b)申请人可以要求国际局在(a)所述的期限届满之前的任何时候公布其国际申请。国际局应按照细则的规定予以办理。《专利合作条约》第64条(3)规定,(a)任何国家均可声明,就它来说不需要在国际上出版国际申请。(b)如果在优先权日期起十八个月后,国际申请仅指定那些已按第(a)项作出声明的国家,则国际申请不应按第二十一条第(2)款出版。(c)在适用第(b)项规定时,如遇下列情况,则国际申请仍应由国际局出版。(i)按附属规则的规定,根据申请人的请求。(ii)以国际申请为基础的任何指定国家的国家专利局或其代表出版一份国家申请或专利证书后,立即,而不是在从优先权日期算起十八个月期满前,便按第(a)项规定作出了声明。本题中,PCT国际申请应当自优先权日起满18个月后迅速公布,即2015年2月8日之后迅速进行国际公布,因此,选项C正确。

《专利合作条约实施细则》第48.2条(a)(v)规定,除(g)另有规定外,国际检索报告或者条约第17条(2)(a)所述的宣布。《专利合作条约实施细则》第48.2条(g)的规定,如果在国际公布的技术准备工作完成时,国际检索报告尚不能得到,则小册子可以不包括国际检索报告,而代之以不能得到国际检索报告的说明,并表示将再次公布小册子(那时将包括国际检索报告),或者将另行公布国际检索报告(在其可以得到时)。因此,国际检索报告在国际公布的技术准备工作完成前已作出的,国际公布应当公布国际检索报告,选项D正确。

需要注意的是,由于单词翻译不同造成误选,实在可惜,本题中"be effected promptly"翻译成"即行公布"、"迅速公布"或"马上公布"都是可以的,考生甲的想法是不对的。因此,涉及PCT的题,意思说明白就行,不要纠结必须与自己所见版本一致,考题中的翻译措辞以考试指南为准,如果不放心,建议看看考试指南。

【答案】BCD

五、国际初步审查

1. 国际初步审查的提出
2. 国际初步审查
3. 国际初步审查报告
4. 国际初步审查阶段的修改

第二节 国际申请进入中国国家阶段的特殊要求

一、进入中国国家阶段的期限

9.【2016年第28题】某PCT国际申请的国际申请日是2012年2月5日,优先权日是2011年10月8日,该国际申请未要求国际初步审查,申请人应在下列哪一期限届满前办理进入中国国家阶段手续?

A. 自2012年2月5日起30个月
B. 自2012年2月5日起20个月
C. 自2011年10月8日起20个月
D. 自2011年10月8日起30个月

【考点】进入中国国家阶段的手续

【分析】专利法实施细则第一百零三条规定,国际申请的申请人应当在专利合作条约第二条所称的优先权日(本章简称优先权日)起30个月内,向国务院专利行政部门办理进入中国国家阶段的手续;申请人未在该期限内办理该手续的，在缴纳宽限费后，可以在自优先权日起32个月内办理进入中国国家阶段的手续。本题中优先权是2011年10月8日，因此，选项D之前，选项ABC错误。

【答案】D

10.【2015年第98题】某中国申请人于2012年2月26日就其在中国完成的一项发明创造向国家知识产权局提交了一件PCT国际申请。下列说法哪些是正确的？

A. 该PCT国际申请是向国家知识产权局提出的，因此视为同时提出了保密审查请求

B. 申请人应当委托依法设立的专利代理机构办理PCT国际申请的相关事务

C. 申请人应当在2014年2月26日前办理进入中国国家阶段的手续

D. 在办理进入中国国家阶段手续时，申请人可以选择要求获得发明专利或者实用新型专利

【考点】PCT国际申请

【分析】根据专利法实施细则第八条第三款的规定，向国务院专利行政部门提交专利国际申请的，视为同时提出了保密审查请求。因此，选项A正确。专利法第十九条第二款规定，中国单位或者个人在国内申请专利和办理其他专利事务的，可以委托依法设立的专利代理机构办理。因此，选项B错误。专利法实施细则第一百零三条规定，国际申请的申请人应当在专利合作条约第二条所称的优先权日起30个月内，向国务院专利行政部门办理进入中国国家阶段的手续；申请人未在该期限内办理该手续的，在缴纳宽限费后，可以在自优先权日起32个月内办理进入中国国家阶段的手续。因此，选项C错误。《专利审查指南2010》第三部分第一章第3.1.2节规定，国际申请指定中国的，办理进入国家阶段手续时，应当选择要求获得的是"发明专利"或者"实用新型专利"，两者择其一。因此，选项D正确。

【答案】AD

二、进入中国国家阶段的手续

11.【2016年第99题】王某以英文提交了PCT国际申请，其国际申请日为2011年1月18日，优先权日为2010年9月15日，进入中国国家阶段的日期为2013年3月1日。下列说法哪些是正确的？

A. 在进入中国国家阶段时，申请人应当提交该国际申请的原始说明书和权利要求书的中文译文

B. 申请人应当于2013年9月15日前提出实质审查请求

C. 该申请授权后，专利权期限的起算日为2011年1月18日

D. 该申请授权后，专利权期限的起算日为2013年3月1日

【考点】PCT国际申请

考生	意见
甲	本题中并没有说明是发明专利申请，而实用新型专利申请时不需要实质审查的，因此，选项B错误。

【分析】专利法实施细则第一百零四条规定，申请人依照本细则第一百零三条的规定办理进入中国国家阶段的手续的，应当符合下列要求：其中，（三）国际申请以外文提出的，提交原始国际申请的说明书和权利要求书的中文译文。因此，选项A正确。专利法第三十五条第一款规定，发明专利申请自申请日起三年内，国务院专利行政部门可以根据申请人随时提出的请求，对其申请进行实质审查；申请人无正当理由逾期不请求实质审查的，该申请即被视为撤回。专利法实施细则第十一条规定，除专利法第二十八条和第四十二条规定的情形外，专利法所称申请日，有优先权的，指优先权日。本细则所称申请日，除另有规定的外，是指专利法第二十八条规定的申请日。专利法实施细则第一百零二条规定，按照专利合作条约已确定国际申请日并指定中国的国际申请，视为向国务院专利行政部门提出的专利申请，该国际申请日视为专利法第二十八条所称的申请日。因此，选项B正确。专利法第四十二条规定，发明专利权的期限为二十年，实用新型专利权和外观设计专利权的期限为十年，均自申请日起计算。因此，选项C正确，选项D错误。

需要说明的是，考生甲的想法是有道理的，题干中没有明确该专利的类型。不过，就选项B"……提出实质审查请求"暗含了该申请为发明专利申请，考生应从中领会考题意图。

【答案】ABC

12.【2014年第54题】下列关于PCT国际申请进入中国国家阶段手续的说法哪些是正确的？

A. 在进入中国国家阶段时,申请人可以同时选择发明和实用新型作为获得专利权的类型
B. 国际申请以外文提出的,申请人应当提交原始国际申请的说明书和权利要求书的中文译文
C. 在国际阶段向国际局已办理申请人变更手续的,申请人应当提供变更后的申请人享有申请权的证明材料
D. 国际申请以中文提出的,申请人应当提交国际公布文件中的摘要和摘要附图副本

【考点】PCT国际申请进入中国国家阶段的手续

【分析】《专利审查指南2010》第三部分第一章第3.1.2节规定,专利法第九条第一款规定:同样的发明创造只能授予一项专利权。国际申请指定中国的,办理进入国家阶段手续时,应当选择要求获得的是"发明专利"或者"实用新型专利",两者择其一,不允许同时要求获得"发明专利"和"实用新型专利"。不符合规定的,审查员应当发出国际申请不能进入中国国家阶段通知书。因此,选项A错误。专利法实施细则第一百零四条第一款规定,申请人依照本细则第一百零三条的规定办理进入中国国家阶段的手续的,应当符合下列要求:……(三)国际申请以外文提出的,提交原始国际申请的说明书和权利要求书的中文译文;……(五)国际申请以外文提出的,提交摘要的中文译文,有附图和摘要附图的,提交附图副本和摘要附图副本,附图中有文字的,将其替换为对应的中文文字;国际申请以中文提出的,提交国际公布文件中的摘要和摘要附图副本;(六)在国际阶段向国际局已办理申请人变更手续的,提供变更后的申请人享有申请权的证明材料……因此,选项BCD正确。

【答案】BCD

13.【2012年第83题】某中国申请人于2010年2月26日就其在中国完成的一项发明创造向国家知识产权局提交了一件PCT国际申请。下列说法哪些是正确的?
A. 该PCT国际申请是向国家知识产权局提出的,因此视为同时提出了保密审查请求
B. 申请人应当委托专利代理机构办理PCT国际申请的相关事务
C. 申请人应当在2012年2月26日前办理进入中国国家阶段的手续
D. 在办理进入中国国家阶段手续时,申请人可以选择要求获得发明专利或者实用新型专利

【考点】保密审查、专利代理机构委托、进入中国国家阶段的保护类型

考生	意见
甲	《中国申请人向国际局递交国际申请实施办法》第2条规定:中国单位或者个人将其在国内完成的发明创造向国际局提出国际申请的……委托国务院授权专利局指定的专利代理机构办理。因此,中国申请人应该委托代理,选项B正确。

【分析】专利法实施细则第八条第三款规定,向国务院专利行政部门提交专利国际申请的,视为同时提出了保密审查请求。因此,选项A正确。专利法第十九条第二款规定,中国单位或者个人在国内申请专利和办理其他专利事务的,可以委托依法设立的专利代理机构办理。因此,中国单位或者个人向国家知识产权局提交PCT国际申请可以但不是应当委托依法设立的专利代理机构办理,选项B错误。专利法实施细则第一百零三条规定,国际申请的申请人应当在专利合作条约第二条所称的优先权日(本章简称优先权日)起30个月内,向国务院专利行政部门办理进入中国国家阶段的手续;申请人未在该期限内办理该手续的,在缴纳宽限费后,可以在自优先权日起32个月内办理进入中国国家阶段的手续。在本题中,申请人提交申请的日期,即申请日为2010年2月26日,因此,应当在2012年8月26日前办理进入中国国家阶段的手续。选项C错误。《专利审查指南2010》第三部分第一章第3.1.2节规定,国际申请指定中国的,办理进入国家阶段手续时,应当选择要求获得的是"发明专利"或者"实用新型专利",两者择其一,不允许同时要求获得"发明专利"和"实用新型专利"。不符合规定的,审查员应当发出国际申请不能进入中国国家阶段通知书。因此,选项D正确。

需要说明的是,《中国申请人向国际局递交国际申请实施办法》第2条规定,中国单位或者个人将其在国内完成的发明创造向国际局提出国际申请的,应当首先向专利局申请专利或者国际申请中指定中国,并经国务院有关主管部门同意后,委托国务院授权专利局指定的专利代理机构办理。但是,该办法制定于1994年,

按照当时的专利法规定，中国申请人应该委托代理机构，按照目前的规定，中国申请人可以但不是应当委托依法设立的专利代理机构办理，因此，选项B错误，考生甲的想法是不对的。在这里提醒考生注意新法规的学习。

【答案】AD

三、生物材料样品的保藏

14.【2016年第29题】涉及生物材料的国际申请进入中国国家阶段时，申请人应当在下列哪个期限内提交生物材料样品的保藏证明和存活证明？

A. 进入实质审查程序之前
B. 国家公布技术准备工作完成之前
C. 办理进入国家阶段手续之日起6个月内
D. 办理进入国家阶段手续之日起4个月内

【考点】涉及生物材料的国际申请

【分析】专利法实施细则第一百零八条第三款规定，申请人自进入日起4个月内向国务院专利行政部门提交生物材料样品保藏证明和存活证明的，视为在本细则第二十四条第（一）项规定的期限内提交。因此，选项D正确，选项ABC错误。

【答案】D

四、涉及遗传资源的国际申请

五、优先权

15.【2015年第97题】某PCT申请的国际申请日为2009年10月26日，进入中国国家阶段的日期为2012年2月26日。下列说法哪些是正确的？

A. 该申请应当视为2012年2月26日向国家知识产权局提出的专利申请
B. 在进入中国国家阶段时，申请人可以选择外观设计作为保护类型
C. 申请人不能在该申请进入中国国家阶段后提出新的优先权要求
D. 如果该申请被授予专利权，则专利权的期限自2009年10月26日起计算

【考点】PCT国际申请

【分析】专利法实施细则第一百零二条规定，按照专利合作条约已确定国际申请日并指定中国的国际申请，视为向国务院专利行政部门提出的专利申请，该国际申请日视为专利法第二十八条所称的申请日。本题中，国际申请日为2009年10月26日，因此，选项A错误，选项D正确。《专利审查指南2010》第三部分第一章第3.1.2节规定，国际申请指定中国的，办理进入国家阶段手续时，应当选择要求获得的是"发明专利"或者"实用新型专利"，两者择其一。因此，选项B错误。《专利审查指南2010》第三部分第一章第5.2.1节规定，进入国家阶段不允许提出新的优先权要求。因此，选项C正确。

【答案】CD

六、国家公布

16.【2012年第24题】某PCT国际申请的申请日为2008年1月18日，优先权日为2007年9月15日，进入中国国家阶段的日期为2010年3月15日。下列哪种说法是正确的？

A. 申请人最迟应当于2010年9月15日提出实质审查请求
B. 该申请授权后，专利权期限的起算日为2010年3月15日
C. 该申请授权后，专利年度从2007年9月15日起算
D. 该申请应当自2010年3月15日起满18个月进行国家公布

【考点】优先权日

【分析】专利法实施细则第十一条规定，除专利法第二十八条和第四十二条规定的情形外，专利法所称申请日，有优先权的，指优先权日。本细则所称申请日，除另有规定的外，是指专利法第二十八条规定的申请日。《专利合作条约》第11条（3）规定，国际申请符合本条的要求，并已被给予国际申请日的，在每个指定国内自国际申请日起具有正规的国家申请的效力。国际申请日应认为是在每个指定国的实际申请日。我国《专利法实施细则》第一百零二条规定，按照专利合作条约已确定国际申请日并指定中国的国际申请，视为向国务院专利行政部门提出的专利申请，该国际申请日视为专利法第二十八条所称的申请日。本题中，该PCT国际申

请的国际申请，即专利法第二十八条所称的申请日为 2008 年 1 月 18 日，优先权日为 2007 年 9 月 15 日。

专利法第三十五条第一款前部分规定，发明专利申请自申请日起三年内，国务院专利行政部门可以根据申请人随时提出的请求，对其申请进行实质审查。因此，该 PCT 国际申请提出实质审查请求的起算日应当是优先权日，即 2007 年 9 月 15 日。选项 A 正确。专利法第四十二条规定，发明专利权的期限为二十年，实用新型专利权和外观设计专利权的期限为十年，均自申请日起计算。因此，该申请授权后，专利权期限的起算日为 2008 年 1 月 18 日，选项 B 错误。

《专利审查指南 2010》第五部分第九章第 2.2.1.1 规定，专利年度从申请日起算，与优先权日、授权日无关，与自然年度也没有必然联系。例如，一件专利申请的申请日是 1999 年 6 月 1 日，该专利申请的第一年度是 1999 年 6 月 1 日至 2000 年 5 月 31 日，第二年度是 2000 年 6 月 1 日至 2001 年 5 月 31 日，以此类推。因此，该申请授权后，专利年度从 2008 年 1 月 18 日起算，选项 C 错误。《专利审查指南 2010》第三部分第一章第 6.1 规定，除本章第 3.4 节所述的情况外，多数国际申请在自优先权日起满十八个月后进入国家阶段，不适用专利法第三十四条的规定。专利局对进入国家阶段的国际申请进行初步审查，认为合格之后，应当及时进行国家公布的准备工作。专利局完成国家公布准备工作的时间一般不早于自该国际申请进入国家阶段之日起两个月。因此，国际申请的国家公布是对进入国家阶段的国际申请初步审查合格后进行，而不是进入国家阶段之日起十八个月后进行。选项 D 错误。

【答案】A

七、分案

八、中国国家阶段对国际阶段不予受理和视为撤回的复查

九、译文有误时专利权保护范围的确定

第三节　相关专利国际条约

一、国际承认用于专利程序的微生物保存布达佩斯条约

二、国际专利分类斯特拉斯堡协定

三、建立工业品外观设计国际分类洛迦诺协定

第八章 专利文献与专利分类

基本要求

了解专利文献基本知识；熟悉主要国家或组织专利文献种类；了解专利分类知识，熟悉国际专利分类的应用；掌握专利信息检索技术与方法。

第一节 专利文献基本知识

一、专利文献概述
二、专利说明书类文献组成部分
三、专利说明书种类
四、专利文献著录项目及其代码

1.【2012年第29题】下列各组用以表示公布专利文献的国家或机构的国际标准代码，哪组存在错误？
   A. 法国 FR、西班牙 ES、奥地利 AT
   B. 欧洲专利局 EP、英国 UK、韩国 KR
   C. 澳大利亚 AU、瑞士 CH、俄罗斯联邦 RU
   D. 日本 JP、瑞典 SE、世界知识产权组织 IB
【考点】国际标准代码

考生	意见
甲	英国简称 GB，不是 UK，因此，选项 B 存在错误。世界知识产权组织简称 WO，不是 IB，因此，选项 D 存在错误。单选里头这道题是两个答案。

【分析】国家或机构的国际标准代码，或称国别代码，是专利文献中很重要的一项著录项目。为便于各局工业产权以编码形式标识国家、其他实体及政府间组织时使用，WIPO 制定了《ST. 3 用双字母代码表示国家、其他实体及政府间组织的推荐标准》。国别代码由两个英文字母组成。在本题中，英国的国别代码应该是 GB，因此，选项 B 错误。注意区分外形近似的国别代码，奥地利 AT 和澳大利亚 AU；西班牙 ES 和瑞典 SE。

需要说明的是，根据《成立世界知识产权组织公约》第 6~9 条的规定，世界知识产权组织（WIPO）设有大会、成员国会议、协调委员会、国际局（IB），其中，国际局为 WIPO 的秘书处。由此可知，国际局（秘书处）属于 WIPO 的下设机构，因此，严格地说，WO 表示世界知识产权组织，IB 表示世界知识产权组织国际局（秘书处），因此，考生甲的想法是有道理的。

【答案】B

五、专利文献编号

2.【2016年第30题】以下关于专利文献种类标识代码中字母含义的说法哪个是正确的？
   A. 字母"B"表示发明专利申请公布
   B. 字母"Y"表示发明专利权部分无效宣告的公告
   C. 字母"U"表示实用新型专利权部分无效宣告的公告
   D. 字母"S"表示外观设计专利授权公告或外观设计专利权部分无效宣告的公告
【考点】专利文献种类标识代码
【分析】根据《专利文献种类标识代码标准》的规定，A 为发明专利申请公布；B 为发明专利授权公告；C 为发明专利权部分无效宣告的公告；U 为实用新型专利授权公告；Y 为实用新型专利权部分无效宣告的公告；S 为外观设计专利授权公告或专利权部分无效宣告的公告。因此，选项 D 正确，选项 ABC 错误。

【答案】D

3.【2015年第100题】某专利文献扉页上印有"CN100378905A"，由此专利文献号可以分析出下列哪些信息？

A. 这是一篇中国专利文献 B. 这是一篇实用新型专利文献
C. 该专利申请已被授予专利权 D. 第一位数字1表示发明专利申请

【考点】 国别代码 中国专利文献编号

【分析】《专利文献号标准》第5.2节规定了专利文献号与中国国家代码CN，以及专利文献种类标识代码的联合使用，因此，选项A正确。《专利审查指南2010》第五部分第八章第2.2.1节规定，发明专利申请单行本的文献种类代码为"A"。因此，选项BC错误。《专利文献号标准》第4.2条规定，专利文献号中的申请种类号用1位阿拉伯数字表示。所使用的数字含义规定如下：1表示发明专利申请；2表示实用新型专利申请；3表示外观设计专利申请。因此，选项D正确。

【答案】 AD

4.【2014年第100题】某篇专利文献的文献号为"CN101576367B"，下列说法哪些是正确的？

A. 这是一篇中国专利文献 B. 这是实用新型专利单行本
C. 这是发明专利单行本 D. 这是发明专利申请单行本

【考点】 国别代码 中国专利文献编号

【分析】《专利文献号标准》第5.2节规定了专利文献号与中国国家代码CN，以及专利文献种类标识代码的联合使用，因此，选项A正确。《专利审查指南2010》第五部分第八章第2.2.1节规定，发明专利申请单行本的文献种类代码为"A"。包括：扉页、权利要求书、说明书（说明书有附图的，包含说明书附图）。第2.2.2节规定，发明专利单行本的文献种类代码为"B"。包括：扉页、权利要求书、说明书（说明书有附图的，包含说明书附图）。第2.2.3节规定，实用新型专利单行本的文献种类代码为"U"。包括：扉页、权利要求书、说明书和说明书附图。因此，选项C正确，选项BD错误。

【答案】 AC

5.【2013年第30题】下列哪个文献号是中国实用新型专利授权公告号？

A. ZL 1044155A B. ZL 3021827S
C. CN 201435903U D. CN 101084708B

【考点】 中国专利文献编号及种类代码

【分析】《专利文献号标准》第5.2条对专利文献号与中国国家代码CN以及专利文献种类标识代码的联合使用作出了规定，排列顺序应为：国家代码CN、专利文献号、专利文献种类标识代码。如果需要，可以在国家代码CN与专利文献号、专利文献号与专利文献种类标识代码之间分别使用1位单字节空格。如下所示：

CN XXXXXXXX A
CN XXXXXXXX B
CN XXXXXXXX C
CN XXXXXXXX U
CN XXXXXXXX Y
CN XXXXXXXX S

其中，专利文献种类标识代码中字母的含义如下：

A 发明专利申请公布
B 发明专利授权公告
C 发明专利权部分无效宣告的公告
U 实用新型专利授权公告
Y 实用新型专利权部分无效宣告的公告
S 外观设计专利授权公告或专利权部分无效宣告的公告

由此可知，选项C正确，选项ABD错误。

【答案】 C

六、中国专利文献

七、其他主要国家/组织专利文献

第二节 专利分类

一、发明和实用新型的国际专利分类（IPC）

6.【2016年第100题】下列各组表示了国际专利分类表部的类号所指示的部的类名，请判断哪些组存在错误？

A. G部：固定建筑物　　F部：机械工程、照明
B. E部：电学　　　　　C部：化学、冶金
C. A部：人类生活必需　 D部：纺织、造纸
D. H部：物理　　　　　B部：作业、运输

【考点】国际专利分类

【分析】根据《国际专利分类表》的规定，A部是指人类生活必需。B部是指作业；运输。C部是指化学；冶金。D部是指纺织；造纸。E部是指固定建筑物。F部是指机械工程；照明；加热；武器；爆破。G部是指物理。H部是指电学。因此，选项ABD正确，选项C错误。

【答案】ABD

7.【2014年第30题】下表为国际专利分类表的节选：

"H01G4/00 固定电容器：及其制造方法
H01G4/002 ·零部件
H01G4/018 ··电介质
H01G4/04 ···液体电介质
H01G4/06 ···固体电介质
H01G4/08 ····无机电介质
H01G4/10 ·····金属氧化物电介质
H01G4/12 ·····陶瓷电介质"

对于一件技术主题为"一种以二氧化钛薄膜为电介质的电容器"的专利申请，下列哪个分类是正确的？

A. H01G4/08
B. H01G4/10
C. H01G4/08、H01G4/10
D. H01G4/00、H01G4/002、H01G4/018、H01G4/06、H01G4/08

【考点】国际专利分类

考生	意见
甲	无机电介质和金属氧化物电介质属并列的分类关系，而二氧化钛薄膜也可以划分为无机电介质，因此，选项C正确。
乙	二氧化钛作为一种无机金属氧化物，可以分在H01G4/08（无机电介质）和H01G4/10（金属氧化物电介质）下面，因此，选项C正确。

【分析】根据《国际专利分类表》的规定，H01G4/00表示固定电容器及其制造方法，H01G4/08表示无机固体电介质的固定容器及其制造方法，H01G4/10表示金属氧化物无机固体电介质的固定容器及其制造方法。要确定某一技术主题合适的分类，首先应确定相关的部，然后确定大类和小类，最后是大组或范围足以包括待分类技术主题实质特点的最低一级小组。本题中，"一种以二氧化钛薄膜为电介质的电容器"，其对应的最低一级小组是4/10，因此，选项B正确，选项ACD错误。

需要注意的是，H01G4/08（四点组）是H01G4/10（五点组）的上位组，两者不是并列关系。而且要确定某一技术主题合适的分类，应当找到与其对应的最低一级小组，因此，考生甲乙的想法是不对的。

【答案】B

8.【2013年第100题】下列关于专利分类号H01C1/00或C08F110/02中含义的说法哪些是正确的？

A. H代表部
B. C08F代表大类
C. H01C1/00代表小组
D. C08F110/02代表小组

【考点】专利分类号

【分析】国际专利分类表按部、大类、小类、大组、小组由大到小的递降次序排列类目，一个完整的分类号是由代表部、大类、小类、大组或小组的符号构成。一个完整的分类号是由代表部、大类、小类、大组或小组的符号构成。其中，部是用英文大写字母A～H表示；大类的类号由部的类号及在其后加上两位数字组成；小类的类号由大类类号加上一个英文大写字母组成；大组的类号由小类类号加上1～3位阿拉伯字母及"/00"组成；小组的类号由小类类号加上1～3位阿拉伯数字，后面跟着斜线"/"，再加上一个除"00"以外的至少两位的数组成。例如：在A01B1/02中，A代表部，A01代表大类，A01B代表小类，A01B1/00代表大组，A01B1/02代表小组。本题中，H代表部，因此，选项A正确。C08F代表小类，而不是代表大类，因此选项B错误。H01C1/00代表大组，而不是代表小组，因此，选项C错误。C08F110/02代表小组，因此，选项D正确。

【答案】AD

二、外观设计的洛迦诺分类

9.【2015年第30题】下述说法哪个是错误的？

A. 中国采用国际专利分类法对发明专利申请进行分类
B. 中国采用国际专利分类法对实用新型专利申请进行分类
C. 中国采用洛迦诺分类法对实用新型专利申请进行分类
D. 中国采用洛迦诺分类法对外观设计专利申请进行分类

【考点】国际专利分类法洛迦诺分类法

【分析】国际专利分类法对发明专利申请、实用新型专利申请进行分类，洛迦诺分类法对外观设计专利申请进行分类，因此，选项ABD错误，选项C正确。

【答案】C

第三节 专利信息检索

一、专利信息检索概述
二、专利信息检索种类
三、专利信息检索技术与方法
四、主要互联网专利信息检索系统

第二部分　备考指南

怎样才能考出理想的成绩呢？首先，考生需要掌握考点，这需要认真复习、日积月累，打下坚实的基本功；其次，考试时，需要把握考题意图，通俗的说就是要明白在考什么，不要走入误区。考试误区五花八门。本部分就考试中常见的考试误区进行分析，希望考生能够引以为戒。

第一章 真题瑕疵

考题一般仅涉及明确和固化的规范，不会有意涉及在实践中存在争议的问题，并尽量避免出现瑕疵或不严谨的措辞。而实际上，考题偶尔也会出现上述问题，尤其是后者，对于考题中出现的瑕疵或不严谨，有的考生纠结于此，甚至以为自己抓住了考题意图，这样，很容易走入误区，将题答错。以下举例说明，望考生认真体会。

1.【2015年第34题】某公司员工张某执行本公司任务完成了一项发明创造，其公司就该发明获得了发明专利权。在没有约定的情况下，下列说法哪些是正确的？

C. 该公司如果自行实施该发明专利，则应当从实施该发明专利的营业利润中提取不低于2%作为报酬给予张某

D. 该公司如果许可他人实施该发明专利，则应当从收取的许可费中提取不低于10%作为报酬给予张某

【简评】本题考查专利法实施细则第七十七条、第七十八条关于职务发明的奖酬。考查点在于"提取比例"、"营业利润"。而有的考生认为：选项C中应该是"每年"从实施该发明专利的营业利润中提取不低于2%作为报酬给予张某，题中没有写明"每年"。结合历年真题，比如【2011年第94题】选项C、【2014年第61题】选项D，由此可知，有"每年"和没有"每年"的选项都有作为正确选项的先例，因此，将"每年"设置为一个坑的可能是比较小的，考生不必纠结于此。也有考生认为：选项D中"许可费"的10%不对，应该是"使用费"的10%。从历年真题来看，比如【2012年第53题】选项D、【2014年第61题】选项D，由此可知，在历年真题中，"使用费和许可费"都有作为正确选项的先例，不会作为陷阱出现，因此，考生不必纠结于此。

2.【2013年第35题】下列哪些主体可以作为专利法规定的申请人？

D. 专利代理人张某

【简评】本题选项D考查《专利代理人条例》第二十条的规定：专利代理人在从事专利代理业务期间和脱离专利代理业务后一年内，不得申请专利。这是专利代理人的执业纪律之一。对专利申请人的具体要求散见于《专利代理条例》、《专利审查指南2010》等相关法律法规中，并且所述法律法规都是根据专利法制定，就本题而言，应该不会将考点或者陷阱设置在让考生区分《专利法》与《专利代理条例》上，所以考生不必纠结于此，因此，该考生的想法是不对的，没有看到考查意图。当然，本题最好还是参照2011年【第39题】"下列哪些属于专利法意义上的疾病的诊断和治疗方法"，设置为"下列哪些主体可以作为专利法意义上的申请人"。

3.【2016年第38题】甲拥有一件发明专利申请，其申请日为2010年5月16日，下列专利文献均记载了与该申请中所请求保护的技术方案相同的技术内容，哪些专利文献使得该申请不具备新颖性？

A. 申请人为乙的国际申请，国际申请日为2010年1月15日，国际公布日为2011年7月15日，进入中国国家阶段的日期为2011年8月5日

【简评】本题考查新颖性。选项A考查《专利审查指南2010》第二部分第三章2.2节规定：抵触申请还包括满足以下条件的进入了中国国家阶段的国际专利申请，即申请日以前由任何单位或者个人提出、并在申请日之后（含申请日）以前由专利局作出公布或公告的且为同样的发明或者实用新型的国际专利申请。有考生认为：对于国际申请必须满足进入中国国家阶段后并由专利局作出公布或者公告，才考虑是否构成抵触申请，选项A仅仅说明进入了中国国家阶段，并没有说明是否由专利局作出了公布或者公告，因此A选项是值得商榷的。考生对选项A的考虑是有道理的。严谨的写法是既写明进入日，又写明公开日。比如【2015年第39题】一件中国发明专利申请的申请日为2014年2月1日，优先权日为2013年3月5日。下列记载了相同发明内容的专利文献哪些构成该申请的抵触申请？其中，选项B. 一件在韩国提出的PCT国际申请，其国际申请日为

2011年9月8日，国际公布日为2013年3月8日，进入中国国家阶段的日期为2014年4月8日，中国国家公布日为2014年8月8日，该选项既写明了进入日，又写明了公开日。

4.【2015年第39题】一件中国发明专利申请的申请日为2014年2月1日，优先权日为2013年3月5日。下列记载了相同发明内容的专利文献哪些构成该申请的抵触申请？

C. 同一申请人于2013年1月4日向国家知识产权局提交的实用新型专利申请，授权公告日为2013年3月6日

【简评】本题考查抵触申请。考生需要掌握《专利审查指南2010》第二部分第三章第2.2节规定，根据专利法第二十二条第二款的规定，在发明或者实用新型新颖性的判断中，由任何单位或者个人就同样的发明或者实用新型在申请日以前向专利局提出并且在申请日以后（含申请日）公布的专利申请文件或者公告的专利文件损害该申请日提出的专利申请的新颖性。有考生认为：选项C，因为实用新型专利申请是同一申请人于2013年1月4日提交的，该日期早于发明专利申请的优先权日2013年3月5日，故优先权文件并不是申请人的首次申请，因此，发明专利申请要求的优先权不成立，由此可知，考虑选项C时，由于发明专利申请的申请日为2014年2月21日，选项C中的实用新型专利的公告日为2013年3月6日，该公告日早于申请日2014年2月21日，因此，实用新型专利构成现有技术，不构成抵触申请，故选项C不能选。该考生的想法是对的，题干信息加上选项C的信息，则发明专利申请要求的优先权不成立，选项C中的实用新型专利构成现有技术，而不构成抵触申请。本考题在选项C设置上没有考虑周全。如果选项C中"同一申请人"修改成"另一申请人"，则本考题就没有瑕疵了。

5.【2012年第96题】实用新型专利申请的说明书应当包括下列哪些内容？

B. 技术方案

【简评】本题考查说明书组成部分。考生需要掌握专利法实施细则第十七条的规定。有考生认为：技术方案只是发明内容中的一部分，用技术方案代替发明内容不合适。本题考查说明书的五部分，本题选项B为"技术方案"，其属于发明内容的一部分，按照题干的要求，"技术方案"也算是属于实用新型专利申请的说明书应当包括的内容。当然，选项B写成"发明内容"更严谨。因此，该考生的想法是有道理的。

第二章 新法学习

就专利法律知识部分而言，不仅要关注专利法的修改，还要关注相关法规的修改和颁布，比如《专利行政执法办法》、《专利代理管理办法》和《最高人民法院关于审理侵犯专利权纠纷案件应用法律若干问题的解释（二）》。考生还需要注意《专利审查指南2010》的修正，比如2017年第74号局令，尤其是在无效宣告程序中权利要求的修改方式。

1.【2016年第91题】甲公司发现乙公司未经其许可，制造销售了甲公司拥有实用新型专利权的某产品，向法院提起侵权诉讼；乙公司在被诉后向专利复审委员会提起针对甲公司上述专利权的无效宣告请求；专利复审委员会经过审理，作出宣告甲公司上述实用新型专利权全部无效的审查决定；甲公司不服该决定，向法院提起行政诉讼要求撤销该审查决定。下列说法哪些是正确的？

C. 根据专利复审委员会作出的无效宣告审查决定，法院可以裁定驳回甲公司的侵权起诉，无需等待针对上述审查决定的行政诉讼结果

【简评】本题考查考试当年（2016年）颁布的司法解释。《最高人民法院关于审理侵犯专利权纠纷案件应用法律若干问题的解释（二）》第二条设计了"先行裁驳、另行起诉"的制度，即在专利复审委员会作出宣告专利权无效的决定后，审理专利侵权纠纷案件的法院可以裁定"驳回起诉"，无需等待行政诉讼的最终结果，并通过"另行起诉"给权利人以司法救济途径。有的考生没有复习该司法解释，依旧按照以前的知识进行答题，很难答对该题。

2.【2016年第93题】甲拥有一项机床的发明专利权，乙未经甲的许可制造了该机床，用于为自己的客户加工零部件，同时将部分机床对外销售；丙不知道该机床为侵权产品，以合理价格购买了该机床用于企业的生

产，以下说法哪些是正确的？

D. 法院根据甲的请求，应当判令乙、丙立即停止使用该机床

【简评】本题考查考试当年（2016年）颁布的《最高人民法院关于审理侵犯专利权纠纷案件应用法律若干问题的解释（二）》第二十五条第一款的规定：为生产经营目的使用、许诺销售或者销售不知道是未经专利权人许可而制造并售出的专利侵权产品，且举证证明该产品合法来源的，对于权利人请求停止上述使用、许诺销售、销售行为的主张，人民法院应予支持，但被诉侵权产品的使用者举证证明其已支付该产品的合理对价的除外。有的考生没有复习该司法解释，依旧按照以前的知识进行答题，很难答对该题。

3.【2015年第35题】关于合伙制专利代理机构的设立，下列说法哪些是正确的？

B. 应当具有不低于5万元人民币的资金

【简评】本题考查专利代理机构的设立。有考生认为《专利代理管理办法》2011年修改后的版本第4条规定，设立合伙制专利代理机构的，应当具有不低于5万元人民币的资金。所以，选项B应该是正确的。本题涉及的《专利代理管理办法》自2003年7月15日施行以来，分别于2011年、2015年进行了修订，其中，在2015年5月1日实施的《专利代理管理办法》取消了设立专利代理机构的资金要求，并且在本题中进行了考查，因此，该考生的想法是不对的。

第三章 超纲知识

考题既要避免有争议的知识点，也要避免超纲的知识点，因此，考生一方面对于考题涉及的考点按照正常理解即可，不应该朝有争议的方向来理解；另一方面，以考试大纲和考试指南为考点边界即可。

1.【2013年第95题】甲向人民法院起诉乙侵犯其于2008年10月1日申请并于2010年10月10日被授权的产品发明专利权。该专利的权利要求包括特征L、M、N，乙实施的技术包含特征L、M、N、O。乙证明存在下列哪些事实之一，就足以认定其不侵犯甲的专利权？

B. 乙实施的技术已经记载在2008年3月1日申请、2008年10月16日公告授权的丙的实用新型专利申请中

【简评】本题考查现有技术抗辩。然而，有考生认为选项B中丙的实用新型构成了甲的发明的抵触申请，最高人民法院《关于发充分发挥知识产权审判职能作用推动社会主义文化大发展大繁荣和促进经济自主协调发展若干问题的意见》（法发〔2011〕18号）指出："被诉侵权人以实施抵触申请中的技术方案或者外观设计主张其不构成专利侵权的，可以参照现有技术或者现有设计抗辩的审查判断标准予以评判。"因此，抵触申请与现有技术抗辩的规则同样适用。因此，选项B正确。这样的逻辑应该是对的，而且实践中可能也有这样操作的先例。但是，就考试而言，应当遵循考试指南中涉及的法律及司法解释，而考试指南中涉及的法律及司法解释没有明确规定抵触申请专利侵权抗辩（至少尚有争议），因此，对于已经掌握超纲知识的考生来说，用考试大纲所涉及的知识答题即可。

2.【2015年第3题】甲公司是一家光缆设备公司，王某是甲公司负责光缆设备研发的技术人员。王某在2011年3月从甲公司离职，并加入了乙公司。乙公司2012年1月就王某发明的一项光缆设备技术提交了一件专利申请，并获得专利权。下列说法哪个是正确的？

C. 专利权应归甲公司和乙公司共同所有

【简评】本题考查职务发明创造。只要考生掌握了专利法第六条、专利法实施细则第十二条即可。然而，有的考生认为从甲公司的角度说，王某离职不足一年属于甲公司的职务发明，但是此时王某就职于乙公司，应该也算在乙公司的职务发明，因此，专利权应该属于甲乙公司共有，选项C正确。该考生的想法涉及一种会产生争议的情况，即某研发人员离开原单位后到另一单位就职，主要是利用新单位的物质技术条件从事与原单位相同的研发任务，作出了与原单位交付的任务相关的发明创造。这种情况下，原单位和新单位均可能主张是本单位的职务发明创造。根据《全国法院知识产权审判工作会议关于审理技术合同纠纷案件若干问题的纪要》第六条的规定，原单位与新单位协议确定，不能达成协议的，由双方合理分享。然而，本题考查职务发明创造

的权利归属,即专利法第六条和专利法实施细则第十二条的规定。像该考生的想法,涉及更深层次、具有争议的问题不再考查之列。

第四章 考点混淆

专利法律知识部分涉及的考点比较多,尤其对于那些相似的考点,考生容易混淆,一旦出现在考题中,很容易做错。只有将易混淆的考点一一区分开来,才能在考试中稳操胜券。

1.【2016年第59题】关于本国优先权,下列哪些说法是正确的?

B. 在后申请的申请人与在先申请中记载的申请人应当一致,不一致的应当在规定期限内提交优先权转让证明

【简评】本题考查本国优先权,与其相似的是外国优先权,《专利审查指南2010》中有关两者的规定不完全一样,这需要考生逐一对比体会。就本题而言,前者当申请人不一致时,应当提供相应的证明。后者当申请人完全不一致时,应当提供相应的证明。参见《专利审查指南2010》第一部分第一章第6.2.2.4节:(要求本国优先权)在后申请的申请人,要求优先权的在后申请的申请人与在先申请中记载的申请人应当一致;不一致的,在后申请的申请人应当在提出在后申请之日起三个月内提交由在先申请的全体申请人签字或者盖章的优先权转让证明文件。《专利审查指南2010》第一部分第一章第6.2.1.4节:(要求外国优先权)在后申请的申请人,申请人完全不一致,且在先申请的申请人将优先权转让给在后申请的申请人的,应当在提出在后申请之日起三个月内提交由在先申请的全体申请人签字或者盖章的优先权转让证明文件。

2.【2014年第86题】下列哪些发明不具备实用性?

B. 一种通过对皮肤进行喷水和按摩而使皮肤焕发光泽的美容方法

【简评】本题考查实用性。考生需要掌握《专利审查指南2010》第二部分第一章第4.3.2.2节规定,以下几类方法是不属于治疗方法的例子,不得依据专利法第二十五条第一款第(三)项拒绝授予其专利权。……(5)单纯的美容方法,即不介入人体或不产生创伤的美容方法,包括在皮肤、毛发、指甲、牙齿外部可为人们所视的部位局部实施的、非治疗目的的身体除臭、保护、装饰或者修饰方法。然而,有的考生认为:美容方法属于非治疗目的的外科手术,这是《专利审查指南》里面讲到的,是以有生命的人为实施对象,无法在产业上使用,因此不具备实用性。因此,选项B也对。其实,该考生将知识点记混淆了。《专利审查指南2010》中有两处提到美容:一是:《专利审查指南2010》第二部分第一章第4.3.2.2节规定。二是:《专利审查指南2010》第二部分第五章第3.2.4节规定,非治疗目的的外科手术方法,由于是以有生命的人或者动物为实施对象,无法在产业上使用,因此不具备实用性。例如,为美容而实施的外科手术方法。注意区分两处不同的规定,因此,该考生的想法是不对的。

3.【2016年第15题】关于实用新型专利申请,下列说法哪个是正确的?

D. 原始说明书附图不清晰,可以通过重新确定申请日方式补入清晰附图

【简评】本题考查说明书附图。考生需要掌握《专利审查指南2010》第一部分第二章第7.2节的规定,(9)说明书文字部分写有附图说明但说明书缺少相应附图的,应当通知申请人取消说明书文字部分的附图说明,或者在指定的期限内补交相应附图。申请人补交附图的,以向专利局提交或者邮寄补交附图之日为申请日,审查员应当发出重新确定申请日通知书。申请人取消相应附图说明的,保留原申请日。然而,有的考生认为选项D也正确。其实,《专利审查指南2010》中"说明书中写有对附图的说明但无附图或者缺少部分附图的"这两种情况不同于该考生所说的"附图不清楚",因为在"附图不清楚"时,申请文件依旧是完备的,不影响其被受理并确定申请日、给以申请号,不存在重新确定申请日的情况,因此,该考生的想法是不对的。

4.【2015年第63题】下列哪些期限经请求可以延长?

B. 提交作为优先权基础的在先申请文件副本的期限

【简评】本题考查期限的延长。考生需要掌握《专利审查指南2010》第五部分第七章第4.1节规定,可以请求延长的期限仅限于指定期限。但在无效宣告程序中,专利复审委员会指定的期限不得延长。根据专利法第

三十条的规定，在先申请文件副本应当在提出在后申请之日起三个月内提交。然而，有的考生认为：根据R6.4的规定，不可以延长的期限有：A24、A29、A42、A68。因此，选项B可以延长。其实，期限的延长和权利的恢复是不同的，该考生将两者混淆了：（1）期限的延长：根据专利法实施细则七十一条和《专利审查指南2010》第五部分第七章第4.1节的规定，在期限届满之前办理手续，并且只能延长指定期限（除无效程序中的指定期限），不能延长法定期限。（2）权利的恢复：根据专利法实施细则第六条的规定，在期限届满之后办理相关恢复手续。并规定了四种不予恢复的情况（A24、A29、A42、A68）。

5.【2015年第60题】某外国公司向国家知识产权局递交了一件发明专利申请，如果其要求享有一项外国优先权，则应当满足下列哪些条件？

　　A. 该申请应当自在先申请的申请日起十二个月内提出

【简评】本题考查外国优先权。考生需要掌握根据专利法第二十九条第一款的规定，申请人自发明或者实用新型在外国第一次提出专利申请之日起十二个月内，又在中国就相同主题提出专利申请的，依照该外国同中国签订的协议或者共同参加的国际条约，或者依照相互承认优先权的原则，可以享有优先权。然而，有的考生认为选项A应当是错的，如果要求的是国际申请的优先权，且在先申请只申请了国际申请，即在后申请只能要求该国际申请作为优先权，那么，申请人可以在国际申请日后30（32）个月内提出在后申请，不必要在12个月内提出。其实，该考生混淆了"12个月内"和"30（32）个月内"的法律意义，申请人应该在"12个月内"提出在后申请，申请人应当在"30（32）个月内"办理进入国家阶段手续（R103），因此，该考生的想法是不对的。

第五章　过度解读

同样的考题，不同的考生能解读出不同的信息，有的考生根据卷面信息读懂了题，知道考点所在，然后答题。有的考生却根据卷面信息增加新信息，给自己设定新情景，再来答题，也就是说，对卷面信息研究的过于深刻，影响了答题思路。

1.【2015年第86题】林某委托某专利代理机构申请了一项发明专利。下列有关林某放弃该项权利的说法哪些是正确的？

　　A. 林某随时可以主动要求放弃该项专利权

【简评】本题选项A考查专利权能否随时主动放弃。《专利审查指南2010》第五部分第九章第2.3节规定，授予专利权后，专利权人随时可以主动要求放弃专利权。这种考查方式简单、直接。然而，有的考生认为要考虑专利权是否在有效期内，还有考生认为要考虑是否有权属纠纷或财产保全。考生对考题过度解读了，由于给自己增加了信息，这些考生假想的附件条件左右了解题思路。

2.【2015年第90题】甲公司拥有一项雨伞的外观设计专利权。未经甲公司许可，重庆的乙公司生产了该专利雨伞，并将该雨伞在成都销售给当地的丙酒店使用，甲公司遂向人民法院起诉。下列哪些说法是正确的？

　　A. 甲公司可以向重庆的基层人民法院起诉乙公司

【简评】本题考查专利侵权纠纷的管辖，准确地说，就是考查《最高人民法院关于审理专利纠纷案件适用法律问题的若干规定》第二条第一款的规定，即专利纠纷第一审案件，由各省、自治区、直辖市人民政府所在地的中级人民法院和最高人民法院指定的中级人民法院管辖。难度并不大，然而，有的考生却想到了最高人民法院关于修改《最高人民法院关于审理专利纠纷案件适用法律问题的若干规定》的决定：第二条规定增加一款："最高人民法院根据实际情况，可以指定基层人民法院管辖第一审专利纠纷案件。"认为如果重庆的基层人民法院被最高人民法院指定，则甲公司可以向重庆的基层人民法院起诉乙公司。该考生过度解读选项A了，自行增加考题信息，即重庆的基层人民法院被最高人民法院指定，本题中没有提及"指定"一事，考生不要过度联系。

3.【2016年第32题】某公司就其员工张某完成的一项职务发明创造获得了发明专利权，该公司未与张某就职务发明创造的奖励及实施方式进行约定，并且公司规章中也没有相应规定，下列说法哪些是正确的？

C. 该公司如果自行实施该专利，则应当从实施该专利的营业利润中提取一定比例作为报酬给张某

【简评】本题考查职务发明创造的奖酬。根据专利法实施细则第七十八条的规定，……每年应当从实施该项发明或者实用新型专利的营业利润中提取不低于2%或者从实施该项外观设计专利的营业利润中提取不低于0.2%，作为报酬给予发明人或者设计人……有考生误认为选项C中，"一定比例"如果等于大于2%则合法，但是如果小于2%不就不合法。其实，本题选项C中"一定比例"较上位的说法也是可以的，不一定准确按照法条中"2%"来描述，该考生增加了卷面信息，即认为"一定比例"不能确定是否大于"2%"，属于没有把握好考题意图，因此，该考生的想法是不对的。

4. 【2014年第39题】某专利申请涉及一种玻璃杯，其申请日是2010年11月1日，优先权日是2010年5月8日。下列哪些属于该申请的现有技术？

D. 2010年9月2日由德国进口到中国的玻璃杯

【简评】本题考查现有技术。考生掌握《专利审查指南2010》第二部分第三章第2.1.1节的规定，现有技术的时间界限是申请日，享有优先权的，则指优先权日。即可作答选项D。然而，有的考生认为选项D中2010年9月2日是玻璃杯从德国进入中国的日期，并不是出现的日期，也许很早就在德国使用，也可以构成题干所说的现有技术。其实，本题选项D中，只需考虑进口时间即可，该考生增加考题信息，使考题处于不确定状态，因此，该考生的想法是不对的。

5. 【2014年第70题】下列哪些情形一定会导致申请专利的发明创造丧失新颖性？

A. 该发明创造于申请日前8个月在我国政府主办的某国际展览会上首次公开展出

【简评】本题考查不丧失新颖性的宽限期。考生掌握专利法第二十四条、专利法实施细则第三十条即可。然而，有的考生认为该展出如果没有公开发明中实质性内容，则不会导致新颖性的丧失。该考生给自己增加了题中没有出现的信息，这样过度解读考题的想法是不对的。专利法第二十四条第一种情形，即在中国政府主办或者承认的国际展览会上首次展出的。只需考虑"展出"是否符合该情形规定的期限、主办方、展览会级别以及是否首次即可，无需深入考虑"展出"是否公开实质性内容。

6. 【2012年第68题】下列哪些权利要求得不到说明书的支持？

	权利要求	说明书
D	一种图像处理设备，包括：触摸屏，……。	文字部分未提及触摸屏，但在附图中绘制了具有触摸屏的图像处理设备

【简评】本题考查权利要求的撰写。考生需要掌握《专利审查指南2010》第二部分第二章第3.2.1节规定，权利要求书中的每一项权利要求所要求保护的技术方案应当是所属技术领域的技术人员能够从说明书充分公开的内容中得到或概括得出的技术方案，并且不得超出说明书公开的范围。在判断权利要求是否得到说明书的支持时，应当考虑说明书的全部内容，而不是仅限于具体实施方式部分的内容。然而，有的考生认为：选项D得不到说明书支持附图中没有文字标注的话，恐怕看不出屏幕是不是"触摸屏"吧，毕竟触摸屏的外观与普通屏并无差别。选项D也对。其实，本题已经明确地指出"在附图中绘制了具有触摸屏的图像处理设备"，该考生却认为"触摸屏"与"普通屏"无法区分，看不出来屏幕是"触摸屏"，该考生给自己增加的这些干扰信息妨碍了其对已知信息的正确理解。

7. 【2014年第11题】下列哪项从属权利要求的撰写符合相关规定？

A. 根据权利要求1所述的冷水机，其特征是所述蒸发器包括一大一小两个导管

【简评】本题考查从属权利要求的撰写要求。考生需要掌握专利法第二十六条第四款规定，权利要求书应当以说明书为依据，清楚、简要地限定要求专利保护的范围。有的考生认为选项A中"一大一小"是不清楚的，大有多大，小有多小。其实，选项A中关于"一大一小两个导管"的描述是正确的，是指蒸发器包括大小有差异的两个导管，并不是说导管的具体大小尺寸，因此，不存在大小尺寸不清楚的问题，考生甲的想法不对的。

第六章 多面考点

掌握一个考点，考生需要从多个角度来入手，以下从考点的一般规定和特殊规定、宏观和微观，以及翻译的多样化等角度来进行梳理，以便考生准确、牢固、全面的掌握考点。

1.【2013年第72题】某科研机构欲就一项涉及国防利益的发明创造申请国防专利。下列说法哪些是正确的？

B. 该国防专利申请权经批准可以转让给国外单位

【简评】本题中，如果根据专利法第十条的规定，专利申请权和专利权可以转让。选项B很有可能被误选。其实本题考查《国防专利条例》，而该条例对国防专利有一些特殊规定，这些特殊规定往往成为考点。考生在备考过程中，往往关注一般规定多一些，然而，考试却偏爱特殊规定或例外规定，所以，考生应当将两者都复习到，以免知其一，不知其二。

2.【2013年第40题】下列哪些权利要求的主题名称是不符合相关规定的？

D. 一种数据通信方法及其系统

【简评】本题其实挺简单，但有的考生却将选项D判断错了。选项D这种说法确实经常见到，但是，有的考生没有注意到，我们见到的类似选项D的说法是发明的名称（参见《专利审查指南2010》第二部分第二章第2.2.1节），而不是本题考查的权利要求的主题名称（参见《专利审查指南2010》第二部分第二章第3.2.2节）。由于《专利审查指南2010》非常厚，涉及的知识点很多，有时考生对考点的认识达不到从点到面的高度，很容易出现盲人摸象的错误，希望引起考生注意。

3.【2011年第36题】下列哪些可以作为实用新型专利申请的说明书附图？

A. 工艺流程图 B. 逻辑框图 C. 照片 D. 工程蓝图

【简评】本题有考生误选选项C，理由看起来很充足，即掌握了《专利审查指南2010》第一部分第一章第4.3节的规定，一般不得使用照片作为附图，但特殊情况下，例如，显示金相结构、组织细胞或者电泳图谱时，可以使用照片贴在图纸上作为附图。殊不知，该规定仅仅针对发明专利申请的说明书附图而言，而本题考查的是实用新型专利申请的说明书附图，参见《专利审查指南2010》第一部分第二章第7.3节规定了（实用新型专利申请）说明书附图的审查包括下述内容：（1）附图不得使用工程蓝图、照片；……（8）结构框图、逻辑框图、工艺流程图应当在其框内给出必要的文字和符号；……（10）说明书附图中应有表示要求保护的产品的形状、构造或者其结合的附图，不得仅有表示现有技术的附图，也不得仅有表示产品效果、性能的附图，例如温度变化曲线图等。（11）说明书附图应当用阿拉伯数字顺序编写页码。在这里提醒考生，不是所有的规定对发明、实用新型专利申请都是一样的，比如本题，需要考生区分清楚自己所记的知识点是针对实用新型专利申请的说明书附图，还是针对发明专利申请的说明书附图。

4.【2014年第83题】某中国公司以中文向国家知识产权局提交了一件PCT国际申请，其优先权日为2013年8月8日，国际申请日为2014年8月8日。下列关于该申请国际公布的说法哪些是正确的？

C. 如果申请人不要求提前公布，则该申请将在2015年2月8日之后迅速进行国际公布

【简评】本题考查国际公布。考生需要掌握《专利合作条约》第21条（2）规定，（a）除（b）和第64条（3）规定的例外以外，国际申请的国际公布应在自该申请的优先权日起满十八个月后迅速予以办理。然而，有的考生认为：选项C中"迅速公布"不对，不是法律术语，应该是即行公布，因此，选项C错误。其实，由于单词翻译不同造成误选，实在可惜，本题中"be effected promptly"翻译成"即行公布"、"迅速公布"或"马上公布"都是可以的，该考生的想法是不对的。因此，涉及PCT的题，意思说明白就行，不要纠结必须与自己所见版本一致，考题中的翻译措辞以考试指南为准，如果不放心，建议看看考试指南。

第七章 理 解 考 点

备考首要的是理解每一个考点，然后再去记忆，再去与别的考点进行区分。然而，法条的表述往往比较简洁，要掌握考点，一个重要的环节是理解基本概念，由于考点很多，因此，该部分涉及的考题较多。以下进行举例说明。

1.【2013年第35题】下列哪些主体可以作为专利法规定的申请人？

D. 专利代理人张某

【简评】本题选项D考查《专利代理人条例》第二十条的规定：专利代理人在从事专利代理业务期间和脱离专利代理业务后一年内，不得申请专利。这是专利代理人的执业纪律之一。有的考生误以为根据该规定，专利代理人在符合一定条件的前提下是可以作为专利法规定的申请人的。其实，除了规定的期间外，该"专利代理人"的职业已经不是专利代理人，是可以申请专利的，也不是考生所说的"在符合一定条件的前提下"的专利代理人。因此，该考生的想法是不对的。

2.【2014年第3题】甲公司职工王某在执行本公司任务的过程中，于2011年1月20日完成了一项发明创造，王某2012年6月1日从甲公司辞职。就该发明创造申请专利的权利属于谁？

A. 王某

【简评】本题考查职务发明。考生掌握专利法第六条、专利法实施细则第十二条即可。然而，有的考生认为王某离职一年后就可以就2011年1月20日完成的发明创造申请专利，因此，选项A正确。该考生没有深刻理解法条，根据专利法实施细则第十二条第一款的规定，退休、调离原单位后或者劳动、人事关系终止后1年内作出的，与其在原单位承担的本职工作或者原单位分配的任务有关的发明创造，属于执行本单位的任务所完成的职务发明创造。由此可知，本题中，王某在辞职一年后，另外作出的发明创造才与原单位无关，即在2012年6月1日往后推一年，也就是2013年6月1日之后，王某另外作出的发明创造，申请专利的权利属于王某。而本题中，就王某于2011年1月20日完成的发明创造属于职务发明创造而言，即使王某离职一年后，也不具有申请专利的权利，因此，该考生的想法是错误的。

3.【2015年第37题】下列哪些属于外观设计专利保护的客体？

B. 通电后才显示的霓虹灯的彩色图案

【简评】本题考查外观设计专利保护的客体。有考生误认为通电后才显示的霓虹灯的彩色图案不能认为与人机交互或者实现产品功能有关［《国家知识产权局关于修改〈专利审查指南〉的决定》（第68号）的规定］，应该不属于保护客体。其实，根据《国家知识产权局关于修改〈专利审查指南〉的决定》（第68号）的规定，游戏界面以及与人机交互无关或者与实现产品功能无关的产品显示装置所显示的图案，包括三种情况，即（1）游戏界面、（2）与人机交互无关的产品显示装置所显示的图案、（3）与实现产品功能无关的产品显示装置所显示的图案，而本题选项B中，霓虹灯是夜间用来吸引顾客，或装饰夜景的彩色灯，其显示的彩色图案是与实现产品功能有关的，因此，该考生的想法是不对的。

4.【2013年第59题】一件请求保护催化剂M的专利申请，申请日为2010年7月12日，公布日为2011年12月16日。下列向国家知识产权局提交的哪些申请构成该申请的抵触申请？

B. 申请日为2010年6月12日，公布日为2011年12月9日的申请，其权利要求请求保护催化剂M的制备方法，说明书中记载了催化剂M的制备方法

【简评】本题考查抵触申请。考生需要掌握《专利审查指南2010》第二部分第三章第2.2节规定，根据专利法第二十二条第二款的规定，在发明或实用新型新颖性的判断中，由任何单位或者个人就同样的发明或者实用新型在申请日以前向专利局提出并且在申请日以后（含申请日）公布的专利申请文件或者公告的专利文件损害该申请日提出的专利申请的新颖性。有考生认为：选项B应该正确，在先申请说明书公开了催化剂M的制备方法，则必然也公开了催化剂M，因此应该构成抵触申请。其实，本题选项B公开催化剂M的制备方法，并不必然公开催化剂M本身的技术特征。尤其在合金、玻璃、陶瓷、催化剂等化学领域，物质微观结构的改变

往往难以确切测量和定义。比如一种葡萄酒的酿制工艺，采用该工艺酿制的葡萄酒具有不同的口感，严格的说，这些性质或者特性上的变化必然也是因为产品的某些成分发生了一定的物理、化学变化才会产生，归根结底也是产品结构发生了变化，但这种变化属于微观结构的变化，往往十分复杂，常常难以准确表达，甚至连专利权人也不十分明了产品的各种成分究竟产生了何种变化。因此，该考生的想法是不对的。

5. 【2012年第43题】一件中国发明专利申请的申请日为2011年3月4日，优先权日为2010年4月5日。下列记载相同发明内容的专利文献哪些构成该申请的抵触申请？

C. 一件PCT国际申请，国际申请日为2009年3月9日，进入日为2011年3月4日，中国国家公布日为2011年10月16日

【简评】本题考查抵触申请。考生需要掌握《专利审查指南2010》第二部分第三章第2.2节规定，抵触申请还包括满足以下条件的进入了中国国家阶段的国际专利申请，即申请日以前由任何单位或者个人提出、并在申请日之后（含申请日）由专利局作出公布或公告的且为同样的发明或者实用新型的国际专利申请。有考生认为：国际公开日题中并没有说，也许国际公开日在申请日前，就是现有技术了，因此，选项C错误。其实，本题选项C中，PCT国际申请进入中国国家阶段后，专利申请（CN）构成题干所述专利申请的抵触申请。如果该PCT国际申请的国际公开日在题干所述专利申请的申请日之前，则专利申请（WO）构成题干所述专利申请的现有技术。因此，不管该PCT国际申请何时国际公开，都不影响专利申请（CN）作为题干中所述专利申请的抵触申请的效力，因此，选项C正确，而该考生以国际公开日不确定为由来判断选项C对错的不合适的。

6. 【2013年第11题】一件专利申请公开了一种组合物，该组合物由植物材料M经过步骤X、Y和Z加工处理制得，并公开了该组合物可用来杀菌。该申请的申请日为2012年6月1日。一篇2011年3月1日公开的文献记载了一种由植物材料M经过步骤X、Y和Z加工处理制得的染料组合物，该文献没有公开所得组合物可用来杀菌。相对于该篇文献，该申请下列哪项权利要求具备新颖性？

C. 一种由植物材料M经过步骤X、Y和Z加工处理制得的组合物，其特征在于该组合物可以杀菌

【简评】本题考查新颖性。有考生认为：选项C为组合物的用途发明，当该杀菌用途没有为对比文件所揭示时，应该具有新颖性。其实，选项C属于用途限定的产品发明，而不是用途发明，该组合物的结构或组成并没有因为用途的限定而改变。在审查用途限定的产品发明专利申请的新颖性时，通常不考虑产品的性质和用途。只要产品本身的结构或组成相同，即可以认为不具备新颖性。因此，该考生的想法是不对的。

7. 【2015年第6题】张某和刘某同日就同样的吸尘器分别向国家知识产权局提交了一件发明专利申请。在下列哪个情形下，张某和刘某的专利申请所要求保护的技术方案构成同样的发明创造？

A. 张某的申请请求保护吸尘器X，刘某的申请请求保护吸尘器X'，X与X'的区别仅仅是所属技术领域的惯用手段的直接置换

【简评】本题考查同样的发明创造。考生需要掌握《专利审查指南2010》第二部分第三章第6节规定，对于发明或实用新型，专利法第九条或专利法实施细则第四十一条中所述的"同样的发明创造"是指两件或两件以上申请（或专利）中存在的保护范围相同的权利要求。然而，有的考生认为：选项A中张某的申请请求保护吸尘器X，刘某的申请请求保护吸尘器X'，X与X'的区别仅仅是所属技术领域的惯用手段的直接置换，构成同样的发明创造，因此，答案应该选择A。其实，本题考查不同人同日两件专利申请所要求保护的技术方案是否构成同样的发明创造，这两件同日专利申请不构成对方的现有技术或抵触申请，不存在破坏对方新颖性的问题，该考生将判断新颖性的方法用于判断同样的发明创造，因此，该考生的想法是不对的。本题选项A中X与X'是不同的吸尘器，保护范围必定是不同的。

第八章 疏于审题

答题的第一步是审题，审题出错往往是因为粗心造成的。考生由于考前做了大量真题，因此，审题时，考生往往想当然地认为与以前做的真题差不多，虽然题干字数不多，但考生却熟视无睹。另外，有的考题题干让选择不对的（不正确的）选项，考生往往选择反了。以下举例说明。

1.【2014年第61题】甲执行本单位任务完成了一项发明创造,其单位就该发明获得了实用新型专利权。在没有约定的情形下,下列说法哪些是正确的?

　　B. 单位应给予甲不少于1000元的奖金

　　【简评】本题考查职务发明创造的奖酬。考生掌握专利法实施细则第七十七条即可。然而,有的考生审错题了,本题中说"获得了实用新型专利权",有的考生却以为是"获得了发明专利权"。题干中"其单位就该发明获得了实用新型专利权"中的"该发明"实际上应该是"该发明创造",该考生注意到了前面的"该发明",没有注意到后面的"实用新型专利",因此,造成该考生的误选,这与该考生审题不够仔细有关,也与该题不够严谨有关,即"该发明"应该写成"该发明创造"。

2.【2013年第19题】专利法中"所属技术领域的技术人员"这一概念不具有下列哪个含义?

　　D. "所属技术领域的技术人员"能够获知所属技术领域中所有的现有技术,并且具有应用申请日或者优先权日之前的常规实验手段的能力

　　【简评】本题考查所属技术领域的技术人员。考生掌握《专利审查指南2010》第二部分第四章第2.4节规定即可。然而,有考生认为:选项D是《专利审查指南2010》中的原话;而选项中C的"所有技术领域"不对,应该是"所属技术领域",因此,应该选择选项D。其实,本题让选择"专利法中'所属技术领域的技术人员'这一概念不具有下列哪个含义",注意其中的"不具有",考生甲没有认真审题,想反了。

3.【2016年第47题】关于发明专利申请权利要求的撰写,下列哪些说法是正确的?

　　B. 如果一项权利要求包含了另一项权利要求中的所有技术特征,且对该另一项权利要求的技术方案作进一步限定,则该权利要求为从属权利要求

　　【简评】本题考查权利要求的撰写。考生需要掌握《专利审查指南2010》第二部分第二章3.1.2节的规定,如果一项权利要求包含了另一项同类型权利要求中的所有技术特征,且对该另一项权利要求的技术方案作了进一步的限定,则该权利要求为从属权利要求。然而,有的考生认为:选项B是《专利审查指南2010》第二部分第二章第3.1.2节中的原话,因此,选项B正确。其实,本题选项B中没有限定同类型权利要求,不是《专利审查指南2010》中的原话,因此,选项B错误,该考生的想法是不对的。

下 编
相关法律知识

2012～2016年相关法律知识真题分布统计表

		2012	2013	2014	2015	2016	合计
第一章 相关基本法律法规	第一节 民法通则	11	13	12	12	12	60
	第二节 合同法	14	13	14	14	14	69
	第三节 民事诉讼法	12	12	12	13	13	62
	第四节 行政复议法	11	10	8	9	10	48
	第五节 行政诉讼法	11	12	12	12	11	58
	第六节 其他法律知识	0	1	0	0	0	1
第二章 相关知识产权法律法规	第一节 著作权法	14	14	13	14	14	69
	第二节 商标法	14	12	15	14	14	69
	第三节 反不正当竞争法	2	1	1	2	2	8
	第四节 植物新品种保护条例	1	2	2	2	2	9
	第五节 集成电路布图设计保护条例	2	3	3	2	2	12
	第六节 其他知识产权法规、规章	2	1	2	0	0	5
第三章 相关国际条约	第一节 保护工业产权巴黎公约	3	3	3	3	3	15
	第二节 与贸易有关的知识产权协定	3	3	3	3	3	15

第一章 相关基本法律法规

第一节 民法通则

基本要求

了解民法的基本概念和基本原则；了解涉外民事关系的法律适用；掌握民事法律行为、民事主体、民事权利、民事责任、诉讼时效的规定。

本节内容主要涉及《中华人民共和国民法通则》和《最高人民法院关于贯彻执行〈中华人民共和国民法通则〉若干问题的意见（试行）》的规定。

需要注意的是，《2017年全国专利代理人资格考试指南》包括2017年10月1日实施《中华人民共和国民法总则》（以下简称《民法总则》），《民法总则》通过后暂不废止《民法通则》，二者规定不一致的，根据新法优于旧法的原则，适用《民法总则》的规定。

每年《民法通则》的考题数量为12道左右，且考点比较集中，进行考查的考点重复率较大。因此，建议考生以掌握考查频率高的知识点为主，而在这些知识点中，有的没有被《民法总则》修改，有的只是措辞上的修改，有的是实质性的修改，考生需要重点关注第三种情况，真题分析中，第三种情况涉及的考点以脚注说明其在《民法总则》中的规定。

一、民法的基本概念和原则

1. 民法的调整对象

1.【2016年第1题】根据民法通则及相关规定，下列哪项属于民法调整的范围？
A. 甲税务机关与乙公司之间的税款征收关系
B. 张某向国家知识产权局提交专利申请产生的关系
C. 丙公司与丁公司之间订立的买卖合同关系
D. 庚市工商行政管理局因没收王某侵犯注册商标专用权的商品产生的关系

【考点】民法调整范围

【分析】根据《民法通则》第二条的规定❶，中华人民共和国民法调整平等主体的公民之间、法人之间、公民和法人之间的财产关系和人身关系。因此，选项ABD错误，选项C正确。

【答案】C

2.【2014年第31题】根据民法通则及相关规定，下列哪些法律关系属于民法调整的范围？
A. 张某将其完成的发明创造向国家知识产权局提交专利申请
B. 王某与某专利代理机构签订委托合同
C. 赵某与他人签订专利权转让合同
D. 李某依法向税务局缴纳个人所得税

【考点】民法调整范围

【分析】根据《民法通则》第二条的规定，中华人民共和国民法调整平等主体的公民之间、法人之间、公民和法人之间的财产关系和人身关系。本题中，选项BC属于平等民事主体之间的财产关系，因此，选项BC正确。而选项AD属于行政机关与行政相对人之间的行政法律关系，不属于民法调整的范围，因此，选项AD错误。

【答案】BC

---

❶ 2017年10月1日实施的《民法总则》第二条规定，民法调整平等主体的自然人、法人和非法人组织之间的人身关系和财产关系。下同。

3. 【2013年第31题】根据民法通则及相关规定，因下列哪些行为所产生的当事人之间的关系属于民法调整的范围？
   A. 某交通管理局对张某作出违章停车罚款决定
   B. 赵某委托某律师事务所办理诉讼事务
   C. 某公司与某高校合作研发新技术
   D. 海关检查入关者王某的可疑行李

【考点】民法调整范围

【分析】根据《民法通则》第二条的规定，中华人民共和国民法调整平等主体的公民之间、法人之间、公民和法人之间的财产关系和人身关系。选项A和D均属于行政机关与行政相对人之间的行政法律关系，不属于民法调整范围。选项B和C中的法律关系属于平等民事主体之间的财产关系，属于民法调整范围。

【答案】BC

4. 【2012年第31题】根据民法通则及相关规定，下列哪些属于民法调整的范围？
   A. 国家知识产权局受理王某提交的专利申请
   B. 赵某与甲公司因专利权属产生纠纷
   C. 钱某与乙律师事务所签订诉讼代理委托合同
   D. 某政府机关从丙商场购买一批文具

【考点】民法调整范围

【分析】根据《民法通则》第二条的规定，中华人民共和国民法调整平等主体的公民之间、法人之间、公民和法人之间的财产关系和人身关系。选项A均属于行政机关与行政相对人之间的行政法律关系，不属于民法调整范围。选项B、C、D中的法律关系属于平等民事主体之间的财产关系，属于民法调整范围。

需要说明的是，在选项D中，该政府机关是作为与丙商场平等的民事主体进行买卖行为的，他们之间的法律关系属于平等民事主体之间的财产关系，属于民法调整的范围。

【答案】BCD

2. 民法的基本原则

5. 【2015年第31题】根据民法通则的规定，民事活动应当遵循哪些原则？
   A. 自愿   B. 公平   C. 等价有偿   D. 诚实信用

【考点】民事活动原则

【分析】根据《民法通则》第四条的规定❶，民事活动应当遵循自愿、公平、等价有偿、诚实信用的原则。选项ABCD正确。

【答案】ABCD

3. 民事法律关系的概念和要素

二、民事主体

1. 自然人

6. 【2016年第2题】李某是无民事行为能力的精神病人，其近亲属对担任李某的监护人有争议，并且对李某住所地居民委员会的指定不服，向人民法院提起诉讼。根据民法通则及相关规定，人民法院一般应按照下列哪项中的顺序指定监护人？
   A. 配偶、父母、成年子女
   B. 配偶、成年子女、父母
   C. 父母、配偶、成年子女
   D. 父母、成年子女、配偶

【考点】监护人

---

❶ 2017年10月1日实施的《民法总则》第五条规定，民事主体从事民事活动，应当遵循自愿原则，按照自己的意思设立、变更、终止民事法律关系。第六条规定，民事主体从事民事活动，应当遵循公平原则，合理确定各方的权利和义务。第七条规定，民事主体从事民事活动，应当遵循诚信原则，秉持诚实，恪守承诺。

【分析】根据《民通法则》第十七条的规定❶，无民事行为能力或者限制民事行为能力的精神病人，由下列人员担任监护人：(一) 配偶；(二) 父母；(三) 成年子女；(四) 其他近亲属；(五) 关系密切的其他亲属、朋友愿意承担监护责任，经精神病人的所在单位或者住所地的居民委员会、村民委员会同意的。对担任监护人有争议的，由精神病人的所在单位或者住所地的居民委员会、村民委员会在近亲属中指定。对指定不服提起诉讼的，由人民法院裁决。没有第一款规定的监护人的，由精神病人的所在单位或者住所地的居民委员会、村民委员会或者民政部门担任监护人。《民法通则意见》第十四条规定，人民法院指定监护人时，可以将民法通则第十六条第二款中的 (一)、(二)、(三) 项或第十七条第一款中的 (一)、(二)、(三)、(四)、(五) 项规定视为指定监护人的顺序。前一顺序有监护资格的人无监护能力或者对被监护人明显不利的，人民法院可以根据对被监护人有利的原则从后一顺序有监护资格的人中择优确定。被监护人有识别能力的，应视情况征求被监护人的意见。监护人可以是一人，也可以是同一顺序中的数人。因此，选项 A 正确，选项 BCD 错误。

【答案】 A

7.【2016年第3题】根据民法通则及相关规定，下列关于宣告死亡和宣告失踪的哪种说法是正确的？

　　A. 宣告失踪是宣告死亡的必经程序
　　B. 公民因意外事故下落不明，从事故发生之日起满2年的，利害关系人可以向人民法院申请宣告他死亡
　　C. 有民事行为能力人在被宣告死亡期间实施的民事行为无效
　　D. 宣告失踪的，失踪人所欠税款、债务和应付的其他费用应暂停支付

【考点】 宣告死亡和宣告失踪

【分析】《民法通则》第二十条规定❷，公民下落不明满二年的，利害关系人可以向人民法院申请宣告他为失踪人。战争期间下落不明的，下落不明的时间从战争结束之日起计算。《民法通则》第二十三条规定，公民有下列情形之一的，利害关系人可以向人民法院申请宣告他死亡：(一) 下落不明满四年的；(二) 因意外事故下落不明，从事故发生之日起满二年的。战争期间下落不明的，下落不明的时间从战争结束之日起计算。《民法通则意见》第二十九条规定，宣告失踪不是宣告死亡的必经程序。公民下落不明，符合申请宣告死亡的条件，利害关系人可以不经申请宣告失踪而直接申请宣告死亡。但利害关系人只申请宣告失踪的，应当宣告失踪；同一顺序的利害关系人，有的申请宣告死亡，有的不同意宣告死亡，则应当宣告死亡。因此，选项 A 错误，选项 B 正确。《民法通则》第二十四条规定，被宣告死亡的人重新出现或者确知他没有死亡，经本人或者利害关系人申请，人民法院应当撤销对他的死亡宣告。有民事行为能力人在被宣告死亡期间实施的民事法律行为有效。因此，选项 C 错误。《民法通则》第二十一条规定❸，失踪人的财产由他的配偶、父母、成年子女或者关系密切的其他亲属、朋友代管。代管有争议的，没有以上规定的人或者以上规定的人无能力代管的，由人民法院指定的人代管。失踪人所欠税款、债务和应付的其他费用，由代管人从失踪人的财产中支付。因此，选项 D 错误。

【答案】 B

8.【2016年第31题】根据民法通则及相关规定，下列关于民事权利能力和民事行为能力的哪些说法是正确的？

　　A. 十周岁以上的未成年人是限制民事行为能力人，可以进行与他的年龄、智力相适应的民事活动

---

❶ 2017年10月1日实施的《民法总则》第二十八条规定，无民事行为能力或者限制民事行为能力的成年人，由下列有监护能力的人按顺序担任监护人：(一) 配偶；(二) 父母、子女；(三) 其他近亲属；(四) 其他愿意担任监护人的个人或者组织，但是须经被监护人住所地的居民委员会、村民委员会或者民政部门同意。

❷ 2017年10月1日实施的《民法总则》第四十条规定，自然人下落不明满二年的，利害关系人可以向人民法院申请宣告该自然人为失踪人。第四十一条规定，自然人下落不明的时间从其失去音讯之日起计算。战争期间下落不明的，下落不明的时间自战争结束之日或者有关机关确定的下落不明之日起计算。

❸ 2017年10月1日实施的《民法总则》第四十二条规定，失踪人的财产由其配偶、成年子女、父母或者其他愿意担任财产代管人的人代管。代管有争议，没有前款规定的人，或者前款规定的人无代管能力的，由人民法院指定的人代管。第四十三条规定，财产代管人应当妥善管理失踪人的财产，维护其财产权益。失踪人所欠税款、债务和应付的其他费用，由财产代管人从失踪人的财产中支付。财产代管人因故意或者重大过失造成失踪人财产损失的，应当承担赔偿责任。

B. 公民从出生时起到死亡时止，具有民事行为能力，依法享有民事权利，承担民事义务
C. 法人的民事权利能力和民事行为能力，从法人成立时产生，到法人终止时消灭
D. 不能辨认自己行为的精神病人是无民事行为能力人，由他的法定代理人代理民事活动

【考点】民事权利能力 民事行为能力

【分析】《民法通则》第十二条规定❶，十周岁以上的未成年人是限制民事行为能力人，可以进行与他的年龄、智力相适应的民事活动；其他民事活动由他的法定代理人代理，或者征得他的法定代理人的同意。不满十周岁的未成年人是无民事行为能力人，由他的法定代理人代理民事活动。因此，选项A正确。《民法通则》第九条规定，公民从出生时起到死亡时止，具有民事权利能力，依法享有民事权利，承担民事义务。因此，选项B错误。《民法通则》第三十六条规定，法人是具有民事权利能力和民事行为能力，依法独立享有民事权利和承担民事义务的组织。法人的民事权利能力和民事行为能力，从法人成立时产生，到法人终止时消灭。因此，选项C正确。《民法通则》第十三条规定❷，不能辨认自己行为的精神病人是无民事行为能力人，由他的法定代理人代理民事活动。不能完全辨认自己行为的精神病人是限制民事行为能力人，可以进行与他的精神健康状况相适应的民事活动；其他民事活动由他的法定代理人代理，或者征得他的法定代理人的同意。因此，选项D正确。

【答案】ACD

9.【2015年第1题】根据民法通则及相关规定，下列关于宣告死亡的哪种说法是正确的？
A. 公民下落不明满4年的，利害关系人可以向人民法院申请宣告他死亡
B. 宣告失踪是宣告死亡的必经程序
C. 有民事行为能力人在被宣告死亡期间实施的民事法律行为无效
D. 同一顺序的利害关系人，有的申请宣告死亡，有的不同意宣告死亡，则不应当宣告死亡

【考点】宣告死亡

【分析】根据《民法通则》第二十三条第一款的规定❸，公民有下列情形之一的，利害关系人可以向人民法院申请宣告他死亡：（一）下落不明满四年的；（二）因意外事故下落不明，从事故发生之日起满二年的。因此，选项A正确。根据《民法通则》第二十三条的规定，在宣告死亡的条件中，并不以已经宣告失踪为必要条件，并且，同一顺序的利害关系人的申请不一致的，则宣告死亡，因此，选项BD错误。根据《民法通则》第二十四条第二款的规定，有民事行为能力人在被宣告死亡期间实施的民事法律行为有效。因此，选项C错误。

【答案】A

10.【2015年第3题】根据民法通则及相关规定，下列哪项不属于民法通则中规定的近亲属？
A. 配偶　　　　B. 孙女　　　　C. 兄弟　　　　D. 堂兄弟

【考点】近亲属

【分析】《民通意见》第十二条规定，民法通则中规定的近亲属，包括配偶、父母、子女、兄弟姐妹、祖父母、外祖父母、孙子女、外孙子女。因此，选项D正确，选项ABC错误。

---

❶ 2017年10月1日实施的《民法总则》第十九条规定，八周岁以上的未成年人为限制民事行为能力人，实施民事法律行为由其法定代理人代理或者经其法定代理人同意、追认，但是可以独立实施纯获利益的民事法律行为或者与其年龄、智力相适应的民事法律行为。第二十条规定，不满八周岁的未成年人为无民事行为能力人，由其法定代理人代理实施民事法律行为。

❷ 2017年10月1日实施的《民法总则》第二十一条规定，不能辨认自己行为的成年人为无民事行为能力人，由其法定代理人代理实施民事法律行为。八周岁以上的未成年人不能辨认自己行为的，适用前款规定。第二十二条规定，不能完全辨认自己行为的成年人为限制民事行为能力人，实施民事法律行为由其法定代理人代理或者经其法定代理人同意、追认，但是可以独立实施纯获利益的民事法律行为或者与其智力、精神健康状况相适应的民事法律行为。

❸ 2017年10月1日实施的《民法总则》第四十六条规定，自然人有下列情形之一的，利害关系人可以向人民法院申请宣告该自然人死亡：（一）下落不明满四年；（二）因意外事件，下落不明满二年。因意外事件下落不明，经有关机关证明该自然人不可能生存的，申请宣告死亡不受二年时间的限制。

需要注意的是：《最高人民法院关于执行〈中华人民共和国行政诉讼法〉若干问题的解释》第十一条规定，行政诉讼法第二十四条❶规定的"近亲属"，包括配偶、父母、子女、兄弟姐妹、祖父母、外祖父母、孙子女、外孙子女和其他具有扶养、赡养关系的亲属。《刑事诉讼法》第一百零六条规定，"近亲属"是指夫、妻、父、母、子、女、同胞兄弟姊妹。

【答案】 D

11.【2015 年第 32 题】根据民法通则及相关规定，对于 12 岁的刘某实施的下列哪些行为，他人不得以刘某无完全民事行为能力为由主张无效？

A. 领取奖学金　　　　　　　　　　　B. 接受某慈善基金的捐助

C. 自己购买一支价值一元的铅笔　　　D. 自己购买一台价值五万元的服务器

【考点】民事行为能力

【分析】根据《民法通则》第十二条第一款的规定❷，十周岁以上的未成年人是限制民事行为能力人，可以进行与他的年龄、智力相适应的民事活动；其他民事活动由他的法定代理人代理，或者征得他的法定代理人的同意。选项 ABC 正确，选项 D 错误。

【答案】 ABC

12.【2014 年第 8 题】根据民法通则及相关规定，关于民事权利能力和民事行为能力，下列哪种说法是正确的？

A. 成立不满一年的企业法人不具备完全民事行为能力

B. 十二岁的公民为限制民事权利能力人

C. 十三岁的公民进行的任何民事活动均无效

D. 十七岁的公民以自己的劳动收入为主要生活来源的，视为完全民事行为能力人

【考点】民事权利能力　民事行为能力

【分析】根据《民法通则》第三十六条第二款的规定，法人的民事权利能力和民事行为能力，从法人成立时产生，到法人终止时消灭。选项 A 错误。根据《民法通则》第九条的规定，公民从出生时起到死亡时止，具有民事权利能力，依法享有民事权利，承担民事义务。因此，选项 B 错误。根据《民法通则》第十二条的规定❸，十周岁以上的未成年人是限制民事行为能力人，可以进行与他的年龄、智力相适应的民事活动；其他民事活动由他的法定代理人代理，或者征得他的法定代理人的同意。不满十周岁的未成年人是无民事行为能力人，由他的法定代理人代理民事活动。因此，选项 C 错误。根据《民法通则》第十一条第二款的规定❹，十六周岁以上不满十八周岁的公民，以自己的劳动收入为主要生活来源的，视为完全民事行为能力人。因此，选项 D 正确。

【答案】 D

13.【2013 年第 24 题】12 岁的周某在其某项发明专利申请获得授权后，接受了某基金会给予的一万元奖励。根据民法通则及相关规定，关于周某接受该奖励的行为，下列哪种说法是正确的？

A. 经周某法定代理人追认后，该行为才有效

B. 因周某为限制民事行为能力人，该行为无效

---

❶ 即 2014 年修改的《行政诉讼法》第二十五条。

❷ 2017 年 10 月 1 日实施的《民法总则》第十九条规定，八周岁以上的未成年人为限制民事行为能力人，实施民事法律行为由其法定代理人代理或者经其法定代理人同意、追认，但是可以独立实施纯获利益的民事法律行为或者与其年龄、智力相适应的民事法律行为。

❸ 2017 年 10 月 1 日实施的《民法总则》第十九条规定，八周岁以上的未成年人为限制民事行为能力人，实施民事法律行为由其法定代理人代理或者经其法定代理人同意、追认，但是可以独立实施纯获利益的民事法律行为或者与其年龄、智力相适应的民事法律行为。第二十条规定，不满八周岁的未成年人为无民事行为能力人，由其法定代理人代理实施民事法律行为。

❹ 2017 年 10 月 1 日实施的《民法总则》第十八条第二款规定，十六岁以上的未成年人，以自己的劳动收入为主要生活来源的，视为完全民事行为能力人。

C. 他人不得以周某为限制民事行为能力人为由，主张该行为无效

D. 基金会可以周某为限制民事行为能力人为由，主张该行为无效

【考点】民事权利能力　民事行为能力

【分析】《民通意见》第六条规定，无民事行为能力人、限制民事行为能力人接受奖励、赠与、报酬，他人不得以行为人无民事行为能力、限制民事行为能力为由，主张以上行为无效。本题中，尽管周某为限制民事行为能力人，但他人不得以其限制民事行为能力为由主张其接受奖励的行为无效。因此，选项C正确。

【答案】C

14.【2013年第39题】根据民法通则及相关规定，关于民事权利能力和民事行为能力，下列哪些说法是正确的？

A. 公民从出生时起到死亡时止，具有民事权利能力，依法享有民事权利，承担民事义务

B. 公民的民事权利能力一律平等

C. 限制民事行为能力人可以进行与其年龄、智力相适应的民事活动

D. 无民事行为能力人的民事活动由其法定代理人代理

【考点】民事权利能力　民事行为能力

【分析】根据《民法通则》第九条的规定，公民从出生时起到死亡时止，具有民事权利能力，依法享有民事权利，承担民事义务。选项A正确；根据《民法通则》第十条的规定，选项B正确；根据《民法通则》第十二条❶第一款的规定，十周岁以上的未成年人是限制民事行为能力人，可以进行与他的年龄、智力相适应的民事活动；其他民事活动由他的法定代理人代理，或者征得他的法定代理人的同意。选项C正确；根据《民法通则》第十二条第二款的规定，不满十周岁的未成年人是无民事行为能力人，由他的法定代理人代理民事活动。《民法通则》第十三条第一款的规定❷，不能辨认自己行为的精神病人是无民事行为能力人，由他的法定代理人代理民事活动。选项D正确。

【答案】ABCD

15.【2013年第57题】根据民法通则及相关规定，下列哪些属于民法通则中规定的近亲属？

A. 配偶　　　　B. 姐妹　　　　C. 外孙女　　　　D. 堂兄弟

【考点】近亲属

【分析】《民通意见》第十二条规定，民法通则中规定的近亲属，包括配偶、父母、子女、兄弟姐妹、祖父母、外祖父母、孙子女、外孙子女。因此，选项ABC正确。

【答案】ABC

16.【2013年第77题】根据民法通则及相关规定，关于宣告失踪的下列哪些说法是正确的？

A. 公民下落不明满二年的，利害关系人可以向人民法院申请宣告其为失踪人

B. 宣告失踪是宣告死亡的必经程序

C. 宣告失踪后，失踪人的财产由其配偶、父母、成年子女或者关系密切的其他亲属、朋友代管

D. 宣告失踪后，失踪人所欠税款、债务和应付的其他费用应暂停支付

【考点】宣告失踪

【分析】根据《民法通则》第二十条第一款的规定，公民下落不明满二年的，利害关系人可以向人民法院申请宣告他为失踪人。因此，选项A正确。根据《民法通则》第二十三条的规定，在宣告死亡的条件中，并

---

❶ 2017年10月1日实施的《民法总则》第十九条规定，八周岁以上的未成年人为限制民事行为能力人，实施民事法律行为由其法定代理人代理或者经其法定代理人同意、追认，但是可以独立实施纯获利益的民事法律行为或者与其年龄、智力相适应的民事法律行为。第二十条规定，不满八周岁的未成年人为无民事行为能力人，由其法定代理人代理实施民事法律行为。

❷ 2017年10月1日实施的《民法总则》第二十一条规定，不能辨认自己行为的成年人为无民事行为能力人，由其法定代理人代理实施民事法律行为。八周岁以上的未成年人不能辨认自己行为的，适用前款规定。

不以已经宣告失踪为必要条件,因此,选项 B 错误。根据《民法通则》第二十一条规定❶,失踪人的财产由他的配偶、父母、成年子女或者关系密切的其他亲属、朋友代管。代管有争议的,没有以上规定的人或者以上规定的人无能力代管的,由人民法院指定的人代管。失踪人所欠税款、债务和应付的其他费用,由代管人从失踪人的财产中支付。因此,选项 C 正确,选项 D 错误。

【答案】 AC

17.【2012 年第 15 题】 2008 年,何某在一次意外事故中下落不明。2011 年,经何某妻子申请,人民法院宣告何某死亡,其名下的财产也被继承。2012 年,何某回到家中。原来何某在该事故中被救起,后一直在其他城市打工,但未与家人联系。根据民法通则及相关规定,下列哪种说法是正确的?

A. 由于何某下落不明未满四年,因此人民法院不应宣告其死亡
B. 经何某申请,人民法院应当撤销对他的死亡宣告
C. 何某被宣告死亡期间,其实施的民事行为应当被认定为无效
D. 何某无权请求返还其被继承的财产

【考点】 宣告死亡

【分析】 根据《民法通则》第二十三条的规定,公民有下列情形之一的,利害关系人可以向人民法院申请宣告他死亡:(一)下落不明满四年的;(二)因意外事故下落不明,从事故发生之日起满二年的。战争期间下落不明的,下落不明的时间从战争结束之日起计算。本题中,何某因意外事故下落不明,并且从事故发生之日起已满二年,人民法院根据何某妻子的申请宣告其死亡并无不妥,因此,选项 A 错误。根据《民法通则》第二十四条的规定,被宣告死亡的人重新出现或者确知他没有死亡,经本人或者利害关系人申请,人民法院应当撤销对他的死亡宣告。有民事行为能力人在被宣告死亡期间实施的民事法律行为有效。因此,选项 B 正确,选项 C 错误。根据《民法通则》第二十五条的规定,被撤销死亡宣告的人有权请求返还财产。依照继承法取得他的财产的公民或者组织,应当返还原物;原物不存在的,给予适当补偿。本题中何某有权请求返还其被继承的财产,因此,选项 D 错误。

【答案】 B

18.【2012 年第 50 题】 根据民法通则及相关规定,关于民事权利能力和民事行为能力,下列哪些说法是正确的?

A. 公民的民事权利能力出生时产生,死亡时消灭
B. 公民的民事行为能力出生时产生,死亡时消灭
C. 法人的民事权利能力成立时产生,终止时消灭
D. 法人的民事行为能力成立时产生,终止时消灭

【考点】 民事权利能力 民事行为能力

【分析】 根据《民法通则》第九条的规定,公民从出生时起到死亡时止,具有民事权利能力,依法享有民事权利,承担民事义务。因此,选项 A 正确。根据《民法通则》第十一、十二、十三条的规定,公民的民事行为能力不是从出生时即产生的,而是需要满足一定的条件,例如年龄等;同时,公民的民事行为能力也可能由于精神疾病等原因而消灭。因此,选项 B 错误。根据《民法通则》第三十六条第二款的规定,法人的民事权利能力和民事行为能力,从法人成立时产生,到法人终止时消灭。因此,选项 CD 正确。

【答案】 ACD

2. 法人

19.【2016 年第 32 题】 根据民法通则及相关规定,下列哪些属于法人应当具备的条件?

A. 依法成立
B. 有必要的财产或者经费
C. 有自己的名称、组织机构和场所
D. 能够独立承担民事责任

【考点】 法人

---

❶ 2017 年 10 月 1 日实施的《民法总则》第四十二条规定,失踪人的财产由其配偶、成年子女、父母或者其他愿意担任财产代管人的人代管。代管有争议,没有前款规定的人,或者前款规定的人无代管能力的,由人民法院指定的人代管。

【分析】《民法通则》第三十七条规定❶，法人应当具备下列条件：（一）依法成立；（二）有必要的财产或者经费；（三）有自己的名称、组织机构和场所；（四）能够独立承担民事责任。因此，选项ABCD正确。

【答案】ABCD

20.【2015年第33题】根据民法通则及相关规定，下列关于法人的哪些说法是正确的？
　A. 法人是具有民事权利能力和民事行为能力，依法独立享有民事权利和承担民事义务的组织
　B. 法人应当具有必要的财产或者经费
　C. 法人应当能够独立承担民事责任
　D. 法人以它的法定代表人住所地为住所

【考点】法人

【分析】根据《民法通则》第三十六条第一款的规定，法人是具有民事权利能力和民事行为能力，依法独立享有民事权利和承担民事义务的组织。因此，选项A正确。根据《民法通则》第三十七条的规定，法人应当具备下列条件：（一）依法成立；（二）有必要的财产或者经费；（三）有自己的名称、组织机构和场所；（四）能够独立承担民事责任。因此，选项BC正确，选项D错误。

【答案】ABC

21.【2014年第57题】根据民法通则及相关规定，下列关于法人的哪些说法是正确的？
　A. 法人应当有自己的名称、组织机构和场所
　B. 法人终止，应当依法进行清算，停止清算范围外的活动
　C. 企业法人对它的法定代表人和其他工作人员的经营活动，承担民事责任
　D. 企业法人分立、合并，它的权利和义务由变更后的法人享有和承担

【考点】法人

【分析】根据《民法通则》第三十七条的规定，法人应当具备下列条件：（一）依法成立；（二）有必要的财产或者经费；（三）有自己的名称、组织机构和场所；（四）能够独立承担民事责任。因此，选项A正确。根据《民法通则》第四十条的规定❷，法人终止，应当依法进行清算，停止清算范围外的活动。因此，选项B正确。根据《民法通则》第四十三条的规定❸，企业法人对它的法定代表人和其他工作人员的经营活动，承担民事责任。因此，选项C正确。根据《民法通则》第四十四条第二款的规定，企业法人分立、合并，它的权利和义务由变更后的法人享有和承担。因此，选项D正确。

【答案】ABCD

22.【2013年第1题】企业法人甲公司的法定代表人赵某以甲公司名义从事经营活动，给他人造成了经济损失。根据民法通则及相关规定，应由谁就该经济损失承担民事责任？
　A. 赵某　　　　　　　　　　　　　　B. 甲公司
　C. 赵某和甲公司　　　　　　　　　　D. 赵某和甲公司均无须承担

【考点】法人的能力和责任

【分析】《民通意见》第五十八条规定，企业法人的法定代表人和其他工作人员，以法人名义从事的经营活动，给他人造成经济损失的，企业法人应当承担民事责任。本题中，甲公司的法定代表人赵某以公司名义从事经营活动给他人造成的经济损失，应当由甲公司承担民事责任。因此，选项B正确。

【答案】B

---

❶ 2017年10月1日实施的《民法总则》第五十八条规定，法人应当依法成立。法人应当有自己的名称、组织机构、住所、财产或者经费。法人成立的具体条件和程序，依照法律、行政法规的规定。设立法人，法律、行政法规规定须经有关机关批准的，依照其规定。第六十条规定，法人以其全部财产独立承担民事责任。下同。

❷ 2017年10月1日实施的《民法总则》第七十二条规定，清算期间法人存续，但是不得从事与清算无关的活动。法人清算后的剩余财产，根据法人章程的规定或者法人权力机构的决议处理。法律另有规定的，依照其规定。清算结束并完成法人注销登记时，法人终止；依法不需要办理法人登记的，清算结束时，法人终止。

❸ 2017年10月1日实施的《民法总则》第六十二条规定，法定代表人因执行职务造成他人损害的，由法人承担民事责任。法人承担民事责任后，依照法律或者法人章程的规定，可以向有过错的法定代表人追偿。

23.【2013年第61题】根据民法通则及相关规定,下列有关法人的哪些说法是正确的?
  A. 法人的民事权利能力与民事行为能力的存续时间一致
  B. 法人以它的主要办事机构所在地为住所
  C. 企业法人分立、合并,它的权利和义务由变更后的法人享有和承担
  D. 法人终止的,应当停止一切活动

【考点】法人

【分析】根据《民法通则》第三十六条第一款的规定,法人是具有民事权利能力和民事行为能力,依法独立享有民事权利和承担民事义务的组织,因此,法人的民事权利能力与民事行为能力的存续时间一致,选项A正确。根据《民法通则》第三十九条的规定,法人以它的主要办事机构所在地为住所。因此,选项B正确。根据《民法通则》第四十四条第二款的规定,企业法人分立、合并,它的权利和义务由变更后的法人享有和承担。因此,选项C正确。根据《民法通则》第四十条的规定❶,法人终止后,在一定时间内还应当进行清算范围内的活动,因此,选项D错误。

【答案】ABC

24.【2012年第40题】根据民法通则及相关规定,法人应当具备下列哪些条件?
  A. 有自己的名称　　　　　　　　B. 有自己的组织机构和场所
  C. 有必要的财产或者经费　　　　D. 能够独立承担民事责任

【考点】法人的成立条件

【分析】根据《民法通则》第三十七条的规定❷,法人应当具备下列条件:(一)依法成立;(二)有必要的财产或者经费;(三)有自己的名称、组织机构和场所;(四)能够独立承担民事责任。因此,选项ABCD正确。

【答案】ABCD

三、民事权利

1. 财产所有权和与财产所有权有关的财产权

25.【2016年第37题】郁某、施某、兰某各出三分之一价款购买了一台计算机,后郁某和施某未与常年在外打工的兰某商量,将该计算机以市场价卖给了不知情的池某,并平分了卖得的价款。根据民法通则及相关规定,下列哪些说法是正确的?
  A. 郁某、施某、兰某对该计算机构成共有关系
  B. 郁某和施某擅自处分该计算机并平分价款的行为,侵犯了兰某的权利
  C. 池某是善意第三人,且有偿取得该计算机的所有权,其合法权益应受到保护
  D. 兰某的损失应由郁某和施某赔偿

【考点】共有财产

【分析】《民通意见》第八十九条规定,共同共有人对共有财产享有共同的权利,承担共同的义务。在共同共有关系存续期间,部分共有人擅自处分共有财产的,一般认定无效。但第三人善意、有偿取得该财产的,应当维护第三人的合法权益,对其他共有人的损失,由擅自处分共有财产的人赔偿。因此,选项ABCD正确。

【答案】ABCD

26.【2015年第2题】根据民法通则的规定,按照合同取得财产的,除法律另有规定或者当事人另有约定的外,财产所有权从何时起转移?

---

❶ 2017年10月1日实施的《民法总则》第七十二条规定,清算期间法人存续,但是不得从事与清算无关的活动。法人清算后的剩余财产,根据法人章程的规定或者法人权力机构的决议处理。法律另有规定的,依照其规定。清算结束并完成法人注销登记时,法人终止;依法不需要办理法人登记的,清算结束时,法人终止。

❷ 2017年10月1日实施的《民法总则》第五十八条规定,法人应当依法成立。法人应当有自己的名称、组织机构、住所、财产或者经费。法人成立的具体条件和程序,依照法律、行政法规的规定。设立法人,法律、行政法规规定须经有关机关批准的,依照其规定。第六十条规定,法人以其全部财产独立承担民事责任。

A. 合同签订时   B. 合同生效时   C. 财产交付时   D. 货款交付时

【考点】财产所有权

【分析】根据《民法通则》第七十二条的规定，财产所有权的取得，不得违反法律规定。按照合同或者其他合法方式取得财产的，财产所有权从财产交付时起转移，法律另有规定或者当事人另有约定的除外。本题中，选项 C 正确，选项 ABD 错误。

【答案】C

2. 债权

27.【2016 年第 4 题】根据民法通则及相关规定，下列哪种情形构成不当得利？

A. 张某走失的宠物狗得到王某的喂养和照顾
B. 某地新建购物商场，使得附近周某的商品房大幅升值
C. 李某在垃圾筒里捡到一台破旧电视并将其搬运回家
D. 顾客王某因银行柜员赵某的工作失误多得 100 元钱

【考点】不当得利

【分析】《民法通则》第九十二条规定❶，没有合法根据，取得不当利益，造成他人损失的，应当将取得的不当利益返还受损失的人。因此，选项 ABC 错误，选项 D 正确。

【答案】D

28.【2015 年第 38 题】根据民法通则及相关规定，当事人可以采用下列哪些方式担保债务的履行？

A. 保证   B. 抵押   C. 定金   D. 留置

【考点】债的担保

【分析】根据《民法通则》第八十九条的规定，依照法律的规定或者按照当事人的约定，可以采用下列方式担保债务的履行：（一）保证人向债权人保证债务人履行债务，债务人不履行债务的，按照约定由保证人履行或者承担连带责任；保证人履行债务后，有权向债务人追偿。（二）债务人或者第三人可以提供一定的财产作为抵押物。债务人不履行债务的，债权人有权依照法律的规定以抵押物折价或者以变卖抵押物的价款优先得到偿还。（三）当事人一方在法律规定的范围内可以向对方给付定金。债务人履行债务后，定金应当抵作价款或者收回。给付定金的一方不履行债务的，无权要求返还定金；接受定金的一方不履行债务的，应当双倍返还定金。（四）按照合同约定一方占有对方的财产，对方不按照合同给付应付款项超过约定期限的，占有人有权留置该财产，依照法律的规定以留置财产折价或者以变卖该财产的价款优先得到偿还。因此，选项 ABCD 正确。

【答案】ABCD

29.【2014 年第 65 题】根据民法通则及相关规定，下列哪些情形构成不当得利？

A. 因收银员结算错误，张某在超市购物时少付了 60 元
B. 因会计人员工作失误，李某多领了 1000 元工资
C. 王某在垃圾箱里捡到一台破旧电视机，将其搬运回家
D. 因收留了一走失的宠物狗，赵某获得失主偿付的收留期间的喂养费用

【考点】不当得利

【分析】根据《民法通则》第九十二条的规定，没有合法根据，取得不当利益，造成他人损失的，应当将取得的不当利益返还受损失的人。本题中，选项 A 中张某少付了货款，实际上也就是取得不当得利，造成超市的损失，且没有合法根据，构成不当得利，因此，选项 A 正确。选项 B 中多领工资的情形也构成不当得利，因此，选项 B 正确。选项 C 属于拾得遗弃物，尽管王某获得了利益，但并无不当，也未造成他人损失，因此，

---

❶ 2017 年 10 月 1 日实施的《民法总则》第一百二十二条规定，因他人没有法律根据，取得不当利益，受损失的人有权请求其返还不当利益。下同。

不构成不当得利,选项 C 错误。根据《民法通则》第九十三条的规定❶,没有法定的或者约定的义务,为避免他人利益受损失进行管理或者服务的,有权要求受益人偿付由此而支付的必要费用。选项 D 错误。

【答案】AB

30.【2012 年第 3 题】根据民法通则及相关规定,下列哪种情形存在不当得利?
A. 某地新建一公园,使得刘某在该公园周边的房屋大幅升值
B. 银行工作人员因失误多给了孙某 100 元钱
C. 赵某的朋友自愿替其偿还 1 万元债务
D. 丁某在垃圾箱中捡到 1 台废弃的电脑

【考点】不当得利

【分析】根据《民法通则》第九十二条的规定❷,没有合法根据,取得不当利益,造成他人损失的,应当将取得的不当利益返还受损失的人。本题中,选项 B 中孙某由于工作人员的失误而多获得的 100 元,这种获利没有合法依据,且造成了他人的损失,属于不当得利,因此,选项 B 正确。选项 ACD 中的获利均有合法依据,具有正当性,不属于不当得利,因此,选项 ACD 错误。

【答案】B

3. 知识产权的种类
4. 人身权的种类和内容

31.【2014 年第 75 题】根据民法通则及相关规定,下列关于人身权的哪些说法是正确的?
A. 公民享有肖像权,未经本人同意,不得以营利为目的使用公民的肖像
B. 公民享有姓名权,有权决定、使用和依照规定改变自己的姓名
C. 企业法人享有名称权,有权使用自己的名称,但不得转让
D. 法人享有名誉权,禁止用侮辱、诽谤等方式损害法人的名誉

【考点】人身权

【分析】根据《民法通则》第一百条的规定,公民享有肖像权,未经本人同意,不得以营利为目的使用公民的肖像。因此,选项 A 正确。根据《民法通则》第九十九条的规定,公民享有姓名权、有权决定、使用和依照规定改变自己的姓名,禁止他人干涉、盗用、假冒。法人、个体工商户、个人合伙享有名称权。企业法人、个体工商户、个人合伙有权使用、依法转让自己的名称。因此,选项 B 正确,选项 C 错误。根据《民法通则》第一百零一条的规定,公民、法人享有名誉权,公民的人格尊严受法律保护,禁止用侮辱、诽谤等方式损害公民、法人的名誉。因此,选项 D 正确。

【答案】ABD

32.【2013 年第 88 题】根据民法通则及相关规定,下列哪些属于法人所享有的人身权?
A. 姓名权   B. 名称权   C. 名誉权   D. 荣誉权

【考点】法人人身权

【分析】根据《民法通则》第九十九条的规定,公民享有姓名权、有权决定、使用和依照规定改变自己的姓名,禁止他人干涉、盗用、假冒。法人、个体工商户、个人合伙享有名称权。企业法人、个体工商户、个人合伙有权使用、依法转让自己的名称。由此可知,公民享有姓名权,而法人享有的是名称权,因此,选项 A 错误,选项 B 正确。根据《民法通则》第一百零一条的规定,公民、法人享有名誉权,公民的人格尊严受法律保护,禁止用侮辱、诽谤等方式损害公民、法人的名誉。选项 C 正确。根据《民法通则》第一百零二条的规定,公民、法人享有荣誉权,禁止非法剥夺公民、法人的荣誉称号。选项 D 正确。

【答案】BCD

---

❶ 2017 年 10 月 1 日实施的《民法总则》第一百二十一条规定,没有法定的或者约定的义务,为避免他人利益受损失而进行管理的人,有权请求受益人偿还由此支出的必要费用。

❷ 2017 年 10 月 1 日实施的《民法总则》第一百二十二条规定,因他人没有法律根据,取得不当利益,受损失的人有权请求其返还不当利益。

四、民事法律行为

1. 民事法律行为的概念

33.【2015年第35题】 根据民法通则及相关规定，下列关于民事法律行为的哪些说法是正确的？
A. 民事法律行为是公民或者法人设立、变更、终止民事权利和民事义务的合法行为
B. 意思表示真实是民事法律行为应当具备的条件之一
C. 民事法律行为一律不能采取口头形式
D. 民事法律行为从成立时起具有法律约束力

【考点】民事法律行为

【分析】根据《民法通则》第五十四条的规定❶，民事法律行为是公民或者法人设立、变更、终止民事权利和民事义务的合法行为。因此，选项 A 正确。根据《民法通则》第五十五条的规定❷，民事法律行为应当具备下列条件：（一）行为人具有相应的民事行为能力；（二）意思表示真实；（三）不违反法律或者社会公共利益。因此，选项 B 正确。根据《民法通则》第五十六条的规定，民事法律行为可以采用书面形式、口头形式或者其他形式。法律规定用特定形式的，应当依照法律规定。因此，选项 C 错误。根据《民法通则》第五十七条的规定，民事法律行为从成立时起具有法律约束力。行为人非依法律规定或者取得对方同意，不得擅自变更或者解除。因此，选项 D 正确。

【答案】ABD

2. 民事法律行为的有效要件

34.【2016年第33题】 根据民法通则及相关规定，民事法律行为应当具备下列哪些条件？
A. 行为人具有相应的民事行为能力
B. 意思表示真实
C. 不违反法律或者社会公共利益
D. 采取书面形式

【考点】民事法律行为

【分析】《民法通则》第五十五条规定，民事法律行为应当具备下列条件：（一）行为人具有相应的民事行为能力；（二）意思表示真实；（三）不违反法律或者社会公共利益。因此，选项 ABC 正确，选项 D 错误。

【答案】ABC

35.【2014年第41题】 根据民法通则及相关规定，民事法律行为应当具备下列哪些条件？
A. 行为人具有相应的民事行为能力
B. 采取书面形式
C. 意思表示真实
D. 不违反法律或者社会公共利益

【考点】民事法律行为的要件

【分析】根据《民法通则》第五十五条的规定，民事法律行为应当具备下列条件：（一）行为人具有相应的民事行为能力；（二）意思表示真实；（三）不违反法律或者社会公共利益。因此，选项 ACD 正确。根据《民法通则》第五十六条的规定，民事法律行为可以采用书面形式、口头形式或者其他形式。法律规定用特定形式的，应当依照法律规定。因此，选项 B 错误。

【答案】ACD

36.【2012年第66题】 根据民法通则及相关规定，下列关于民事法律行为的哪些说法是正确的？
A. 民事法律行为是公民或者法人设立、变更、终止民事权利和民事义务的合法行为
B. 民事法律行为的行为人必须具有完全民事行为能力
C. 民事法律行为必须采用书面形式
D. 民事法律行为从成立时起具有法律约束力

---

❶ 2017年10月1日实施的《民法总则》第一百三十三条规定，民事法律行为是民事主体通过意思表示设立、变更、终止民事法律关系的行为。

❷ 2017年10月1日实施的《民法总则》第一百三十四条规定，民事法律行为可以基于双方或者多方的意思表示一致成立，也可以基于单方的意思表示成立。法人、非法人组织依照法律或者章程规定的议事方式和表决程序作出决议的，该决议行为成立。下同。

【考点】民事法律行为

【分析】根据《民法通则》第五十四条的规定，民事法律行为是公民或者法人设立、变更、终止民事权利和民事义务的合法行为。因此，选项A正确。根据《民法通则》第五十五条的规定，民事法律行为应当具备下列条件：（一）行为人具有相应的民事行为能力；（二）意思表示真实；（三）不违反法律或者社会公共利益。由此可知，民事法律行为的行为人应具备"相应的民事行为能力"，而不是"完全民事行为能力"，《民法通则》第十二条第一款规定，十周岁以上的未成年人是限制民事行为能力人，可以进行与他的年龄、智力相适应的民事活动。由此可知，民事法律行为并不要求行为人具有完全民事行为能力，因此，选项B错误。根据《民法通则》第五十六条的规定，民事法律行为可以采用书面形式、口头形式或者其他形式。法律规定用特定形式的，应当依照法律规定。因此，选项C正错误。根据《民法通则》第五十七条的规定，民事法律行为从成立时起具有法律约束力。行为人非依法律规定或者取得对方同意，不得擅自变更或者解除。因此，选项D正确。

【答案】AD

3. 民事法律行为的形式和效力

37.【2016年第34题】 根据民法通则及其他相关规定，下列哪些民事行为无效？

A. 李某因欠徐某赌债向其出具欠条

B. 林某是间歇性精神病人，在精神状态正常期间签订了其接受捐赠的合同

C. 某国有公司经理曹某与宋某恶意串通，将公司财产以明显低价卖给宋某

D. 12岁的小学生徐某花5元钱在小卖部购买了铅笔和橡皮

【考点】民事行为无效

【分析】《民法通则》第五十八条规定❶，下列民事行为无效：（一）无民事行为能力人实施的；（二）限制民事行为能力人依法不能独立实施的；（三）一方以欺诈、胁迫的手段或者乘人之危，使对方在违背真实意思的情况下所为的；（四）恶意串通，损害国家、集体或者第三人利益的；（五）违反法律或者社会公共利益的；（六）以合法形式掩盖非法目的的。无效的民事行为，从行为开始起就没有法律约束力。《民法通则意见》第六十七条规定，间歇性精神病人的民事行为，确能证明是在发病期间实施的，应当认定无效。行为人在神志不清的状态下所实施的民事行为，应当认定无效。因此，选项AC正确，选项BD错误。

【答案】AC

38.【2015年第34题】 叶某与孙某签订了一份店铺租赁协议，双方约定如果叶某能够获得奖学金并办妥出国留学手续，就将其拥有的某店铺租给孙某经营。根据民法通则及相关规定，下列哪些说法是正确的？

A. 因约定了将来不确定的事项，该租赁协议不成立

B. 该租赁协议已经成立，但未生效

C. 该租赁协议是附期限的民事法律行为

D. 该租赁协议是附条件的民事法律行为

【考点】附条件的民事行为

【分析】根据《民法通则》第六十二条的规定❷，民事法律行为可以附条件，附条件的民事法律行为在符合所附条件时生效。本题中，叶某与孙某签订了租赁协议，意味着该协议已经成立。该协议附加了"叶某能够获得奖学金并办妥出国留学手续"的生效条件，因此，该约定是附条件的民事法律行为。由于所附条件尚未符合，该约定尚未生效。因此，选项AC错误，选项BD正确。

【答案】BD

39.【2015年第36题】 根据民法通则及相关规定，对于下列哪些民事行为，一方有权请求人民法院或者仲裁机关予以变更或者撤销？

---

❶ 《民法通则》第五十八条对应于《民法总则》第一百四十四至一百四十六条、第一百四十八至一百五十一条。下同。

❷ 2017年10月1日实施的《民法总则》第一百五十八条规定，民事法律行为可以附条件，但是按照其性质不得附条件的除外。附生效条件的民事法律行为，自条件成就时生效。附解除条件的民事法律行为，自条件成就时失效。

A. 恶意串通，损害第三人利益的 　　　B. 行为人对行为内容有重大误解的
C. 以合法形式掩盖非法目的的 　　　　D. 显失公平的

【考点】 可撤销、可变更的民事行为

【分析】 根据《民法通则》第五十九条的规定❶，下列民事行为，一方有权请求人民法院或者仲裁机关予以变更或者撤销：（一）行为人对行为内容有重大误解的；（二）显失公平的。被撤销的民事行为从行为开始起无效。因此，选项BD正确。根据《民法通则》第五十八条第一款的规定，下列民事行为为无效：（一）无民事行为能力人实施的；（二）限制民事行为能力人依法不能独立实施的；（三）一方以欺诈、胁迫的手段或者乘人之危，使对方在违背真实意思的情况下所为的；（四）恶意串通，损害国家、集体或者第三人利益的；（五）违反法律或者社会公共利益的；（六）以合法形式掩盖非法目的的。由此可知，选项AC属于无效民事法律行为，因此选项AC错误。

【答案】 BD

40.【2014年第48题】根据民法通则及相关规定，下列哪些民事行为无效？
A. 恶意串通，损害国家利益的 　　　　B. 违反法律或者社会公共利益的
C. 以合法形式掩盖非法目的的 　　　　D. 显失公平的

【考点】 无效的民事行为

【分析】 根据《民法通则》第五十八条第一款的规定，下列民事行为为无效：（一）无民事行为能力人实施的；（二）限制民事行为能力人依法不能独立实施的；（三）一方以欺诈、胁迫的手段或者乘人之危，使对方在违背真实意思的情况下所为的；（四）恶意串通，损害国家、集体或者第三人利益的；（五）违反法律或者社会公共利益的；（六）以合法形式掩盖非法目的的。本题选项ABC分别属于第（四）、（五）、（六）项的规定，因此，选项ABC正确。根据《民法通则》第五十九条第一款的规定❷，下列民事行为，一方有权请求人民法院或者仲裁机关予以变更或者撤销：（一）行为人对行为内容有重大误解的；（二）显失公平的。本题选项D属于可变更或者可撤销的民事行为，而非无效民事行为，因此，选项D错误。

【答案】 ABC

41.【2013年第91题】根据民法通则及相关规定，下列哪些说法是正确的？
A. 无效的民事行为从行为开始起就没有法律约束力
B. 无效的民事行为从人民法院确认无效之日起无法律约束力
C. 被撤销的民事行为从行为开始起无效
D. 被撤销的民事行为从人民法院撤销该民事行为之日起无效

【考点】 无效民事行为　可撤销、可变更民事行为

【分析】 根据《民法通则》第五十八条第二款的规定，无效的民事行为，从行为开始起就没有法律约束力。因此，选项A正确，选项B错误。根据《民法通则》第五十九条第二款的规定，被撤销的民事行为从行为开始起无效。因此，选项C正确，选项D错误。

【答案】 AC

42.【2013年第94题】赵某在某专利代理事务所实习，表现优异。该事务所与赵某达成约定，如果赵某当年通过了全国专利代理人资格考试，将资助其出国进修半年。根据民法通则及相关规定，在赵某参加全国专利代理人资格考试之前，下列哪些说法是正确的？
A. 该约定既未成立，也未生效 　　　　B. 该约定已经成立，但未生效
C. 该约定是附条件的民事法律行为 　　D. 该约定是附期限的民事法律行为

【考点】 附条件的民事行为

---

❶ 2017年10月1日实施的《民法总则》第一百四十七条规定，基于重大误解实施的民事法律行为，行为人有权请求人民法院或者仲裁机构予以撤销。

❷ 2017年10月1日实施的《民法总则》第一百四十七条规定，基于重大误解实施的民事法律行为，行为人有权请求人民法院或者仲裁机构予以撤销。

【分析】根据《民法通则》第六十二条的规定❶，民事法律行为可以附条件，附条件的民事法律行为在符合所附条件时生效。本题中，该事务所与赵某已达成约定，意味着该约定已经成立。该约定附加了"赵某当年通过了全国专利代理人资格考试"的生效条件，因此，该约定是附条件的民事法律行为。由于所附条件尚未符合，该约定尚未生效。因此，选项BC正确，选项AD错误。

本题中，在考试之前，赵某能否在当年通过代理人资格考试是未知的，如果赵某未能在当年通过考试，该约定将不会生效。因此，"当年通过考试"是该约定所附的一个条件，不能机械地将"当年"单独抽离出来作为"附期限"来理解。

【答案】BCD

43.【2012年第58题】根据民法通则及相关规定，下列哪些属于无效民事行为？

A. 无民事行为能力人实施的民事行为

B. 恶意串通，损害国家利益的民事行为

C. 行为人对行为内容有重大误解的民事行为

D. 一方当事人利用优势致使双方权利与义务明显违反公平、等价有偿原则的民事行为

【考点】无效民事行为

【分析】根据《民法通则》第五十八条的规定，下列民事行为无效：（一）无民事行为能力人实施的；（二）限制民事行为能力人依法不能独立实施的；（三）一方以欺诈、胁迫的手段或者乘人之危，使对方在违背真实意思的情况下所为的；（四）恶意串通，损害国家、集体或者第三人利益的；（五）违反法律或者社会公共利益的；（六）以合法形式掩盖非法目的的。本题选项AB分别属于第（一）、（四）项的规定，符合题意，选项AB正确。《民法通则》第五十九条规定❷，下列民事行为，一方有权请求人民法院或者仲裁机关予以变更或者撤销：（一）行为人对行为内容有重大误解的；（二）显失公平的。本题选项CD属于可变更、可撤销的民事行为，因此，不符合题意，选项CD错误。

【答案】AB

4. 代理

44.【2016年第35题】根据民法通则及相关规定，对于代理人在代理权终止后的代理行为，下列哪些说法是正确的？

A. 经过被代理人追认的，被代理人承担民事责任

B. 未经被代理人追认的，行为人承担民事责任

C. 第三人知道代理权已终止还与行为人实施民事行为给他人造成损害的，由第三人和行为人负连带责任

D. 经过被代理人追认的，由行为人和被代理人各承担百分之五十的责任

【考点】代理

【分析】《民法通则》第六十六条规定❸，没有代理权、超越代理权或者代理权终止后的行为，只有经过被代理人的追认，被代理人才承担民事责任。未经追认的行为，由行为人承担民事责任。本人知道他人以本人名义实施民事行为而不作否认表示的，视为同意。代理人不履行职责而给被代理人造成损害的，应当承担民事责任。代理人和第三人串通，损害被代理人的利益的，由代理人和第三人负连带责任。第三人知道行为人没有代理权、超越代理权或者代理权已终止还与行为人实施民事行为给他人造成损害的，由第三人和行为人负连带责任。因此，选项ABC正确，选项D错误。

【答案】ABC

45.【2016年第36题】甲公司特邀请知名画家张某为公司庆典创作一幅书画作品，并明确约定须由张某

---

❶ 2017年10月1日实施的《民法总则》第一百五十八条规定，民事法律行为可以附条件，但是按照其性质不得附条件的除外。附生效条件的民事法律行为，自条件成就时生效。附解除条件的民事法律行为，自条件成就时失效。

❷ 2017年10月1日实施的《民法总则》第一百四十七条规定，基于重大误解实施的民事法律行为，行为人有权请求人民法院或者仲裁机构予以撤销。

❸ 《民法通则》第六十六条对应于《民法总则》第一百六十四条、第一百七十一条。

亲自创作完成。张某在构思过程中因事务繁忙无法在规定期限内完成作品，遂请其学生王某代为完成画作，但并未告知甲公司，甲公司收到画作后支付给张某约定的画款。根据民法通则及相关规定，下列哪些说法是正确的？
   A. 张某因故无法在规定期限内完成作品，可以转委托他人
   B. 张某系为甲公司利益着想，可以转委托他人完成作品
   C. 根据甲公司与张某的约定，该画作应当由张某亲自完成，不能转委托他人
   D. 张某应按照合同亲自完成画作，其请学生王某代为完成画作的行为无效

【考点】转委托

【分析】《民法通则》第六十八条规定，委托代理人为被代理人的利益需要转托他人代理的，应当事先取得被代理人的同意。事先没有取得被代理人同意的，应当在事后及时告诉被代理人，如果被代理人不同意，由代理人对自己所转托的人的行为负民事责任，但在紧急情况下，为了保护被代理人的利益而转托他人代理的除外。因此，选项AB错误，选项CD正确。

【答案】CD

46.【2014年第1题】根据民法通则及相关规定，下列关于代理的哪种说法是正确的？
   A. 公民、法人的任何民事法律行为，均可通过代理人实施
   B. 代理人应当在代理权限内，以自己的名义实施民事法律行为
   C. 民事法律行为的委托代理，应当采用书面形式
   D. 代理人不履行职责而给被代理人造成损害的，应当承担民事责任

【考点】代理

【分析】根据《民法通则》第六十三条第二、三款的规定，代理人在代理权限内，以被代理人的名义实施民事法律行为。被代理人对代理人的代理行为，承担民事责任。依照法律规定或者按照双方当事人约定，应当由本人实施的民事法律行为，不得代理。因此，选项AB错误。根据《民法通则》第六十五条第一款的规定，民事法律行为的委托代理，可以用书面形式，也可以用口头形式。法律规定用书面形式的，应当用书面形式。因此，选项C错误。根据《民法通则》第六十六条第二款的规定，代理人不履行职责而给被代理人造成损害的，应当承担民事责任。因此，选项D正确。

【答案】D

47.【2014年第14题】根据民法通则及相关规定，代理人和第三人串通，损害被代理人利益的，下列关于责任承担的哪种说法是正确的？
   A. 由代理人和第三人负连带责任
   B. 由代理人承担全部责任
   C. 由第三人承担全部责任
   D. 由代理人和第三人各承担百分之五十的责任

【考点】代理

【分析】根据《民法通则》第六十六条第三款规定，代理人和第三人串通、损害被代理人的利益的，由代理人和第三人负连带责任。因此，选项A正确，选项BCD错误。

【答案】A

48.【2014年第70题】根据民法通则及相关规定，下列哪些情形下委托代理终止？
   A. 代理期间届满
   B. 代理事务完成
   C. 被代理人死亡
   D. 作为被代理人的法人终止

【考点】代理

【分析】根据《民法通则》第六十九条的规定❶，有下列情形之一的，委托代理终止：（一）代理期间届满或者代理事务完成；（二）被代理人取消委托或者代理人辞去委托；（三）代理人死亡；（四）代理人丧失民

---

❶ 2017年10月1日实施的《民法总则》第一百七十三条规定，有下列情形之一的，委托代理终止：（一）代理期间届满或者代理事务完成；（二）被代理人取消委托或者代理人辞去委托；（三）代理人丧失民事行为能力；（四）代理人或者被代理人死亡；（五）作为代理人或者被代理人的法人、非法人组织终止。

事行为能力；（五）作为被代理人或者代理人的法人终止。本题选项AB属于第（一）项的规定，选项D属于第（五）项的规定，因此，选项ABD正确。根据《民通意见》第八十二条的规定，被代理人死亡后有下列情况之一的，委托代理人实施的代理行为有效：（1）代理人不知道被代理人死亡的；（2）被代理人的继承人均予承认的；（3）被代理人与代理人约定到代理事项完成时代理权终止的；（4）在被代理人死亡前已经进行、而在被代理人死亡后为了被代理人的继承人的利益继续完成的。由此可知，被代理人死亡的，委托代理并不一定终止，因此，选项C错误。

【答案】 ABD

49.【2013年第50题】根据民法通则及相关规定，下列哪些情形下法定代理终止？
A. 被代理人取得民事行为能力
B. 被代理人死亡
C. 代理人死亡
D. 代理人丧失民事行为能力

【考点】 代理

【分析】 根据《民法通则》第七十条的规定❶，有下列情形之一的，法定代理或者指定代理终止：（一）被代理人取得或者恢复民事行为能力；（二）被代理人或者代理人死亡；（三）代理人丧失民事行为能力；（四）指定代理的人民法院或者指定单位取消指定；（五）由其他原因引起的被代理人和代理人之间的监护关系消灭。本题选项ABCD均属于法定代理终止的情形，均属于正确答案。

【答案】 ABCD

50.【2013年第71题】根据民法通则及相关规定，下列有关代理的哪些说法是正确的？
A. 本人知道他人以本人的名义实施民事行为而不作否认表示的，视为同意
B. 代理人不履行职责而给被代理人造成损害的，应当承担民事责任
C. 第三人知道行为人没有代理权还与行为人实施民事行为给他人造成损害的，由第三人和行为人负连带责任
D. 代理人和第三人串通，损害被代理人的利益的，由代理人和第三人负连带责任

【考点】 无权代理 不当代理

【分析】 根据《民法通则》第六十六条规定❷，没有代理权、超越代理权或者代理权终止后的行为，只有经过被代理人的追认，被代理人才承担民事责任。未经追认的行为，由行为人承担民事责任。本人知道他人以本人名义实施民事行为而不作否认表示的，视为同意。代理人不履行职责而给被代理人造成损害的，应当承担民事责任。代理人和第三人串通、损害被代理人的利益的，由代理人和第三人负连带责任。第三人知道行为人没有代理权、超越代理权或者代理权已终止还与行为人实施民事行为给他人造成损害的，由第三人和行为人负连带责任。因此，选项ABCD正确。

【答案】 ABCD

51.【2012年第74题】根据民法通则及相关规定，下列关于代理的哪些说法是正确的？
A. 代理包括委托代理、法定代理和指定代理
B. 代理人应当在代理权限内，以被代理人的名义实施民事法律行为
C. 依照法律规定应当由本人实施的民事法律行为，不得代理
D. 委托代理人需要转托他人代理的，在任何情况下均应当取得被代理人的同意

【考点】 代理

【分析】 根据《民法通则》第六十四条第一款的规定❸，代理包括委托代理、法定代理和指定代理。因此，选项A正确。根据《民法通则》第六十三条第二款的规定，代理人在代理权限内，以被代理人的名义实施民

---

❶ 2017年10月1日实施的《民法总则》第一百七十五条规定，有下列情形之一的，法定代理终止：（一）被代理人取得或者恢复完全民事行为能力；（二）代理人丧失民事行为能力；（三）代理人或者被代理人死亡；（四）法律规定的其他情形。

❷ 《民法通则》第六十六条对应于《民法总则》第一百六十四条、第一百七十一条。

❸ 2017年10月1日实施的《民法总则》第一百六十三条规定，代理包括委托代理和法定代理。委托代理人按照被代理人的委托行使代理权。法定代理人依照法律的规定行使代理权。

事法律行为。被代理人对代理人的代理行为，承担民事责任。因此，选项B正确。根据《民法通则》第六十三条第三款的规定，依照法律规定或者按照双方当事人约定，应当由本人实施的民事法律行为，不得代理。因此，选项C正确。根据《民法通则》第六十八条的规定，委托代理人为被代理人的利益需要转托他人代理的，应当事先取得被代理人的同意。事先没有取得被代理人同意的，应当在事后及时告诉被代理人，如果被代理人不同意，由代理人对自己所转托的人的行为负民事责任，但在紧急情况下，为了保护被代理人的利益而转托他人代理的除外。由此可知，并非在所有的情形下委托代理人转委托均需要取得被代理人同意，因此，选项D错误。

【答案】ABC

52.【2012年第84题】根据民法通则及相关规定，下列哪些情形下委托代理终止？
A. 被代理人取消委托
B. 被代理人死亡
C. 代理人死亡
D. 代理人丧失民事行为能力

【考点】代理

【分析】根据《民法通则》第六十九条的规定❶，有下列情形之一的，委托代理终止：（一）代理期间届满或者代理事务完成；（二）被代理人取消委托或者代理人辞去委托；（三）代理人死亡；（四）代理人丧失民事行为能力；（五）作为被代理人或者代理人的法人终止。本题选项ACD分别属于本条第（二）、（三）、（四）项，因此均属于委托终止的情形，符合题意。选项B不属于本条所列情形。

需要注意的是，《民通意见》第八十二条规定，被代理人死亡后有下列情况之一的，委托代理人实施的代理行为有效：（1）代理人不知道被代理人死亡的；（2）被代理人的继承人均予承认的；（3）被代理人与代理人约定到代理事项完成时代理权终止的；（4）在被代理人死亡前已经进行、而在被代理人死亡后为了被代理人的继承人的利益继续完成的。由此可知，根据《民法通则》第六十九条、《民通意见》第八十二条的规定，被代理人死亡并不必然导致委托代理终止。因此，本题中，选项B错误。

【答案】ACD

五、民事责任

1. 民事责任的概念和构成要件
2. 民事责任的分类

53.【2015年第37题】根据民法通则及相关规定，下列哪些行为应当承担侵权的民事责任？
A. 侵害他人肖像权的
B. 侵害他人商标专用权的
C. 侵害公民身体造成伤害的
D. 未按约定支付购货款的

【考点】侵权的民事责任

【分析】根据《民法通则》第一百二十条的规定，公民的姓名权、肖像权、名誉权、荣誉权受到侵害的，有权要求停止侵害，恢复名誉，消除影响，赔礼道歉，并可以要求赔偿损失。法人的名称权、名誉权、荣誉权受到侵害的，适用前款规定。因此，选项A正确。根据《民法通则》第一百一十八条的规定，公民、法人的著作权（版权）、专利权、商标专用权、发现权、发明权和其他科技成果权受到剽窃、篡改、假冒等侵害的，有权要求停止侵害，消除影响，赔偿损失。因此，选项B正确。根据《民法通则》第一百一十九条的规定，侵害公民身体造成伤害的，应当赔偿医疗费、因误工减少的收入、残废者生活补助费等费用；造成死亡的，并应当支付丧葬费、死者生前扶养的人必要的生活费等费用。因此，选项C正确。根据《民法通则》第一百一十一条的规定，当事人一方不履行合同义务或者履行合同义务不符合约定条件的，另一方有权要求履行或者采取补救措施，并有权要求赔偿损失。因此，选项D应当承担违反合同的民事责任，因此，选项D错误。

【答案】ABC

3. 共同侵权

---

❶ 2017年10月1日实施的《民法总则》第一百七十三条规定，有下列情形之一的，委托代理终止：（一）代理期间届满或者代理事务完成；（二）被代理人取消委托或者代理人辞去委托；（三）代理人丧失民事行为能力；（四）代理人或者被代理人死亡；（五）作为代理人或者被代理人的法人、非法人组织终止。

4. 承担民事责任的方式

54.【2016年第38题】根据民法通则及相关规定，下列哪些属于民事责任的承担方式？

A. 停止侵害　　　　B. 赔礼道歉　　　　C. 支付违约金　　　　D. 赔偿损失

【考点】民事责任

【分析】《民法通则》第一百三十四条规定❶，承担民事责任的方式主要有：（一）停止侵害；（二）排除妨碍；（三）消除危险；（四）返还财产；（五）恢复原状；（六）修理、重作、更换；（七）赔偿损失；（八）支付违约金；（九）消除影响、恢复名誉；（十）赔礼道歉。以上承担民事责任的方式，可以单独适用，也可以合并适用。人民法院审理民事案件，除适用上述规定外，还可以予以训诫、责令具结悔过、收缴进行非法活动的财物和非法所得，并可以依照法律规定处以罚款、拘留。因此，选项ABCD正确。

【答案】ABCD

55.【2014年第82题】根据民法通则及相关规定，下列哪些属于承担民事责任的方式？

A. 停止侵害　　　　B. 消除危险　　　　C. 赔偿损失　　　　D. 赔礼道歉

【考点】民事责任的承担方式

【分析】根据《民法通则》第一百三十四条的规定，承担民事责任的方式主要有：（一）停止侵害；（二）排除妨碍；（三）消除危险；（四）返还财产；（五）恢复原状；（六）修理、重作、更换；（七）赔偿损失；（八）支付违约金；（九）消除影响、恢复名誉；（十）赔礼道歉。以上承担民事责任的方式，可以单独适用，也可以合并适用。人民法院审理民事案件，除适用上述规定外，还可以予以训诫、责令具结悔过、收缴进行非法活动的财物和非法所得，并可以依照法律规定处以罚款、拘留。本题中，选项ABCD正确。

【答案】ABCD

5. 侵权责任的归责原则

6. 减轻或免除民事责任的情形

六、诉讼时效

1. 诉讼时效的期间

56.【2015年第4题】根据民法通则及相关规定，下列关于诉讼时效期间的哪种说法是正确的？

A. 向人民法院请求保护民事权利的诉讼时效期间为二年，法律另有规定的除外

B. 出售质量不合格的商品未声明的诉讼时效期间为五年

C. 延付或者拒付租金的诉讼时效期间为二十年

D. 诉讼时效期间一律不得延长

【考点】诉讼时效

【分析】根据《民法通则》第一百三十五条的规定❷，向人民法院请求保护民事权利的诉讼时效期间为二年，法律另有规定的除外。本题中，选项A正确。根据《民法通则》第一百三十六条的规定，下列的诉讼时效期间为一年：（一）身体受到伤害要求赔偿的；（二）出售质量不合格的商品未声明的；（三）延付或者拒付租金的；（四）寄存财物被丢失或者损毁的。因此，选项BC错误。根据《民法通则》第一百三十七条的规定，诉讼时效期间从知道或者应当知道权利被侵害时起计算。但是，从权利被侵害之日起超过二十年的，人民法院不予保护。有特殊情况的，人民法院可以延长诉讼时效期间。因此，选项D错误。

【答案】A

57.【2014年第87题】根据民法通则及相关规定，下列关于诉讼时效的哪些说法是正确的？

---

❶ 2017年10月1日实施的《民法总则》第一百七十九条规定，承担民事责任的方式主要有：（一）停止侵害；（二）排除妨碍；（三）消除危险；（四）返还财产；（五）恢复原状；（六）修理、重作、更换；（七）继续履行；（八）赔偿损失；（九）支付违约金；（十）消除影响、恢复名誉；（十一）赔礼道歉。法律规定惩罚性赔偿的，依照其规定。本条规定的承担民事责任的方式，可以单独适用，也可以合并适用。

❷ 2017年10月1日实施的《民法总则》第一百八十八条第一款规定，向人民法院请求保护民事权利的诉讼时效期间为三年。法律另有规定的，依照其规定。

A. 向人民法院请求保护民事权利的诉讼时效期间为二年，法律另有规定的除外
B. 超过诉讼时效期间，当事人自愿履行的，不受诉讼时效限制
C. 诉讼时效中止的，从中止时效的原因消除之日起，诉讼时效期间重新计算
D. 诉讼时效因提起诉讼、当事人一方提出要求或者同意履行义务而中断

【考点】诉讼时效

【分析】根据《民法通则》第一百三十五条的规定❶，向人民法院请求保护民事权利的诉讼时效期间为二年，法律另有规定的除外。本题中，选项A正确。根据《民法通则》第一百三十八条的规定，超过诉讼时效期间，当事人自愿履行的，不受诉讼时效限制。因此，选项B正确。根据《民法通则》第一百三十九条的规定❷，在诉讼时效期间的最后六个月内，因不可抗力或者其他障碍不能行使请求权的，诉讼时效中止。从中止时效的原因消除之日起，诉讼时效期间继续计算。因此，选项C错误。根据《民法通则》第一百四十条的规定，诉讼时效因提起诉讼、当事人一方提出要求或者同意履行义务而中断。从中断时起，诉讼时效期间重新计算。因此，选项D正确。

【答案】ABD

58.【2013年第84题】根据民法通则及相关规定，下列哪些属于诉讼时效中断的事由？
A. 权利人向法院提起诉讼
B. 因不可抗力导致权利人不能行使请求权
C. 权利人向债务人提出履行债务的要求
D. 债务人同意履行债务

【考点】诉讼时效的中断

【分析】根据《民法通则》第一百四十条的规定❸，诉讼时效因提起诉讼、当事人一方提出要求或者同意履行义务而中断。从中断时起，诉讼时效期间重新计算。本题中，选项ACD正确。选项B不是诉讼时效中断的事由，而是属于《民法通则》第一百三十九条规定的诉讼时效中止事由，即在诉讼时效期间的最后六个月内，因不可抗力或者其他障碍不能行使请求权的，诉讼时效中止。从中止时效的原因消除之日起，诉讼时效期间继续计算。因此，选项B错误。

【答案】ACD

59.【2012年第8题】根据民法通则及相关规定，下列关于诉讼时效的哪种说法是正确的？
A. 向人民法院请求保护民事权利的诉讼时效期间为一年，法律另有规定的除外
B. 超过诉讼时效期间，一方当事人履行，另一方当事人接受的，该另一方当事人构成不当得利
C. 诉讼时效因不可抗力而中断
D. 诉讼时效因当事人一方提出要求或者同意履行义务而中断

【考点】诉讼时效

【分析】根据《民法通则》第一百三十五条的规定，向人民法院请求保护民事权利的诉讼时效期间为二年，法律另有规定的除外。因此，选项A错误。根据《民法通则》第一百三十八条的规定，超过诉讼时效期间，当事人自愿履行的，不受诉讼时效限制。本题选项B中的情形取得利益有合法根据，不构成不当得利，因此，选项B错误。根据《民法通则》第一百三十九条的规定，在诉讼时效期间的最后六个月内，因不可抗力或者其他障碍不能行使请求权的，诉讼时效中止。因此，诉讼时效因不可抗力中止，而不是中断，因此，选项C

---

❶ 2017年10月1日实施的《民法总则》第一百八十八条第一款规定，向人民法院请求保护民事权利的诉讼时效期间为三年。法律另有规定的，依照其规定。下同。

❷ 2017年10月1日实施的《民法总则》第一百九十四条规定，在诉讼时效期间的最后六个月内，因下列障碍，不能行使请求权的，诉讼时效中止：（一）不可抗力；（二）无民事行为能力人或者限制民事行为能力人没有法定代理人，或者法定代理人死亡、丧失民事行为能力、丧失代理权；（三）继承开始后未确定继承人或者遗产管理人；（四）权利人被义务人或者其他人控制；（五）其他导致权利人不能行使请求权的障碍。自中止时效的原因消除之日起满六个月，诉讼时效期间届满。

❸ 2017年10月1日实施的《民法总则》第一百九十五条规定，有下列情形之一的，诉讼时效中断，从中断、有关程序终结时起，诉讼时效期间重新计算：（一）权利人向义务人提出履行请求；（二）义务人同意履行义务；（三）权利人提起诉讼或者申请仲裁；（四）与提起诉讼或者申请仲裁具有同等效力的其他情形。下同。

错误。根据《民法通则》第一百四十条的规定，诉讼时效因提起诉讼、当事人一方提出要求或者同意履行义务而中断。从中断时起，诉讼时效期间重新计算。因此，选项 D 正确。

【答案】D

2. 诉讼时效的中止

3. 诉讼时效的中断

七、涉外民事关系的法律适用

60.【2012 年第 92 题】根据民法通则及相关规定，关于涉外民事关系的法律适用，下列哪些说法是正确的？

  A. 中华人民共和国公民定居国外的，他的民事行为能力可以适用定居国法律

  B. 不动产的所有权，适用不动产所在地法律

  C. 除法律另有规定外，涉外合同的当事人可以选择处理合同争议所适用的法律

  D. 动产遗产的法定继承适用继承人住所地的法律

【考点】对外民事关系的法律适用

【分析】《民法通则》第一百四十三条规定，中华人民共和国公民定居国外的，他的民事行为能力可以适用定居国法律。因此，选项 A 正确。《民法通则》第一百四十四条规定，不动产的所有权，适用不动产所在地法律。因此，选项 B 正确。《民法通则》第一百四十五条第二款规定，涉外合同的当事人没有选择的，适用与合同有最密切联系的国家的法律。因此，选项 C 正确。根据《民法通则》第一百四十九条的规定，动产遗产的法定继承适用"被继承人"住所地的法律，而非"继承人"住所地的法律，因此，选项 D 错误。

【答案】ABC

第二节 合 同 法

基本要求

了解合同的概念以及合同法的基本原则；熟悉合同法中关于合同订立、变更、终止的基本规定；掌握合同的履行以及违约责任的规定；掌握技术合同和委托合同的基本规定。

本节内容主要涉及《中华人民共和国合同法》及其相关司法解释的规定。

一、合同法的适用范围和基本原则

1. 合同法的适用范围

1.【2016 年第 5 题】平等民事主体之间的下列哪种协议适用合同法的规定？

  A. 有关收养关系的协议　　　　　　　　　B. 有关买卖关系的协议

  C. 有关监护关系的协议　　　　　　　　　D. 有关婚姻关系的协议

【考点】平等民事主体之间的协议

【分析】《合同法》第二条规定，本法所称合同是平等主体的自然人、法人、其他组织之间设立、变更、终止民事权利义务关系的协议。婚姻、收养、监护等有关身份关系的协议，适用其他法律的规定。因此，选项 ACD 错误，选项 B 正确。

【答案】B

2.【2015 年第 5 题】根据合同法及相关规定，平等民事主体之间的下列哪种协议适用合同法的规定？

  A. 张某与某福利院签订的收养该福利院孤儿的协议　　B. 专利权人李某与某公司签订的专利权转让协议

  C. 王某与其前妻签订的变更子女监护权协议　　　　　D. 刘某与徐某签订的解除婚姻关系协议

【考点】合同法的调整范围

【分析】根据《合同法》第二条的规定，本法所称合同是平等主体的自然人、法人、其他组织之间设立、变更、终止民事权利义务关系的协议。因此，选项 B 正确，选项 ACD 错误。

【答案】B

3.【2014 年第 32 题】当事人之间的下列哪些协议不适用合同法的规定？

A. 有关婚姻关系的协议　　　　　　　　B. 有关收养关系的协议
C. 有关委托代理关系的协议　　　　　　D. 有关监护关系的协议

【考点】 合同法的调整范围

【分析】 根据《合同法》第二条的规定，本法所称合同是平等主体的自然人、法人、其他组织之间设立、变更、终止民事权利义务关系的协议。因此，选项ABD正确，选项C错误。

【答案】 ABD

4.【2013年第40题】下列哪些协议适用合同法的规定？
　A. 张某与李某签订的转让二手汽车的协议
　B. 甲出版社与蒋某签订的出版蒋某专著的协议
　C. 孙某与乙公司签订的专利实施许可协议
　D. 韩某与丙福利院签订的收养该福利院孤儿的协议

【考点】 合同法的调整范围

【分析】 根据《合同法》第二条的规定，本法所称合同是平等主体的自然人、法人、其他组织之间设立、变更、终止民事权利义务关系的协议。本题选项ABC中的协议均为平等主体之间的设立民事权利义务关系的协议，适用于《合同法》的规定，因此，选项ABC正确。而选项D中的协议属于有关身份关系的协议，不适用于《合同法》的规定，因此，选项D错误。

【答案】 ABC

5.【2012年第33题】下列哪些协议适用合同法的规定？
　A. 吴某与某专利代理机构签订的专利事务委托协议　　B. 俞某与其前妻贾某签订的变更子女监护权协议
　C. 专利权人冯某与某公司签订的专利实施许可协议　　D. 蒋某与许某签订的解除婚姻关系协议

【考点】 合同法的调整范围

【分析】 根据《合同法》第二条的规定，本法所称合同是平等主体的自然人、法人、其他组织之间设立、变更、终止民事权利义务关系的协议。本题选项AC是平等主体签订的设立民事权利义务关系的协议，适用《合同法》的规定，因此，选项AC正确。选项BD涉及有关身份关系的协议，不适用《合同法》的规定，因此，选项BD错误。

【答案】 AC

2. 合同法的基本原则

二、合同的订立

1. 合同的形式
2. 合同的一般条款
3. 要约和承诺

6.【2016年第39题】甲公司向乙公司去函表示，"我公司生产的W型路由器，每台单价200元。如果需要请与我公司联系。"乙公司回函，"我公司愿向贵公司订购W型路由器500台，每台单价150元，如无异议，请于一个月内供货。"十天后，甲公司向乙公司发出500台路由器，并要求乙公司按照每台200元的价格付款，乙公司拒收。根据合同法及相关规定，下列哪些说法是正确的？
　A. 甲公司向乙公司的去函是要约　　　　　　B. 甲公司向乙公司的去函是要约邀请
　C. 乙公司向甲公司的回函是新要约　　　　　D. 乙公司向甲公司的回函是承诺

【考点】 要约

【分析】《合同法》第十四条规定，要约是希望和他人订立合同的意思表示，该意思表示应当符合下列规定：（一）内容具体确定；（二）表明经受要约人承诺，要约人即受该意思表示约束。《合同法》第十五条规定，要约邀请是希望他人向自己发出要约的意思表示。寄送的价目表、拍卖公告、招标公告、招股说明书、商业广告等为要约邀请。商业广告的内容符合要约规定的，视为要约。《合同法》第三十条规定，承诺的内容应当与要约的内容一致。受要约人对要约的内容作出实质性变更的，为新要约。有关合同标的、数量、质量、价款或者报酬、履行期限、履行地点和方式、违约责任和解决争议方法等的变更，是对要约内容的实质性变更。

因此，选项 AC 正确，选项 BD 错误。

【答案】 AC

7.【2016年第40题】甲公司向乙公司发出要约，欲购买其生产的路由器。要约发出后，甲公司因资金周转困难欲撤回要约。根据合同法及相关规定，下列哪些情形下，甲公司发出的要约被撤回？

　　A. 撤回要约的通知在要约到达乙公司之前到达乙公司
　　B. 撤回要约的通知与要约同时到达乙公司
　　C. 撤回要约的通知在要约到达乙公司之后、乙公司发出承诺通知之前到达乙公司
　　D. 撤回要约的通知在乙公司发出承诺通知的同时到达乙公司

【考点】 要约撤回

【分析】《合同法》第十七条规定，要约可以撤回。撤回要约的通知应当在要约到达受要约人之前或者与要约同时到达受要约人。《合同法》第十八条规定，要约可以撤销。撤销要约的通知应当在受要约人发出承诺通知之前到达受要约人。因此，选项 AB 正确，选项 CD 错误。

【答案】 AB

8.【2015年第39题】甲化工厂发布公告就本厂的工业污水处理工程招标，乙、丙、丁公司分别根据公告制作了投标书参加投标，最终甲化工厂宣布丙公司中标。根据合同法及相关规定，下列哪些说法是正确的？

　　A. 甲化工厂发布的招标公告为要约　　B. 甲化工厂发布的招标公告为要约邀请
　　C. 乙、丙、丁公司提交的投标书均为要约　　D. 甲化工厂宣布丙公司中标即为承诺

【考点】 要约要约邀请承诺

【分析】根据《合同法》第十五条第一款的规定，要约邀请是希望他人向自己发出要约的意思表示。寄送的价目表、拍卖公告、招标公告、招股说明书、商业广告等为要约邀请。本题中，该甲化工厂发布的公告为要约邀请，因此，选项 A 错误，选项 B 正确。根据《合同法》第十四条的规定，要约是希望和他人订立合同的意思表示，该意思表示应当符合下列规定：（一）内容具体确定；（二）表明经受要约人承诺，要约人即受该意思表示约束。因此，选项 CD 正确。

【答案】 BCD

9.【2015年第40题】根据合同法及相关规定，下列哪些情形会导致要约失效？

　　A. 拒绝要约的通知到达受要约人　　B. 要约人依法撤销要约
　　C. 承诺期限届满，受要约人未作出承诺　　D. 受要约人对要约的内容作出实质性变更

【考点】 要约失效

【分析】根据《合同法》第二十条的规定，有下列情形之一的，要约失效：（一）拒绝要约的通知到达要约人；（二）要约人依法撤销要约；（三）承诺期限届满，受要约人未作出承诺；（四）受要约人对要约的内容作出实质性变更。因此，选项 ABCD 正确。

【答案】 ABCD

10.【2014年第40题】某高校采用公告招标的方式选择专利代理机构为其办理专利申请事务。某专利代理机构根据该招标公告制定了一份完整的投标书参加投标。根据合同法及相关规定，下列哪些说法是正确的？

　　A. 该高校发布的招标公告为要约邀请　　B. 该高校发布的招标公告为要约
　　C. 该专利代理机构提交的投标书为承诺　　D. 该专利代理机构提交的投标书为要约

【考点】 要约邀请和要约

【分析】根据《合同法》第十五条第一款的规定，要约邀请是希望他人向自己发出要约的意思表示。寄送的价目表、拍卖公告、招标公告、招股说明书、商业广告等为要约邀请。本题中，该高校发布的招标公告为要约邀请，因此，选项 A 正确，选项 B 错误。根据《合同法》第十四条的规定，要约是希望和他人订立合同的意思表示，该意思表示应当符合下列规定：（一）内容具体确定；（二）表明经受要约人承诺，要约人即受该意思表示约束。本题中该投标书是针对该高校所发要约邀请的要约，因此，选项 C 错误，选项 D 正确。

【答案】 AD

11.【2014年第49题】根据合同法及相关规定，在下列哪些情形下，要约不得撤销？

A. 要约已经到达受要约人
B. 要约人确定了承诺期限
C. 要约人明示要约不可撤销
D. 受要约人有理由认为要约是不可撤销的，并已经为履行合同作了准备工作

【考点】 要约的撤销

【分析】 根据《合同法》第十八条的规定，要约可以撤销。撤销要约的通知应当在受要约人发出承诺通知之前到达受要约人。因此，选项 A 错误。根据《合同法》第十九条的规定，有下列情形之一的，要约不得撤销：（一）要约人确定了承诺期限或者以其他形式明示要约不可撤销；（二）受要约人有理由认为要约是不可撤销的，并已经为履行合同作了准备工作。本题选项 BC 属于其中第（一）项的规定，选项 D 属于其中第（二）项的规定，因此，选项 BCD 正确。

【答案】 BCD

12. 【2013 年第 32 题】根据合同法及相关规定，下列哪些属于要约邀请？
A. 拍卖公告
B. 招标公告
C. 寄送的价目表
D. 招股说明书

【考点】 要约邀请

【分析】 根据《合同法》第十五条第一款的规定，要约邀请是希望他人向自己发出要约的意思表示。寄送的价目表、拍卖公告、招标公告、招股说明书、商业广告等为要约邀请。本题选项 ABCD 均属于要约邀请。

【答案】 ABCD

13. 【2013 年第 59 题】根据合同法及相关规定，有下列哪些情形的，要约失效？
A. 拒绝要约的通知到达要约人
B. 要约人依法撤销要约
C. 承诺期限届满，受要约人未作出承诺
D. 受要约人对要约的内容作出实质性变更

【考点】 要约失效

【分析】 根据《合同法》第二十条的规定，有下列情形之一的，要约失效：（一）拒绝要约的通知到达要约人；（二）要约人依法撤销要约；（三）承诺期限届满，受要约人未作出承诺；（四）受要约人对要约的内容作出实质性变更。因此，选项 ABCD 均属于要约失效的情形。因此，选项 ABCD 正确。

【答案】 ABCD

14. 【2012 年第 49 题】根据合同法及相关规定，下列哪些说法是正确的？
A. 要约是希望和他人订立合同的意思表示
B. 要约邀请是希望他人向自己发出要约的意思表示
C. 要约在发出时生效
D. 要约到达受要约人时生效

【考点】 要约 要约邀请

【分析】 根据《合同法》第十四条的规定，要约是希望和他人订立合同的意思表示，该意思表示应当符合下列规定：（一）内容具体确定；（二）表明经受要约人承诺，要约人即受该意思表示约束。因此，选项 A 正确。根据《合同法》第十五条的规定，要约邀请是希望他人向自己发出要约的意思表示。寄送的价目表、拍卖公告、招标公告、招股说明书、商业广告等为要约邀请。商业广告的内容符合要约规定的，视为要约。因此，选项 B 正确。根据《合同法》第十六条的规定，要约到达受要约人时生效。采用数据电文形式订立合同，收件人指定特定系统接收数据电文的，该数据电文进入该特定系统的时间，视为到达时间；未指定特定系统的，该数据电文进入收件人的任何系统的首次时间，视为到达时间。因此，选项 C 错误，选项 D 正确。

【答案】 ABD

4. 合同的成立

15. 【2016 年第 6 题】2015 年 11 月 1 日，李某和赵某签订房屋租赁合同，约定 2016 年 3 月 1 日该合同生效。根据合同法及相关规定，下列关于该合同的哪种说法是正确的？
A. 该合同为附生效期限的合同
B. 该合同为附终止期限的合同

C. 该合同为附生效条件的合同　　　　　　D. 该合同为附解除条件的合同

【考点】附生效期限的合同

【分析】《合同法》第四十六条规定，当事人对合同的效力可以约定附期限。附生效期限的合同，自期限届至时生效。附终止期限的合同，自期限届满时失效。因此，选项A正确，选项BCD错误。

【答案】A

16. 【2014年第9题】北京市的甲公司和上海市的乙公司采用合同书形式订立合同。在合同订立过程中，双方在深圳市谈妥合同主要条款后，在广州市盖章。根据合同法及相关规定，该合同成立的地点为下列哪个城市？

　　A. 北京市　　　　　B. 上海市　　　　　C. 深圳市　　　　　D. 广州市

【考点】合同成立的地点

【分析】根据《合同法》第三十五条的规定，当事人采用合同书形式订立合同的，双方当事人签字或者盖章的地点为合同成立的地点。本题中，选项ABC错误，选项D正确。

【答案】D

17. 【2012年第59题】边某与某工厂于2011年12月1日签订了一份设备租赁合同，双方约定该合同自2013年1月1日起生效，有效期为三年。根据合同法及相关规定，下列哪些说法是正确的？

　　A. 该合同是附生效条件和解除条件的合同

　　B. 该合同是附生效期限和终止期限的合同

　　C. 该合同自2011年12月1日起成立，但未生效

　　D. 该合同自有效期届满时失效

【考点】附期限的合同　附条件的合同　合同成立

【分析】根据《合同法》第三十二规定，当事人采用合同书形式订立合同的，自双方当事人签字或者盖章时合同成立。《合同法》第四十六条的规定，当事人对合同的效力可以约定附期限。附生效期限的合同，自期限届至时生效。附终止期限的合同，自期限届满时失效。本题中边某与某工厂在合同中约定了具体的生效时间和终止日期，是附期限的合同，因此，选项BD正确，选项A错误。在2011年12月1日，合同中约定的生效日期还未到来，所以该合同虽已成立，但尚未生效，因此，选项C正确。

【答案】BCD

5. 格式条款合同

18. 【2016年第42题】某家具制造商与批发商签订的合同是该家具制造商为了重复使用而预先拟定的合同书，订立合同时并未与该批发商协商相关条款。该合同书中规定，如果因为家具质量原因给消费者造成损害的，家具制造商概不负责。且该责任条款并没有采取合理的方式提请批发商注意。根据合同法及相关规定，下列哪些说法是正确的？

　　A. 该责任条款是格式条款

　　B. 该责任条款无效

　　C. 该责任条款有效

　　D. 如果家具因为质量原因给消费者造成损害，该家具制造商不负责任

【考点】格式条款

【分析】《合同法》第三十九条规定，采用格式条款订立合同的，提供格式条款的一方应当遵循公平原则确定当事人之间的权利和义务，并采取合理的方式提请对方注意免除或者限制其责任的条款，按照对方的要求，对该条款予以说明。格式条款是当事人为了重复使用而预先拟定，并在订立合同时未与对方协商的条款。《合同法》第四十条规定，格式条款具有本法第五十二条和第五十三条规定情形的，或者提供格式条款一方免除其责任、加重对方责任、排除对方主要权利的，该条款无效。《合同法》第五十三条规定，合同中的下列免责条款无效：（一）造成对方人身伤害的；（二）因故意或者重大过失造成对方财产损失的。因此，选项AB正确，选项CD错误。

【答案】AB

19. 【2015年第41题】. 根据合同法及相关规定，下列关于格式条款的哪些说法是正确的？
   A. 格式条款是当事人为了重复使用而预先拟定，并在订立合同时未与对方协商的条款
   B. 提供格式条款一方免除其责任、加重对方责任、排除对方主要权利的，该格式条款无效
   C. 对格式条款的理解发生争议的，应当按照通常理解予以解释
   D. 对格式条款有两种以上解释的，应当作出有利于提供格式条款一方的解释
   【考点】格式条款
   【分析】根据《合同法》第三十九条第二款的规定，格式条款是当事人为了重复使用而预先拟定，并在订立合同时未与对方协商的条款。因此，选项A正确，根据《合同法》第四十条的规定，格式条款具有本法第五十二条和第五十三条规定情形的，或者提供格式条款一方免除其责任、加重对方责任、排除对方主要权利的，该条款无效。因此，选项B正确，根据《合同法》第四十一条的规定，对格式条款的理解发生争议的，应当按照通常理解予以解释。对格式条款有两种以上解释的，应当作出不利于提供格式条款一方的解释。格式条款和非格式条款不一致的，应当采用非格式条款。因此，选项C正确，选项D错误。
   【答案】ABC

20. 【2014年第58题】根据合同法及相关规定，下列关于合同中格式条款的哪些说法是正确的？
   A. 提供格式条款一方免除其责任的条款无效
   B. 提供格式条款一方排除对方主要权利的条款无效
   C. 对格式条款有两种以上解释的，应当作出不利于提供格式条款一方的解释
   D. 格式条款和非格式条款不一致的，应当采用格式条款
   【考点】格式条款的解释
   【分析】根据《合同法》第四十条规定，格式条款具有本法第五十二条和第五十三条规定情形的，或者提供格式条款一方免除其责任、加重对方责任、排除对方主要权利的，该条款无效。因此，选项AB正确。根据《合同法》第四十一条规定，对格式条款的理解发生争议的，应当按照通常理解予以解释。对格式条款有两种以上解释的，应当作出不利于提供格式条款一方的解释。格式条款和非格式条款不一致的，应当采用非格式条款。因此，选项C正确，选项D错误。
   【答案】ABC

21. 【2012年第41题】根据合同法及相关规定，关于合同中的格式条款，下列哪些说法是正确的？
   A. 格式条款是当事人为了重复使用而预先拟定，并在订立合同时未与对方协商确定的条款
   B. 提供格式条款一方免除其责任、加重对方责任、排除对方主要权利的，该条款无效
   C. 对格式条款的理解发生争议的，应当按照通常理解予以解释
   D. 对格式条款有两种以上解释的，应当作出有利于提供格式条款一方的解释
   【考点】格式条款
   【分析】根据《合同法》第三十九条第二款规定，格式条款是当事人为了重复使用而预先拟定，并在订立合同时未与对方协商的条款。本题中，选项A正确。根据《合同法》第四十条规定，格式条款具有本法第五十二条和第五十三条规定情形的，或者提供格式条款一方免除其责任、加重对方责任、排除对方主要权利的，该条款无效。选项B正确。根据《合同法》第四十一条规定，对格式条款的理解发生争议的，应当按照通常理解予以解释。对格式条款有两种以上解释的，应当作出不利于提供格式条款一方的解释。格式条款和非格式条款不一致的，应当采用非格式条款。因此，选项C正确，选项D错误。
   【答案】ABC

6. 订立合同过程中的责任

22. 【2016年第43题】根据合同法及相关规定，当事人在订立合同过程中有下列哪些情形给对方造成损失的，应当承担损害赔偿责任？
   A. 故意提供虚假情况
   B. 假借订立合同，恶意进行磋商
   C. 不正当地使用在订立合同过程中知悉的商业秘密
   D. 泄露在订立合同过程中知悉的商业秘密
   【考点】损害赔偿责任

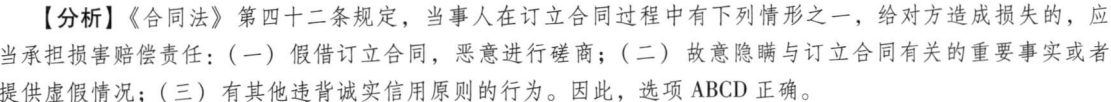

【分析】《合同法》第四十二条规定，当事人在订立合同过程中有下列情形之一，给对方造成损失的，应当承担损害赔偿责任：（一）假借订立合同，恶意进行磋商；（二）故意隐瞒与订立合同有关的重要事实或者提供虚假情况；（三）有其他违背诚实信用原则的行为。因此，选项 ABCD 正确。

【答案】 ABCD

23.【2012年第67题】根据合同法及相关规定，当事人在订立合同过程中有下列哪些行为，给对方造成损失的，应当承担损害赔偿责任？

  A. 故意隐瞒与订立合同有关的重要事实

  B. 假借订立合同，恶意进行磋商

  C. 泄露在订立合同过程中知悉的商业秘密

  D. 不正当地使用在订立合同过程中知悉的商业秘密

【考点】 缔约过失责任 保留责任

【分析】 根据《合同法》第四十二条规定，当事人在订立合同过程中有下列情形之一，给对方造成损失的，应当承担损害赔偿责任：（一）假借订立合同，恶意进行磋商；（二）故意隐瞒与订立合同有关的重要事实或者提供虚假情况；（三）有其他违背诚实信用原则的行为。本题中，选项 AB 正确。根据《合同法》第四十三条规定，当事人在订立合同过程中知悉的商业秘密，无论合同是否成立，不得泄露或者不正当地使用。泄露或者不正当地使用该商业秘密给对方造成损失的，应当承担损害赔偿责任。因此，选项 CD 正确。

【答案】 ABCD

三、合同的效力

1. 合同的生效
2. 合同的效力

24.【2016年第41题】根据合同法及相关规定，下列关于合同变更或者撤销的哪些说法是正确的？

  A. 因重大误解订立的合同，当事人一方有权请求人民法院或者仲裁机构变更或者撤销

  B. 合同被依法撤销的，该合同自人民法院判决撤销之日起丧失法律约束力

  C. 具有撤销权的当事人自知道或者应当知道撤销事由之日起 1 年内没有行使撤销权的，撤销权消灭

  D. 当事人请求变更的，人民法院可以撤销

【考点】 合同变更或者撤销

【分析】《合同法》第五十四条规定，下列合同，当事人一方有权请求人民法院或者仲裁机构变更或者撤销：（一）因重大误解订立的；（二）在订立合同时显失公平的。一方以欺诈、胁迫的手段或者乘人之危，使对方在违背真实意思的情况下订立的合同，受损害方有权请求人民法院或者仲裁机构变更或者撤销。当事人请求变更的，人民法院或者仲裁机构不得撤销。《合同法》第五十五条规定，有下列情形之一的，撤销权消灭：（一）具有撤销权的当事人自知道或者应当知道撤销事由之日起一年内没有行使撤销权；（二）具有撤销权的当事人知道撤销事由后明确表示或者以自己的行为放弃撤销权。《合同法》第五十六条规定，无效的合同或者被撤销的合同自始没有法律约束力。合同部分无效，不影响其他部分效力的，其他部分仍然有效。因此，选项 AC 正确，选项 BD 错误。

【答案】 AC

25.【2015年第49题】根据合同法及相关规定，合同无效后可能产生下列哪些法律后果？

  A. 返还财产   B. 继续履行   C. 赔偿损失   D. 折价补偿

【考点】 合同无效的法律后果

【分析】根据《合同法》第五十八条的规定，合同无效或者被撤销后，因该合同取得的财产，应当予以返还；不能返还或者没有必要返还的，应当折价补偿。有过错的一方应当赔偿对方因此所受到的损失，双方都有过错的，应当各自承担相应的责任。因此，选项 ACD 正确，选项 B 错误。

【答案】 ACD

26.【2014年第2题】王某和赵某签订合同，向其购买法律禁止买卖的物品。根据合同法及相关规定，下列关于该合同效力的哪种说法是正确的？

A. 该合同为无效合同 B. 该合同为可变更合同
C. 该合同为可撤销合同 D. 该合同效力待定

【考点】合同的效力

【分析】根据《合同法》第五十二条的规定，有下列情形之一的，合同无效：（一）一方以欺诈、胁迫的手段订立合同，损害国家利益；（二）恶意串通，损害国家、集体或者第三人利益；（三）以合法形式掩盖非法目的；（四）损害社会公共利益；（五）违反法律、行政法规的强制性规定。因此，选项 A 正确，选项 BCD 错误。

【答案】A

27.【2013年第3题】行为人超越代理权以被代理人名义订立合同，相对人有理由相信行为人有代理权的，根据合同法及相关规定，该代理行为的效力如何？

A. 有效 B. 无效
C. 经被代理人追认后才有效 D. 对被代理人不发生法律效力

【考点】表见代理

【分析】根据《合同法》第四十九条规定，行为人没有代理权、超越代理权或者代理权终止后以被代理人名义订立合同，相对人有理由相信行为人有代理权的，该代理行为有效。本题中，选项 A 正确，选项 BCD 错误。

【答案】A

28.【2013年第9题】王某以胁迫的手段，使李某在违背真实意思的情况下与其订立了一买卖合同。根据合同法及相关规定，下列哪种说法是正确的？

A. 该合同为无效合同 B. 李某有权请求人民法院变更该合同
C. 王某有权请求人民法院撤销该合同 D. 人民法院可以依职权主动撤销该合同

【考点】合同效力

【分析】根据《合同法》第五十四条第二款规定，一方以欺诈、胁迫的手段或者乘人之危，使对方在违背真实意思的情况下订立的合同，受损害方有权请求人民法院或者仲裁机构变更或者撤销。本题中该合同是王某以胁迫的手段使李某在违背真实意思的情况下订立的，属于可撤销或可变更合同，因此，选项 A 错误。并且只有受损害方李某有权请求人民法院或者仲裁机构变更或撤销该合同，王某无权请求，人民法院也不能依职权撤销或变更因此，选项 B 正确，选项 CD 错误。

【答案】B

29.【2012年第75题】根据合同法及相关规定，下列哪些说法是正确的？

A. 行为人没有代理权却以被代理人名义订立合同，未经被代理人追认的，对被代理人不发生效力，由行为人承担责任
B. 行为人代理权终止后仍以被代理人名义订立合同，相对人有理由相信行为人有代理权的，该代理行为有效
C. 限制民事行为能力人订立的任何合同均需经法定代理人追认后才有效
D. 无处分权的人处分他人财产，经权利人追认或者无处分权的人订立合同后取得处分权的，该合同有效

【考点】合同的效力

【分析】根据《合同法》第四十八条第一款规定，行为人没有代理权、超越代理权或者代理权终止后以被代理人名义订立的合同，未经被代理人追认，对被代理人不发生效力，由行为人承担责任。本题中，选项 A 正确。根据《合同法》第四十九条的规定，行为人没有代理权、超越代理权或者代理权终止后以被代理人名义订立合同，相对人有理由相信行为人有代理权的，该代理行为有效。因此，选项 B 正确。根据《合同法》第四十七条第一款规定，限制民事行为能力人订立的合同，经法定代理人追认后，该合同有效，但纯获利益的合同或者与其年龄、智力、精神健康状况相适应而订立的合同，不必经法定代理人追认。因此，选项 C 错误。根据《合同法》第五十一条规定，无处分权的人处分他人财产，经权利人追认或者无处分权的人订立合同后取得处分权的，该合同有效。因此，选项 D 正确。

【答案】ABD

30.【2012年第96题】根据合同法及相关规定，下列哪些属于当事人可以请求人民法院变更或者撤销的合同？

A. 甲公司与乙公司恶意串通签订的损害丙公司利益的买卖合同
B. 贾某以欺诈的手段使齐某在违背真实意思的情况下与之订立的买卖合同
C. 韩某把一个古董花瓶错当成现代仿制花瓶与赵某签订的买卖合同
D. 非法垄断技术的技术合同

【考点】可变更、撤销的合同

【分析】根据《合同法》第五十四条的规定，下列合同，当事人一方有权请求人民法院或者仲裁机构变更或者撤销：（一）因重大误解订立的；（二）在订立合同时显失公平的。一方以欺诈、胁迫的手段或者乘人之危，使对方在违背真实意思的情况下订立的合同，受损害方有权请求人民法院或者仲裁机构变更或者撤销。当事人请求变更的，人民法院或者仲裁机构不得撤销。本题中，选项BC正确。根据《合同法》第五十二条，有下列情形之一的，合同无效：（一）一方以欺诈、胁迫的手段订立合同，损害国家利益；（二）恶意串通，损害国家、集体或者第三人利益；（三）以合法形式掩盖非法目的；（四）损害社会公共利益；（五）违反法律、行政法规的强制性规定。本题选项A属于第（二）项的规定，选项A属于无效合同，不符合题意，因此，选项A错误。根据《合同法》第三百二十九条的规定，非法垄断技术、妨碍技术进步或者侵害他人技术成果的技术合同无效。选项D属于无效合同，不符合题意，因此，选项D错误。

【答案】BC

四、合同的履行

1. 合同履行的原则

31.【2013年第78题】根据合同法及相关规定，下列哪些说法是正确的？

A. 合同当事人约定由第三人向债权人履行债务的，第三人不履行债务，债务人应当向债权人承担违约责任
B. 合同当事人约定由第三人向债权人履行债务的，第三人履行债务不符合约定，应当由第三人向债权人承担违约责任
C. 合同当事人约定由债务人向第三人履行债务的，债务人未向第三人履行债务，应当向债权人承担违约责任
D. 合同当事人约定由债务人向第三人履行债务的，债务人向第三人履行债务不符合约定，应当向第三人承担违约责任

【考点】合同的履行

【分析】根据《合同法》第六十五条的规定，当事人约定由第三人向债权人履行债务的，第三人不履行债务或者履行债务不符合约定，债务人应当向债权人承担违约责任。本题中，选项A正确，选项B错误。根据《合同法》第六十四条的规定，当事人约定由债务人向第三人履行债务的，债务人未向第三人履行债务或者履行债务不符合约定，应当向债权人承担违约责任。因此，选项C正确，选项D错误。

【答案】AC

2. 合同的解释
3. 合同履行的抗辩权

32.【2016年第7题】甲公司与乙公司签订买卖合同，约定甲公司应于2016年6月1日交货，乙公司应于2016年6月7日付款。2016年5月底，甲公司有确切证据证明乙公司转移财产、抽逃资金以逃避债务，已无支付货款的能力。根据合同法及相关规定，下列哪种说法是正确的？

A. 甲公司可以中止履行合同，但应及时通知乙公司
B. 甲公司可以中止履行合同，无需通知乙公司
C. 甲公司可以直接解除合同
D. 甲公司应按合同约定交货，如乙公司不支付货款可追究其违约责任

【考点】合同履行抗辩权

【分析】《合同法》第六十八条规定，应当先履行债务的当事人，有确切证据证明对方有下列情形之一的，可以中止履行：（一）经营状况严重恶化；（二）转移财产、抽逃资金，以逃避债务；（三）丧失商业信誉；（四）有丧失或者可能丧失履行债务能力的其他情形。当事人没有确切证据中止履行的，应当承担违约责任。根据《合同法》第六十九条的规定，当事人依照本法第六十八条的规定中止履行的，应当及时通知对方。因此，选项A正确，选项BCD错误。

【答案】A

33.【2015年第43题】甲公司与乙公司达成买卖合同，约定甲公司有偿向乙公司供应原料。根据合同法及相关规定，下列关于合同履行抗辩权的哪些说法是正确的？

A. 合同未明确履行顺序，甲公司在乙公司付款之前有权拒绝其履行要求

B. 合同约定先供货后付款，甲公司未按时供货，乙公司有权拒绝付款

C. 合同约定先供货后付款，甲公司有确切证据证明乙公司经营状况严重恶化，可以中止履行合同

D. 合同约定先供货后付款，甲公司有确切证据证明乙公司丧失商业信誉，可以中止履行合同

【考点】合同履行抗辩权

【分析】根据《合同法》第六十六条的规定，当事人互负债务，没有先后履行顺序的，应当同时履行。一方在对方履行之前有权拒绝其履行要求。一方在对方履行债务不符合约定时，有权拒绝其相应的履行要求。因此，选项A正确。根据《合同法》第六十七条的规定，当事人互负债务，有先后履行顺序，先履行一方未履行的，后履行一方有权拒绝其履行要求。先履行一方履行债务不符合约定的，后履行一方有权拒绝其相应的履行要求。因此，选项B正确。根据《合同法》第六十八条第一款的规定，应当先履行债务的当事人，有确切证据证明对方有下列情形之一的，可以中止履行：（一）经营状况严重恶化；（二）转移财产、抽逃资金，以逃避债务；（三）丧失商业信誉；（四）有丧失或者可能丧失履行债务能力的其他情形。因此，选项CD正确。

【答案】ABCD

34.【2013年第28题】甲公司与乙公司签订合同，由甲公司为乙公司翻译一批技术资料，约定完成全部翻译工作后再支付报酬。后甲公司有确切证据证明乙公司经营状况严重恶化，濒临破产。根据合同法及相关规定，下列哪种说法是正确的？

A. 甲公司应当无条件地继续履行该合同
B. 甲公司可以中止履行该合同，并及时通知对方
C. 甲公司可以直接解除该合同
D. 甲公司可以要求乙公司承担违约责任

【考点】不安抗辩权

【分析】根据《合同法》第六十八条的规定，应当先履行债务的当事人，有确切证据证明对方有下列情形之一的，可以中止履行：（一）经营状况严重恶化；（二）转移财产、抽逃资金，以逃避债务；（三）丧失商业信誉；（四）有丧失或者可能丧失履行债务能力的其他情形。当事人没有确切证据中止履行的，应当承担违约责任。本题中，甲公司有确切证据证明乙公司经营状况严重恶化，濒临破产，因此，可以终止履行该合同。同时，根据《合同法》第六十九条的规定，当事人依照本法第六十八条的规定中止履行的，应当及时通知对方。因此，选项ACD错误，选项B正确。

【答案】B

35.【2012年第88题】根据合同法及相关规定，下列关于合同履行的哪些说法是正确的？

A. 当事人应当按照约定全面履行自己的义务

B. 当事人互负债务，没有先后履行顺序的，应当同时履行

C. 当事人互负债务，有先后履行顺序，先履行一方未履行的，后履行一方有权拒绝其履行要求

D. 当事人互负债务，有先后履行顺序，应当先履行债务的当事人，有确切证据证明对方经营状况严重恶化的，可以中止履行

【考点】合同的履行　抗辩权

【分析】根据《合同法》第六十条第一款的规定，当事人应当按照约定全面履行自己的义务。本题中，选项A正确。根据《合同法》第六十六条的规定，当事人互负债务，没有先后履行顺序的，应当同时履行。一

方在对方履行之前有权拒绝其履行要求。一方在对方履行债务不符合约定时,有权拒绝其相应的履行要求。因此,选项 B 正确。根据《合同法》第六十七条的规定,当事人互负债务,有先后履行顺序,先履行一方未履行的,后履行一方有权拒绝其履行要求。先履行一方履行债务不符合约定的,后履行一方有权拒绝其相应的履行要求。因此,选项 C 正确。根据《合同法》第六十八条第一款的规定,应当先履行债务的当事人,有确切证据证明对方有下列情形之一的,可以中止履行:(一)经营状况严重恶化;(二)转移财产、抽逃资金,以逃避债务;(三)丧失商业信誉;(四)有丧失或者可能丧失履行债务能力的其他情形。因此,选项 D 正确。

【答案】ABCD

4. 合同履行的保全

36.【2016 年第 44 题】根据合同法及相关规定,债权人代位行使债务人的债权,应当同时符合哪些条件?

A. 债权人对债务人的债权合法

B. 债务人怠于行使其到期债权,对债权人造成损害

C. 债务人的债权已经到期

D. 债务人的债权不是专属于债务人自身的债权

【考点】代位权

【分析】《合同法》第七十三条规定,因债务人怠于行使其到期债权,对债权人造成损害的,债权人可以向人民法院请求以自己的名义代位行使债务人的债权,但该债权专属于债务人自身的除外。代位权的行使范围以债权人的债权为限。债权人行使代位权的必要费用,由债务人负担。因此,选项 ABCD 正确。

【答案】ABCD

37.【2014 年第 71 题】甲公司欠乙公司工程款 50 万元,债务到期后甲公司因资金不足久拖不还。同时,李某欠甲公司的 80 万元货款也已到期,但甲公司未以任何方式催促李某还款,对乙公司造成了损害。根据合同法及相关规定,下列关于乙公司行使代位权的哪些说法是正确的?

A. 乙公司可以向人民法院请求以自己的名义代位行使甲公司对李某的债权

B. 乙公司可以向人民法院请求以甲公司的名义代位行使甲公司对李某的债权

C. 乙公司代位权行使的范围为 80 万元

D. 乙公司行使代位权的必要费用,由甲公司负担

【考点】合同履行的保全

【分析】根据《合同法》第七十三条第一款的规定,因债务人怠于行使其到期债权,对债权人造成损害的,债权人可以向人民法院请求以自己的名义代位行使债务人的债权,但该债权专属于债务人自身的除外。本题中,甲公司怠于行使其对李某的到期债务,对乙公司造成了损害,且李某欠甲公司的货款不是专属于甲公司自身的债权,因此,乙公司可以向人民法院请求以自己的名义代位行使甲公司对李某的债权,因此,选项 A 正确,选项 B 错误。根据《合同法》第七十三条第二款的规定,代位权的行使范围以债权人的债权为限。债权人行使代位权的必要费用,由债务人负担。本题中乙公司代位行使的范围为 50 万元,而非 80 万元,因此,选项 C 错误,选项 D 正确。

【答案】AD

38.【2013 年第 15 题】张某欠李某 30 万元借款到期未还。张某得知李某准备向人民法院起诉索款,便将自己价值 50 余万元的房产无偿转让给赵某,从而使自己名下无任何可供执行的财产。根据合同法及相关规定,李某得知这一情况后,可通过下列哪种途径维护自己的合法权益?

A. 请求人民法院撤销张某的无偿转让行为

B. 向人民法院请求以自己的名义代位要求赵某支付房产对价

C. 向人民法院请求赵某代张某偿还所欠借款

D. 向人民法院请求赵某承担侵权责任

【考点】债权人的撤销权

【分析】根据《合同法》第七十四条的规定,因债务人放弃其到期债权或者无偿转让财产,对债权人造成损害的,债权人可以请求人民法院撤销债务人的行为。债务人以明显不合理的低价转让财产,对债权人造成损

害，并且受让人知道该情形的，债权人也可以请求人民法院撤销债务人的行为。撤销权的行使范围以债权人的债权为限。债权人行使撤销权的必要费用，由债务人负担。本题中，张某无偿转让其房产对债权人李某造成了损害，因此，李某可以请求人民法院撤销张某的无偿转让行为，选项A正确。根据《合同法》第七十三条的规定，因债务人怠于行使其到期债权，对债权人造成损害的，债权人可以向人民法院请求以自己的名义代位行使债务人的债权，但该债权专属于债务人自身的除外。代位权的行使范围以债权人的债权为限。债权人行使代位权的必要费用，由债务人负担。由此可知，债权人行使代位权和撤销权的前提条件不同。本题中，张某对债权人李某造成损害的原因是"无偿转让其房产"而非"怠于行使其到期债权"，因此，李某只能行使撤销权，不能行使代位权。因此，选项B错误。选项CD也不符合要求。

【答案】A

39.【2012年第23题】根据合同法及相关规定，下列关于代位权的哪种说法是错误的？
A. 代位权是债权人以自己的名义代位行使债务人的到期债权
B. 代位权的行使范围以债权人的债权为限
C. 对专属于债务人自身的债权，债权人不能行使代位权
D. 债权人行使代位权的必要费用，由债权人自己负担

【考点】代位权

【分析】根据《合同法》第七十三条的规定，因债务人怠于行使其到期债权，对债权人造成损害的，债权人可以向人民法院请求以自己的名义代位行使债务人的债权，但该债权专属于债务人自身的除外。代位权的行使范围以债权人的债权为限。债权人行使代位权的必要费用，由债务人负担。本题中，选项ABC的说法正确，不符合题干要求，选项D的说法错误，符合题干要求。因此，本题应当选D。

【答案】D

五、合同的变更和转让

1. 合同的变更
2. 合同的转让

40.【2016年第45题】甲公司和乙公司签订了一份服务器买卖合同。在合同履行期间，甲公司拟将其在合同中的全部权利义务转让给丙公司，根据合同法及相关规定，下列哪些说法是正确的？
A. 该转让需要经过乙公司同意
B. 该转让需要通知乙公司，但无需经其同意
C. 转让后，乙公司有权向丙公司主张其对甲公司的抗辩
D. 转让后，乙公司不得向丙公司主张其对甲公司的抗辩

【考点】权利义务转让

【分析】《合同法》第八十八条规定，当事人一方经对方同意，可以将自己在合同中的权利和义务一并转让给第三人。《合同法》第八十五条规定，债务人转移义务的，新债务人可以主张原债务人对债权人的抗辩。因此，选项AC正确。

【答案】AC

41.【2015年第44题】甲公司和乙公司双方订立合同后，债权人甲公司欲将其合同的权利转让给丙公司。根据合同法及相关规定，下列哪些说法是正确的？
A. 甲公司只能将合同的权利全部转让给丙公司，不能部分转让
B. 如果依照法律规定该合同的权利不得转让，甲公司就不能转让
C. 如果甲公司转让合同的权利未经债务人乙公司同意，甲公司就不能转让
D. 如果甲公司将合同的权利转让给丙公司，应当通知债务人乙公司，否则该转让对乙公司不发生效力

【考点】债权的转让

【分析】根据《合同法》第七十九条的规定，债权人可以将合同的权利全部或者部分转让给第三人，但有下列情形之一的除外：（一）根据合同性质不得转让；（二）按照当事人约定不得转让；（三）依照法律规定不得转让。因此，选项AC错误，选项B正确。根据《合同法》第八十条的规定，债权人转让权利的，应当通知

债务人。未经通知,该转让对债务人不发生效力。债权人转让权利的通知不得撤销,但经受让人同意的除外。因此,选项D正确。

【答案】 BD

42.【2014年第91题】根据合同法及相关规定,下列关于合同转让的哪些说法是正确的?
  A. 债权人将合同的权利转让给第三人的,应当经债务人同意
  B. 债权人将合同的权利转让给第三人的,应当通知债务人
  C. 债务人将合同的义务转移给第三人的,应当经债权人同意
  D. 债务人将合同的义务转移给第三人的,可以不经债权人同意

【考点】 合同义务的转让

【分析】 根据《合同法》第八十条第一款的规定,债权人转让权利的,应当通知债务人。未经通知,该转让对债务人不发生效力。因此,选项A错误,选项B正确。根据《合同法》第八十四条的规定,债务人将合同的义务全部或者部分转移给第三人的,应当经债权人同意。因此,选项C正确,选项D错误。

【答案】 BC

43.【2013年第80题】根据合同法及相关规定,下列关于合同权利和义务的哪些说法是正确的?
  A. 当事人订立合同后合并的,由合并后的法人或者其他组织行使合同权利,履行合同义务
  B. 债权人转让权利的,应当通知债务人,债务人接到债权转让通知后,债务人对让与人的抗辩,可以向受让人主张
  C. 债务人将合同的义务全部转移给第三人的,应当经债权人同意
  D. 债务人转移合同义务的,新债务人不得主张原债务人对债权人的抗辩

【考点】 合同的转让

【分析】 根据《合同法》第九十条的规定,当事人订立合同后合并的,由合并后的法人或者其他组织行使合同权利,履行合同义务。当事人订立合同后分立的,除债权人和债务人另有约定的以外,由分立的法人或者其他组织对合同的权利和义务享有连带债权,承担连带债务。本题中,选项A正确。《合同法》第八十条第一款规定,债权人转让权利的,应当通知债务人。未经通知,该转让对债务人不发生效力。《合同法》第八十二条规定,债务人接到债权转让通知后,债务人对让与人的抗辩,可以向受让人主张。因此,选项B正确。根据《合同法》第八十四条的规定,债务人将合同的义务全部或者部分转移给第三人的,应当经债权人同意。因此,选项C正确。根据《合同法》第八十五条的规定,债务人转移义务的,新债务人可以主张原债务人对债权人的抗辩。因此,选项D错误。

【答案】 ABC

44.【2012年第2题】根据合同法及相关规定,关于合同的转让,下列哪种说法是正确的?
  A. 合同的权利可以转让给第三人,但合同的义务不能转移给第三人
  B. 合同的义务可以转移给第三人,但合同的权利不能转让给第三人
  C. 债权人将合同的权利全部或者部分转让给第三人的,应当经债务人同意
  D. 债务人将合同的义务全部或者部分转移给第三人的,应当经债权人同意

【考点】 合同的转让

【分析】《合同法》第七十九条规定,债权人可以将合同的权利全部或者部分转让给第三人,但有下列情形之一的除外:(一)根据合同性质不得转让;(二)按照当事人约定不得转让;(三)依照法律规定不得转让。《合同法》第八十条规定,债权人转让权利的,应当通知债务人。未经通知,该转让对债务人不发生效力。债权人转让权利的通知不得撤销,但经受让人同意的除外。《合同法》第八十四条规定,债务人将合同的义务全部或者部分转移给第三人的,应当经债权人同意。由此可知,合同的权利可以转让,合同的义务可以转移,合同权利的转让不需要事先征得债务人同意,但合同义务的转移应当经债权人同意。因此,选项ABC错误,选项D正确。

【答案】 D

六、合同的终止

45.【2016年第46题】根据合同法及相关规定，有下列哪些情形的，合同的权利义务终止？
A. 债务已经按照约定履行
B. 合同解除
C. 债务人依法将标的物提存
D. 债权人免除债务

【考点】合同的权利义务终止

【分析】《合同法》第九十一条规定，有下列情形之一的，合同的权利义务终止：（一）债务已经按照约定履行；（二）合同解除；（三）债务相互抵销；（四）债务人依法将标的物提存；（五）债权人免除债务；（六）债权债务同归于一人；（七）法律规定或者当事人约定终止的其他情形。因此，选项ABCD正确。

【答案】ABCD

46.【2015年第42题】甲乙两公司订立合同，约定甲公司送货到乙公司住所。后乙公司变更住所，未及时通知甲公司，导致甲公司无法按照约定地点交货。根据合同法及相关规定，下列哪些说法是正确的？
A. 甲公司应当及时联络乙公司并继续履行合同
B. 甲公司可以解除合同
C. 甲公司可以中止履行
D. 甲公司可以将标的物提存

【考点】提存

【分析】根据《合同法》第七十条项的规定，债权人分立、合并或者变更住所没有通知债务人，致使履行债务发生困难的，债务人可以中止履行或者将标的物提存。因此，选项AB错误，选项CD正确。

【答案】CD

47.【2015年第45题】根据合同法及相关规定，关于合同解除的效力，下列哪些说法是正确的？
A. 合同解除的，合同的权利义务终止
B. 合同解除不影响合同中结算和清理条款的效力
C. 合同解除后，已经履行的，当事人必须恢复原状
D. 合同解除后，尚未履行的，终止履行

【考点】合同解除

【分析】根据《合同法》第九十一条的规定，有下列情形之一的，合同的权利义务终止：（一）债务已经按照约定履行；（二）合同解除；（三）债务相互抵销；（四）债务人依法将标的物提存；（五）债权人免除债务；（六）债权债务同归于一人；（七）法律规定或者当事人约定终止的其他情形。因此，选项A正确。根据《合同法》第九十八条的规定，合同的权利义务终止，不影响合同中结算和清理条款的效力。因此，选项B正确。根据《合同法》第九十七条的规定，合同解除后，尚未履行的，终止履行；已经履行的，根据履行情况和合同性质，当事人可以要求恢复原状、采取其他补救措施，并有权要求赔偿损失。因此，选项C错误，选项D正确。

【答案】ABD

48.【2014年第76题】根据合同法及相关规定，下列关于合同解除的哪些说法是正确的？
A. 因不可抗力致使不能实现合同目的的，当事人可以解除合同
B. 当事人协商一致，可以解除合同
C. 合同解除的，合同的权利义务终止
D. 合同解除后，尚未履行的，终止履行

【考点】合同解除

【分析】根据《合同法》第九十四条的规定，有下列情形之一的，当事人可以解除合同：（一）因不可抗力致使不能实现合同目的；（二）在履行期限届满之前，当事人一方明确表示或者以自己的行为表明不履行主要债务；（三）当事人一方迟延履行主要债务，经催告后在合理期限内仍未履行；（四）当事人一方迟延履行债务或者有其他违约行为致使不能实现合同目的；（五）法律规定的其他情形。本题中，选项A属于其中第（一）项规定的情形，因此，选项A正确。根据《合同法》第九十三条第一款的规定，当事人协商一致，可以解除合同。因此，选项B正确。根据《合同法》第九十一条的规定，有下列情形之一的，合同的权利义务终止：（一）债务已经按照约定履行；（二）合同解除；（三）债务相互抵销；（四）债务人依法将标的物提存；

(五）债权人免除债务；（六）债权债务同归于一人；（七）法律规定或者当事人约定终止的其他情形。因此，选项 C 正确。根据《合同法》第九十七条的规定，合同解除后，尚未履行的，终止履行；已经履行的，根据履行情况和合同性质，当事人可以要求恢复原状、采取其他补救措施，并有权要求赔偿损失。因此，选项 D 正确。

【答案】ABCD

49.【2013 年第 19 题】 甲公司与乙公司互负债务，但标的物种类、品质不相同。根据合同法及相关规定，下列哪种说法是正确的？

A. 这两项债务不可能抵销
B. 这两项债务可自然抵销
C. 经双方协商一致，这两项债务可以抵销
D. 经任何一方主张，这两项债务即可抵销

【考点】债务抵消

【分析】根据《合同法》第一百条的规定，当事人互负债务，标的物种类、品质不相同的，经双方协商一致，也可以抵销。本题中，尽管甲公司与乙公司互负债务的标的物种类、品质不相同，但经双方协商一致，也是可以抵消的。因此，选项 ABD 错误，选项 C 正确。

【答案】C

50.【2013 年第 99 题】 根据合同法及相关规定，有下列哪些情形，当事人可以解除合同？

A. 因不可抗力致使不能实现合同目的
B. 因作为技术开发合同标的的技术已经由他人公开，致使技术开发合同的履行没有意义
C. 当事人一方迟延履行主要债务，经催告后在合理期限内仍未履行
D. 在履行期限届满之前，当事人一方明确表示不履行主要债务

【考点】合同解除

【分析】根据《合同法》第九十四条的规定，有下列情形之一的，当事人可以解除合同：（一）因不可抗力致使不能实现合同目的；（二）在履行期限届满之前，当事人一方明确表示或者以自己的行为表明不履行主要债务；（三）当事人一方迟延履行主要债务，经催告后在合理期限内仍未履行；（四）当事人一方迟延履行债务或者有其他违约行为致使不能实现合同目的；（五）法律规定的其他情形。本题中，选项 ACD 分别属于第（一）、（三）、（二）项所列情形，当事人可以解除合同，因此，选项 ACD 正确。根据《合同法》第三百三十七条的规定，因作为技术开发合同标的的技术已经由他人公开，致使技术开发合同的履行没有意义的，当事人可以解除合同。因此，选项 B 正确。

【答案】ABCD

51.【2012 年第 81 题】 根据合同法及相关规定，有下列哪些情形的，合同的权利义务终止？

A. 合同解除
B. 债务相互抵销
C. 债权债务同归于一人
D. 债务已经按照约定履行

【考点】合同终止

【分析】根据《合同法》第九十一条的规定，有下列情形之一的，合同的权利义务终止：（一）债务已经按照约定履行；（二）合同解除；（三）债务相互抵销；（四）债务人依法将标的物提存；（五）债权人免除债务；（六）债权债务同归于一人；（七）法律规定或者当事人约定终止的其他情形。本题中，选项 ABCD 正确。

【答案】ABCD

七、违约责任

52.【2016 年第 47 题】 根据合同法及相关规定，下列哪些属于可以并用的违约责任承担方式？

A. 采取补救措施与赔偿损失
B. 继续履行与支付违约金
C. 继续履行与赔偿损失
D. 双倍返还定金与支付违约金

【考点】违约责任

【分析】《合同法》第一百零七条规定，当事人一方不履行合同义务或者履行合同义务不符合约定的，应当承担继续履行、采取补救措施或者赔偿损失等违约责任。《合同法》第一百一十六条规定，当事人既约定违约金，又约定定金的，一方违约时，对方可以选择适用违约金或者定金条款。因此，选项 ABC 正确，选项 D

错误。

【答案】ABC

53.【2015年第6题】重庆甲公司和上海乙公司签订货物买卖合同，约定货物交付地点为乙公司在上海的某仓库。甲公司遂与丙公司签订运输合同，合同中载明乙公司为收货人。运输途中，丙公司车辆与丁公司车辆发生追尾事故致货物受损，无法向乙公司交货。根据合同法及相关规定，下列哪种说法是正确的？

    A. 乙公司有权请求甲公司承担违约责任
    B. 乙公司有权请求丙公司承担违约责任
    C. 乙公司有权请求丙公司驾驶员承担违约责任
    D. 乙公司有权请求丁公司驾驶员承担违约责任

【考点】违约责任

【分析】根据《合同法》第一百二十一条的规定，当事人一方因第三人的原因造成违约的，应当向对方承担违约责任。当事人一方和第三人之间的纠纷，依照法律规定或者按照约定解决。本题中，甲公司因为第三人丙公司的原因造成违约，应当由其向对方承担违约责任，因此，选项A正确，选项BCD错误。

【答案】A

54.【2015年第46题】根据合同法及相关规定，合同当事人一方不履行非金钱债务的，下列哪些情形下，另一方当事人不能要求其继续履行？

    A. 该债务的标的不适于强制履行
    B. 该债务的标的履行费用过高
    C. 该债务在法律上不能履行
    D. 该债务在事实上不能履行

【考点】非金钱债务的违约责任

【分析】根据《合同法》第一百一十条的规定，当事人一方不履行非金钱债务或者履行非金钱债务不符合约定的，对方可以要求履行，但有下列情形之一的除外：（一）法律上或者事实上不能履行；（二）债务的标的不适于强制履行或者履行费用过高；（三）债权人在合理期限内未要求履行。因此，选项ABCD正确。

【答案】ABCD

55.【2014年第21题】甲公司与某专利代理机构签订合同，委托该专利代理机构为其办理专利申请事务，并约定由其子公司乙公司在年底结算时统一向该专利代理机构支付费用。但年底结算时，乙公司拒绝支付这一费用。根据合同法及相关规定，应由谁向该专利代理机构承担违约责任？

    A. 甲公司
    B. 乙公司
    C. 甲公司或乙公司
    D. 甲公司和乙公司承担连带责任

【考点】合同的违约责任

【分析】根据《合同法》第六十五条的规定，当事人约定由第三人向债权人履行债务的，第三人不履行债务或者履行债务不符合约定，债务人应当向债权人承担违约责任。本题中，当事人甲公司与该代理机构约定由第三人乙公司向该代理机构履行债务，但乙公司拒绝履行债务，根据上述规定，甲公司应当向专利代理机构承担责任。因此，选项A正确，选项BCD错误。

【答案】A

56.【2014年第93题】张某欲将珍藏多年的古董瓷器转让给赵某。两人在合同中约定，如果一方违约，需要支付给对方违约金，同时约定赵某支付一定数额的定金给张某作为债权的担保。交付前，张某的朋友李某不慎将该瓷器摔碎。根据合同法及相关规定，下列哪些说法是正确的？

    A. 张某不能向赵某交付瓷器，构成违约，违约责任应由张某承担
    B. 张某不能向赵某交付瓷器，构成违约，违约责任应由李某承担
    C. 赵某追究违约责任时，可以要求同时适用违约金和定金条款
    D. 赵某追究违约责任时，可以选择适用违约金或者定金条款

【考点】违约责任

【分析】根据《合同法》第一百二十一条的规定，当事人一方因第三人的原因造成违约的，应当向对方承担违约责任。当事人一方和第三人之间的纠纷，依照法律规定或者按照约定解决。本题中，张某因为第三人李某的原因造成违约，应当由其本人向对方承担违约责任，因此，选项A正确，选项B错误。根据《合同法》第一百一十六条的规定，当事人既约定违约金，又约定定金的，一方违约时，对方可以选择适用违约金或者定

金条款。本题中，张某与赵某在合同中同时约定了违约金和定金，因此，赵某追究违约责任时只能选择适用违约金或者定金条款，而不能同时主张，选项 C 错误，选项 D 正确。

【答案】 AD

57.【2012 年第 85 题】根据合同法及相关规定，下列关于违约责任的哪些说法是正确的？
A. 当事人一方不履行合同义务的，应当承担违约责任
B. 当事人一方履行合同义务不符合约定的，应当承担违约责任
C. 承担违约责任的方式包括继续履行、采取补救措施、赔偿损失等
D. 当事人可以约定一方违约时应当根据违约情况向对方支付一定数额的违约金，也可以约定因违约产生的损失赔偿额的计算方法

【考点】 违约责任

【分析】 根据《合同法》第一百零七条的规定，当事人一方不履行合同义务或者履行合同义务不符合约定的，应当承担继续履行、采取补救措施或者赔偿损失等违约责任。本题中，选项 ABC 正确。根据《合同法》第一百一十四条第一款的规定，当事人可以约定一方违约时应当根据违约情况向对方支付一定数额的违约金，也可以约定因违约产生的损失赔偿额的计算方法。因此，选项 D 正确。

【答案】 ABCD

八、技术合同

1. 技术合同的概念
2. 职务技术成果和非职务技术成果

58.【2015 年第 7 题】张某和李某合作开发完成一项发明创造，但未约定权利归属。该项发明创造完成后，张某想要申请专利，而李某则想通过商业秘密保护，不同意申请专利。根据合同法及相关规定，下列哪种说法是正确的？
A. 张某不得申请专利
B. 张某可以申请专利，获得授权后专利权归张某和李某共有
C. 张某可以申请专利，获得授权后专利权归张某所有，李某可以免费实施该专利
D. 张某可以申请专利，获得授权后专利权归张某所有，但获得的收益应在两人之间分配

【考点】 合作开发技术成果的归属

【分析】 根据《合同法》第三百四十条第三款规定，合作开发的当事人一方不同意申请专利的，另一方或者其他各方不得申请专利。选项 A 正确，选项 BCD 错误。

【答案】 A

3. 无效的技术合同

59.【2014 年第 28 题】甲公司与乙公司签订专利实施许可合同，并约定被许可方乙公司不得就该专利提出无效宣告请求。该合同还有独立存在的有关解决争议方法的条款。根据合同法及相关规定，下列关于该合同效力的哪种说法是正确的？
A. 该合同有效
B. 该合同效力待定
C. 该合同无效，合同中独立存在的有关解决争议方法的条款也相应无效
D. 该合同无效，但不影响合同中独立存在的有关解决争议方法的条款的效力

【考点】 合同效力　技术合同

【分析】 根据《合同法》第三百二十九条的规定，非法垄断技术、妨碍技术进步或者侵害他人技术成果的技术合同无效。《最高人民法院关于审理技术合同纠纷案件适用法律若干问题的解释》第十条第（六）项的规定，禁止技术接受方对合同标的技术知识产权的有效性提出异议或者对提出异议附加条件的，属于合同法第三百二十九条所称的"非法垄断技术、妨碍技术进步"。因此，甲公司与乙公司签订的专利实施许可合同无效。根据《合同法》第五十七的规定，合同无效、被撤销或者终止的，不影响合同中独立存在的有关解决争议方法的条款的效力。因此，ABC 错误，选项 D 正确。

【答案】D

4. 技术合同的种类

60.【2014年第25题】甲公司委托乙研究所研发一项新技术，双方签订了技术开发合同，但没有约定研发成果申请专利的权利的归属。根据合同法及相关规定，下列哪种说法是正确的？
   A. 该研发成果申请专利的权利属于甲公司和乙研究所共有，当事人一方转让其共有的专利申请权的，另一方享有以同等条件优先受让的权利
   B. 该研发成果申请专利的权利属于甲公司和乙研究所共有，当事人一方声明放弃其共有的专利申请权的，可以由另一方单独申请
   C. 该研发成果申请专利的权利属于乙研究所，乙研究所取得专利权的，甲公司可以免费实施该专利
   D. 该研发成果申请专利的权利属于甲公司，甲公司取得专利权的，乙研究所可以免费实施该专利

【考点】技术开发合同

【分析】根据《合同法》第三百三十九条第一款的规定，委托开发完成的发明创造，除当事人另有约定的以外，申请专利的权利属于研究开发人。本题中，在甲公司与乙研究所未约定研发成果申请专利的权利归属的情况下，申请专利的权利属于研发人乙研究所，但乙研究所所取得专利权的，甲公司可以免费实施该专利。因此，选项ABD错误，选项C正确。

【答案】C

61.【2014年第64题】根据合同法及相关规定，下列关于专利实施许可合同的哪些说法是正确的？
   A. 除合同另有约定外，被许可人可以许可约定以外的第三人实施该专利
   B. 专利实施许可合同只在该专利权的存续期间内有效
   C. 许可人应当保证自己是所许可实施的专利的合法拥有者
   D. 被许可人应当按约定的范围和期限，对让与人提供的技术中尚未公开的秘密部分，承担保密义务

【考点】专利实施许可合同

【分析】根据《合同法》第三百四十六条的规定，专利实施许可合同的受让人应当按照约定实施专利，不得许可约定以外的第三人实施该专利；并按约定支付使用费。因此，选项A错误。根据《合同法》第三百四十四条的规定，选项B正确。根据《合同法》第三百四十九条的规定，专利实施许可合同只在该专利权的存续期间内有效。专利权有效期限届满或者专利权被宣布无效的，专利权人不得就该专利与他人订立专利实施许可合同。《合同法》第三百四十二条的规定，技术转让合同包括专利权转让、专利申请权转让、技术秘密转让、专利实施许可合同。技术转让合同应当采用书面形式。因此，选项C正确。根据《合同法》第三百五十条的规定，技术转让合同的受让人应当按照约定的范围和期限，对让与人提供的技术中尚未公开的秘密部分，承担保密义务。选项D正确。

【答案】BCD

62.【2013年第49题】根据合同法及相关规定，下列关于技术转让合同的哪些说法是正确的？
   A. 技术秘密转让合同应当采用书面形式
   B. 技术秘密转让合同的当事人未就使用技术秘密后续改进技术成果的分享办法作出约定的，一方后续改进的技术成果，其他各方均有权分享
   C. 专利实施许可合同的被许可人应当按照约定的范围和期限，对让与人提供的技术中尚未公开的秘密部分，承担保密义务
   D. 专利实施许可合同只在该专利权的存续期间内有效

【考点】技术转让合同

【分析】根据《合同法》第三百四十二条的规定，本题中，选项A正确。根据《合同法》第三百五十四条的规定，当事人可以按照互利的原则，在技术转让合同中约定实施专利、使用技术秘密后续改进的技术成果的分享办法。没有约定或者约定不明确，依照本法。因此，选项B错误。根据《合同法》第三百五十条的规定，技术转让合同的受让人应当按照约定的范围和期限，对让与人提供的技术中尚未公开的秘密部分，承担保密义务。因此，选项C正确。根据《合同法》第三百四十四条的规定，专利实施许可合同只在该专利权的存续期间

内有效。专利权有效期限届满或者专利权被宣布无效的，专利权人不得就该专利与他人订立专利实施许可合同。因此，选项D正确。

【答案】ACD

63.【2013年第69题】甲公司委托乙研究所为其开发一种技术，并签订了技术开发合同，但双方没有约定技术成果的归属。乙研究所按约定交付了符合要求的技术成果，甲公司按约定支付了研究开发经费和报酬。后乙研究所就该技术成果提交了专利申请。根据合同法及相关规定，下列哪些说法是正确的？

  A. 乙研究所就该技术成果申请专利的行为侵犯了甲公司就该技术成果申请专利的权利
  B. 乙研究所享有就该技术成果申请专利的权利，但若乙研究所转让该专利申请权，则甲公司享有以同等条件优先受让的权利
  C. 如果乙研究所的该专利申请被授予专利权，则甲公司未经乙研究所许可，不得以生产经营为目的实施该专利
  D. 如果乙研究所的该专利申请被授予专利权，则甲公司可以免费实施该专利

【考点】技术开发合同

【分析】根据《合同法》第三百三十九条的规定，委托开发完成的发明创造，除当事人另有约定的以外，申请专利的权利属于研究开发人。研究开发人取得专利权的，委托人可以免费实施该专利。研究开发人转让专利申请权的，委托人享有以同等条件优先受让的权利。本题中，甲公司委托乙研究所完成了发明创造，但未约定技术成果归属，因此，该技术成果申请专利的权利属于研究开发人乙研究所，如果乙研究所转让该申请权，委托人甲公司享有以同等条件优先受让的权利。因此，选项B正确，选项A错误。同时，根据上述规定，研究开发人乙研究所取得专利权，则委托人甲公司可以免费实施该专利，因此，选项D正确，选项C错误。

【答案】BD

64.【2012年第10题】甲单位委托乙研究所就某技术项目提供可行性论证。双方在合同中约定乙研究所在三个月内提供咨询报告，甲单位在收到符合约定要求的报告后应支付乙研究所10万元报酬。根据合同法及相关规定，下列哪种说法是正确的？

  A. 该合同属于技术开发合同
  B. 如果乙研究所未按期提供咨询报告，则应当承担减收或者免收报酬等违约责任
  C. 如果双方没有约定，则乙研究所利用甲单位提供的技术资料和工作条件完成的新的技术成果，属于甲单位
  D. 如果双方没有约定，则甲单位按照乙研究所符合约定要求的咨询报告和意见作出决策所造成的损失，由乙研究所承担

【考点】技术咨询合同

【分析】根据《合同法》第三百五十六条的规定，技术咨询合同包括就特定技术项目提供可行性论证、技术预测、专题技术调查、分析评价报告等合同。技术服务合同是指当事人一方以技术知识为另一方解决特定技术问题所订立的合同，不包括建设工程合同和承揽合同。本题中，选项A错误。根据《合同法》第三百五十九条第一款的规定，技术咨询合同的委托人未按照约定提供必要的资料和数据，影响工作进度和质量，不接受或者逾期接受工作成果的，支付的报酬不得追回，未支付的报酬应当支付。因此，选项B正确。根据《合同法》第三百六十三条的规定，委托合同是委托人和受托人约定，由受托人处理委托人事务的合同。因此，选项C错误。根据《合同法》第三百五十九条第二款的规定，技术咨询合同的受托人未按期提出咨询报告或者提出的咨询报告不符合约定的，应当承担减收或者免收报酬等违约责任。因此，选项D错误。

【答案】B

九、委托合同

66.【2016年第48题】甲公司委托乙研究所为其开发一种技术，并签订了一份技术开发合同，但双方没有约定技术成果的归属。乙研究所按约定交付了符合要求的技术成果，并随后就该技术成果申请专利，双方发生纠纷。根据合同法及相关规定，下列哪些说法是正确的？

  A. 甲公司享有就该技术成果申请专利的权利

B. 乙研究所享有就该技术成果申请专利的权利
C. 如果乙研究所就该技术成果取得专利权，甲公司可以免费实施该专利
D. 如果乙研究所就该技术成果取得专利权并欲转让该专利权的，甲公司享有以同等条件优先受让的权利

【考点】 委托开发完成的发明创造

【分析】《合同法》第三百三十九条规定，委托开发完成的发明创造，除当事人另有约定的以外，申请专利的权利属于研究开发人。研究开发人取得专利权的，委托人可以免费实施该专利。研究开发人转让专利申请权的，委托人享有以同等条件优先受让的权利。因此，选项 A 错误，选项 BCD 正确。

【答案】 BCD

66.【2016 年第 49 题】甲公司委托乙专利代理机构代为处理本公司专利事务，乙专利代理机构根据委托合同收取报酬。根据合同法及相关规定，下列哪些说法是正确的？
A. 乙机构应当按照甲公司的指示处理委托事务
B. 乙机构应当按照甲公司的要求报告委托事务的处理情况
C. 因乙机构的过错给甲公司造成损失的，甲公司可以要求乙机构赔偿损失
D. 甲公司、乙机构可以随时解除双方之间的委托合同

【考点】 委托合同

【分析】《合同法》第三百九十九条规定，受托人应当按照委托人的指示处理委托事务。需要变更委托人指示的，应当经委托人同意；因情况紧急，难以和委托人取得联系的，受托人应当妥善处理委托事务，但事后应当将该情况及时报告委托人。《合同法》第四百零一条规定，受托人应当按照委托人的要求，报告委托事务的处理情况。委托合同终止时，受托人应当报告委托事务的结果。《合同法》第四百零六条规定，有偿的委托合同，因受托人的过错给委托人造成损失的，委托人可以要求赔偿损失。无偿的委托合同，因受托人的故意或者重大过失给委托人造成损失的，委托人可以要求赔偿损失。受托人超越权限给委托人造成损失的，应当赔偿损失。《合同法》第四百一十条规定，委托人或者受托人可以随时解除委托合同。因解除合同给对方造成损失的，除不可归责于该当事人的事由以外，应当赔偿损失。因此，选项 ABCD 正确。

【答案】 ABCD

67.【2015 年第 47 题】甲公司委托乙专利代理机构代为处理本公司专利事务。根据合同法及相关规定，下列哪些说法是正确的？
A. 委托合同终止时，乙机构应当向甲公司报告委托事务的结果
B. 乙机构应当按照甲公司的要求报告委托事务的处理情况
C. 甲公司应当偿还乙机构为处理委托事务垫付的必要费用
D. 乙机构可以随时解除该合同，但甲公司不可以

【考点】 委托合同

【分析】根据《合同法》第四百零一条的规定，受托人应当按照委托人的要求，报告委托事务的处理情况。委托合同终止时，受托人应当报告委托事务的结果。因此，选项 AB 正确。根据《合同法》第三百九十八条的规定，委托人应当预付处理委托事务的费用。受托人为处理委托事务垫付的必要费用，委托人应当偿还该费用及其利息。因此，选项 C 正确。根据《合同法》第四百一十条的规定，委托人或者受托人可以随时解除委托合同。因解除合同给对方造成损失的，除不可归责于该当事人的事由以外，应当赔偿损失。因此，选项 D 错误。

【答案】 ABC

68.【2015 年第 48 题】甲农场委托乙运输公司将农场的水果运往某市水果市场。合同签订后，乙运输公司有更大的运输业务，欲将运输甲农场水果的任务委托给丙运输公司。根据合同法及相关规定，下列哪些说法是正确的？
A. 乙运输公司经甲农场同意，可以转委托丙运输公司运输甲农场的水果
B. 乙运输公司有权转委托丙运输公司，仅需事后通知甲农场
C. 转委托未经甲农场同意的，乙运输公司应当对丙运输公司的行为承担责任

D. 转委托未经甲农场同意的，乙运输公司仅需就其对丙运输公司的指示承担责任

【考点】转委托

【分析】根据《合同法》第四百条的规定，受托人应当亲自处理委托事务。经委托人同意，受托人可以转委托。转委托经同意的，委托人可以就委托事务直接指示转委托的第三人，受托人仅就第三人的选任及其对第三人的指示承担责任。转委托未经同意的，受托人应当对转委托的第三人的行为承担责任，但在紧急情况下受托人为维护委托人的利益需要转委托的除外。选项 AC 正确，选项 BD 错误。

【答案】AC

69.【2012年第93题】根据合同法及相关规定，下列关于委托合同的哪些说法是正确的？

A. 委托合同是委托人和受托人约定，由受托人处理委托人事务的合同

B. 受托人应当亲自处理委托事务，经委托人同意，受托人可以转委托

C. 受托人应当按照委托人的要求，报告委托事务的处理情况

D. 有偿的委托合同，因受托人的过错给委托人造成损失的，委托人可以要求赔偿损失

【考点】委托合同

【分析】根据《合同法》第三百九十六条的规定，委托合同是委托人和受托人约定，由受托人处理委托人事务的合同。因此，选项 A 正确。根据《合同法》第四百条的规定，受托人应当亲自处理委托事务。经委托人同意，受托人可以转委托。转委托经同意的，委托人可以就委托事务直接指示转委托的第三人，受托人仅就第三人的选任及其对第三人的指示承担责任。转委托未经同意的，受托人应当对转委托的第三人的行为承担责任，但在紧急情况下受托人为维护委托人的利益需要转委托的除外。因此，选项 B 正确。根据《合同法》第四百零一条的规定，选项 C 正确，根据《合同法》第四百零六条第一款的规定，有偿的委托合同，因受托人的过错给委托人造成损失的，委托人可以要求赔偿损失。无偿的委托合同，因受托人的故意或者重大过失给委托人造成损失的，委托人可以要求赔偿损失。因此，选项 D 正确。

【答案】ABCD

第三节　民事诉讼法

基本要求

了解民事诉讼的效力范围、基本原则和基本的诉讼制度；理解民事诉讼法中关于管辖、证据、诉讼当事人、财产保全以及证据的规定；

掌握关于一般民事审判程序和执行程序的基本规定；了解关于涉外民事诉讼的规定。

本节内容主要涉及《中华人民共和国民事诉讼法》、《最高人民法院关于适用〈中华人民共和国民事诉讼〉若干问题的意见》和《最高人民法院关于民事诉讼证据的若干规定》的规定。

一、民事诉讼法的基本知识

1. 民事诉讼法的效力

2. 民事诉讼法的基本原则

1.【2016年第50题】根据民事诉讼法及相关规定，下列哪些说法是正确的？

A. 民事诉讼应当遵循诚实信用原则

B. 人民法院审理民事案件时，当事人有权进行辩论

C. 人民检察院有权对民事诉讼实行法律监督

D. 当事人有权在法律规定的范围内处分自己的民事权利和诉讼权利

【考点】诚实信用原则　当事人处分原则

【分析】《民事诉讼法》第十二条规定，人民法院审理民事案件时，当事人有权进行辩论。《民事诉讼法》第十三条规定，民事诉讼应当遵循诚实信用原则。当事人有权在法律规定的范围内处分自己的民事权利和诉讼权利。《民事诉讼法》第十四条规定，人民检察院有权对民事诉讼实行法律监督。因此，选项 ABCD 正确。

【答案】ABCD

2.【2015年第50题】根据民事诉讼法及相关规定，下列哪些说法是正确的？
A. 民事诉讼当事人有平等的诉讼权利
B. 当事人有权在法律规定的范围内处分自己的民事权利和诉讼权利
C. 在少数民族聚居的地区，人民法院应当一律使用汉语言文字审理和发布法律文书
D. 人民法院审理民事案件，应当根据自愿和合法的原则进行调解；调解不成的，应当及时判决

【考点】民事诉讼法的基本原则

【分析】根据《民事诉讼法》第八条的规定，民事诉讼当事人有平等的诉讼权利。人民法院审理民事案件，应当保障和便利当事人行使诉讼权利，对当事人在适用法律上一律平等。选项A正确。根据《民事诉讼法》第十三条第二款的规定，当事人有权在法律规定的范围内处分自己的民事权利和诉讼权利。选项B正确。根据《民事诉讼法》第十一条第二款的规定，在少数民族聚居或者多民族共同居住的地区，人民法院应当用当地民族通用的语言、文字进行审理和发布法律文书。选项C错误。根据《民事诉讼法》第九条的规定，人民法院审理民事案件，应当根据自愿和合法的原则进行调解；调解不成的，应当及时判决。选项D正确。

【答案】ABD

3.【2015年第10题】在一起侵犯专利权纠纷案件中，双方当事人达成调解协议后，人民法院制作了调解书，但原告在调解书送达前反悔，拒不签收。根据民事诉讼法及相关规定，下列哪种说法是正确的？
A. 人民法院可以留置送达该调解书
B. 人民法院可以公告送达该调解书
C. 人民法院应当及时判决
D. 人民法院应当裁定驳回起诉

【考点】调解失败

【分析】根据《民事诉讼法》第九十九条的规定，调解未达成协议或者调解书送达前一方反悔的，人民法院应当及时判决。选项C正确，选项ABD错误。

【答案】C

4.【2014年第77题】根据民事诉讼法及相关规定，下列有关调解的哪些说法是正确的？
A. 当事人起诉到人民法院的民事纠纷，一律应当先行调解
B. 第一审普通程序中法庭辩论终结后，人民法院一律不再进行调解
C. 第二审人民法院审理上诉案件，可以进行调解
D. 调解达成协议的，人民法院制作的调解书经双方当事人签收后，即具有法律效力

【考点】调解

【分析】根据《民事诉讼法》第一百二十二条的规定，当事人起诉到人民法院的民事纠纷，适宜调解的，先行调解，但当事人拒绝调解的除外。选项A错误。根据《民事诉讼法》第一百四十二条的规定，法庭辩论终结，应当依法作出判决。判决前能够调解的，还可以进行调解，调解不成的，应当及时判决。选项B错误。根据《民事诉讼法》第一百七十二条的规定，第二审人民法院审理上诉案件，可以进行调解。调解达成协议，应当制作调解书，由审判人员、书记员署名，加盖人民法院印章。调解书送达后，原审人民法院的判决即视为撤销。选项C正确。根据《民事诉讼法》第九十七条的规定，调解达成协议，人民法院应当制作调解书。调解书应当写明诉讼请求、案件的事实和调解结果。调解书由审判人员、书记员署名，加盖人民法院印章，送达双方当事人。调解书经双方当事人签收后，即具有法律效力。选项D正确。

【答案】CD

5.【2013年第33题】根据民事诉讼法及相关规定，下列哪些说法是正确的？
A. 民事诉讼当事人有平等的诉讼权利
B. 民事诉讼应当遵循诚实信用原则
C. 在民事诉讼中，人民法院进行审理和发布法律文书均应使用汉语
D. 人民检察院有权对民事诉讼实行法律监督

【考点】民事诉讼法的基本原则

【分析】根据《民事诉讼法》第八条的规定，民事诉讼当事人有平等的诉讼权利。人民法院审理民事案件，应当保障和便利当事人行使诉讼权利，对当事人在适用法律上一律平等。本题中，选项A正确。根据《民

事诉讼法》第十三条第一款的规定，民事诉讼应当遵循诚实信用原则。选项 B 正确。根据《民事诉讼法》第十一条第二款的规定，在少数民族聚居或者多民族共同居住的地区，人民法院应当用当地民族通用的语言、文字进行审理和发布法律文书。选项 C 错误。根据《民事诉讼法》第十四条的规定，人民检察院有权对民事诉讼实行法律监督。选项 D 正确。

【答案】ABD

6. 【2012年第32题】根据民事诉讼法及相关规定，下列哪些说法是正确的？
   A. 民事诉讼当事人有平等的诉讼权利
   B. 人民法院审理民事案件时，当事人有权进行辩论
   C. 当事人有权在法律规定的范围内处分自己的民事权利和诉讼权利
   D. 人民检察院有权对民事审判活动实行法律监督

【考点】民事诉讼法的基本原则

【分析】根据《民事诉讼法》第八条的规定，民事诉讼当事人有平等的诉讼权利。人民法院审理民事案件，应当保障和便利当事人行使诉讼权利，对当事人在适用法律上一律平等。本题中，选项 A 正确。根据《民事诉讼法》第十二条的规定，人民法院审理民事案件时，当事人有权进行辩论。选项 B 正确。根据《民事诉讼法》第十三条的规定，民事诉讼应当遵循诚实信用原则。当事人有权在法律规定的范围内处分自己的民事权利和诉讼权利。选项 C 正确。根据《民事诉讼法》第十四条的规定，人民检察院有权对民事诉讼实行法律监督。选项 D 正确。

【答案】ABCD

3. 民事诉讼的基本制度

7. 【2016年第53题】根据民事诉讼法及相关规定，审判人员存在下列哪些情形，当事人有权申请或者要求他们回避？
   A. 是本案诉讼代理人的近亲属的
   B. 接受本案诉讼代理人请客送礼的
   C. 曾经在另一案件中对同一当事人做出不利裁判的
   D. 违反规定会见本案诉讼代理人的

【考点】回避

【分析】《民事诉讼法》第四十四条规定，审判人员有下列情形之一的，应当自行回避，当事人有权用口头或者书面方式申请他们回避：（一）是本案当事人或者当事人、诉讼代理人近亲属的；（二）与本案有利害关系的；（三）与本案当事人、诉讼代理人有其他关系，可能影响对案件公正审理的。审判人员接受当事人、诉讼代理人请客送礼，或者违反规定会见当事人、诉讼代理人的，当事人有权要求他们回避。审判人员有前款规定的行为的，应当依法追究法律责任。前三款规定，适用于书记员、翻译人员、鉴定人、勘验人。因此，选项 ABD 正确，选项 C 错误。

【答案】ABD

8. 【2013年第58题】根据民事诉讼法及相关规定，当事人可以申请下列哪些人员回避？
   A. 陪审员李某，其是被告诉讼代理人近亲属
   B. 审判员刘某，其违反规定会见了原告
   C. 鉴定人陈某，其与本案有利害关系
   D. 证人张某，其与被告是母子关系

【考点】回避

【分析】根据《民事诉讼法》第四十四条的规定，审判人员有下列情形之一的，应当自行回避，当事人有权用口头或者书面方式申请他们回避：（一）是本案当事人或者当事人、诉讼代理人近亲属的；（二）与本案有利害关系的；（三）与本案当事人、诉讼代理人有其他关系，可能影响对案件公正审理的。审判人员接受当事人、诉讼代理人请客送礼，或者违反规定会见当事人、诉讼代理人的，当事人有权要求他们回避。审判人员有前款规定的行为的，应当依法追究法律责任。前三款规定，适用于书记员、翻译人员、鉴定人、勘验人。本题中，违反规定见了原告的审判员刘某、与本案有利害关系的鉴定人陈某均属于回避对象，因此，选项 BC 正确。根据《民事诉讼法》第三十九条第三款的规定，陪审员在执行陪审职务时，与审判员有同等的权利义务。由此可知，作为被告诉讼代理人近亲属的陪审员李某也属于回避对象因此，选项 A 正确。根据上述规定，证人不属于回避对象，因此，选项 D 错误。

【答案】ABC

9.【2012年第76题】根据民事诉讼法及相关规定，有关回避的规定适用于下列哪些人员？
A. 审判员　　　　　B. 书记员　　　　　C. 翻译人员　　　　　D. 证人

【考点】回避

【分析】根据《民事诉讼法》第四十四条的规定，审判人员有下列情形之一的，应当自行回避，当事人有权用口头或者书面方式申请他们回避：（一）是本案当事人或者当事人、诉讼代理人近亲属的；（二）与本案有利害关系的；（三）与本案当事人、诉讼代理人有其他关系，可能影响对案件公正审理的。审判人员接受当事人、诉讼代理人请客送礼，或者违反规定会见当事人、诉讼代理人的，当事人有权要求他们回避。审判人员有前款规定的行为的，应当依法追究法律责任。前三款规定，适用于书记员、翻译人员、鉴定人、勘验人。本题中，选项ABC正确，选项D错误。

【答案】ABC

二、民事诉讼的管辖

1. 级别管辖
2. 地域管辖

10.【2016年第9题】根据民事诉讼法及相关规定，因不动产纠纷提起的民事诉讼，由下列哪个人民法院管辖？
A. 不动产所在地人民法院　　　　　B. 原告住所地人民法院
C. 被告住所地人民法院　　　　　　D. 原告经常居住地人民法院

【考点】专属管辖

【分析】《民事诉讼法》第三十三条规定，下列案件，由本条规定的人民法院专属管辖：（一）因不动产纠纷提起的诉讼，由不动产所在地人民法院管辖；（二）因港口作业中发生纠纷提起的诉讼，由港口所在地人民法院管辖；（三）因继承遗产纠纷提起的诉讼，由被继承人死亡时住所或者主要遗产所在地人民法院管辖。因此，选项A正确，选项BCD错误。

【答案】A

11.【2016年第51题】根据民事诉讼法及相关规定，因侵权行为提起的民事诉讼，下列哪些人民法院有管辖权？
A. 原告住所地人民法院　　　　　B. 侵权行为实施地人民法院
C. 侵权结果发生地人民法院　　　D. 被告住所地人民法院

【考点】管辖权

【分析】《民事诉讼法》第二十八条规定，因侵权行为提起的诉讼，由侵权行为地或者被告住所地人民法院管辖。《民诉法解释》第二十四条规定，民事诉讼法第二十九条规定的侵权行为地，包括侵权行为实施地、侵权结果发生地。因此，选项A错误，选项BCD正确。

【答案】BCD

12.【2015年第8题】根据民事诉讼法及相关规定，原告向两个有管辖权的人民法院起诉的，由哪个人民法院管辖？
A. 最先收到起诉状的人民法院
B. 最先收到案件受理费的人民法院
C. 最先立案的人民法院
D. 该两个人民法院共同上级人民法院指定的人民法院

【考点】共同管辖

【分析】根据《民事诉讼法》第三十五条的规定，两个以上人民法院都有管辖权的诉讼，原告可以向其中一个人民法院起诉；原告向两个以上有管辖权的人民法院起诉的，由最先立案的人民法院管辖。因此，选项C正确，选项ABD错误。

【答案】C

13. 【2014年第33题】王某欲以刘某和赵某为共同被告提起民事诉讼。经查，王某的住所地和经常居住地均为甲地；刘某的住所地为乙地，经常居住地为丙地；赵某的住所地和经常居住地均为丁地。根据民事诉讼法及相关规定，下列哪些人民法院对该案有管辖权？

　　A. 甲地人民法院　　　　　　　　　　B. 乙地人民法院
　　C. 丙地人民法院　　　　　　　　　　D. 丁地人民法院

【考点】 地域管辖

【分析】 根据《民事诉讼法》第二十一条的规定，对公民提起的民事诉讼，由被告住所地人民法院管辖；被告住所地与经常居住地不一致的，由经常居住地人民法院管辖。对法人或者其他组织提起的民事诉讼，由被告住所地人民法院管辖。同一诉讼的几个被告住所地、经常居住地在两个以上人民法院辖区的，各该人民法院都有管辖权。本题中，被告刘某和赵某住所地或者经常居住地人民法院对该案件均有管辖权。被告刘某的住所地与经常居住地不一致，由其经常居住地丙地人民法院管辖，选项C正确。被告赵某的住所地丁地人民法院对该案件也有管辖权，选项D正确。

【答案】 CD

14. 【2013年第4题】甲县的周某与乙县的郑某在丙县签订了一份合同，将周某位于丁县的厂房卖给郑某。后双方发生纠纷，周某欲起诉郑某。根据民事诉讼法及相关规定，周某应向何地人民法院起诉？

　　A. 甲县　　　　　B. 乙县　　　　　C. 丙县　　　　　D. 丁县

【考点】 民事诉讼管辖

【分析】 根据《民事诉讼法》第三十三条的规定，下列案件，由本条规定的人民法院专属管辖：（一）因不动产纠纷提起的诉讼，由不动产所在地人民法院管辖；（二）因港口作业中发生纠纷提起的诉讼，由港口所在地人民法院管辖；（三）因继承遗产纠纷提起的诉讼，由被继承人死亡时住所地或者主要遗产所在地人民法院管辖。本题中，诉讼因不动产厂房纠纷提起，应由厂房所在地丁县的人民法院管辖，因此，选项ABC错误，选项D正确。

【答案】 D

15. 【2013年第81题】甲公司与乙公司签订了家具买卖合同，并欲就发生合同纠纷时的管辖问题进行约定。根据民事诉讼法及相关规定，在不违反级别管辖和专属管辖规定的情况下，下列哪些约定符合规定？

　　A. 双方书面约定由合同签订地人民法院管辖　　　B. 双方口头约定由合同签订地人民法院管辖
　　C. 双方书面约定由原告住所地人民法院管辖　　　D. 双方口头约定由原告住所地人民法院管辖

【考点】 民事诉讼中的协议管辖

【分析】 根据《民事诉讼法》第三十四条的规定，合同或者其他财产权益纠纷的当事人可以书面协议选择被告住所地、合同履行地、合同签订地、原告住所地、标的物所在地等与争议有实际联系的地点的人民法院管辖，但不得违反本法对级别管辖和专属管辖的规定。由此可知，协议管辖中的"协议"应当是书面协议，而不能是口头协议；同时所约定的法院应当是与争议有实际联系的地点的人民法院。本题中，甲公司和乙公司可以书面约定合同签订地、原告住所地等地人民法院管辖，但不能口头约定，因此，选项AC正确，选项BD错误。

【答案】 AC

16. 【2012年第51题】根据民事诉讼法及相关规定，在不违反民事诉讼法对级别管辖和专属管辖规定的情况下，合同双方当事人可以就合同纠纷通过书面协议选择下列哪些人民法院管辖？

　　A. 被告住所地人民法院　　　　　　　　B. 合同履行地人民法院
　　C. 合同签订地人民法院　　　　　　　　D. 标的物所在地人民法院

【考点】 民事诉讼中的协议管辖

【分析】 根据《民事诉讼法》第三十四条的规定，合同或者其他财产权益纠纷的当事人可以书面协议选择被告住所地、合同履行地、合同签订地、原告住所地、标的物所在地等与争议有实际联系的地点的人民法院管辖，但不得违反本法对级别管辖和专属管辖的规定。本题中，选项ABCD正确。

【答案】 ABCD

3. 移送管辖和指定管辖

17.【2016年第52题】根据民事诉讼法及相关规定，对于两个以上人民法院都有管辖权的诉讼，下列哪些说法是正确的？

A. 先立案的人民法院不得将案件移送给另一个有管辖权的人民法院
B. 人民法院在立案前发现其他有管辖权的人民法院已先立案的，不得重复立案
C. 人民法院在立案后发现其他有管辖权的人民法院已先立案的，裁定将案件移送给先立案的人民法院
D. 人民法院在立案后发现其他有管辖权的人民法院已先立案的，应依法报请上级法院指定管辖

【考点】管辖权

【分析】根据《最高人民法院关于适用〈中华人民共和国民事诉讼法〉的解释》第三十六条规定，两个以上人民法院都有管辖权的诉讼，先立案的人民法院不得将案件移送给另一个有管辖权的人民法院。人民法院在立案前发现其他有管辖权的人民法院已先立案的，不得重复立案；立案后发现其他有管辖权的人民法院已先立案的，裁定将案件移送给先立案的人民法院。因此，选项ABC正确。

【答案】ABC

18.【2014年第7题】根据民事诉讼法及相关规定，人民法院受理案件后，当事人对管辖权有异议的，应当在何时提出？

A. 起诉期间　　　　　　　　　　　　B. 提交答辩状期间
C. 法庭调查期间　　　　　　　　　　D. 法庭辩论终结前

【考点】管辖权异议

【分析】根据《民事诉讼法》第一百二十七条第一款的规定，人民法院受理案件后，当事人对管辖权有异议的，应当在提交答辩状期间提出。人民法院对当事人提出的异议，应当审查。异议成立的，裁定将案件移送有管辖权的人民法院；异议不成立的，裁定驳回。选项ACD错误，选项B正确。

【答案】B

19.【2013年第42题】根据民事诉讼法及相关规定，有关管辖权异议的下列哪些说法是正确的？

A. 人民法院受理案件后，当事人对管辖权有异议的，应当在提交答辩状期间提出
B. 当事人未提出管辖权异议，并应诉答辩的，视为受诉人民法院有管辖权，但违反级别管辖和专属管辖规定的除外
C. 经审查管辖权异议成立的，人民法院裁定将案件移送有管辖权的法院
D. 经审查管辖权异议不成立的，人民法院裁定驳回

【考点】民事诉讼管辖权异议

【分析】根据《民事诉讼法》第一百二十七条的规定，人民法院受理案件后，当事人对管辖权有异议的，应当在提交答辩状期间提出。人民法院对当事人提出的异议，应当审查。异议成立的，裁定将案件移送有管辖权的人民法院；异议不成立的，裁定驳回。当事人未提出管辖异议，并应诉答辩的，视为受诉人民法院有管辖权，但违反级别管辖和专属管辖规定的除外。本题中，选项ABCD正确。

【答案】ABCD

三、审判组织和诉讼参加人

1. 审判组织
2. 诉讼当事人

20.【2015年第51题】根据民事诉讼法及相关规定，法律规定的机关和有关组织对下列哪些行为可以向人民法院提起公益诉讼？

A. 污染环境的行为　　　　　　　　　　B. 侵害众多消费者合法权益的行为
C. 侵犯某专利权、未损害社会公共利益的行为　　D. 侵犯某商标权、未损害社会公共利益的行为

【考点】公益诉讼

【分析】根据《民事诉讼法》第五十五条的规定，对污染环境、侵害众多消费者合法权益等损害社会公共利益的行为，法律规定的机关和有关组织可以向人民法院提起诉讼。选项AB正确，选项CD错误。

【答案】AB

3. 诉讼代理人

21.【2016年第55题】根据民事诉讼法及相关规定，下列哪些属于有关社会团体推荐公民担任诉讼代理人应当符合的条件？

A. 社会团体属于依法登记设立或者依法免予登记设立的非营利性法人组织
B. 被代理人属于该社会团体的成员，或者当事人一方住所地位于该社会团体的活动地域
C. 代理事务属于该社会团体章程载明的业务范围
D. 被推荐的公民是该社会团体的负责人或者与该社会团体有合法劳动人事关系的工作人员

【考点】诉讼代理人

【分析】《最高人民法院关于适用〈中华人民共和国民事诉讼法〉的解释》第八十七条规定，根据民事诉讼法第五十八条第二款第三项规定，有关社会团体推荐公民担任诉讼代理人的，应当符合下列条件：（一）社会团体属于依法登记设立或者依法免予登记设立的非营利性法人组织；（二）被代理人属于该社会团体的成员，或者当事人一方住所地位于该社会团体的活动地域；（三）代理事务属于该社会团体章程载明的业务范围；（四）被推荐的公民是该社会团体的负责人或者与该社会团体有合法劳动人事关系的工作人员。专利代理人经中华全国专利代理人协会推荐，可以在专利纠纷案件中担任诉讼代理人。因此，选项ABCD正确。

【答案】ABCD

22.【2015年第52题】根据民事诉讼法及相关规定，下列哪些人员可以被委托为民事诉讼的诉讼代理人？

A. 律师
B. 基层法律服务工作者
C. 当事人的近亲属
D. 有关社会团体推荐的公民

【考点】诉讼代理人

【分析】根据《民事诉讼法》第五十八条第二款的规定，下列人员可以被委托为诉讼代理人：（一）律师、基层法律服务工作者；（二）当事人的近亲属或者工作人员；（三）当事人所在社区、单位以及有关社会团体推荐的公民。因此，选项ABCD正确。

【答案】ABCD

23.【2014年第50题】赵某与其所在单位就某发明专利申请的权属产生纠纷，委托律师李某代为诉讼。根据民事诉讼法及相关规定，如无赵某的特别授权，李某在诉讼中无权实施下列哪些行为？

A. 代为变更诉讼请求
B. 代为放弃诉讼请求
C. 代为申请保全证据
D. 代为提起反诉

【考点】委托代理人

【分析】根据《民事诉讼法》第五十九条第二款的规定，授权委托书必须记明委托事项和权限。诉讼代理人代为承认、放弃、变更诉讼请求，进行和解，提起反诉或者上诉，必须有委托人的特别授权。本题中，选项ABD正确。选项C代为申请保全证据不需要特别授权，因此，选项C错误。

【答案】ABD

24.【2013年第68题】根据民事诉讼法及相关规定，在民事诉讼中，下列哪些人员可以被委托为诉讼代理人？

A. 当事人的近亲属或者工作人员
B. 当事人所在社区、单位推荐的公民
C. 有关社会团体推荐的公民
D. 基层法律服务工作者

【考点】诉讼代理人

【分析】根据《民事诉讼法》第五十八条第二款的规定，下列人员可以被委托为诉讼代理人：（一）律师、基层法律服务工作者；（二）当事人的近亲属或者工作人员；（三）当事人所在社区、单位以及有关社会团体推荐的公民。因此，选项ABCD正确。

【答案】ABCD

25.【2012年第60题】甲公司发现乙公司侵犯其专利权，遂委托律师王某作为其诉讼代理人向人民法院提起专利侵权诉讼。根据民事诉讼法及相关规定，王某的下列哪些行为必须有甲公司的特别授权

A. 代为进行和解 B. 代为放弃诉讼请求
C. 代为提出回避申请 D. 代为提起上诉

【考点】委托代理人

【分析】根据《民事诉讼法》第五十九条第二款的规定，授权委托书必须记明委托事项和权限。诉讼代理人代为承认、放弃、变更诉讼请求，进行和解，提起反诉或者上诉，必须有委托人的特别授权。本题中，王某作为甲公司的诉讼代理人，代为进行和解、代为放弃诉讼请求、代为提起上诉均需得到甲公司的特别授权，因此，选项 ABD 正确，选项 C 错误。

【答案】ABD

四、民事诉讼证据

1. 证据的种类

26.【2015 年第 53 题】 根据民事诉讼法及相关规定，下列哪些可以作为民事诉讼证据？
A. 电子数据　　B. 鉴定意见　　C. 书证　　D. 视听资料

【考点】证据

【分析】根据《民事诉讼法》第六十三条第一款的规定，证据包括：（一）当事人的陈述；（二）书证；（三）物证；（四）视听资料；（五）电子数据；（六）证人证言；（七）鉴定意见；（八）勘验笔录。本题中，选项 ABCD 正确。

【答案】ABCD

2. 当事人举证

27.【2015 年第 54 题】 根据民事诉讼法及相关规定，下列哪些事实当事人无须举证证明？
A. 众所周知的事实
B. 根据法律规定推定的事实
C. 自然规律以及定理、定律
D. 根据已知的事实和日常生活经验法则推定出的另一事实

【考点】举证责任

【分析】《最高人民法院关于民事诉讼证据的若干规定》第九条第一款规定，下列事实，当事人无需举证证明：（一）众所周知的事实；（二）自然规律及定理；（三）根据法律规定或者已知事实和日常生活经验法则，能推定出的另一事实；（四）已为人民法院发生法律效力的裁判所确认的事实；（五）已为仲裁机构的生效裁决所确认的事实；（六）已为有效公证文书所证明的事实。

【答案】ABCD

28.【2014 年第 59 题】 根据民事诉讼法及相关规定，当事人的下列哪些做法符合关于证据的规定？
A. 原告赵某以电子数据作为证据来证明自己提出的主张
B. 原告张某因在人民法院确定的期限内提供证据确有困难，向人民法院申请延长期限
C. 被告李某因提交某书证原件确有困难，提交了经人民法院核对无异的复制件
D. 被告王某提交外文书证作为证据，未附中文译本

【考点】证据

【分析】根据《民事诉讼法》第六十三条第一款的规定，证据包括：（一）当事人的陈述；（二）书证；（三）物证；（四）视听资料；（五）电子数据；（六）证人证言；（七）鉴定意见；（八）勘验笔录。本题中，选项 A 正确。根据《民事诉讼法》第六十五条第二款的规定，人民法院根据当事人的主张和案件审理情况，确定当事人应当提供的证据及其期限。当事人在该期限内提供证据确有困难的，可以向人民法院申请延长期限，人民法院根据当事人的申请适当延长。当事人逾期提供证据的，人民法院应当责令其说明理由；拒不说明理由或者理由不成立的，人民法院根据不同情形可以不予采纳该证据，或者采纳该证据但予以训诫、罚款。选项 B 正确。根据《民事诉讼法》第七十条第一款的规定，书证应当提交原件。物证应当提交原物。提交原件或者原物确有困难的，可以提交复制品、照片、副本、节录本。《最高人民法院关于民事诉讼证据的若干规定》第十条的规定，当事人向人民法院提供证据应当提供原件或者原物。如需自己保存证据原件、原物或者提供原

件、原物确有困难的可以提供经人民法院核对无异的复制件或者复制品。因此，选项 C 正确。根据《民事诉讼法》第七十条第二款的规定，提交外文书证，必须附有中文译本。因此，选项 D 错误。

【答案】ABC

3. 人民法院调查收集证据
4. 举证时限与证据交换
5. 证据的质证

29.【2014 年第 72 题】在某专利侵权诉讼中，原告张某依法向人民法院申请鉴定。具备资格的某鉴定人依法出具了鉴定意见，张某支付了鉴定费用。案件审理过程中，被告王某对该鉴定意见有异议，人民法院通知该鉴定人出庭作证，但其拒不出庭作证。据此，根据民事诉讼法及相关规定，下列哪些说法是正确的？

A. 人民法院应当拘传该鉴定人出庭作证
B. 该鉴定意见不得作为认定事实的根据
C. 张某可以要求该鉴定人返还鉴定费用
D. 人民法院应当责令张某确定其他鉴定人重新作出鉴定

【考点】鉴定

【分析】根据《民事诉讼法》第七十八条的规定，当事人对鉴定意见有异议或者人民法院认为鉴定人有必要出庭的，鉴定人应当出庭作证。经人民法院通知，鉴定人拒不出庭作证的，鉴定意见不得作为认定事实的根据；支付鉴定费用的当事人可以要求返还鉴定费用。本题中，选项 AD 错误，选项 BC 正确。

【答案】BC

30.【2012 年第 25 题】根据民事诉讼法及相关规定，下列哪种说法是错误的？

A. 证据应当在法庭上出示，由当事人质证
B. 未经质证的证据，不能作为认定案件事实的根据
C. 涉及商业秘密的证据，不得在开庭时公开质证
D. 未出庭作证的证人证言不能作为认定案件事实的依据

【考点】质证

【分析】《最高人民法院关于民事诉讼证据的若干规定》第四十七条第一款规定，证据应当在法庭上出示，由当事人质证。未经质证的证据，不能作为认定案件事实的依据。因此，选项 AB 的说法正确。《最高人民法院关于民事诉讼证据的若干规定》第四十八条规定，涉及国家秘密、商业秘密和个人隐私或者法律规定的其他应当保密的证据，不得在开庭时公开质证。因此，选项 C 的说法正确。

根据《民事诉讼法》第七十三条的规定，经人民法院通知，证人应当出庭作证。有下列情形之一的，经人民法院许可，可以通过书面证言、视听传输技术或者视听资料等方式作证：（一）因健康原因不能出庭的；（二）因路途遥远，交通不便不能出庭的；（三）因自然灾害等不可抗力不能出庭的；（四）其他有正当理由不能出庭的。《最高人民法院关于民事诉讼证据的若干规定》第五十六条第二款规定，经人民法院许可，证人可以提交书面证言或者视听资料或者通过双向视听传输技术手段作证。《最高人民法院关于民事诉讼证据的若干规定》第六十九条第（五）项规定，无正当理由未出庭作证的证人证言不能单独作为认定案件事实的依据。由此可知，未出庭作证的证人证言可以作为认定案件事实的依据，有正当理由未出庭作证的证人证言甚至可以单独作为认定案件事实的依据，因此，选项 D 的说法错误。

综上，按照题干要求，本题正确答案为选项 D。

【答案】D

6. 鉴定

31.【2016 年第 54 题】根据民事诉讼法及相关规定，下列关于具有专门知识的人出庭的哪些说法是正确的？

A. 人民法院可以对出庭的具有专门知识的人进行询问
B. 经法庭准许，当事人可以对出庭的具有专门知识的人进行询问
C. 经法庭准许，当事人各自申请的具有专门知识的人可以就案件中的有关问题进行对质

D. 具有专门知识的人可以参与专业问题之外的法庭审理活动

【考点】具有专门知识的人

【分析】《最高人民法院关于适用〈中华人民共和国民事诉讼法〉的解释》第一百二十三条规定，人民法院可以对出庭的具有专门知识的人进行询问。经法庭准许，当事人可以对出庭的具有专门知识的人进行询问，当事人各自申请的具有专门知识的人可以就案件中的有关问题进行对质。具有专门知识的人不得参与专业问题之外的法庭审理活动。因此，选项ABC正确，选项D错误。

【答案】ABC

32.【2015年第9题】根据民事诉讼法及相关规定，当事人可以申请人民法院通知具有专门知识的人出庭，代表当事人对案件事实所涉及的专业问题提出意见。下列关于该意见的哪种说法是正确的？

A. 该意见视为证人证言
B. 该意见视为当事人的陈述
C. 该意见视为鉴定意见
D. 该意见视为书证

【考点】专家证人出庭

【分析】根据《最高人民法院关于适用〈中华人民共和国民事诉讼法〉的解释》第一百二十二条第二款的规定，具有专门知识的人在法庭上就专业问题提出的意见，视为当事人的陈述。因此，选项B正确，选项ACD错误。

【答案】B

7. 证据保全

33.【2014年第67题】根据民事诉讼法及相关规定，下列关于证据保全的哪些说法是正确的？

A. 证据保全只能依当事人申请进行，人民法院不得主动采取保全措施
B. 在证据可能灭失的情况下，当事人可以在诉讼过程中申请保全证据
C. 因情况紧急，在证据可能灭失的情况下，利害关系人可以在提起诉讼前申请保全证据
D. 当事人申请保全证据的，人民法院可以要求其提供相应的担保

【考点】证据保全

【分析】根据《民事诉讼法》第八十一条的规定，在证据可能灭失或者以后难以取得的情况下，当事人可以在诉讼过程中向人民法院申请保全证据，人民法院也可以主动采取保全措施。因情况紧急，在证据可能灭失或者以后难以取得的情况下，利害关系人可以在提起诉讼或者申请仲裁前向证据所在地、被申请人住所地或者对案件有管辖权的人民法院申请保全证据。证据保全的其他程序，参照适用本法第九章保全的有关规定。本题中，选项A错误，选项BC正确。根据《最高人民法院关于民事诉讼证据的若干规定》第二十三条第二款的规定，当事人申请保全证据的，人民法院可以要求其提供相应的担保。因此，选项D正确。

【答案】BCD

34.【2013年第48题】根据民事诉讼法及相关规定，下列哪些情况下当事人可以在诉讼过程中向人民法院申请保全证据？

A. 证据涉及个人隐私
B. 证据涉及商业秘密
C. 证据可能灭失
D. 证据以后难以取得

【考点】证据保全

【分析】根据《民事诉讼法》第八十一条的规定，在证据可能灭失或者以后难以取得的情况下，当事人可以在诉讼过程中向人民法院申请保全证据，人民法院也可以主动采取保全措施。因情况紧急，在证据可能灭失或者以后难以取得的情况下，利害关系人可以在提起诉讼或者申请仲裁前向证据所在地、被申请人住所地或者对案件有管辖权的人民法院申请保全证据。证据保全的其他程序，参照适用本法第九章保全的有关规定。本题中，选项AB错误，选项CD正确。

【答案】CD

35.【2012年第42题】根据民事诉讼法及相关规定，下列哪些说法是正确的？

A. 在证据可能灭失的情况下，原告可以向人民法院申请保全证据
B. 在证据可能灭失的情况下，人民法院可以主动采取保全措施

C. 在证据可能以后难以取得的情况下，人民法院可以主动采取保全措施

D. 在证据可能以后难以取得的情况下，有独立请求权的第三人可以向人民法院申请保全证据

【考点】证据保全

【分析】根据《民事诉讼法》第八十一条的规定，在证据可能灭失或者以后难以取得的情况下，当事人可以在诉讼过程中向人民法院申请保全证据，人民法院也可以主动采取保全措施。因情况紧急，在证据可能灭失或者以后难以取得的情况下，利害关系人可以在提起诉讼或者申请仲裁前向证据所在地、被申请人住所地或者对案件有管辖权的人民法院申请保全证据。证据保全的其他程序，参照适用本法第九章保全的有关规定。根据《民事诉讼法》第四十八条的规定，公民、法人和其他组织可以作为民事诉讼的当事人。法人由其法定代表人进行诉讼。其他组织由其主要负责人进行诉讼。根据《民事诉讼法》第五十六条的规定，对当事人双方的诉讼标的，第三人认为有独立请求权的，有权提起诉讼。对当事人双方的诉讼标的，第三人虽然没有独立请求权，但案件处理结果同他有法律上的利害关系的，可以申请参加诉讼，或者由人民法院通知他参加诉讼。人民法院判决承担民事责任的第三人，有当事人的诉讼权利义务。前两款规定的第三人，因不能归责于本人的事由未参加诉讼，但有证据证明发生法律效力的判决、裁定、调解书的部分或者全部内容错误，损害其民事权益的，可以自知道或者应当知道其民事权益受到损害之日起六个月内，向作出该判决、裁定、调解书的人民法院提起诉讼。人民法院经审理，诉讼请求成立的，应当改变或者撤销原判决、裁定、调解书；诉讼请求不成立的，驳回诉讼请求。因此，选项 ABCD 正确。

【答案】ABCD

8. 对当事人权益的保护

五、保全

36.【2012年第86题】根据民事诉讼法及相关规定，下列关于财产保全的哪些说法是正确的？

A. 利害关系人只有在起诉后才可以向人民法院申请采取财产保全措施

B. 在诉讼过程当中，人民法院根据当事人申请采取财产保全措施的，可以责令申请人提供担保

C. 财产保全不限于请求的范围，也不限于与本案有关的财物

D. 申请财产保全有错误的，申请人应当赔偿被申请人因财产保全所遭受的损失

【考点】财产保全

【分析】根据《民事诉讼法》第一百零一条第一款的规定，利害关系人因情况紧急，不立即申请保全将会使其合法权益受到难以弥补的损害的，可以在提起诉讼或者申请仲裁前向被保全财产所在地、被申请人住所地或者对案件有管辖权的人民法院申请采取保全措施。申请人应当提供担保，不提供担保的，裁定驳回申请。本题中，选项 A 错误。根据《民事诉讼法》第一百条第二款的规定，人民法院采取保全措施，可以责令申请人提供担保，申请人不提供担保的，裁定驳回申请。选项 B 正确。根据《民事诉讼法》第一百零二条的规定，保全限于请求的范围，或者与本案有关的财物。选项 C 错误。根据《民事诉讼法》第一百零五条的规定，申请有错误的，申请人应当赔偿被申请人因保全所遭受的损失。选项 D 正确。

【答案】BD

六、民事审判程序

1. 第一审普通程序

37.【2016年第8题】在一起侵犯专利权的民事诉讼中，人民法院进行了调解，并在双方当事人达成协议后制作了调解书。根据民事诉讼法及相关规定，该调解书自何时具有法律效力？

A. 制作完毕时 B. 送达任何一方当事人时

C. 加盖人民法院印章后 D. 经双方当事人签收后

【考点】调解书

【分析】《民事诉讼法》第九十七条规定，调解达成协议，人民法院应当制作调解书。调解书应当写明诉讼请求、案件的事实和调解结果。调解书由审判人员、书记员署名，加盖人民法院印章，送达双方当事人。调解书经双方当事人签收后，即具有法律效力。因此，选项 ABC 错误，选项 D 正确。

【答案】D

38.【2016年第10题】根据民事诉讼法及相关规定,当事人对人民法院在民事诉讼第一审程序中作出的下列哪种裁定不服的,可以提起上诉?

　　A. 不准许撤诉的裁定　　　　　　　　B. 中止诉讼的裁定
　　C. 终结执行的裁定　　　　　　　　　D. 驳回起诉的裁定

【考点】可以提起上诉的裁定

【分析】《民事诉讼法》第一百五十四条规定,裁定适用于下列范围:(一)不予受理;(二)对管辖权有异议的;(三)驳回起诉;(四)保全和先予执行;(五)准许或者不准许撤诉;(六)中止或者终结诉讼;(七)补正判决书中的笔误;(八)中止或者终结执行;(九)撤销或者不予执行仲裁裁决;(十)不予执行公证机关赋予强制执行效力的债权文书;(十一)其他需要裁定解决的事项。对前款第一项至第三项裁定,可以上诉。裁定书应当写明裁定结果和作出该裁定的理由。裁定书由审判人员、书记员署名,加盖人民法院印章。口头裁定的,记入笔录。因此,选项ABC错误,选项D正确。

【答案】D

39.【2016年第56题】根据民事诉讼法及相关规定,下列关于民事诉讼第一审普通程序的哪些说法是正确的?

　　A. 人民法院受理案件后,当事人对管辖权有异议的,应当在提交答辩状期间提出
　　B. 被告不提出答辩状的,人民法院应当裁定终止诉讼
　　C. 被告经传票传唤,无正当理由拒不到庭的,可以缺席判决
　　D. 原告在宣判前申请撤诉的,是否准许,由人民法院裁定

【考点】第一审普通程序

【分析】《民事诉讼法》第一百二十五条规定,人民法院应当在立案之日起五日内将起诉状副本发送被告,被告应当在收到之日起十五日内提出答辩状。答辩状应当记明被告的姓名、性别、年龄、民族、职业、工作单位、住所、联系方式;法人或者其他组织的名称、住所和法定代表人或者主要负责人的姓名、职务、联系方式。人民法院应当在收到答辩状之日起五日内将答辩状副本发送原告。被告不提出答辩状的,不影响人民法院审理。《民事诉讼法》第一百二十七条规定,人民法院受理案件后,当事人对管辖权有异议的,应当在提交答辩状期间提出。人民法院对当事人提出的异议,应当审查。异议成立的,裁定将案件移送有管辖权的人民法院;异议不成立的,裁定驳回。当事人未提出管辖异议,并应诉答辩的,视为受诉人民法院有管辖权,但违反级别管辖和专属管辖规定的除外。《民事诉讼法》第一百四十四条规定,被告经传票传唤,无正当理由拒不到庭的,或者未经法庭许可中途退庭的,可以缺席判决。《民事诉讼法》第一百四十五条规定,宣判前,原告申请撤诉的,是否准许,由人民法院裁定。人民法院裁定不准许撤诉的,原告经传票传唤,无正当理由拒不到庭的,可以缺席判决。因此,选项ACD正确,选项B错误。

【答案】ACD

40.【2016年第58题】根据民事诉讼法及相关规定,下列哪些情形下中止诉讼?

　　A. 一方当事人丧失诉讼行为能力,尚未确定法定代理人的
　　B. 本案必须以另一案的审理结果为依据,而另一案尚未审结的
　　C. 一方当事人因不可抗拒的事由,不能参加诉讼的
　　D. 解除收养关系案件的一方当事人死亡的

【考点】诉讼中止

【分析】《民事诉讼法》第一百五十条规定,有下列情形之一的,中止诉讼:(一)一方当事人死亡,需要等待继承人表明是否参加诉讼的;(二)一方当事人丧失诉讼行为能力,尚未确定法定代理人的;(三)作为一方当事人的法人或者其他组织终止,尚未确定权利义务承受人的;(四)一方当事人因不可抗拒的事由,不能参加诉讼的;(五)本案必须以另一案的审理结果为依据,而另一案尚未审结的;(六)其他应当中止诉讼的情形。中止诉讼的原因消除后,恢复诉讼。因此,选项ABC正确。《民事诉讼法》第一百五十一条规定,有下列情形之一的,终结诉讼:(一)原告死亡,没有继承人,或者继承人放弃诉讼权利的;(二)被告死亡,没有遗产,也没有应当承担义务的人的;(三)离婚案件一方当事人死亡的;(四)追索赡养费、扶养费、抚

育费以及解除收养关系案件的一方当事人死亡的。由此可知，选项 D 属于诉讼终止，因此，选项 D 错误。

【答案】ABC

41.【2015 年第 55 题】根据民事诉讼法及相关规定，就外观设计专利权的权属纠纷提起民事诉讼的，起诉必须符合下列哪些条件？

　A. 原告是与本案有直接利害关系的公民、法人和其他组织
　B. 有明确的被告
　C. 属于人民法院受理民事诉讼的范围和受诉人民法院管辖
　D. 有具体的诉讼请求和事实、理由

【考点】起诉条件

【分析】根据《民事诉讼法》第一百一十九条的规定，起诉必须符合下列条件：（一）原告是与本案有直接利害关系的公民、法人和其他组织；（二）有明确的被告；（三）有具体的诉讼请求和事实、理由；（四）属于人民法院受理民事诉讼的范围和受诉人民法院管辖。本题中，选项 ABCD 正确。

【答案】ABCD

42.【2015 年第 56 题】根据民事诉讼法及相关规定，发生下列哪些情形可以中止诉讼？

　A. 原告丧失诉讼行为能力，尚未确定法定代理人的
　B. 原告死亡，继承人放弃诉讼权利的
　C. 作为一方当事人的法人或者其他组织终止，尚未确定权利义务承受人的
　D. 本案必须以另一案的审理结果为依据，而另一案尚未审结的

【考点】中止诉讼

【分析】根据《民事诉讼法》第一百五十条的规定，有下列情形之一的，中止诉讼：（一）一方当事人死亡，需要等待继承人表明是否参加诉讼的；（二）一方当事人丧失诉讼行为能力，尚未确定法定代理人的；（三）作为一方当事人的法人或者其他组织终止，尚未确定权利义务承受人的；（四）一方当事人因不可抗拒的事由，不能参加诉讼的；（五）本案必须以另一案的审理结果为依据，而另一案尚未审结的；（六）其他应当中止诉讼的情形。中止诉讼的原因消除后，恢复诉讼。本题中，选项 ACD 分别属于上述第（二）、（三）、（五）项的规定，因此，选项 ACD 正确。选项 B 属于《民事诉讼法》第一百五十一条终结诉讼的情形，因此，选项 B 错误。

【答案】ACD

43.【2015 年第 57 题】根据民事诉讼法及相关规定，对哪些裁定可以提起上诉？

　A. 不予受理的裁定　　　　　　　　B. 不准许撤诉的裁定
　C. 管辖权异议的裁定　　　　　　　D. 驳回起诉的裁定

【考点】可以上诉的裁定

【分析】根据《民事诉讼法》第一百五十四条的规定，裁定适用于下列范围：（一）不予受理；（二）对管辖权有异议的；（三）驳回起诉；（四）保全和先予执行；（五）准许或者不准许撤诉；（六）中止或者终结诉讼；（七）补正判决书中的笔误；（八）中止或者终结执行；（九）撤销或者不予执行仲裁裁决；（十）不予执行公证机关赋予强制执行效力的债权文书；（十一）其他需要裁定解决的事项。对前款第一项至第三项裁定，可以上诉。裁定书应当写明裁定结果和作出该裁定的理由。裁定书由审判人员、书记员署名，加盖人民法院印章。口头裁定的，记入笔录。本题中，选项 ACD 正确，选项 B 错误。

【答案】ACD

44.【2014 年第 10 题】某公司工程师王某辞职后，非法使用了该公司的商业秘密。该公司因此向人民法院起诉王某。根据民事诉讼法及相关规定，关于该案件的审理，下列哪种说法是正确的？

　A. 该案件应当公开审理
　B. 该案件应当不公开审理
　C. 该公司申请不公开审理的，该案件可以不公开审理
　D. 只有该公司和王某协商一致，该案件才可以不公开审理

【考点】 开庭审理

【分析】 根据《民事诉讼法》第一百三十四条的规定，人民法院审理民事案件，除涉及国家秘密、个人隐私或者法律另有规定的以外，应当公开进行。离婚案件，涉及商业秘密的案件，当事人申请不公开审理的，可以不公开审理。选项ABD错误，选项C正确。

【答案】 C

45.【2014年第42题】根据民事诉讼法及相关规定，下列哪些情形下可以延期开庭审理？
A. 必须到庭的原告有正当理由没有到庭的
B. 被告临时提出回避申请的
C. 需要通知新的证人到庭的
D. 需要补充调查的

【考点】 延期开庭审理

【分析】 根据《民事诉讼法》第一百四十六条的规定，有下列情形之一的，可以延期开庭审理：（一）必须到庭的当事人和其他诉讼参与人有正当理由没有到庭的；（二）当事人临时提出回避申请的；（三）需要通知新的证人到庭，调取新的证据，重新鉴定、勘验，或者需要补充调查的；（四）其他应当延期的情形。本题中，选项ABCD正确。

【答案】 ABCD

46.【2013年第25题】根据民事诉讼法及相关规定，当事人对人民法院在第一审程序中作出的下列哪种裁定不服的，可以上诉？
A. 驳回起诉
B. 不准许撤诉
C. 采取保全措施
D. 终结诉讼

【考点】 可以上诉的裁定

【分析】 根据《民事诉讼法》第一百五十四条的规定，裁定适用于下列范围：（一）不予受理；（二）对管辖权有异议的；（三）驳回起诉；（四）保全和先予执行；（五）准许或者不准许撤诉；（六）中止或者终结诉讼；（七）补正判决书中的笔误；（八）中止或者终结执行；（九）撤销或者不予执行仲裁裁决；（十）不予执行公证机关赋予强制执行效力的债权文书；（十一）其他需要裁定解决的事项。对前款第一项至第三项裁定，可以上诉。裁定书应当写明裁定结果和作出该裁定的理由。裁定书由审判人员、书记员署名，加盖人民法院印章。口头裁定的，记入笔录。本题中，选项A正确，选项BCD错误。

【答案】 A

47.【2012年第68题】根据民事诉讼法及相关规定，下列哪些情形下可以延期开庭审理？
A. 必须到庭的当事人有正当理由没有到庭的
B. 当事人临时提出回避申请的
C. 需要通知新的证人到庭的
D. 本案必须以另一案的审理结果为依据，而另一案又尚未审结的

【考点】 延期审理

【分析】 根据《民事诉讼法》第一百四十六条的规定，有下列情形之一的，可以延期开庭审理：（一）必须到庭的当事人和其他诉讼参与人有正当理由没有到庭的；（二）当事人临时提出回避申请的；（三）需要通知新的证人到庭，调取新的证据，重新鉴定、勘验，或者需要补充调查的；（四）其他应当延期的情形。本题中，选项ABC正确。选项D属于《民事诉讼法》第一百五十条中止诉讼的情形，因此，选项D错误。

【答案】 ABC

48.【2013年第93题】根据民事诉讼法及相关规定，有下列哪些情形的，民事诉讼中止？
A. 一方当事人丧失诉讼行为能力，尚未确定法定代理人的
B. 本案必须以另一案的审理结果为依据，而另一案尚未审结的
C. 一方当事人因不可抗拒的事由，不能参加诉讼的
D. 离婚案件一方当事人死亡的

【考点】 民事诉讼中止

【分析】 根据《民事诉讼法》第一百五十条的规定，有下列情形之一的，中止诉讼：（一）一方当事人死

亡，需要等待继承人表明是否参加诉讼的；（二）一方当事人丧失诉讼行为能力，尚未确定法定代理人的；（三）作为一方当事人的法人或者其他组织终止，尚未确定权利义务承受人的；（四）一方当事人因不可抗拒的事由，不能参加诉讼的；（五）本案必须以另一案的审理结果为依据，而另一案尚未审结的；（六）其他应当中止诉讼的情形。中止诉讼的原因消除后，恢复诉讼。本题中，选项 ABC 分别属于上述第（二）、（五）、（四）项的规定，因此，选项 ABC 正确。选项 D 属于《民事诉讼法》第一百五十一条终结诉讼的情形，因此，选项 D 错误。

【答案】ABC

49.【2012 年第 57 题】根据民事诉讼法及相关规定，下列哪些情形下民事诉讼终结？
A. 原告死亡，没有继承人的
B. 一方当事人丧失诉讼行为能力，尚未确定法定代理人的
C. 离婚案件一方当事人死亡的
D. 追索赡养费案件的一方当事人死亡的

【考点】诉讼终结　诉讼中止

【分析】根据《民事诉讼法》第一百五十一条的规定，有下列情形之一的，终结诉讼：（一）原告死亡，没有继承人，或者继承人放弃诉讼权利的；（二）被告死亡，没有遗产，也没有应当承担义务的人的；（三）离婚案件一方当事人死亡的；（四）追索赡养费、扶养费、抚育费以及解除收养关系案件的一方当事人死亡的。本题中，选项 ACD 分别属于上述第（一）、（三）、（四）项规定的情形，因此，选项 ACD 正确。选项 B 属于《民事诉讼法》第一百五十条中止诉讼的情形，因此，选项 B 错误。

【答案】ACD

2. 第二审程序

50.【2016 年第 57 题】根据民事诉讼法及相关规定，下列关于民事诉讼第二审程序的哪些说法是正确的？
A. 第二审人民法院审理上诉案件，可以进行调解
B. 第二审人民法院审理上诉案件，不得进行调解
C. 第二审人民法院的判决、裁定，是终审的判决、裁定
D. 第二审人民法院审理上诉案件，可以到案件发生地进行

【考点】第二审程序

【分析】《民事诉讼法》第一百六十九条规定，第二审人民法院对上诉案件，应当组成合议庭，开庭审理。经过阅卷、调查和询问当事人，对没有提出新的事实、证据或者理由，合议庭认为不需要开庭审理的，可以不开庭审理。第二审人民法院审理上诉案件，可以在本院进行，也可以到案件发生地或者原审人民法院所在地进行。《民事诉讼法》第一百七十二条规定，第二审人民法院审理上诉案件，可以进行调解。调解达成协议，应当制作调解书，由审判人员、书记员署名，加盖人民法院印章。调解书送达后，原审人民法院的判决即视为撤销。《民事诉讼法》第一百七十五条规定，第二审人民法院的判决、裁定，是终审的判决、裁定。因此，选项 ACD 正确，选项 B 错误。

【答案】ACD

51.【2015 年第 58 题】根据民事诉讼法及相关规定，下列关于第二审程序的哪些说法是正确的？
A. 第二审人民法院仅对一审判决的法律适用进行审查
B. 第二审人民法院对不服第一审人民法院裁定的上诉案件的处理，一律使用裁定
C. 第二审人民法院审理上诉案件，不得进行调解
D. 原审人民法院对发回重审的案件作出判决后，当事人提起上诉的，第二审人民法院不得再次发回重审

【考点】第二审程序

【分析】根据《民事诉讼法》第一百六十八条的规定，第二审人民法院应当对上诉请求的有关事实和适用法律进行审查。选项 A 错误。根据《民事诉讼法》第一百七十一条的规定，第二审人民法院对不服第一审人民法院裁定的上诉案件的处理，一律使用裁定。选项 BD 正确。根据《民事诉讼法》第一百七十二条的规定，第二审人民法院审理上诉案件，可以进行调解。调解达成协议，应当制作调解书，由审判人员、书记员署名，

加盖人民法院印章。调解书送达后，原审人民法院的判决即视为撤销。选项 C 错误。

【答案】BD

52.【2014年第83题】根据民事诉讼法及相关规定，当事人不服地方人民法院第一审判决提起上诉的，下列哪些说法是正确的？

A. 当事人应当在判决书送达之日起十五日内提起上诉
B. 上诉状应当向第二审人民法院提出
C. 第二审人民法院判决宣告前，上诉人不得撤回上诉
D. 第二审人民法院的判决是终审的判决

【考点】民事诉讼第二审程序

【分析】根据《民事诉讼法》第一百六十四条第一款的规定，当事人不服地方人民法院第一审判决的，有权在判决书送达之日起十五日内向上一级人民法院提起上诉。选项 A 正确。根据《民事诉讼法》第一百六十六条第一款的规定，上诉状应当通过原审人民法院提出，并按照对方当事人或者代表人的人数提出副本。选项 B 错误。根据《民事诉讼法》第一百七十三条的规定，第二审人民法院判决宣告前，上诉人申请撤回上诉的，是否准许，由第二审人民法院裁定。选项 C 错误。根据《民事诉讼法》第一百七十五条的规定，第二审人民法院的判决、裁定，是终审的判决、裁定。选项 D 正确。

【答案】AD

53.【2013年第30题】民事诉讼第二审人民法院对上诉案件进行调解后达成协议，并依法制作了调解书。根据民事诉讼法及相关规定，对于原审人民法院的判决，下列哪种说法是正确的？

A. 第二审人民法院应作出裁定，撤销原审人民法院的判决
B. 第二审人民法院应在调解书中注明撤销原审人民法院的判决
C. 原审人民法院应主动撤销原判决
D. 调解书送达后，原审人民法院的判决即视为撤销

【考点】第二审程序

【分析】根据《民事诉讼法》第一百七十二条的规定，第二审人民法院审理上诉案件，可以进行调解。调解达成协议，应当制作调解书，由审判人员、书记员署名，加盖人民法院印章。调解书送达后，原审人民法院的判决即视为撤销。本题中，选项 ABC 错误，选项 D 正确。

【答案】D

54.【2012年第89题】根据民事诉讼法及相关规定，下列关于民事诉讼第二审程序的哪些说法是正确的？

A. 上诉应当递交上诉状
B. 第二审人民法院应当对上诉请求的有关事实和适用法律进行审查
C. 第二审人民法院对上诉案件，一律应开庭审理
D. 第二审人民法院审理上诉案件，不可以进行调解

【考点】上诉

【分析】根据《民事诉讼法》第一百六十五条的规定，上诉应当递交上诉状。上诉状的内容，应当包括当事人的姓名，法人的名称及其法定代表人的姓名或者其他组织的名称及其主要负责人的姓名；原审人民法院名称、案件的编号和案由；上诉的请求和理由。本题中，选项 A 正确。根据《民事诉讼法》第一百六十八条的规定，第二审人民法院应当对上诉请求的有关事实和适用法律进行审查。选项 B 正确。根据《民事诉讼法》第一百六十九条第一款的规定，第二审人民法院对上诉案件，应当组成合议庭，开庭审理。经过阅卷、调查和询问当事人，对没有提出新的事实、证据或者理由，合议庭认为不需要开庭审理的，可以不开庭审理。选项 C 错误。根据《民事诉讼法》第一百七十二条的规定，第二审人民法院审理上诉案件，可以进行调解。调解达成协议，应当制作调解书，由审判人员、书记员署名，加盖人民法院印章。调解书送达后，原审人民法院的判决即视为撤销。选项 D 错误。

【答案】AB

七、审判监督程序

1. 基于审判监督权的再审
2. 基于当事人诉权的申请再审

55.【2016年第59题】 根据民事诉讼法及相关规定，下列关于民事诉讼审判监督程序的哪些说法是正确的？

A. 当事人对已经发生法律效力的裁定，认为有错误的，可以向上一级人民法院申请再审
B. 当事人对已经发生法律效力的调解书，提出证据证明调解违反自愿原则的，可以申请再审
C. 当事人对已经发生法律效力的解除婚姻关系的判决，不得申请再审
D. 当事人申请再审的，应当停止判决、裁定的执行

【考点】民事诉讼审判监督程序

【分析】《民事诉讼法》第一百九十九条规定，当事人对已经发生法律效力的判决、裁定，认为有错误的，可以向上一级人民法院申请再审；当事人一方人数众多或者当事人双方为公民的案件，也可以向原审人民法院申请再审。当事人申请再审的，不停止判决、裁定的执行。《民事诉讼法》第二百零一条规定，当事人对已经发生法律效力的调解书，提出证据证明调解违反自愿原则或者调解协议的内容违反法律的，可以申请再审。经人民法院审查属实的，应当再审。《民事诉讼法》第二百零二条规定，当事人对已经发生法律效力的解除婚姻关系的判决、调解书，不得申请再审。因此，选项ABC正确，选项D错误。

【答案】ABC

56.【2015年第59题】 根据民事诉讼法及相关规定，下列关于审判监督程序的哪些说法是正确的？

A. 当事人对已经发生法律效力的裁定，不得申请再审
B. 当事人对已经发生法律效力的解除婚姻关系的调解书，不得申请再审
C. 当事人对已经发生法律效力的判决，认为有错误的，可以向上一级人民法院申请再审
D. 当事人申请再审的，应当停止判决的执行

【考点】审判监督程序

【分析】根据《民事诉讼法》第一百九十九条的规定，当事人对已经发生法律效力的判决、裁定，认为有错误的，可以向上一级人民法院申请再审；当事人一方人数众多或者当事人双方为公民的案件，也可以向原审人民法院申请再审。当事人申请再审的，不停止判决、裁定的执行。因此，选项AD错误，选项C正确。根据《民事诉讼法》第二百零二条的规定，当事人对已经发生法律效力的解除婚姻关系的判决、调解书，不得申请再审。因此，选项B正确。

【答案】BC

57.【2014年第94题】 根据民事诉讼法及相关规定，当事人的再审申请符合下列哪些情形的，人民法院应当再审？

A. 有新的证据，足以推翻原判决的
B. 原判决认定事实的主要证据未经质证的
C. 据以作出原判决的法律文书被撤销的
D. 原判决超出诉讼请求的

【考点】审判监督程序

【分析】根据《民事诉讼法》第二百条的规定，当事人的申请符合下列情形之一的，人民法院应当再审：（一）有新的证据，足以推翻原判决、裁定的；（二）原判决、裁定认定的基本事实缺乏证据证明的；（三）原判决、裁定认定事实的主要证据是伪造的；（四）原判决、裁定认定事实的主要证据未经质证的；（五）对审理案件需要的主要证据，当事人因客观原因不能自行收集，书面申请人民法院调查收集，人民法院未调查收集的；（六）原判决、裁定适用法律确有错误的；（七）审判组织的组成不合法或者依法应当回避的审判人员没有回避的；（八）无诉讼行为能力人未经法定代理人代为诉讼或者应当参加诉讼的当事人，因不能归责于本人或者其诉讼代理人的事由，未参加诉讼的；（九）违反法律规定，剥夺当事人辩论权利的；（十）未经传票传唤，缺席判决的；（十一）原判决、裁定遗漏或者超出诉讼请求的；（十二）据以作出原判决、裁定的法律文书被撤销或者变更的；（十三）审判人员审理该案件时有贪污受贿，徇私舞弊，枉法裁判行为的。选项ABCD分别属于其中第（一）、（四）、（十二）、（十一）项规定的情形，因此，选项ABCD正确。

【答案】 ABCD

58.【2013年第89题】刘某与萧某由于专利权属纠纷诉至法院。人民法院作出的一审判决发生法律效力后，刘某认为一审适用法律错误，欲申请再审。根据民事诉讼法及相关规定，下列哪些说法是正确的？
A. 刘某可以向原审人民法院申请再审
B. 刘某可以向原审人民法院的上一级人民法院申请再审
C. 刘某申请再审的，应当在一审判决发生法律效力后六个月内提出
D. 刘某申请再审的，人民法院应当裁定停止原判决的执行

【考点】 民事诉讼再审

【分析】 根据《民事诉讼法》第一百九十九条的规定，当事人对已经发生法律效力的判决、裁定，认为有错误的，可以向上一级人民法院申请再审；当事人一方人数众多或者当事人双方为公民的案件，也可以向原审人民法院申请再审。当事人申请再审的，不停止判决、裁定的执行。本题中，当事人刘某与萧某均是自然人，因此，欲申请再审的，既可以向原审人民法院的上一级人民法院申请，也可以向原审人民法院申请，因此，选项AB正确。并且刘某申请再审的，原判决不停止执行，因此，选项D错误。根据《民事诉讼法》第二百零五条的规定，当事人申请再审，应当在判决、裁定发生法律效力后六个月内提出；有本法第二百条第一项、第三项、第十二项、第十三项规定情形的，自知道或者应当知道之日起六个月内提出。刘某申请再审的理由是"一审适用法律错误"，属于《民事诉讼法》第二百条第六项的情形，因此应当在判决发生法律效力后6个月内提出再审，因此，选项C正确。

【答案】 ABC

59.【2012年第27题】根据民事诉讼法及相关规定，下列关于审判监督程序的哪种说法是错误的？
A. 当事人对已经发生法律效力的调解书，一律不得申请再审
B. 当事人对已经发生法律效力的解除婚姻关系的判决，不得申请再审
C. 按照审判监督程序决定再审的案件，裁定中止原判决的执行
D. 人民法院审理再审案件，应当另行组成合议庭

【考点】 审判监督程序

【分析】 根据《民事诉讼法》第一百九十九条的规定，当事人对已经发生法律效力的判决、裁定，认为有错误的，可以向上一级人民法院申请再审；当事人一方人数众多或者当事人双方为公民的案件，也可以向原审人民法院申请再审。当事人申请再审的，不停止判决、裁定的执行。本题中，选项A的说法错误，符合题干要求。根据《民事诉讼法》第二百零二条的规定，当事人对已经发生法律效力的解除婚姻关系的判决、调解书，不得申请再审。选项B的说法正确，不符合题干要求。根据《民事诉讼法》第二百零六条的规定❶，按照审判监督程序决定再审的案件，裁定中止原判决、裁定、调解书的执行，但追索赡养费、扶养费、抚育费、抚恤金、医疗费用、劳动报酬等案件，可以不中止执行。选项C的说法正确，不符合题干要求。根据《民事诉讼法》第二百零七条第二款的规定，人民法院审理再审案件，应当另行组成合议庭。因此，选项D的说法正确，不符合题干要求。

【答案】 A

3. 基于检察监督权的抗诉、检察建议和再审

60.【2013年第55题】根据民事诉讼法及相关规定，下列哪些说法是正确的？
A. 上级人民检察院对下级人民法院已经发生法律效力的判决，发现适用法律确有错误的，可以向下级人民法院提出检察建议，并报上级人民检察院备案
B. 上级人民检察院对下级人民法院已经发生法律效力的判决，发现适用法律确有错误的，应当提出抗诉
C. 地方各级人民检察院对同级人民法院已经发生法律效力的判决，发现适用法律确有错误的，可以向同级人民法院提出检察建议，并报上级人民检察院备案

---

❶ 本题选项C考查旧法第185条的规定，即按照审判监督程序决定再审的案件，裁定中止原判决的执行。裁定由院长署名，加盖人民法院印章。该规定与新法第206条的规定有差异。

D. 地方各级人民检察院对同级人民法院已经发生法律效力的判决，发现适用法律确有错误的，应当提出抗诉

【考点】抗诉　检察建议

【分析】根据《民事诉讼法》第二百零八条的规定，最高人民检察院对各级人民法院已经发生法律效力的判决、裁定，上级人民检察院对下级人民法院已经发生法律效力的判决、裁定，发现有本法第二百条规定情形之一的，或者发现调解书损害国家利益、社会公共利益的，应当提出抗诉。地方各级人民检察院对同级人民法院已经发生法律效力的判决、裁定，发现有本法第二百条规定情形之一的，或者发现调解书损害国家利益、社会公共利益的，可以向同级人民法院提出检察建议，并报上级人民检察院备案；也可以提请上级人民检察院向同级人民法院提出抗诉。各级人民检察院对审判监督程序以外的其他审判程序中审判人员的违法行为，有权向同级人民法院提出检察建议。同时，本题选项中的"原判决、适用法律确有错误的"属于《民事诉讼法》第二百条规定的情形之一，因此，选项 AD 错误，选项 BC 正确。

【答案】BC

八、执行程序

1. 一般规定

61.【2014年第95题】根据民事诉讼法及相关规定，下列有关执行程序的哪些说法是正确的？

A. 发生法律效力的民事判决，由第一审人民法院或者与第一审人民法院同级的被执行的财产所在地人民法院执行

B. 发生法律效力的民事判决，由作出生效判决的人民法院或者与该人民法院同级的被执行的财产所在地人民法院执行

C. 当事人认为执行行为违反法律规定的，可以向负责执行的人民法院提出书面异议

D. 当事人认为执行行为违反法律规定的，可以向作出生效判决的人民法院提出书面异议

【考点】执行程序

【分析】根据《民事诉讼法》第二百二十四条第一款的规定，发生法律效力的民事判决、裁定，以及刑事判决、裁定中的财产部分，由第一审人民法院或者与第一审人民法院同级的被执行的财产所在地人民法院执行。选项 A 正确，选项 B 错误。根据《民事诉讼法》第二百二十五条的规定，当事人、利害关系人认为执行行为违反法律规定的，可以向负责执行的人民法院提出书面异议。当事人、利害关系人提出书面异议的，人民法院应当自收到书面异议之日起十五日内审查，理由成立的，裁定撤销或者改正；理由不成立的，裁定驳回。当事人、利害关系人对裁定不服的，可以自裁定送达之日起十日内向上一级人民法院申请复议。选项 C 正确，选项 D 错误。

【答案】AC

2. 执行的申请和移送
3. 执行措施

62.【2012年第98题】根据民事诉讼法及相关规定，下列关于执行过程中查封、扣押财产的哪些说法是正确的？

A. 人民法院查封、扣押财产时，被执行人是公民的，应当通知被执行人或者其成年家属到场

B. 人民法院查封、扣押财产时，被执行人是法人或其他组织的，应当通知其法定代表人或主要负责人到场

C. 被查封的财产，执行员可以指定被执行人负责保管

D. 对被查封、扣押的财产，执行员必须造具清单，由在场人签名或者盖章后，交被执行人一份，被执行人是公民的，也可以交他的成年家属一份

【考点】执行措施　对被执行人财产的强制执行

【分析】根据《民事诉讼法》第二百四十五条的规定，人民法院查封、扣押财产时，被执行人是公民的，应当通知被执行人或者他的成年家属到场；被执行人是法人或者其他组织的，应当通知其法定代表人或者主要负责人到场。拒不到场的，不影响执行。被执行人是公民的，其工作单位或者财产所在地的基层组织应当派人

参加。对被查封、扣押的财产,执行员必须造具清单,由在场人签名或者盖章后,交被执行人一份。被执行人是公民的,也可以交他的成年家属一份。本题中,选项 ABD 正确。根据《民事诉讼法》第二百四十六条的规定,被查封的财产,执行员可以指定被执行人负责保管。因被执行人的过错造成的损失,由被执行人承担。选项 C 正确。

【答案】ABCD

4. 执行中止和执行终结

九、涉外民事诉讼程序

1. 涉外民事诉讼的一般原则
2. 涉外民事诉讼管辖

第四节 行政复议法

基本要求

了解行政复议的概念和基本原则;掌握行政复议参加人及其权利、义务;掌握行政复议程序和决定的规定。

本节内容主要涉及《中华人民共和国行政复议法》以及《中华人民共和国行政复议法实施条例》的规定。

一、行政复议的概念和基本原则

1. 行政复议的概念

1.【2016年第61题】下列关于行政复议和行政诉讼的说法哪些是正确的?

A. 公民、法人或者其他组织对行政复议决定不服的,可以依法向人民法院提起行政诉讼,但是法律规定行政复议决定为最终裁决的除外

B. 人民法院审理行政诉讼案件、行政复议机关受理行政复议申请都应当向申请人收取费用

C. 行政诉讼和行政复议都只对具体行政行为是否合法进行审查

D. 公民、法人或者其他组织向人民法院提起行政诉讼,人民法院已经依法受理的,不得申请行政复议

【考点】行政复议 行政诉讼

【分析】《行政复议法》第三条规定,依照本法履行行政复议职责的行政机关是行政复议机关。行政复议机关负责法制工作的机构具体办理行政复议事项,履行下列职责:其中,(三)审查申请行政复议的具体行政行为是否合法与适当,拟订行政复议决定。《行政复议法》第五条规定,公民、法人或者其他组织对行政复议决定不服的,可以依照行政诉讼法的规定向人民法院提起行政诉讼,但是法律规定行政复议决定为最终裁决的除外。《行政复议法》第十六条第二款规定,公民、法人或者其他组织向人民法院提起行政诉讼,人民法院已经依法受理的,不得申请行政复议。《行政复议法》第三十九条规定,行政复议机关受理行政复议申请,不得向申请人收取任何费用。行政复议活动所需经费,应当列入本机关的行政经费,由本级财政予以保障。因此,选项 AD 正确,选项 BC 错误。

【答案】AD

2. 行政复议的基本原则

2.【2016年第66题】根据行政诉讼法及相关规定,下列哪些说法是正确的?

A. 人民法院审理行政案件,以事实为依据,以法律为准绳

B. 人民法院审理行政案件,对行政行为是否合理进行审查

C. 人民检察院有权对行政诉讼实行法律监督

D. 当事人在行政诉讼中有权进行辩论

【考点】审查原则

【分析】《行政诉讼法》第五条规定,人民法院审理行政案件,以事实为根据,以法律为准绳。《行政诉讼法》第六条规定,人民法院审理行政案件,对行政行为是否合法进行审查。《行政诉讼法》第十条规定,当事人在行政诉讼中有权进行辩论。《行政诉讼法》第十一条规定,人民检察院有权对行政诉讼实行法律监督。因

此，选项 ACD 正确，选项 B 正确。

【答案】ACD

3.【2015 年第 68 题】根据行政复议法及相关规定，下列哪些选项属于行政复议机关履行行政复议职责应当遵循的原则？

　　A. 公开原则　　　B. 及时原则　　　C. 合法原则　　　D. 口头审理原则

【考点】复议原则

【分析】根据《行政复议法》第四条的规定，行政复议机关履行行政复议职责，应当遵循合法、公正、公开、及时、便民的原则，坚持有错必纠，保障法律、法规的正确实施。因此，选项 ABC 正确，选项 D 错误。

【答案】ABC

二、行政复议机关和行政复议参加人

4.【2016 年第 12 题】根据某市政府的决定，该市地税局对个体工商户纳税情况进行检查，该市工商局予以协助。在检查过程中，市工商局发现了李某的不法经营行为，并以自己的名义对李某进行了处罚。李某不服，欲提起行政复议。根据行政复议法及相关规定，下列哪项是行政复议被申请人？

　　A. 市地税局　　　　　　　　　　　　B. 市政府
　　C. 市工商局　　　　　　　　　　　　D. 市地税局和市工商局

【考点】行政复议被申请人

【分析】《行政复议法》第十条第四款规定，公民、法人或者其他组织对行政机关的具体行政行为不服申请行政复议的，作出具体行政行为的行政机关是被申请人。本题中作出处罚的是工商局，因此，选项 C 正确，选项 ABD 错误。

【答案】C

5.【2014 年第 51 题】根据行政复议法及相关规定，下列关于行政复议被申请人的哪些说法是正确的？

　　A. 行政机关与法律授权的组织以共同的名义作出具体行政行为的，行政机关和法律授权的组织为共同被申请人
　　B. 行政机关与法律授权的组织以共同的名义作出具体行政行为的，仅行政机关为被申请人
　　C. 行政机关设立的内设机构，未经法律、法规授权，对外以自己名义作出具体行政行为的，该内设机构为被申请人
　　D. 行政机关设立的内设机构，未经法律、法规授权，对外以自己名义作出具体行政行为的，该行政机关为被申请人

【考点】行政复议的被申请人

【分析】根据《行政复议法实施条例》第十二条第一款的规定，行政机关与法律、法规授权的组织以共同的名义作出具体行政行为的，行政机关和法律、法规授权的组织为共同被申请人。因此，选项 A 正确，选项 B 错误。根据《行政复议法实施条例》第十四条的规定，选项 C 错误，选项 D 正确。

【答案】AD

6.【2013 年第 34 题】甲行政机关依照相关法律规定，经其上级乙行政机关批准，对股份制企业丙公司作出行政处罚决定，丙公司董事会认为该具体行政行为侵犯了企业合法权益，欲申请行政复议。根据行政复议法及相关规定，下列哪些说法是正确的？

　　A. 丙公司董事会可以以自己的名义申请行政复议
　　B. 丙公司董事会可以以企业的名义申请行政复议
　　C. 该行政复议申请应以甲行政机关为行政复议被申请人
　　D. 该行政复议申请应以乙行政机关为行政复议被申请人

【考点】行政复议的申请人、被申请人

【分析】根据《行政复议法实施条例》第七条的规定，股份制企业的股东大会、股东代表大会、董事会认为行政机关作出的具体行政行为侵犯企业合法权益的，可以以企业的名义申请行政复议。本题中，选项 A 错误，选项 B 正确。根据《行政复议法实施条例》第十三条的规定，下级行政机关依照法律、法规、规章规定，

经上级行政机关批准作出具体行政行为的，批准机关为被申请人。甲行政机关对丙公司作出的行政处罚决定是依照法律规定经其上级乙行政机关批准后作出的，因此乙行政机关是被申请人。选项 C 错误，选项 D 正确。

【答案】BD

7.【2013 年第 41 题】行政复议期间，行政复议机构认为申请人以外的公民管某与被审查的具体行政行为有利害关系。根据行政复议法及相关规定，下列哪些说法是正确的？

A. 该行政复议机构可以追加管某为行政复议申请人，通知其参加行政复议
B. 该行政复议机构可以通知管某作为第三人参加行政复议
C. 管某不参加行政复议的，该行政复议终止
D. 管某不参加行政复议的，不影响该行政复议案件的审理

【考点】行政复议的第三人

【分析】根据《行政复议法》第十条第三款的规定，同申请行政复议的具体行政行为有利害关系的其他公民、法人或者其他组织，可以作为第三人参加行政复议。《行政复议法实施条例》第九条第一款的规定，行政复议期间，行政复议机构认为申请人以外的公民、法人或者其他组织与被审查的具体行政行为有利害关系的，可以通知其作为第三人参加行政复议。本题中，行政复议机构可以通知管某作为第三人参加行政复议，而不是追加管某为行政复议申请人，因此，选项 A 错误，选项 B 正确。根据《行政复议法实施条例》第九条第三款的规定，第三人不参加行政复议，不影响行政复议案件的审理。因此，选项 C 错误，选项 D 正确。

【答案】BD

8.【2012 年第 34 题】根据行政复议法及相关规定，下列哪些说法是正确的？

A. 有权申请行政复议的公民死亡的，其近亲属可以申请行政复议
B. 有权申请行政复议的公民为无民事行为能力人的，其法定代理人可以代为申请行政复议
C. 有权申请行政复议的公民为限制民事行为能力人的，其法定代理人可以代为申请行政复议
D. 有权申请行政复议的法人或者其他组织终止的，承受其权利的法人或者其他组织可以申请行政复议

【考点】行政复议的申请人

【分析】根据《行政复议法》第十条第二款的规定，有权申请行政复议的公民死亡的，其近亲属可以申请行政复议。有权申请行政复议的公民为无民事行为能力人或者限制民事行为能力人的，其法定代理人可以代为申请行政复议。有权申请行政复议的法人或者其他组织终止的，承受其权利的法人或者其他组织可以申请行政复议。本题中，选项 ABCD 正确。

【答案】ABCD

三、行政复议程序

1. 行政复议的受案范围

9.【2016 年第 60 题】根据行政复议法及相关规定，下列哪些情形可以申请行政复议？

A. 张某对某行政机关对其作出的罚款决定不服的
B. 公务员王某不服其所在行政机关对其作出的撤职处分决定的
C. 李某对行政机关对其作出的扣押财产决定不服的
D. 赵某对某行政机关对其作出的行政拘留决定不服的

【考点】申请行政复议的情形

【分析】《行政复议法》第六条规定，有下列情形之一的，公民、法人或者其他组织可以依照本法申请行政复议：（一）对行政机关作出的警告、罚款、没收违法所得、没收非法财物、责令停产停业、暂扣或者吊销许可证、暂扣或者吊销执照、行政拘留等行政处罚决定不服的；（二）对行政机关作出的限制人身自由或者查封、扣押、冻结财产等行政强制措施决定不服的；《行政复议法》第八条规定，不服行政机关作出的行政处分或者其他人事处理决定的，依照有关法律、行政法规的规定提出申诉。不服行政机关对民事纠纷作出的调解或者其他处理，依法申请仲裁或者向人民法院提起诉讼。因此，选项 ACD 正确，选项 B 错误。

【答案】ACD

10.【2015 年第 17 题】根据行政复议法及相关规定，下列哪种情形可以申请行政复议？

A. 张某对国务院某部委发布的规章不服的
B. 公务员王某不服其所在的行政机关对其作出的降级处分的
C. 李某对某行政机关就其与某公司之间的民事纠纷作出的调解不服的
D. 赵某对某行政机关作出的暂扣其许可证的行政处罚决定不服的

【考点】行政复议的排除范围
【分析】根据《行政复议法》第七条的规定，公民、法人或者其他组织认为行政机关的具体行政行为所依据的下列规定不合法，在对具体行政行为申请行政复议时，可以一并向行政复议机关提出对该规定的审查申请：（一）国务院部门的规定；（二）县级以上地方各级人民政府及其工作部门的规定；（三）乡、镇人民政府的规定。前款所列规定不含国务院部、委员会规章和地方人民政府规章。规章的审查依照法律、行政法规办理。由此可知，在申请行政复议时可一并申请对国务院部门的规定进行审查，但不能申请对国务院部门、省人民政府、市人民政府的规章进行审查，因此，选项A错误。根据《行政复议法》第八条的规定，不服行政机关作出的行政处分或者其他人事处理决定的，依照有关法律、行政法规的规定提出申诉。不服行政机关对民事纠纷作出的调解或者其他处理，依法申请仲裁或者向人民法院提起诉讼。因此，选项BC错误。根据《行政复议法》第六条的规定，有下列情形之一的，公民、法人或者其他组织可以依照本法申请行政复议：其中，（一）对行政机关作出的警告、罚款、没收违法所得、没收非法财物、责令停产停业、暂扣或者吊销许可证、暂扣或者吊销执照、行政拘留等行政处罚决定不服的；选项D正确。
【答案】D

11.【2014年第5题】根据行政复议法及相关规定，公民、法人或者其他组织认为行政机关具体行政行为的下列哪项依据不合法的，可以在申请行政复议时一并申请对其进行审查？
A. 国务院部门规章
B. 国务院部门的规定
C. 省人民政府规章
D. 市人民政府规章

【考点】对部分抽象行政行为的附带审查
【分析】根据《行政复议法》第七条的规定，公民、法人或者其他组织认为行政机关的具体行政行为所依据的下列规定不合法，在对具体行政行为申请行政复议时，可以一并向行政复议机关提出对该规定的审查申请：（一）国务院部门的规定；（二）县级以上地方各级人民政府及其工作部门的规定；（三）乡、镇人民政府的规定。前款所列规定不含国务院部、委员会规章和地方人民政府规章。规章的审查依照法律、行政法规办理。由此可知，在申请行政复议时可一并申请对国务院部门的规定进行审查，但不能申请对国务院部门、省人民政府、市人民政府的规章进行审查，因此，选项ACD错误，选项B正确。
【答案】B

12.【2014年第34题】根据行政复议法及相关规定，下列哪些情形可以申请行政复议？
A. 张某对某行政机关作出的暂扣其许可证的行政处罚决定不服的
B. 王某对某行政机关作出的限制其人身自由的行政强制措施决定不服的
C. 赵某对某行政机关就其与某公司之间的民事纠纷作出的调解不服的
D. 李某对某行政机关作出的撤销其资格证的决定不服的

【考点】行政复议的范围
【分析】根据《行政复议法》第六条的规定，有下列情形之一的，公民、法人或者其他组织可以依照本法申请行政复议：其中，（一）对行政机关作出的警告、罚款、没收违法所得、没收非法财物、责令停产停业、暂扣或者吊销许可证、暂扣或者吊销执照、行政拘留等行政处罚决定不服的；（二）对行政机关作出的限制人身自由或者查封、扣押、冻结财产等行政强制措施决定不服的；（三）对行政机关作出的有关许可、执照、资质证、资格证等证书变更、中止、撤销的决定不服的。本题中，选项ABD分别属于其中第（一）、（二）、（三）项规定的情形，因此，选项ABD正确。根据《行政复议法》第八条第二款的规定，不服行政机关对民事纠纷作出的调解或者其他处理，依法申请仲裁或者向人民法院提起诉讼。选项C错误。
【答案】ABD

13.【2013年第5题】某省知识产权局对职务发明人姚某与其所在单位的职务发明报酬纠纷作出了调解，

姚某对该调解不服。根据行政复议法及相关规定，姚某可以通过下列哪种途径解决该纠纷？
  A. 向该省知识产权局提出申诉 B. 向国家知识产权局申请行政复议
  C. 向该省人民政府申请行政复议 D. 向人民法院提起诉讼
【考点】行政复议的排除范围
【分析】根据《行政复议法》第八条第二款的规定，不服行政机关对民事纠纷作出的调解或者其他处理，依法申请仲裁或者向人民法院提起诉讼。本题中，姚某与其所在单位的职务发明报酬纠纷为民事纠纷，省知识产权局对此作出的调解属于"对民事纠纷作出的调解"，根据上述规定，当事人对该调解不服的，可依法申请仲裁或者向人民法院提起诉讼，不能申请行政复议，选项D正确，选项BC错误。根据《行政复议法》第八条第一款的规定，不服行政机关作出的行政处分或者其他人事处理决定的，依照有关法律、行政法规的规定提出申诉。因此，选项A错误。
【答案】D

14.【2013年第51题】根据行政复议法及相关规定，在下列哪些情形下，当事人可以申请行政复议？
  A. 某工商局对张某作出没收违法所得的处罚决定，张某不服的
  B. 某公安局对其工作人员王某作出撤职的处分决定，王某不服的
  C. 某民政局拒绝给刘某发放最低生活保障费，刘某不服的
  D. 赵某认为乡人民政府违法集资的
【考点】行政复议范围
【分析】根据《行政复议法》第六条的规定，有下列情形之一的，公民、法人或者其他组织可以依照本法申请行政复议：其中，（一）对行政机关作出的警告、罚款、没收违法所得、没收非法财物、责令停产停业、暂扣或者吊销许可证、暂扣或者吊销执照、行政拘留等行政处罚决定不服的；（七）认为行政机关违法集资、征收财物、摊派费用或者违法要求履行其他义务的；（十）申请行政机关依法发放抚恤金、社会保险金或者最低生活保障费，行政机关没有依法发放的。因此，选项ACD正确。根据《行政复议法》第八条第一款的规定，不服行政机关作出的行政处分或者其他人事处理决定的，依照有关法律、行政法规的规定提出申诉。因此，选项B错误。
【答案】ACD

15.【2012年第43题】根据行政复议法及相关规定，公民、法人或者其他组织在下列哪些情形下可以申请行政复议？
  A. 对国务院部门制定的规章不服的
  B. 对行政机关作出的责令其停产的行政处罚决定不服的
  C. 申请行政机关履行保护其人身权利的法定职责，该行政机关没有依法履行的
  D. 申请行政机关依法发放最低生活保障费，该行政机关没有依法发放的
【考点】行政复议范围
【分析】根据《行政复议法》第六条的规定，有下列情形之一的，公民、法人或者其他组织可以依照本法申请行政复议：其中，（一）对行政机关作出的警告、罚款、没收违法所得、没收非法财物、责令停产停业、暂扣或者吊销许可证、暂扣或者吊销执照、行政拘留等行政处罚决定不服的；（九）申请行政机关履行保护人身权利、财产权利、受教育权利的法定职责，行政机关没有依法履行的；（十）申请行政机关依法发放抚恤金、社会保险金或者最低生活保障费，行政机关没有依法发放的。因此，本题中，选项BCD正确。制定的规章不属于具体行政行为，根据《行政复议法》第七条第二款的规定，规章的审查依照法律、行政法规办理。因此，选项A错误。
【答案】BCD

16.【2012年第52题】根据行政复议法及相关规定，公民、法人或者其他组织认为行政机关的具体行政行为所依据的下列哪些不合法的，可以在申请行政复议时一并申请对其进行审查？
  A. 行政法规 B. 省人民政府规章
  C. 县人民政府的规定 D. 镇人民政府的规定

【考点】 对部分抽象行政行为的附带审查

【分析】 根据《行政复议法》第七条的规定，公民、法人或者其他组织认为行政机关的具体行政行为所依据的下列规定不合法，在对具体行政行为申请行政复议时，可以一并向行政复议机关提出对该规定的审查申请：(一) 国务院部门的规定；(二) 县级以上地方各级人民政府及其工作部门的规定；(三) 乡、镇人民政府的规定。前款所列规定不含国务院部、委员会规章和地方人民政府规章。规章的审查依照法律、行政法规办理。本题中，行政法规和省人民政府规章均不属于在申请行政复议时一并申请对其进行审查的范围，因此，选项AB错误，选项CD正确。

【答案】 CD

2. 行政复议的申请

17.【2016年第11题】 刘某对县公安局作出的罚款决定不服，欲提起行政复议。根据行政复议法及相关规定，下列哪种说法是正确的？

A. 刘某可以在法定期限内口头申请
B. 刘某必须书面申请
C. 刘某可以随时提出口头申请
D. 刘某可以随时提出书面申请

【考点】 行政复议申请的提出

【分析】《行政复议法》第九条规定，公民、法人或者其他组织认为具体行政行为侵犯其合法权益的，可以自知道该具体行政行为之日起六十日内提出行政复议申请；但是法律规定的申请期限超过六十日的除外。因不可抗力或者其他正当理由耽误法定申请期限的，申请期限自障碍消除之日起继续计算。《行政复议法》第十一条规定，申请人申请行政复议，可以书面申请，也可以口头申请；口头申请的，行政复议机关应当当场记录申请人的基本情况、行政复议请求、申请行政复议的主要事实、理由和时间。因此，选项A正确，选项BCD错误。

【答案】 A

18.【2015年第69题】 根据行政复议法及相关规定，下列关于行政复议申请的哪些说法是正确的？

A. 申请人申请行政复议，可以书面申请，也可以口头申请
B. 申请人申请行政复议，只能书面申请，不能口头申请
C. 行政复议机关受理行政复议申请，不得向申请人收取任何费用
D. 行政复议机关受理行政复议申请，应当向申请人收取申请费

【考点】 复议申请费用

【分析】 根据《行政复议法》第十一条的规定，申请人申请行政复议，可以书面申请，也可以口头申请；口头申请的，行政复议机关应当当场记录申请人的基本情况、行政复议请求、申请行政复议的主要事实、理由和时间。因此，选项A正确，选项B错误。根据《行政复议法》第三十九条的规定，行政复议机关受理行政复议申请，不得向申请人收取任何费用。行政复议活动所需经费，应当列入本机关的行政经费，由本级财政予以保障。因此，选项C正确，选项D错误。

【答案】 AC

19.【2014年第66题】 根据行政复议法及相关规定，下列哪些说法是正确的？

A. 申请人申请行政复议，可以书面申请，也可以口头申请
B. 申请人申请行政复议，应当按规定缴纳申请费
C. 行政复议申请人可以委托代理人参加行政复议
D. 行政复议决定作出前，申请人不得撤回行政复议申请

【考点】 行政复议申请

【分析】 根据《行政复议法》第十一条的规定，申请人申请行政复议，可以书面申请，也可以口头申请；口头申请的，行政复议机关应当当场记录申请人的基本情况、行政复议请求、申请行政复议的主要事实、理由和时间。因此，选项A正确。根据《行政复议法》第三十九条的规定，行政复议机关受理行政复议申请，不得向申请人收取任何费用，行政复议活动所需经费，应当列入本机关的行政经费，由本级财政予以保障。因此，选项B错误。根据《行政复议法》第十条第五款的规定，申请人、第三人可以委托代理人代为参加行政复

议。因此，选项 C 正确。根据《行政复议法》第二十五条的规定，行政复议决定作出前，申请人要求撤回行政复议申请的，经说明理由，可以撤回；撤回行政复议申请的，行政复议终止。因此，选项 D 错误。

【答案】 AC

20. **【2013 年第 60 题】** 林某不服县教育局对其作出的某具体行政行为，欲向行政复议机关申请行政复议。根据行政复议法及相关规定，下列哪些说法是正确的？

    A. 林某可以口头申请行政复议
    B. 林某可以传真的方式书面申请行政复议
    C. 林某应当缴纳行政复议申请费
    D. 林某可以委托代理人代为参加行政复议

【考点】 行政复议的申请

【分析】 根据《行政复议法》第十一条的规定，申请人申请行政复议，可以书面申请，也可以口头申请；口头申请的，行政复议机关应当当场记录申请人的基本情况、行政复议请求、申请行政复议的主要事实、理由和时间。《行政复议法实施条例》第十八条第一款的规定，申请人书面申请行政复议的，可以采取当面递交、邮寄或者传真等方式提出行政复议申请。本题中，林某可以口头申请行政复议，也可以通过传真的方式书面申请行政复议，因此，选项 AB 正确。根据《行政复议法》第三十九条的规定，申请人申请行政复议，可以书面申请，也可以口头申请；口头申请的，行政复议机关应当当场记录申请人的基本情况、行政复议请求、申请行政复议的主要事实、理由和时间。选项 C 错误。根据《行政复议法》第十条第五款的规定，申请人、第三人可以委托代理人代为参加行政复议。因此，选项 D 正确。

【答案】 ABD

21. **【2012 年第 26 题】** 根据行政复议法及相关规定，下列哪种说法是错误的？

    A. 申请人申请行政复议的，可以书面申请，也可以口头申请
    B. 申请人申请行政复议的，应当缴纳复议申请费
    C. 申请人申请行政复议的，应当在法律规定的申请期限内提出申请
    D. 申请人申请行政复议的，可以委托代理人代为参加行政复议

【考点】 行政复议的复议期间　申请　申请人　经费

【分析】 根据《行政复议法》第十一条的规定，申请人申请行政复议，可以书面申请，也可以口头申请；口头申请的，行政复议机关应当当场记录申请人的基本情况、行政复议请求、申请行政复议的主要事实、理由和时间。本题中，选项 A 的说法正确，不符合题干要求。根据《行政复议法》第三十九条的规定，行政复议机关受理行政复议申请，不得向申请人收取任何费用。行政复议活动所需经费，应当列入本机关的行政经费，由本级财政予以保障。因此，选项 B 的说法错误，符合题干要求。根据《行政复议法》第九条的规定，公民、法人或者其他组织认为具体行政行为侵犯其合法权益的，可以自知道该具体行政行为之日起六十日内提出行政复议申请；但是法律规定的申请期限超过六十日的除外。因不可抗力或者其他正当理由耽误法定申请期限的，申请期限自障碍消除之日起继续计算。选项 C 的说法正确，不符合题干要求。根据《行政复议法》第十条第五款的规定，申请人、第三人可以委托代理人代为参加行政复议。因此，选项 D 的说法正确，不符合题干要求。

【答案】 B

3. 行政复议的受理

22. **【2016 年第 62 题】** 某专利申请人对国家知识产权局不予受理其申请的决定不服，根据行政复议法及相关规定，他可以通过下列哪些途径寻求救济？

    A. 向国家知识产权局申请行政复议
    B. 向国务院申请行政复议
    C. 依法申请行政复议后，对复议决定仍然不服的，可以向人民法院起诉
    D. 依法申请行政复议后，对复议决定仍然不服的，可以向国务院申请最终裁决

【考点】 救济途径

【分析】《行政复议法》第十四条规定，对国务院部门或者省、自治区、直辖市人民政府的具体行政行为不服的，向作出该具体行政行为的国务院部门或者省、自治区、直辖市人民政府申请行政复议。对行政复议决定不服的，可以向人民法院提起行政诉讼；也可以向国务院申请裁决，国务院依照本法的规定作出最终裁决。

因此，选项 ACD 正确，选项 B 错误。

【答案】ACD

23.【2016年第63题】根据行政复议法及相关规定，下列关于行政复议受理机关的哪些说法是正确的？
A. 对县交通局的具体行政行为不服的，可以向上一级主管部门申请行政复议
B. 对县交通局的具体行政行为不服的，可以向该县人民政府申请行政复议
C. 对海关的具体行政行为不服的，应当向本级人民政府申请行政复议
D. 对海关的具体行政行为不服的，应当向上一级主管部门申请行政复议

【考点】行政复议受理机关

【分析】《行政复议法》第十二条规定，对县级以上地方各级人民政府工作部门的具体行政行为不服的，由申请人选择，可以向该部门的本级人民政府申请行政复议，也可以向上一级主管部门申请行政复议。对海关、金融、国税、外汇管理等实行垂直领导的行政机关和国家安全机关的具体行政行为不服的，向上一级主管部门申请行政复议。因此，选项 ABD 正确，选项 C 错误。

【答案】ABD

24.【2015年第15题】根据市政府整顿农贸市场的决定，某区工商局和卫生局对集贸市场进行联合检查。在检查过程中，因某个体户所售食品变质，两局以共同的名义对其作出罚款决定，该个体户不服，欲提起行政复议。根据行政复议法及相关规定，其应向谁申请行政复议？
A. 该区工商局
B. 该市卫生局
C. 该区政府
D. 该市政府

【考点】行政复议的受理机关

【分析】根据《行政复议法》第十五条的规定，对本法第十二条、第十三条、第十四条规定以外的其他行政机关、组织的具体行政行为不服的，按照下列规定申请行政复议：其中，（四）对两个或者两个以上行政机关以共同的名义作出的具体行政行为不服的，向其共同上一级行政机关申请行政复议；本题中，选项 C 正确，选项 ABD 错误。

【答案】C

25.【2015年第70题】根据行政复议法及相关规定，下列关于行政复议受理机关的哪些说法是正确的？
A. 对县级人民政府的具体行政行为不服的，向上一级地方人民政府申请行政复议
B. 对县级以上地方各级人民政府工作部门的具体行政行为不服的，可以向该部门的上一级主管部门申请行政复议
C. 对省级人民政府的具体行政行为不服的，向国务院申请行政复议
D. 对国务院部门的具体行政行为不服的，向该国务院部门申请行政复议

【考点】行政复议受理机关

【分析】根据《行政复议法》第十三条第一款的规定，对地方各级人民政府的具体行政行为不服的，向上一级地方人民政府申请行政复议。因此，选项 A 正确。根据《行政复议法》第十二条第一款的规定，对县级以上地方各级人民政府工作部门的具体行政行为不服的，由申请人选择，可以向该部门的本级人民政府申请行政复议，也可以向上一级主管部门申请行政复议。因此，选项 B 正确。根据《行政复议法》第十四条的规定，对国务院部门或者省、自治区、直辖市人民政府的具体行政行为不服的，向作出该具体行政行为的国务院部门或者省、自治区、直辖市人民政府申请行政复议。对行政复议决定不服的，可以向人民法院提起行政诉讼；也可以向国务院申请裁决，国务院依照本法的规定作出最终裁决。因此，选项 C 错误，选项 D 正确。

【答案】ABD

26.【2014年第43题】根据行政复议法及相关规定，下列关于行政复议机关的哪些说法是正确的？
A. 对乡人民政府的具体行政行为不服的，向其上一级地方人民政府申请行政复议
B. 对县人民政府的具体行政行为不服的，向该县人民政府申请行政复议
C. 对省人民政府的具体行政行为不服的，向该省人民政府申请行政复议
D. 对国务院部门的具体行政行为不服的，向国务院申请行政复议

【考点】行政复议机关

【分析】根据《行政复议法》第十三条第一款的规定，对地方各级人民政府的具体行政行为不服的，向上一级地方人民政府申请行政复议。因此，选项A正确，选项B错误。根据《行政复议法》第十四条的规定，对国务院部门或者省、自治区、直辖市人民政府的具体行政行为不服的，向作出该具体行政行为的国务院部门或者省、自治区、直辖市人民政府申请行政复议。对行政复议决定不服的，可以向人民法院提起行政诉讼；也可以向国务院申请裁决，国务院依照本法的规定作出最终裁决。因此，选项C正确，选项D错误。

【答案】AC

27.【2014年第60题】赵某不服甲市乙区环保局对其作出的一项行政处罚决定，欲申请行政复议。根据行政复议法及相关规定，赵某可以向下列哪些行政机关申请行政复议？

A. 乙区环保局
B. 甲市环保局
C. 乙区人民政府
D. 甲市人民政府

【考点】行政复议申请

【分析】根据《行政复议法》第十二条第一款的规定，对县级以上地方各级人民政府工作部门的具体行政行为不服的，由申请人选择，可以向该部门的本级人民政府申请行政复议，也可以向上一级主管部门申请行政复议。本题中，赵某不服环保局具体行政行为，可以向该区人民政府申请行政复议，也可以向区环保局的上一级主管部门即市环保局申请行政复议，因此，选项AD错误，选项BC正确。

【答案】BC

28.【2013年第16题】某行政复议机关受理王某提出的行政复议申请后，发现王某在申请行政复议之前已向人民法院提起行政诉讼并被受理。根据行政复议法及相关规定，该行政复议机关应当如何处理？

A. 通知人民法院中止审理该行政诉讼
B. 将该案移送人民法院一并审理
C. 中止审理，在人民法院作出生效判决后继续审理
D. 驳回该行政复议申请

【考点】复议和诉讼的关系

【分析】根据《行政复议法》第十六条第二款的规定，公民、法人或者其他组织向人民法院提起行政诉讼，人民法院已经依法受理的，不得申请行政复议。《行政复议法实施条例》第四十八条第（二）项的规定，受理行政复议申请后，发现该行政复议申请不符合行政复议法和本条例规定的受理条件的，行政复议机关应当决定驳回行政复议申请。本题中，王某在申请行政复议之前已经向人民法院提起行政诉讼并被受理，不符合行政复议申请条件，但行政复议机关是在受理该申请后才发现其不符合受理条件的，因此，应驳回该行政复议申请，选项ABC错误，选项D正确。

【答案】D

29.【2013年第73题】某县公安局以钟某扰乱社会秩序为由对其作出行政处罚决定，钟某不服，向市公安局申请行政复议。根据行政复议法及相关规定，关于行政复议期间该行政处罚决定的执行，下列哪些说法是正确的？

A. 该行政处罚决定应当停止执行
B. 该县公安局认为需要具体行政停止执行的，可以停止执行该行政处罚决定
C. 该市公安局认为需要停止执行的，可以停止执行该行政处罚决定
D. 钟某申请停止执行，该市公安局认为其要求合理决定停止执行的，可以停止执行该行政处罚决定

【考点】具体行政行为在行政复议期间的执行力

【分析】根据《行政诉讼法》第二十一条的规定，行政复议期间具体行政行为不停止执行；但是，有下列情形之一的，可以停止执行：（一）被申请人认为需要停止执行的；（二）行政复议机关认为需要停止执行的；（三）申请人申请停止执行，行政复议机关认为其要求合理，决定停止执行的；（四）法律规定停止执行的。本题中，选项A错误，选项BCD正确。

【答案】BCD

30.【2012年第4题】根据行政复议法及相关规定,对直辖市人民政府作出的具体行政行为不服的,可以通过下列哪种途径寻求救济?

A. 向该直辖市人民政府申请行政复议
B. 向国务院有关部门申请行政复议
C. 向国务院申请行政复议
D. 向国务院申请裁决

【考点】行政复议的申请

【分析】根据《行政复议法》第十四条的规定,对国务院部门或者省、自治区、直辖市人民政府的具体行政行为不服的,向作出该具体行政行为的国务院部门或者省、自治区、直辖市人民政府申请行政复议。对行政复议决定不服的,可以向人民法院提起行政诉讼;也可以向国务院申请裁决,国务院依照本法的规定作出最终裁决。因此,本题中,对直辖市人民政府作出的具体行政行为不服的,可以向该直辖市人民政府申请行政复议,因此,选项A正确。选项BC错误。另外,只有在对行政复议决定不服的情况下,才可以向国务院申请裁决,因此,选项D错误。

【答案】A

31.【2012年第63题】张某对某市辖区教育局作出的一项具体行政行为不服,欲申请行政复议。根据行政复议法及相关规定,下列哪些说法是正确的?

A. 张某可向该区教育局申请行政复议
B. 张某可向该区政府申请行政复议
C. 张某可向该市教育局申请行政复议
D. 张某可向该市政府申请行政复议

【考点】行政复议的受理机关

【分析】根据《行政复议法》第十二条第一款的规定,对县级以上地方各级人民政府工作部门的具体行政行为不服的,由申请人选择,可以向该部门的本级人民政府申请行政复议,也可以向上一级主管部门申请行政复议。本题中,市辖区教育局属于"县级以上地方各级人民政府工作部门",该部门的本级人民政府即为该区政府;其上一级主管部门则为该市教育局,因此,选项AD错误,选项BC正确。

【答案】BC

32.【2012年第61题】根据行政复议法及相关规定,下列哪些说法是正确的?

A. 对法律、法规授权的组织的具体行政行为不服的,分别向直接管理该组织的地方人民政府、地方人民政府工作部门或者国务院部门申请行政复议
B. 对被撤销的行政机关在撤销前所作出的具体行政行为不服的,向继续行使其职权的行政机关的上一级行政机关申请行政复议
C. 公民、法人或者其他组织申请行政复议,行政复议机关已经依法受理的,在法定行政复议期限内不得向人民法院提起行政诉讼
D. 公民、法人或者其他组织向人民法院提起行政诉讼,人民法院已经依法受理的,不得申请行政复议

【考点】行政复议的受理机关、申请

【分析】根据《行政复议法》第十五条的规定,对本法第十二条、第十三条、第十四条规定以外的其他行政机关、组织的具体行政行为不服的,按下列规定申请行政复议:(一)对县级以上地方人民政府依法设立的派出机关的具体行政行为不服的,向设立该派出机关的人民政府申请行政复议;(五)对被撤销的行政机关在撤销前所作出的具体行政行为不服的,向继续行使其职权的行政机关的上一级行政机关申请行政复议。因此,选项AB正确。根据《行政复议法》第十六条第二款的规定,公民、法人或者其他组织向人民法院提起行政诉讼,人民法院已经依法受理的,不得申请行政复议。因此,选项CD正确。

【答案】ABCD

33.【2012年第77题】根据行政复议法及相关规定,下列哪些说法是正确的?

A. 对县级以上地方人民政府依法设立的派出机关的具体行政行为不服的,向设立该派出机关的人民政府申请行政复议
B. 对县级以上地方人民政府依法设立的派出机关的具体行政行为不服的,向该地方人民政府的上一级人民政府申请行政复议
C. 对两个以上国务院部门共同作出的具体行政行为不服的,可以向其中任何一个国务院部门申请行政

复议

D. 对两个以上国务院部门共同作出的具体行政行为不服的，向国务院申请行政复议

【考点】行政复议的受理机关

【分析】根据《行政复议法》第十五条的规定，对本法第十二条、第十三条、第十四条规定以外的其他行政机关、组织的具体行政行为不服的，按照下列规定申请行政复议：其中，（一）对县级以上地方人民政府依法设立的派出机关的具体行政行为不服的，向设立该派出机关的人民政府申请行政复议。本题中，选项 A 正确，选项 B 错误。根据《行政复议法实施条例》第二十三条的规定，申请人对两个以上国务院部门共同作出的具体行政行为不服的，依照行政复议法第十四条的规定，可以向其中任何一个国务院部门提出行政复议申请，由作出具体行政行为的国务院部门共同作出行政复议决定。因此，选项 BD 错误。

需要注意的是，本题中，选项 D 应当根据《行政复议法实施条例》第二十三条的规定来进行判断，而不是根据《行政复议法》第十五条第（四）项的规定来进行判断。这是因为，《行政复议法》第十五条第（四）项的规定不适用"两个以上国务院部门共同作出的具体行政行为"的情形。

【答案】AC

4. 行政复议的审理

34.【2016 年第 13 题】根据行政复议法及相关规定，下列哪种说法是正确的？

A. 申请人认为行政机关的具体行政行为所依据的地方人民政府规章不合法的，在对具体行政行为申请复议时，可以一并提出对该规章的审查申请

B. 被申请人在行政复议过程中可以根据需要自行向申请人收集证据

C. 行政复议决定作出前，申请人要求撤回行政复议申请的，经说明理由，可以撤回

D. 行政复议期间一律停止执行具体行政行为

【考点】行政复议申请撤回

【分析】《行政复议法》第七条规定，公民、法人或者其他组织认为行政机关的具体行政行为所依据的下列规定不合法，在对具体行政行为申请行政复议时，可以一并向行政复议机关提出对该规定的审查申请：（一）国务院部门的规定；（二）县级以上地方各级人民政府及其工作部门的规定；（三）乡、镇人民政府的规定。前款所列规定不含规章。规章的审查依照法律、行政法规的规定办理。因此，选项 A 错误。《行政复议法》第二十一条规定，行政复议期间具体行政行为不停止执行；但是，有下列情形之一的，可以停止执行：（一）被申请人认为需要停止执行的；（二）行政复议机关认为需要停止执行的；（三）申请人申请停止执行，行政复议机关认为其要求合理，决定停止执行的；（四）法律规定停止执行的。因此，选项 D 错误。《行政复议法》第二十四条规定，在行政复议过程中，被申请人不得自行向申请人和其他有关组织或者个人收集证据。因此，选项 B 错误。《行政复议法》第二十五条规定，行政复议决定作出前，申请人要求撤回行政复议申请的，经说明理由，可以撤回；撤回行政复议申请的，行政复议终止。因此，选项 C 正确。

【答案】C

35.【2016 年第 65 题】根据行政复议法及相关规定，下列关于行政复议的审理哪些说法是正确的？

A. 行政复议原则上采取书面审查

B. 行政复议原则上采取开庭的方式审查

C. 行政复议机关认为有必要时，可以听取申请人、被申请人和第三人的意见

D. 行政复议机关认为有必要时，可以向有关组织和人员调查情况

【考点】行政复议的审理

【分析】《行政复议法》第二十二条规定，行政复议原则上采取书面审查的办法，但是申请人提出要求或者行政复议机关负责法制工作的机构认为有必要时，可以向有关组织和人员调查情况，听取申请人、被申请人和第三人的意见。因此，选项 ACD 正确，选项 B 错误。

【答案】ACD

36.【2015 年第 73 题】根据行政复议法及相关规定，下列哪些情形下行政复议终止？

A. 作为申请人的自然人死亡，没有近亲属的

B. 作为申请人的法人终止，其权利义务的承受人放弃行政复议权利的
C. 申请人要求撤回行政复议申请，行政复议机构准予撤回的
D. 案件涉及法律适用问题，需要有权机关作出解释或者确认的

【考点】行政复议终止

【分析】根据《行政复议法实施条例》第四十二条的规定，行政复议期间有下列情形之一的，行政复议终止：（一）申请人要求撤回行政复议申请，行政复议机构准予撤回的；（二）作为申请人的自然人死亡，没有近亲属或者其近亲属放弃行政复议权利的；（三）作为申请人的法人或者其他组织终止，其权利义务的承受人放弃行政复议权利的；（四）申请人与被申请人依照本条例第四十条的规定，经行政复议机构准许达成和解的；（五）申请人对行政拘留或者限制人身自由的行政强制措施不服申请行政复议后，因申请人同一违法行为涉嫌犯罪，该行政拘留或者限制人身自由的行政强制措施变更为刑事拘留。依照本条例第四十一条第一款第（一）项、第（二）项、第（三）项规定中止行政复议，满60日行政复议中止的原因仍未消除的，行政复议终止。因此，选项ABC正确，选项D错误。

【答案】ABC

37.【2015年第71题】根据行政复议法及相关规定，下列关于行政复议机关进行的调解的哪些说法是正确的？

A. 当事人之间的行政赔偿纠纷，行政复议机关可以按照自愿、合法的原则进行调解
B. 当事人之间的行政补偿纠纷，行政复议机关可以按照自愿、合法的原则进行调解
C. 当事人经调解达成协议的，行政复议机关可以不必制作行政复议调解书
D. 调解未达成协议的，行政复议机关应当及时作出行政复议决定

【考点】行政复议程序中的调解

【分析】根据《行政复议法实施条例》第五十条第一款的规定，有下列情形之一的，行政复议机关可以按照自愿、合法的原则进行调解：（一）公民、法人或者其他组织对行政机关行使法律、法规规定的自由裁量权作出的具体行政行为不服申请行政复议的；（二）当事人之间的行政赔偿或者行政补偿纠纷。因此，选项AB正确。根据《行政复议法实施条例》第五十条第二款的规定，当事人经调解达成协议的，行政复议机关应当制作行政复议调解书。调解书应当载明行政复议请求、事实、理由和调解结果，并加盖行政复议机关印章。行政复议调解书经双方当事人签字，即具有法律效力。因此，选项C错误。根据《行政复议法实施条例》第五十条第三款的规定，调解未达成协议或者调解书生效前一方反悔的，行政复议机关应当及时作出行政复议决定。因此，选项D正确。

【答案】ABD

38.【2014年第79题】根据行政复议法及相关规定，下列哪些说法是正确的？

A. 行政复议原则上采取书面审查的办法，但是行政复议机关负责法制工作的机构认为有必要时，可以向有关组织和人员调查情况
B. 行政复议机关责令被申请人重新作出具体行政行为的，被申请人不得作出与原具体行政行为相同的具体行政行为
C. 在行政复议过程中，行政复议的第三人不得查阅被申请人提出的书面答复
D. 在行政复议过程中，被申请人不得自行向申请人和其他有关组织或者个人收集证据

【考点】行政复议的审理

【分析】根据《行政复议法》第二十二条的规定，行政复议原则上采取书面审查的办法，但是申请人提出要求或者行政复议机关负责法制工作的机构认为有必要时，可以向有关组织和人员调查情况，听取申请人、被申请人和第三人的意见。因此，选项A正确。根据《行政复议法》第二十八条第二款的规定，行政复议机关责令被申请人重新作出具体行政行为的，被申请人不得以同一的事实和理由作出与原具体行政行为相同或者基本相同的具体行政行为。因此，选项B错误。根据《行政复议法》第二十三条第二款的规定，申请人、第三人可以查阅被申请人提出的书面答复、作出具体行政行为的证据、依据和其他有关材料，除涉及国家秘密、商业秘密或者个人隐私外，行政复议机关不得拒绝。因此，选项C错误。根据《行政复议法》第二十四条的规定，

在行政复议过程中，被申请人不得自行向申请人和其他有关组织或者个人收集证据。因此，选项D正确。

【答案】 AD

39.【2013年第56题】根据行政复议法及相关规定，下列有关行政复议调解的哪些说法是正确的？

A. 公民对行政机关行使法律规定的自由裁量权作出的具体行政行为不服申请行政复议的，行政复议机关可以按照自愿、合法的原则进行调解

B. 对于当事人之间的行政补偿纠纷，行政复议机关可以按照自愿、合法的原则进行调解

C. 当事人经调解达成协议的，行政复议机关应当制作行政复议调解书

D. 调解未达成协议的，行政复议机关应当及时作出行政复议决定

【考点】 行政复议程序中的调解

【分析】 根据《行政复议法实施条例》第五十条第一款的规定，有下列情形之一的，行政复议机关可以按照自愿、合法的原则进行调解：（一）公民、法人或者其他组织对行政机关行使法律、法规规定的自由裁量权作出的具体行政行为不服申请行政复议的；（二）当事人之间的行政赔偿或者行政补偿纠纷。因此，选项AB正确。根据《行政复议法实施条例》第五十条第二款的规定，当事人经调解达成协议的，行政复议机关应当制作行政复议调解书。调解书应当载明行政复议请求、事实、理由和调解结果，并加盖行政复议机关印章。行政复议调解书经双方当事人签字，即具有法律效力。因此，选项C正确。根据《行政复议法实施条例》第五十条第三款的规定，调解未达成协议或者调解书生效前一方反悔的，行政复议机关应当及时作出行政复议决定。因此，选项D正确。

【答案】 ABCD

40.【2013年第82题】根据行政复议法及相关规定，下列哪些说法是正确的？

A. 在行政复议过程中，被申请人可以自行向申请人收集证据

B. 在行政复议过程中，行政复议机关应当为申请人查阅有关材料提供必要条件

C. 在行政复议过程中，申请人可以查阅被申请人作出具体行政行为的证据，除涉及国家秘密、商业秘密或者个人隐私外，行政复议机关不得拒绝

D. 在行政复议过程中，第三人可以查阅被申请人提出的书面答复，除涉及国家秘密、商业秘密或者个人隐私外，行政复议机关不得拒绝

【考点】 举证责任

【分析】 根据《行政复议法》第二十四条的规定，在行政复议过程中，被申请人不得自行向申请人和其他有关组织或者个人收集证据。本题中，选项A错误。根据《行政复议法实施条例》第三十五条规定，行政复议机关应当为申请人、第三人查阅有关材料提供必要条件。因此，选项B正确。根据《行政复议法》第二十三条第二款的规定，申请人、第三人可以查阅被申请人提出的书面答复、作出具体行政行为的证据、依据和其他有关材料，除涉及国家秘密、商业秘密或者个人隐私外，行政复议机关不得拒绝。因此，选项CD正确。

【答案】 BCD

41.【2012年第11题】根据行政复议法及相关规定，下列哪种说法是正确的？

A. 行政复议一律采取书面审查的办法

B. 行政复议决定作出前，申请人不得撤回行政复议申请

C. 在行政复议过程中，被申请人不得自行向申请人和其他有关组织或者个人收集证据

D. 行政复议机关责令被申请人重新作出具体行政行为的，被申请人不得作出与原具体行政行为相同的具体行政行为

【考点】 行政复议的审理

【分析】 根据《行政复议法》第二十二条的规定，行政复议原则上采取书面审查的办法，但是申请人提出要求或者行政复议机关负责法制工作的机构认为有必要时，可以向有关组织和人员调查情况，听取申请人、被申请人和第三人的意见。本题中，选项A的说法过于绝对，因此，选项A错误。根据《行政复议法》第二十五条的规定，行政复议决定作出前，申请人要求撤回行政复议申请的，经说明理由，可以撤回；撤回行政复议申请的，行政复议终止。因此，选项B错误。根据《行政复议法》第二十四条的规定，在行政复议过程中，被

申请人不得自行向申请人和其他有关组织或者个人收集证据。因此,选项C正确。根据《行政复议法》第二十八条第二款的规定,行政复议机关责令被申请人重新作出具体行政行为的,被申请人不得以同一的事实和理由作出与原具体行政行为相同或者基本相同的具体行政行为。因此,选项D错误。

【答案】C

四、行政复议决定

1. 行政复议决定种类和效力

42.【2016年第64题】根据行政复议法及相关规定,具体行政行为具有下列哪些情形的,行政复议机关可以决定撤销、变更该具体行政行为或者确认该具体行政行为违法?

A. 主要事实不清、证据不足的 B. 违反法定程序的
C. 滥用职权的 D. 具体行政行为明显不当的

【考点】复议决定的作出

【分析】《行政复议法》第二十八条第一款规定,行政复议机关负责法制工作的机构应当对被申请人作出的具体行政行为进行审查,提出意见,经行政复议机关的负责人同意或者集体讨论通过后,按照下列规定作出行政复议决定:其中,(三)具体行政行为有下列情形之一的,决定撤销、变更或者确认该具体行政行为违法;决定撤销或者确认该具体行政行为违法的,可以责令被申请人在一定期限内重新作出具体行政行为:1.主要事实不清、证据不足的;2.适用依据错误的;3.违反法定程序的;4.超越或者滥用职权的;5.具体行政行为明显不当的。因此,选项ABCD正确。

【答案】ABCD

43.【2015年第16题】某行政复议机关受理行政复议申请后,发现该行政复议申请不符合行政复议法和行政复议法实施条例规定的受理条件。根据行政复议法及相关规定,该行政复议机关应当如何处理?

A. 作出中止行政复议的决定 B. 作出终止行政复议的决定
C. 作出维持具体行政行为的决定 D. 作出驳回行政复议申请的决定

【考点】行政复议申请的驳回

【分析】《行政复议法实施条例》第四十八条第(二)项的规定,受理行政复议申请后,发现该行政复议申请不符合行政复议法和本条例规定的受理条件的,行政复议机关应当决定驳回行政复议申请。因此,选项ABC错误,选项D正确。

【答案】D

44.【2015年第72题】根据行政复议法及相关规定,行政复议机关可以作出下列哪些行政复议决定?

A. 变更具体行政行为 B. 确认具体行政行为违法
C. 撤销具体行政行为 D. 维持具体行政行为

【考点】复议决定

【分析】根据《行政复议法》第二十八条第一款的规定,行政复议机关负责法制工作的机构应当对被申请人作出的具体行政行为进行审查,提出意见,经行政复议机关的负责人同意或者集体讨论通过后,按照下列规定作出行政复议决定:其中,(一)具体行政行为认定事实清楚,证据确凿,适用依据正确,程序合法,内容适当的,决定维持;(三)具体行政行为有下列情形之一的,决定撤销、变更或者确认该具体行政行为违法;决定撤销或者确认该具体行政行为违法的,可以责令被申请人在一定期限内重新作出具体行政行为:1.主要事实不清、证据不足的;2.适用依据错误的;3.违反法定程序的;4.超越或者滥用职权的;5.具体行政行为明显不当的。根据所述第(一)项的规定,选项D正确,根据所述第(三)项的规定,选项ABC正确。

【答案】ABCD

45.【2014年第84题】根据行政复议法及相关规定,下列有关行政复议决定的哪些说法是正确的?

A. 行政复议机关审理行政复议案件,不适用调解
B. 行政复议决定书一经送达,即发生法律效力
C. 行政复议被申请人应当履行行政复议决定
D. 行政复议机关在申请人的行政复议请求范围内,不得作出对申请人更为不利的行政复议决定

【考点】行政复议决定

【分析】根据《行政复议实施条例》第五十条第一款的规定，有下列情形之一的，行政复议机关可以按照自愿、合法的原则进行调解：（一）公民、法人或者其他组织对行政机关行使法律、法规规定的自由裁量权作出的具体行政行为不服申请行政复议的；（二）当事人之间的行政赔偿或者行政补偿纠纷。因此，选项A错误。根据《行政复议法》第三十一条第三款的规定，行政复议决定书一经送达，即发生法律效力。因此，选项B正确。根据《行政复议法》第三十二条第一款的规定，被申请人不履行或者无正当理由拖延履行行政复议决定的，行政复议机关或者有关上级行政机关应当责令其限期履行。因此，选项C正确。根据《行政复议实施条例》第五十一条的规定，行政复议机关在申请人的行政复议请求范围内，不得作出对申请人更为不利的行政复议决定。选项D正确。

【答案】BCD

46. 【2013年第10题】根据行政复议法及相关规定，下列哪种说法是正确的？

A. 行政复议决定书一经作出，即发生法律效力

B. 行政复议决定书一经发出，即发生法律效力

C. 行政复议决定书一经送达，即发生法律效力

D. 行政复议决定书自法定起诉期限届满时发生法律效力

【考点】复议决定生效的时间

【分析】根据《行政复议法》第三十一条第三款的规定，行政复议决定书一经送达，即发生法律效力。因此，本题中，选项ABD错误，选项C正确。

【答案】C

47. 【2012年第17题】王某认为某行政机关不履行法定职责而申请行政复议，行政复议机关受理后发现该行政机关没有相应法定职责。根据行政复议法及相关规定，该行政复议机关应当如何处理？

A. 作出中止该行政复议的决定　　　　　B. 作出终止该行政复议的决定

C. 作出该行政复议申请视为撤回的决定　　D. 作出驳回该行政复议申请的决定

【考点】行政复议决定

【分析】根据《行政复议法实施条例》第四十八条第（一）项的规定，申请人认为行政机关不履行法定职责申请行政复议，行政复议机关受理后发现该行政机关没有相应法定职责或者在受理前已经履行法定职责的，行政复议机关应当决定驳回行政复议申请。因此，本题中，选项ABC错误。选项D正确。

【答案】D

48. 【2012年第28题】根据行政复议法及相关规定，下列哪种说法是错误的？

A. 对于维持具体行政行为的行政复议决定，申请人逾期不起诉又不履行的，由作出具体行政行为的行政机关依法强制执行，或者申请人民法院强制执行

B. 对于变更具体行政行为的行政复议决定，申请人逾期不起诉又不履行的，由行政复议机关依法强制执行，或者申请人民法院强制执行

C. 被申请人无正当理由拖延履行行政复议决定的，行政复议机关应当代为履行

D. 被申请人不履行行政复议决定的，行政复议机关或者有关上级行政机关应当责令其限期履行

【考点】行政复议决定的执行

【分析】根据《行政复议法》第三十三条的规定，申请人逾期不起诉又不履行行政复议决定的，或者不履行最终裁决的行政复议决定的，按照下列规定分别处理：（一）维持具体行政行为的行政复议决定，由作出具体行政行为的行政机关依法强制执行，或者申请人民法院强制执行；（二）变更具体行政行为的行政复议决定，由行政复议机关依法强制执行，或者申请人民法院强制执行。本题中，选项AB的说法正确，不符合题干要求。根据《行政复议法》第三十二条第二款的规定，被申请人不履行或者无正当理由拖延履行行政复议决定的，行政复议机关或者有关上级行政机关应当责令其限期履行。因此，选项C的说法错误，符合题干要求，而选项D的说法正确，不符合题干要求。

【答案】C

2. 行政复议决定不服的救济

第五节 行政诉讼法

基本要求

了解行政诉讼的概念、基本原则；理解行政诉讼的受案范围、管辖、诉讼参加人的有关规定；掌握行政诉讼的程序和判决的规定；理解行政赔偿基本制度和程序。

本节内容主要涉及《中华人民共和国行政诉讼法》、《中华人民共和国国家赔偿法》、《最高人民法院关于适用〈中华人民共和国行政诉讼法〉若干问题的解释》、《最高人民法院关于执行〈中华人民共和国行政诉讼法〉若干问题的解释》和《最高人民法院关于行政诉讼证据若干问题的规定》的规定。

一、行政诉讼的基本知识

1. 行政诉讼的概念
2. 行政诉讼的受案范围

1.【2016年第67题】根据行政诉讼法及相关规定，公民、法人或者其他组织对下列哪些事项可以提起行政诉讼？

A. 对行政机关制定、发布的具有普遍约束力的命令不服的
B. 对限制人身自由的行政强制措施不服的
C. 对行政拘留的行政处罚不服的
D. 对行政机关就其工作人员的任免作出的决定不服的

【考点】行政诉讼受案范围

【分析】《行政诉讼法》第十二条第一款规定，人民法院受理公民、法人或者其他组织提起的下列诉讼：（一）对行政拘留、暂扣或者吊销许可证和执照、责令停产停业、没收违法所得、没收非法财物、罚款、警告等行政处罚不服的；（二）对限制人身自由或者对财产的查封、扣押、冻结等行政强制措施和行政强制执行不服的；除前款规定外，人民法院受理法律、法规规定可以提起诉讼的其他行政案件。《行政诉讼法》第十三条规定，人民法院不受理公民、法人或者其他组织对下列事项提起的诉讼：（一）国防、外交等国家行为；（二）行政法规、规章或者行政机关制定、发布的具有普遍约束力的决定、命令；（三）行政机关对行政机关工作人员的奖惩、任免等决定；（四）法律规定由行政机关最终裁决的行政行为。因此，选项BC正确，选项AD错误。

【答案】BC

2.【2015年第61题】根据行政诉讼法及相关规定，人民法院受理公民、法人或者其他组织提起的下列哪些诉讼？

A. 对行政机关制定、发布的具有普遍约束力的决定不服的
B. 对行政机关作出的关于确认荒地使用权的决定不服的
C. 对责令停产停业的行政处罚不服的
D. 对限制人身自由的行政强制措施不服的

【考点】行政诉讼受案范围

【分析】根据《行政诉讼法》第十三条的规定，人民法院不受理公民、法人或者其他组织对下列事项提起的诉讼：其中，（二）行政法规、规章或者行政机关制定、发布的具有普遍约束力的决定、命令。因此，选项A错误。根据《行政诉讼法》第十二条的规定，人民法院受理公民、法人或者其他组织提起的下列诉讼：（一）对行政拘留、暂扣或者吊销许可证和执照、责令停产停业、没收违法所得、没收非法财物、罚款、警告等行政处罚不服的；（二）对限制人身自由或者对财产的查封、扣押、冻结等行政强制措施和行政强制执行不服的；（四）对行政机关作出的关于确认土地、矿藏、水流、森林、山岭、草原、荒地、滩涂、海域等自然资源的所有权或者使用权的决定不服的。因此，选项BCD正确。

【答案】BCD

3.【2014年第45题】根据行政诉讼法及相关规定，下列哪些属于行政诉讼受案范围？

A. 商标局不受理张某的商标注册申请，张某不服的
B. 专利复审委员会宣告赵某的外观设计专利权无效，赵某不服的
C. 某县教育局从个体户李某处购置文具后拖欠其货款，李某不服的
D. 某县地方税务局对林某作出罚款1000元的处罚决定，林某不服的

【考点】行政诉讼受案范围

【分析】根据《行政诉讼法》第十二条第（十二）项的规定，人民法院受理公民、法人或者其他组织提起的下列诉讼：（十二）认为行政机关侵犯其他人身权、财产权等合法权益的。选项AB中，商标局不受理张某的商标注册申请、专利复审委员会宣告赵某的外观设计专利权无效均属于行政行为，当事人可以向人民法院提起诉讼，因此，选项AB正确。根据《行政诉讼法》第十二条第（一）项的规定，人民法院受理公民、法人或者其他组织提起的下列诉讼：（一）对行政拘留、暂扣或者吊销许可证和执照、责令停产停业、没收违法所得、没收非法财物、罚款、警告等行政处罚不服的。选项D中的林某也可以向人民法院提起诉讼，因此，选项D正确。

根据《民事诉讼法》第二条的规定，中华人民共和国民事诉讼法调整平等主体的公民之间、法人之间、公民和法人之间的财产关系和人身关系。选项C中县教育局与个体户李某之间的债务纠纷属于平等民事主体之间的民事法律关系，李某可以向人民法院提起民事诉讼。因此，选项C错误。

【答案】ABD

4.【2014年第62题】根据行政诉讼法及相关规定，人民法院不受理对下列哪些事项提起的诉讼？
A. 法律规定由行政机关最终裁决的具体行政行为
B. 国家制定外交政策的行为
C. 行政机关对其工作人员的免职决定
D. 省人民政府制定的规章

【考点】行政诉讼受案范围

【分析】根据《行政诉讼法》第十三条的规定，人民法院不受理公民、法人或者其他组织对下列事项提起的诉讼：（一）国防、外交等国家行为；（二）行政法规、规章或者行政机关制定、发布的具有普遍约束力的决定、命令；（三）行政机关对行政机关工作人员的奖惩、任免等决定；（四）法律规定由行政机关最终裁决的行政行为。本题选项ABCD分别属于其中第（四）、（一）、（三）、（二）项的规定，因此，选项ABCD正确。

【答案】ABCD

5.【2013年第70题】根据行政诉讼法及相关规定，人民法院不受理公民、法人或者其他组织对下列哪些事项提起的行政诉讼？
A. 国防、外交等国家行为
B. 行政机关的调解行为
C. 法律规定的仲裁行为
D. 不具有强制力的行政指导行为

【考点】行政诉讼不予受理的范围

【分析】根据《行政诉讼法》第十三条第（一）项的规定，人民法院不受理公民、法人或者其他组织对下列事项提起的诉讼：（一）国防、外交等国家行为。选项A正确。根据《最高人民法院关于执行〈中华人民共和国行政诉讼法〉若干问题的解释》第一条第二款的规定，公民、法人或者其他组织对下列行为不服提起诉讼的，不属于人民法院行政诉讼的受案范围：（一）行政诉讼法第十二条❶规定的行为；（二）公安、国家安全等机关依照刑事诉讼法的明确授权实施的行为；（三）调解行为以及法律规定的仲裁行为；（四）不具有强制力的行政指导行为；（五）驳回当事人对行政行为提起申诉的重复处理行为；（六）对公民、法人或者其他组织权利义务不产生实际影响的行为。因此，选项BCD正确。

【答案】ABCD

6.【2012年第5题】根据行政诉讼法及相关规定，下列哪项不属于行政诉讼的受案范围？
A. 公民王某对全国人大常委会修改专利法的决定不服的

---

❶ 按照新法，此处为第十三条。

B. 甲公司认为某行政机关的具体行政行为侵犯其经营自主权的
C. 乙公司对本市知识产权局责令其停止侵犯丙公司专利权的决定不服的
D. 公民赵某申请某行政机关履行保护其财产权的法定职责，该行政机关拒绝履行，赵某不服的

【考点】行政诉讼的受案范围

【分析】根据《行政诉讼法》第十三条第（二）项的规定，人民法院不受理公民、法人或者其他组织对下列事项提起的诉讼：（二）行政法规、规章或者行政机关制定、发布的具有普遍约束力的决定、命令。因此，选项 A 正确。选项 BCD 属于《行政诉讼法》第十二条规定的行政诉讼受案范围，因此，选项 BCD 错误。

【答案】A

7.【2012 年第 97 题】根据行政诉讼法及相关规定，对下列哪些诉讼请求，人民法院不予受理？
A. 法律、法规规定应当先申请行政复议，公民、法人或其他组织未申请复议而直接提起诉讼的
B. 法律规定由行政机关最终裁决的具体行政行为，公民、法人或其他组织不服该具体行政行为，向人民法院提起诉讼的
C. 复议机关在法定期限内不作出复议决定，公民、法人或其他组织不服，依法向人民法院提起诉讼的
D. 人民法院裁定准许原告撤诉后，原告以同一事实和理由重新提起诉讼的

【考点】起诉和受理的受理条件

【分析】根据《最高人民法院关于执行〈中华人民共和国行政诉讼法〉若干问题的解释》第三十三条的规定，法律、法规规定应当先申请复议，公民、法人或者其他组织未申请复议直接提起诉讼的，人民法院不予受理。复议机关不受理复议申请或者在法定期限内不作出复议决定，公民、法人或者其他组织不服，依法向人民法院提起诉讼的，人民法院应当依法受理。因此，选项 A 正确，选项 C 错误。根据《行政诉讼法》第十三条第（四）项的规定，人民法院不受理公民、法人或者其他组织对下列事项提起的诉讼：（四）法律规定由行政机关最终裁决的行政行为。因此，选项 B 正确。根据《最高人民法院关于执行〈中华人民共和国行政诉讼法〉若干问题的解释》第三十六条第一款的规定，人民法院裁定准许原告撤诉后，原告以同一事实和理由重新起诉的，人民法院不予受理。选项 D 正确。

【答案】ABD

3. 行政诉讼法的基本原则和制度

8.【2016 年第 70 题】江某对某行政机关作出的行政处罚决定不服，向人民法院提起行政诉讼。江某认为本案书记员张某、审判员李某与该行政机关有利益关系可能会影响公正审判。根据行政诉讼法及相关规定，下列哪些说法是正确的？
A. 江某有权申请李某回避
B. 江某无权申请张某回避
C. 李某的回避，由院长决定
D. 李某的回避，由审判长决定

【考点】回避

【分析】《行政诉讼法》第五十五条规定，当事人认为审判人员与本案有利害关系或者有其他关系可能影响公正审判，有权申请审判人员回避。审判人员认为自己与本案有利害关系或者有其他关系，应当申请回避。前两款规定，适用于书记员、翻译人员、鉴定人、勘验人。院长担任审判长时的回避，由审判委员会决定；审判人员的回避，由院长决定；其他人员的回避，由审判长决定。当事人对决定不服的，可以申请复议一次。因此，选项 AC 正确，选项 BD 错误。

【答案】AC

9.【2015 年第 60 题】根据行政诉讼法及相关规定，关于人民法院审理行政案件应当遵循的制度，下列哪些说法是正确的？
A. 依法实行合议制度
B. 依法实行回避制度
C. 依法实行公开审判制度
D. 依法实行两审终审制度

【考点】行政诉讼的原则

【分析】根据《行政诉讼法》第七条的规定，人民法院审理行政案件，依法实行合议、回避、公开审判和两审终审制度。因此，选项 ABCD 正确。

【答案】 ABCD

10.【2012 年第 35 题】根据行政诉讼法及相关规定，下列哪些说法是正确的？
　A. 人民法院审理行政案件，依法实行两审终审制度
　B. 人民法院审理行政案件，对具体行政行为是否合法进行审查
　C. 当事人在行政诉讼中的法律地位平等
　D. 各民族公民都有用本民族语言、文字进行行政诉讼的权利

【考点】行政诉讼的基本知识

【分析】根据《行政诉讼法》第七条的规定，人民法院审理行政案件，依法实行合议、回避、公开审判和两审终审制度。因此，选项 A 正确。根据《行政诉讼法》第六条的规定，人民法院审理行政案件，对行政行为是否合法进行审查。选项 B 正确。根据《行政诉讼法》第八条的规定，当事人在行政诉讼中的法律地位平等。因此，选项 C 正确。根据《行政诉讼法》第九条的规定，各民族公民都有用本民族语言、文字进行行政诉讼的权利。因此，选项 D 正确。

【答案】 ABCD

二、行政诉讼的管辖

1. 级别管辖

11.【2016 年第 68 题】根据行政诉讼法及相关规定，下列关于行政诉讼管辖的说法哪些是正确的？
　A. 行政案件由最初作出行政行为的行政机关所在地人民法院管辖
　B. 经复议的行政案件，可以由复议机关所在地人民法院管辖
　C. 海关处理的行政案件，一审由基层人民法院管辖
　D. 对国务院部门所作的行政行为提起诉讼的案件一审由中级人民法院管辖

【考点】行政诉讼管辖

【分析】《行政诉讼法》第十五条规定，中级人民法院管辖下列第一审行政案件：（一）对国务院部门或者县级以上地方人民政府所作的行政行为提起诉讼的案件；（二）海关处理的案件；（三）本辖区内重大、复杂的案件；（四）其他法律规定由中级人民法院管辖的案件。《行政诉讼法》第十八条规定，行政案件由最初作出行政行为的行政机关所在地人民法院管辖。经复议的案件，也可以由复议机关所在地人民法院管辖。经最高人民法院批准，高级人民法院可以根据审判工作的实际情况，确定若干人民法院跨行政区域管辖行政案件。因此，选项 ABD 正确，选项 C 错误。

【答案】 ABD

12.【2014 年第 3 题】根据行政诉讼法及相关规定，对国务院各部门所作的具体行政行为不服提起诉讼的第一审行政案件，由下列哪级人民法院管辖？
　A. 基层人民法院
　B. 中级人民法院
　C. 高级人民法院
　D. 最高人民法院

【考点】行政诉讼的管辖

【分析】根据《行政诉讼法》第十五条的规定，中级人民法院管辖下列第一审行政案件：（一）对国务院部门或者县级以上地方人民政府所作的行政行为提起诉讼的案件；（二）海关处理的案件；（三）本辖区内重大、复杂的案件；（四）其他法律规定由中级人民法院管辖的案件。因此，选项 B 正确，选项 ACD 错误。

【答案】 B

13.【2013 年第 14 题】甲公司对某直辖市人民政府对其作出的具体行政行为不服，欲提起行政诉讼。根据行政诉讼法及相关规定，甲公司应向哪级人民法院提起诉讼？

A. 基层人民法院

B. 中级人民法院

C. 高级人民法院

D. 最高人民法院

【考点】行政诉讼的管辖

【分析】根据《行政诉讼法》第十五条的规定，中级人民法院管辖下列第一审行政案件：（一）对国务院部门或者县级以上地方人民政府所作的行政行为提起诉讼的案件；（二）海关处理的案件；（三）本辖区内重大、复杂的案件；（四）其他法律规定由中级人民法院管辖的案件。因此，选项B正确，选项ACD错误。

【答案】B

2. 地域管辖

14.【2014年第15题】赵某因不服某行政机关对其作出的行政处罚，向对该案件都有管辖权的甲、乙两个人民法院提起了行政诉讼，甲人民法院比乙人民法院先收到起诉状立案。根据行政诉讼法及相关规定，该行政诉讼案件应由下列哪个人民法院管辖？❶

A. 甲人民法院

B. 乙人民法院

C. 甲、乙两个人民法院的共同上级人民法院

D. 甲、乙两个人民法院共同上级人民法院指定的法院

【考点】行政诉讼的管辖

【分析】根据《行政诉讼法》第二十一条的规定，两个以上人民法院都有管辖权的案件，原告可以选择其中一个人民法院提起诉讼。原告向两个以上有管辖权的人民法院提起诉讼的，由最先立案的人民法院管辖。因此，选项A正确，选项BCD错误。

【答案】A

15.【2013年第21题】赵某不服某具体行政行为，向两个有管辖权的人民法院分别提起了行政诉讼。根据行政诉讼法及相关规定，该行政诉讼应由下列哪个人民法院管辖？

A. 该两个人民法院协商确定的人民法院

B. 最先收到起诉状立案的人民法院❷

C. 该两个人民法院的共同上级人民法院

D. 该两个人民法院的共同上级人民法院指定的人民法院

【考点】行政诉讼管辖

【分析】根据《行政诉讼法》第二十一条的规定，两个以上人民法院都有管辖权的案件，原告可以选择其中一个人民法院提起诉讼。原告向两个以上有管辖权的人民法院提起诉讼的，由最先立案的人民法院管辖。因此，选项B正确，选项ACD错误。

【答案】B

16.【2012年第80题】甲行政机关以违反法律相关规定为由对某公司进行了处罚。该公司不服，向乙复议机关申请行政复议。乙复议机关作出维持原具体行政行为的复议决定。该公司仍不服，欲向人民法院提起诉讼。根据行政诉讼法及相关规定，下列哪些说法是正确的？

A. 应以甲行政机关为被告

B. 应以乙复议机关为被告

C. 甲行政机关所在地人民法院对此案有管辖权

D. 乙复议机关所在地人民法院对此案有管辖权

【考点】行政诉讼参加人　管辖

【分析】根据《行政诉讼法》第二十六条第二款的规定，经复议的案件，复议机关决定维持原行政行为的，作出原行政行为的行政机关和复议机关是共同被告；复议机关改变原行政行为的，复议机关是被告。本题

---

❶ 适当修改本题，以适应新法。

❷ 适当修改该选项，以适应新法。

中，应当以甲行政机关和乙复议机关为共同被告，因此，选项AB错误。根据《行政诉讼法》第十八条第一款的规定，行政案件由最初作出行政行为的行政机关所在地人民法院管辖。经复议的案件，也可以由复议机关所在地人民法院管辖。因此，选项CD正确。

【答案】CD❶

3. 移送管辖和指定管辖

17.【2015年第62题】根据行政诉讼法及相关规定，下列关于管辖权的哪些说法是正确的？

A. 两个以上人民法院都有管辖权的案件，原告可以选择其中一个人民法院提起诉讼

B. 人民法院发现受理的案件不属于本院管辖的，应当裁定驳回起诉

C. 上级人民法院有权审理下级人民法院管辖的第一审行政案件

D. 人民法院对管辖权发生争议，由争议双方协商解决；协商不成，报它们的共同上级人民法院指定管辖

【考点】管辖权

【分析】根据《行政诉讼法》第二十一条的规定，两个以上人民法院都有管辖权的案件，原告可以选择其中一个人民法院提起诉讼。原告向两个以上有管辖权的人民法院提起诉讼的，由最先立案的人民法院管辖。因此，选项A正确。根据《行政诉讼法》第二十二条的规定，人民法院发现受理的案件不属于本院管辖的，应当移送有管辖权的人民法院，受移送的人民法院应当受理。受移送的人民法院认为受移送的案件按照规定不属于本院管辖的，应当报请上级人民法院指定管辖，不得再自行移送。因此，选项B错误。根据《行政诉讼法》第二十四条的规定，选项C正确。根据《行政诉讼法》第二十三条第二款的规定，人民法院对管辖权发生争议，由争议双方协商解决。协商不成，报它们的共同上级人民法院指定管辖。因此，选项D正确。

【答案】ACD

18.【2015年第11题】根据行政诉讼法及相关规定，有管辖权的基层人民法院由于特殊原因不能行使管辖权的，由谁指定管辖？

A. 同级人民检察院　　　　　　B. 上级人民检察院

C. 所在地人民政府　　　　　　D. 上级人民法院

【考点】指定管辖

【分析】根据《行政诉讼法》第二十三条第一款的规定，有管辖权的人民法院由于特殊原因不能行使管辖权的，由上级人民法院指定管辖。因此，选项ABC错误，选项D正确。

【答案】D

4. 管辖权的转移

19.【2012年第44题】根据行政诉讼法及相关规定，下列关于管辖的哪些说法是正确的？

A. 上级人民法院有权审判由下级人民法院管辖的第一审行政案件

B. 两个以上人民法院都有管辖权的案件，原告应当向其共同的上级人民法院起诉

C. 有管辖权的人民法院由于特殊原因不能行使管辖权的，由上级人民法院指定管辖

D. 人民法院发现受理的案件不属于自己管辖时，应当移送有管辖权的人民法院

【考点】行政诉讼的管辖

【分析】根据《行政诉讼法》第二十四条第一款的规定，上级人民法院有权审理下级人民法院管辖的第一审行政案件。因此，选项A正确。根据《行政诉讼法》第二十一条的规定，两个以上人民法院都有管辖权的案件，原告可以选择其中一个人民法院提起诉讼。原告向两个以上有管辖权的人民法院提起诉讼的，由最先立案的人民法院管辖。因此，选项B错误。根据《行政诉讼法》第二十三条第一款的规定，有管辖权的人民法院由于特殊原因不能行使管辖权的，由上级人民法院指定管辖。因此，选项C正确。根据《行政诉讼法》第二十二条的规定，人民法院发现受理的案件不属于本院管辖的，应当移送有管辖权的人民法院，受移送的人民法院应当受理。受移送的人民法院认为受移送的案件按照规定不属于本院管辖的，应当报请上级人民法院指定管

---

❶ 国家知识产权局条法司2012年试题解析适用旧法，第80题答案为选项AC。

辖，不得再自行移送。因此，选项 D 正确。

【答案】 ACD

5. 管辖权异议

三、行政诉讼参加人

20.【2016年第14题】 根据行政诉讼法及相关规定，王某对某行政机关作出的行政处罚决定不服欲提起行政诉讼，但该行政机关已被撤销，应当以谁为被告？

A. 行政处罚执法人员　　　　　　　　　B. 该行政机关负责人
C. 该行政机关的上级主管机关　　　　　D. 继续行使该行政机关职权的行政机关

【考点】 被告

【分析】《行政诉讼法》第二十六条第六款规定，行政机关被撤销或者职权变更的，继续行使其职权的行政机关是被告。因此，选项 ABC 错误，选项 D 正确。

【答案】 D

21.【2016年第17题】 某市工商局和公安局共同对某公司作出行政处罚决定，该公司不服，以市工商局为被告向人民法院提起行政诉讼。经过审理，人民法院向原告建议增加市公安局为被告，原告不同意。根据行政诉讼法及相关规定，人民法院应当如何处理？

A. 依职权追加市公安局为被告　　　　　B. 通知市公安局以第三人身份参加诉讼
C. 裁定驳回起诉　　　　　　　　　　　D. 判决驳回原告的诉讼请求

【考点】 第三人

【分析】《最高人民法院关于执行〈中华人民共和国行政诉讼法〉若干问题的解释》第二十三条规定，原告所起诉的被告不适格，人民法院应当告知原告变更被告；原告不同意变更的，裁定驳回起诉。应当追加被告而原告不同意追加的，人民法院应当通知其以第三人的身份参加诉讼。因此，选项 B 正确，选项 ACD 错误。

【答案】 B

22.【2016年第69题】 根据行政诉讼法及相关规定，下列关于行政诉讼被告的哪些说法是正确的？

A. 经复议的行政案件，复议机关决定维持原行政行为的，作出原行政行为的行政机关和复议机关是共同被告
B. 经复议的行政案件，复议机关改变原行政行为的，复议机关是被告
C. 两个以上行政机关共同作出同一行政行为的，其共同上级机关是被告
D. 行政机关委托的组织所作的行政行为，委托的行政机关是被告

【考点】 行政诉讼被告

【分析】《行政诉讼法》第二十六条规定，公民、法人或者其他组织直接向人民法院提起诉讼的，作出行政行为的行政机关是被告。经复议的案件，复议机关决定维持原行政行为的，作出原行政行为的行政机关和复议机关是共同被告；复议机关改变原行政行为的，复议机关是被告。复议机关在法定期限内未作出复议决定，公民、法人或者其他组织起诉原行政行为的，作出原行政行为的行政机关是被告；起诉复议机关不作为的，复议机关是被告。两个以上行政机关作出同一行政行为的，共同作出行政行为的行政机关是共同被告。行政机关委托的组织所作的行政行为，委托的行政机关是被告。行政机关被撤销或者职权变更的，继续行使其职权的行政机关是被告。因此，选项 ABD 正确，选项 C 错误。

【答案】 ABD

23.【2015年第13题】 王某不服某县公安局作出的对其拘留15天的行政处罚，向市公安局申请复议，市公安局改为行政拘留10天，王某仍然不服，欲提起行政诉讼。根据行政诉讼法及相关规定，下列关于被告的哪种说法是正确的？

A. 应当以该县公安局为被告　　　　　　B. 应当以该市公安局为被告
C. 应当以该县公安局局长为被告　　　　D. 应当以该市公安局局长为被告

【考点】 被告资格

【分析】 根据《行政诉讼法》第二十六条第二款的规定，经复议的案件，复议机关决定维持原行政行为

的，作出原行政行为的行政机关和复议机关是共同被告；复议机关改变原行政行为的，复议机关是被告。因此，选项 B 正确，选项 ACD 错误。

【答案】B

24.【2015 年第 64 题】根据行政诉讼法及相关规定，下列关于行政诉讼参加人的哪些说法是正确的？
A. 当事人一方人数众多的共同诉讼，应当由法院指定代表人进行诉讼
B. 当事人一方或者双方为二人以上，因同一行政行为发生的行政案件为共同诉讼
C. 公民、法人或者其他组织同被诉行政行为有利害关系但没有提起诉讼的，可以作为第三人申请参加诉讼
D. 人民法院判决第三人承担义务或者减损第三人权益的，第三人有权依法提起上诉

【考点】行政诉讼参加人

【分析】根据《行政诉讼法》第二十八条的规定，当事人一方人数众多的共同诉讼，可以由当事人推选代表人进行诉讼。代表人的诉讼行为对其所代表的当事人发生效力，但代表人变更、放弃诉讼请求或者承认对方当事人的诉讼请求，应当经被代表的当事人同意。选项 A 错误。根据《行政诉讼法》第二十七条的规定，当事人一方或者双方为二人以上，因同一行政行为发生的行政案件，或者因同类行政行为发生的行政案件、人民法院认为可以合并审理并经当事人同意的，为共同诉讼。因此，选项 B 正确。根据《行政诉讼法》第二十九条的规定，公民、法人或者其他组织同被诉行政行为有利害关系但没有提起诉讼的，或者同案件处理结果有利害关系的，可以作为第三人申请参加诉讼，或者由人民法院通知参加诉讼。人民法院判决第三人承担义务或减损第三人权益的，第三人有权依法提起上诉。因此，选项 CD 正确。

【答案】BCD

25.【2014 年第 26 题】根据行政诉讼法及相关规定，不服由行政机关委托的组织所作的具体行政行为的，应以谁为被告提起行政诉讼？
A. 作出委托的行政机关
B. 接受委托的组织
C. 作出委托的行政机关的上级机关
D. 作出委托的行政机关和接受委托的组织

【考点】行政诉讼被告

【分析】根据《行政诉讼法》第二十六条第五款的规定，行政机关委托的组织所作的行政行为，委托的行政机关是被告。因此，选项 A 正确，选项 BCD 错误。

【答案】A

26.【2014 年第 36 题】根据行政诉讼法及相关规定，下列关于诉讼参加人的哪些说法是正确的？
A. 公民、法人或者其他组织直接向人民法院提起诉讼的，作出具体行政行为的行政机关是被告
B. 经复议的案件，复议机关是被告
C. 同提起诉讼的具体行政行为有利害关系的其他公民、法人或者其他组织，可以作为第三人申请参加诉讼
D. 没有诉讼行为能力的公民，由其法定代理人代为诉讼

【考点】诉讼参加人

【分析】根据《行政诉讼法》第二十六条第一款的规定，公民、法人或者其他组织直接向人民法院提起诉讼的，作出行政行为的行政机关是被告。因此，选项 A 正确。根据《行政诉讼法》第二十九条第一款的规定，公民、法人或者其他组织同被诉行政行为有利害关系但没有提起诉讼的，或者同案件处理结果有利害关系的，可以作为第三人申请参加诉讼，或者由人民法院通知参加诉讼。因此，选项 C 正确。根据《行政诉讼法》第三十条的规定，没有诉讼行为能力的公民，由其法定代理人代为诉讼。法定代理人互相推诿代理责任的，由人民法院指定其中一人代为诉讼。因此，选项 D 正确。

需要注意的是，选项 B 考查旧法第二十五条第二款，按照该款规定经复议的案件并不是一律以复议机关作为被告，被告要么是行政机关，要么是复议机关，因此，选项 B 错误。而按照新法第二十六条第二款的规定，

经复议的案件，被告要么是行政机关和复议机关，要么是复议机关，选项 B 的说法欠妥。

【答案】ACD

27.【2013 年第 7 题】 王某不服县卫生局对其作出的某具体行政行为，依法向县人民政府申请行政复议。县人民政府经过复议后，维持了原具体行政行为。王某仍不服，拟向人民法院提起行政诉讼。根据行政诉讼法及相关规定，关于该行政诉讼被告的下列哪种说法是正确的？

A. 王某应以该县人民政府作为被告
B. 王某应以该县卫生局作为被告
C. 王某应以该县人民政府和卫生局作为共同被告
D. 王某可选择该县人民政府或卫生局作为被告

【考点】诉讼参加人

【分析】根据《行政诉讼法》第二十六条第二款的规定，经复议的案件，复议机关决定维持原行政行为的，作出原行政行为的行政机关和复议机关是共同被告；复议机关改变原行政行为的，复议机关是被告。因此，选项 C 正确。选项 ABD 错误。

【答案】C❶

28.【2013 年第 83 题】 某县公安局对张某作出了一项行政处罚决定。张某不服，遂向该县人民政府申请行政复议，但该县人民政府未在法定期限内作出复议决定。张某欲向人民法院提起行政诉讼。根据行政诉讼法及相关规定，下列哪些说法是正确的？

A. 张某因对该行政处罚决定不服提起诉讼的，应当以该县公安局为被告
B. 张某因对该行政处罚决定不服提起诉讼的，应当以该县人民政府为被告
C. 张某因对该县人民政府不作为不服提起诉讼的，应当以该县人民政府为被告
D. 张某因对该县人民政府不作为不服提起诉讼的，应当以该县人民政府和县公安局作为共同被告

【考点】行政诉讼的被告

【分析】根据《行政诉讼法》第二十六条第三款的规定，复议机关在法定期限内未作出复议决定，公民、法人或者其他组织起诉原行政行为的，作出原行政行为的行政机关是被告；起诉复议机关不作为的，复议机关是被告。《最高人民法院关于执行〈中华人民共和国行政诉讼法〉若干问题的解释》第二十二条的规定，复议机关在法定期间内不作复议决定，当事人对原具体行政行为不服提起诉讼的，应当以作出原具体行政行为的行政机关为被告；当事人对复议机关不作为不服提起诉讼的，应当以复议机关为被告。因此，选项 AC 正确，选项 BD 错误。

【答案】AC

29.【2012 年第 18 题】 根据行政诉讼法及相关规定，合伙企业向人民法院提起诉讼的，下列哪种说法是正确的？

A. 应当以核准登记的字号为原告
B. 应当以所有合伙人为共同原告
C. 应当以执行合伙企业事务的合伙人为原告
D. 可以任一合伙人为原告

【考点】行政诉讼参加人

【分析】根据《最高人民法院关于执行〈中华人民共和国行政诉讼法〉若干问题的解释》第十四条的规定，合伙企业向人民法院提起诉讼的，应当以核准登记的字号为原告，由执行合伙企业事务的合伙人作诉讼代表人；其他合伙组织提起诉讼的，合伙人为共同原告。因此，选项 A 正确，选项 BCD 错误。

【答案】A

30.【2012 年第 69 题】 根据行政诉讼法及相关规定，下列关于行政诉讼被告的哪些说法是正确的？

A. 由法律、法规授权的组织所作的具体行政行为，该组织是被告
B. 由法律、法规授权的组织所作的具体行政行为，直接管理该组织的行政机关是被告

---

❶ 国家知识产权局条法司 2013 年试题解析适用旧法，第 7 题答案为选项 B。

C. 由行政机关委托的组织所作的具体行政行为，该行政机关是被告
D. 由行政机关委托的组织所作的具体行政行为，该组织是被告

【考点】诉讼参加人

【分析】根据《行政诉讼法》第二条第二款，前款所称行政行为，包括法律、法规、规章授权的组织作出的行政行为。《行政诉讼法》第二十六条第五款的规定，行政机关委托的组织所作的行政行为，委托的行政机关是被告。选项AC正确。

【答案】AC

四、行政诉讼的证据

1. 证据的种类

31.【2016年第71题】 根据行政诉讼法及其相关规定，下列哪些可以作为行政诉讼证据？

A. 视听资料　　B. 电子数据　　C. 鉴定意见　　D. 现场笔录

【考点】行政诉讼证据

【分析】《行政诉讼法》第三十三条规定，证据包括：（一）书证；（二）物证；（三）视听资料；（四）电子数据；（五）证人证言；（六）当事人的陈述；（七）鉴定意见；（八）勘验笔录、现场笔录。以上证据经法庭审查属实，才能作为认定案件事实的根据。因此，选项ABCD正确。

【答案】ABCD

32.【2014年第52题】 根据行政诉讼法及相关规定，下列哪些可以作为证据？

A. 书证　　B. 物证　　C. 当事人的陈述　　D. 勘验笔录

【考点】证据类型

【分析】根据《行政诉讼法》第三十三条的规定，证据包括：（一）书证；（二）物证；（三）视听资料；（四）电子数据；（五）证人证言；（六）当事人的陈述；（七）鉴定意见；（八）勘验笔录、现场笔录。以上证据经法庭审查属实，才能作为认定案件事实的根据。本题选项ABCD分别属于其中第（一）、（二）、（六）、（八）项的规定，因此，选项ABCD正确。

【答案】ABCD

33.【2013年第76题】 下列哪些可作为行政诉讼中的证据？❶

A. 视听资料　　B. 证人证言　　C. 现场笔录　　D. 鉴定结论意见

【考点】证据类型

【分析】根据《行政诉讼法》第三十三条的规定，证据包括：（一）书证；（二）物证；（三）视听资料；（四）电子数据；（五）证人证言；（六）当事人的陈述；（七）鉴定意见；（八）勘验笔录、现场笔录。以上证据经法庭审查属实，才能作为认定案件事实的根据。因此，选项ABCD正确。

【答案】ABCD

34.【2012年第91题】 根据行政诉讼法及相关规定，在下列哪些情形下，原告或者第三人可以要求相关行政执法人员作为证人出庭作证？

A. 对现场笔录的合法性或者真实性有异议的
B. 对扣押财产的品种或者数量有异议的
C. 对检验的物品取样或者保管有异议的
D. 对行政执法人员的身份的合法性有异议的

【考点】行政诉讼证据

【分析】根据《最高人民法院关于行政诉讼证据若干问题的规定》第四十四条的规定，有下列情形之一，原告或者第三人可以要求相关行政执法人员作为证人出庭作证：（一）对现场笔录的合法性或者真实性有异议的；（二）对扣押财产的品种或者数量有异议的；（三）对检验的物品取样或者保管有异议的；（四）对行政执法人员的身份的合法性有异议的；（五）需要出庭作证的其他情形。因此，选项ABCD正确。

【答案】ABCD

35.【2012年第94题】 根据行政诉讼法及相关规定，下列哪些证据不能作为认定被诉具体行政行为合法

---

❶ 适当修改本题，以适应新法。

的依据？

A. 被告及其诉讼代理人在作出具体行政行为后自行收集的证据
B. 被告及其诉讼代理人在诉讼程序中自行收集的证据
C. 被告在行政程序中非法剥夺公民、法人或者其他组织依法享有的陈述、申辩或者听证权利所采用的证据
D. 原告在诉讼程序中提供的、被告在行政程序中未作为具体行政行为依据的证据

【考点】 行政诉讼证据

【分析】 根据《最高人民法院关于行政诉讼证据若干问题的规定》第六十条的规定，下列证据不能作为认定被诉具体行政行为合法的依据：（一）被告及其诉讼代理人在作出具体行政行为后或者在诉讼程序中自行收集的证据；（二）被告在行政程序中非法剥夺公民、法人或者其他组织依法享有的陈述、申辩或者听证权利所采用的证据；（三）原告或者第三人在诉讼程序中提供的、被告在行政程序中未作为具体行政行为依据的证据。因此，选项 ABCD 正确。

【答案】 ABCD

2. 举证责任和举证期限

36.【2014 年第 88 题】根据行政诉讼法及相关规定，下列哪些说法是正确的？❶

A. 被告应当提供作出被诉具体行政行为的证据
B. 被告应当提供作出被诉具体行政行为所依据的规范性文件
C. 在证据可能灭失的情况下，原告可以向人民法院申请保全证据
D. 在证据可能灭失的情况下，人民法院可以主动采取保全措施

【考点】 行政诉讼证据

【分析】 根据《行政诉讼法》第三十四条第一款的规定，被告对作出的行政行为负有举证责任，应当提供作出该行政行为的证据和所依据的规范性文件。因此，选项 AB 正确。根据《行政诉讼法》第四十二条的规定，在证据可能灭失或者以后难以取得的情况下，诉讼参加人可以向人民法院申请保全证据，人民法院也可以主动采取保全措施。因此，选项 CD 正确。

【答案】 ABCD

37.【2013 年第 96 题】根据行政诉讼法及相关规定，下列有关行政诉讼证据的哪些说法是正确的？

A. 原告不承担任何举证责任
B. 被告对作出的具体行政行为负有举证责任
C. 在诉讼过程当中，被告不得自行向原告和证人收集证据
D. 人民法院有权向有关行政机关以及其他组织、公民调取证据

【考点】 行政诉讼证据

【分析】 根据《最高人民法院关于执行〈中华人民共和国行政诉讼法〉若干问题的解释》第二十七条的规定，原告对下列事项承担举证责任：（一）证明起诉符合法定条件，但被告认为原告起诉超过起诉期限的除外；（二）在起诉被告不作为的案件中，证明其提出申请的事实；（三）在一并提起的行政赔偿诉讼中，证明因受被诉行为侵害而造成损失的事实；（四）其他应当由原告承担举证责任的事项。因此，选项 A 错误。

根据《行政诉讼法》第三十四条第一款的规定，被告对作出的行政行为负有举证责任，应当提供作出该行政行为的证据和所依据的规范性文件。因此，选项 B 正确。根据《行政诉讼法》第三十五条的规定，在诉讼过程中，被告及其诉讼代理人不得自行向原告、第三人和证人收集证据。因此，选项 C 正确。根据《行政诉讼法》第四十条的规定，人民法院有权向有关行政机关以及其他组织、公民调取证据。但是，不得为证明行政行为的合法性调取被告作出行政行为时未收集的证据。因此，选项 D 正确。

【答案】 BCD

---

❶ 适当修改本题，以适应新法。

3. 提供证据的要求
4. 调查取证

38.【2015年第65题】 根据行政诉讼法及相关规定，下列哪些与本案有关的证据，原告或者第三人不能自行收集的，可以申请人民法院调取？

A. 由国家机关保存而须由人民法院调取的证据
B. 涉及国家秘密的证据
C. 涉及商业秘密的证据
D. 涉及个人隐私的证据

【考点】申请法院调取证据

【分析】根据《行政诉讼法》第四十一条的规定，与本案有关的下列证据，原告或者第三人不能自行收集的，可以申请人民法院调取：（一）由国家机关保存而须由人民法院调取的证据；（二）涉及国家秘密、商业秘密和个人隐私的证据；（三）确因客观原因不能自行收集的其他证据。因此，选项ABCD正确。

【答案】ABCD

5. 证据保全
6. 证据的质证
7. 对当事人权益的保护

五、行政诉讼的审理和判决

1. 起诉与受理

39.【2016年第15题】 根据行政诉讼法及相关规定，公民、法人或者其他组织不服行政机关的行政行为，直接向人民法院提起诉讼的，除法律另有规定的外，应当自知道或者应当知道作出该行政行为之日起多长时间内提出？

A. 1个月   B. 2个月   C. 6个月   D. 12个月

【考点】起诉期限

【分析】《行政诉讼法》第四十六条规定，公民、法人或者其他组织直接向人民法院提起诉讼的，应当自知道或者应当知道作出行政行为之日起六个月内提出。法律另有规定的除外。因不动产提起诉讼的案件自行政行为作出之日起超过二十年，其他案件自行政行为作出之日起超过五年提起诉讼的，人民法院不予受理。因此，选项ABD错误，选项C正确。

【答案】C

40.【2016年第16题】 根据行政诉讼法及相关规定，原告向两个以上有管辖权的人民法院提起行政诉讼的，由下列哪个人民法院管辖？

A. 最先收到起诉状的人民法院
B. 最先收到案件受理费的人民法院
C. 最先立案的人民法院
D. 该两个人民法院共同上级人民法院指定的人民法院

【考点】立案

【分析】《行政诉讼法》第二十一条规定，两个以上人民法院都有管辖权的案件，原告可以选择其中一个人民法院提起诉讼。原告向两个以上有管辖权的人民法院提起诉讼的，由最先立案的人民法院管辖。因此，选项C正确，选项ABD错误。

【答案】C

41.【2014年第18题】 刘某向某人民法院提起行政诉讼，该人民法院审查后在法定期限内作出不予受理立案的裁定。根据行政诉讼法及相关规定，刘某对该裁定不服的，可以选择下列哪种救济途径？❶

A. 向上一级人民法院申诉
B. 向上一级人民法院提起上诉
C. 向该人民法院申诉
D. 向该人民法院提起抗诉

【考点】行政诉讼的立案

---

❶ 适当修改本题，以适应新法。

【分析】根据《行政诉讼法》第五十一条第二款的规定,对当场不能判定是否符合本法规定的起诉条件的,应当接收起诉状,出具注明收到日期的书面凭证,并在七日内决定是否立案。不符合起诉条件的,作出不予立案的裁定。裁定书应当载明不予立案的理由。原告对裁定不服的,可以提起上诉。因此,选项ACD错误,选项B正确。

【答案】B

42.【2013年第66题】根据行政诉讼法及相关规定,下列哪些说法是正确的?❶
  A. 对人民法院不予受理立案的裁定不服的,原告可以提起上诉
  B. 被告无正当理由拒不到庭的,人民法院可以缺席判决
  C. 原告在人民法院对行政案件宣告判决前申请撤诉的,由人民法院裁定是否准许
  D. 人民法院审理行政案件,不适用调解

【考点】行政诉讼的审理和判决

【分析】根据《行政诉讼法》第五十一条第二款的规定,对当场不能判定是否符合本法规定的起诉条件的,应当接收起诉状,出具注明收到日期的书面凭证,并在七日内决定是否立案。不符合起诉条件的,作出不予立案的裁定。裁定书应当载明不予立案的理由。原告对裁定不服的,可以提起上诉。因此,选项A正确。根据《行政诉讼法》第五十八条的规定,经人民法院传票传唤,原告无正当理由拒不到庭,或者未经法庭许可中途退庭的,可以按照撤诉处理;被告无正当理由拒不到庭,或者未经法庭许可中途退庭的,可以缺席判决。因此,选项B正确。根据《行政诉讼法》第六十二条的规定,人民法院对行政案件宣告判决或者裁定前,原告申请撤诉的,或者被告改变其所作的行政行为,原告同意并申请撤诉的,是否准许,由人民法院裁定。因此,选项C正确。根据《行政诉讼法》第六十条第一款的规定,人民法院审理行政案件,不适用调解。但是,行政赔偿、补偿以及行政机关行使法律、法规规定的自由裁量权的案件可以调解。选项D正确。

【答案】ABCD

43.【2013年第87题】根据行政诉讼法及相关规定,提起行政诉讼应当符合下列哪些条件?❷
  A. 原告应当是认为具体行政行为侵犯其合法权益的公民、法人或者其他组织原告是符合本法第二十五条规定的公民、法人或者其他组织
  B. 应当有明确的被告
  C. 应当有具体的诉讼请求和事实根据
  D. 应当属于人民法院的受案范围和受诉人民法院管辖

【考点】提起行政诉讼的条件

【分析】根据《行政诉讼法》第四十九条的规定,提起诉讼应当符合下列条件:(一)原告是符合本法第二十五条规定的公民、法人或者其他组织;(二)有明确的被告;(三)有具体的诉讼请求和事实根据;(四)属于人民法院受案范围和受诉人民法院管辖。因此,选项ABCD正确。

【答案】ABCD

2. 第一审程序

44.【2015年第63题】根据行政诉讼法及相关规定,下列哪些属于人民法院审理行政案件的依据?
  A. 法律 B. 行政法规 C. 地方性法规 D. 部门规章

【考点】人民法院审理行政案件时的依据

【分析】根据《行政诉讼法》第六十三条第一款的规定,人民法院审理行政案件,以法律和行政法规、地方性法规为依据。地方性法规适用于本行政区域内发生的行政案件。因此,选项ABC正确。根据《行政诉讼法》第六十三条第三款的规定,人民法院审理行政案件,参照规章。由此可知,人民法院审理行政案件时"参照",而不是"依据"规章,因此,选项D错误。

【答案】ABC

---

❶ 适当修改本题,以适应新法。
❷ 适当修改本题,以适应新法。

45. 【2015年第66题】根据行政诉讼法及相关规定，下列关于行政诉讼第一审普通程序的哪些说法是正确的？
   A. 人民法院应当在立案之日起 5 日内，将起诉状副本发送被告
   B. 被告应当在收到起诉状副本之日起 15 日内向人民法院提交作出行政行为的证据和所依据的规范性文件
   C. 被告在法定期限内不提出答辩状的，人民法院应当裁定终止行政诉讼
   D. 人民法院对公开审理和不公开审理的案件，一律公开宣告判决

【考点】第一审普通程序

【分析】根据《行政诉讼法》第六十七条的规定，人民法院应当在立案之日起五日内，将起诉状副本发送被告。被告应当在收到起诉状副本之日起十五日内向人民法院提交作出行政行为的证据和所依据的规范性文件，并提出答辩状。人民法院应当在收到答辩状之日起五日内，将答辩状副本发送原告。被告不提出答辩状的，不影响人民法院审理。因此，选项 AB 正确，选项 C 错误。根据《行政诉讼法》第八十条第一款的规定，人民法院对公开审理和不公开审理的案件，一律公开宣告判决。因此，选项 D 正确。

【答案】ABD

46. 【2014年第12题】根据行政诉讼法及相关规定，下列哪种说法是正确的？
   A. 人民法院审理行政案件，一律公开审理
   B. 行政诉讼期间，应当停止具体行政行为的执行
   C. 人民法院审理行政案件，不适用调解
   D. 人民法院对行政案件宣告判决或者裁定前，原告不得申请撤诉

【考点】行政诉讼审理和判决

【分析】根据《行政诉讼法》第五十四条第一款的规定，人民法院公开审理行政案件，但涉及国家秘密、个人隐私和法律另有规定的除外。因此，选项 A 错误。根据《行政诉讼法》第五十六条的规定，行政诉讼期间，原则上不停止行政行为的执行，只有在特定情形下才停止执行，因此，选项 B 错误。根据《行政诉讼法》第六十条第一款的规定，人民法院审理行政案件，不适用调解。但是，行政赔偿、补偿以及行政机关行使法律、法规规定的自由裁量权的案件可以调解。因此，选项 C 正确。根据《行政诉讼法》第六十二条的规定，人民法院对行政案件宣告判决或者裁定前，原告申请撤诉的，或者被告改变其所作的行政行为，原告同意并申请撤诉的，是否准许，由人民法院裁定。因此，选项 D 错误。

【答案】C

47. 【2013年第36题】根据行政诉讼法及相关规定，人民法院审理行政案件时以下列哪些作为依据？
   A. 法律
   B. 国务院部、委制订和发布的规章
   C. 本行政区域内的地方政府规章
   D. 本行政区域内的地方性法规

【考点】人民法院审理行政案件时的依据

【分析】根据《行政诉讼法》第六十三条第一款的规定，人民法院审理行政案件，以法律和行政法规、地方性法规为依据。地方性法规适用于本行政区域内发生的行政案件。因此，选项 AD 正确。根据《行政诉讼法》第六十三条第三款的规定，人民法院审理行政案件，参照规章。由此可知，人民法院审理行政案件时"参照"，而不是"依据"规章，因此，选项 BC 错误。

【答案】AD

48. 【2012年第12题】王某不服某行政机关作出的具体行政行为，依法向人民法院提起行政诉讼。根据行政诉讼法及相关规定，下列哪种说法是正确的？
   A. 王某和该行政机关均有权申请审判人员回避
   B. 王某认为需要停止执行该具体行政行为的，该行政机关应当停止执行
   C. 在人民法院对该行政案件宣告判决或者裁定前，该行政机关不能改变其所作的具体行政行为

D. 人民法院可以根据该行政机关的请求对该行政案件进行调解

【考点】行政诉讼的审理

【分析】根据《行政诉讼法》第五十五条第一款的规定，当事人认为审判人员与本案有利害关系或者有其他关系可能影响公正审判，有权申请审判人员回避。因此，选项A正确。根据《行政诉讼法》第五十六条的规定，诉讼期间，不停止行政行为的执行。但有下列情形之一的，裁定停止执行：（一）被告认为需要停止执行的；（二）原告或者利害关系人申请停止执行，人民法院认为该行政行为的执行会造成难以弥补的损失，并且停止执行不损害国家利益、社会公共利益的；（三）人民法院认为该行政行为的执行会给国家利益、社会公共利益造成重大损害的；（四）法律、法规规定停止执行的。当事人对停止执行或者不停止执行的裁定不服的，可以申请复议一次。本题中原告王某认为需要停止执行该行政行为不属于应当停止执行行政行为的情形，因此，选项B错误。

【答案】A

3. 第一审判决和裁定

49.【2016年第72题】根据行政诉讼法及相关规定，行政行为有下列哪些情形的，人民法院判决撤销或者部分撤销，并可以判决被告重新作出行政行为？

A. 主要证据不足的

B. 适用法律、法规错误的

C. 行政程序轻微违法，但对原告权利不产生实际影响的

D. 明显不当的

【考点】撤销判决和重作判决

【分析】《行政诉讼法》第七十条规定，行政行为有下列情形之一的，人民法院判决撤销或者部分撤销，并可以判决被告重新作出行政行为：（一）主要证据不足的；（二）适用法律、法规错误的；（三）违反法定程序的；（四）超越职权的；（五）滥用职权的；（六）明显不当的。《行政诉讼法》第七十四条规定，行政行为有下列情形之一的，人民法院判决确认违法，但不撤销行政行为：（一）行政行为依法应当撤销，但撤销会给国家利益、社会公共利益造成重大损害的；（二）行政行为程序轻微违法，但对原告权利不产生实际影响的。行政行为有下列情形之一，不需要撤销或者判决履行的，人民法院判决确认违法：（一）行政行为违法，但不具有可撤销内容的；（二）被告改变原违法行政行为，原告仍要求确认原行政行为违法的；（三）被告不履行或者拖延履行法定职责，判决履行没有意义的。因此，选项ABD正确，选项C错误。

【答案】ABD

50.【2015年第12题】根据行政诉讼法及相关规定，基层人民法院有特殊情况不能在立案之日起6个月内作出第一审行政判决，需要延长期限的，应如何处理？

A. 由该基层人民法院院长批准
B. 由上一级人民法院批准
C. 由高级人民法院批准
D. 由最高人民法院批准

【考点】延长期限

【分析】根据《行政诉讼法》第八十一条的规定，人民法院应当在立案之日起六个月内作出第一审判决。有特殊情况需要延长的，由高级人民法院批准，高级人民法院审理第一审案件需要延长的，由最高人民法院批准。因此，选项ABD错误，选项C正确。

【答案】C

51.【2015年第67题】根据行政诉讼法及相关规定，下列有关人民法院第一审判决的哪些说法是正确的？

A. 行政行为证据确凿，适用法律、法规正确，符合法定程序的，人民法院判决驳回原告的诉讼请求

B. 原告申请被告履行法定职责理由不成立的，人民法院判决驳回原告的诉讼请求

C. 行政行为违反法定程序，但认定事实清楚且适用法律、法规正确的，人民法院判决维持该行政行为

D. 人民法院判决被告重新作出行政行为的，被告不得以同一的事实和理由作出与原行政行为基本相同的行政行为

【考点】第一审判决

【分析】根据《行政诉讼法》第六十九条的规定，行政行为证据确凿，适用法律、法规正确，符合法定程序的，或者原告申请被告履行法定职责或者给付义务理由不成立的，人民法院判决驳回原告的诉讼请求。因此，选项AB正确。根据《行政诉讼法》第七十条第（三）项的规定，行政行为有下列情形之一的，人民法院判决撤销或者部分撤销，并可以判决被告重新作出行政行为：（三）违反法定程序的。因此，选项C错误。根据《行政诉讼法》第七十一条的规定，人民法院判决被告重新作出行政行为的，被告不得以同一的事实和理由作出与原行政行为基本相同的行政行为。因此，选项D正确。

【答案】ABD

52.【2013年第63题】根据行政诉讼法及相关规定，下列哪些说法是正确的？❶
A. 人民法院判决被告重新作出**具体**行政行为的，被告不得作出与原**具体**行政行为基本相同的**具体**行政行为
B. 复议决定维持原具体行政行为的，人民法院判决撤销原具体行政行为，复议决定自然无效
C. 人民法院审理行政案件不得加重对原告的处罚，但利害关系人同为原告的除外
D. 人民法院审理行政案件不得对行政机关未予处罚的人直接给予行政处罚

【考点】行政诉讼判决

【分析】根据《行政诉讼法》第七十一条的规定，人民法院判决被告重新作出行政行为的，被告不得以同一的事实和理由作出与原行政行为基本相同的行政行为。因此，选项A错误。根据《最高人民法院关于执行〈中华人民共和国行政诉讼法〉若干问题的解释》第五十三条第一款的规定，复议决定维持原具体行政行为的，人民法院判决撤销原具体行政行为，复议决定自然无效。因此，选项B正确。根据该司法解释第五十五条规定，人民法院审理行政案件不得加重对原告的处罚，但利害关系人同为原告的除外。人民法院审理行政案件不得对行政机关未予处罚的人直接给予行政处罚。因此，选项CD正确。

【答案】BCD

4. 第二审程序

53.【2015年第14题】根据行政诉讼法及相关规定，关于行政上诉案件的审理，下列哪种说法是正确的？
A. 第二审人民法院只审查原审人民法院的判决、裁定
B. 第二审人民法院只审查被诉行政行为
C. 第二审人民法院应当对原审人民法院的判决、裁定和被诉行政行为进行全面审查
D. 第二审人民法院只审查上诉状提及的法律问题

【考点】行政诉讼二审程序

【分析】根据《最高人民法院关于执行〈中华人民共和国行政诉讼法〉若干问题的解释》第六十七条的规定，第二审人民法院审理上诉案件，应当对原审人民法院的裁判和被诉具体行政行为是否合法进行全面审查。选项ABD错误，选项C正确。

【答案】C

5. 第二审判决和裁定
6. 行政诉讼的审判监督程序

54.【2016年第73题】根据行政诉讼法及相关规定，下列关于审判监督程序的哪些说法是正确的？
A. 地方各级人民检察院发现同级人民法院已经发生法律效力的判决遗漏诉讼请求的，可以向同级人民法院提出抗诉
B. 地方各级人民检察院发现同级人民法院已经发生法律效力的判决遗漏诉讼请求的，可以提请上级人民检察院向同级人民法院提出抗诉
C. 上级人民检察院发现下级人民法院已经发生法律效力的判决遗漏诉讼请求的，应当提出抗诉
D. 最高人民检察院发现各级人民法院已经发生法律效力的判决遗漏诉讼请求的，应当提出抗诉

【考点】审判监督程序

---

❶ 适当修改本题，以适应新法。

【分析】《行政诉讼法》第九十三条规定，最高人民检察院对各级人民法院已经发生法律效力的判决、裁定，上级人民检察院对下级人民法院已经发生法律效力的判决、裁定，发现有本法第九十一条规定情形之一，或者发现调解书损害国家利益、社会公共利益的，应当提出抗诉。地方各级人民检察院对同级人民法院已经发生法律效力的判决、裁定，发现有本法第九十一条规定情形之一，或者发现调解书损害国家利益、社会公共利益的，可以向同级人民法院提出检察建议，并报上级人民检察院备案；也可以提请上级人民检察院向同级人民法院提出抗诉。各级人民检察院对审判监督程序以外的其他审判程序中审判人员的违法行为，有权向同级人民法院提出检察建议。因此，选项 A 错误，选项 BCD 正确。

【答案】BCD

55.【2014 年第 98 题】根据行政诉讼法及相关规定，下列哪些说法是正确的？❶
  A. 上级人民法院对下级人民法院已经发生法律效力的判决，发现违反法律、法规规定的，有权提审
  B. 上级人民法院对下级人民法院已经发生法律效力的判决，发现违反法律、法规规定的，有权指令下级人民法院再审
  C. 人民检察院对人民法院已经发生法律效力的判决，发现违反法律、法规规定的，有权裁定撤销判决
  D. 人民检察院对人民法院已经发生法律效力的判决，发现违反法律、法规规定的，**有权按照审判监督程序应当提出抗诉**

【考点】行政诉讼再审　审判监督程序

【分析】根据《行政诉讼法》第九十二条第二款的规定，最高人民法院对地方各级人民法院已经发生法律效力的判决、裁定，上级人民法院对下级人民法院已经发生法律效力的判决、裁定，发现有本法第九十一条规定情形之一，或者发现调解违反自愿原则或者调解书内容违法的，有权提审或者指令下级人民法院再审。因此，选项 AB 正确。根据《行政诉讼法》第九十三条的规定，最高人民检察院对各级人民法院已经发生法律效力的判决、裁定，上级人民检察院对下级人民法院已经发生法律效力的判决、裁定，发现有本法第九十一条规定情形之一，或者发现调解书损害国家利益、社会公共利益的，应当提出抗诉。地方各级人民检察院对同级人民法院已经发生法律效力的判决、裁定，发现有本法第九十一条规定情形之一，或者发现调解书损害国家利益、社会公共利益的，可以向同级人民法院提出检察建议，并报上级人民检察院备案；也可以提请上级人民检察院向同级人民法院提出抗诉。各级人民检察院对审判监督程序以外的其他审判程序中审判人员的违法行为，有权向同级人民法院提出检察建议。因此，选项 C 错误，选项 D 正确。

【答案】ABD

六、国家赔偿

1. 国家赔偿法适用的范围

56.【2012 年第 53 题】根据国家赔偿法及相关规定，行政机关及其工作人员在行使行政职权时有下列哪些行为的，受害人有取得赔偿的权利？
  A. 违法对财产采取查封、扣押的行政强制措施的
  B. 非法拘禁或以其他方法非法剥夺公民人身自由的
  C. 违法征收、征用财产的
  D. 违法使用武器造成公民身体伤害的

【考点】行政赔偿范围

【分析】根据《国家赔偿法》第三条第（二）、（四）项的规定，选项 BD 正确。根据该法第四条第（二）、（三）项的规定，行政机关及其工作人员在行使行政职权时有下列侵犯财产权情形之一的，受害人有取得赔偿的权利：（二）违法对财产采取查封、扣押、冻结等行政强制措施的；（三）违法征收、征用财产的。因此，选项 AC 正确。

【答案】ABCD

2. 行政赔偿的含义

---

❶ 适当修改本题，以适应新法。

3. 行政赔偿请求的当事人
4. 赔偿程序

赔偿请求的单独提出、赔偿请求在行政复议和行政诉讼中一并提出、处理期限

57. 【2014年第56题】 根据国家赔偿法及相关规定，下列哪些说法是正确的？
A. 赔偿请求人根据受到的不同损害，可以同时提出数项行政赔偿请求
B. 赔偿请求人可以在提起行政复议时一并提出行政赔偿请求
C. 存在共同赔偿义务机关的，赔偿请求人应当向所有共同赔偿义务机关同时要求赔偿
D. 人民法院审理行政赔偿案件时，赔偿请求人对自己提出的主张，应当提供证据

【考点】 行政赔偿请求的提出

【分析】 根据《国家赔偿法》第十一条的规定，赔偿请求人根据受到的不同损害，可以同时提出数项赔偿要求。因此，选项A正确。根据该法第九条第二款的规定，赔偿请求人要求赔偿，应当先向赔偿义务机关提出，也可以在申请行政复议或者提起行政诉讼时一并提出。因此，选项B正确。根据该法第十条规定，赔偿请求人可以向共同赔偿义务机关中的任何一个赔偿义务机关要求赔偿，该赔偿义务机关应当先予赔偿。因此，选项C错误。根据该法第十五条第一款的规定，人民法院审理行政赔偿案件，赔偿请求人和赔偿义务机关对自己提出的主张，应当提供证据。因此，选项D正确。

【答案】 ABD

58. 【2013年第46题】 某县工商局和卫生局共同对张某的餐厅进行查封，给其造成了损失。张某认为该查封行为违法，欲要求国家赔偿。根据国家赔偿法及相关规定，下列哪些说法是正确的？
A. 该县工商局和卫生局为共同赔偿义务机关
B. 该县人民政府为赔偿义务机关
C. 张某可以在提起行政诉讼时一并提出赔偿要求
D. 张某可以在申请行政复议时一并提出赔偿要求

【考点】 行政赔偿请求的提出

【分析】 根据《国家赔偿法》第七条第二项的规定，两个以上行政机关共同行使行政职权时侵犯公民、法人和其他组织的合法权益造成损害的，共同行使行政职权的行政机关为共同赔偿义务机关。因此，张某认为该县工商局和卫生局共同行使行政职权时侵害了其合法权益，应以这两个单位为共同赔偿义务机关，因此，选项A正确，选项B错误。根据该法第九条第二款的规定，赔偿请求人要求赔偿，应当先向赔偿义务机关提出，也可以在申请行政复议或者提起行政诉讼时一并提出。因此，张某既可以在申请行政复议时，也可以在提起行政诉讼时一并提出赔偿要求，因此，选项CD正确。

【答案】 ACD

第六节 其他相关法律

基本要求

掌握技术进出口的管理规定以及对外贸易有关的知识产权的保护；了解犯罪的概念和犯罪的一般构成要件；掌握侵犯知识产权犯罪的概念、构成要件和有关司法解释的规定。

本节内容主要涉及《中华人民共和国对外贸易法》、《中华人民共和国技术进出口管理条例》、《中华人民共和国刑法》和《最高人民法院、最高人民检察院关于办理侵犯知识产权刑事案件具体应用法律若干问题的解释》、《最高人民法院、最高人民检察院关于办理侵犯知识产权刑事案件具体应用法律若干问题的解释（二）》的规定。

一、对外贸易法
1. 对外贸易法适用的范围
2. 技术进出口
3. 与对外贸易有关的知识产权的保护

二、刑法
1. 刑法的基本知识

2. 侵犯知识产权犯罪

1. 【2013年第20题】根据刑法及相关规定，下列哪种行为构成侵犯知识产权罪？
A. 未经注册商标所有人许可，在同一种商品上使用与其注册商标近似的商标，情节严重的
B. 以营利为目的，出版他人享有专有出版权的图书，违法所得数额巨大的
C. 未经集成电路布图设计权利人许可，为商业目的销售受保护的布图设计，情节严重的
D. 未经植物新品种权人许可，以商业目的销售授权品种的繁殖材料，违法所得数额较大的

【考点】侵犯知识产权罪

【分析】根据《刑法》第二百一十七条第（二）项的规定，以营利为目的，有下列侵犯著作权情形之一，违法所得数额较大或者有其他严重情节的，处三年以下有期徒刑或者拘役，并处或者单处罚金；违法所得数额巨大或者有其他特别严重情节的，处三年以上七年以下有期徒刑，并处罚金：（一）未经著作权人许可，复制发行其文字作品、音乐、电影、电视、录像作品、计算机软件及其他作品的；（二）出版他人享有专有出版权的图书的；（三）未经录音录像制作者许可，复制发行其制作的录音录像的；（四）制作、出售假冒他人署名的美术作品的。因此，选项B正确。根据第二百一十三条的规定，构成假冒注册商标罪的条件之一是在同一商品上使用与其注册商标相同的商标，因此，选项A的情形不构成犯罪，该选项错误。选项AC中的行为未被规定为犯罪行为，根据罪刑法定原则，不构成犯罪。

需要注意的是，（1）选项AC所述的行为虽然不构成犯罪，但是仍然属于侵犯知识产权的行为，需要承担相应的民事责任。《集成电路布图设计保护条例》第三十条第一款规定，"除本条例另有规定的外，未经布图设计权利人许可，有下列行为之一的，行为人必须立即停止侵权行为，并承担赔偿责任：……（二）为商业目的进口、销售或者以其他方式提供受保护的布图设计、含有该布图设计的集成电路或者含有该集成电路的物品的"。《植物新品种保护条例》第三十九条第一款规定，"未经品种权人许可，以商业目的生产或者销售授权品种的繁殖材料的，品种权人或者利害关系人可以请求省级以上人民政府农业、林业行政部门依据各自的职权进行处理，也可以直接向人民法院提起诉讼"。（2）我国《刑法》规定的侵犯知识产权罪具有四类。一是商标：第二百一十三条（假冒注册商标罪）、第二百一十四条（销售假冒注册商标的商品罪）和第二百一十五条（非法制造、销售非法制造的注册商标罪）。二是专利：第二百一十六条（假冒专利罪）。三是著作权：第二百一十七条（侵犯著作权罪）和第二百一十八条（销售侵犯复制品罪）。四是商业秘密：第二百一十九条（侵犯商业秘密罪）。

【答案】B

第二章 相关知识产权法律法规

第一节 著作权法

基本要求

了解著作权法的一般原理和主要内容;熟悉著作权的主体、客体和内容;熟悉著作权的保护期限和限制;掌握著作权的保护;了解计算机软件著作权的归属和特殊保护。

本节内容主要涉及《中华人民共和国著作权法》、《中华人民共和国著作权法实施条例》、《计算机软件保护条例》、《信息网络传播权保护条例》、《最高人民法院关于审理著作权民事纠纷案件适用法律若干问题的解释》和《最高人民法院关于审理涉及计算机网络著作权纠纷案件适用法律若干问题的解释》的规定。

一、著作权的客体

1. 作品的含义

1.【2013年第35题】根据著作权法及相关规定,下列哪些说法是正确的?

A. 作品应当具有独创性并能以某种有形形式复制
B. 文字作品,是指小说、诗词、散文、论文等以文字形式表现的作品
C. 为生产绘制的产品设计图属于图形作品
D. 为展示、试验或者观测等用途,根据物体的形状和结构按照一定比例制成的模型不属于作品

【考点】作品

【分析】根据《著作权法实施条例》第二条的规定,《著作权法》所称作品,是指文学、艺术和科学领域内具有独创性并能以某种有形形式复制的智力成果。本题中,选项A正确。根据《著作权法实施条例》第四条第(一)项的规定,文字作品,是指小说、诗词、散文、论文等以文字形式表现的作品。因此,选项B正确。根据《著作权法实施条例》第四条第(十二)项的规定,图形作品,是指为施工、生产绘制的工程设计图、产品设计图,以及反映地理现象、说明事物原理或者结构的地图、示意图等作品。因此,选项C正确。根据《著作权法实施条例》第四条第(十三)项的规定,模型作品,是指为展示、试验或者观测等用途,根据物体的形状和结构,按照一定比例制成的立体作品。因此,选项D错误。

【答案】ABC

2. 作品的种类

2.【2016年第74题】根据著作权法及相关规定,下列哪些属于我国著作权法保护的客体?

A. 某专利审查员发表的关于如何答复审查意见通知书的论文
B. 某法律的官方正式英文译文
C. 通过互联网发布的时事新闻
D. 某艺术家表演的杂技艺术

【考点】著作权法保护的客体

【分析】根据《著作权法》第三条的规定,本法所称的作品,包括以下列形式创作的文学、艺术和自然科学、社会科学、工程技术等作品:(一)文字作品;(二)口述作品;(三)音乐、戏剧、曲艺、舞蹈、杂技艺术作品;(四)美术、建筑作品;(五)摄影作品;(六)电影作品和以类似摄制电影的方法创作的作品;(七)工程设计图、产品设计图、地图、示意图等图形作品和模型作品;(八)计算机软件;(九)法律、行政法规规定的其他作品。《著作权法》第五条规定,本法不适用于:(一)法律、法规,国家机关的决议、决定、命令和其他具有立法、行政、司法性质的文件,及其官方正式译文;(二)时事新闻;(三)历法、通用数表、通用表格和公式。因此,选项AD正确,选项BC错误。

【答案】AD

3.【2015年第23题】根据著作权法及相关规定，下列哪项属于我国著作权法保护的客体？

A. 某人民法院就某专利权属纠纷案件作出的民事判决书

B. 某电视台报道的时事新闻

C. 化学元素周期表

D. 某幼儿园小朋友的绘画

【考点】著作权法适用范围

【分析】根据《著作权法》第三条第（四）项的规定，本法所称的作品，包括以下列形式创作的文学、艺术和自然科学、社会科学、工程技术等作品：（四）美术、建筑作品。因此，选项D正确。根据《著作权法》第五条的规定，本法不适用于：（一）法律、法规，国家机关的决议、决定、命令和其他具有立法、行政、司法性质的文件，及其官方正式译文；（二）时事新闻；（三）历法、通用数表、通用表格和公式。因此，选项ABC错误。

【答案】D

4.【2012年第22题】根据著作权法及相关规定，下列关于计算机软件的哪种说法是正确的？

A. 受著作权保护的计算机软件包括计算机程序及其有关文档

B. 同一计算机程序的源程序和目标程序为两个不同的作品

C. 未经登记的计算机软件不受我国著作权法保护

D. 对软件著作权的保护延及开发软件所用的处理过程和操作方法

【考点】计算机软件著作权

【分析】根据《著作权法》第三条的规定，本法所称的作品，包括以下列形式创作的文学、艺术和自然科学、社会科学、工程技术等作品：（一）文字作品；（二）口述作品；（三）音乐、戏剧、曲艺、舞蹈、杂技艺术作品；（四）美术、建筑作品；（五）摄影作品；（六）电影作品和以类似摄制电影的方法创作的作品；（七）工程设计图、产品设计图、地图、示意图等图形作品和模型作品；（八）计算机软件；（九）法律、行政法规规定的其他作品。《计算机保护条例》第二条的规定，本条例所称计算机软件（以下简称软件），是指计算机程序及其有关文档。因此，选项A正确。根据《计算机保护条例》第三条第（一）项的规定，计算机程序，是指为了得到某种结果而可以由计算机等具有信息处理能力的装置执行的代码化指令序列，或者可以被自动转换成代码化指令序列的符号化指令序列或者符号化语句序列。同一计算机程序的源程序和目标程序为同一作品。因此，选项B错误。根据《计算机保护条例》第七条的规定，软件著作权人可以向国务院著作权行政管理部门认定的软件登记机构办理登记。软件登记机构发放的登记证明文件是登记事项的初步证明。因此，选项C错误。根据《计算机保护条例》第六条的规定，本条例对软件著作权的保护不延及开发软件所用的思想、处理过程、操作方法或者数学概念等。因此，选项D错误。

【答案】A

5.【2012年第37题】下列各项中，哪些属于我国著作权法规定的作品？

A. 口述作品　　　　B. 摄影作品　　　　C. 曲艺作品　　　　D. 戏剧作品

【考点】作品的种类

【分析】根据《著作权法》第三条的规定，本法所称的作品，包括以下列形式创作的文学、艺术和自然科学、社会科学、工程技术等作品：（一）文字作品；（二）口述作品；（三）音乐、戏剧、曲艺、舞蹈、杂技艺术作品；（四）美术、建筑作品；（五）摄影作品；（六）电影作品和以类似摄制电影的方法创作的作品；（七）工程设计图、产品设计图、地图、示意图等图形作品和模型作品；（八）计算机软件；（九）法律、行政法规规定的其他作品。因此，选项ABCD正确。

【答案】ABCD

3. 著作权法不予保护的客体

6.【2014年第37题】下列哪些不适用我国著作权法的规定？

A. 某9岁儿童创作的短篇小说　　　　B. 某电视台报道的时事新闻

C. 某城市交通电子地图　　　　　　　D. 某法律的官方英文译文

【考点】著作权法适用范围

【分析】根据《著作权法》第五条的规定，本法不适用于：（一）法律、法规，国家机关的决议、决定、命令和其他具有立法、行政、司法性质的文件，及其官方正式译文；（二）时事新闻；（三）历法、通用数表、通用表格和公式。因此，选项BD正确。根据《著作权法》第三条的规定，本法所称的作品，包括以下列形式创作的文学、艺术和自然科学、社会科学、工程技术等作品：（一）文字作品；（二）口述作品；（三）音乐、戏剧、曲艺、舞蹈、杂技艺术作品；（四）美术、建筑作品；（五）摄影作品；（六）电影作品和以类似摄制电影的方法创作的作品；（七）工程设计图、产品设计图、地图、示意图等图形作品和模型作品；（八）计算机软件；（九）法律、行政法规规定的其他作品。本题选项AC分别属于其中第（一）、（七）项规定的情形，均适用于著作权法，另外，是否适用著作权法与作者的民事行为能力无关，因此，选项AC错误。

【答案】BD

7.【2013年第2题】下列哪项不属于我国著作权法保护的客体？

A. 通过互联网发布的时事新闻　　　　B. 建筑物的工程设计图
C. 未发表的小说　　　　　　　　　　D. 用文字记录的舞蹈动作设计

【考点】著作权的客体

【分析】根据《著作权法》第五条的规定，本法不适用于：（一）法律、法规，国家机关的决议、决定、命令和其他具有立法、行政、司法性质的文件，及其官方正式译文；（二）时事新闻；（三）历法、通用数表、通用表格和公式。因此，选项A正确。选项BCD错误。

【答案】A

8.【2012年第1题】下列各项中，哪项不属于我国著作权法保护的客体？

A. 某幼儿园小朋友的绘画
B. 某观众用手机拍摄的运动会100米决赛照片
C. 某农民在民歌节上即兴创作的歌曲
D. 某市人民政府发布的关于进一步加强社会保障房建设的通知

【考点】著作权的客体

【分析】根据《著作权法》第三条的规定，本法所称的作品，包括以下列形式创作的文学、艺术和自然科学、社会科学、工程技术等作品：（一）文字作品；（二）口述作品；（三）音乐、戏剧、曲艺、舞蹈、杂技艺术作品；（四）美术、建筑作品；（五）摄影作品；（六）电影作品和以类似摄制电影的方法创作的作品；（七）工程设计图、产品设计图、地图、示意图等图形作品和模型作品；（八）计算机软件；（九）法律、行政法规规定的其他作品。本题中，选项ABC属于著作权法保护的客体。根据《著作权法》第五条的规定，本法不适用于：（一）法律、法规，国家机关的决议、决定、命令和其他具有立法、行政、司法性质的文件，及其官方正式译文；（二）时事新闻；（三）历法、通用数表、通用表格和公式。因此，选项D不属于著作权法保护的客体。

【答案】D

二、著作权的主体

1. 主体范围

9.【2016年第18题】李某以专利代理人常某为原型创作了一部小说。在创作过程中，杨某提供了资金，王某提供了一些咨询意见。根据著作权法及相关规定，下列关于该小说作者的哪种说法是正确的？

A. 杨某是作者　　　　　　　　　　B. 王某是作者
C. 李某是作者　　　　　　　　　　D. 常某是作者

【考点】著作权主体

【分析】《著作权法实施条例》第三条规定，著作权法所称创作，是指直接产生文学、艺术和科学作品的智力活动。为他人创作进行组织工作，提供咨询意见、物质条件，或者进行其他辅助工作，均不视为创作。

【答案】C

10.【2016年第19题】甲小学主持起草2015年学校工作总结并上报区教育局。期间，校办公室主任张某接受该小学指派承担了具体撰写工作。根据著作权法及相关规定，下列哪种说法是正确的？

A. 甲小学视为该工作总结的作者
B. 该工作总结的作者是张某，该工作总结的著作权人是甲小学
C. 该工作总结的署名权由张某享有，该工作总结的复制权由甲小学享有
D. 该工作总结的著作权由张某享有

【考点】著作权主体

【分析】《著作权法》第十一条规定，著作权属于作者，本法另有规定的除外。创作作品的公民是作者。由法人或者其他组织主持，代表法人或者其他组织意志创作，并由法人或者其他组织承担责任的作品，法人或者其他组织视为作者。如无相反证明，在作品上署名的公民、法人或者其他组织为作者。因此，选项A正确，选项BCD错误。

【答案】A

11.【2013年第47题】根据著作权法及相关规定，下列哪些说法是正确的？

A. 无国籍人的作品首先在中国境内出版的，依法享有著作权
B. 外国人的作品首先在中国境内出版的，依法享有著作权
C. 外国人的作品根据其作者经常居住地国同中国签订的协议享有的著作权，受著作权法保护
D. 无国籍人的作品首次在中国参加的国际条约的成员国出版的，受著作权法保护

【考点】著作权主体

【分析】根据《著作权法》第二条的规定，中国公民、法人或者其他组织的作品，不论是否发表，依照本法享有著作权。外国人、无国籍人的作品根据其作者所属国或者经常居住地国同中国签订的协议或者共同参加的国际条约享有的著作权，受本法保护。外国人、无国籍人的作品首先在中国境内出版的，依照本法享有著作权。未与中国签订协议或者共同参加国际条约的国家的作者以及无国籍人的作品首次在中国参加的国际条约的成员国出版的，或者在成员国和非成员国同时出版的，受本法保护。本题中，选项ABCD正确。

【答案】ABCD

12.【2012年第19题】我国公民李某在非洲某国旅游期间写了两篇游记，并将其中一篇发表在我国某杂志上。根据著作权法及相关规定，下列哪种说法是正确的？

A. 该两篇文章不是在我国创作的，不受我国著作权法保护
B. 该两篇文章是否受我国著作权法保护，取决于该非洲国家是否与我国签订了协议或共同参加了相关国际条约
C. 只有该已发表的文章受我国著作权法保护
D. 该两篇文章均受我国著作权法保护

【考点】中国公民著作权保护条件

【分析】根据《著作权法》第二条第一款的规定，中国公民、法人或者其他组织的作品，不论是否发表，依照本法享有著作权。本题中，选项D正确，选项ABC错误。

【答案】D

2. 著作权人的确定

13.【2015年第74题】电影《武林传奇》由李某编剧，由导演胡某执导，影星王某和赵某担任主演，制片者为某电影制片厂。根据著作权法及相关规定，下列哪些说法是正确的？

A. 编剧李某有权就其剧本单独行使著作权
B. 导演胡某、编剧李某享有署名权
C. 主演王某和赵某享有该电影的著作权
D. 该电影制片厂享有该电影的著作权

【考点】电影作品的著作权归属

【分析】根据《著作权法》第十五条第一款的规定，电影作品和以类似摄制电影的方法创作的作品的著作权由制片者享有，但编剧、导演、摄影、作词、作曲等作者享有署名权，并有权按照与制片者签订的合同获得报酬。选项BD正确，选项C错误。根据《著作权法》第十五条第二款的规定，电影作品和以类似摄制电影的方法创作的作品中的剧本、音乐等可以单独使用的作品的作者有权单独行使其著作权。选项A正确。

【答案】ABD

14.【2015年第75题】张某和李某于2013年合作创作了一部话剧剧本，后张某于2014年3月5日去世，张某没有继承人也未设立遗嘱。李某于2015年5月19日去世。根据著作权法及相关规定，下列哪些说法是正确的？

　　A. 张某去世前，该剧本的著作权由张某和李某共同享有

　　B. 2014年3月6日至2015年5月18日，该剧本的表演权由李某享有

　　C. 该剧本的著作权中的改编权保护期截止于2064年5月19日

　　D. 李某去世后，该剧本的改编权在著作权法规定的保护期内依照继承法的规定转移

【考点】合作作品著作权的继受

【分析】根据《著作权法》第十三条第一款的规定，两人以上合作创作的作品，著作权由合作作者共同享有。没有参加创作的人，不能成为合作作者。选项A正确。根据《著作权法实施条例》第十四条的规定，合作作者之一死亡后，其对合作作品享有的著作权法第十条第一款第五项至第十七项规定的权利无人继承又无人受遗赠的，由其他合作作者享有。因此，选项B正确。根据《著作权法》第二十一条第一款的规定，改编权属于《著作权法》第十条第一款第（五）项规定的权利，本题中的话剧剧本属于合作作品，其改编权的保护期限截止于最后死亡的作者李某死后第50年的12月31日，即2055年12月31日，因此，选项C错误。根据《著作权法》第十九条第一款的规定，选项D正确。

【答案】ABD

15.【2014年第17题】某学院委托设计师陈某为其设计院徽，双方约定了院徽的使用范围，但未约定其著作权归属。该学院使用院徽一段时间后，双方对该院徽的著作权归属产生了争议。根据著作权法及相关规定，下列哪种说法是正确的？

　　A. 该学院享有该院徽的著作权

　　B. 该学院和陈某共同享有该院徽的著作权

　　C. 陈某享有该院徽的著作权，有权要求该学院停止使用

　　D. 陈某享有该院徽的著作权，但该学院在约定的使用范围内享有使用的权利

【考点】委托作品的版权归属

【分析】根据《著作权法》第十七条的规定，受委托创作的作品，著作权的归属由委托人和受托人通过合同约定。合同未作明确约定或者没有订立合同的，著作权属于受托人。本题中，院徽的著作权属于受托人陈某。根据《最高人民法院关于审理著作权民事纠纷案件适用法律若干问题的解释》第十二条的规定，按照著作权法第十七条规定委托作品著作权属于受托人的情形，委托人在约定的使用范围内享有使用作品的权利；双方没有约定使用作品范围的，委托人可以在委托创作的特定目的范围内免费使用该作品。因此，选项ABC错误，选项D正确。

【答案】D

16.【2014年第54题】金某于2012年12月24日创作完成了某小说，并于2013年2月14日发表于某网络文学网站。经金某许可，张某将该小说改编为电影剧本，甲公司作为电影制片者将该剧本拍摄成电影，导演为周某。根据著作权法及相关规定，下列哪些说法是正确的？

　　A. 金某自2013年2月14日起对该小说享有著作权　　B. 该电影剧本的著作权由张某享有

　　C. 该电影作品的著作权由甲公司享有　　D. 该电影作品的著作权由张某和周某共同享有

【考点】著作权的取得　改编作品的著作权　电影著作权

【分析】根据《著作权法实施条例》第六条的规定，著作权自作品创作完成之日起产生。本题中，金某自创作完成之日即2012年12月24日起享有该小说的著作权，因此，选项A错误。根据《著作权法》第十二条的规定，改编、翻译、注释、整理已有作品而产生的作品，其著作权由改编、翻译、注释、整理人享有，但行使著作权时不得侵犯原作品的著作权。因此，选项B正确。根据《著作权法》第十五条第一款的规定，电影作品和以类似摄制电影的方法创作的作品的著作权由制片者享有，但编剧、导演、摄影、作词、作曲等作者享有署名权，并有权按照与制片者签订的合同获得报酬。由此可知，该电影作品的著作权由制片者甲公司享有，因

此，选项 C 正确，选项 D 错误。

【答案】 BC

17.【2014年第63题】根据著作权法及相关规定，下列哪些说法是正确的？

A. 汇编若干作品的片段，对其内容的选择或者编排体现独创性的作品，属于汇编作品

B. 汇编作品不包括对不构成作品的数据或者其他材料进行的汇编

C. 汇编作品的著作权由汇编人和原作品的著作权人共同享有

D. 汇编作品的著作权由汇编人享有，但行使著作权时不得侵犯原作品的著作权

【考点】 汇编作品

【分析】 根据《著作权法》第十四条的规定，汇编若干作品、作品的片段或者不构成作品的数据或者其他材料，对其内容的选择或者编排体现独创性的作品，为汇编作品，其著作权由汇编人享有，但行使著作权时，不得侵犯原作品的著作权。本题中，选项 AD 正确，选项 BC 错误。

【答案】 AD

18.【2014年第80题】赵某和程某合作创作了一部不可分割使用的小说。某出版社与赵某联系欲出版该小说，程某表示坚决反对，两人不能协商一致。根据著作权法及相关规定，下列哪些说法是正确的？

A. 赵某和程某为该小说的合作作者，共同享有著作权

B. 未经程某同意，赵某不得许可该出版社出版该小说

C. 程某无正当理由不得阻止赵某许可该出版社出版该小说，赵某由此所得收益无需分配给程某

D. 程某无正当理由不得阻止赵某许可该出版社出版该小说，但赵某由此所得收益应当合理分配给程某

【考点】 合作作品的著作权的归属

【分析】 根据《著作权法》第十三条第一款的规定，两人以上合作创作的作品，著作权由合作作者共同享有。没有参加创作的人，不能成为合作作者。因此，选项 A 正确。根据《著作权法实施条例》第九条的规定，合作作品不可以分割使用的，其著作权由各合作作者共同享有，通过协商一致行使；不能协商一致，又无正当理由的，任何一方不得阻止他方行使除转让以外的其他权利，但是所得收益应当合理分配给所有合作作者。因此，选项 BC 错误，选项 D 正确。

【答案】 AD

19.【2013年第11题】编剧王某和李某共同创作完成了一部不可分割使用的电影剧本。对于是否许可或转让该剧本的摄制权，王某和李某有不同意见，李某在无正当理由的情况下既不同意许可也不同意转让。根据著作权法及相关规定，下列哪种说法是正确的？

A. 王某不能许可他人将该剧本拍摄成电影

B. 王某可以许可他人将该剧本拍摄成电影，所得收益归王某所有

C. 王某可以许可他人将该剧本拍摄成电影，但所得收益应当与李某合理分配

D. 王某可以将该剧本的摄制权转让给他人，但所得收益应当与李某合理分配

【考点】 合作作品著作权的行使

【分析】 根据《著作权法》第十三条的规定，两人以上合作创作的作品，著作权由合作作者共同享有。没有参加创作的人，不能成为合作作者。合作作品可以分割使用的，作者对各自创作的部分可以单独享有著作权，但行使著作权时不得侵犯合作作品整体的著作权。《著作权法实施条例》第九条的规定，合作作品不可以分割使用的，其著作权由各合作作者共同享有，通过协商一致行使；不能协商一致，又无正当理由的，任何一方不得阻止他方行使除转让以外的其他权利，但是所得收益应当合理分配给所有合作作者。因此，本题中，电影剧本的著作权应由合作者王某和李某共同享有。李某没有正当理由不得阻止王某许可他人将该剧本拍摄成电影，但王某所得收益应当与李某合理分配，因此，选项 C 正确，选项 AB 错误。同时，未经与李某协商一致，王某不得单独转让该剧本的拍摄权，因此，选项 D 错误。

【答案】 C

20.【2013年第52题】根据著作权法及相关规定，下列关于著作权集体管理组织的哪些说法是正确的？

A. 著作权人可以授权著作权集体管理组织行使著作权

B. 著作权集体管理组织被授权后，可以以自己的名义为著作权人主张权利
C. 著作权集体管理组织不得作为当事人进行涉及著作权的诉讼、仲裁活动
D. 著作权集体管理组织是非营利性组织

【考点】著作权集体管理组织

【分析】根据《著作权法》第八条的规定，著作权人和与著作权有关的权利人可以授权著作权集体管理组织行使著作权或者与著作权有关的权利。著作权集体管理组织被授权后，可以以自己的名义为著作权人和与著作权有关的权利人主张权利，并可以作为当事人进行涉及著作权或者与著作权有关的权利的诉讼、仲裁活动。著作权集体管理组织是非营利性组织，其设立方式、权利义务、著作权许可使用费的收取和分配，以及对其监督和管理等由国务院另行规定。因此，选项ABD正确，选项C错误。

【答案】ABD

21. 【2013年第62题】根据著作权法及相关规定，下列哪些说法是正确的？
A. 电影作品的著作权由制片者享有
B. 电影作品的著作权由导演享有
C. 电影作品中的剧本作者有权单独行使其著作权
D. 电影作品中的音乐作者有权单独行使其著作权

【考点】影视作品著作权归属

【分析】根据《著作权法》第十五条第一款的规定，电影作品和以类似摄制电影的方法创作的作品的著作权由制片者享有，但编剧、导演、摄影、作词、作曲等作者享有署名权，并有权按照与制片者签订的合同获得报酬。选项A正确，选项B错误。根据《著作权法》第十五条第二款的规定，电影作品和以类似摄制电影的方法创作的作品中的剧本、音乐等可以单独使用的作品的作者有权单独行使其著作权。选项CD正确。

【答案】ACD

22. 【2013年第72题】王某创作了一幅油画，以3万元的价格卖给李某并交付了画作。根据著作权法及相关规定，下列哪些说法是正确的？
A. 李某取得该幅油画的所有权
B. 李某有权将该幅油画放在美术馆展出
C. 李某有权许可他人复制该幅油画
D. 李某有权许可出版社出版该幅油画

【考点】原件所有权转移的作品著作权归属

【分析】根据《民法通则》第七十二条第二款的规定，按照合同或者其他合法方式取得财产的，财产所有权从财产交付时起转移，法律另有规定或者当事人另有约定的除外。本题中，王某向李某交付该油画之后，该油画的所有权即转移给了李某，因此，选项A正确。根据《著作权法》第十八条的规定，美术等作品原件所有权的转移，不视为作品著作权的转移，但美术作品原件的展览权由原所有人享有。本题中，李某在取得该油画所有权的情况下，同时获得了该油画原件的展览权，但并未取得了复制权、出版权等著作权，因此，选项B正确，选项CD错误。

【答案】AB

23. 【2012年第13题】李某以乡村教师常某为原型创作了一部小说，并请王某提供了一些咨询意见。根据著作权法及相关规定，下列关于该小说作者的哪种说法是正确的？
A. 只有李某是作者
B. 只有常某是作者
C. 只有李某和常某是作者
D. 李某、常某和王某均是作者

【考点】作者的认定

【分析】根据《著作权法》第十一条第二款，创作作品的公民是作者。《著作权法》第十三条第一款的规定，两人以上合作创作的作品，著作权由合作作者共同享有。没有参加创作的人，不能成为合作作者。《著作权法实施条例》第三条的规定，著作权法所称创作，是指直接产生文学、艺术和科学作品的智力活动。为他人创作进行组织工作，提供咨询意见、物质条件，或者进行其他辅助工作，均不视为创作。本题中，王某和常某都没有参与创作，不是作者，因此仅有李某为作者，选项A正确。选项BCD错误。

需要注意的是，根据《最高人民法院关于审理著作权民事纠纷案件适用法律若干问题的解释》第十四条的规定，当事人合意以特定人物经历为题材完成的自传体作品，当事人对著作权权属有约定的，依其约定；没有约定的，著作权归该特定人物享有，执笔人或整理人对作品完成付出劳动的，著作权人可以向其支付适当的报

酬。本题中，李某创作的是小说，而不是自传体作品，因此，选项B错误。

【答案】A

24.【2012年第55题】根据著作权法及相关规定，关于著作权的继承，下列哪些说法是正确的？
A. 作者死亡后，其著作权无人继承又无人受遗赠的，其署名权、修改权和保护作品完整权不再受著作权法保护
B. 作者死亡后，其著作权无人继承又无人受遗赠的，其署名权、修改权和保护作品完整权由著作权行政管理部门保护
C. 作者生前未发表的作品，如作者未明确表示不发表，且没有继承人又无人受遗赠的，作者死亡后50年内，其发表权由作品原件的所有人行使
D. 合作作品作者之一死亡的，其对合作作品享有的著作权中的财产权无人继承又无人受遗赠的，由其他合作作者享有

【考点】著作权的继承

【分析】根据《著作权法实施条例》第十五条的规定，作者死亡后，其著作权中的署名权、修改权和保护作品完整权由作者的继承人或者受遗赠人保护。著作权无人继承又无人受遗赠的，其署名权、修改权和保护作品完整权由著作权行政管理部门保护。因此，选项A错误，选项B正确。根据《著作权法实施条例》第十七条的规定，作者生前未发表的作品，如果作者未明确表示不发表，作者死亡后50年内，其发表权可由继承人或者受遗赠人行使；没有继承人又无人受遗赠的，由作品原件的所有人行使。因此，选项C正确。根据《著作权法实施条例》第十四条的规定，合作作者之一死亡后，其对合作作品享有的著作权法第十条第一款第五项至第十七项规定的权利无人继承又无人受遗赠的，由其他合作作者享有。因此，选项D正确。

【答案】BCD

25.【2012年第62题】张某创作了一部小说，李某经张某同意将该小说改编为电影剧本，某电影公司欲将该剧
A. 该电影剧本的著作权由李某享有
B. 该电影剧本的著作权由张某和李某共同享有
C. 电影公司拍摄该电影只需征得李某同意
D. 电影公司拍摄该电影需要征得张某和李某同意

【考点】演绎作品的著作权

【分析】根据《著作权法》第十二条的规定，改编、翻译、注释、整理已有作品而产生的作品，其著作权由改编、翻译、注释、整理人享有，但行使著作权时不得侵犯原作品的著作权。因此，本题中，选项A正确，选项B错误。尽管李某享有剧本的著作权，但电影公司依据该剧本拍摄电影时不得侵犯原小说的著作权，即还需征得原著作者张某的同意，因此，选项C错误，选项D正确。

【答案】AD

26.【2012年第70题】美术学院教授王某受某公司委托，创作了一件象征该公司文化和精神的雕塑，并按照合同约定将该雕塑原件交付给该公司，但双方未约定该雕塑著作权的归属。根据著作权法及相关规定，下列哪些说法是正确的？
A. 王某享有该雕塑的著作权
B. 该公司享有该雕塑的著作权
C. 王某享有该雕塑原件的展览权
D. 该公司享有该雕塑原件的展览权

【考点】委托作品归属 美术作品原件转移

【分析】根据《著作权法》第十七条规定，受委托创作的作品，著作权的归属由委托人和受托人通过合同约定。合同未作明确约定或者没有订立合同的，著作权属于受托人。《著作权法》第十八条的规定，美术等作品原件所有权的转移，不视为作品著作权的转移，但美术作品原件的展览权由原件所有人享有。《著作权法实施条例》第四条第（八）项的规定，美术作品，是指绘画、书法、雕塑等以线条、色彩或者其他方式构成的有审美意义的平面或者立体的造型艺术作品。本题中，该雕塑是王某受某公司委托创造的作品，双方未约定其著作权的归属，因此其著作权应属于受托人王某，并且其著作权也不会随着雕塑原件所有权的转移而转移，因此，选项A正确，选项B错误。根据《著作权法》第十八条的规定，该雕塑原件所有权转移给该公司后，其展览权由原件所有人即该公司所有，因此，选项C错误，选项D正确。

【答案】AD

三、著作权及其相关权利的内容

1. 著作权的内容

27.【2016年第20题】根据著作权法及相关规定，下列哪种行为侵犯了著作权人的出租权？

A. 甲未经著作权人许可，开设店铺出租其购买的武侠小说
B. 乙未经著作权人许可，开设店铺出租其购买的电视剧光盘
C. 丙未经著作权人许可，从出租商店租借武侠小说个人阅读
D. 丁未经著作权人许可，从出租商店租借电视剧光盘个人观看

【考点】出租权

【分析】《著作权法》第十条第一款规定，著作权包括下列人身权和财产权：（七）出租权，即有偿许可他人临时使用电影作品和以类似摄制电影的方法创作的作品、计算机软件的权利，计算机软件不是出租的主要标的的除外。因此，选项ACD错误，选项B正确。

【答案】B

28.【2016年第21题】作家张某撰写一部短篇小说《专利代理人的幸福生活》，2016年8月9日开始创作，2016年9月9日创作完成，2016年10月9日办理了作品登记，2016年10月30日该作品在杂志上发表。根据著作权法及相关规定，该作品著作权从何时起产生？

A. 2016年8月9日
B. 2016年9月9日
C. 2016年10月9日
D. 2016年10月30日

【考点】著作权的产生日

【分析】《著作权法实施条例》第六条规定，著作权自作品创作完成之日起产生。因此，选项ACD错误，选项B正确。

【答案】B

29.【2016年第22题】根据著作权法及相关规定，下列哪种行为可以不经著作权人许可，不向其支付报酬？

A. 教师张某在教学课件中为了说明某一问题，适当引用他人已经发表的某篇论文
B. 王某为说明某一问题，在作品中引用他人未发表的作品
C. 某国家机关为执行公务，使用李某拍摄的并未发表过的照片
D. 甲刊物转载赵某在乙刊物上发表且声明不得转载的一篇论文

【考点】著作权的限制与例外

【分析】《著作权法》第二十二条第一款规定，在下列情况下使用作品，可以不经著作权人许可，不向其支付报酬，但应当指明作者姓名、作品名称，并且不得侵犯著作权人依照本法享有的其他权利：（一）为个人学习、研究或者欣赏，使用他人已经发表的作品；（二）为介绍、评论某一作品或者说明某一问题，在作品中适当引用他人已经发表的作品；（三）为报道时事新闻，在报纸、期刊、广播电台、电视台等媒体中不可避免地再现或者引用已经发表的作品；（四）报纸、期刊、广播电台、电视台等媒体刊登或者播放其他报纸、期刊、广播电台、电视台等媒体已经发表的关于政治、经济、宗教问题的时事性文章，但作者声明不许刊登、播放的除外；（五）报纸、期刊、广播电台、电视台等媒体刊登或者播放在公众集会上发表的讲话，但作者声明不许刊登、播放的除外；（六）为学校课堂教学或者科学研究，翻译或者少量复制已经发表的作品，供教学或者科研人员使用，但不得出版发行；（七）国家机关为执行公务在合理范围内使用已经发表的作品；（八）图书馆、档案馆、纪念馆、博物馆、美术馆等为陈列或者保存版本的需要，复制本馆收藏的作品；（九）免费表演已经发表的作品，该表演未向公众收取费用，也未向表演者支付报酬；（十）对设置或者陈列在室外公共场所的艺术作品进行临摹、绘画、摄影、录像；（十一）将中国公民、法人或者其他组织已经发表的以汉语言文字创作的作品翻译成少数民族语言文字作品在国内出版发行；（十二）将已经发表的作品改成盲文出版。前款规定适用于对出版者、表演者、录音录像制作者、广播电台、电视台的权利的限制。《著作权法》第三十三条第二款规定，作品刊登后，除著作权人声明不得转载、摘编的外，其他报刊可以转载或者作为文摘、资料刊登，但应

当按照规定向著作权人支付报酬。因此，选项 A 正确，选项 BCD 错误。

【答案】A

30. 【2016年第23题】甲制片公司拍摄了电视连续剧《春秋》，乙电视台未经甲公司的许可每天晚上8点到10点播出该电视剧。根据著作权法及相关规定，乙电视台侵犯了甲公司著作权中的哪项权利？

   A. 展览权　　　　　　B. 放映权　　　　　　C. 广播权　　　　　　D. 表演权

【考点】广播权

【分析】《著作权法》第十条第一款规定，著作权包括下列人身权和财产权：（八）展览权，即公开陈列美术作品、摄影作品的原件或者复制件的权利；（九）表演权，即公开表演作品，以及用各种手段公开播送作品的表演的权利；（十）放映权，即通过放映机、幻灯机等技术设备公开再现美术、摄影、电影和以类似摄制电影的方法创作的作品等的权利；（十一）广播权，即以无线方式公开广播或者传播作品，以有线传播或者转播的方式向公众传播广播的作品，以及通过扩音器或者其他传送符号、声音、图像的类似工具向公众传播广播的作品的权利。因此，选项 C 正确，选项 ABD 错误。

【答案】C

31. 【2016年第75题】根据著作权法及相关规定，下列关于著作人身权的哪些说法是正确的？

   A. 署名权是表明作者身份，在作品上署名的权利
   B. 修改权是修改或者授权他人修改作品的权利
   C. 作者死亡后，有继承人的，署名权由其继承人继承
   D. 作者死亡后，有继承人的，修改权由其继承人保护

【考点】著作人身权

【分析】《著作权法》第十条第一款：著作权包括下列人身权和财产权：（二）署名权，即表明作者身份，在作品上署名的权利；（三）修改权，即修改或者授权他人修改作品的权利；《著作权法实施条例》第十五条规定，作者死亡后，其著作权中的署名权、修改权和保护作品完整权由作者的继承人或者受遗赠人保护。著作权无人继承又无人受遗赠的，其署名权、修改权和保护作品完整权由著作权行政管理部门保护。因此，选项 ABD 正确，选项 C 错误。

【答案】ABD

32. 【2016年第76题】根据著作权法及相关规定，作者的下列哪些权利的保护期不受限制？

   A. 发表权　　　　　　B. 署名权　　　　　　C. 修改权　　　　　　D. 保护作品完整权

【考点】保护期

【分析】《著作权法》第二十条规定，作者的署名权、修改权、保护作品完整权的保护期不受限制。《著作权法》第二十一条第一款规定，公民的作品，其发表权、本法第十条第一款（五）项至第（十七）项规定的权利的保护期为作者终生及其死亡后五十年，截止于作者死亡后第五十年的12月31日；如果是合作作品，截止于最后死亡的作者死亡后第五十年的12月31日。因此，选项 A 错误，选项 BCD 正确。

【答案】BCD

33. 【2016年第77题】唐某创作了一幅国画，交给某慈善机构拍卖，所得款项全部用于救助失学儿童。齐某在拍卖会上以80万元的价格购得该画。根据著作权法及相关规定，下列哪些说法是正确的？

   A. 齐某享有该画的复制权
   B. 齐某享有该画原件的所有权
   C. 齐某享有该画原件的展览权
   D. 齐某享有该画的发表权

【考点】所有权　展览权

【分析】《著作权法》第十八条规定，美术等作品原件所有权的转移，不视为作品著作权的转移，但美术作品原件的展览权由原件所有人享有。因此，选项 AD 错误，选项 BC 正确。

【答案】BC

34. 【2015年第24题】根据著作权法及相关规定，下列关于著作权产生时间的哪种说法是正确的？

   A. 自作品创作完成之日起产生
   B. 自作品发表之日起产生
   C. 自在作品上加注版权标记之日起产生
   D. 自办理作品登记之日起产生

【考点】著作权的产生时间

【分析】根据《著作权法实施条例》第六条的规定，著作权自作品创作完成之日起产生。因此，选项 A 正确，选项 BCD 错误。

【答案】A

35.【2015年第25题】李某在甲期刊上发表了一篇文章，未就转载问题做出声明，乙期刊欲转载该文章。根据著作权法及相关规定，下列哪种说法是正确的？

　　A. 乙期刊不可以转载，除非得到李某的同意　　B. 乙期刊不可以转载，除非得到甲期刊的同意
　　C. 乙期刊可以转载，但应按照规定向李某支付报酬　　D. 乙期刊可以转载，且不需要向李某支付报酬

【考点】转载

【分析】根据《著作权法》第三十三条的规定，著作权人向报社、期刊社投稿的，自稿件发出之日起十五日内未收到报社通知决定刊登的，或者自稿件发出之日起三十日内未收到期刊社通知决定刊登的，可以将同一作品向其他报社、期刊社投稿。双方另有约定的除外。作品刊登后，除著作权人声明不得转载、摘编的外，其他报刊可以转载或者作为文摘、资料刊登，但应当按照规定向著作权人支付报酬。选项 C 正确，选项 ABD 错误。

【答案】C

36.【2015年第26题】张某创作并演唱的某流行歌曲出版发行后，某网络公司将该歌曲上传到其网站，供在线播放和下载，但未经张某同意。根据著作权法及相关规定，该网络公司的行为侵犯了张某的下列哪项权利？

　　A. 发表权　　B. 表演权　　C. 广播权　　D. 信息网络传播权

【考点】信息网络传播权

【分析】根据《著作权法》第十条第一款第（十二）项的规定，著作权包括下列人身权和财产权：（十二）信息网络传播权，即以有线或者无线方式向公众提供作品，使公众可以在其个人选定的时间和地点获得作品的权利。《著作权法》第四十八条第（一）项的规定，有下列侵权行为的，应当根据情况，承担停止侵害、消除影响、赔礼道歉、赔偿损失等民事责任；同时损害公共利益的，可以由著作权行政管理部门责令停止侵权行为，没收违法所得，没收、销毁侵权复制品，并可处以罚款；情节严重的，著作权行政管理部门还可以没收主要用于制作侵权复制品的材料、工具、设备等；构成犯罪的，依法追究刑事责任：（一）未经著作权人许可，复制、发行、表演、放映、广播、汇编、通过信息网络向公众传播其作品的，本法另有规定的除外。因此，选项 D 正确，选项 ABC 错误。

【答案】D

37.【2015年第27题】书法家王某为甲饭店题了一幅字，同意其在店内展示。乙食品公司未经王某和甲饭店许可，将该字幅拍摄照片后印制在其生产的产品包装上。根据著作权法及相关规定，下列哪项说法是正确的？

　　A. 乙食品公司侵犯了王某的发表权　　B. 乙食品公司侵犯了王某的复制权
　　C. 乙食品公司侵犯了王某的展览权　　D. 乙食品公司侵犯了甲饭店的复制权

【考点】复制权

【分析】根据《著作权法》第十条第一款第（五）项的规定，著作权包括下列人身权和财产权：（五）复制权，即以印刷、复印、拓印、录音、录像、翻录、翻拍等方式将作品制作一份或者多份的权利。《著作权法》第四十八条第（一）项的规定，有下列侵权行为的，应当根据情况，承担停止侵害、消除影响、赔礼道歉、赔偿损失等民事责任；同时损害公共利益的，可以由著作权行政管理部门责令停止侵权行为，没收违法所得，没收、销毁侵权复制品，并可处以罚款；情节严重的，著作权行政管理部门还可以没收主要用于制作侵权复制品的材料、工具、设备等；构成犯罪的，依法追究刑事责任：（一）未经著作权人许可，复制、发行、表演、放映、广播、汇编、通过信息网络向公众传播其作品的，本法另有规定的除外。因此，选项 B 正确，选项 ACD 错误。

【答案】B

38.【2015年第28题】根据著作权法及相关规定，下列哪项行为可以不经著作权人许可，不向其支付报酬？

　　A. 某大学教授张某为研究某课题，少量复制了已经发表的某篇论文供课题组内部使用
　　B. 王某为说明某一问题，在作品中引用他人未发表的作品
　　C. 某出版社将美国公民李某已经发表的英文论文翻译成少数民族语言文字在我国国内出版
　　D. 某出版社为编写出版大学教科书，汇编已经发表的单幅美术作品

【考点】著作权的限制与例外

【分析】根据《著作权法》第二十二条第一款第（六）项的规定，在下列情况下使用作品，可以不经著作权人许可，不向其支付报酬，但应当指明作者姓名、作品名称，并且不得侵犯著作权人依照本法享有的其他权利：（六）为学校课堂教学或者科学研究，翻译或者少量复制已经发表的作品，供教学或者科研人员使用，但不得出版发行。因此，选项A正确。选项BCD的情形不属于《著作权法》第二十二条所允许的情形，因此，选项BCD错误。

【答案】A

39.【2015年第76题】根据著作权法及相关规定，作者的下列哪些权利的保护期不受限制？

　　A. 发行权　　　　B. 署名权　　　　C. 修改权　　　　D. 保护作品完整权

【考点】保护期限

【分析】根据《著作权法》第二十条的规定，作者的署名权、修改权、保护作品完整权的保护期不受限制。选项A错误，选项BCD正确。

【答案】BCD

40.【2015年第77题】文学家张某收集了近现代著名作家的作品，并按照其独特的文学理论进行分类，将上述作品的片段汇集成册，编写了《名人名家写人》《名人名家写景》《名人名家写事》等三本书。某出版社未经张某的许可复制上述三本书，向社会公开发行。根据著作权法及相关规定，下列哪些说法是正确的？

　　A. 该出版社侵犯了张某的复制权　　　　B. 该出版社侵犯了张某的发行权
　　C. 该出版社侵犯了张某的改编权　　　　D. 该出版社侵犯了张某的汇编权

【考点】复制权发行权

【分析】根据《著作权法》第十条第一款第（五）、（六）项的规定，著作权包括下列人身权和财产权：（五）复制权，即以印刷、复印、拓印、录音、录像、翻录、翻拍等方式将作品制作一份或者多份的权利；（六）发行权，即以出售或者赠与方式向公众提供作品的原件或者复制件的权利。《著作权法》第四十八条第（一）项的规定，有下列侵权行为的，应当根据情况，承担停止侵害、消除影响、赔礼道歉、赔偿损失等民事责任；同时损害公共利益的，可以由著作权行政管理部门责令停止侵权行为，没收违法所得，没收、销毁侵权复制品，并可处以罚款；情节严重的，著作权行政管理部门还可以没收主要用于制作侵权复制品的材料、工具、设备等；构成犯罪的，依法追究刑事责任：（一）未经著作权人许可，复制、发行、表演、放映、广播、汇编、通过信息网络向公众传播其作品的，本法另有规定的除外。因此，选项AB正确，选项CD错误。

【答案】AB

41.【2014年第6题】根据著作权法及相关规定，下列哪项权利属于著作权中的人身权？

　　A. 汇编权　　　　B. 改编权　　　　C. 修改权　　　　D. 发行权

【考点】著作权人享有的人身权利

【分析】根据《著作权法》第十条的规定，著作权包括下列人身权和财产权：（一）发表权，即决定作品是否公之于众的权利；（二）署名权，即表明作者身份，在作品上署名的权利；（三）修改权，即修改或者授权他人修改作品的权利；（四）保护作品完整权，即保护作品不受歪曲、篡改的权利；……其中第（一）项至第（四）项为著作权中的人身权，因此，选项ABD错误，选项C正确。

【答案】C

42.【2014年第11题】陈某和王某共同创作完成了一部长篇小说。后陈某于2000年4月6日病故，王某于2002年11月7日逝世。根据著作权法及相关规定，该小说复制权的保护期截止于何时？

A. 2050年4月6日　　　　　　　　　　B. 2050年12月31日
C. 2052年11月7日　　　　　　　　　　D. 2052年12月31日

【考点】著作权的保护期

【分析】根据《著作权法》第二十一条第一款的规定，公民的作品，其发表权、本法第十条第一款第（五）项至第（十七）项规定的权利的保护期为作者终生及其死亡后五十年，截止于作者死亡后第五十年的12月31日；如果是合作作品，截止于最后死亡的作者死亡后第五十年的12月31日。由此可知，复制权属于《著作权法》第十条第一款第（五）项规定的权利，本题中的长篇小说属于合作作品，其复制权的保护期限截止于最后死亡的作者王某死亡后第50年的12月31日，即2052年12月31日，因此，选项ABC错误，选项D正确。

【答案】D

43.【2014年第22题】根据著作权法及相关规定，以著作权出质的，由出质人和质权人向下列哪个部门办理出质登记？

A. 国务院著作权行政管理部门　　　　　B. 国务院工商行政管理部门
C. 省级人民政府著作权行政管理部门　　D. 著作权集体管理组织

【考点】著作权出质

【分析】国家《著作权法》第二十六条的规定，以著作权出质的，由出质人和质权人向国务院著作权行政管理部门办理出质登记。选项A正确，选项BCD错误。

【答案】A

44.【2014年第46题】根据著作权法及相关规定，著作权人对其下列哪些作品享有出租权？

A. 电影作品　　　　　　　　　　　　　B. 以类似摄制电影的方法创作的作品
C. 美术作品　　　　　　　　　　　　　D. 摄影作品

【考点】出租权

【分析】根据《著作权法》第十条第一款第（七）项的规定，著作权包括下列人身权和财产权：（七）出租权，即有偿许可他人临时使用电影作品和以类似摄制电影的方法创作的作品、计算机软件的权利，计算机软件不是出租的主要标的的除外。由此可知，著作权人对电影作品和以类似摄制电影的方法创作的作品享有出租权，但对于美术作品、摄影作品则不享有出租权，因此，选项AB正确，选项CD错误。

【答案】AB

45.【2014年第74题】根据著作权法及相关规定，下列关于著作权转让的哪些说法是正确的？

A. 著作权人可以全部或者部分转让其依法享有的著作权中的财产权
B. 著作权转让合同应当采用书面形式
C. 与著作权人订立著作权转让合同的，可以向著作权行政管理部门备案
D. 著作权转让合同中著作权人未明确转让的权利，未经著作权人同意，另一方当事人不得行使

【考点】著作权中的财产权　转让合同

【分析】根据《著作权法》第十条第三款的规定，著作权人可以全部或者部分转让本条第一款第（五）项至第（十七）项规定的权利，并依照约定或者本法有关规定获得报酬。因此，选项A正确。根据《著作权法》第二十五条第一款的规定，转让本法第十条第一款第（五）项至第（十七）项规定的权利，应当订立书面合同。因此，选项B正确。根据《著作权法实施条例》第二十五条的规定，与著作权人订立专有许可使用合同、转让合同的，可以向著作权行政管理部门备案。因此，选项C正确。根据《著作权法》第二十七条的规定，以著作权出质的，由出质人和质权人向国务院著作权行政管理部门办理出质登记。因此，选项D正确。

【答案】ABCD

46.【2014年第90题】根据著作权法及相关规定，下列哪些使用作品的行为可以不经著作权人许可且不向其支付报酬？

A. 某国家机关为执行公务在合理范围内使用赵某已经发表的作品
B. 某美术馆为保存版本的需要，将其收藏的白某画作进行复制

C. 某大学教授张某自行将美国某大学教材全文翻译成中文后低价发行

D. 某出版社将中国公民赵某已经发表的作品改成盲文出版

【考点】著作权的限制与例外

【分析】根据《著作权法》第二十二条第一款的规定，在下列情况下使用作品，可以不经著作权人许可，不向其支付报酬，但应当指明作者姓名、作品名称，并且不得侵犯著作权人依照本法享有的其他权利：（一）为个人学习、研究或者欣赏，使用他人已经发表的作品；（七）国家机关为执行公务在合理范围内使用已经发表的作品；（八）图书馆、档案馆、纪念馆、博物馆、美术馆等为陈列或者保存版本的需要，复制本馆收藏的作品；（十二）将已经发表的作品改成盲文出版。本题中，选项ABD分别属于其中第（七）、（八）、（十二）项规定的情形，因此，选项ABD正确。其中第（一）项规定，为个人学习、研究或者欣赏，使用他人已经发表的作品的，属于对著作权的合理利用，但选项C中张某发行教材译文的行为已超过了"个人学习、研究或者欣赏"的范围，不属于合理利用。因此，选项C错误。

【答案】ABD

47. 【2013年第17题】根据著作权法及相关规定，下列哪项属于著作权中的财产权？

A. 决定作品是否公之于众的权利
B. 授权他人修改作品的权利
C. 公开陈列美术作品复制件的权利
D. 表明作者身份，在作品上署名的权利

【考点】著作权中的财产权

【分析】根据《著作权法》第十条的规定，著作权包括下列人身权和财产权：（一）发表权，即决定作品是否公之于众的权利；（二）署名权，即表明作者身份，在作品上署名的权利；（三）修改权，即修改或者授权他人修改作品的权利；（四）保护作品完整权，即保护作品不受歪曲、篡改的权利；（五）复制权，即以印刷、复印、拓印、录音、录像、翻录、翻拍等方式将作品制作一份或者多份的权利；（六）发行权，即以出售或者赠与方式向公众提供作品的原件或者复制件的权利；（七）出租权，即有偿许可他人临时使用电影作品和以类似摄制电影的方法创作的作品、计算机软件的权利，计算机软件不是出租的主要标的的除外；（八）展览权，即公开陈列美术作品、摄影作品的原件或者复制件的权利；（九）表演权，即公开表演作品，以及用各种手段公开播送作品的表演的权利；（十）放映权，即通过放映机、幻灯机等技术设备公开再现美术、摄影、电影和以类似摄制电影的方法创作的作品等的权利；（十一）广播权，即以无线方式公开广播或者传播作品，以有线传播或者转播的方式向公众传播广播的作品，以及通过扩音器或者其他传送符号、声音、图像的类似工具向公众传播广播的作品的权利；（十二）信息网络传播权，即以有线或者无线方式向公众提供作品，使公众可以在其个人选定的时间和地点获得作品的权利；（十三）摄制权，即以摄制电影或者以类似摄制电影的方法将作品固定在载体上的权利；（十四）改编权，即改变作品，创作出具有独创性的新作品的权利；（十五）翻译权，即将作品从一种语言文字转换成另一种语言文字的权利；（十六）汇编权，即将作品或者作品的片段通过选择或者编排，汇集成新作品的权利；（十七）应当由著作权人享有的其他权利。著作权人可以许可他人行使前款第（五）项至第（十七）项规定的权利，并依照约定或者本法有关规定获得报酬。著作权人可以全部或者部分转让本条第一款第（五）项至第（十七）项规定的权利，并依照约定或者本法有关规定获得报酬。因此，选项C正确。选项ABD错误。

【答案】C

48. 【2013年第23题】2010年作家钟某创作完成了一部小说，但未发表，也未明确表示不发表。后钟某将该小说的手稿送给好友李某收藏。2011年钟某因病去世，立下遗嘱由其唯一的儿子继承全部遗产。根据著作权法及相关规定，有关该小说发表权的下列哪种说法是正确的？

A. 该小说的发表权应由李某行使
B. 该小说的发表权可由钟某之子行使
C. 该小说的发表权应由钟某之子和李某共同行使
D. 该小说的发表权已不受著作权法保护

【考点】作品发表权的行使

【分析】根据《著作权法实施条例》第十七条的规定，作者生前未发表的作品，如果作者未明确表示不发表，作者死亡后50年内，其发表权可由继承人或者受遗赠人行使；没有继承人又无人受遗赠的，由作品原件的所有人行使。本题中，钟某小说的发表权可由其继承人即其儿子行使，因此，选项B正确。选项ACD错误。

需要注意的是，本题中尽管钟某将该小说的手稿送给李某收藏，但该作品的发表权并未随之发生转移，而且李某也不属于上述规定中的"受遗赠人"，因此，李某不能行使该小说的发表权。

【答案】 B

49.【2013年第26题】根据著作权法及相关规定，下列哪种说法是正确的？
A. 为个人学习而使用他人已经发表的作品，可以不经著作权人许可，不向其支付报酬
B. 为说明某一问题在作品中适当引用他人已经发表的作品，应当经著作权人许可，但可以不向其支付报酬
C. 在商业晚会上表演他人已发表的作品，仅向表演者支付了报酬，但未向公众收取费用的，可以不经著作权人许可，不向其支付报酬
D. 国家机关为执行公务在合理范围内使用已经发表的作品，可以不经著作权人同意，但应向其支付报酬

【考点】 著作权权利的限制

【分析】 根据《著作权法》第二十二条的规定，在下列情况下使用作品，可以不经著作权人许可，不向其支付报酬，但应当指明作者姓名、作品名称，并且不得侵犯著作权人依照本法享有的其他权利：（一）为个人学习、研究或者欣赏，使用他人已经发表的作品；（二）为介绍、评论某一作品或者说明某一问题，在作品中适当引用他人已经发表的作品；（三）为报道时事新闻，在报纸、期刊、广播电台、电视台等媒体中不可避免地再现或者引用已经发表的作品；（四）报纸、期刊、广播电台、电视台等媒体刊登或者播放其他报纸、期刊、广播电台、电视台等媒体已经发表的关于政治、经济、宗教问题的时事性文章，但作者声明不许刊登、播放的除外；（五）报纸、期刊、广播电台、电视台等媒体刊登或者播放在公众集会上发表的讲话，但作者声明不许刊登、播放的除外；（六）为学校课堂教学或者科学研究，翻译或者少量复制已经发表的作品，供教学或者科研人员使用，但不得出版发行；（七）国家机关为执行公务在合理范围内使用已经发表的作品；（八）图书馆、档案馆、纪念馆、博物馆、美术馆等为陈列或者保存版本的需要，复制本馆收藏的作品；（九）免费表演已经发表的作品，该表演未向公众收取费用，也未向表演者支付报酬；（十）对设置或者陈列在室外公共场所的艺术作品进行临摹、绘画、摄影、录像；（十一）将中国公民、法人或者其他组织已经发表的以汉语言文字创作的作品翻译成少数民族语言文字作品在国内出版发行；（十二）将已经发表的作品改成盲文出版。前款规定适用于对出版者、表演者、录音录像制作者、广播电台、电视台的权利的限制。因此，选项A正确，选项BCD错误。

【答案】 A

50.【2013年第85题】小学教师邹某将其创作的一部童话故事作品向甲杂志社投稿，未对其版权作任何声明。该童话故事被甲杂志刊出后，乙报社转载了该童话故事，某教材编写单位则将该童话故事的精彩选段收录在为实施九年制义务教育的小学教材中。根据我国著作权法及相关规定，下列哪些说法是正确的？
A. 乙报社可以不经邹某许可转载该童话故事，但是应当向其支付报酬
B. 未经邹某许可，乙报社不得转载该童话故事
C. 该教材编写单位可以不经邹某许可使用该童话故事选段，但是应当向其支付报酬
D. 该教材编写单位可以不经邹某许可使用该童话故事选段，且无须向其支付报酬

【考点】 教科书的编写出版 报刊出版

【分析】 根据《著作权法》第二十三条的规定，为实施九年制义务教育和国家教育规划而编写出版教科书，除作者事先声明不许使用的外，可以不经著作权人许可，在教科书中汇编已经发表的作品片段或者短小的文字作品、音乐作品或者单幅的美术作品、摄影作品，但应当按照规定支付报酬，指明作者姓名、作品名称，并且不得侵犯著作权人依照本法享有的其他权利。前款规定适用于对出版者、表演者、录音录像制作者、广播电台、电视台的权利的限制。本题中，邹某未对其版权作任何声明，因此该教材编写单位可以不经邹某许可使用该童话故事选段，但是应当向其支付报酬，因此，选项C正确，选项D错误。根据《著作权法》第三十三条第二款的规定，作品刊登后，除著作权人声明不得转载、摘编的外，其他报刊可以转载或者作为文摘、资料刊登，但应当按照规定向著作权人支付报酬。本题中，邹某未对其版权作任何声明，因此乙报社可以不经邹某许可转载该童话故事，但是应当向其支付报酬，因此，选项A正确，选项B错误。

【答案】AC

51.【2013年第90题】 袁某创作完成了一部小说,并发表在某杂志上。此后,经许可,赵某将该小说改编成舞台剧剧本,陈某在某剧院公开演出该舞台剧,某电视台对该演出进行了现场录像并制作成光盘。根据著作权法及相关规定,下列哪些说法是正确的?

A. 袁某对该小说的发行权保护期截止于首次发表后第五十年的12月31日
B. 赵某对该舞台剧剧本的修改权保护期截止于首次公开演出后第五十年的12月31日
C. 陈某享有许可电视台对其表演的该舞台剧进行录像并获得报酬的权利,此项权利的保护期限截止于该表演发生后第五十年的12月31日
D. 该电视台享有许可他人对其制作的该光盘进行复制并获得报酬的权利,此项权利的保护期限截止于该光盘首次制作完成后第五十年的12月31日

【考点】著作权及与其相关的权利的保护期

【分析】根据《著作权法》第二十一条第一款的规定,公民的作品,其发表权、本法第十条第一款第(五)项至第(十七)项规定的权利的保护期为作者终生及其死亡后五十年,截止于作者死亡后第五十年的12月31日;如果是合作作品,截止于最后死亡的作者死亡后第五十年的12月31日。本题中,袁某对该小说的发行权保护期为作者终生及其死亡后50年,而非首次发表后50年,因此,选项A错误。根据《著作权法》第二十条的规定,作者的署名权、修改权、保护作品完整权的保护期不受限制。本题中赵某对该舞台剧剧本的修改保护期不受限制,而非公开演出后50年,因此,选项B错误。根据《著作权法》第三十八条第一款,表演者对其表演享有下列权利:(一)表明表演者身份;(二)保护表演形象不受歪曲;(三)许可他人从现场直播和公开传送其现场表演,并获得报酬;(四)许可他人录音录像,并获得报酬;(五)许可他人复制、发行录有其表演的录音录像制品,并获得报酬;(六)许可他人通过信息网络向公众传播其表演,并获得报酬。《著作权法》第三十九条第二款的规定,本法第三十八条第一款(三)项至第(六)项规定的权利的保护期为五十年,截止于该表演发生后第五十年的12月31日。本题中陈某享有上述权利的保护期限为该表演发生后第50年的12月31日,因此,选项C正确。根据《著作权法》第四十二条第一款的规定,录音录像制作者对其制作的录音录像制品,享有许可他人复制、发行、出租、通过信息网络向公众传播并获得报酬的权利;权利的保护期为五十年,截止于该制品首次制作完成后第五十年的12月31日。选项D正确。

【答案】CD

52.【2012年第9题】 张某于1994年2月9日创作完成了一部小说,并于1996年7月5日发表。2001年9月18日张某去世。根据著作权法及相关规定,该小说著作权中的财产权的保护期截止于何时?

A. 2044年2月8日 B. 2046年12月31日
C. 2051年9月17日 D. 2051年12月31日

【考点】自然人享有著作权的保护期

【分析】根据《著作权法》第二十一条第一款的规定,公民的作品,其发表权、本法第十条第一款第(五)项至第(十七)项规定的权利的保护期为作者终生及其死亡后五十年,截止于作者死亡后第五十年的12月31日;如果是合作作品,截止于最后死亡的作者死亡后第五十年的12月31日。本题中,张某小说著作权中财产权的保护期截止于2051年12月31日,因此,选项ABC错误,选项D正确。

【答案】D

53.【2012年第16题】 根据著作权法及相关规定,下列哪种说法是正确的?

A. 某14岁的初中生创作的诗歌,其著作权自该初中生成年之日起产生
B. 某书法家创作的书法作品,其著作权自该书法作品创作完成之日起产生
C. 某作家创作的小说,其著作权自该小说首次发表之日起产生
D. 某电影公司拍摄的电影,其著作权自该电影公映之日起产生

【考点】著作权的产生时间

【分析】根据《著作权法实施条例》第六条的规定,著作权自作品创作完成之日起产生。由此可知,著作权的产生仅与创作是否完成有关,而与作者的民事行为能力、作品是否公开、发表时间等均没有关系。因此,

选项 ACD 错误，选项 B 正确。

【答案】 B

54. **【2012 年第 30 题】** 吴某在某报刊发表了一篇如何统筹利用时间的短文，未作任何不许使用的声明。根据著作权法及相关规定，下列哪种说法是正确的？

   A. 其他出版社可以不经吴某同意，在其出版的畅销书中使用该短文，且无需支付报酬
   B. 其他出版社可以不经吴某同意，在其出版的畅销书中使用该短文，但需按照规定支付报酬
   C. 为实施九年制义务教育和国家教育规划而编写出版教科书的，可以不经吴某同意使用该短文，且无需支付报酬
   D. 为实施九年制义务教育和国家教育规划而编写出版教科书的，可以不经吴某同意使用该短文，但需按照规定支付报酬

   【考点】 著作权的限制

   【分析】 根据《著作权法》第二十三条的规定，为实施九年制义务教育和国家教育规划而编写出版教科书，除作者事先声明不许使用的外，可以不经著作权人许可，在教科书中汇编已经发表的作品片段或者短小的文字作品、音乐作品或者单幅的美术作品、摄影作品，但应当按照规定支付报酬，指明作者姓名、作品名称，并且不得侵犯著作权人依照本法享有的其他权利。前款规定适用于对出版者、表演者、录音录像制作者、广播电台、电视台的权利的限制。本题中，选项 ABC 错误，选项 D 正确。

   【答案】 D

55. **【2012 年第 45 题】** 根据著作权法及相关规定，下列哪些说法是正确的？

   A. 作者身份不明的作品，任何人都可以自由使用
   B. 作者身份不明的作品，由作品的原件所有人行使除署名权以外的著作权
   C. 作者身份不明的作品，作者身份确定后，由作者或其继承人行使著作权
   D. 作者身份不明的作品，其著作权中的财产权保护期为原件所有人终生及死后五十年

   【考点】 作者身份不明的著作权保护

   【分析】 根据《著作权法实施条例》第十三条的规定，作者身份不明的作品，由作品原件的所有人行使除署名权以外的著作权。作者身份确定后，由作者或者其继承人行使著作权。因此，选项 A 错误，选项 BC 正确。根据《著作权法实施条例》第十八条的规定，作者身份不明的作品，其著作权法第十条第一款第五至第十七项规定的权利的保护期截止于作品首次发表后第 50 年的 12 月 31 日。作者身份确定后，适用著作权法第二十一条的规定。因此，选项 D 错误。

   【答案】 BC

56. **【2012 年第 79 题】** 根据著作权法及相关规定，下列哪些使用作品的行为可以不经著作权人许可且不向其支付报酬？

   A. 某期刊转载了王某在其他报纸上发表的一篇关于经济问题的时事性文章，而王某未作任何禁止转载的声明
   B. 某大学教授赵某为了科学研究需要，将某期刊上刊登的一篇文章复印了两份，供其助手使用
   C. 某纪念馆为了举办地震纪念展，复制了本馆收藏的有关照片
   D. 某出版社将中国公民李某以汉语创作的散文翻译成少数民族语言在国内出版发行

   【考点】 不视为侵权使用的情形

   【分析】 根据《著作权法》第二十二条的规定，在下列情况下使用作品，可以不经著作权人许可，不向其支付报酬，但应当指明作者姓名、作品名称，并且不得侵犯著作权人依照本法享有的其他权利：其中，（四）报纸、期刊、广播电台、电视台等媒体刊登或者播放其他报纸、期刊、广播电台、电视台等媒体已经发表的关于政治、经济、宗教问题的时事性文章，但作者声明不许刊登、播放的除外；（六）为学校课堂教学或者科学研究，翻译或者少量复制已经发表的作品，供教学或者科研人员使用，但不得出版发行；（八）图书馆、档案馆、纪念馆、博物馆、美术馆等为陈列或者保存版本的需要，复制本馆收藏的作品；（十一）将中国公民、法人或者其他组织已经发表的以汉语言文字创作的作品翻译成少数民族语言文字作品在国内出版发行。因此，本题中，

选项 ABCD 分别对应上述第（四）、（六）、（八）、（十一）项的规定，因此，选项 ABCD 正确。

【答案】ABCD

2. 与著作权相关的权利

57.【2016年第78题】 根据著作权法及相关规定，下列哪些属于表演者对其表演享有的权利？

A. 表明表演者身份

B. 保护表演形象不受歪曲

C. 许可他人从现场直播和公开传送其现场表演，并获得报酬

D. 许可他人出租录有其表演的录音录像制品，并获得报酬

【考点】表演者的权利

【分析】《著作权法》第三十八条规定，表演者对其表演享有下列权利：（一）表明表演者身份；（二）保护表演形象不受歪曲；（三）许可他人从现场直播和公开传送其现场表演，并获得报酬；（四）许可他人录音录像，并获得报酬；（五）许可他人复制、发行录有其表演的录音录像制品，并获得报酬；（六）许可他人通过信息网络向公众传播其表演，并获得报酬。被许可人以前款第（三）项至第（六）项规定的方式使用作品，还应当取得著作权人许可，并支付报酬。因此，选项 ABC 正确。《著作权法》第四十二条第一款规定，录音录像制作者对其制作的录音录像制品，享有许可他人复制、发行、出租、通过信息网络向公众传播并获得报酬的权利；权利的保护期为五十年，截止于该制品首次制作完成后第五十年的 12 月 31 日。由此可知，选项 D 属于录音录像制作者的权利，因此，选项 D 错误。

【答案】ABC

58.【2015年第79题】 根据著作权法及相关规定，关于录音录像制作者的权利义务，下列哪些说法是正确的？

A. 录音录像制作者使用他人作品制作录音录像制品，应当取得著作权人许可，并支付报酬

B. 录音录像制作者使用他人作品制作录音录像制品，可以不经著作权人许可，但应支付报酬

C. 录音录像制作者使用改编、翻译已有作品而产生的作品，应当取得改编、翻译作品的著作权人和原作品著作权人许可，并支付报酬

D. 录音录像制作者使用改编、翻译已有作品而产生的作品，可以不经原作品著作权人许可，但应支付报酬

【考点】录音录像制作者的权利义务

【分析】根据《著作权法》第四十条第一、二款的规定，选项 AC 正确，录音录像制作者使用他人作品制作录音录像制品，应当取得著作权人许可，并支付报酬。录音录像制作者使用改编、翻译、注释、整理已有作品而产生的作品，应当取得改编、翻译、注释、整理作品的著作权人和原作品著作权人许可，并支付报酬。选项 BD 错误。

【答案】AC

59.【2014年第86题】 根据著作权法及相关规定，表演者对其表演享有下列哪些权利？

A. 表明表演者身份

B. 保护表演形象不受歪曲

C. 许可他人复制、发行录有其表演的录音录像制品，并获得报酬

D. 许可他人从现场直播和公开传送其现场表演，并获得报酬

【考点】表演者的权利

【分析】根据《著作权法》第三十八条第一款的规定，表演者对其表演享有下列权利：（一）表明表演者身份；（二）保护表演形象不受歪曲；（三）许可他人从现场直播和公开传送其现场表演，并获得报酬；（四）许可他人录音录像，并获得报酬；（五）许可他人复制、发行录有其表演的录音录像制品，并获得报酬；（六）许可他人通过信息网络向公众传播其表演，并获得报酬。选项 ABCD 正确。

【答案】ABCD

60.【2013年第67题】 根据著作权法及相关规定，关于广播电台电视台播放他人作品，下列哪些说法是

正确的？
  A. 广播电台播放他人未发表的作品，应当取得著作权人许可，并支付报酬
  B. 广播电台播放他人未发表的作品，应当取得著作权人许可，但无需支付报酬
  C. 电视台播放他人已发表的作品，可以不经著作权人许可，但应当支付报酬
  D. 电视台播放他人已发表的作品，可以不经著作权人许可，也无需支付报酬

【考点】广播电台电视台播者的权利义务

【分析】根据《著作权法》第四十三条第一款的规定，广播电台、电视台播放他人未发表的作品，应当取得著作权人许可，并支付报酬。选项 A 正确，选项 B 错误。根据《著作权法》第四十三条第二款的规定，广播电台、电视台播放他人已发表的作品，可以不经著作权人许可，但应当支付报酬。选项 C 正确，选项 D 错误。

【答案】AC

61.【2012 年第 87 题】丁某创作了一部小说，获得了国际大奖。某图书出版社经其许可在国内出版该作品。根据著作权法及相关规定，下列哪些说法是正确的？
  A. 出版过程中，该出版社对该作品内容的修改应经丁某许可
  B. 出版过程中，该出版社对该作品内容的修改无需丁某许可
  C. 该图书首次出版后 10 年内，该出版社有权禁止他人使用其出版的该图书的版式设计
  D. 该图书首次出版后 50 年内，该出版社有权禁止他人使用其出版的该图书的版式设计

【考点】出版者的权利和义务

【分析】根据《著作权法》第三十四条的规定，图书出版者经作者许可，可以对作品修改、删节。报社、期刊社可以对作品作文字性修改、删节。对内容的修改，应当经作者许可。本题中，该出版社对作品内容等方面的修改需经得丁某同意，因此，选项 A 正确，选项 B 错误。根据《著作权法》第三十六条的规定，出版者有权许可或者禁止他人使用其出版的图书、期刊的版式设计。前款规定的权利的保护期为十年，截止于使用该版式设计的图书、期刊首次出版后第十年的 12 月 31 日。因此，选项 C 正确，选项 D 错误。

【答案】AC

62.【2014 年第 92 题】根据著作权法及相关规定，下列哪些说法是正确的？
  A. 录音录像制作者使用他人作品制作录音录像制品，应当取得著作权人许可，并支付报酬
  B. 录音制作者使用他人已经合法录制为录音制品的音乐作品制作录音制品，可以不经著作权人许可，无需支付报酬
  C. 录音录像制作者制作录音录像制品，应当同表演者订立合同，并支付报酬
  D. 录音录像制作者对其制作的录音录像制品，享有许可他人通过信息网络向公众传播并获得报酬的权利

【考点】录音录像

【分析】根据《著作权法》第四十条第一款的规定，录音录像制作者使用他人作品制作录音录像制品，应当取得著作权人许可，并支付报酬。因此，选项 A 正确。根据《著作权法》第四十条第三款的规定，录音制作者使用他人已经合法录制为录音制品的音乐作品制作录音制品，可以不经著作权人许可，但应当按照规定支付报酬；著作权人声明不许使用的不得使用。因此，选项 B 错误。根据《著作权法》第四十一条的规定，录音录像制作者制作录音录像制品，应当同表演者订立合同，并支付报酬。因此，选项 C 正确。根据《著作权法》第四十二条第一款的规定，录音录像制作者对其制作的录音录像制品，享有许可他人复制、发行、出租、通过信息网络向公众传播并获得报酬的权利；权利的保护期为五十年，截止于该制品首次制作完成后第五十年的 12 月 31 日。因此，选项 D 正确。

【答案】ACD

四、著作权及与著作权有关的权利的保护

1. 侵犯著作权及其相关权利的行为

63.【2015 年第 78 题】甲电视台获得了某歌星演唱会的现场直播权，乙电视台未经许可将甲电视台播放的节目录制在音像载体上以备将来播放，并复制该音像载体。观众黄某未经许可将甲电视台的该节目复制一份

供其儿子观看。根据著作权法及相关规定，下列哪些说法是正确的？

A. 乙电视台侵犯了该歌星的作为表演者的权利
B. 甲电视台有权禁止乙电视台的录制复制行为
C. 黄某的行为侵犯了甲电视台的复制权
D. 黄某的行为侵犯了该歌星的作为表演者的权利

【考点】表演权复制权

【分析】根据《著作权法》第三十八条第一款第（四）、（五）项的规定，表演者对其表演享有下列权利：（四）许可他人录音录像，并获得报酬；（五）许可他人复制、发行录有其表演的录音录像制品，并获得报酬。因此，选项A正确。根据《著作权法》第四十五条第一款的规定，广播电台、电视台有权禁止未经其许可的下列行为：（一）将其播放的广播、电视转播；（二）将其播放的广播、电视录制在音像载体上以及复制音像载体。因此，选项B正确。根据《著作权法》第二十二条第一款第（一）项的规定，在下列情况下使用作品，可以不经著作权人许可，不向其支付报酬，但应当指明作者姓名、作品名称，并且不得侵犯著作权人依照本法享有的其他权利：（一）为个人学习、研究或者欣赏，使用他人已经发表的作品。因此，选项CD错误。

【答案】AB

64.【2013年第75题】根据著作权法及相关规定，下列哪些行为侵犯了著作权或与著作权有关的权利？

A. 张某未经王某许可，发表了王某创作完成的小说
B. 郑某为谋取个人名利，在许某创作完成的作品上署名
C. 甲出版社未经乙出版社的许可，使用了其出版的图书的版式设计
D. 丙电视台未经歌星张某许可，录制了其表演

【考点】侵犯著作权或与著作权有关的权利的行为

【分析】根据《著作权法》第四十七条的规定，有下列侵权行为的，应当根据情况，承担停止侵害、消除影响、赔礼道歉、赔偿损失等民事责任：（一）未经著作权人许可，发表其作品的；（三）没有参加创作，为谋取个人名利，在他人作品上署名的；（四）歪曲、篡改他人作品的；（九）未经出版者许可，使用其出版的图书、期刊的版式设计的；（十）未经表演者许可，从现场直播或者公开传送其现场表演，或者录制其表演的。选项ABCD分别属于上述第（一）、（三）、（九）、（十）项的规定，因此，选项ABCD正确。

【答案】ABCD

2. 侵权纠纷的解决途径

65.【2016年第79题】根据著作权法及相关规定，因侵犯著作权行为提起的民事诉讼，可以由哪些人民法院管辖？

A. 侵权行为的实施地人民法院
B. 侵权复制品储藏地人民法院
C. 侵权复制品查封扣押地人民法院
D. 被告住所地人民法院

【考点】管辖

【分析】《最高人民法院关于审理著作权民事纠纷案件适用法律若干问题的解释》第四条规定，因侵犯著作权行为提起的民事诉讼，由著作权法第四十六条、第四十七条所规定侵权行为的实施地、侵权复制品储藏地或者查封扣押地、被告住所地人民法院管辖。前款规定的侵权复制品储藏地，是指大量或者经营性储存、隐匿侵权复制品所在地；查封扣押地，是指海关、版权、工商等行政机关依法查封、扣押侵权复制品所在地。因此，选项ABCD正确。

【答案】ABCD

3. 侵权责任

66.【2016年第80题】根据著作权法及相关规定，下列哪些属于侵犯著作权承担的民事责任？

A. 停止侵害   B. 赔偿损失   C. 消除影响   D. 赔礼道歉

【考点】民事责任

【分析】《著作权法》第四十七条规定，有下列侵权行为的，应当根据情况，承担停止侵害、消除影响、赔礼道歉、赔偿损失等民事责任：（一）未经著作权人许可，发表其作品的；（二）未经合作作者许可，将与

他人合作创作的作品当作自己单独创作的作品发表的；（三）没有参加创作，为谋取个人名利，在他人作品上署名的；（四）歪曲、篡改他人作品的；（五）剽窃他人作品的；（六）未经著作权人许可，以展览、摄制电影和以类似摄制电影的方法使用作品，或者以改编、翻译、注释等方式使用作品的，本法另有规定的除外；（七）使用他人作品，应当支付报酬而未支付的；（八）未经电影作品和以类似摄制电影的方法创作的作品、计算机软件、录音录像制品的著作权人或者与著作权有关的权利人许可，出租其作品或者录音录像制品的，本法另有规定的除外；（九）未经出版者许可，使用其出版的图书、期刊的版式设计的；（十）未经表演者许可，从现场直播或者公开传送其现场表演，或者录制其表演的；（十一）其他侵犯著作权以及与著作权有关的权益的行为。因此，选项 ABCD 正确。

【答案】 ABCD

67.【2015 年第 80 题】根据著作权法及相关规定，下列哪些属于侵犯著作权应当承担的民事责任？
A. 停止侵害　　　　　B. 赔偿损失　　　　　C. 消除影响　　　　　D. 赔礼道歉

【考点】 侵犯著作权应当承担的民事责任

【分析】 根据《著作权法》第四十七条的规定，有下列侵权行为的，应当根据情况，承担停止侵害、消除影响、赔礼道歉、赔偿损失等民事责任：（一）未经著作权人许可，发表其作品的；（二）未经合作作者许可，将与他人合作创作的作品当作自己单独创作的作品发表的；（三）没有参加创作，为谋取个人名利，在他人作品上署名的；（四）歪曲、篡改他人作品的；（五）剽窃他人作品的；（六）未经著作权人许可，以展览、摄制电影和以类似摄制电影的方法使用作品，或者以改编、翻译、注释等方式使用作品的，本法另有规定的除外；（七）使用他人作品，应当支付报酬而未支付的；（八）未经电影作品和以类似摄制电影的方法创作的作品、计算机软件、录音录像制品的著作权人或者与著作权有关的权利人许可，出租其作品或者录音录像制品的，本法另有规定的除外；（九）未经出版者许可，使用其出版的图书、期刊的版式设计的；（十）未经表演者许可，从现场直播或者公开传送其现场表演，或者录制其表演的；（十一）其他侵犯著作权以及与著作权有关的权益的行为。因此，选项 ABCD 正确。

【答案】 ABCD

五、计算机软件著作权的特殊规定

1. 软件著作权的客体

68.【2016 年第 81 题】根据计算机软件保护条例的规定，计算机软件著作权的保护不延及下列哪些内容？
A. 开发软件所用的思想　　　　　B. 开发软件所用的处理过程
C. 开发软件所用的操作方法　　　D. 开发软件所用的数学概念

【考点】 计算机软件著作权

【分析】《计算机软件保护条例》第六条规定，本条例对软件著作权的保护不延及开发软件所用的思想、处理过程、操作方法或者数学概念等。因此，选项 ABCD 正确。

【答案】 ABCD

2. 软件著作权人的确定
3. 软件著作权的内容
4. 软件登记的效力
5. 侵犯软件著作权行为

六、信息网络传播权的保护

69.【2015 年第 81 题】根据信息网络传播权保护条例的规定，下列哪些是信息网络传播权的权利人？
A. 著作权人　　　　　　　　　　B. 表演者
C. 录音录像制作者　　　　　　　D. 网络用户

【考点】 权利人

【分析】 根据《信息网络传播权保护条例》第一条的规定，为保护著作权人、表演者、录音录像制作者（以下统称权利人）的信息网络传播权，鼓励有益于社会主义精神文明、物质文明建设的作品的创作和传播，根据《中华人民共和国著作权法》（以下简称著作权法），制定本条例。选项 ABC 正确，选项 D 错误。

【答案】ABC

第二节 商标法

基本要求

了解商标法的一般原理和主要内容；掌握商标的概念；熟悉商标注册申请的条件与程序；熟悉注册商标的续展、变更、转让和使用许可；了解注册商标争议的处理与注册商标的使用管理；掌握商标专用权的保护和驰名商标权的特殊保护。

本节内容主要涉及《中华人民共和国商标法》、《中华人民共和国商标法实施条例》、《最高人民法院关于审理商标案件有关管辖和法律适用范围问题的解释》、《最高人民法院关于审理商标民事纠纷案件适用法律若干问题的解释》、《最高人民法院关于诉前停止侵犯注册商标专用权行为和保全证据适用法律问题的解释》的规定。

一、注册商标专用权的客体

1. 注册商标的概念和组成要素

1.【2015年第82题】根据商标法及相关规定，下列哪些可以作为商标申请注册？

A. 三维标志　　　　B. 声音　　　　C. 气味　　　　D. 颜色组合

【考点】注册商标的组成要素

【分析】根据《商标法》第八条的规定，任何能够将自然人、法人或者其他组织的商品与他人的商品区别开的标志，包括文字、图形、字母、数字、三维标志、颜色组合和声音等，以及上述要素的组合，均可以作为商标申请注册。本题中，选项ABD正确，选项C错误。

【答案】ABD

2.【2014年第35题】根据商标法及相关规定，下列哪些可以作为商标申请注册？

A. 文字　　　　B. 气味　　　　C. 单一颜色　　　　D. 声音

【考点】注册商标的组成要素

【分析】根据《商标法》第八条的规定，任何能够将自然人、法人或者其他组织的商品与他人的商品区别开的标志，包括文字、图形、字母、数字、三维标志、颜色组合和声音等，以及上述要素的组合，均可以作为商标申请注册。本题中，选项AD正确，选项BC错误。

【答案】AD

3.【2012年第36题】根据商标法及相关规定，下列哪些可以作为商标申请注册？

A. 阿拉伯数字　　　　B. 气味　　　　C. 三维标志　　　　D. 声音

【考点】注册商标的组成要素

【分析】根据《商标法》第八条的规定，任何能够将自然人、法人或者其他组织的商品与他人的商品区别开的标志，包括文字、图形、字母、数字、三维标志、颜色组合和声音等，以及上述要素的组合，均可以作为商标申请注册。本题中，选项ACD正确。选项B错误。

【答案】ACD[1]

2. 不得作为商标使用的标志和不得作为商标注册的标志

4.【2016年第82题】根据商标法及相关规定，哪些属于不得作为商标注册的三维标志？

A. 使商品具有实质性价值的形状

B. 仅由商品自身的性质产生的形状

C. 为获得技术效果而需有的商品形状

D. 缺乏显著特征，也未能经过使用取得显著特征的

【考点】三维标志

---

[1] 国家知识产权局条法司2012年试题解析适用《商标法》（2001年），第36题答案为选项AC。

【分析】《商标法》第十一条规定，下列标志不得作为商标注册：（一）仅有本商品的通用名称、图形、型号的；（二）仅直接表示商品的质量、主要原料、功能、用途、重量、数量及其他特点的；（三）其他缺乏显著特征的。前款所列标志经过使用取得显著特征，并便于识别的，可以作为商标注册。《商标法》第十二条规定，以三维标志申请注册商标的，仅由商品自身的性质产生的形状、为获得技术效果而需有的商品形状或者使商品具有实质性价值的形状，不得注册。因此，选项ABCD正确。

【答案】ABCD

5.【2016年第83题】根据商标法及相关规定，下列哪些标志不得作为商标使用？
  A. 带有民族歧视性的
  B. 带有欺骗性，容易使公众对商品的产地产生误认的
  C. 仅直接表示商品的质量的
  D. 同某国的国旗近似且未获得该国政府同意的
【考点】不得作为商标使用的标志
【分析】《商标法》第十条第一款规定，下列标志不得作为商标使用：其中，（二）同外国的国家名称、国旗、国徽、军旗等相同或者近似的，但经该国政府同意的除外；（六）带有民族歧视性的；（七）带有欺骗性，容易使公众对商品的质量等特点或者产地产生误认的。《商标法》第十一条规定，下列标志不得作为商标注册：（一）仅有本商品的通用名称、图形、型号的；（二）仅直接表示商品的质量、主要原料、功能、用途、重量、数量及其他特点的；（三）其他缺乏显著特征的。前款所列标志经过使用取得显著特征，并便于识别的，可以作为商标注册。因此，选项ABD正确，选项C错误。

【答案】ABD

6.【2015年第83题】根据商标法及相关规定，下列哪些标志不得作为商标使用？
  A. 带有民族歧视性的
  B. 带有欺骗性，容易使公众对商品的质量等特点或者产地产生误认的
  C. 仅直接表示商品的质量、主要原料、功能、用途、重量、数量及其他特点的
  D. 仅有本商品的通用名称、图形、型号的
【考点】不得作为商标使用的标志
【分析】根据《商标法》第十条第（六）、（七）项的规定，下列标志不得作为商标使用：（六）带有民族歧视性的；（七）带有欺骗性，容易使公众对商品的质量等特点或者产地产生误认的。因此，选项AB正确。根据《商标法》第十一条第（二）、（一）项的规定，下列标志不得作为商标注册：（一）仅有本商品的通用名称、图形、型号的；（二）仅直接表示商品的质量、主要原料、功能、用途、重量、数量及其他特点的。因此，选项CD错误。

【答案】AB

7.【2014年第4题】根据商标法及相关规定，下列哪种标志可以作为商标使用？
  A. 同中华人民共和国国歌近似的
  B. 同政府间国际组织的旗帜近似，但经该组织同意的
  C. 带有欺骗性，容易使公众对商品的产地产生误认的
  D. 同"红十字"的名称近似的
【考点】可作为商标使用的标志
【分析】根据《商标法》第十条的规定，下列标志不得作为商标使用：（一）同中华人民共和国的国家名称、国旗、国徽、国歌、军旗、军徽、军歌、勋章等相同或者近似的，以及同中央国家机关的名称、标志、所在地特定地点的名称或者标志性建筑物的名称、图形相同的；（三）同政府间国际组织的名称、旗帜、徽记等相同或者近似的，但经该组织同意或者不易误导公众的除外；（五）同"红十字"、"红新月"的名称、标志相同或者近似的；（七）带有欺骗性，容易使公众对商品的质量等特点或者产地产生误认的。本题中，选项ACD分别属于其中第（一）、（七）、（五）项规定的情形，不得作为商标使用，因此，选项ACD错误。根据其中第（三）项的规定，选项B正确。

【答案】B

8.【2013年第43题】根据商标法及相关规定，下列哪些标志不得作为商标使用？
A. 有害于社会主义道德风尚的
B. 带有民族歧视性的
C. 同政府间国际组织的名称近似的，但经该组织同意的
D. 同"红新月"标志相近似的

【考点】不得作为商标使用或注册的标志

【分析】根据《商标法》第十条的规定，下列标志不得作为商标使用：（一）同中华人民共和国的国家名称、国旗、国徽、国歌、军旗、军徽、军歌、勋章等相同或者近似的，以及同中央国家机关的名称、标志、所在地特定地点的名称或者标志性建筑物的名称、图形相同的；（二）同外国的国家名称、国旗、国徽、军旗等相同或者近似的，但经该国政府同意的除外；（三）同政府间国际组织的名称、旗帜、徽记等相同或者近似的，但经该组织同意或者不易误导公众的除外；（四）与表明实施控制、予以保证的官方标志、检验印记相同或者近似的，但经授权的除外；（五）同"红十字"、"红新月"的名称、标志相同或者近似的；（六）带有民族歧视性的；（七）带有欺骗性，容易使公众对商品的质量等特点或者产地产生误认的；（八）有害于社会主义道德风尚或者有其他不良影响的。县级以上行政区划的地名或者公众知晓的外国地名，不得作为商标。但是，地名具有其他含义或者作为集体商标、证明商标组成部分的除外；已经注册的使用地名的商标继续有效。本题中，选项ABD正确，选项C属于第（三）项规定的"除外"情形，因此，选项C错误。

【答案】ABD

3. 注册商标的类型

9.【2015年第88题】根据商标法及相关规定，我国注册商标包括哪些类型？
A. 服务商标   B. 商品商标   C. 集体商标   D. 证明商标

【考点】注册商标类型

【分析】根据《商标法》第三条第一款的规定，经商标局核准注册的商标为注册商标，包括商品商标、服务商标和集体商标、证明商标；商标注册人享有商标专用权，受法律保护。因此，选项ABCD正确。

【答案】ABCD

10.【2012年第46题】根据商标法及相关规定，下列关于证明商标、集体商标的哪些说法是正确的？
A. 地理标志可以作为证明商标申请注册   B. 地理标志可以作为集体商标申请注册
C. 集体商标只能是服务商标   D. 证明商标只能是商品商标

【考点】注册商标的类型

【分析】根据《商标法实施条例》第四条的规定，商标法第十六条规定的地理标志，可以依照商标法和本条例的规定，作为证明商标或者集体商标申请注册。因此，本题中，选项AB正确。根据《商标法》第三条第一、二款的规定，经商标局核准注册的商标为注册商标，包括商品商标、服务商标和集体商标、证明商标；商标注册人享有商标专用权，受法律保护。本法所称集体商标，是指以团体、协会或者其他组织名义注册，供该组织成员在商事活动中使用，以表明使用者在该组织中的成员资格的标志。由此可知，《商标法》并未限制"组织"和"商事活动"的类型，集体商标既可以是商品商标，也可以是服务商标，因此，选项C错误。根据《商标法》第三条第三款的规定，本法所称证明商标，是指由对某种商品或者服务具有监督能力的组织所控制，而由该组织以外的单位或者个人使用于其商品或者服务，用以证明该商品或者服务的原产地、原料、制造方法、质量或者其他特定品质的标志。由此可知，证明商标既可以是商品商标，也可以是服务商标，因此，选项D错误。

【答案】AB

4. 商标注册的条件

11.【2013年第37题】根据商标法及相关规定，下列哪些说法是正确的？
A. 申请注册的商标应当具有独创性
B. 申请注册的商标应当有显著特征，便于识别

C. 申请注册的商标不得与他人在先取得的合法权利相冲突
D. 申请注册的商标应当富有美感

【考点】申请注册商标的条件

【分析】根据《商标法》第九条的规定，申请注册的商标，应当有显著特征，便于识别，并不得与他人在先取得的合法权利相冲突。商标注册人有权标明"注册商标"或者注册标记。本题中，选项AD错误，选项BC正确。

【答案】BC

二、注册商标专用权的主体

12.【2014年第44题】根据商标法及相关规定，下列关于商标代理机构的哪些说法是正确的？
A. 申请商标注册或者办理其他商标事宜，应当委托商标代理机构办理
B. 委托人申请注册的商标可能存在商标法规定不得注册情形的，商标代理机构应当明确告知委托人
C. 商标代理机构除对其代理服务申请商标注册外，不得申请注册其他商标
D. 商标代理机构对在代理过程中知悉的被代理人的商业秘密，负有保密义务

【考点】商标代理机构

【分析】根据《商标法》第十八条的规定，申请商标注册或者办理其他商标事宜，可以自行办理，也可以委托依法设立的商标代理机构办理。外国人或者外国企业在中国申请商标注册和办理其他商标事宜的，应当委托依法设立的商标代理机构办理。选项A错误。根据《商标法》第十九条第一款的规定，商标代理机构应当遵循诚实信用原则，遵守法律、行政法规，按照被代理人的委托办理商标注册申请或者其他商标事宜；对在代理过程中知悉的被代理人的商业秘密，负有保密义务。因此，选项D正确。根据《商标法》第十九条第二款的规定，委托人申请注册的商标可能存在本法规定不得注册情形的，商标代理机构应当明确告知委托人。因此，选项B正确。根据《商标法》第十九条第四款的规定，商标代理机构除对其代理服务申请商标注册外，不得申请注册其他商标。因此，选项C正确。

【答案】BCD

13.【2013年第6题】根据商标法及相关规定，下列哪种说法是正确的？
A. 在市场上销售的任何商品均须使用注册商标
B. 两个以上的自然人、法人或其他组织不得共同申请注册同一商标
C. 商标使用人应当对其使用商标的商品质量负责
D. 商标中有商品地理标志的，不予注册并禁止使用

【考点】商标注册 商标使用

【分析】根据《商标法》第六条的规定，法律、行政法规规定必须使用注册商标的商品，必须申请商标注册，未经核准注册的，不得在市场销售。由此可知，并非在市场上销售的任何商品均需使用注册商标，因此，选项A错误。根据《商标法》第五条的规定，两个以上的自然人、法人或者其他组织可以共同向商标局申请注册同一商标，共同享有和行使该商标专用权。因此，选项B错误。根据《商标法》第七条第二款的规定，商标使用人应当对其使用商标的商品质量负责。各级工商行政管理部门应当通过商标管理，制止欺骗消费者的行为。因此，选项C正确。根据《商标法》第十六条第一款的规定，商标中有商品的地理标志，而该商品并非来源于该标志所标示的地区，误导公众的，不予注册并禁止使用；但是，已经善意取得注册的继续有效。因此，选项D错误。

【答案】C

14.【2012年第54题】根据商标法及相关规定，在中国申请注册商标或办理其他商标事宜的，下列哪些应当委托国家认可的具有商标代理资格的组织代理？
A. 在中国没有经常居所的美国人
B. 在中国没有营业所的英国企业
C. 在中国有经常居所的美国人
D. 在中国有营业所的英国企业

【考点】商标注册主体

【分析】根据《商标法》第十七条的规定，外国人或者外国企业在中国申请商标注册的，应当按其所属国

和中华人民共和国签订的协议或者共同参加的国际条约办理，或者按对等原则办理。根据《商标法》第十八条第二款的规定，外国人或者外国企业在中国申请商标注册和办理其他商标事宜的，应当委托依法设立的商标代理机构办理。根据《商标法实施条例》第五条第四款的规定，商标法第十八条所称外国人或者外国企业，是指在中国没有经常居所或者营业所的外国人或者外国企业。本题中，选项AB均有权在中国申请注册商标，并且在中国申请商标注册和办理其他商标事宜的，应当委托依法设立的商标代理机构办理。因此，选项AB正确。而选项CD不需要委托依法设立的商标代理机构办理申请商标注册和其他商标事宜。因此选项CD错误。

【答案】AB

三、注册商标专用权的取得

1. 商标注册的申请

15.【2016年第84题】 根据商标法及相关规定，下列哪些说法是正确的？
A. 商标注册申请人可以通过一份申请就多个类别的商品申请注册同一商标
B. 商标注册申请人不得通过一份申请就多个类别的商品申请注册同一商标
C. 商标注册申请等文件可以以数据电文方式提出
D. 商标注册申请等文件不得以数据电文方式提出

【考点】商标注册申请的提出

【分析】《商标法》第二十二条规定，商标注册申请人应当按规定的商品分类表填报使用商标的商品类别和商品名称，提出注册申请。商标注册申请人可以通过一份申请就多个类别的商品申请注册同一商标。商标注册申请等有关文件，可以以书面方式或者数据电文方式提出。因此，选项AC正确，选项BD错误。

【答案】AC

16.【2015年第18题】 根据商标法及相关规定，下列关于商标注册申请的哪种说法是正确的？
A. 申请人可以通过一份申请就多个类别的商品申请注册同一商标
B. 申请人可以通过一份申请就多个类别的商品申请注册多个商标
C. 申请人可以通过一份申请就一个类别的商品申请注册多个商标
D. 申请人需要就多个类别的商品申请注册同一商标的，只能分别提出申请

【考点】注册商标的申请

【分析】根据《商标法》第二十二条第二款的规定，商标注册申请人可以通过一份申请就多个类别的商品申请注册同一商标。因此，选项A正确，选项BCD错误。

【答案】A

17.【2015年第84题】 根据商标法及相关规定，商标注册申请等有关文件可以以下列哪些方式提出？
A. 口头方式　　　　　　　　B. 书面方式
C. 数据电文方式　　　　　　D. 录音方式

【考点】注册商标的申请

【分析】根据《商标法》第二十二条第三款的规定，商标注册申请等有关文件，可以以书面方式或者数据电文方式提出。因此，选项BC正确，选项AD错误。

【答案】BC

18.【2014年第61题】 根据商标法及相关规定，下列关于商标注册申请的哪些说法是正确的？
A. 商标注册申请人应当按规定的商品分类表填报使用商标的商品类别和商品名称，提出注册申请
B. 商标注册申请人可以通过一份申请就多个类别的商品申请注册同一商标
C. 商标注册申请等有关文件，可以以书面方式或者数据电文方式提出
D. 注册商标需要改变其标志的，应当申请更正

【考点】注册商标的申请

【分析】根据《商标法》第二十二条的规定，商标注册申请人应当按规定的商品分类表填报使用商标的商品类别和商品名称，提出注册申请。商标注册申请人可以通过一份申请就多个类别的商品申请注册同一商标。商标注册申请等有关文件，可以以书面方式或者数据电文方式提出。本题中，选项ABC正确。根据《商标法》

第二十四条的规定，注册商标需要改变其标志的，应当重新提出注册申请。因此，选项D错误。

【答案】ABC

19.【2013年第22题】根据商标法及相关规定，商标在中国政府主办或承认的国际展览会展出的商品上首次使用的，自该商品展出之日起多长时间内，就该商标提出注册申请的，该申请人可以享有优先权？

A. 3个月　　　　　B. 6个月　　　　　C. 12个月　　　　　D. 18个月

【考点】商标优先权

【分析】根据《商标法》第二十六条第一款的规定，商标在中国政府主办的或者承认的国际展览会展出的商品上首次使用的，自该商品展出之日起六个月内，该商标的注册申请人可以享有优先权。本题中，选项ACD错误，选项B正确。

【答案】B

20.【2012年第24题】根据商标法及相关规定，下列关于商标注册申请的哪种说法是错误的？
A. 商标注册申请应当按商品分类表填报使用商标的商品类别和商品名称
B. 在一件商标注册申请中，可以要求在不同类别的商品上注册同一商标
C. 商标注册申请人发现商标申请文件有不涉及实质内容的明显错误的，可以申请更正
D. 商标注册申请人可以转让其商标注册申请

【考点】注册商标的申请

【分析】根据《商标法》第二十二条第一款的规定，商标注册申请人应当按规定的商品分类表填报使用商标的商品类别和商品名称，提出注册申请。本题中，选项A的说法正确，不符合题干要求。根据《商标法》第二十二条第二款的规定，商标注册申请人可以通过一份申请就多个类别的商品申请注册同一商标。因此，选项B的说法正确，不符合题干要求。根据《商标法》第三十八条的规定，商标注册申请人或者注册人发现商标申请文件或者注册文件有明显错误的，可以申请更正。商标局依法在其职权范围内作出更正，并通知当事人。前款所称更正错误不涉及商标申请文件或者注册文件的实质性内容。因此，选项C的说法正确，不符合题干要求。根据《商标法实施条例》第十七条第二款的规定，申请人转让其商标注册申请的，应当向商标局办理转让手续。因此，选项D的说法正确，不符合题干要求。

【答案】无❶

21.【2012年第64题】根据商标法及相关规定，下列关于商标注册申请的哪些说法是正确的？❷
A. 申请商标注册应当提交《商标注册申请书》和商标图样
B. 申请注册的商标为外文或者包含外文的，应当说明其含义
C. 商标注册申请等有关文件，应当打字或者印刷
D. 商标注册申请人应当提交能够证明其身份的有效证件的复印件

【考点】商标注册的申请

【分析】根据《商标法实施条例》第十三条第一款的规定，申请商标注册，应当按照公布的商品和服务分类表填报。每一件商标注册申请应当向商标局提交《商标注册申请书》1份、商标图样1份；以颜色组合或者着色图样申请商标注册的，应当提交着色图样，并提交黑白稿1份；不指定颜色的，应当提交黑白图样。因此，选项A正确。根据《商标法实施条例》第十三条第七款的规定，商标为外文或者包含外文的，应当说明含义。因此，选项B正确。根据《商标法实施条例》第十五条第二款的规定，商标注册申请等有关文件以纸质方式提出的，应当打字或者印刷。因此，选项C正确。根据《商标法实施条例》第十四条第一款的规定，申请商标注册的，申请人应当提交其身份证明文件。商标注册申请人的名义与所提交的证明文件应当一致。因此，选项D正确。

---

❶ 国家知识产权局2012年条法司试题解析适用旧法，第24题答案为选项B。
❷ 本题中，选项CD直接考查《商标法实施条例》（2002年）第十五条第二款的规定，商标注册申请等有关文件，应当打字或者印刷。以及第十四条的规定，申请商标注册的，申请人应当提交能够证明其身份的有效证件的复印件。商标注册申请人的名义应当与所提交的证件相一致。《商标法实施条例》（2014年）对上述法条进行了适当修改。

【答案】ABCD

2. 商标注册的审查和核准

22.【2016年第25题】张某认为商标局初步审定公告的某商标因缺乏显著特征而不应获得注册，根据商标法及相关规定，张某可以自初步审定公告之日起三个月内采取下列哪种措施？

A. 张某可以向商标局提出异议
B. 张某不是利害关系人或者在先权利人，不得提出异议
C. 张某可以向商标评审委员会提出异议
D. 张某可以请求商标评审委员会宣告其无效

【考点】商标异议

【分析】《商标法》第三十三条规定，对初步审定公告的商标，自公告之日起三个月内，在先权利人、利害关系人认为违反本法第十三条第二款和第三款、第十五条、第十六条第一款、第三十条、第三十一条、第三十二条规定的，或者任何人认为违反本法第十条、第十一条、第十二条规定的，可以向商标局提出异议。公告期满无异议的，予以核准注册，发给商标注册证，并予公告。《商标法》第十一条规定，下列标志不得作为商标注册：（一）仅有本商品的通用名称、图形、型号的；（二）仅直接表示商品的质量、主要原料、功能、用途、重量、数量及其他特点的；（三）其他缺乏显著特征的。前款所列标志经过使用取得显著特征，并便于识别的，可以作为商标注册。因此，选项A正确，选项BCD错误。

【答案】A

23.【2016年第27题】根据商标法及相关规定，商标局经审查对商标异议案件作出决定后，当事人不服的，下列关于救济程序的哪种说法是正确的？

A. 商标局作出准予注册决定，异议人不服的，可以向商标评审委员会申请复审
B. 商标局作出准予注册决定，异议人不服的，可以向商标评审委员会申请行政复议
C. 商标局作出不予注册决定，被异议人不服的，可以向商标评审委员会申请复审
D. 商标局作出不予注册决定，被异议人不服的，可以直接以商标评审委员会为被告向人民法院提起行政诉讼

【考点】救济程序

【分析】《商标法》第35条规定，对初步审定公告的商标提出异议的，商标局应当听取异议人和被异议人陈述事实和理由，经调查核实后，自公告期满之日起十二个月内做出是否准予注册的决定，并书面通知异议人和被异议人。有特殊情况需要延长的，经国务院工商行政管理部门批准，可以延长六个月。商标局做出准予注册决定的，发给商标注册证，并予公告。异议人不服的，可以依照本法第四十四条、第四十五条的规定向商标评审委员会请求宣告该注册商标无效。商标局做出不予注册决定，被异议人不服的，可以自收到通知之日起十五日内向商标评审委员会申请复审。商标评审委员会应当自收到申请之日起十二个月内做出复审决定，并书面通知异议人和被异议人。有特殊情况需要延长的，经国务院工商行政管理部门批准，可以延长六个月。被异议人对商标评审委员会的决定不服的，可以自收到通知之日起三十日内向人民法院起诉。人民法院应当通知异议人作为第三人参加诉讼。因此，选项ABD错误，选项C正确。

【答案】C

24.【2016年第86题】根据商标法及相关规定，对初步审定公告的商标，自公告之日起三个月内，在先权利人、利害关系人可以基于下列哪些理由提起异议？

A. 就类似商品申请注册的商标是摹仿他人未在中国注册的驰名商标，容易导致混淆的
B. 就相同商品申请注册的商标是翻译他人未在中国注册的驰名商标，容易导致混淆的
C. 申请商标注册损害他人现有的在先权利的
D. 以不正当手段抢先注册他人已经使用并有一定影响的商标的

【考点】商标异议

【分析】《商标法》第三十三条规定，对初步审定公告的商标，自公告之日起三个月内，在先权利人、利害关系人认为违反本法第十三条第二款和第三款（驰名商标保护）、第十五条（禁止他人抢注）、第十六条第

一款（地理标志保护）、第三十条（与在先商标相同或者近似）、第三十一条（初审公告申请在先商标，同一天申请初审公告使用在先商标）、第三十二条（不得损害在先权利、不得以不正当手段抢注他人已经使用并有一定影响的商标）规定的，或者任何人认为违反本法第十条（关于商标禁用标志）、第十一条（因不具有显著特征不得注册）、第十二条（关于三维标志不得注册的情形）规定的，可以向商标局提出异议。公告期满无异议的，予以核准注册，发给商标注册证，并公告。因此，选项ABCD正确。

【答案】 ABCD

25.【2014年第16题】针对商标局初步审定公告的某商标，某公司认为该商标摹仿其已经在中国注册的驰名商标，误导公众并致使公司利益受到损害。根据商标法及相关规定，该公司可以如何处理？

A. 自公告之日起三个月内向商标局提出异议
B. 自公告之日起三个月内向商标局申请复审
C. 自公告之日起三个月内向商标评审委员会提出异议
D. 自公告之日起三个月内请求商标评审委员会宣告该商标无效

【考点】 商标异议

【分析】 根据《商标法》第十三条第三款的规定，就不相同或者不相类似商品申请注册的商标是复制、摹仿或者翻译他人已经在中国注册的驰名商标，误导公众，致使该驰名商标注册人的利益可能受到损害的，不予注册并禁止使用。《商标法》第三十三条的规定，对初步审定公告的商标，自公告之日起三个月内，在先权利人、利害关系人认为违反本法第十三条第二款和第三款、第十五条、第十六条第一款、第三十条、第三十一条、第三十二条规定的，或者任何人认为违反本法第十条、第十一条、第十二条规定的，可以向商标局提出异议。公告期满无异议的，予以核准注册，发给商标注册证，并予公告。本题中，该公司可以自公告之日起三个月内向商标局提出异议，因此，选项A正确，选项BCD错误。

【答案】 A

26.【2013年第13题】甲公司自2010年底在其生产的洗涤剂上使用X商标，并于2012年9月20日向商标局申请注册该商标用于其生产的洗涤剂上。乙公司自2011年底在其生产的洗涤剂上使用相同的X商标，并于2012年7月10日向商标局申请注册X商标用于其生产的洗涤剂上。根据商标法及相关规定，在符合其他条件的情况下，下列哪种说法是正确的？

A. 商标局应当初步审定并公告甲公司申请的商标
B. 商标局应当初步审定并公告乙公司申请的商标
C. 商标局应当要求甲公司和乙公司协商确定商标注册申请人
D. 商标局应当要求甲公司和乙公司抽签确定商标注册申请人

【考点】 商标申请在先原则

【分析】 根据《商标法》第三十一条的规定，两个或者两个以上的商标注册申请人，在同一种商品或者类似商品上，以相同或者近似的商标申请注册的，初步审定并公告申请在先的商标；同一天申请的，初步审定并公告使用在先的商标，驳回其他人的申请，不予公告。本题中，甲公司和乙公司在同一商品即洗涤剂上以相同的X商标申请注册，因此商标局应初步审定并公告申请在先的商标，即乙公司于2012年7月10日（早于甲公司申请日2012年9月20日）申请的商标，因此，选项ACD错误，选项B正确。

【答案】 B

27.【2013年第53题】根据商标法及相关规定，针对商标局作出的下列哪些决定，当事人不服的，可以在法定期限内向商标评审委员会申请复审？

A. 商标注册申请不予受理的决定
B. 驳回商标注册申请、不予公告的决定
C. 撤销注册商标的决定
D. 商标异议申请不予受理的决定

【考点】 注册商标的复审

【分析】 根据《商标法》第三十四条的规定，对驳回申请、不予公告的商标，商标局应当书面通知商标注册申请人。商标注册申请人不服的，可以自收到通知之日起十五日内向商标评审委员会申请复审。商标评审委员会应当自收到申请之日起九个月内做出决定，并书面通知申请人。有特殊情况需要延长的，经国务院工商行政管理部门批准,可以延长三个月。当事人对商标评审委员会的决定不服的,可以自收到通知之日起三十日内向人民法院起诉。本题中,选项B正确。根据《商标法》第五十四条的规定,对商标局撤销或者不予撤销注册商标的决定,当事人不服的,可以自收到通知之日起十五日内向商标评审委员会申请复审。商标评审委员会应当自收到申请之日起九个月内做出决定,并书面通知当事人。有特殊情况需要延长的,经国务院工商行政管理部门批准,可以延长三个月。当事人对商标评审委员会的决定不服的,可以自收到通知之日起三十日内向人民法院起诉。因此,选项C正确。而当事人对商标注册申请不予受理的决定、商标异议申请不予受理的决定不服的,《商标法》及相关规定未规定可以向商标评审委员会申请复审,当事人可以根据《行政复议法》、《行政诉讼法》申请行政复议或行政诉讼。因此,选项AD错误。

【答案】BC

28.【2013年第64题】根据商标法及相关规定,下列关于注册商标有效期的哪些说法是正确的?
A. 商品注册商标的有效期为15年,期满可以续展
B. 服务注册商标的有效期为10年,期满可以续展
C. 注册商标的每次续展注册有效期为10年
D. 注册商标续展注册最多不得超过5次

【考点】注册商标的有效期

【分析】根据《商标法》第三十九条的规定,注册商标的有效期为十年,自核准注册之日起计算。《商标法》第四十条的规定,注册商标有效期满,需要继续使用的,商标注册人应当在期满前十二个月内按照规定办理续展手续;在此期间未能办理的,可以给予六个月的宽展期。每次续展注册的有效期为十年,自该商标上一届有效期满次日起计算。期满未办理续展手续的,注销其注册商标。商标局应当对续展注册的商标予以公告。本题中,选项BC正确,选项AD错误。《商标法》及相关规定未对注册商标续展注册的次数作出限制性规定。

【答案】BC

29.【2012年第6题】根据商标法及相关规定,下列关于注册商标有效期的哪种说法是正确的?
A. 注册商标的有效期自申请之日起计算
B. 注册商标的有效期为20年
C. 注册商标有效期满,需要继续使用的,可以在期满前6个月内申请续展注册
D. 注册商标每次续展注册的有效期为7年,自核准续展注册之日起计算

【考点】注册商标的有效期、期限起算日

【分析】根据《商标法》第三十九条规定,注册商标的有效期为十年,自核准注册之日起计算。本题中,选项AB错误。根据《商标法》第四十条的规定,注册商标有效期满,需要继续使用的,商标注册人应当在期满前十二个月内按照规定办理续展手续;在此期间未能办理的,可以给予六个月的宽展期。每次续展注册的有效期为十年,自该商标上一届有效期满次日起计算。期满未办理续展手续的,注销其注册商标。商标局应当对续展注册的商标予以公告。选项CD错误。

【答案】无❶

3. 商标国际注册

四、注册商标专用权的内容

1. 注册商标专用权的内容
2. 注册商标的有效期和期限起算日

30.【2016年第24题】根据商标法及相关规定,张某向李某转让注册商标并签订了转让协议,李某自何时起享有该商标专用权?
A. 该商标转让核准后公告之日
B. 向商标局提出转让申请之日
C. 转让协议签订之日
D. 该商标转让核准之日

【考点】期限起算日

【分析】《商标法》第四十二条第四款规定,转让注册商标经核准后,予以公告。受让人自公告之日起享有商标专用权。因此,选项A正确,选项BCD错误。

---

❶ 国家知识产权局条法司2012年试题解析适用旧法,第6题答案为选项C。

【答案】A

31.【2013年第29题】根据商标法及相关规定，注册商标有效期从下列哪一日期起算？
A. 核准注册之日
B. 申请注册之日
C. 初审公告之日
D. 初审合格之日

【考点】注册商标的期限

【分析】根据《商标法》第三十九条的规定，注册商标的有效期为十年，自核准注册之日起计算。本题中，选项A正确。选项BCD错误。

【答案】A

3. 注册商标的续展、变更、转让和使用许可

32.【2016年第85题】根据商标法及相关规定，注册商标做下列哪些变更应当办理变更手续，但不需要重新提交商标注册申请？
A. 变更申请人的名义
B. 变更申请人的地址
C. 变更申请人的代理人
D. 改变注册商标标志

【考点】变更

【分析】《商标法》第四十一条规定，注册商标需要变更注册人的名义、地址或者其他注册事项的，应当提出变更申请。《商标法实施条例》第十七条规定，申请人变更其名义、地址、代理人、文件接收人或者删减指定的商品的，应当向商标局办理变更手续。申请人转让其商标注册申请的，应当向商标局办理转让手续。因此，选项ABC正确，D错误。

【答案】ABC

33.【2016年第89题】根据商标法及相关规定，下列关于注册商标转让的哪些说法是正确的？
A. 转让人和受让人应当签订转让协议
B. 转让人和受让人应当共同向商标局提出申请
C. 受让人应当保证使用该注册商标的商品质量
D. 商标注册人对其在同一种商品上注册的近似的商标，无需一并转让

【考点】注册商标转让

【分析】《商标法》第四十二条规定，转让注册商标的，转让人和受让人应当签订转让协议，并共同向商标局提出申请。受让人应当保证使用该注册商标的商品质量。转让注册商标的，商标注册人对其在同一种商品上注册的近似的商标，或者在类似商品上注册的相同或者近似的商标，应当一并转让。对容易导致混淆或者有其他不良影响的转让，商标局不予核准，书面通知申请人并说明理由。转让注册商标经核准后，予以公告。受让人自公告之日起享有商标专用权。因此，选项ABC正确，选项D错误。

【答案】ABC

34.【2015年第85题】根据商标法及相关规定，下列关于注册商标转让的哪些说法是正确的？
A. 转让人和受让人应共同向商标局提出转让申请
B. 商标注册人对其在同一种商品上注册的近似的商标应当一并转让
C. 对容易导致混淆或者有其他不良影响的转让，商标局不予核准
D. 受让人自商标转让协议签订之日起享有商标专用权

【考点】注册商标转让

【分析】根据《商标法》第四十二条的规定，转让注册商标的，转让人和受让人应当签订转让协议，并共同向商标局提出申请。受让人应当保证使用该注册商标的商品质量。转让注册商标的，商标注册人对其在同一种商品上注册的近似的商标，或者在类似商品上注册的相同或者近似的商标，应当一并转让。对容易导致混淆或者有其他不良影响的转让，商标局不予核准，书面通知申请人并说明理由。转让注册商标经核准后，予以公告。受让人自公告之日起享有商标专用权。因此，选项ABC正确，选项D错误。

【答案】ABC

35.【2014年第53题】甲公司与乙公司签订商标使用许可合同，许可乙公司使用其注册商标。根据商标

法及相关规定，下列哪些说法是正确的?

A. 甲公司应当将其商标使用许可报商标局备案，未经备案该商标使用许可不得对抗善意第三人

B. 甲公司应当监督乙公司使用该注册商标的商品质量

C. 乙公司必须在其使用该注册商标的商品上标明乙公司名称

D. 乙公司必须在其使用该注册商标的商品上标明商品产地

【考点】商标使用许可

【分析】根据《商标法》第四十三条的规定，商标注册人可以通过签订商标使用许可合同，许可他人使用其注册商标。许可人应当监督被许可人使用其注册商标的商品质量。被许可人应当保证使用该注册商标的商品质量。经许可使用他人注册商标的，必须在使用该注册商标的商品上标明被许可人的名称和商品产地。许可他人使用其注册商标的，许可人应当将其商标使用许可报商标局备案，由商标局公告。商标使用许可未经备案不得对抗善意第三人。因此，选项 ABCD 正确。

【答案】ABCD

36.【2014 年第 68 题】根据商标法及相关规定，下列关于注册商标转让的哪些说法是正确的?

A. 转让人和受让人应当签订转让协议，并共同向商标局提出申请

B. 转让注册商标的，商标注册人对其在类似商品上注册的相同商标，应当一并转让

C. 对容易导致混淆的转让，商标局不予核准

D. 受让人自转让协议成立之日起享有商标专用权

【考点】商标转让

【分析】根据《商标法》第四十二条的规定，转让注册商标的，转让人和受让人应当签订转让协议，并共同向商标局提出申请。受让人应当保证使用该注册商标的商品质量。转让注册商标的，商标注册人对其在同一种商品上注册的近似的商标，或者在类似商品上注册的相同或者近似的商标，应当一并转让。对容易导致混淆或者有其他不良影响的转让，商标局不予核准，书面通知申请人并说明理由。转让注册商标经核准后，予以公告。受让人自公告之日起享有商标专用权。因此，选项 ABC 正确，选项 D 错误。

【答案】ABC

37.【2012 年第 71 题】根据商标法及相关规定，下列哪些说法是正确的?

A. 注册商标需要在同一类的其他商品上使用的，应当提出变更申请

B. 注册商标需要改变其标志的，应当提出变更申请

C. 注册商标需要变更注册人地址的，应当提出变更申请

D. 注册商标需要变更注册人名义的，应当提出变更申请

【考点】注册商标的申请

【分析】根据《商标法》第二十三条的规定，注册商标需要在核定使用范围之外的商品上取得商标专用权的，应当另行提出注册申请。本题中，选项 A 错误。根据《商标法》第二十四条的规定，注册商标需要改变其标志的，应当重新提出注册申请。因此，选项 B 错误。根据《商标法》第四十一条的规定，注册商标需要变更注册人的名义、地址或者其他注册事项的，应当提出变更申请。因此，选项 CD 正确。

【答案】CD

38.【2013 年第 79 题】甲公司将其注册商标以独占许可的方式许可给乙公司使用，并向商标局办理了备案手续。根据商标法及相关规定，下列哪些说法是正确的?

A. 甲公司应当监督乙公司使用该商标的商品质量

B. 乙公司应当在使用该商标的商品上标明自己的名称和产地

C. 在该注册商标专用权被侵害时，乙公司可以单独向人民法院提起诉讼

D. 在该注册商标专用权被侵害时，乙公司只有在甲公司不起诉的情况下才可以自行向人民法院提起诉讼

【考点】注册商标的许可

【分析】根据《商标法》第四十三条第一款的规定，商标注册人可以通过签订商标使用许可合同，许可他人使用其注册商标。许可人应当监督被许可人使用其注册商标的商品质量。被许可人应当保证使用该注册商标

的商品质量。本题中，甲公司将其商标许可给乙公司使用，因此，应当监督乙公司使用该商标的商品质量，选项A正确。根据《商标法》第四十三条第二款的规定，经许可使用他人注册商标的，必须在使用该注册商标的商品上标明被许可人的名称和商品产地。由此可知，被许可人乙公司应当在使用该商标的商品上标明自己的名称和产地，因此，选项B正确。《最高人民法院关于审理商标民事纠纷案件适用法律若干问题的解释》第四条第二款规定，在发生注册商标专用权被侵害时，独占使用许可合同的被许可人可以向人民法院提起诉讼；排他使用许可合同的被许可人可以和商标注册人共同起诉，也可以在商标注册人不起诉的情况下，自行提起诉讼；普通使用许可合同的被许可人经商标注册人明确授权，可以提起诉讼。本题中，乙公司是独占使用许可合同的被许可人，因此其可以在发生注册商标专用权被侵害时直接向人民法院提起诉讼，因此，选项C正确，选项D错误。

【答案】ABC

39.【2012年第82题】根据商标法及相关规定，下列关于商标使用许可的哪些说法是正确的？

A. 注册商标使用许可合同应当报商标局备案

B. 许可人应当监督被许可人使用其注册商标的商品质量

C. 经许可使用他人注册商标的，可以不标明被许可人的名称和商品产地

D. 发生商标侵权纠纷的，排他使用许可合同的被许可人可以在商标注册人不起诉的情况下自行向人民法院提起诉讼

【考点】注册商标的许可

【分析】根据《商标法》第四十三条的规定，商标注册人可以通过签订商标使用许可合同，许可他人使用其注册商标。许可人应当监督被许可人使用其注册商标的商品质量。被许可人应当保证使用该注册商标的商品质量。经许可使用他人注册商标的，必须在使用该注册商标的商品上标明被许可人的名称和商品产地。许可他人使用其注册商标的，许可人应当将其商标使用许可报商标局备案，由商标局公告。商标使用许可未经备案不得对抗善意第三人。本题中，选项AB正确，选项C错误。根据《最高人民法院关于审理商标民事纠纷案件适用法律若干问题的解释》第四条第二款的规定，选项D正确。

【答案】ABD

40.【2012年第90题】张某在同一种商品上注册了两件近似的商标。现其欲转让给王某。根据商标法及相关规定，下列哪些说法是正确的？

A. 张某可以仅将这两件商标之一转让给王某

B. 张某应将这两件商标一并转让给王某

C. 张某应当和王某签订转让协议，并共同向商标局提出转让申请

D. 张某和王某的转让注册商标申请经商标局核准后，予以公告，王某自公告之日起享有商标专用权

【考点】注册商标的转让

【分析】根据《商标法实施条例》第三十一条第二款的规定，转让注册商标，商标注册人对其在同一种或者类似商品上注册的相同或者近似的商标未一并转让的，由商标局通知其限期改正；期满未改正的，视为放弃转让该注册商标的申请，商标局应当书面通知申请人。本题中，张某应当将其在同一种商品上注册的相同或者相近的商标一并转让给王某，因此，选项A错误，选项B正确。根据《商标法》第四十二条的规定，转让注册商标的，转让人和受让人应当签订转让协议，并共同向商标局提出申请。受让人应当保证使用该注册商标的商品质量。转让注册商标的，商标注册人对其在同一种商品上注册的近似的商标，或者在类似商品上注册的相同或者近似的商标，应当一并转让。对容易导致混淆或者有其他不良影响的转让，商标局不予核准，书面通知申请人并说明理由。转让注册商标经核准后，予以公告。受让人自公告之日起享有商标专用权。《商标法实施条例》第三十一条第一款的规定，转让注册商标的，转让人和受让人应当向商标局提交转让注册商标申请书。转让注册商标申请手续应当由转让人和受让人共同办理。商标局核准转让注册商标申请的，发给受让人相应证

明，并予以公告。因此，选项 CD 正确。

【答案】 BCD

五、注册商标的无效宣告

1. 商标局依职权宣告注册商标无效

41.【2016年第88题】 根据商标法及相关规定，下列关于注册商标无效宣告的哪些说法是正确的？

A. 已经注册的商标是以欺骗手段取得注册的，由商标局宣告该注册商标无效

B. 已经注册的商标是以欺骗手段取得注册的，商标局以外的其他单位或者个人无权请求宣告该注册商标无效

C. 商标局做出宣告注册商标无效的决定，应当书面通知当事人

D. 当事人对商标局做出的宣告注册商标无效的决定不服的，可以向商标评审委员会申请复审

【考点】 注册商标无效宣告

【分析】《商标法》第四十四条规定，已经注册的商标，违反本法第十条、第十一条、第十二条规定的，或者是以欺骗手段或者其他不正当手段取得注册的，由商标局宣告该注册商标无效；其他单位或者个人可以请求商标评审委员会宣告该注册商标无效。商标局做出宣告注册商标无效的决定，应当书面通知当事人。当事人对商标局的决定不服的，可以自收到通知之日起十五日内向商标评审委员会申请复审。商标评审委员会应当自收到申请之日起九个月内做出决定，并书面通知当事人。有特殊情况需要延长的，经国务院工商行政管理部门批准，可以延长三个月。当事人对商标评审委员会的决定不服的，可以自收到通知之日起三十日内向人民法院起诉。其他单位或者个人请求商标评审委员会宣告注册商标无效的，商标评审委员会收到申请后，应当书面通知有关当事人，并限期提出答辩。商标评审委员会应当自收到申请之日起九个月内做出维持注册商标或者宣告注册商标无效的裁定，并书面通知当事人。有特殊情况需要延长的，经国务院工商行政管理部门批准，可以延长三个月。当事人对商标评审委员会的裁定不服的，可以自收到通知之日起三十日内向人民法院起诉。人民法院应当通知商标裁定程序的对方当事人作为第三人参加诉讼。因此，选项 ACD 正确，选项 B 错误。

【答案】 ACD

42.【2015年第87题】 根据商标法及相关规定，已经注册的商标存在下列哪些情形的，可以由商标局宣告该注册商标无效？

A. 有害于社会主义道德风尚的
B. 其标志与我国国旗相同的
C. 以欺骗手段或者其他不正当手段取得注册的
D. 申请商标注册损害他人现有的在先权利的

【考点】 注册商标无效

【分析】 根据《商标法》第四十四条第一款的规定，已经注册的商标，违反本法第十条、第十一条、第十二条规定的，或者是以欺骗手段或者其他不正当手段取得注册的，由商标局宣告该注册商标无效；其他单位或者个人可以请求商标评审委员会宣告该注册商标无效。《商标法》第十条第（一）、（八）项的规定，下列标志不得作为商标使用：（一）同中华人民共和国的国家名称、国旗、国徽、国歌、军旗、军徽、军歌、勋章等相同或者近似的，以及同中央国家机关的名称、标志、所在地特定地点的名称或者标志性建筑物的名称、图形相同的；（八）有害于社会主义道德风尚或者有其他不良影响的。本题中，选项 ABC 正确。根据《商标法》第四十五条第一款的规定，已经注册的商标，违反本法第十三条第二款和第三款、第十五条、第十六条第一款、第三十条、第三十一条、第三十二条规定的，自商标注册之日起五年内，在先权利人或者利害关系人可以请求商标评审委员会宣告该注册商标无效。对恶意注册的，驰名商标所有人不受五年的时间限制。由此可知，在先权利人可以请求商标评审委员会宣告该注册商标无效，因此，选项 D 错误。

【答案】 ABC

43.【2014年第73题】 根据商标法及相关规定，已经注册的商标有下列哪些情形的，由商标局宣告该注册商标无效？

A. 商标标志带有民族歧视性
B. 商标标志缺乏显著特征
C. 商标注册人在使用注册商标的过程中，自行改变注册商标

D. 商标是以欺骗手段取得注册的

【考点】注册商标无效

【分析】根据《商标法》第四十四条第一款的规定，已经注册的商标，违反本法第十条、第十一条、第十二条规定的，或者是以欺骗手段或者其他不正当手段取得注册的，由商标局宣告该注册商标无效；其他单位或者个人可以请求商标评审委员会宣告该注册商标无效。《商标法》第十条第（六）项的规定，下列标志不得作为商标使用：（六）带有民族歧视性的；根据《商标法》第十一条的规定，下列标志不得作为商标注册：（一）仅有本商品的通用名称、图形、型号的；（二）仅直接表示商品的质量、主要原料、功能、用途、重量、数量及其他特点的；（三）其他缺乏显著特征的。前款所列标志经过使用取得显著特征，并便于识别的，可以作为商标注册。本题中，选项ABD正确。根据《商标法》第四十九条第一款的规定，商标注册人在使用注册商标的过程中，自行改变注册商标、注册人名义、地址或者其他注册事项的，由地方工商行政管理部门责令限期改正；期满不改正的，由商标局撤销其注册商标。本题选项C不属于商标局可以宣告注册商标无效的情形，因此，选项C错误。

【答案】ABD

2. 当事人请求宣告注册商标无效

44.【2016年第28题】某商标代理机构未经授权，以自己的名义将被代理人甲公司的商标进行注册，在获得核准注册后，甲公司可以自该商标注册之日起五年内采取下列哪种措施维护自身合法权益？

A. 请求商标局撤销该注册商标
B. 请求北京知识产权法院宣告该注册商标无效
C. 请求商标评审委员会宣告该注册商标无效
D. 请求商标评审委员会撤销该注册商标

【考点】宣告注册商标无效

【分析】《商标法》第四十五条第一款规定，已经注册的商标，违反本法第十三条第二款和第三款、第十五条、第十六条第一款、第三十条、第三十一条、第三十二条规定的，自商标注册之日起五年内，在先权利人或者利害关系人可以请求商标评审委员会宣告该注册商标无效。对恶意注册的，驰名商标所有人不受五年的时间限制。因此，选项ABD错误，选项C正确。

【答案】C

45.【2015年第22题】某商标代理机构甲未经授权，以自己的名义将被代理人乙公司的商标进行注册，并获核准注册。根据商标法及相关规定，自该商标注册之日起五年内，乙公司可以采取下列哪种措施维护自身合法权益？

A. 请求商标局撤销该注册商标
B. 请求商标局宣告该注册商标无效
C. 请求商标评审委员会宣告该注册商标无效
D. 请求商标评审委员会撤销该注册商标

【考点】违反相对拒绝注册理由的无效程序

【分析】根据《商标法》第十五条第一款规定，未经授权，代理人或者代表人以自己的名义将被代理人或者被代表人的商标进行注册，被代理人或者被代表人提出异议的，不予注册并禁止使用。根据《商标法》第四十五条第一款的规定，已经注册的商标，违反本法第十三条第二款和第三款、第十五条、第十六条第一款、第三十条、第三十一条、第三十二条规定的，自商标注册之日起五年内，在先权利人或者利害关系人可以请求商标评审委员会宣告该注册商标无效。对恶意注册的，驰名商标所有人不受五年的时间限制。因此，选项ABD错误，选项C正确。

【答案】C

46.【2014年第20题】王某认为某注册商标侵犯了其在先的著作权，根据商标法及相关规定，王某可以如何处理？

A. 自商标注册之日起五年内请求商标局撤销该注册商标
B. 自商标注册之日起五年内请求商标评审委员会撤销该注册商标
C. 自商标注册之日起五年内请求商标局宣告该注册商标无效
D. 自商标注册之日起五年内请求商标评审委员会宣告该注册商标无效

【考点】注册商标无效

【分析】根据《商标法》第四十五条第一款的规定,已经注册的商标,违反本法第十三条第二款和第三款、第十五条、第十六条第一款、第三十条、第三十一条、第三十二条规定的,自商标注册之日起五年内,在先权利人或者利害关系人可以请求商标评审委员会宣告该注册商标无效。对恶意注册的,驰名商标所有人不受五年的时间限制。根据《商标法》第三十二条的规定,申请商标注册不得损害他人现有的在先权利,也不得以不正当手段抢先注册他人已经使用并有一定影响的商标。本题中,王某可以自商标注册之日起5年内请求商标评审委员会宣告该注册商标无效,因此,选项ABC错误,选项D正确。

【答案】D

3. 商标无效的法律效力

47.【2014年第78题】 根据商标法及相关规定,下列有关注册商标撤销和无效的哪些说法是正确的?

A. 被撤销的注册商标,由商标局予以公告,该注册商标专用权自公告之日起终止

B. 被撤销的注册商标,由商标局予以公告,该注册商标专用权视为自始即不存在

C. 被宣告无效的注册商标,由商标局予以公告,该注册商标专用权自公告之日起终止

D. 被宣告无效的注册商标,由商标局予以公告,该注册商标专用权视为自始即不存在

【考点】商标的撤销、无效

【分析】根据《商标法》第五十五条第二款的规定,被撤销的注册商标,由商标局予以公告,该注册商标专用权自公告之日起终止。因此,选项A正确,选项B错误。根据《商标法》第四十七条第一款的规定,依照本法第四十四条、第四十五条的规定宣告无效的注册商标,由商标局予以公告,该注册商标专用权视为自始即不存在。因此,选项C错误,选项D正确。

【答案】AD

六、商标使用的管理

1. 注册商标的使用

48.【2016年第87题】 根据商标法及相关规定,注册商标有下列哪些情形的,任何单位或者个人可以向商标局申请撤销该商标?

A. 商标注册人在使用注册商标过程中自行改变注册商标

B. 商标注册人在使用注册商标过程中自行改变注册人名义

C. 注册商标成为其核定使用的商品的通用名称

D. 没有正当理由连续三年不使用

【考点】商标撤销

【分析】《商标法》第四十九条规定,商标注册人在使用注册商标的过程中,自行改变注册商标、注册人名义、地址或者其他注册事项的,由地方工商行政管理部门责令限期改正;期满不改正的,由商标局撤销其注册商标。注册商标成为其核定使用的商品的通用名称或者没有正当理由连续三年不使用的,任何单位或者个人可以向商标局申请撤销该注册商标。商标局应当自收到申请之日起九个月内做出决定。有特殊情况需要延长的,经国务院工商行政管理部门批准,可以延长三个月。因此,选项CD正确,选项AB错误。

【答案】CD

49.【2015年第86题】 根据商标法及相关规定,下列哪些用于识别商品来源的行为属于商标法意义上的"商标的使用"?

A. 将商标用于商品上
B. 将商标用于商品包装或者容器上
C. 将商标用于商品交易文书上
D. 将商标用于广告宣传、展览中

【考点】商标的使用

【分析】根据《商标法》第四十八条的规定,本法所称商标的使用,是指将商标用于商品、商品包装或者容器以及商品交易文书上,或者将商标用于广告宣传、展览以及其他商业活动中,用于识别商品来源的行为。因此,选项ABCD正确。

【答案】ABCD

50.【2014年第27题】 某注册商标在使用过程中成为了其核定使用的商品的通用名称。根据商标法及相

关规定，下列有关该注册商标的哪种说法是正确的？
    A. 任何单位或者个人可以请求商标局宣告该注册商标无效
    B. 任何单位或者个人可以向商标局申请撤销该注册商标
    C. 任何单位或者个人可以请求商标评审委员会宣告该注册商标无效
    D. 地方工商行政管理部门可以责令限期改正；期满不改正的，由商标局撤销该注册商标

【考点】 商标的撤销

【分析】 根据《商标法》第四十九条第二款的规定，注册商标成为其核定使用的商品的通用名称或者没有正当理由连续三年不使用的，任何单位或者个人可以向商标局申请撤销该注册商标。商标局应当自收到申请之日起九个月内做出决定。有特殊情况需要延长的，经国务院工商行政管理部门批准，可以延长三个月。因此，选项ACD错误，选项B正确。

【答案】 B

51.【2013年第18题】甲公司为某注册商标的商标注册人，现其<u>没有正当理由</u>已连续三年停止使用该商标。根据商标法及相关规定，下列哪种说法是正确的？❶
    A. 任何人均可向商标局提出异议
    B. 任何人均可向商标局申请撤销该注册商标
    C. 任何人均可向商标评审委员会提出异议
    D. 任何人均可向商标评审委员会申请撤销该注册商标

【考点】 注册商标的使用

【分析】 根据《商标法》第四十九条第二款的规定，注册商标成为其核定使用的商品的通用名称或者没有正当理由连续三年不使用的，任何单位或者个人可以向商标局申请撤销该注册商标。商标局应当自收到申请之日起九个月内做出决定。有特殊情况需要延长的，经国务院工商行政管理部门批准，可以延长三个月。《商标法实施条例》第六十六条第一款的规定，有商标法第四十九条规定的注册商标无正当理由连续3年不使用情形的，任何单位或者个人可以向商标局申请撤销该注册商标，提交申请时应当说明有关情况。因此，选项B正确，选项ACD错误。

【答案】 B

52.【2012年第14题】根据商标法及相关规定，商标所有人对商标局撤销其注册商标的决定不服的，可以选择下列哪项救济途径？
    A. 向国家工商行政管理总局申请行政复议
    B. 向商标评审委员会申请复审
    C. 直接向人民法院起诉
    D. 既可以向商标评审委员会申请复审，也可以直接向人民法院起诉

【考点】 注册商标被撤销后的救济

【分析】 根据《商标法》第五十四条的规定，向商标评审委员会申请复审是商标所有人对商标局撤销其注册商标的决定不服时唯一的救济程序，不能申请行政复议或者向人民法院起诉。而对商标评审委员会的决定不服的，当事人则可以向人民法院起诉。因此，选项B正确，选项ACD错误。

【答案】 B

53.【2012年第20题】根据商标法及相关规定，下列哪种情况导致注册商标被撤销或注销的，该注册商标专用权视为自始即不存在？
    A. 因<u>无正当理由连续三年停止使用而被撤销的</u>❷   B. 因商标注册人死亡而被注销的❸
    C. 因商标标志缺乏显著特征而被撤销的   D. 因自行改变注册商标而被撤销的

---

❶ 本题考查旧法第四十四条，将其适当修改，即在题干增加"无正当理由"以适应新法第四十九条的规定。
❷ 本选项考查旧法第四十四条，将其适当修改，即增加"无正当理由"以适应新法第四十九条的规定。
❸ 本选项考察旧实施条例第四十七条第二款，现已经将该款删除，因此，删除本选项。

【考点】注册商标专有权的消灭

【分析】根据《商标法》第四十九条的规定，商标注册人在使用注册商标的过程中，自行改变注册商标、注册人名义、地址或者其他注册事项的，由地方工商行政管理部门责令限期改正；期满不改正的，由商标局撤销其注册商标。注册商标成为其核定使用的商品的通用名称或者没有正当理由连续三年不使用的，任何单位或者个人可以向商标局申请撤销该注册商标。商标局应当自收到申请之日起九个月内做出决定。有特殊情况需要延长的，经国务院工商行政管理部门批准，可以延长三个月。根据《商标法》第四十四条第一款的规定，已经注册的商标，违反本法第十条、第十一条、第十二条规定的，或者是以欺骗手段或者其他不正当手段取得注册的，由商标局宣告该注册商标无效；其他单位或者个人可以请求商标评审委员会宣告该注册商标无效。根据《商标法》第五十五条第二款的规定，被撤销的注册商标，由商标局予以公告，该注册商标专用权自公告之日起终止。因此，选项ACD错误。

需要注意的是，根据《商标法》第四十七条第一款、第五十五条第二款的规定，2013年修改商标法，对宣告注册商标无效和撤销注册商标两种情形进行了区分：对于被撤销的注册商标，法律后果为该注册商标专用权自公告之日起终止；而对于违反有关商标注册规定的注册商标，法律后果为该注册商标专用权视为自始即不存在。

【答案】无❶

2. 违法强制注册规定的法律责任

3. 未注册商标的使用

54.【2012年第78题】根据商标法及相关规定，使用未注册商标，有下列哪些行为的，由地方工商行政管理部门予以制止，限期改正，并可以予以通报或者处以罚款？❷

A. 冒充注册商标的

B. 使用的商标带有民族歧视的

C. 粗制滥造，以次充好，欺骗消费者的

D. 夸大宣传并带有欺骗性的带有欺骗性，容易使公众对商品的质量等特点或者产地产生误认的

【考点】未注册商标的使用

【分析】根据《商标法》第五十二条的规定，将未注册商标冒充注册商标使用的，或者使用未注册商标违反本法第十条规定的，由地方工商行政管理部门予以制止，限期改正，并可以予以通报，违法经营额五万元以上的，可以处违法经营额百分之二十以下的罚款，没有违法经营额或者违法经营额不足五万元的，可以处一万元以下的罚款。根据《商标法》第十条的规定，下列标志不得作为商标使用：（一）同中华人民共和国的国家名称、国旗、国徽、国歌、军旗、军徽、军歌、勋章等相同或者近似的，以及同中央国家机关的名称、标志、所在地特定地点的名称或者标志性建筑物的名称、图形相同的；（二）同外国的国家名称、国旗、国徽、军旗等相同或者近似的，但经该国政府同意的除外；（三）同政府间国际组织的名称、旗帜、徽记等相同或者近似的，但经该组织同意或者不易误导公众的除外；（四）与表明实施控制、予以保证的官方标志、检验印记相同或者近似的，但经授权的除外；（五）同"红十字"、"红新月"的名称、标志相同或者近似的；（六）带有民族歧视性的；（七）带有欺骗性，容易使公众对商品的质量等特点或者产地产生误认的；（八）有害于社会主义道德风尚或者有其他不良影响。县级以上行政区划的地名或者公众知晓的外国地名，不得作为商标。但是，地名具有其他含义或者作为集体商标、证明商标组成部分的除外；已经注册的使用地名的商标继续有效。因此，选项ABD正确。

【答案】ABD❸

七、注册商标专用权的保护

1. 侵犯注册商标专用权的行为

55.【2016年第90题】根据商标法及相关规定，下列哪些行为属于侵犯注册商标专用权的行为？

---

❶ 国家知识产权局条法司2012年试题解析适用旧法，第20题答案为选项C。

❷ 本题考查旧法第四十八条、第十条，现删除选项C，并修改选项D以适应新法第五十二条、第十条的规定。

❸ 国家知识产权局条法司2012年试题解析适用旧法，第78题答案为ABCD。

A. 未经商标注册人的许可，在同一种商品上使用与其注册商标相同的商标的
B. 未经商标注册人的许可，在同一种商品上使用与其注册商标近似的商标，容易导致混淆的
C. 未经商标注册人的许可，在类似商品上使用与其注册商标相同的商标，容易导致混淆的
D. 未经商标注册人的许可，在类似商品上使用与其注册商标近似的商标，容易导致混淆的

【考点】商标侵权

【分析】《商标法》第五十七条规定，有下列行为之一的，均属侵犯注册商标专用权：（一）未经商标注册人的许可，在同一种商品上使用与其注册商标相同的商标的；（二）未经商标注册人的许可，在同一种商品上使用与其注册商标近似的商标，或者在类似商品上使用与其注册商标相同或者近似的商标，容易导致混淆的；（三）销售侵犯注册商标专用权的商品的；（四）伪造、擅自制造他人注册商标标识或者销售伪造、擅自制造的注册商标标识的；（五）未经商标注册人同意，更换其注册商标并将该更换商标的商品又投入市场的；（六）故意为侵犯他人商标专用权行为提供便利条件，帮助他人实施侵犯商标专用权行为的；（七）给他人的注册商标专用权造成其他损害的。因此，选项ABCD正确。

【答案】ABCD

56.【2015年第89题】根据商标法及相关规定，下列哪些行为属于侵犯注册商标专用权的行为？
A. 销售侵犯注册商标专用权的商品的
B. 伪造、擅自制造他人注册商标标识的
C. 未经商标注册人同意，更换其注册商标并将该更换商标的商品又投入市场的
D. 故意为侵犯他人商标专用权行为提供便利条件，帮助他人实施侵犯商标专用权行为的

【考点】侵犯注册商标专用权的行为

【分析】根据《商标法》第五十七条第（三）、（四）、（五）、（六）项的规定，有下列行为之一的，均属侵犯注册商标专用权：（三）销售侵犯注册商标专用权的商品的；（四）伪造、擅自制造他人注册商标标识或者销售伪造、擅自制造的注册商标标识的；（五）未经商标注册人同意，更换其注册商标并将该更换商标的商品又投入市场的；（六）故意为侵犯他人商标专用权行为提供便利条件，帮助他人实施侵犯商标专用权行为的。因此，选项ABCD正确。

【答案】ABCD

57.【2014年第85题】根据商标法及相关规定，下列哪些行为属于侵犯注册商标专用权的行为？
A. 未经商标注册人的许可，在同一种商品上使用与其注册商标相同的商标的
B. 未经商标注册人同意，更换其注册商标并将该更换商标的商品又投入市场的
C. 故意为侵犯他人商标专用权行为提供便利条件，帮助他人实施侵犯商标专用权行为的
D. 未经商标注册人的许可，在类似商品上使用与其注册商标近似的商标，容易导致混淆的

【考点】侵犯注册商标专用权的行为

【分析】根据《商标法》第五十七条的规定，有下列行为之一的，均属侵犯注册商标专用权：（一）未经商标注册人的许可，在同一种商品上使用与其注册商标相同的商标的；（二）未经商标注册人的许可，在同一种商品上使用与其注册商标近似的商标，或者在类似商品上使用与其注册商标相同或者近似的商标，容易导致混淆的；（五）未经商标注册人同意，更换其注册商标并将该更换商标的商品又投入市场的；（六）故意为侵犯他人商标专用权行为提供便利条件，帮助他人实施侵犯商标专用权行为的。本题中，选项ABCD分别属于其中第（一）、（五）、（六）、（二）项规定的情形，因此，选项ABCD正确。

【答案】ABCD

58.【2013年第98题】根据商标法及相关规定，下列哪些属于侵犯注册商标专用权的行为？
A. 未经商标注册人许可，在同一种商品上使用与其注册商标相同的商标
B. 未经商标注册人同意，更换其注册商标并将该更换商标的商品又投入市场
C. 销售伪造、擅自制造的注册商标标识
D. 销售侵犯注册商标专用权的商品

【考点】侵犯注册商标专用权的行为

【分析】根据《商标法》第五十七条的规定,有下列行为之一的,均属侵犯注册商标专用权:(一)未经商标注册人的许可,在同一种商品上使用与其注册商标相同的商标的;(三)销售侵犯注册商标专用权的商品的;(四)伪造、擅自制造他人注册商标标识或者销售伪造、擅自制造的注册商标标识的;(五)未经商标注册人同意,更换其注册商标并将该更换商标的商品又投入市场的。本题中,选项ABCD分别属于第(一)、(五)、(四)、(三)项规定的情形,因此,选项ABCD正确。

【答案】ABCD

2. 注册商标专有权的限制

59.【2014年第23题】甲公司是某注册商标的专用权人。在甲公司申请该商标注册前,乙公司已经在同一种商品上先于甲公司使用与该注册商标相同并有一定影响的商标。根据商标法及相关规定,下列哪种说法是正确的?

 A. 甲公司有权禁止乙公司继续使用该商标并要求其赔偿损失
 B. 甲公司有权禁止乙公司继续使用该商标,但无权要求其赔偿损失
 C. 甲公司无权禁止乙公司在原使用范围内继续使用该商标,但可以要求其支付一定的使用费
 D. 甲公司无权禁止乙公司在原使用范围内继续使用该商标,但可以要求其附加适当区别标识

【考点】注册商标专有权的限制

【分析】根据《商标法》第五十九条第三款的规定,商标注册人申请商标注册前,他人已经在同一种商品或者类似商品上先于商标注册人使用与注册商标相同或者近似并有一定影响的商标的,注册商标专用权人无权禁止该使用人在原使用范围内继续使用该商标,但可以要求其附加适当区别标识。本题中,在甲公司申请该商标注册前,乙公司已经在同一商品上使用与其注册商标相同并有一定影响的商标,因此,甲公司无权禁止乙公司在原使用范围内继续使用该商标,但可以要求其附加适当区别标识,由此可知,选项ABC错误,选项D正确。

【答案】D

3. 侵权纠纷的解决途径

60.【2016年第26题】根据商标法及相关规定,下列哪项不属于县级以上工商行政管理部门对涉嫌商标侵权行为进行查处时可以行使的职权?

 A. 询问有关当事人
 B. 对当事人涉嫌从事侵犯他人注册商标专用权活动的场所实施现场检查
 C. 检查与侵权活动有关的物品
 D. 对涉嫌侵权人予以拘留

【考点】工商行政管理部门职权

【分析】《商标法》第六十二条第一款规定,县级以上工商行政管理部门根据已经取得的违法嫌疑证据或者举报,对涉嫌侵犯他人注册商标专用权的行为进行查处时,可以行使下列职权:(一)询问有关当事人,调查与侵犯他人注册商标专用权有关的情况;(二)查阅、复制当事人与侵权活动有关的合同、发票、账簿以及其他有关资料;(三)对当事人涉嫌从事侵犯他人注册商标专用权活动的场所实施现场检查;(四)检查与侵权活动有关的物品;对有证据证明是侵犯他人注册商标专用权的物品,可以查封或者扣押。因此,选项ABC错误,选项D正确。

【答案】D

61.【2015年第19题】根据商标法及相关规定,在查处商标侵权案件过程中,权利人同时向人民法院提起商标侵权诉讼的,工商行政管理部门如何处理?

 A. 应当中止案件查处
 B. 可以中止案件查处
 C. 应当终结案件查处
 D. 应当及时移交司法机关依法处理

【考点】工商部门的职权及中止查处

【分析】根据《商标法》第六十二条第三款的规定,在查处商标侵权案件过程中,对商标权属存在争议或者权利人同时向人民法院提起商标侵权诉讼的,工商行政管理部门可以中止案件的查处。中止原因消除后,应

当恢复或者终结案件查处程序。因此，选项 B 正确，选项 ACD 错误。
【答案】 B

62.【2012 年第 95 题】甲公司未经乙公司许可，在同一种商品上使用了与乙公司注册商标相同的商标，引起纠纷。根据商标法及相关规定，乙公司可以选择下列哪些途径解决该纠纷？
　　A. 协商解决　　　　　　　　　　　　　　B. 请求工商行政管理部门处理
　　C. 请求商标评审委员会处理　　　　　　　D. 向人民法院起诉
【考点】注册商标专用权的保护
【分析】根据《商标法》第五十七条第（一）项的规定，有下列行为之一的，均属侵犯注册商标专用权：（一）未经商标注册人的许可，在同一种商品上使用与其注册商标相同的商标的。本题中，甲公司侵犯了乙公司的注册商标专用权。根据《商标法》第六十条第一款的规定，有本法第五十七条所列侵犯注册商标专用权行为之一，引起纠纷的，由当事人协商解决；不愿协商或者协商不成的，商标注册人或者利害关系人可以向人民法院起诉，也可以请求工商行政管理部门处理。选项 ABD 正确。根据《商标法》的规定，商标评审委员会不负责商标侵权纠纷的处理。因此，选项 C 错误。
【答案】ABD

4. 侵犯注册商标专用权的法律责任

63.【2015 年第 20 题】根据商标法及相关规定，在侵犯商标专用权纠纷案件中，权利人因被侵权所受到的实际损失、侵权人因侵权所获得的利益、注册商标许可使用费难以确定的，赔偿数额应当如何确定？
　　A. 由人民法院根据侵权行为的情节判决给予五十万以下的赔偿
　　B. 由人民法院根据侵权行为的情节判决给予一百万以下的赔偿
　　C. 由人民法院根据侵权行为的情节判决给予二百万以下的赔偿
　　D. 由人民法院根据侵权行为的情节判决给予三百万以下的赔偿
【考点】商标侵权的赔偿数额
【分析】根据《商标法》第六十三条第三款的规定，权利人因被侵权所受到的实际损失、侵权人因侵权所获得的利益、注册商标许可使用费难以确定的，由人民法院根据侵权行为的情节判决给予三百万元以下的赔偿。因此，选项 D 正确，选项 ABC 错误。
【答案】D

64.【2015 年第 21 题】工商行政管理部门处理侵犯注册商标专用权案件时，某销售商不知道所销售的是侵犯注册商标专用权的商品，能证明该商品是自己合法取得并说明了提供者。根据商标法及相关规定，下列哪种说法是正确的？
　　A. 该工商行政管理部门应当认定该销售商未侵犯商标专用权
　　B. 该工商行政管理部门可以责令该销售商停止销售
　　C. 该工商行政管理部门应当没收并销毁侵权商品，并及时移交司法机关依法处理
　　D. 该工商行政管理部门应当要求该销售商承担损害赔偿责任
【考点】商标侵权的处理
【分析】根据《商标法》第六十条第二款的规定，工商行政管理部门处理时，认定侵权行为成立的，责令立即停止侵权行为，没收、销毁侵权商品和主要用于制造侵权商品、伪造注册商标标识的工具，违法经营额五万元以上的，可以处违法经营额五倍以下的罚款，没有违法经营额或者违法经营额不足五万元的，可以处二十五万元以下的罚款。对五年内实施两次以上商标侵权行为或者有其他严重情节的，应当从重处罚。销售不知道是侵犯注册商标专用权的商品，能证明该商品是自己合法取得并说明提供者的，由工商行政管理部门责令停止销售。因此，选项 ACD 错误，选项 B 正确。
【答案】B

65.【2014 年第 89 题】根据商标法及相关规定，工商行政管理部门处理侵犯注册商标专用权纠纷，认定侵权行为成立的，可以作出下列哪些决定？
　　A. 责令立即停止侵权行为　　　　　　　　B. 处以罚款

C. 根据侵权行为情节，判定侵权赔偿数额　　　　D. 没收、销毁主要用于制造侵权商品的工具

【考点】工商行政管理部门的职权

【分析】根据《商标法》第六十条第二款的规定，工商行政管理部门处理时，认定侵权行为成立的，责令立即停止侵权行为，没收、销毁侵权商品和主要用于制造侵权商品、伪造注册商标标识的工具，违法经营额五万元以上的，可以处违法经营额五倍以下的罚款，没有违法经营额或者违法经营额不足五万元的，可以处二十五万元以下的罚款。对五年内实施两次以上商标侵权行为或者有其他严重情节的，应当从重处罚。销售不知道是侵犯注册商标专用权的商品，能证明该商品是自己合法取得并说明提供者的，由工商行政管理部门责令停止销售。本题中，工商行政管理部门不能判定侵权赔偿数额，因此，选项 C 错误，选项 ABD 正确。

【答案】ABD

66.【2013 年第 74 题】根据商标法及相关规定，工商行政管理部门处理侵犯注册商标专用权纠纷，认定侵权行为成立的，可以作出下列哪些决定？

A. 责令立即停止侵权行为　　　　B. 没收、销毁侵权商品
C. 处以罚款　　　　D. 判定侵权赔偿数额

【考点】商标侵权行为的行政救济

【分析】根据《商标法》第六十条第二款的规定，工商行政管理部门处理时，认定侵权行为成立的，责令立即停止侵权行为，没收、销毁侵权商品和主要用于制造侵权商品、伪造注册商标标识的工具，违法经营额五万元以上的，可以处违法经营额五倍以下的罚款，没有违法经营额或者违法经营额不足五万元的，可以处二十五万元以下的罚款。对五年内实施两次以上商标侵权行为或者有其他严重情节的，应当从重处罚。销售不知道是侵犯注册商标专用权的商品，能证明该商品是自己合法取得并说明提供者的，由工商行政管理部门责令停止销售。本题中，选项 ABC 正确。根据《商标法》第六十条第三款的规定，对侵犯商标专用权的赔偿数额的争议，当事人可以请求进行处理的工商行政管理部门调解，也可以依照《中华人民共和国民事诉讼法》向人民法院起诉。经工商行政管理部门调解，当事人未达成协议或者调解书生效后不履行的，当事人可以依照《中华人民共和国民事诉讼法》向人民法院起诉。选项 D 错误。

【答案】ABC

八、驰名商标

1. 驰名商标的认定

67.【2015 年第 90 题】根据商标法及相关规定，下列关于驰名商标的哪些说法是正确的？

A. 驰名商标应当根据当事人的请求，作为处理涉及商标案件需要认定的事实进行认定
B. 生产、经营者不得将"驰名商标"字样用于广告宣传中
C. 生产、经营者可以将"驰名商标"字样用于商品包装上
D. 仅有商标评审委员会可以对商标驰名情况作出认定

【考点】驰名商标

【分析】根据《商标法》第十四条的规定，驰名商标应当根据当事人的请求，作为处理涉及商标案件需要认定的事实进行认定。认定驰名商标应当考虑下列因素：（一）相关公众对该商标的知晓程度；（二）该商标使用的持续时间；（三）该商标的任何宣传工作的持续时间、程度和地理范围；（四）该商标作为驰名商标受保护的记录；（五）该商标驰名的其他因素。在商标注册审查、工商行政管理部门查处商标违法案件过程中，当事人依照本法第十三条规定主张权利的，商标局根据审查、处理案件的需要，可以对商标驰名情况作出认定。在商标争议处理过程中，当事人依照本法第十三条规定主张权利的，商标评审委员会根据处理案件的需要，可以对商标驰名情况作出认定。在商标民事、行政案件审理过程中，当事人依照本法第十三条规定主张权利的，最高人民法院指定的人民法院根据审理案件的需要，可以对商标驰名情况作出认定。生产、经营者不得将"驰名商标"字样用于商品、商品包装或者容器上，或者用于广告宣传、展览以及其他商业活动中。因此，选项 AB 正确，选项 CD 错误。

【答案】AB

68.【2014 年第 96 题】根据商标法及相关规定，下列有关驰名商标的哪些说法是正确的？

A. 驰名商标应当根据当事人的请求，作为处理涉及商标案件需要认定的事实进行认定
B. 在商标注册审查过程中，商标局根据审查的需要，可以主动对商标驰名情况作出认定
C. 在商标争议处理过程中，商标评审委员会根据处理案件的需要，可以主动对商标驰名情况作出认定
D. 生产、经营者不得将"驰名商标"字样用于商品、商品包装或者容器上

【考点】驰名商标

【分析】根据《商标法》第十四条的规定，驰名商标应当根据当事人的请求，作为处理涉及商标案件需要认定的事实进行认定。认定驰名商标应当考虑下列因素：（一）相关公众对该商标的知晓程度；（二）该商标使用的持续时间；（三）该商标的任何宣传工作的持续时间、程度和地理范围；（四）该商标作为驰名商标受保护的记录；（五）该商标驰名的其他因素。在商标注册审查、工商行政管理部门查处商标违法案件过程中，当事人依照本法第十三条规定主张权利的，商标局根据审查、处理案件的需要，可以对商标驰名情况作出认定。在商标争议处理过程中，当事人依照本法第十三条规定主张权利的，商标评审委员会根据处理案件的需要，可以对商标驰名情况作出认定。在商标民事、行政案件审理过程中，当事人依照本法第十三条规定主张权利的，最高人民法院指定的人民法院根据审理案件的需要，可以对商标驰名情况作出认定。生产、经营者不得将"驰名商标"字样用于商品、商品包装或者容器上，或者用于广告宣传、展览以及其他商业活动中。因此，选项AD正确，选项BC错误。

【答案】AD

2. 对驰名商标的特殊保护

69.【2012年第99题】甲公司的某商标在我国被认定为驰名商标。根据商标法及相关规定，下列哪些说法是正确的？

A. 如果甲公司未在中国注册该商标，则他人就类似商品申请注册的商标是复制该驰名商标，容易导致混淆的，不予注册并禁止使用
B. 如果甲公司未在中国注册该商标，则他人就类似商品申请注册的商标是复制该驰名商标，容易导致混淆的，不予注册但允许使用
C. 如果甲公司已在中国注册该商标，则他人就不相类似商品申请注册的商标是摹仿该商标，误导公众，致使该驰名商标注册人的利益可能受到损害的，不予注册并禁止使用
D. 如果甲公司已在中国注册该商标，则他人就不相类似商品申请注册的商标是摹仿该商标，误导公众，致使该驰名商标注册人的利益可能受到损害的，不予注册但允许使用

【考点】驰名商标的特殊保护

【分析】根据《商标法》第十三条的规定，为相关公众所熟知的商标，持有人认为其权利受到侵害时，可以依照本法规定请求驰名商标保护。就相同或者类似商品申请注册的商标是复制、摹仿或者翻译他人未在中国注册的驰名商标，容易导致混淆的，不予注册并禁止使用。就不相同或者不相类似商品申请注册的商标是复制、摹仿或者翻译他人已经在中国注册的驰名商标，误导公众，致使该驰名商标注册人的利益可能受到损害的，不予注册并禁止使用。本题中，选项AC正确，选项BD错误。

【答案】AC

3. 对"驰名商标"字样的使用限制

第三节 反不正当竞争法

基本要求

了解反不正当竞争法的基本概念和原则；掌握商业秘密的概念和构成要件；了解侵犯商业秘密的法律责任。

本节内容主要涉及《中华人民共和国反不正当竞争法》、《最高人民法院关于审理不正当竞争民事案件应用法律若干问题的解释》的规定。

一、适用范围和基本原则

1.【2016 年第 91 题】根据反不正当竞争法及相关规定，经营者的下列哪些行为属于不正当竞争行为？
   A. 假冒他人的注册商标
   B. 擅自使用他人知名商品特有的包装装潢，造成和他人的知名商品相混淆，使购买者误认为是该知名商品的
   C. 以低于成本的价格销售鲜活商品
   D. 以明示入账的方式给交易对方折扣

   【考点】不正当竞争行为

   【分析】《反不正当竞争法》第五条规定，经营者不得采用下列不正当手段从事市场交易，损害竞争对手：（一）假冒他人的注册商标；（二）擅自使用知名商品特有的名称、包装、装潢，或者使用与知名商品近似的名称、包装、装潢，造成和他人的知名商品相混淆，使购买者误认为是该知名商品；（三）擅自使用他人的企业名称或者姓名，引人误认为是他人的商品；（四）在商品上伪造或者冒用认证标志、名优标志等质量标志，伪造产地，对商品质量作引人误解的虚假表示。《反不正当竞争法》第八条规定，经营者不得采用财物或者其他手段进行贿赂以销售或者购买商品。在账外暗中给予对方单位或者个人回扣的，以行贿论处；对方单位或者个人在账外暗中收受回扣的，以受贿论处。经营者销售或者购买商品，可以以明示方式给对方折扣，可以给中间人佣金。经营者给对方折扣、给中间人佣金的，必须如实入账。接受折扣、佣金的经营者必须如实入账。《反不正当竞争法》第十一条规定，经营者不得以排挤竞争对手为目的，以低于成本的价格销售商品。有下列情形之一的，不属于不正当竞争行为：（一）销售鲜活商品；（二）处理有效期限即将到期的商品或者其他积压的商品；（三）季节性降价；（四）因清偿债务、转产、歇业降价销售商品。因此，选项 AB 正确，选项 CD 错误。

   【答案】AB

2.【2016 年第 92 题】甲公司在某地电视台投放广告，宣称"甲公司原装进口实木地板质量佳、服务好"，同时捏造虚伪事实宣称"乙公司生产的木地板甲醛严重超标"。此后，乙公司木地板销量锐减。经查明，甲公司生产的实木地板是用国内木材加工而成。根据反不正当竞争法及相关规定，下列关于该广告行为的哪些说法是正确的？
   A. 甲公司宣称"甲公司原装进口实木地板质量佳、服务好"的行为是不正当竞争行为
   B. 甲公司宣称"甲公司原装进口实木地板质量佳、服务好"的行为是正当竞争行为
   C. 甲公司宣称"乙公司生产的木地板甲醛严重超标"的行为是不正当竞争行为
   D. 甲公司宣称"乙公司生产的木地板甲醛严重超标"的行为是正当竞争行为

   【考点】不正当竞争行为

   【分析】《反不正当竞争法》第九条规定，经营者不得利用广告或者其他方法，对商品的质量、制作成分、性能、用途、生产者、有效期限、产地等作引人误解的虚假宣传。《反不正当竞争法》第十四条规定，经营者不得捏造、散布虚伪事实，损害竞争对手的商业信誉、商品声誉。因此，选项 AC 正确，选项 BD 错误。

   【答案】AC

3.【2015 年第 91 题】根据反不正当竞争法及相关规定，经营者不得以排挤竞争对手为目的，以低于成本的价格销售商品，但有下列哪些情形的，不属于不正当竞争行为？
   A. 季节性降价   B. 因转产降价销售商品
   C. 销售鲜活商品   D. 因歇业降价销售商品

   【考点】不正当竞争行为

   【分析】根据《反不正当竞争法》第十一条第二款的规定，有下列情形之一的，不属于不正当竞争行为：（一）销售鲜活商品；（二）处理有效期限即将到期的商品或者其他积压的商品；（三）季节性降价；（四）因清偿债务、转产、歇业降价销售商品。因此，选项 ABCD 正确。

   【答案】ABCD

4.【2013 年第 45 题】经营者的下列哪些行为属于反不正当竞争法规定的不正当竞争行为？

A. 擅自使用他人的企业名称或者姓名，引人误认为是他人的商品
B. 广告的经营者在明知或者应知的情况下，代理、设计、制作、发布虚假广告
C. 以低于成本的价格销售处理有效期限即将到期的商品
D. 从事最高奖的金额为三千元的抽奖式有奖销售

【考点】不正当竞争行为

【分析】根据《反不正当竞争法》第五条第（三）项的规定，经营者不得采用下列不正当手段从事市场交易，损害竞争对手：（三）擅自使用他人的企业名称或者姓名，引人误认为是他人的商品。本题选项A的行为属于不正当竞争行为。根据《反不正当竞争法》第九条的规定，经营者不得利用广告或者其他方法，对商品的质量、制作成分、性能、用途、生产者、有效期限、产地等作引人误解的虚假宣传。广告的经营者不得在明知或者应知的情况下，代理、设计、制作、发布虚假广告。本题选项B的行为属于不正当竞争行为。根据《反不正当竞争法》第十一条第二款的规定，有下列情形之一的，不属于不正当竞争行为：（一）销售鲜活商品；（二）处理有效期限即将到期的商品或者其他积压的商品；（三）季节性降价；（四）因清偿债务、转产、歇业降价销售商品。本题选项C的行为不属于不正当竞争行为。根据《反不正当竞争法》第十三条第（三）项的规定，经营者不得从事下列有奖销售：（三）抽奖式的有奖销售，最高奖的金额超过五千元。本题选项D的行为不属于不正当竞争行为。

【答案】AB

5.【2012年第7题】根据反不正当竞争法及相关规定，下列哪种行为属于不正当竞争行为？
A. 某餐厅以低于成本的价格甩卖鲜活海鲜
B. 某超市中秋节过后以低于成本的价格处理月饼
C. 某经销商以低于成本的价格销售电器，从而排挤竞争对手
D. 某图书网站以高于成本但低于定价的折扣销售图书，以获得竞争优势

【考点】不正当竞争行为

【分析】根据《反不正当竞争法》第十一条第二款的规定，有下列情形之一的，不属于不正当竞争行为：（一）销售鲜活商品；（二）处理有效期限即将到期的商品或者其他积压的商品；（三）季节性降价；（四）因清偿债务、转产、歇业降价销售商品。因此，选项A属于第（一）项销售鲜活商品的情形，选项B属于第（三）项季节性降价的情形，因此，选项AB不属于不正当竞争行为，不符合题意。选项C的行为是以排挤对手为目的，以低于成本的价格销售商品，属于反不正当竞争法所禁止的不正当竞争行为，符合题意。选项D的情形没有低于成本价格销售商品，不属于反不正当竞争法所禁止的不正当竞争行为，不符合题意。

【答案】C

二、商业秘密

1. 商业秘密的概念

6.【2015年第92题】根据反不正当竞争法及相关规定，下列关于商业秘密的哪些说法是正确的？
A. 商业秘密，是指不为公众所知悉、能为权利人带来经济利益、具有实用性并经权利人采取保密措施的技术信息和经营信息
B. 通过自行开发研制获得商业秘密的行为不属于侵犯商业秘密的行为
C. 通过反向工程获得商业秘密的行为属于侵犯商业秘密的行为
D. 确定侵犯商业秘密行为的损害赔偿额，可以参照确定侵犯专利权的损害赔偿额的方法进行

【考点】商业秘密

【分析】根据《反不正当竞争法》第十条第三款的规定，本条所称的商业秘密，是指不为公众所知悉、能为权利人带来经济利益、具有实用性并经权利人采取保密措施的技术信息和经营信息。选项A正确。根据《最高人民法院关于审理不正当竞争民事案件应用法律若干问题的解释》第十二条第一款的规定，通过自行开发研制或者反向工程等方式获得的商业秘密，不认定为反不正当竞争法第十条第（一）、（二）项规定的侵犯商业秘密行为。因此，选项B正确，选项C错误。根据《最高人民法院关于审理不正当竞争民事案件应用法律若干问题的解释》第十七条的规定，确定反不正当竞争法第十条规定的侵犯商业秘密行为的损害赔偿额，可以参照

确定侵犯专利权的损害赔偿额的方法进行。因此，选项 D 正确。

【答案】ABD

2. 商业秘密的保护

7.【2014年第38题】根据反不正当竞争法及相关规定，下列哪些属于侵犯他人商业秘密的行为？

A. 以利诱手段获取他人商业秘密
B. 通过自行研究开发出与他人技术秘密相同的技术
C. 通过反向工程获得他人的技术秘密
D. 违反约定，允许他人使用其掌握的商业秘密

【考点】商业秘密的保护

【分析】根据《反不正当竞争法》第十条第一款的规定，经营者不得采用下列手段侵犯商业秘密：（一）以盗窃、利诱、胁迫或者其他不正当手段获取权利人的商业秘密；（二）披露、使用或者允许他人使用以前项手段获取的权利人的商业秘密；（三）违反约定或者违反权利人有关保守商业秘密的要求，披露、使用或者允许他人使用其所掌握的商业秘密。本题选项 AD 分别属于该款第（一）项、第（三）项规定的行为，属于侵犯他人商业秘密的行为，因此，选项 AD 正确。根据《最高人民法院关于审理不正当竞争民事案件应用法律若干问题的解释》第十二条第一款的规定，通过自行开发研制或者反向工程等方式获得的商业秘密，不认定为反不正当竞争法第十条第（一）、（二）项规定的侵犯商业秘密行为。因此，选项 BC 的情形不属于侵犯他人商业秘密，选项 BC 错误。

【答案】AD

8.【2012年第38题】根据反不正当竞争法及相关规定，下列关于商业秘密的哪些说法是正确的？

A. 商业秘密，是指不为公众所知悉、能为权利人带来经济利益、具有实用性并经权利人采取保密措施的技术信息和经营信息
B. 通过反向工程的方式获得与他人商业秘密相同的技术信息的，属于侵犯商业秘密的行为
C. 通过自行开发研制的方式获得与他人商业秘密相同的技术信息的，不属于侵犯商业秘密的行为
D. 侵犯商业秘密的，监督检查部门应当责令停止违法行为，可以根据情节依法处以罚款

【考点】商业秘密的保护

【分析】根据《反不正当竞争法》第十条第三款的规定，本条所称的商业秘密，是指不为公众所知悉、能为权利人带来经济利益、具有实用性并经权利人采取保密措施的技术信息和经营信息。选项 A 的说法正确。根据《最高人民法院关于审理不正当竞争民事案件应用法律若干问题的解释》第十二条第一款的规定，通过自行开发研制或者反向工程等方式获得的商业秘密，不认定为反不正当竞争法第十条第（一）、（二）项规定的侵犯商业秘密行为。因此，选项 B 的说法错误，选项 C 的说法正确。根据《反不正当竞争法》第二十五条的规定，违反本法第十条规定侵犯商业秘密的，监督检查部门应当责令停止违法行为，可以根据情节处以一万元以上二十万元以下的罚款。因此，选项 D 的说法正确。

【答案】ACD

第四节　植物新品种保护条例

基本要求

了解植物新品种保护条例的主要内容；掌握植物新品种的概念、植物新品种权的取得、保护期限、终止和无效以及植物新品种的保护。

本节内容主要涉及《植物新品种保护条例》及其实施细则、《最高人民法院关于审理植物新品种纠纷案件若干问题的解释》的规定。

一、品种权的保护客体

1. 植物新品种

2. 授予品种权的条件

1. 【2015年第93题】根据植物新品种保护条例及相关规定，下列哪些属于授予品种权的植物新品种应当具备的特性？

   A. 新颖性　　　　　B. 独创性　　　　　C. 一致性　　　　　D. 实用性

   【考点】植物新品种

   【分析】根据《植物新品种保护条例》第二条的规定，本条例所称植物新品种，是指经过人工培育的或者对发现的野生植物加以开发，具备新颖性、特异性、一致性和稳定性并有适当命名的植物品种。因此，选项AC正确，选项BD错误。

   【答案】AC

2. 【2014年第47题】根据植物新品种保护条例及相关规定，下列哪些说法是正确的？

   A. 申请品种权的植物新品种应当属于国家植物品种保护名录中列举的植物的属或者种
   B. 授予品种权的植物新品种应当具备新颖性、特异性、一致性、稳定性
   C. 申请品种权的，应当提交请求书、说明书、该品种的照片以及权利要求书
   D. 申请人可以在品种权授予前修改或者撤回品种权申请

   【考点】授予品种权的条件　品种权的申请

   【分析】根据《植物新品种保护条例》第十三条的规定，申请品种权的植物新品种应当属于国家植物品种保护名录中列举的植物的属或者种。植物品种保护名录由审批机关确定和公布。因此，选项A正确。根据《植物新品种保护条例》第二条的规定，本条例所称植物新品种，是指经过人工培育的或者对发现的野生植物加以开发，具备新颖性、特异性、一致性和稳定性并有适当命名的植物品种。因此，选项B正确。根据《植物新品种保护条例》第二十一条第一款的规定，申请品种权的，应当向审批机关提交符合规定格式要求的请求书、说明书和该品种的照片。由此可知，申请品种权无需提交权利要求书，因此，选项C错误。根据《植物新品种保护条例》第二十五条的规定，申请人可以在品种权授予前修改或者撤回品种权申请。选项D正确。

   【答案】ABD

3. 【2013年第86题】根据植物新品种保护条例及相关规定，下列哪些说法是正确的？

   A. 申请品种权的植物新品种仅指经过人工培育的植物品种，不包括对发现的野生植物加以开发的植物品种
   B. 申请品种权的植物新品种应当属于国家植物品种保护名录中列举的植物的属或者种
   C. 授予品种权的植物新品种应当具备适当的名称，并与相同或者相近的植物属或者种中已知品种的名称相区别
   D. 授予品种权的植物新品种应当同时具备新颖性、特异性、一致性和实用性

   【考点】植物新品种授权条件

   【分析】根据《植物新品种保护条例》第二条的规定，本条例所称植物新品种，是指经过人工培育的或者对发现的野生植物加以开发，具备新颖性、特异性、一致性和稳定性并有适当命名的植物品种。由此可知，申请品种权的植物新品种不仅包括经过人工培育的植物品种，还包括对于发现的野生植物加以开发的植物品种，因此，选项A的说法错误，而且根据该条规定，授予品种权的植物新品种应当同时具备新颖性、特异性、一致性和稳定性，因此，选项D的说法错误。根据《植物新品种保护条例》第十三条的规定，申请品种权的植物新品种应当属于国家植物品种保护名录中列举的植物的属或者种。植物品种保护名录由审批机关确定和公布。因此，选项B正确。根据《植物新品种保护条例》第十八条第一款的规定，授予品种权的植物新品种应当具备适当的名称，并与相同或者相近的植物属或者种中已知品种的名称相区别。该名称经注册登记后即为该植物新品种的通用名称。因此，选项C的说法正确。

   【答案】BC

4. 【2012年第29题】根据植物新品种保护条例及相关规定，下列哪种说法是错误的？

   A. 申请品种权的植物新品种应当属于国家植物品种保护名录中列举的植物的属或者种
   B. 授予品种权的植物新品种的名称可以仅以数字组成

C. 授予品种权的植物新品种应当具备的特异性，是指申请品种权的植物新品种应当明显区别于在递交申请以前已知的植物品种
D. 授予品种权的植物新品种应当具备的一致性，是指申请品种权的植物新品种经过繁殖，除可以预见的变异外，其相关的特征或者特性一致

【考点】植物新品种

【分析】根据《植物新品种保护条例》第十三条的规定，申请品种权的植物新品种应当属于国家植物品种保护名录中列举的植物的属或者种。植物品种保护名录由审批机关确定和公布。选项A的说法正确。根据《植物新品种保护条例》第十八条第二款的规定，仅以数字组成的名称不得用于品种命名，因此，选项B的说法错误。根据《植物新品种保护条例》第十五条的规定，授予品种权的植物新品种应当具备特异性。特异性，是指申请品种权的植物新品种应当明显区别于在递交申请以前已知的植物品种。选项C的说法正确。根据《植物新品种保护条例》第十六条的规定，授予品种权的植物新品种应当具备一致性。一致性，是指申请品种权的植物新品种经过繁殖，除可以预见的变异外，其相关的特征或者特性一致。选项D的说法正确。综上，选项B符合题意。

【答案】B

二、品种权的主体

1. 一般主体
2. 职务育种和非职务育种的品种权归属

5.【2013年第97题】根据植物新品种保护条例及相关规定，在没有合同约定的情况下，下列哪些说法是正确的？

A. 执行本单位的任务所完成的职务育种，植物新品种的申请权属于该单位
B. 主要是利用本单位的物质条件所完成的职务育种，植物新品种的申请权属于完成育种的个人
C. 合作育种，植物新品种的申请权属于共同完成育种的单位和个人
D. 委托育种，植物新品种的申请权属于委托人

【考点】品种权的归属

【分析】根据《植物新品种保护条例》第七条第一款的规定，执行本单位的任务或者主要是利用本单位的物质条件所完成的职务育种，植物新品种的申请权属于该单位；非职务育种，植物新品种的申请权属于完成育种的个人。申请被批准后，品种权属于申请人。选项A的说法正确，选项B的说法错误。根据该条第二款的规定，委托育种或者合作育种，品种权的归属由当事人在合同中约定；没有合同约定的，品种权属于受委托完成或者共同完成育种的单位或者个人。选项C的说法正确，选项D的说法错误。

【答案】AC

3. 委托育种和合作育种的品种权归属

三、获得品种权的程序

1. 品种权的申请和受理
2. 品种权的审查和批准
3. 复审

四、品种权的内容

1. 排他的独占权
2. 不需要经品种权人许可的使用

6.【2016年第94题】根据植物新品种保护条例及相关规定，下列哪些行为可以不经品种权人许可，不向其支付使用费？

A. 利用授权品种进行育种及其他科研活动
B. 农民自繁自用授权品种的繁殖材料
C. 为商业目的将该授权品种的繁殖材料重复使用于生产另一品种的繁殖材料
D. 为商业目的生产该授权品种的繁殖材料

【考点】育种　科研活动和农民自繁自用

【分析】《植物新品种保护条例》第十条规定，在下列情况下使用授权品种的，可以不经品种权人许可，不向其支付使用费，但是不得侵犯品种权人依照本条例享有的其他权利：（一）利用授权品种进行育种及其他科研活动；（二）农民自繁自用授权品种的繁殖材料。因此，选项AB正确，选项CD错误。

【答案】AB

3. 强制许可

4. 品种权的转让

5. 品种权的保护期限

7.【2016年第93题】根据植物新品种保护条例及相关规定，下列关于品种权保护期限的说法哪些是正确的？

A. 品种权的保护期限自授权之日起算　　B. 品种权的保护期限自申请之日起算

C. 林木品种权的保护期限为20年　　　　D. 果树品种权的保护期限为15年

【考点】品种权保护期限

【分析】《植物新品种保护条例》第三十四条规定，品种权的保护期限，自授权之日起，藤本植物、林木、果树和观赏树木为20年，其他植物为15年。因此，选项AC正确，选项BD错误。

【答案】AC

8.【2015年第94题】某公司于2014年5月6日在外国就某果树新品种提出品种权申请并被受理，并于2014年10月20日就同一品种在中国提出品种权申请，要求享有优先权并及时提交了相关文件。我国审批机关于2015年10月30日授予其品种权。根据植物新品种保护条例及相关规定，下列关于该品种权保护期限的哪些说法是正确的？

A. 保护期限从2014年5月6日起计算　　B. 保护期限从2014年10月20日起计算

C. 保护期限从2015年10月30日起计算　D. 该品种权的保护期限是20年

【考点】保护期限

【分析】根据《植物新品种保护条例》第三十四条的规定，果树品种权的保护期限，自授权之日起算20年，本题中，该公司品种权的授权日为2015年10月30日，因此，其保护期限自2015年10月30日起算，选项AB错误，选项CD正确。

【答案】CD

9.【2014年第19题】某公司就其培育的一个植物新品种向审批机关提出品种权申请并获得授权。该品种的育种完成日为2010年8月8日，申请日为2011年2月1日，初步审查合格公告日为2011年6月2日，授权日为2012年12月1日。根据植物新品种保护条例及相关规定，该品种权的保护期限自何日起算？

A. 2010年8月8日　　　　　　　　　　　B. 2011年2月1日

C. 2011年6月2日　　　　　　　　　　　D. 2012年12月1日

【考点】品种权的保护期限

【分析】根据《植物新品种保护条例》第三十四条的规定，品种权的保护期限，自授权之日起算，本题中，该公司品种权的授权日为2012年12月1日，因此，其保护期限自2012年12月1日起算，选项D正确。

【答案】D

6. 品种权的终止

五、品种权的无效

六、品种权的保护

1. 对申请期间植物新品种的临时保护

2. 侵犯品种权的行为

3. 侵权纠纷的解决途径

4. 侵权的法律责任

第五节　集成电路布图设计保护条例

基本要求

了解集成电路布图设计保护条例的主要内容；熟悉集成电路布图设计保护条例的基本概念；掌握申请保护的条件和程序；掌握布图设计专有权的内容、保护和保护期限。

本节内容主要涉及《集成电路布图设计保护条例》及其实施细则、《集成电路布图设计行政执法办法》的规定。

一、集成电路布图设计专有权的客体

1. 集成电路、布图设计
2. 其他相关概念
3. 申请保护的实质性条件

1.【2013年第92题】根据集成电路布图设计保护条例及相关规定，下列哪些说法是正确的？

A. 受保护的集成电路布图设计应当是创作者自己的智力劳动成果，并且在其创作时该布图设计在布图设计创作者和集成电路制造者中不是公认的常规设计

B. 受保护的集成电路布图设计应当富有美感

C. 对集成电路布图设计的保护不延及思想、处理过程、操作方法或者数学概念等

D. 集成电路布图设计专有权自创作完成之日起产生

【考点】集成电路布图设计的保护

【分析】根据《集成电路布图设计保护条例》第四条第一款的规定，受保护的布图设计应当具有独创性，即该布图设计是创作者自己的智力劳动成果，并且在其创作时该布图设计在布图设计创作者和集成电路制造者中不是公认的常规设计。因此，选项A的说法正确，并且由该款规定可知，富有美感并非是集成电路布图设计受保护的必要条件，因此，选项B的说法错误。根据《集成电路布图设计保护条例》第五条的规定，本条例对布图设计的保护，不延及思想、处理过程、操作方法或者数学概念等。因此，选项C的说法正确。根据《集成电路布图设计保护条例》第八条的规定，集成电路布图设计专有权自登记产生，并非自创作完成之日起产生，因此，选项D的说法错误。

需要注意的是，《著作权法实施条例》第六条规定，著作权自作品创作完成之日起产生。《计算机软件保护条例》第十四条第一款规定，软件著作权自软件开发完成之日起产生。

【答案】AC

二、集成电路布图设计专有权的主体

1. 主体范围
2. 专有权人的确定

三、集成电路布图设计专有权的取得

1. 登记申请

2.【2015年第29题】根据集成电路布图设计保护条例及相关规定，下列哪种文件是申请布图设计登记应当提交的？

A. 权利要求书　　　　　　　　　B. 说明书
C. 说明书附图　　　　　　　　　D. 布图设计的复印件或者图样

【考点】申请材料

【分析】根据《集成电路布图设计保护条例》第十六条的规定，申请布图设计登记，应当提交：（一）布图设计登记申请表；（二）布图设计的复制件或者图样；（三）布图设计已投入商业利用的，提交含有该布图设计的集成电路样品；（四）国务院知识产权行政部门规定的其他材料。因此，选项ABC错误，选项D正确。

【答案】D

3.【2012年第65题】根据集成电路布图设计保护条例及相关规定，下列哪些说法是正确的？

A. 布图设计自其在世界任何地方首次商业利用之日起 1 年内未向国务院知识产权行政部门提出登记申请的，国务院知识产权行政部门不再予以登记

B. 布图设计自其在世界任何地方首次商业利用之日起 2 年内未向国务院知识产权行政部门提出登记申请的，国务院知识产权行政部门不再予以登记

C. 无论是否登记或者投入商业利用，布图设计自其创作完成之日起满 10 年的，不再受保护

D. 无论是否登记或者投入商业利用，布图设计自其创作完成之日起满 15 年的，不再受保护

【考点】 集成电路布图设计的登记和保护期

【分析】 根据《集成电路布图设计保护条例》第十七条的规定，布图设计自其在世界任何地方首次商业利用之日起 2 年内，未向国务院知识产权行政部门提出登记申请的，国务院知识产权行政部门不再予以登记。因此，选项 A 错误，选项 B 正确。根据《集成电路布图设计保护条例》第十二条的规定，布图设计专有权的保护期为 10 年，自布图设计登记申请之日或者在世界任何地方首次投入商业利用之日起计算，以较前日期为准。但是，无论是否登记或者投入商业利用，布图设计自创作完成之日起 15 年后，不再受本条例保护。因此，选项 C 错误，选项 D 正确。

【答案】 BD

2. 申请的审查和登记

4.【2014 年第 99 题】根据计算机软件保护条例的规定，下列哪些说法是正确的？

A. 受保护的软件必须由开发者独立开发，并已固定在某种有形物体上

B. 对软件著作权的保护不延及开发软件所用的思想、处理过程、操作方法或者数学概念

C. 软件著作权人应当向国务院著作权行政管理部门认定的软件登记机构办理登记，其著作权自登记之日起产生

D. 自然人的软件著作权保护期为 50 年，截止于软件首次发表后第 50 年的 12 月 31 日

【考点】 软件著作权的客体 登记

【分析】 根据《计算机软件保护条例》第四条的规定，受本条例保护的软件必须由开发者独立开发，并已固定在某种有形物体上。因此，选项 A 正确。根据该条例第六条的规定，本条例对软件著作权的保护不延及开发软件所用的思想、处理过程、操作方法或者数学概念等。因此，选项 B 正确。根据该条例第七条第一款的规定，软件著作权人可以向国务院著作权行政管理部门认定的软件登记机构办理登记。软件登记机构发放的登记证明文件是登记事项的初步证明。根据该条例第十四条第一款的规定，软件著作权自软件开发完成之日起产生。由此可知，办理登记不是著作权人的义务，更不是产生著作权的条件，因此，选项 C 错误。根据该条例第十四条第二款的规定，自然人的软件著作权，保护期为自然人终生及其死亡后 50 年，截止于自然人死亡后第 50 年的 12 月 31 日；软件是合作开发的，截止于最后死亡的自然人死亡后第 50 年的 12 月 31 日。因此，选项 D 错误。

【答案】 AB

5.【2013 年第 95 题】根据计算机软件保护条例的规定，软件著作权人可以向国务院著作权行政管理部门认定的软件登记机构办理登记。关于软件登记，下列哪些说法是正确的？

A. 软件登记机构发放的登记证明文件是登记事项的初步证明

B. 计算机软件著作权自软件登记之日起产生

C. 计算机软件著作权的保护期为自软件登记之日起五十年

D. 办理软件登记应当缴纳费用

【考点】 软件著作权登记

【分析】 根据《计算机软件保护条例》第七条的规定，软件著作权人可以向国务院著作权行政管理部门认定的软件登记机构办理登记。软件登记机构发放的登记证明文件是登记事项的初步证明。因此，选项 AD 正确。根据该条例第十四条第一款的规定，软件著作权自软件开发完成之日起产生。因此，选项 B 错误。根据该条例第十四条第二、三款的规定，自然人的软件著作权，保护期为自然人终生及其死亡后 50 年，截止于自然人死亡后第 50 年的 12 月 31 日；软件是合作开发的，截止于最后死亡的自然人死亡后第 50 年的 12 月 31 日。

法人或者其他组织的软件著作权,保护期为50年,截止于软件首次发表后第50年的12月31日,但软件自开发完成之日起50年内未发表的,本条例不再保护。因此,选项C错误。

【答案】AD

3. 查阅和复制
4. 费用

四、集成电路布图设计专有权的内容

1. 复制权的内容及其范围

6.【2016年第95题】根据集成电路布图设计保护条例及相关规定,集成电路布图设计权利人享有下列哪些专有权?

A. 对受保护的布图设计的全部进行复制
B. 对受保护的布图设计中的任何具有独创性的部分进行复制
C. 将受保护的布图设计投入商业利用
D. 将含有受保护的布图设计的集成电路投入商业利用

【考点】集成电路布图设计权利人享有的专有权

【分析】《集成电路布图设计保护条例》第七条规定,布图设计权利人享有下列专有权:(一)对受保护的布图设计的全部或者其中任何具有独创性的部分进行复制;(二)将受保护的布图设计、含有该布图设计的集成电路或者含有该集成电路的物品投入商业利用。因此,选项ABCD正确。

【答案】ABCD

7.【2014年第69题】根据集成电路布图设计保护条例及相关规定,布图设计权利人享有下列哪些专有权?

A. 将受保护的布图设计投入商业利用
B. 将含有受保护布图设计的集成电路以及含有该集成电路的物品投入商业利用
C. 对受保护的布图设计的全部进行复制
D. 对受保护的布图设计的任何具有独创性的部分进行复制

【考点】集成电路布图设计专有权

【分析】根据《集成电路布图设计保护条例》第七条的规定,布图设计权利人享有下列专有权:(一)对受保护的布图设计的全部或者其中任何具有独创性的部分进行复制;(二)将受保护的布图设计、含有该布图设计的集成电路或者含有该集成电路的物品投入商业利用。因此,选项ABCD正确。

【答案】ABCD

2. 商业利用权的内容及其范围

8.【2012年第47题】根据集成电路布图设计保护条例及相关规定,集成电路布图设计权利人享有下列哪些专有权?

A. 对受保护的布图设计的全部进行复制
B. 对受保护的布图设计的任何具有独创性的部分进行复制
C. 将受保护的布图设计投入商业利用
D. 将含有受保护的布图设计的集成电路投入商业利用

【考点】集成电路布图设计专有权

【分析】根据《集成电路布图设计保护条例》第七条的规定,布图设计权利人享有下列专有权:(一)对受保护的布图设计的全部或者其中任何具有独创性的部分进行复制;(二)将受保护的布图设计、含有该布图设计的集成电路或者含有该集成电路的物品投入商业利用。因此,选项ABCD正确。

【答案】ABCD

3. 权利的行使
4. 专有权的保护期限和放弃

9.【2015年第95题】根据集成电路布图设计保护条例及相关规定,下列哪些说法是正确的?

A. 布图设计专有权的保护期为25年
B. 布图设计专有权的保护期自登记申请之日或者在世界任何地方首次投入商业利用之日起计算，以较前日期为准
C. 布图设计专有权经国务院知识产权行政部门登记产生
D. 无论是否登记或者投入商业利用，布图设计自创作完成之日起15年后，不再受到集成电路布图设计保护条例保护

【考点】保护期限

【分析】根据《集成电路布图设计保护条例》第十二条的规定，布图设计专有权的保护期为10年，自布图设计登记申请之日或者在世界任何地方首次投入商业利用之日起计算，以较前日期为准。但是，无论是否登记或者投入商业利用，布图设计自创作完成之日起15年后，不再受本条例保护。因此，选项A错误，选项BD正确。根据《集成电路布图设计保护条例》第八条第一款的规定，布图设计专有权经国务院知识产权行政部门登记产生。因此，选项C正确。

【答案】BCD

5. 对布图设计专有权的限制

五、布图设计登记申请的复审、复议和专有权的撤销

1. 复审

10.【2014年第24题】根据集成电路布图设计保护条例及相关规定，布图设计登记申请人对国家知识产权局驳回其登记申请的决定不服的，可以选择下列哪种救济途径？
A. 自收到通知之日起3个月内向国家知识产权局申请行政复议
B. 自收到通知之日起3个月内向国家知识产权局专利复审委员会请求复审
C. 自收到通知之日起3个月内向国家知识产权局专利复审委员会申诉
D. 自收到通知之日起3个月内直接向人民法院提起行政诉讼

【考点】对驳回布图设计登记申请的救济

【分析】根据《集成电路布图设计保护条例》第十九条的规定，布图设计登记申请人对国务院知识产权行政部门驳回其登记申请的决定不服的，可以自收到通知之日起3个月内，向国务院知识产权行政部门请求复审。国务院知识产权行政部门复审后，作出决定，并通知布图设计登记申请人。布图设计登记申请人对国务院知识产权行政部门的复审决定仍不服的，可以自收到通知之日起3个月内向人民法院起诉。《集成电路布图设计保护条例实施细则》第二十三条的规定，国家知识产权局专利复审委员会负责对国家知识产权局驳回布图设计登记申请决定不服而提出的复审请求的审查，以及负责对布图设计专有权撤销案件的审查。因此，选项B正确。

【答案】B

2. 复议范围

3. 撤销

六、集成电路布图设计专有权的保护

1. 侵权行为

2. 侵权纠纷的解决途径

11.【2016年第29题】根据集成电路布图设计保护条例的规定，侵犯布图设计专有权引起纠纷的，布图设计权利人或者利害关系人可以请求下列哪个部门处理？
A. 国务院工商行政管理部门
B. 国务院著作权行政管理部门
C. 国务院知识产权行政部门
D. 地方各级管理专利工作的部门

【考点】布图设计侵权纠纷处理

【分析】《集成电路布图设计保护条例》第31条规定，未经布图设计权利人许可，使用其布图设计，即侵犯其布图设计专有权，引起纠纷的，由当事人协商解决；不愿协商或者协商不成的，布图设计权利人或者利害关系人可以向人民法院起诉，也可以请求国务院知识产权行政部门处理。国务院知识产权行政部门处理时，认

定侵权行为成立的，可以责令侵权人立即停止侵权行为，没收、销毁侵权产品或者物品。当事人不服的，可以自收到处理通知之日起15日内依照《中华人民共和国行政诉讼法》向人民法院起诉；侵权人期满不起诉又不停止侵权行为的，国务院知识产权行政部门可以请求人民法院强制执行。应当事人的请求，国务院知识产权行政部门可以就侵犯布图设计专有权的赔偿数额进行调解；调解不成的，当事人可以依照《中华人民共和国民事诉讼法》向人民法院起诉。因此，选项ABD错误，选项C正确。

【答案】C

12. 【2013年第12题】根据集成电路布图设计保护条例及相关规定，侵犯布图设计专有权，引起纠纷的，布图设计权利人或者利害关系人可以向下列哪一部门请求处理？

　　A. 国务院工商行政管理部门　　　　　　B. 国务院知识产权行政部门
　　C. 国务院科学技术行政部门　　　　　　D. 省级管理专利工作的部门

【考点】布图设计专有权的保护

【分析】根据《集成电路布图设计保护条例》第三十一条的规定，未经布图设计权利人许可，使用其布图设计，即侵犯其布图设计专有权，引起纠纷的，由当事人协商解决；不愿协商或者协商不成的，布图设计权利人或者利害关系人可以向人民法院起诉，也可以请求国务院知识产权行政部门处理。国务院知识产权行政部门处理时，认定侵权行为成立的，可以责令侵权人立即停止侵权行为，没收、销毁侵权产品或者物品。当事人不服的，可以自收到处理通知之日起15日内依照《中华人民共和国行政诉讼法》向人民法院起诉；侵权人期满不起诉又不停止侵权行为的，国务院知识产权行政部门可以请求人民法院强制执行。应当事人的请求，国务院知识产权行政部门可以就侵犯布图设计专有权的赔偿数额进行调解；调解不成的，当事人可以依照《中华人民共和国民事诉讼法》向人民法院起诉。因此，选项ACD错误，选项B正确。

【答案】B

3. 侵权责任及其承担方式

第六节　其他知识产权法规、规章

基本要求

了解知识产权海关保护条例和展会知识产权保护办法的主要内容；熟悉知识产权的备案、扣留侵权嫌疑货物的申请及其处理；了解海关对申请的调查和处理以及相关的法律责任；了解展会知识产权保护办法的主要内容；展会知识产权侵权案件的投诉处理；展会知识产权的保护及侵权的法律责任。

本节内容主要涉及《中华人民共和国知识产权海关保护条例》及《中华人民共和国海关关于〈中华人民共和国知识产权海关保护条例〉的实施办法》以及《展会知识产权保护办法》的规定。

一、知识产权的备案

1. 备案申请

1.【2014年第29题】根据知识产权海关保护条例及相关规定，知识产权权利人可以将其知识产权向下列哪个部门申请知识产权海关保护备案？

　　A. 海关总署　　　　　　　　　　　　　B. 权利人所在地海关
　　C. 货物进出境地海关　　　　　　　　　D. 侵权人所在地海关

【考点】知识产权备案

【分析】根据《知识产权海关保护条例》第七条的规定，知识产权权利人可以依照本条例的规定，将其知识产权向海关总署申请备案；申请备案的，应当提交申请书。申请书应当包括下列内容：（一）知识产权权利人的名称或者姓名、注册地或者国籍等；（二）知识产权的名称、内容及其相关信息；（三）知识产权许可行使状况；（四）知识产权权利人合法行使知识产权的货物的名称、产地、进出境地海关、进出口商、主要特征、价格等；（五）已知的侵犯知识产权货物的制造商、进出口商、进出境地海关、主要特征、价格等。前款规定的申请书内容有证明文件的，知识产权权利人应当附送证明文件。因此，选项A正确，选项BCD错误。

【答案】A

2. 【2014年第81题】根据知识产权海关保护条例及相关规定,下列哪些知识产权的权利人可以请求海关实施知识产权海关保护?
   A. 外观设计专利权　　　　　　　　　B. 注册商标专用权
   C. 植物新品种权　　　　　　　　　　D. 著作权

   【考点】知识产权海关保护

   【分析】根据《知识产权海关保护条例》第二条的规定,本条例所称知识产权海关保护,是指海关对与进出口货物有关并受中华人民共和国法律、行政法规保护的商标专用权、著作权和与著作权有关的权利、专利权(以下统称知识产权)实施的保护。因此,选项ABD正确,选项C错误。

   【答案】ABD

3. 【2013年第65题】根据知识产权海关保护条例,下列哪些说法是正确的?
   A. 海关仅对与出口货物有关的知识产权实施保护
   B. 海关实施保护的知识产权包括专利权、商标专用权、著作权和与著作权有关的权利
   C. 知识产权权利人请求海关实施知识产权保护的,应当向海关提出采取保护措施的申请
   D. 海关实施知识产权保护时,应当保守有关当事人的商业秘密

   【考点】知识产权的海关保护

   【分析】根据《知识产权海关保护条例》第二条的规定,本条例所称知识产权海关保护,是指海关对与进出口货物有关并受中华人民共和国法律、行政法规保护的商标专用权、著作权和与著作权有关的权利、专利权(以下统称知识产权)实施的保护。因此,选项A错误,选项B正确。根据《知识产权海关保护条例》第四条的规定,知识产权权利人请求海关实施知识产权保护的,应当向海关提出采取保护措施的申请。因此,选项C正确。根据《知识产权海关保护条例》第六条的规定,海关实施知识产权保护时,应当保守有关当事人的商业秘密。因此,选项D正确。

   【答案】BCD

4. 【2012年第56题】根据知识产权海关保护条例及相关规定,下列哪些知识产权的权利人可以请求海关实施知识产权海关保护?
   A. 注册商标专用权　　　　　　　　　B. 著作权和与著作权有关的权利
   C. 集成电路布图设计专有权　　　　　D. 专利权

   【考点】知识产权的海关保护

   【分析】根据《知识产权海关保护条例》第二条的规定,本条例所称知识产权海关保护,是指海关对与进出口货物有关并受中华人民共和国法律、行政法规保护的商标专用权、著作权和与著作权有关的权利、专利权(以下统称知识产权)实施的保护。因此,选项ABD正确,选项C错误。

   【答案】ABD

2. 备案的有效期及其续展

3. 备案的变更和失效

二、侵权嫌疑货物的扣留及其处理

1. 扣留

5. 【2012年第72题】根据知识产权海关保护条例及相关规定,下列哪些说法是正确的?
   A. 知识产权权利人请求海关扣留侵权嫌疑货物的,应当向海关提供不超过货物等值的担保
   B. 海关依规定扣留侵权嫌疑货物的,知识产权权利人应当支付有关的仓储、保管和处置费用
   C. 涉嫌侵犯专利权货物的收货人或者发货人在向海关提供与货物等值的担保金后,请求海关放行其货物的,海关应予放行
   D. 被扣留的侵权嫌疑货物,经海关调查后认定侵犯知识产权的,海关应将其交给知识产权权利人处理

   【考点】侵权嫌疑货物的扣留

   【分析】根据《知识产权海关保护条例》第十四条的规定,知识产权权利人请求海关扣留侵权嫌疑货物的,应当向海关提供不超过货物等值的担保,用于赔偿可能因申请不当给收货人、发货人造成的损失,以及支

付货物由海关扣留后的仓储、保管和处置等费用；知识产权权利人直接向仓储商支付仓储、保管费用的，从担保中扣除。具体办法由海关总署制定。因此，选项 A 正确。根据《知识产权海关保护条例》第二十五条的规定，海关依照本条例的规定扣留侵权嫌疑货物，知识产权权利人应当支付有关仓储、保管和处置等费用。知识产权权利人未支付有关费用的，海关可以从其向海关提供的担保金中予以扣除，或者要求担保人履行有关担保责任。侵权嫌疑货物被认定为侵犯知识产权的，知识产权权利人可以将其支付的有关仓储、保管和处置等费用计入其为制止侵权行为所支付的合理开支。因此，选项 B 正确。根据《知识产权海关保护条例》第二十四条规定，有下列情形之一的，海关应当放行被扣留的侵权嫌疑货物：其中，（三）涉嫌侵犯专利权货物的收货人或者发货人在向海关提供与货物等值的担保金后，请求海关放行其货物的。因此，选项 C 正确。根据《知识产权海关保护条例》第二十七条第三款的规定，被没收的侵犯知识产权货物可以用于社会公益事业的，海关应当转交给有关公益机构用于社会公益事业；知识产权权利人有收购意愿的，海关可以有偿转让给知识产权权利人。被没收的侵犯知识产权货物无法用于社会公益事业且知识产权权利人无收购意愿的，海关可以在消除侵权特征后依法拍卖，但对进口假冒商标货物，除特殊情况外，不能仅清除货物上的商标标识即允许其进入商业渠道；侵权特征无法消除的，海关应当予以销毁。因此，选项 D 错误。

【答案】ABC

2. 调查和认定

三、法律责任

1. 收货人或发货人的责任
2. 知识产权权利人的责任

四、展会知识产权的保护

第三章 相关国际条约

第一节 保护工业产权巴黎公约

基本要求

了解巴黎公约的基本背景知识；了解巴黎公约确定的工业产权的概念；掌握巴黎公约确立的专利国际保护的基本原则和基本制度。

本节内容主要涉及《保护工业产权巴黎公约》的规定。

一、巴黎公约基本知识

1. 【2016年第96题】根据《保护工业产权巴黎公约》的规定，下列哪些属于工业产权的保护对象？
   A. 商标　　　　　　　　　　　　　　　　B. 厂商名称
   C. 货源标记或原产地名称　　　　　　　　D. 专利

   【考点】工业产权

   【分析】根据《保护工业产权巴黎公约》第一条（2）的规定，工业产权的保护对象有专利、实用新型、工业品外观设计、商标、服务标记、厂商名称、货源标记或原产地名称，和制止不正当竞争。因此，选项ABCD正确。

   【答案】ABCD

2. 【2014年第13题】根据《保护工业产权巴黎公约》的规定，下列哪项不属于工业产权的保护对象？
   A. 专利　　　　　　　　　　　　　　　　B. 原产地名称
   C. 货源标记　　　　　　　　　　　　　　D. 文字作品

   【考点】工业产权

   【分析】根据《保护工业产权巴黎公约》第一条（2）的规定，工业产权的保护对象有专利、实用新型、工业品外观设计、商标、服务标记、厂商名称、货源标记或原产地名称，和制止不正当竞争。选项ABC均为工业产权的保护对象，不符合题意。而选项D的文字作品属于著作权保护的对象，不是工业产权保护的对象，符合题意。

   需要注意的是：《与贸易有关的知识产权协议》第一条规定，该协议所称知识产权包括：（1）版权和邻接权；（2）商标权；（3）地理标志权；（4）工业品外观设计权；（5）专利权；（6）集成电路布图设计（拓扑图）权；（7）未披露过的信息专有权。

   【答案】D

3. 【2013年第8题】下列哪项不属于《保护工业产权巴黎公约》规定的工业产权？
   A. 专利权　　　　B. 商标权　　　　C. 版权　　　　D. 外观设计权

   【考点】工业产权

   【分析】根据《保护工业产权巴黎公约》第一条（2）的规定，工业产权的保护对象有专利、实用新型、工业品外观设计、商标、服务标记、厂商名称、货源标记或原产地名称，和制止不正当竞争。选项ABD均为工业产权的保护对象，不符合题意。选项D不是工业产权的保护对象，符合题意。

   【答案】C

二、巴黎公约确立的核心原则和内容

1. 国民待遇原则

4. 【2014年第97题】根据《保护工业产权巴黎公约》的规定，在工业产权保护方面，下列哪些人可在该公约成员国之一的美国享有国民待遇？
   A. 在美国有住所的中国公民　　　　　　　B. 在美国没有住所的中国公民

C. 在美国有营业所的中国企业　　D. 在美国没有营业所的中国企业

【考点】国民待遇原则

【分析】根据《保护工业产权巴黎公约》第二条的规定，(1) 本联盟任何国家的国民，在保护工业产权方面，在本联盟所有其他国家内应享有各该国法律现在授予或今后可能授予国民的各种利益；一切都不应损害本公约特别规定的权利。因此，他们应和国民享有同样的保护，对侵犯他们的权利享有同样的法律上的救济手段，但是他们遵守对国民规定的条件和手续为限。(2) 但是，对于本联盟国家的国民不得规定在其要求保护的国家须有住所或营业所才能享有工业产权。(3) 本联盟每一国家法律中关于司法和行政程序管辖权、以及指定送达地址或委派代理人的规定，工业产权法律中可能有要求的，均明确地予以保留。由于中国属于该公约的成员国，因此，中国国民无论是否在美国具有住所或营业所，均可在美国享有国民待遇，选项 ABCD 正确。

【答案】ABCD

5.【2013年第38题】根据《保护工业产权巴黎公约》，巴黎联盟成员国的法律可对下列哪些事项作出国民待遇原则的例外规定？

A. 司法和行政程序管辖权　　B. 指定送达地址

C. 委派代理人　　D. 权利受侵犯时法律上的救济手段

【考点】国民待遇原则

【分析】根据《保护工业产权巴黎公约》第二条 (3) 的规定，本联盟每一国家法律中关于司法和行政程序管辖权、以及指定送达地址或委派代理人的规定，工业产权法律中可能有要求的，均明确地予以保留。选项 ABC 正确，选项 D 错误。

【答案】ABC

2. 专利的独立性

6.【2016年第97题】根据《保护工业产权巴黎公约》的规定，下列哪些说法是正确的？

A. 成员国国民在某一成员国申请的专利，与在其他成员国或者非成员国就同一发明所取得的专利相互独立

B. 成员国国民就同一发明在优先权期限内向不同成员国申请的专利，在某一成员国被驳回的，在其他成员国亦必须被驳回

C. 成员国可以以专利产品的销售受到本国法律禁止为理由，拒绝授予专利权

D. 成员国不得以专利产品的销售受到本国法律禁止为理由，拒绝授予专利权

【考点】专利的独立性

【分析】根据《保护工业产权巴黎公约》第四条之二的规定，(1) 本联盟国家的国民向本联盟各国申请的专利，与在其他国家，不论是否本联盟的成员国，就同一发明所取得的专利是相互独立的。(2) 上述规定，应从不受限制的意义来理解，特别是指在优先权期间内申请的各项专利，就其无效和丧失权利的理由以及其正常的期间而立，是相互独立的。(3) 本规定应适用于在其开始生效时已经存在的一切专利。(4) 在有新国家加入的情况下，本规定应同样适用于加入时两方面已经存在的专利。(5) 在本联盟各国，因享有优先权的利益而取得的专利的期限，与没有优先权的利益而申请或授予的专利的期限相同。根据《保护工业产权巴黎公约》第四条之四的规定，不得以专利产品的销售或依专利方法制造的产品的销售受到本国法律的禁止或限制为理由，而拒绝授予专利或使专利无效。因此，选项 AD 正确，选项 BC 错误。

【答案】AD

7.【2015年第100题】根据《保护工业产权巴黎公约》的规定，下列哪些说法是正确的？

A. 不得以专利产品的销售或依专利方法制造的产品的销售受到本国法律的禁止或限制为理由，而拒绝授予专利或使专利无效

B. 发明人有在专利中被记载为发明人的权利

C. 在巴黎公约联盟各国，因享有优先权的利益而取得的专利的期限，与没有优先权的利益而申请或授予的专利的期限相同

D. 巴黎公约联盟国家的国民向联盟各国申请的专利，与在其他国家就同一发明所取得的专利相互独立

【考点】专利权

【分析】根据《保护工业产权巴黎公约》第四条之四的规定，不得以专利产品的销售或依专利方法制造的产品的销售受到本国法律的禁止或限制为理由，而拒绝授予专利或使专利无效。因此，选项A正确。根据《保护工业产权巴黎公约》第四条之三的规定，发明人有在专利中被记载为发明人的权利。因此，选项B正确。根据《保护工业产权巴黎公约》第四条之二的规定，（1）本联盟国家的国民向本联盟各国申请的专利，与在其他国家，不论是否本联盟的成员国，就同一发明所取得的专利是相互独立的。（2）上述规定，应从不受限制的意义来理解，特别是指在优先权期间内申请的各项专利，就其无效和丧失权利的理由以及其正常的期间而立，是相互独立的。（3）本规定应适用于在其开始生效时已经存在的一切专利。（4）在有新国家加入的情况下，本规定应同样适用于加入时两方面已经存在的专利。（5）在本联盟各国，因享有优先权的利益而取得的专利的期限，与没有优先权的利益而申请或授予的专利的期限相同。因此，选项CD正确。

【答案】ABCD

8.【2012年第100题】根据《保护工业产权巴黎公约》关于专利的规定，下列哪些说法是正确的？

A. 成员国可以以专利产品的销售受到本国法律禁止为由拒绝授予专利权

B. 发明人有在专利中被记载为发明人的权利

C. 成员国可以将在商品上载明专利作为取得保护的条件

D. 一成员国国民向各成员国申请的专利，与在其他国家就同一发明所取得的专利是相互独立的

【考点】专利权

【分析】根据《保护工业产权巴黎公约》第四条之四的规定，不得以专利产品的销售或依专利方法制造的产品的销售受到本国法律的禁止或限制为理由，而拒绝授予专利或使专利无效。因此，选项A错误。根据《保护工业产权巴黎公约》第四条之三的规定，发明人有在专利中被记载为发明人的权利。因此，选项B正确。根据《保护工业产权巴黎公约》第五条D的规定，不应要求在商品上标志或载明专利、实用新型、商标注册或工业品外观设计保存，作为承认取得保护权利的条件。因此，选项C错误。根据《保护工业产权巴黎公约》第四条之二（1）的规定，本联盟国家的国民向本联盟各国申请的专利，与在其他国家，不论是否本联盟的成员国，就同一发明所取得的专利是相互独立的。因此，选项D正确。

【答案】BD

3. 优先权

9.【2016年第98题】根据《保护工业产权巴黎公约》的规定，下列哪些说法是正确的？

A. 要求优先权的，应当在各成员国规定的期限内提出要求优先权的声明

B. 成员国可以要求作出优先权声明的任何人提交以前提出的申请的副本

C. 作为产生优先权的基础的首次申请可以是与正规的国家申请相当的任何申请

D. 成员国可以准许根据实用新型申请的优先权提出工业品外观设计申请

【考点】优先权

【分析】《保护工业产权巴黎公约》第四条规定，A.（1）已经在本联盟的一个国家正式提出专利、实用新型注册、外观设计注册或商标注册的申请的任何人，或其权利继受人，为了在其他国家提出申请，在以下规定的期间内应享有优先权。（2）依照本联盟任何国家的本国立法，或依照本联盟各国之间缔结的双边或多边条约，与正规的国家申请相当的任何申请，应被承认为产生优先权。D.（1）任何人希望利用以前提出的一项申请的优先权的，需要作出声明，说明提出该申请的日期和受理该申请的国家。每一国家应确定必须作出该项声明的最后日期。（2）这些事项应在主管机关的出版物中，特别是应在专利和有关专利的说明书中予以载明。（3）本联盟国家可以要求作出优先权声明的任何人提交以前提出的申请（说明书、附图等）的副本。该副本应经原受理申请的机关证实无误，不需要任何认证，并且无论如何可以在提出后一申请后三个月内随时提交，不需缴纳费用。本联盟国家可以要求该副本附有上述机关出具的载明申请日的证明书和译文。E.（1）依靠以实用新型申请为基础的优先权而在一个国家提出工业品外观设计申请的，优先权的期间应与对工业品外观设计规定的优先权期间一样。（2）而且，依靠以专利申请为基础的优先权而在一个国家提出实用新型的申请是许可的，反之亦一样。因此，选项ABCD正确。

【答案】ABCD

10.【2015年第98题】根据《保护工业产权巴黎公约》的规定，下列关于优先权期间的哪些说法是正确的？

A. 专利申请的优先权期间为12个月　　B. 实用新型申请的优先权期间为12个月
C. 外观设计申请的优先权期间为6个月　　D. 商标申请的优先权期间为6个月

【考点】优先权期间

【分析】根据《保护工业产权巴黎公约》第四条C（1）、（2）的规定，（1）上述优先权的期间，对于专利和实用新型应为十二个月，对于外观设计和商标应为六个月。（2）这些期间应自第一次申请的申请日开始；申请日不应计入期间之内。因此，选项ABCD正确。

【答案】ABCD

11.【2012年第73题】根据《保护工业产权巴黎公约》的规定，成员国国民就其在本国提出的下列哪些工业产权的首次申请，又在其他成员国提出申请的，可以享有优先权？

A. 专利　　B. 工业品外观设计
C. 原产地名称　　D. 实用新型

【考点】优先权

【分析】根据《保护工业产权巴黎公约》第四条A（1）的规定，已经在本联盟的一个国家正式提出专利、实用新型注册、外观设计注册或商标注册的申请的任何人，或其权利继受人，为了在其他国家提出申请，在以下规定的期间内应享有优先权。因此，选项ABD正确。该公约未规定原产地名称的优先权事项，因此，选项C错误。

【答案】ABD

4. 国际展览会的临时保护

12.【2013年第44题】根据《保护工业产权巴黎公约》的规定，对在巴黎联盟任何成员国领土内举办的官方国际展览会展出商品中的下列哪些工业产权保护对象，其他成员国应按其本国法律给予临时保护？

A. 实用新型　　B. 集成电路布图设计
C. 商标　　D. 植物新品种

【考点】临时保护

【分析】根据《保护工业产权巴黎公约》第十一条（1）的规定，本联盟国家应按其本国法律对在本联盟任何国家领土内举办的官方的或经官方承认的国际展览会展出的商品中可以取得专利的发明、实用新型、工业品外观设计和商标，给予临时保护。因此，选项AC正确，选项BD错误。

【答案】AC

5. 对专利权的限制

13.【2015年第99题】根据《保护工业产权巴黎公约》的规定，下列关于强制许可的哪些说法是正确的？

A. 成员国不得以不实施为由授予专利强制许可
B. 专利强制许可在任何情况下都不得转让
C. 专利权人将在某成员国内制造的物品进口到对该物品授予专利的国家的，不应导致该项专利的取消
D. 巴黎公约中关于专利强制许可的各项规定准用于实用新型

【考点】强制许可

【分析】根据《保护工业产权巴黎公约》第五条A（1）、（2）、（4）、（5）的规定，（1）专利权人将在本联盟任何国家内制造的物品进口到对该物品授予专利的国家的，不应导致该项专利的取消。（2）本联盟各国都有权采取立法措施规定授予强制许可，以防止由于行使专利所赋予的专有权而可能产生的滥用，例如：不实施。（4）自提出专利申请之日起四年届满以前，或自授予专利之日起三年届满以前，以后满期的期间为准，不得以不实施或不充分实施为理由申请强制许可；如果专利权人的不作为有正当理由，应拒绝强制许可。这种强制许可是非独占性的，而且除与利用该许可的部分企业或商誉一起转让外，不得转让，甚至以授予分许可证的形式也在内。（5）上述各项规定准用于实用新型。因此，选项AB错误，选项CD正确。

【答案】CD

14.【2014年第30题】根据《保护工业产权巴黎公约》的规定，关于专利的强制许可，下列哪种说法是正确的？
A. 成员国不得以不实施专利为由颁发强制许可
B. 强制许可在任何情况下都不可转让
C. 强制许可应当是非独占性的
D. 强制许可的被许可人无需向专利权人支付使用费

【考点】强制许可

【分析】根据《保护工业产权巴黎公约》第五条A（2）的规定，本联盟各国都有权采取立法措施规定授予强制许可，以防止由于行使专利所赋予的专有权而可能产生的滥用，例如：不实施。因此，选项A错误。根据《保护工业产权巴黎公约》第五条A（4）的规定，自提出专利申请之日起四年届满以前，或自授予专利之日起三年届满以前，以后满期的期间为准，不得以不实施或不充分实施为理由申请强制许可；如果专利权人的不作为有正当理由，应拒绝强制许可。这种强制许可是非独占性的，而且除与利用该许可的部分企业或商誉一起转让外，不得转让，甚至以授予分许可证的形式也在内。因此，选项B错误，选项C正确。《保护工业产权巴黎公约》没有明确规定取得强制许可的人可以不向专利权人支付许可费，选项D错误。

【答案】C

15.【2012年第48题】根据《保护工业产权巴黎公约》的规定，下列哪些说法是正确的？
A. 成员国不得对实用新型授予强制许可
B. 成员国有权采取立法措施规定授予强制许可，以防止专利权的滥用
C. 除强制许可的授予不足以防止专利权的滥用外，不应规定专利的取消
D. 针对专利权授予的强制许可应是非独占性的

【考点】强制许可

【分析】根据《保护工业产权巴黎公约》第五条A（2）、（3）、（4）和（5）的规定，（2）本联盟各国都有权采取立法措施规定授予强制许可，以防止由于行使专利所赋予的专有权而可能产生的滥用，例如：不实施。（3）除强制许可的授予不足以防止上述滥用外，不应规定专利的取消。自授予第一个强制许可之日起两年届满前不得提起取消或撤销专利的诉讼。（4）自提出专利申请之日起四年届满以前，或自授予专利之日起三年届满以前，以后满期的期间为准，不得以不实施或不充分实施为理由申请强制许可；如果专利权人的不作为有正当理由，应拒绝强制许可。这种强制许可是非独占性的，而且除与利用该许可的部分企业或商誉一起转让外，不得转让，甚至以授予分许可证的形式也在内。（5）上述各项规定准用于实用新型。因此，选项A错误，选项BCD正确。

【答案】BCD

6. 成员国签订专门协定的权利

第二节 与贸易有关的知识产权协定

基本要求

了解协议签署的背景；了解协议确定的知识产权保护客体的范围；掌握协议确立的基本原则以及关于专利、工业品外观设计和集成电路布图设计的保护规定；理解协议关于知识产权执法的规定和争端解决机制。

本节内容主要涉及《与贸易有关的知识产权协定》的规定。

一、协议的基本知识

1.【2016年第30题】根据《与贸易有关的知识产权协定》的规定，在知识产权保护方面，除该协定规定的特殊情形之外，每一成员给予其他成员国民的待遇不应比其给予本国国民的待遇较为不利。上述规定可以概括为什么原则？
A. 对等原则　　　　　　　　　　　　B. 差别待遇原则

C. 国民待遇原则　　　　　　　　　　　D. 最惠国待遇原则

【考点】国民待遇原则

【分析】根据《与贸易有关的知识产权协定》第三条（1）的规定，在知识产权的保护方面，除《巴黎公约》（1967年）、伯尔尼公约（1971年）、罗马公约或者关于集成电路知识产权条约已经规定的例外以外，每一成员给予其他成员国民的待遇不应比其给予本国国民的待遇较为不利。因此，选项ABD错误，选项C正确。

【答案】C

2.【2015年第30题】根据《与贸易有关的知识产权协定》的规定，关于知识产权的保护，一成员对任何其他国家的国民授予的任何利益、优惠、特权或豁免，除该协定规定的特殊情形之外应当立即无条件地给予所有其他成员的国民。上述规定可以概括为什么原则？

A. 对等原则　　　　　　　　　　　　B. 差别待遇原则
C. 最惠国待遇原则　　　　　　　　　D. 国民待遇原则

【考点】最惠国待遇

【分析】根据《与贸易有关的知识产权协定》第4条的规定，关于知识产权的保护，任何成员对任何其他国家的国民给予的任何利益、优惠、特权或者豁免，应立即无条件地给予所有其他成员的国民。任何成员按照下述情形给予的任何利益、优惠、特权或者豁免不受这个义务的限制：（a）根据司法协助或者一般性的法律实施的国际协定而得来，并且不是特别限于知识产权的保护的；（b）根据伯尔尼公约（1971年）或者罗马公约关于允许根据另一国给予的待遇而不是根据国民待遇原则给予待遇的规定给予的；（c）有关本协定未规定的表演者、录音制品制作者和广播组织的权利方面的；（d）根据世界贸易组织协定生效以前有关知识产权保护的国际协定而得来的，但是以这些协定已通知与贸易有关的知识产权理事会，并且对其他成员的国民并不构成任意的或者不正当的歧视为限。因此，选项ABD错误，选项C正确。

【答案】C

二、知识产权保护的基本要求

1. 版权和有关权利

3.【2013年第100题】根据《与贸易有关的知识产权协定》，下列哪些应当受版权或者和版权有关的权利的保护？

A. 数学概念本身　　　　　　　　　　B. 以源代码表达的计算机程序
C. 以目标代码表达的计算机程序　　　D. 录音制品

【考点】版权和有关权利的保护

【分析】根据《与贸易有关的知识产权协定》第九条第二款的规定，版权的保护应及于表达，而不及于构思、程序、操作方法或者数学概念本身。因此，选项A错误。根据该协定第十条第一款的规定，计算机程序，不论是以源代码还是以目标代码表达，应按伯尔尼公约（1971年）作为文字作品予以保护。因此，选项BC正确。根据该协定第十四条的规定，录音制品制作者应享有许可或禁止直接或间接复制其录音制品的权利。因此，选项D正确。

【答案】BCD

2. 商标

4.【2016年第99题】根据《与贸易有关的知识产权协定》的规定，下列哪些说法是正确的？

A. 各成员可以将商标的实际使用作为提交商标注册申请的条件
B. 各成员不应将商标的实际使用作为提交商标注册申请的条件
C. 各成员可以规定使用是维持商标注册的必要条件
D. 各成员不应规定使用是维持商标注册的必要条件

【考点】商标使用

【分析】《与贸易有关的知识产权协定》第十五条规定，1. 任何标记或标记的组合能将一企业的商品或服务从其他企业的商品或服务中区别开来的，均能构成商标。这些标记，尤其是文字（包括人名）、字母、数字、图形要素、和色彩的组合，以及这些标记的任何组合，均适合于作为商标予以注册。如果标记缺乏区别有关商品或服务的固有能力，各成员可以将可否注册取决于通过使用所获得的显著性。各成员可以要求将视觉可感知的标记作为注册的条件。2. 对本条第一款不应理解为阻止成员依据其他理由拒绝商标的注册，但以这些理由并未背离巴黎公约（1967年）的规定为限。3. 各成员可以将可否注册取决于使用。然而，商标的实际使用不应作为提交注册申请的条件。一项申请不应仅仅由于意图的使用在申请日起三年期间届满以前没有实现而予以拒绝。4. 预期使用商标的商品或服务的性质，在任何情形下均不应成为商标注册的障碍。5. 各成员应在商标注册以前或者在注册后迅速将每一商标公布，并应提供请求取消注册的合理机会。此外，各成员可以提供对商标的注册提出异议的机会。因此，选项AD错误，选项BC正确。

【答案】BC

5.【2014年第55题】根据《与贸易有关的知识产权协定》的规定，下列哪些说法是正确的？
A. 商标的首次注册和注册的每次续展的期间不应少于7年
B. 商标的首次注册和注册的每次续展的期间不应少于10年
C. 工业品外观设计可享有的保护期间至少为10年
D. 工业品外观设计可享有的保护期间至少为15年

【考点】知识产权的保护期间

【分析】根据《与贸易有关的知识产权协定》第十八条的规定，商标的首次注册和注册的每一次续展的期间不应少于7年。商标注册可以无限期地续展。因此，选项A正确，选项B错误。根据该协定第二十六条（3）的规定，（工业品外观设计）可享有的保护期间至少为10年。因此，选项C正确，选项D错误。

【答案】AC

6.【2013年第27题】根据《与贸易有关的知识产权协定》，下列哪种说法是正确的？
A. 世界贸易组织成员不得对注册商标所有人享有的权利规定任何例外
B. 世界贸易组织成员授予注册商标所有人享有的排他权不应损害任何现有的在先权利
C. 世界贸易组织成员必要时可以规定商标的强制许可
D. 世界贸易组织成员可以规定商标所有人只能将商标连同其所属的企业一起转让

【考点】商标

【分析】根据《与贸易有关的知识产权协定》第十七条的规定，1. 任何标记或标记的组合能将一企业的商品或服务从其他企业的商品或服务中区别开来的，均能构成商标。这些标记，尤其是文字（包括人名）、字母、数字、图形要素、和色彩的组合，以及这些标记的任何组合，均适合于作为商标予以注册。如果标记缺乏区别有关商品或服务的固有能力，各成员可以将可否注册取决于通过使用所获得的显著性。各成员可以要求将视觉可感知的标记作为注册的条件。2. 对本条第一款不应理解为阻止成员依据其他理由拒绝商标的注册，但以这些理由并未背离巴黎公约（1967年）的规定为限。3. 各成员可以将可否注册取决于使用。然而，商标的实际使用不应作为提交注册申请的条件。一项申请不应仅仅由于意图的使用在申请日起三年期间届满以前没有实现而予以拒绝。4. 预期使用商标的商品或服务的性质，在任何情形下均不应成为商标注册的障碍。5. 各成员应在商标注册以前或者在注册后迅速将每一商标公布，并应提供请求取消注册的合理机会。此外，各成员可以提供对商标的注册提出异议的机会。因此，选项A错误。根据该协定第十六条（1）的规定，注册商标的所有人应享有专有权，以制止所有第三方未得所有人同意而在贸易中将与注册商标相同或近似的标记使用于与该商标所注册的商品或服务相同或类似的商品或服务，而这种使用大概有造成混淆的可能。在使用相同的标记于相同的商品或服务的情形，应即推走有混淆的可能。上述权利不应损害任何现有的在先权利，也不应影响各成员在使用的基础上授予权利的可能性。因此，选项B正确。根据该协定第二十一条的规定，各成员可以确定商标授予许可和转让的条件。这应理解为，商标的强制许可是不允许的，并且注册商标所有人有权将商标连同或不连同商标所属的企业一起转让。因此，选项CD错误。

【答案】B

3. 地理标志
4. 工业品外观设计

7.【2015年第96题】根据《与贸易有关的知识产权协定》的规定，受保护的工业品外观设计的所有人，对于载有或体现受保护的外观设计的复制品或者实质上是复制品的物品，应当有权制止第三方未经其同意而为商业目的进行下列哪些行为？

A. 制造　　　　　　B. 进口　　　　　　C. 许诺销售　　　　D. 销售

【考点】工业品外观设计

【分析】根据《与贸易有关的知识产权协定》第二十六条（1）的规定，受保护的外观设计的所有人，应有权制止第三方未得所有人同意而为商业目的制造、销售或进口载有或体现有受保护的外观设计的复制品或实质上是复制品的物品。因此，选项 ABD 正确，选项 C 错误。

【答案】ABD

8.【2014 年第 39 题】根据《与贸易有关的知识产权协定》的规定，受保护的工业品外观设计的所有人，对于载有或体现受保护的外观设计的复制品或者实质上是复制品的物品，至少应当有权制止第三方未经其同意而为商业目的进行下列哪些行为？

A. 制造　　　　　　B. 使用　　　　　　C. 销售　　　　　　D. 进口

【考点】工业品外观设计

【分析】根据《与贸易有关的知识产权协定》第二十六条（1）的规定，受保护的外观设计的所有人，应有权制止第三方未得所有人同意而为商业目的制造、销售或进口载有或体现有受保护的外观设计的复制品或实质上是复制品的物品。因此，选项 ACD 正确，选项 B 错误。

【答案】ACD

5. 专利

9.【2013 年第 54 题】根据《与贸易有关的知识产权协定》，如果成员的法律允许未经权利持有人许可即可由政府使用、或者由政府许可第三方使用专利，则这种使用应当遵守下列哪些规定？

　A. 这种使用的许可应当根据个案情况予以考虑

　B. 这种使用应当在合理的期限内通知权利持有人，但无需向其支付报酬

　C. 这种使用应当是独占的，权利持有人不得再许可其他人使用该专利

　D. 这种使用不得转让，除非是与享有这种使用的企业或者商誉一起转让

【考点】专利强制许可

【分析】根据《与贸易有关的知识产权协定》第三十一条的规定，如果任何成员的法律允许未经权利持有人的许可而对专利的客体作其他的使用，包括政府使用或经政府授权的第三方使用，则应尊重下列规定：（a）这种使用的许可应根据个案情况予以考虑；（b）这种使用，只有在使用前，意图使用之人已经努力按合理的商业条款和条件请求权利持有人给予许可，而在合理的期间内未能成功的，才能允许。在国家处于紧急状态或有其他极端紧急的情形，或者在公共的非商业性使用的情形，成员可以放弃这一要求。然而，在国家处于紧急状态或有其他极端紧急的情形，只要合理可行，仍应尽快通知权利持有人。在公共的非商业性使用的情形，如果政府或订约人未经专利检索即知悉或有明显的理由知悉政府或代表政府使用或将使用某有效专利，则应迅速通知权利持有人；（c）这种使用的范围和期间应许可使用的目的的限制，在半导体技术的情形，则只能限于为公共的非商业性使用，或者用于经司法或行政程序确定为反竞争做法的补救；（d）这种使用应当是非独占性的；（e）这种使用，除与享有这种使用的企业或商誉一起转让外，是不可转让的；（f）这种使用的许可应当主要是为了供应授予许可的成员的本国市场；（g）在充分保护被许可人合法利益的前提下，如果导致这种许可的情况已不存在，而且不大可能再发生时，这种使用的许可应即终止。主管机关根据以此为目的的请求，有权对这些情况是否继续存在进行复审；（h）应根据每一案的情况，考虑许可的经济价值，向权利持有人支付足够的报酬；（i）有关这种许可使用决定的法律有效性，应当受到司法复审，或者受到该成员内单独的上一级机关的其他独立的复审；（j）有关对这种使用提供报酬的决定应当受到司法复审，或者受到该成员内单独的上一级机关的其他独立的复审；（k）如果这种使用是对经过司法或行政程序确定为反竞争做法的补救，各成员没有义务适用（b）项和（f）项规定的条件。在这种情形，在确定报酬的数额时可以将纠正反竞争做法的需要考虑在内。如果以及在导致这种许可的情况可能再发生时，主管机关有权拒绝终止这种许可；（l）如果许可这种使用是为了允许利用一项专利（第二专利），因为要利用该项专利就不能不侵犯另一项专利（第一专利），则应适

用以下的附加条件：（i）对于第一专利中作为权利而要求的发明来说，第二专利中作为权利而要求的发明应当包含具有相当大的经济意义的重要技术进步；（ii）第一专利的所有人应有权以合理的条件依交叉许可使用第二专利中作为权利而要求的发明；以及（iii）除与第二专利一起转让外，就第一专利许可的使用是不可转让的。因此，选项AD正确，选项BC错误。

【答案】AD

10.【2012年第83题】根据《与贸易有关的知识产权协定》关于专利的规定，下列哪些说法是正确的？

A. 专利的获得和专利权的享有，不应因发明地点、技术领域以及产品是进口还是本国生产的不同而受到歧视

B. 治疗动物疾病的外科手术方法可以被排除在可享专利性以外

C. 专利权可享有的保护期间，自专利申请提交之日起计算的20年期间届满前不应终止

D. 对撤销或取消专利的任何决定，均应提供司法审查的机会

【考点】专利保护

【分析】根据《与贸易有关的知识产权协定》第二十七条（1）、（3）的规定，1. 在符合本条第2款和第3款的规定下，所有技术领域的任何发明，不论是产品还是方法，只要它们具有新颖性，包含创造性并能在产业上应用，都可以获得专利。在符合第65条第4款、第70条第8款和本条第3款的规定下，专利的获得和专利权的享有，不应因发明地点、技术领域以及产品是进口或在本地生产而受到歧视。3. 各成员还可以将下列各项排除在可享专利的条件以外：（a）医治人或动物的诊断、治疗和手术方法；（b）植物和动物（微生物除外），和生产植物或动物的主要是生物学的方法（非生物学的方法和微生物学方法除外）。但是，各成员应规定依专利或依有效的专门制度，或依二者的结合，保护植物的品种。在世界贸易组织协定生效之日4年后应对本项规定进行复审。选项AB正确。根据该协定第三十二条的规定，对撤销或取消专利的任何决定，均应提供司法审查的机会。该协议第三十三条的规定，可获得的保护期间，自申请提交之日起计算20年期间届满以前不应终止。因此，选项CD正确。

【答案】ABCD

6. 集成电路布图设计

11.【2012年第39题】根据《与贸易有关的知识产权协定》的规定，世界贸易组织成员可以针对下列哪些知识产权规定强制许可或者非自愿许可？

A. 专利 B. 商标
C. 工业品外观设计 D. 集成电路布图设计

【考点】知识产权保护

【分析】根据《与贸易有关的知识产权协定》第三十一条规定了专利强制许可，因此，选项A正确。根据该协定第二十一条的规定，各成员可以确定商标授予许可和转让的条件。这应理解为，商标的强制许可是不允许的，并且注册商标所有人有权将商标连同或不连同商标所属的企业一起转让。因此，选项B错误。该协定没有规定工业品外观设计的强制许可或非自愿许可，因此，选项C错误。根据该协定第三十七条（2）的规定，布图设计遇有任何非自愿许可，或者未经权利持有人许可而由政府或为政府使用时，应比照适用第31条（a）项至（k）项规定的条件。选项D正确。

【答案】AD

7. 未公开信息的保护

三、对协议许可中限制竞争行为的控制

12.【2014年第100题】根据《与贸易有关的知识产权协定》的规定，下列哪些属于该协定列举的可能构成知识产权滥用的情形？

A. 排他性的返授条件

B. 强迫性的一揽子授予许可

C. 制止对知识产权有效性提出质疑的条件

D. 禁止被许可方将专利产品出口至许可方享有专利的另一成员境内

【考点】知识产权滥用

【分析】根据《与贸易有关的知识产权协定》第四十条（2）的规定，本协定的任何规定并不阻止各成员在其立法中列举在特定情况下构成对知识产权的滥用、在有关市场上对竞争有不利影响的授予许可的做法或条件。如上文所规定，任何成员可以在与本协定的其他规定相符的情况下，依据该成员的有关法律和规章，采取适当措施制止或控制这些做法，其中可以包括，例如，排他性的返授条件、制止对知识产权有效性提出质疑的条件和强迫性的一揽子授予许可。因此，选项ABC正确。而该协定没有对各成员是否应当允许平行进口作出明确规定，根据专利权的地域性原则，权利人禁止被许可方将专利产品出口至许可方享有专利权的另一成员境内的行为不构成对专利权的滥用，因此，选项D错误。

【答案】ABC

四、知识产权执法

13.【2016年第100题】根据《与贸易有关的知识产权协定》的规定，下列哪些属于针对侵权行为规定的民事救济措施？

　　A. 监禁
　　B. 责令停止侵权
　　C. 损害赔偿
　　D. 责令侵权人向权利持有人支付适当的律师费用

【考点】民事救济

【分析】《与贸易有关的知识产权协定》第四十四条规定，1. 司法机关应有权命令当事人停止侵权，除其他外，有权在海关放行后立即制止包含侵犯知识产权的进口商品进入其管辖范围内的商业渠道。各成员对任何人在知悉或有合理的根据应知从事这些客体的交易会导致侵犯知识产权之前所获得或订购的受保护客体，没有义务授予司法机关这样的权力。2. 尽管有本部分其他的规定，在符合第二部分关于未经权利持有人许可而由政府使用或经政府授权的第三方使用的规定下，各成员可以将针对这种使用可以得到的救济限于按照第31条（h）项支付报酬。在其他的情形，应适用按照本部分的救济，或者，如果这些救济与成员的法律不一致，则可以利用宣示性判决和足够的补偿。因此，选项A错误，选项BCD正确。

【答案】BCD

14.【2015年第97题】根据《与贸易有关的知识产权协定》的规定，下列哪些属于各成员在知识产权执法方面应当履行的义务？

　　A. 知识产权的执法程序不应不必要地复杂或花费高昂，也不应规定不合理的期限或导致不应有的拖延
　　B. 就案件的是非作出的决定最好应写成书面，并说明理由
　　C. 程序的双方当事人应当有机会要求司法机关对终局的行政决定进行审查
　　D. 应当建立一种与一般法律执行的司法制度不同的知识产权执法的司法制度

【考点】知识产权执法

【分析】根据《与贸易有关的知识产权协定》第42条的规定，1. 各成员应保证在其法律中提供本部分所具体规定的执法程序，以便能采取有效行动，制止任何侵犯本协定所规定的知识产权的行为，包括可迅速制止侵权的救济和构成阻止进一步侵权的威慑的救济。这些程序适用的方式应避免对合法贸易造成障碍，并应提供保障以防止其滥用。2. 有关知识产权的执法程序应当公平和公正。这些程序不应不必要地复杂或费用过高，也不应规定不合理的期限或导致不应有的拖延。3. 就案件的是非作出的决定最好应写成书面，并说明理由。这些决定至少应向诉讼当事人提供，而且不得无故拖延。就案件的是非作出的决定只应以证据为根据，而且就该证据而言，应当已向当事人提供过陈述意见的机会。4. 程序的当事人应有机会要求司法机关对终局的行政决定进行复审，并且，在符合成员法律中关于案件重要性的管辖规定下，至少对案件的是非所作初审司法决定的法律方面也可以要求复审。但是，对刑事案件中的无罪判决没有义务提供复审的机会。5. 不言而喻，本部分并没有规定建立一种与一般法律执行的司法制度不同的知识产权执法的司法制度的义务，也不影响各成员执行其一般法律的能力。就知识产权的执法和一般法律的执行之间的资源分配而言，本部分的规定并不产生任何义务。选项ABC正确，选项D错误。

【答案】ABC

15.【2012年第21题】根据《与贸易有关的知识产权协定》，下列哪种说法是正确的？

A. 世界贸易组织成员只能规定依当事人申请的知识产权海关边境措施
B. 世界贸易组织成员只能规定海关当局依职权的知识产权海关边境措施
C. 世界贸易组织成员有义务规定依当事人申请的知识产权海关边境措施，还可以规定海关当局依职权的知识产权海关边境措施
D. 世界贸易组织成员没有规定知识产权海关边境措施的义务

【考点】知识产权执法

【分析】根据《与贸易有关的知识产权协定》第五十一条的规定，世界贸易组织成员有义务规定依当事人申请的知识产权海关边境措施。根据该协定第五十八条的规定，世界贸易组织成员还可以规定海关当局依职权的知识产权海关边境措施。因此，选项C正确。

【答案】C

五、争端的防止和解决